Helmut Johannes Kroll · Kelly Reed

Die Archäobotanik

Feudvar III

Würzburger Studien zur
Vor- und Frühgeschichtlichen Archäologie

Herausgeber
Frank Falkenstein und
Heidi Peter-Röcher

Band 1

Feudvar III

Ausgrabungen und Forschungen in einer Mikroregion am
Zusammenfluss von Donau und Theiß
herausgegeben von Frank Falkenstein

Helmut Johannes Kroll · Kelly Reed

Die Archäobotanik

mit Beiträgen von
Frank Falkenstein, Bernhard Hänsel, Aleksandar Medović und Predrag Medović

Würzburg
University Press

Würzburger Studien zur Vor- und Frühgeschichtlichen Archäologie

Herausgegeben vom Lehrstuhl für Vor- und Frühgeschichtliche Archäologie
Institut für Altertumswissenschaften

Herausgeber
Frank Falkenstein und Heidi Peter-Röcher

Schriftleitung
Gabriele Albers und Marcel Honeck

Layout
Marcel Honeck

Impressum

Julius-Maximilians-Universität Würzburg
Würzburg University Press
Universitätsbibliothek Würzburg
Am Hubland
D-97074 Würzburg
www.wup.uni-wuerzburg.de

© 2016 Würzburg University Press
Print on Demand

ISSN 2367-0681 (print)
ISSN 2367-069X (online)
ISBN 978-3-95826-032-0 (print)
ISBN 978-3-95826-033-7 (online)
urn:nbn:de:bvb:20-opus-132395

Inhalt

Das Buch ist dem Andenken der inzwischen verstorbenen Mitarbeitern und Mitarbeiterinnen gewidmet:

Verica Bunardžić
Ljubomir Bukvić
Johanna Milojčić-von Zumbusch
Mirjana Mogin
Dragan Popović
Marina Popović
Laszlo Szekeres
Čedomir Trajković

Vorwort

Vor drei Jahrzehnten – im Jahr 1986 – begann ein hoffnungsvolles archäologisches Großprojekt an der prähistorischen Burgsiedlung Feudvar bei Mošorin im ehemaligen Jugoslawien. Initiiert und geleitet wurde das von der Deutschen Forschungsgemeinschaft geförderte Kooperationsvorhaben von Bernhard Hänsel, Ordinarius am Seminar für Ur- und Frühgeschichte der Freien Universität Berlin und Predrag Medović vom Museum der Vojvodina in Novi Sad. Die Unternehmung hatte sich zur Aufgabe gesetzt, die mehrschichtige bronze- und eisenzeitliche Ansiedlung Feudvar sowie den umgebenden Kleinraum in dem verkehrs- und kulturgeographisch bedeutsamen Mündungswinkel der Ströme Donau und Theiß mit interdisziplinären Methoden zu erforschen. Von 1986 bis 1993 wurden insgesamt vier jeweils mehrmonatige Feldforschungskampagnen und vier Fundbearbeitungskampagnen realisiert. Hierbei wurden bis zu 2,5 m mächtige Siedlungsschichten der bronzezeitlichen Vatin-Kultur und früheisenzeitlichen Bosut-Kultur auf insgesamt etwa 1.900 m² Fläche in einer zur damaligen Zeit vorbildlichen Weise ausgegraben und dokumentiert.

Seit den späten 1980er Jahren überschattete der sich anbahnende Balkankonflikt zunehmend die internationalen Forschungen vor Ort. Mit den militärischen Eskalationen im ehemaligen Jugoslawien zu Beginn der 1990er Jahre mussten die Projektarbeiten in der Vojvodina eingestellt werden und fanden bis heute keine vergleichbare Fortsetzung.

Dem vorzeitigen Abbruch der Ausgrabungsarbeiten ist es geschuldet, dass ein guter Teil der frühbronzezeitlichen Siedlungsschichten bis heute einer archäologischen Erforschung harrt. Auf der anderen Seite ist es gelungen, die Ausgrabungen in Feudvar und das umfangreiche Fundmaterial so weit zu dokumentieren, dass eine substanzielle wissenschaftliche Auswertung erfolgen kann. Die Dissertationen von Manfred Röder zur früheisenzeitlichen Besiedlung (1995) und von Christian Ihde zur früh- und mittelbronzezeitlichen Keramik (2001) von Feudvar sind ein beredtes Beispiel hierfür.

Von Anfang bis Ende intensiv begleitet wurden die Ausgrabungen von bioarchäologischen Untersuchungen. Zu nennen sind hier archäozoologische Forschungen zu den Tierknochenfunden durch Cornelia Becker und archäobotanische Untersuchungen durch Helmut Kroll. Bei den Grabungen wurden insgesamt 2.173 botanische Proben aus sämtlichen Siedlungsschichten entnommen und bearbeitet. Mit über einer Million bestimmter Makroreste bietet Feudvar bis heute den größten Pool an bronze- und früheisenzeitlichen Pflanzenfunden in Südosteuropa. Ein Fundus mit großem Erkenntnispotenzial, so dass eine zweifache wissenschaftliche Bearbeitung lohnenswert erschien. Die hier präsentierten Studien von Helmut Kroll und Kelly Reed bieten verschiedene methodische Herangehensweisen und Fragestellungen zum selben Probenmaterial. Das facettenreiche Gesamtergebnis macht den botanischen Fundbestand von Feudvar wohl zum bestuntersuchten seiner Art in Südosteuropa.

Ergänzt werden die Studien durch einen Überblick über die neuen metallzeitlichen Pflanzenfunde in Serbien von Aleksandar Medović. Er ist heute am Museum der Vojvodina in Novi Sad tätig und hat über das Studium der landwirtschaftlichen Pflanzenproduktion in Novi Sad und Kiel und durch die Mitarbeit an den Pflanzenfunden von Feudvar zur Archäobotanik gefunden.

Den botanischen Beiträgen vorangestellt ist ein Resümee zu den langjährigen Forschungen in Feudvar und dem Theißmündungsgebiet, die auch in Zukunft weiter geführt werden sollen.

In der von Bernhard Hänsel und Predrag Medović begründeten Editionsreihe „*Feudvar – Ausgrabungen und Forschungen in einer Mikroregion am Zusammenfluss von Donau und Theiß*" sind bereits 1998 zwei Bände erschienen unter dem Dach der Berliner Reihe „*Prähistorische Archäologie in Südosteuropa*". Die Feudvar-Reihe konnte durch widrige Umstände seitdem leider nicht fortgeführt werden. Der vorliegende Sammelband zur Archäobotanik soll als dritter Band diese Reihe weiterführen. Nach der Übereignung der Ausgrabungsdokumentation an den Würzburger Lehrstuhl für Vor- und Frühgeschichtliche Archäologie erscheint das vorliegende Werk nun als erster Band der neu gegründeten Open-Access-Reihe „*Würzburger Studien zur Vor- und Frühgeschichtlichen Archäologie*".

Als vor dreißig Jahren die Forschungen in Feudvar begannen, hat wohl kaum einer der beteiligten Wissenschaftler, Studenten und Grabungsarbeiter geahnt, dass der Vielvölkerstaat Jugoslawien nur wenige Jahre später in blutigen Kriegen zerbrechen würde. Die Lebenswege der jugoslawischen Kolleginnen und Kollegen waren seitdem geprägt von Kriegswirren, Wirtschaftskrisen und Emigration, und die Wunden dieser Zeit sind noch nicht verheilt.

Frank Falkenstein und Helmut Kroll

Bemerkungen der Ausgräber zur Publikation der Grabung

Mehr als 20 Jahre sind vergangen, seit ein grausamer Krieg zum endgültigen Zerfall Jugoslawiens geführt hatte. Er erzwang ein ungewolltes und auch schmerzhaftes Ende der hoffnungsvoll begonnenen Grabungstätigkeiten in Feudvar bei Mošorin in der Vojvodina, bevor das angestrebte Ziel, eine große, zusammenhängende, vielschichtig bebaute Fläche einer topographisch herausragenden Siedlung der Bronze- und Eisenzeit zu untersuchen, erreicht worden war. In vertrauensvoller Zusammenarbeit zwischen serbischen und deutschen Archäologen unter der Leitung von Predrag (Mika) Medović und mir war es bis zum Kriegsausbruch gelungen, ein gutes Stück auf dem Weg zum Ziel der Geländearbeiten voranzukommen, so dass auch trotz des vorzeitigen Endes der Geländearbeiten ausführliche Publikationen verschiedener Teilbereiche der Untersuchungen gerechtfertigt sind.

Begonnen hatten diese mit der Vorlage eines einführenden Bandes und einem weiteren zu den umfänglichen, von Frank Falkenstein getragenen Forschungen zur Besiedlungsgeschichte in der gesamten Siedlungskammer um Feudvar, genannt Titeler Plateau, das zwischen siedlungsfeindlichen Flussniederungen liegt. Eine dritte Veröffentlichung, eine als Dissertation verfasste Studie zur Keramik durch Christian Ihde ist über das Internet zugänglich. Alles andere ist liegen geblieben, weil zunächst die Hoffnung bestand, dass die Ausgrabungen bald fortgesetzt werden könnten.

Beide Grabungsleiter waren jedoch inzwischen durch andere Arbeiten gebunden, die Bearbeitung der bisherigen Ergebnisse blieb unveröffentlicht. Je länger der Abstand zwischen Grabung und Publikation wuchs, desto mehr lastete die unerfüllte Bringschuld auf dem Gewissen der Ausgräber. Glücklicherweise war jedoch der an den Kampagnen und darüber hinaus beteiligte Frank Falkenstein bereit, das Projekt zusammen mit Mitarbeitern des von ihm geleiteten Lehrstuhls zum Abschluss zu bringen. Er hat sämtliche existierende Unterlagen aus Berlin nach Würzburg geholt und deren Aufarbeitung in die Hände genommen. Eines der abschließenden Ergebnisse seiner Tätigkeit führte zur Drucklegung des hier vorgelegten Bandes zu den umfänglich geborgenen Pflanzenresten durch Helmut Kroll und Kelly Reed. Jeder aufmerksame Leser wird sehr schnell erfahren, wie wichtig dieses Buch zum Verständnis von Vegetationsgeschichte und Landwirtschaft der Bronzezeit weit über den Ausgrabungsort hinaus ist.

Alle bisherigen Endpublikationen sind durch Förderung der Deutschen Forschungsgemeinschaft und der Freien Universität als Bände der Berliner Reihe „Prähistorische Archäologie in Südosteuropa" herausgegeben worden. Verständlich ist es, dass die nun folgenden Veröffentlichungen in der neu gegründeten Reihe der Universität zu Würzburg vorgelegt werden.

Predrag Medović und ich haben gleichsam durch die Vererbung ihrer Aufarbeitungstätigkeit an Frank Falkenstein ihre Pflichten vertrauensvoll weiter gegeben. Beide wünschen ihm Erfolg, eine glückliche Hand und den Erhalt seiner Schaffensenergie bei der Aufarbeitung der Grabungen von Feudvar. Die ausgezeichneten paläobotanischen Arbeiten von Helmut Kroll und Kelly Reed mit dem allgemeiner verständlichen Einleitungskapitel und dem Abschlusskapitel von Aleksandar Medović sind als neuer erfolgreicher Schritt, die Ergebnisse der Grabungen durch Publikation der Fachwelt zu erhalten, zu werten. Die beiden Ausgräber sind dem Herausgeber, wie auch Helmut Kroll, zu Dank verpflichtet.

Berlin im März 2016   Bernhard Hänsel und Predrag Medović

Feudvar near Mošorin (Serbia) – Excavations and Research in a Micro-region at the Confluence of the Danube and Tisza: a recapitulation after thirty years *

by Frank Falkenstein, Bernhard Hänsel and Predrag Medović

1. Introduction

Being located in the historical landscape of Vojvodina (Republic of Serbia), the Tisza estuary combines the natural and cultural landscapes of the Great Hungarian Plain and the Serbo-Croatian Danube region. Fertile loess plains and a temperate continental climate, rich wildlife, floodplains, fish-rich waters and excellent transport connections along the rivers Danube and Tisza made the micro-region especially favourable to colonisation in prehistoric times.

The 82 km² loess plateau of Titel with its adjacent high and low terraces rises to a height of 40 m (125 m a.s.l.) and forms a barrier in the area where the Tisza joins the Danube, thus connecting the shorelines of Bačka and Banat. On the steep northern edge of the Titel plateau where it slopes towards the Tisza floodplain lays the multilayered Bronze and Iron Age settlement of "Feudvar" near the village of Mošorin, municipality of Titel (Fig. 1). The settlement mound of up to 3.5 m thick cultural deposits, levelled ditches, a rampart and gate area dominates over the loess plateau, which is shaped by crests and rounded shallow depressions, by about 5 m. The multilayered fortified settlement today occupies an area of 0.6 ha. Yet more than half of the original settlement area was probably lost through lateral abrasion due to meandering of the Tisza in early historic times. The resulting erosion of the plateau edge continues up to the present day and the destruction of the settlement mound thus progresses.

First excavations at Feudvar and other sites on the Titel plateau took place from 1951–1952 and in 1960. Through large-scale field surveys in the Tisza estuary area in 1965 and 1969 a rich prehistoric landscape already became manifest.

With the joint German-Yugoslav research project Feudvar supported by the German Research Foundation (Deutsche Forschungsgemeinschaft) and led by Bernhard Hänsel (Freie Universität Berlin) and Predrag Medović (Vojvodjanski Muzej Novi Sad), a new chapter of the archaeological exploration of the Tisza estuary area was opened in the 1980s and early 1990s. In four field seasons (1986, 1987, 1988, 1990) four parallel excavation areas of 10 m width and between 40 and 72 m long (trenches W, A, D, E) were opened on the mound of Feudvar, each trench cutting through the entire settlement (Fig. 2). In an excavation area of altogether 1.900 m² settlement remains of the Early to Middle Bronze Age Vatin culture and the Early Iron Age Bosut group were investigated to a substantial extent. Especially in excavation trenches W and E a sequence of Early Bronze Age building phases could be detected at a depth of 2.50 m and 1.80 m respectively, without however reaching the underlying loess. During four study seasons (1988, 1989, 1991 and 1993) the Bronze and Iron Age archaeological material has been documented and made accessible to further processing. In addition, extensive field surveys, geophysical prospecting of settlement sites and several test soundings took place in the years 1988–1991 on the Titel plateau and in its surroundings, with the goal to explore the archaeological potential of the remote territory in the midst of the Tisza estuary area.

---

* This is a complemented version of the article Falkenstein / Hänsel / Medovic 2014, translated into English by Gabriele Albers.

Fig. 1. Aerial view of the prehistoric multilayer settlement of Feudvar near Mošorin on the northern edge of the Titel Plateau, Serbia, in 1988.

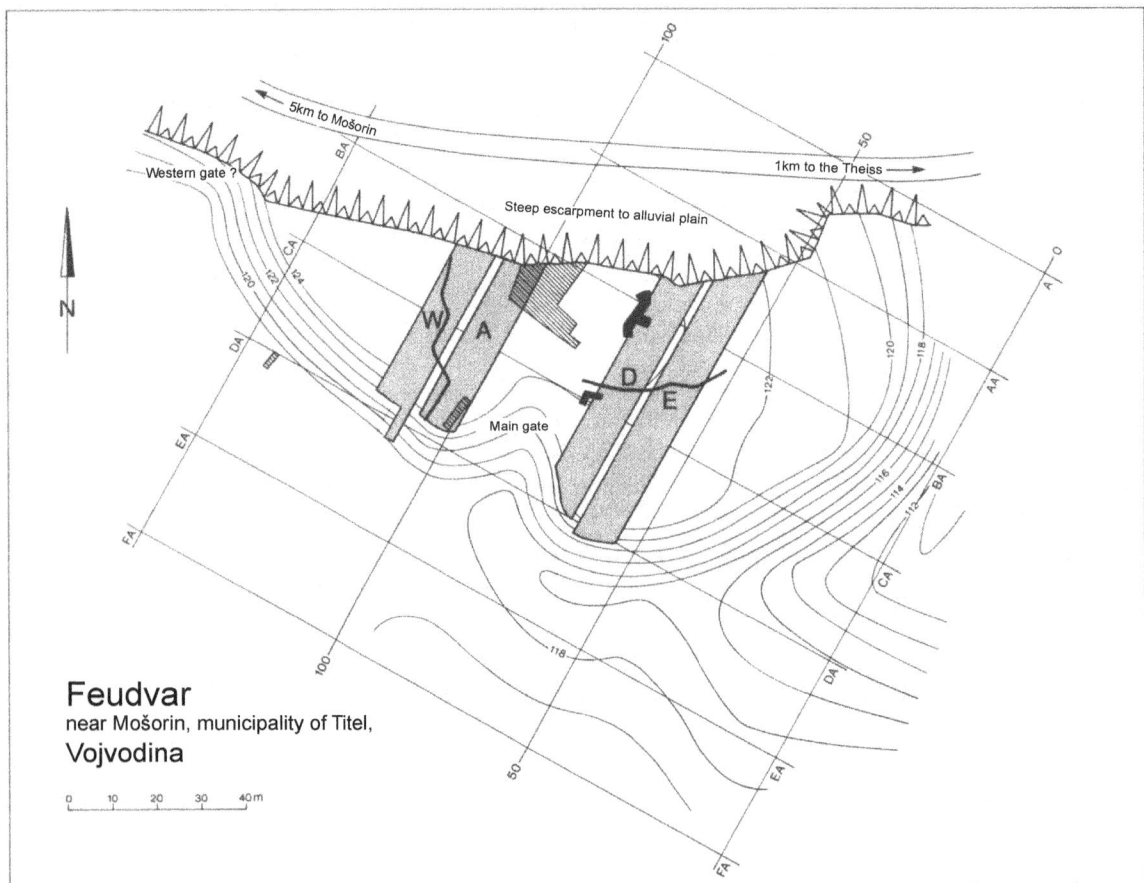

Fig. 2. Map of the mound of Feudvar near Mošorin. Excavation trenches A, D, E and W, 1986–1990; shaded: trench 1951 / 52; black: trench from military manoeuvre.

Since the late 1980s the fieldwork and documentation campaigns that had begun so promisingly were increasingly overshadowed by the escalating political developments in the former Yugoslavia. With the outbreak of war in Yugoslavia, research in the country had to be interrupted in 1991 and the excavations could not be continued until today. Only in 2006 a geoelectrical survey was carried out by Vojvodjanski Musej in a section of excavation trench. Through this measure archaeological structures like pits and house floors could be detected at a depth of ca. 0.75 m beneath the lowermost planum of the earlier excavations[1].

2. State of Research

During the excavations, the first partial results were published by the archaeologists in brief preliminary reports in a timely manner, and some of the preliminary results thus needed to be reconsidered at a later stage[2].

After the completion of five research campaigns (1986–1990), the previous results of the field work and processing of the finds were published in a comprehensive article edited by the excavators B. Hänsel and P. Medović[3]. Aspects of the stratigraphy and findings in the settlement of Feudvar and finds from the Bronze and Iron Ages were discussed in numerous individual contributions[4]. Also, the first summary results of archaeozoological and palaeobotanical analyses[5] as well as prospectings of the suburbium of Feudvar and of further sites on the Titel plateau were presented[6].

In addition, H. Kroll and K. Borojević provided a number of detailed archaeobotanical studies on the herbs and grains detected in Feudvar[7]. An archaeozoological article by C. Becker focussed on the importance of the horse for the Bronze Age subsistence in Feudvar[8].

To M. Röder and Th. Urban we owe a detailed and concise summary of the results of archaeological and other scientific research in Feudvar in the early 1990s[9].

The total series of 94 radiocarbon dates from the excavations at Feudvar were analysed in a number of contributions. Thus, the excavators analysed the calibrated ^{14}C dates from three building phases (phases A–C according to Hänsel / Medović 1991) from house contexts of the Vatin culture in excavation trench W. Even if the data proved to be less suited for detailed chronological interpretation of the stratigraphy they can, however, reliably be linked with the absolute chronology of the Early Bronze Age in Central Europe. Thus, the calibrated ^{14}C dates for the Early Bronze Age Vatin culture with their mean one standard deviation fit into the time frame of the 19th to 16th century BC[10]. Additional information is provided by the detailed studies by M. Röder and J. Görsdorf on three building phases of house 24 in trench E (phases I–III after Urban), which is stratigraphically positioned at the transition from the Early to Middle Bronze Age Vatin culture. Despite some methodological uncertainties, the series of 11 radiocarbon dates allows to set the Middle Bronze Age settlement of the late Vatin culture in Feudvar around the 16th / 15th century BC[11].

In further contributions the excavators address key aspects of the archaeological record, such as the pottery with incrusted decoration from the settlement of Feudvar and the finding of a bronze workshop of the

---

1   Stanković-Pešterac 2010.
2   Medović / Hänsel 1988 / 89; id. 1989 / 90; Medović 1992.
3   Hänsel / Medović (eds.) 1991.
4   Hänsel / Medović 1991; Hänsel 1991; Urban 1991; Grčki-Stanimirov 1991; Trajković 1991; Röder 1991; Bukvić 1991; Gačić 1991; Medović 1991; Kull 1991.
5   Becker 1991; Blažić 1991; Kroll 1991a; Borojević 1991.
6   Falkenstein 1991.
7   Borojević 1991; Kroll 1990a; id. 1990b; id. 1991a; id. 1991b; id. 1992; id. 1995; id. 1997; Kroll / Borojević 1988; id. 1988 / 89.
8   Becker 1994.
9   Röder / Urban 1995.
10   Hänsel / Medović 1992, 252 figs. 2–3; Becker et al. 1989, 430.
11   Röder 1992; Görsdorf 1992; Palinkas 1999.

Early Bronze Age[12]. The proto-urban culture concept outlined by B. Hänsel with regard to the Early Bronze Age settlement patterns in South Eastern Europe is largely based also on his excavation results at Feudvar[13].

The first volume of the Feudvar series was published in 1998 and is an edited book entitled "Das Plateau von Titel und die Šajkaška – Archäologische und naturwissenschaftliche Beiträge zu einer Kulturlandschaft", with the intention to offer a profound and multifaceted introduction to the cultural and natural environment of the Tisza estuary area[14]. After a detailed presentation by B. Hänsel[15] of the excavation activities which ended prematurely in 1990, further archaeological fieldwork carried out in the study area in the second half of the 20th century and mostly unpublished is thoroughly discussed[16], and also soundings in the multilayered prehistoric hilltop settlement of Titel-Kalvarija[17] and in the Bronze Age cemetery at Pod Gracom near Lok, municipality of Titel[18]. Important results regarding the settlement history of the Tisza estuary also come from extensive field surveys that were carried out in the 1960s on the Titel plateau and adjacent river terraces of the Šajkaška micro-region by P. Medović and O. Brukner[19]. A number of scientific contributions deal with the geology, geomorphology and soil science of the Tisza estuary area[20]. On the basis of the zoological and botanical finds retrieved from Feudvar itself, the prehistoric natural environment of the terraced and river landscape as well as the Bronze and Iron Age food supply is reconstructed to the extent allowed at this preliminary stage[21]. The archaeobiological investigations are complemented by papers on the extant flora and fauna of the Tisza estuary area[22].

The typo-chronological analysis of the Early to Middle Bronze Age pottery from the settlement of Feudvar was the subject of a meticulous and extensive study by Ch. Ihde[23]. The database-driven analysis included a total of 15,770 ceramic units from all excavation trenches. However, the stratigraphic analysis of the pottery was based solely on trench W which has provided the longest sequence of Bronze Age settlement layers. The ceramic wares, decors and shapes were initially classified separately in order then to correlate these parameters with each other. The analysis of the pottery decoration distinguished a total of 14 decorative styles on the basis of the typological categories decorative technique, motif and pattern. Among these the local decor style A with three variants accounts for about 68 % of the total amount of the pottery. In a similarly meticulous way the shapes have been classified into 22 types of vessels. Finally, ceramic wares, decorative styles and shapes are examined in terms of their vertical distribution in the stratigraphic sequence and their horizontal distribution in the individual house contexts. Ch. Ihde thus defines five stratigraphically-based pottery phases (Feudvar IIa, IIb, IIIa, IIIb, IV) which he reliably integrates into the relative chronology of the Bronze Age in the Tisza-Danube-Balkan region (Fig. 3).

A study by M. Röder deals with aspects of the settlement and pottery development in Feudvar during the Early Iron Age on the basis of the finds and archaeological materials from the eastern trenches D and E[24]. The analysis of the Iron Age strata focuses on the stratigraphical sequence which includes building phases P, Q and R and is followed by the latest settlement phase S (Fig. 3). A total of six house units of the earlier and middle Bosut group (Kalakača, Basarabi period) are reconstructed in terms of their architecture, stratigraphic position and usage. Further, based on the findings in sealed house contexts the

12 Hänsel / Medović 1994; id. 2004.
13 Hänsel 1996; 2002.
14 Hänsel / Medović (eds.) 1998.
15 Hänsel 1998.
16 Medović 1998a; id. 1998b; id. 1998c; id. 1998d; id. 1998e; id. 1998f; Borić 1998; Dautova-Ruševljan 1998; Stanojev 1998a; 1998b. This includes earlier smaller-scale excavations in Feudvar itself (Medović 1998d; Borić 1998).
17 Medović 1998f.
18 Medović 1998e.
19 Medović 1998a; id. 1998b.
20 Kukin 1998; Hadžić / Kukin / Nešić 1998; Ćurčić 1998.
21 Kroll 1998; Becker 1998.
22 Butorac 1998; Mikes 1998; Garovnikov 1998; Budakov 1998.
23 Ihde 2001.
24 Röder 1995.

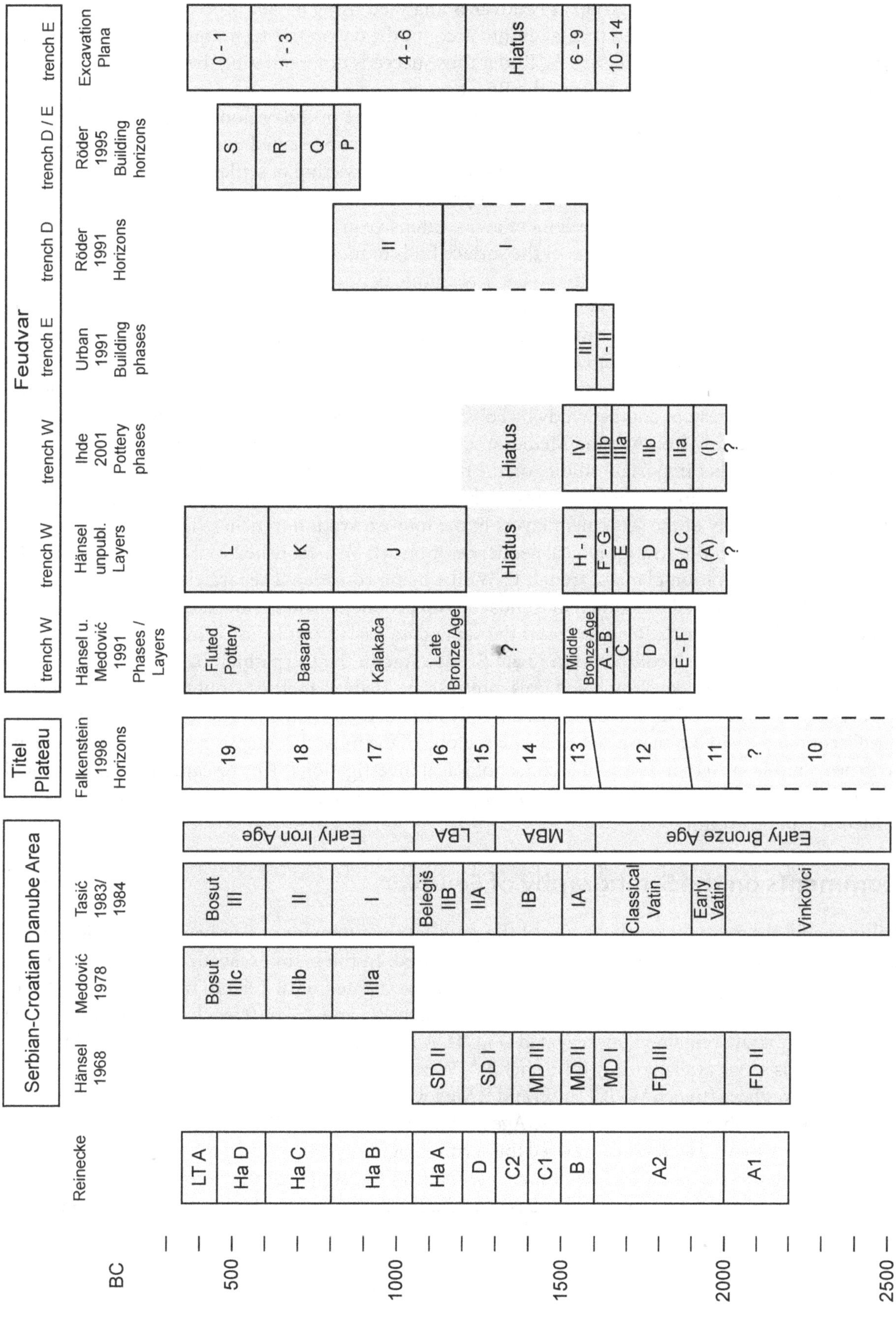

Fig 3. Chronological chart of the Bronze and Early Iron Age at Feudvar, the Titel Plateau and in the Serbian-Croatian Danube area.

pottery development of the Bosut group at Feudvar is analysed using a data-processing system. To this end a complex coding system is used that takes into account the decorative techniques, individual motifs and types of motifs and shapes of the vessels. Röder thus succeeds differentiating the repertoire of shapes and motifs especially of the middle stage of the Bosut group.

In the years 1988–1992 F. Falkenstein conducted a survey in the micro-region of the Titel plateau and adjacent river terraces, in an area of about 120 km². The results were presented in detail in 1998 as Volume II of the Feudvar series[25]. The goal of the field surveying and prospecting of settlement sites was to reconstruct the prehistoric and early historical settlement processes as completely as possible. For this purpose cursory field surveys in the potential settlement areas, intensive grid surveying of an area of 140 ha and 967 drillings were realized. The evaluation of the surface finds of more than 3 tons gross weight allowed to reconstruct the settlement processes from the Early Neolithic period to the modern era on the basis of 28 archaeological horizons. Thereby a settlement history of the Bronze and Iron Ages in the Tisza estuary area could be established which covered a time span of 10 settlement phases from the earlier Early Bronze Age to the beginning of the Latène period. During two long periods the occupation of the settlement mound of Feudvar is also contemporaneous to the settlement sequence in the micro-region (Fig. 3). Based on the report about the survey results, another study by Falkenstein discusses the influences of Eurasian nomadic steppe cultures on the Early Iron Age and Medieval settlement history in the Tisza estuary area[26].

After many years, further important studies on the findings from Feudvar follow in this volume. Helmut Kroll's final analysis of his archaeobotanical research at the site was complicated by not having a binding synchronous stratigraphy of the settlement layers in the four excavation trenches. Therefore the analysis is on one hand based on the stratigraphical sequence of trench W established by B. Hänsel, and on the other hand on the excavation plana of trench E. Whilst being considered separately, trenches W and E feature the same diachronic developmental trends in crop production, nutrition and collecting of plants.

Parallel to Kroll's analysis, K. Reed has used the same data basis from Feudvar in a wider archaeobotanical study from the Late Neolithic to the Late Bronze Age in the Carpathian basin[27], parts of which are also presented here. Unlike Kroll, Reed uses multivariate analysis methods, but the results of the two studies are comparable. Feudvar therefore has not only provided one of the largest archaeobotanical data sets the Carpathian basin but may also be considered one of the most thoroughly researched settlements of the Bronze and Iron Ages in terms of archaeobotanical investigations. This research is complemented by important results offered by the compilation of plant remains of the Bronze and Iron Ages in Serbia by A. Medović in this volume.

3. Comments on the Stratigraphy of Feudvar

By drillings and observations on the fringe of the multilayer settlement of Feudvar a total thickness of about 3.5 m of the deposit of cultural strata can be assessed. In the main excavation trenches W and E a sequence of Bronze Age and Iron Age layers could be investigated until a depth of 2.50 m and 1.80 m respectively. This means that approximately 0.75 m (trench W) and 1.7 m (trench E) of the lowermost Early Bronze Age strata remained unexcavated (Fig. 4). A reliable archaeological stratification of the settlement mound is so far available only for trench W (Westburg) (Fig. 3).

Based on the Westburg (trench W) B. Hänsel and P. Medović after the disruption of the excavations in 1990 undertook an initial subdivision of the Bronze Age package of layers, thus discerning the Early Bronze Age occupation layers F to A[28]. Later, Hänsel revised this terminology and replaced it by a new designation of layers A to L which included also the Middle Bronze Age and Iron Age strata but which remained unpublished. The new nomenclature of the strata served as basis for Ch. Ihde's work on the Early and Middle Bronze Age

25   Falkenstein 1991; id. 1997; id. 1998.
26   Falkenstein 1999.
27   Reed 2012.
28   Hänsel / Medović 1991.

Fig. 4. Feudvar 1990, trench W, section of the western profile with Bronze Age and Early Iron Age layers and planum 12 in the foreground.

pottery from trench W[29]. Occupation layer A labels the lowermost and still unexcavated section of the Early Bronze Age Vatin settlement. Layers B / C (pottery phase IIa) and D (phase IIb after Ihde) mark the three excavated building phases of the developed Early Bronze Age (classical) Vatin culture which correlates with the Bronze A2 (after Reinecke) respectively the Early Danubian III period (after Hänsel) (Fig. 3). Layers E (phase IIIa) and F / G (phase IIIb) correspond to three building phases at the end of the Early Bronze Age Vatin culture (Bronze A3; Middle Danubian I) and mark already the transition to the pottery style of the Middle Bronze Age. Layers H and I (pottery phase IV) finally label the Middle Bronze Age strata of the late Vatin culture. The settlement deposits of the early Middle Bronze Age Vatin culture are separated from the more recent layers by a *hiatus* lasting several centuries during the developed Middle Bronze Age and early Late Bronze Age (MD III–SD I after Hänsel, Bz C1–D after Reinecke). The uppermost layers J, K and L designate phases of occupation and pottery development of the Early Iron Age Bosut group (Bosut I–III, corresponding with Gradina on Bosut IIIa–IIIc / IVa–IVc). Layer J includes also settlement features of the developed Late Bronze Age (Belegiš IIb) which could so far not be differentiated from the deposits of the lowermost Early Iron Age (Bosut I, Kalakača horizon) Generally layer K can be equated with the cultural phase Bosut II (Basarabi) and layer L with Bosut III (Fluted Pottery).

The 1.8 m vertical stratigraphy of trench E (Ostburg) comprises 14 recorded plana but has as yet been examined only partially (Fig. 3). Whilst some subdivisions of sections of the Bronze Age and Iron Age layer package have been made, a reliable complete stratigraphy is still a desideratum[30]. In the uppermost part of the Bronze Age deposits Th. Urban differentiated the materials of a farmstead into building phases I to III with subphases. Building phase I with an overlaying burnt layer correlates with plana 13 and 12, building phase II correlates with plana 12 to 10 and the uppermost phase III with plana 8 and 9[31]. In his

29 Ihde 2001.
30 Röder 1991; id. 1995; Urban 1991.
31 Urban 1991.

study of the pottery Ch. Ihde succeeded to synchronise, on a typological basis, the Bronze Age building phases in trench E after Urban with his phases of the Westburg (trench W). Thus, building phases I / II (after Urban) are contemporary with pottery phase IIIb (after Ihde, layers F / G), and building phase II correlates with the Middle Bronze Age pottery phase IV[32]. In addition it should be noted that, according to the excavation records and finds, in the 70 m long excavation trench E Bronze Age building structures and pottery appear already in the northern part of planum 6, whereas in the southern part of trench E Iron Age structures still predominate. Planum 6 thus designates the interface between the Bronze Age and Iron Age cultural deposits. The Middle Bronze Age occupation layers of the late Vatin culture (contemporary with layer H / I in the Westburg) seem to extend from planum 9 to 6 in the Ostburg.

As already mentioned, in excavation trenches D and E three building horizons P, Q and R with six stratigraphically fixed houses have been reconstructed by M. Röder (Fig. 3). The Early Iron Age building phase P (house 5) has been identified by Röder in planum 5 of trench E and dated to the end of the Bosut I (Kalakača) phase. Building phases Q and R in trench E which include the houses 1 to 4 (Bosut II, Basarabi) range from planum 1 to 3. The most recent Iron Age horizon S (Bosut III, Fluted Pottery) is, however, concealed within the deposits between planum 0 and 1[33]. Another detailed stratigraphical study by Röder deals with the post-Vatin cultural deposits in excavation trench D which is adjacent to trench E (Fig. 3). His horizon I as it is seen today includes the stratigraphic interface from the Middle Bronze Age layer to the Early Iron Age deposits, but the *hiatus* in the occupational sequence remains unrecognised. The upper horizon II labels the lowermost section of the Early Iron Age layer package (Bosut I) which apparently sets in already at the close of the Late Bronze Age (Belegiš IIb)[34].

4. Cultural Development, Settlement and Economy

In the following a synthesis of the main results achieved on Feudvar and the Tisza estuary area is presented. In the current state of research, the focus is especially on the structural changes in settlement and development of the pottery of the Bronze and Iron Ages, including results on the subsistence and environment.

4.1 The Early Bronze Age

4.1.1 Pre-Vatin Period and Early Vatin Culture

The settlement history of the Bronze and Early Iron Ages in the Tisza estuary area is preceded by the Late Copper Age Pit Grave culture in the first half of the 3rd millennium BC. Of this culture of nomadic steppe character some kurgans, which are situated on Pleistocene sand banks of the alluvial plane, and stray finds are known, there is however no evidence of permanent settlements[35].

Only in the second half of the 3rd millennium BC permanent settlements are again attested on the Tisza side of the Titel plateau. Given the long period of time, the evidence of settlements remains however sporadic. The earliest archaeological material of the Bronze Age (level 10) shows only a few culture-specific features but can be associated chronologically with the Somogyvár-Vinkovci culture[36]. Noteworthy is the location of two settlement sites of the pre-Vatin period on both sides of the Šocin surduk, a dry valley cutting into the edge of the plateau and providing easy access to the alluvial plain only a few hundred meters west of the settlement mound of Feudvar[37]. Perhaps these settlements formed the nucleus of the Early Bronze Age settlement complex, whereas Feudvar developed into the central settlement site only at the turn of the 2nd millennium BC.

---

32   Ihde 2001, 337.
33   Röder 1995, 1–67.
34   Röder 1991.
35   Falkenstein 1998, 262–264.
36   Falkenstein 1998, 77–78 fig. 54; 264 fig. 233.
37   Falkenstein 1998, 152–158.

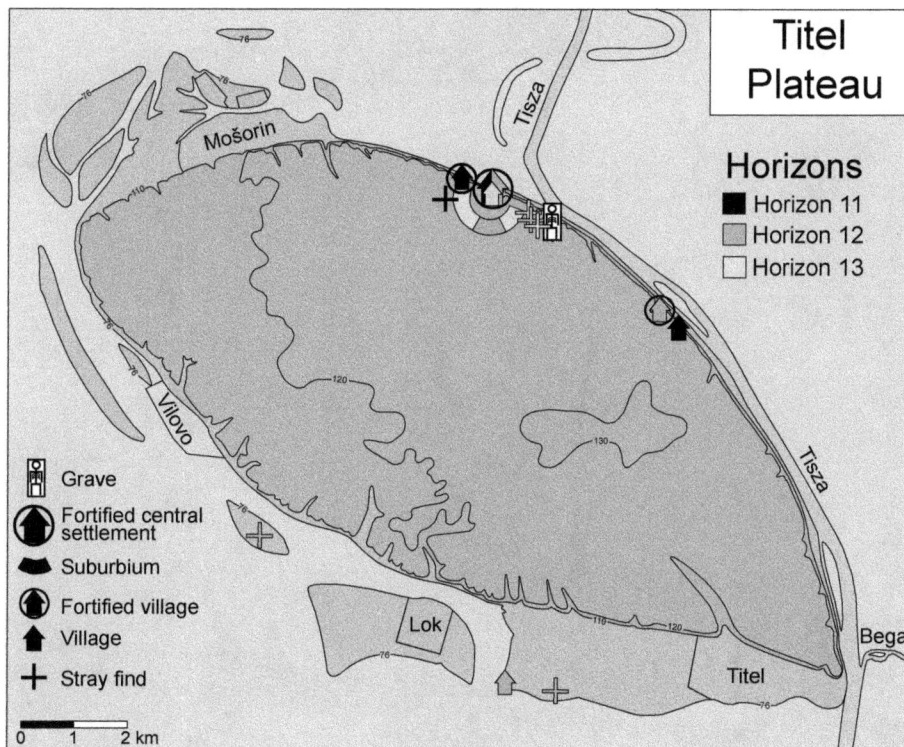

Fig. 5. The Titel Plateau in the Tisza estuary area. Sites of the Early (horizons 11–12) and Middle Bronze Age Vatin culture (horizon 13) (after Falkenstein 1998, Fig. 234-236).

The subsequent settlement phase must already be assigned to the early Vatin culture (level 11) and probably dates to the first quarter of the 2nd millennium BC. Settlement activity of the Vatin culture unfolded in a section of the plateau edge that is just about 5 km long and directed towards the Tisza (Fig. 5). As in the later stages of its development the Vatin settlement, presumably including field and garden areas, took up only a small part of the potentially usable space. In this period, which probably corresponds to the earliest settlement layers of the Vatin culture detected in Feudvar (Feudvar I(?)–II), Feudvar and a settlement near the Šocin surduk constituted two separate settlement areas in close proximity to each other, namely in only about 400 m distance. Whether the settlement at the Šocin surduk preceded the earliest Vatin settlement in Feudvar or the two sites coexisted for some time is not known as the lowest settlement deposits in Feudvar have not yet been excavated. However, the early Vatin settlement on a spur of the Šocin surduk with a surface area of about 2.6 ha and a ditch 300 m long, at least 10 m wide and 3 m deep, was likely little or not inferior to the neighbouring settlement at Feudvar. Finally, the settlement at the Šocin surduk was abandoned after a devastating conflagration, whilst Feudvar continued to exist as the main settlement[38].

At Feudvar in the oldest, not yet extensively excavated settlement phase of the Early Bronze Age a fortification is also attested, however of a very different kind. A narrow trench opened on the slope in extension of excavation trench W yielded the remains of a rampart or dissolved earthen wall. The exact structure of this fortification remains unknown, however due to its viscous consistency alluvial silt from the Tisza basin was probably carried to the plateau for its construction. An associated ditch of the fortification would be expected but was likely destroyed by later trenching of the Bronze and Iron Ages. More recent fortifications at the fringe of the settled area were not detected in this area, but all observed settlement

38   Falkenstein 1998, 152–155 fig. 55; 264–267 fig. 234.

Fig. 6. Feudvar 1990, central section of trench W, planum 12. Features of Early Bronze Age houses (layer E).

strata run more or less horizontally over the top of the early rampart. If further palisades or walls had existed, they likely fell victim to erosion of the slope of the settlement mound[39].

As far as dating the oldest layer-forming settlement activities of the Early Bronze Age Vatin culture on the Titel plateau is possible, these may be assigned to the fourth Tellhorizont in the Carpathian basin according to F. Gogâltan[40]. In this period multilayered and highly organised settlements existed in the core zone of the Tisza river system, including the Moriš region, for several centuries[41]. Feudvar is therefore one of a number of tell settlements established quite late in the Early Bronze Age that were located at the periphery of the distribution area of the tells.

4.1.2 Classical Vatin Culture

The period of the developed Early Bronze Age Vatin culture which likely extended over a longer period of time in the first half of the 2nd millennium BC represents the settlement phase of the Bronze Age with the richest finds (layers D–G, Feudvar IIb–IIIb). Ever since settlement layer B at Feudvar (Feudvar IIa), the residential buildings followed a regular system of parceled house lots which was continuously maintained until the period of the Middle Bronze Age Vatin culture (Fig. 8). For at least six building phases during which the houses were completely rebuilt after fires, a dense rectangular settlement layout with uniform houses, wide alleys and small squares persisted, thus inducing the project leaders to conceive of a prototypical urban settlement organisation[42]. The 10–12 m long and 5–6 wide residential dwellings are constructed of posts with wattle-and-daub walls mainly of insulating reed bundles and mud-plaster (Fig. 6). Mud was

---

39 Hänsel 1998, 31–33 fig. 12–13.
40 Gogâltan 2005, 168–170 Abb. 7.
41 Gogâltan 2005, 161–168.
42 Hänsel 1991, 76–78.; id. 1996, 247–249; id. 2002, 80–82.

Fig. 7. Feudvar. Pottery assemblage of the Early Bronze Age (classical) Vatin culture.

also used for the construction of floors and hearths, as well as for decorated plastic paneling of posts, walls and doors. A wide range of small finds attest to a variety of domestic activities such as storage, food preparation, spinning, weaving and pottery production. The evidence of hearths, wall shelves and looms as well as sets of vessels found in situ convey a vivid impression of the organisation of the households[43].

On the basis of the numerous, though fragmentary pottery finds from the burned house complexes at Feudvar (Fig. 7) Ch. Ihde reconstructed an ideal inventory of vessel types of the Early Bronze Age household (Fig. 9). Jars, bins, amphoras and other large vessels were used for storage. Food was prepared in portable hearths (pyraunoi), cooking pots, scoops and fish butts. Vessels of fine ceramic types such as dishes, bowls, jugs and cups (kantharoi) were used as tableware for food and drink and occurred in large quantities in the households. The inventory is supplemented by further functional ceramic types such as boxes, lids, baking trays, strainers and embers containers (Glutstülpen). Twin vessels and miniature tables that were also found in the houses are, instead, considered as ritual objects by Ihde[44].

Through spatial analysis, Ihde[45] in his study of the pottery finds was able to prove that in trench W different local decorative styles (styles A1–A3) coexisted in the contemporary house contexts, as each style was handed down over several generations of the respective house (Fig. 8). On the basis of the ceramic evidence the agglomeration of settlements around Feudvar can presently be assigned to the Syrmian-Slavonic group of the Vatin culture. The distribution of this cultural group in the area at the confluence of the Danube and Sava is sharply defined by the rivers, whereas only in the Tisza estuary area it extends beyond the Danube to the north[46]. Vessels of the type (decorative styles B–K) of neighbouring or more distant cultural groups (Pančevo-Omoljica, Cornesti-Crvenka, Moriš, Verbicoara, Szeremle, Vatya, Füzesabony) were found in comparatively small numbers and probably came to Feudvar as imports, perhaps in the frame of social contacts. Interestingly ceramic vessels of foreign cultural origin, such as jugs and cups of the Pančevo-Omoljica style (decorative style D), appear not infrequently over several building

43   Hänsel 1991, 72–76. figs. 8–11.
44   Ihde 2001, 233–242; 323–334 fig. 268.
45   Ihde 2001, 323–334 figs. 275–279.
46   Ihde 2001, 348–352 fig. 282.

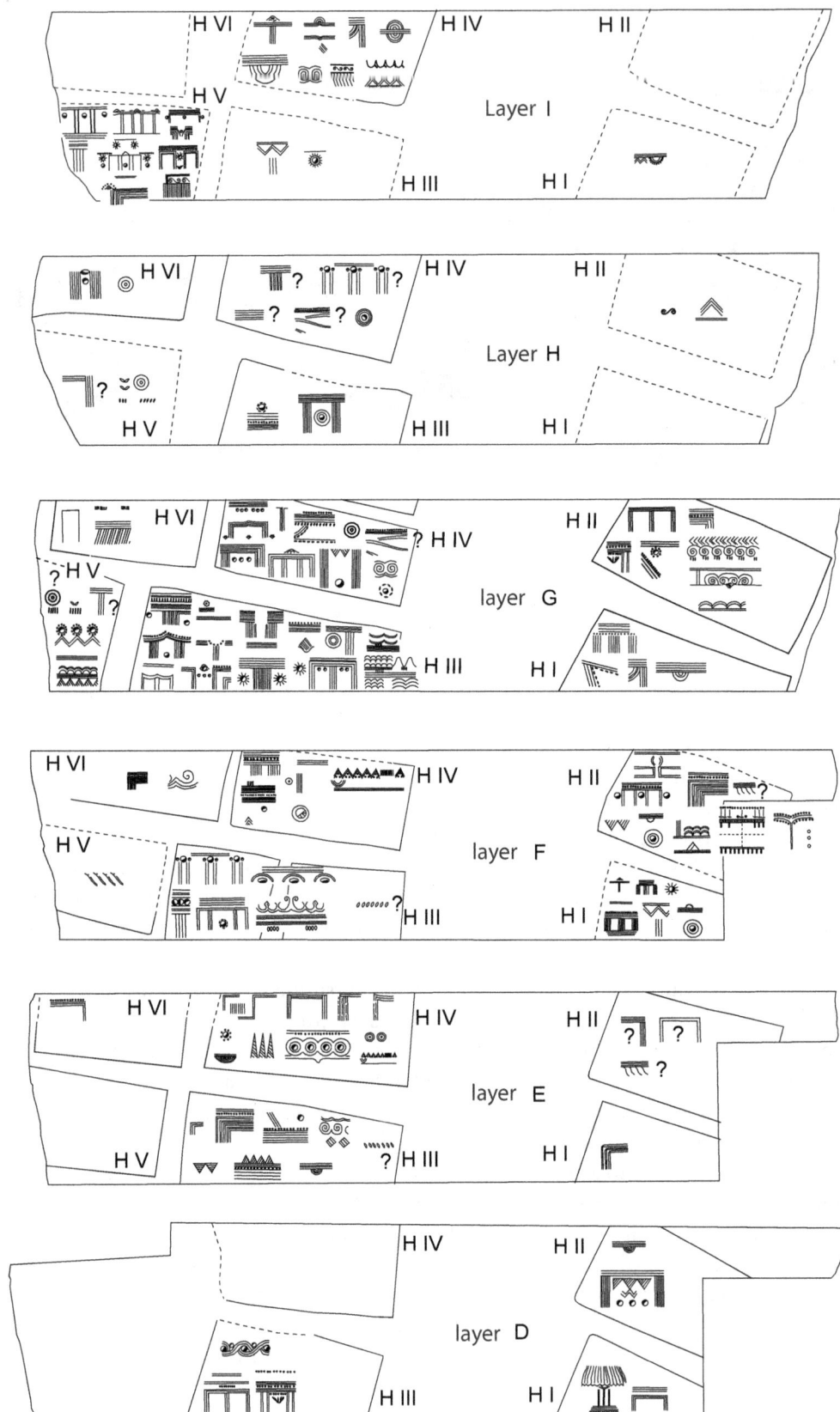

Fig. 8. Feudvar, trench W. Schematic plan of the Bronze Age residential buildings in layers D–I of the Vatin culture. Mapped are the pottery stiles A-K in house contexts I–VI (after Ihde 2001, Fig. 278, 279).

Fig. 9. Feudvar. Ideal pottery inventory of the Vatin culture in the Bronze Age houses of trench W (after Ihde 2001, Fig. 268).

phases in the same house contexts (Fig. 8). This observation could be interpreted to the effect that certain groups residing in Feudvar for several generations maintained individual contacts to settlements in neighbouring cultural areas[47].

A remarkable finding is a bronze workshop in the midst of the Early Bronze Age residential buildings at Feudvar. The workshop building, which is attested only in one building phase, on one hand fits into the rectangular layout of the settlement. On the other hand it is architecturally distinguished as a special building by its smaller size and particular internal structure (Fig. 10). It can thus be concluded that when the settlement was newly constructed the building was planned as a workshop and used for this purpose until its destruction. In the open front part of the building the workplace of a craftsman was indicated by numerous production residues. These include casting moulds, core supports, crucibles and a fragment of a male mould, but also grinding plates for the finishing of the castings. The fragments of moulds represent a wide range of bronze items including weapons, tools and jewellery (Fig. 11). It is therefore likely that the craftsman working in the shop was able to cover the entire demand for high-quality bronze products of the inhabitants of Feudvar[48].

---

47   Hänsel / Medović, 1989 / 90, 120; id. 1994, 191–193; Ihde 2001, 267–281; 323–325 figs. 275–279; 353–357; 370.
48   Hänsel / Medović 1991, 82–83; id. 2004, 83–86; Kienlin 1997, 2–4; 13–15; id. 2009, 140–142.

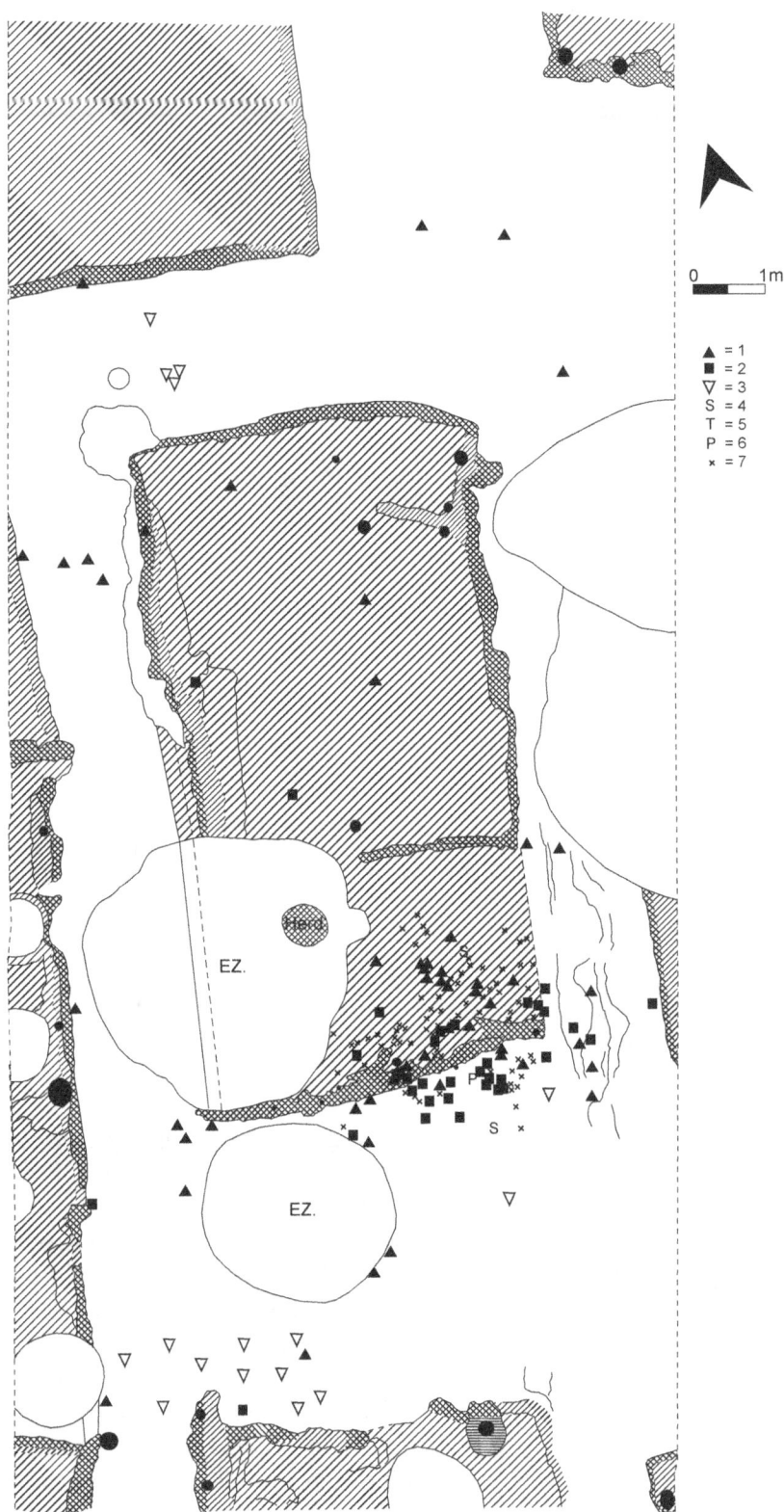

Fig. 10. Feudvar. Section of trench E with ground plan of the workshop of a bronze founder. Metallurgical finds: 1. Core support; 2. Fragments of multi-part clay moulds; 3. Fragments of broken clay moulds; 4. Stone plates; 5. Crucibles; 6. Fragment of male mould; 7. Pottery (after Hänsel / Medović 2004, Abb. 2).

Fig. 11. Feudvar, trench E, workshop of a bronze founder. Fragment of a two-part clay mould for casting a socketed spearhead.

Based on the results of the large-scale excavations, the number of inhabitants of the fortified settlement has been estimated and extrapolated by the excavators. The preserved area of the settlement mound allows to reconstruct about 80 houses. The estimated size of the groups inhabiting the fairly uniform residential buildings is based on an average of four adults and four children. This results in a population of 640 people. Further, larger open spaces are on one hand to be expected in the unexcavated areas of the settlement and, on the other hand, it is likely that at least half of the settlement fell victim to soil erosion of the slopes caused by the Tisza. In all, the excavators thus assume an average population of around 1000 people[49].

Drillings and geomagnetic prospecting in the area at the edge of the mound have demonstrated that a monumental defensive ditch up to 30 m wide and more than 5 m deep marked off the core of the multilayered settlement towards the plateau, however the ditch is dated not more precisely than to the Early Bronze Age (Fig. 12). At this time, a suburbium which extended over 1 ha existed immediately outside the eastern section of the ditch and the area of the gate. The remnants of an up to 1 m thick cultural layer prove that this was a permanent settlement[50].

A few hundred meters eastwards from the mound of Feudvar the settlement area is limited by the V-shaped valley of the Dukatar surduk. Just beyond this surduk an inhumation grave of the classical Vatin culture was uncovered which relates without doubt to the settlement[51]. This until now unique evidence of a grave of an inhabitant of Feudvar proves a conservative adherence to the traditional inhumation custom in the developed Early Bronze Age.

In the residential area of Feudvar neither buildings nor work zones have been encountered that were demonstrably used for agrarian production, as also farming equipment is conspicuously underrepresented

---

49   Hänsel 1996, 247; Hänsel / Medović 2004, 87.
50   Hänsel 1998, 29; id. 2002, 80; Falkenstein 1998, 139–40, 151–152 figs. 31; 33; Gomme 1981, 92–94.
51   Medović 2007, 12–13; 78–79 fig. 7. The grave containing a Vatin kantharos and a jar of the Southern Transdanubian Incrusted
     Pottery can be dated to the pre-Szeremle horizon of Incrusted Pottery culture (after Reich 2006, 237–239 fig. 112,K-Ra).

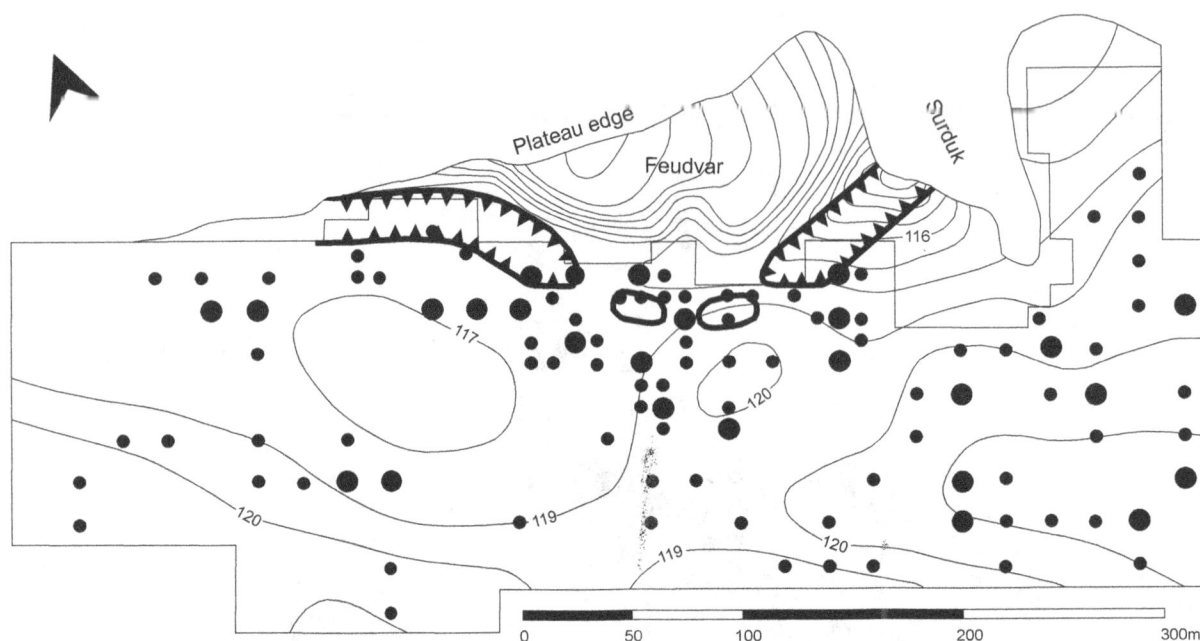

Fig. 12. Feudvar Suburbium – Survey. The course of the Bronze Age ditch is detected by drillings and geomagnetic prospection. Intensive surface collection in the suburbium, black dots signify the distribution of pottery fragments, respectively the expansion of the settlement area of the Middle Bronze Age Vatin culture (horizon 13) (after Falkenstein 1998, Fig. 37).

among the finds[52]. For this reason it can be assumed that the Early Bronze Age settlement complex of Feudvar was characterised by a hierarchical division of labour between the core settlement area and the suburbium. Accordingly, two sites that were located on spurs of the northeastern edge of the plateau in 4–5 km distance from and just within sight of Feudvar could have functioned as subsidiary satellite settlements (Fig. 5)[53].

The concept of a hierarchical division of labour is also supported by the archaeobotanical findings. Thus, einkorn wheat was cultivated as the main crop among the winter cereal crops at the time of the Vatin culture. Therefore it can be concluded that einkorn wheat was extensively cultivated, and this implies a great demand for agricultural land. The range of crop weeds suggest that the cultivation of cereal crops did not take place in the humid floodplain, but on the fertile and comparatively dry loess of the plateau. Besides einkorn wheat, barley, emmer wheat and broomcorn millet were of economic importance, i. e. cereals which are suitable mainly for consumption as mushes and flat cakes but not for baking real bread. In addition, several mass findings of brewer's grain (malt) that had germinated in a controlled manner make the production of beer in the Early Bronze Age very likely[54].

The large quantities of animal bones found in Feudvar also allow to reconstruct the basic nutrition strategies of the Early Bronze Age. Due to an inexhaustible abundance of game in the vast floodplain forests of the Tisza and Danube river basins, the proportion of hunted animals in meat consumption is unusually high. Thus, notably intensive hunting for deer (26.5 %) was practised in the floodplains, whereas wild boar and aurochs (4–5 %) were hunted more rarely. Fish, often of considerable size, were caught with fishing rods, harpoons, nets or fish traps and provided a welcome supplement to the diet[55]. With regard to the meat consumption in the settlement, the proportion of cattle, pig and horse (15–18 %) is approximately balanced, and sheep / goat (12 %) were consumed less frequently. Overall, an unspecialised animal hus-

---

52   Gačić 1991.
53   Falkenstein 1998, 227–234 fig. 199; 206; 267 fig. 235.
54   Kroll / Borojević 1988; Kroll 1991a; id. 1997, 195–197.
55   Blažić 1991.

bandry seeking to ensure the optimal utilization of all resources of the natural habitat is assumed[56]. In addition to the role of domestic animals as meat suppliers, an intense and varied use of their secondary products such as milk, wool and labour is presupposed already for the Early Bronze Age. The unusually high proportion of the domestic horse (15.2 %), also in comparison with other Early Bronze Age settlements in this cultural area, suggests a frequent use of horses for riding and as draught and pack animals in the settlement. The analysis of the bones testifies that the horses were brought into the fortified settlement for slaughter, then consumed and their remains disposed of on site[57].

On the basis of recent climatic conditions, it is expected that the prevailing vegetation in the climate zone and on the black earth-covered loess plains of the Tisza estuary was the forest-steppe. Up to the present day remnants of the early Holocene steppe vegetation of a Pontic-Pannonian type have survived in niches in the landscape. The botanical macro-remains of Feudvar indicate that an open thermophilic mixed forest probably existed on the Titel plateau at the time of the Early Bronze Age. In the vicinity of the settlements this natural vegetation disappeared due to the demand for arable land, pasturages and firewood, however the forest resources on the plateau were not exhausted. The clearing of forests and grazing resulted in the appearance of secondary bush vegetation which offered a wide range of fruit. However, for this period there is no evidence for an emerging anthropogenic steppe as is characteristic of the landscape of historical times[58].

4.2 The Middle Bronze Age

4.2.1 Late Vatin Culture

Although the settlement mound of Feudvar remained continuously occupied, the transition to the Middle Bronze Age around 1600 BC (layers H–I, Feudvar IV, horizon 13) brought about gradual changes in the cultural and settlement history. Notably, the Early Bronze Age settlements in the wider area were apparently abandoned and the settlement activities concentrated in the fortified settlement of Feudvar and its immediate surroundings (Fig. 5). The suburbium was now considerably expanded to an area of about 6 ha, and this could well indicate an increasing population due to immigration (Fig. 12). The apparently unfortified settlement extended as far as 200 m from the ditch and gate as well as from the Feudvar surduk which provided vital access from the lowland[59].

The Middle Bronze Age settlement phase of Feudvar (layers H–I; Feudvar IV) initially saw a continuation in the layout of residential areas. However, the archaeological evidence of the latest settlement stratum I is extremely patchy and largely obscure, so that no reliable conclusions can be drawn regarding the structure and density of the buildings. The reason for this is that habitation was discontinued in the fortified settlement and the suburbium around the middle of the 2nd millennium BC. A hiatus of several centuries followed during which the surface level of the Middle Bronze Age settlement was exposed to weather conditions and bioturbation, and this resulted in severe damage to near-surface archaeological features[60].

Already in the pottery phase Feudvar IIIb, before the end of the Early Bronze Age, significant influences of the Moriš culture can be traced in the pottery, with a growing tendency in the following period (Fig. 13). Notwithstanding a continuous development of the local pottery styles, in the Middle Bronze Age phase Feudvar IV the ceramic elements of the Moriš culture eventually dominate in relation to the still strong Vatin tradition. Thus, in the settlement layer I a house context (house V 5) can be singled out which adhered to the ‚antique‘ decor of the Vatin culture (styles A1, A2), whilst adjacent contemporary house contexts readily picked up impulses for a syncretic decor (style A3) (Fig. 8)[61].

---

56 Becker 1998, 322–324.
57 Becker 1994, 33–35; id. 1998, 328–330.
58 Kroll 1998, 308–309; Butorac 1998.
59 Falkenstein 1998, 150; 152 fig. 37; 368–369 fig. 236.
60 Hänsel 2002, fig. 2; Ihde 2001, 369–371; Falkenstein 1998, 137–138.
61 Ihde 2001, 325; 367.

Fig. 13. Feudvar. Pottery assemblage of the Middle Bronze Age Vatin culture.

At the same time, immediately south of the Danube the Middle Bronze Age Belegiš group (Belegiš Ia) emerged without a cultural break, but as a distinct phenomenon, from the cultural substratum of the Syrmian-Slavonic group of the Vatin culture, the ceramic characteristics of the Belegiš group differing clearly from those of the settlement of Feudvar. The conspicuous absence of imported vessels of the early Belegiš group in Feudvar indicates that relations across the Danube with the Syrmian cultural area were interrupted[62].

At the beginning of the Middle Bronze Age we therefore observe a socio-cultural separation of the Tisza estuary area from the Syrmian-Slavonic group of the Vatin culture, and at the same time an incorporation of the settlement complex of Feudvar with its important transport connections into the cultural area of the Tisza-Moriš region[63].

The handing down of ceramic styles from the Early Bronze Age, and the continuity of the building structure indicate a conservative attitude of the inhabitants of Feudvar in the early Middle Bronze Age. Whilst neighbouring regions saw processes of cultural transformation that were partly brought about by severe changes, such as the abandonment of a number of multilayered settlements and the introduction of the canonical urn grave custom, the Tisza estuary area, similarly to the Moriš region, adhered to the Early Bronze Age cultural system of central settlements scattered like islands in the landscape. However, also in Feudvar a profound structural change is testified by the concentration of the population in the fortified settlement and suburbium, as well as by the cultural separation from the early Belegiš group south of the Danube and the integration into the Moriš cultural area. Finally, after about half a millennium of continuous habitation the settlement of Feudvar is abandoned around 1500 BC. This decline of settlement activities falls in a period of regional crisis around the middle of the second millennium BC, when all multilayered settlements in the Carpathian basin were abandoned. The causes of that crisis were without doubt complex, as can be seen from the fact that the settlements collapsed at different times, as well as from the varying local scenarios. In general terms, it would be expected that the decline of the Early Bronze Age tell cultures in the Carpathian basin was effected by an interplay of social, economic and climatic factors[64].

4.2.2 Early Belegiš Group

The further cultural development of the Tisza estuary area in the Middle Bronze Age is marked by a structural break that could hardly be more dramatic (Fig. 14). At about 1500 BC, i. e. approximately at the same time when the settlement of Feudvar was abandoned, for the first time in the settlement history

---

62   Ihde 2001, 351.
63   Ihde 2001, 367; Falkenstein 1998, 81–83.
64   David 1995, 248–260; David 2009, 573–575; Gogâltan 2005, 171–173; Fischl et al. 2013.

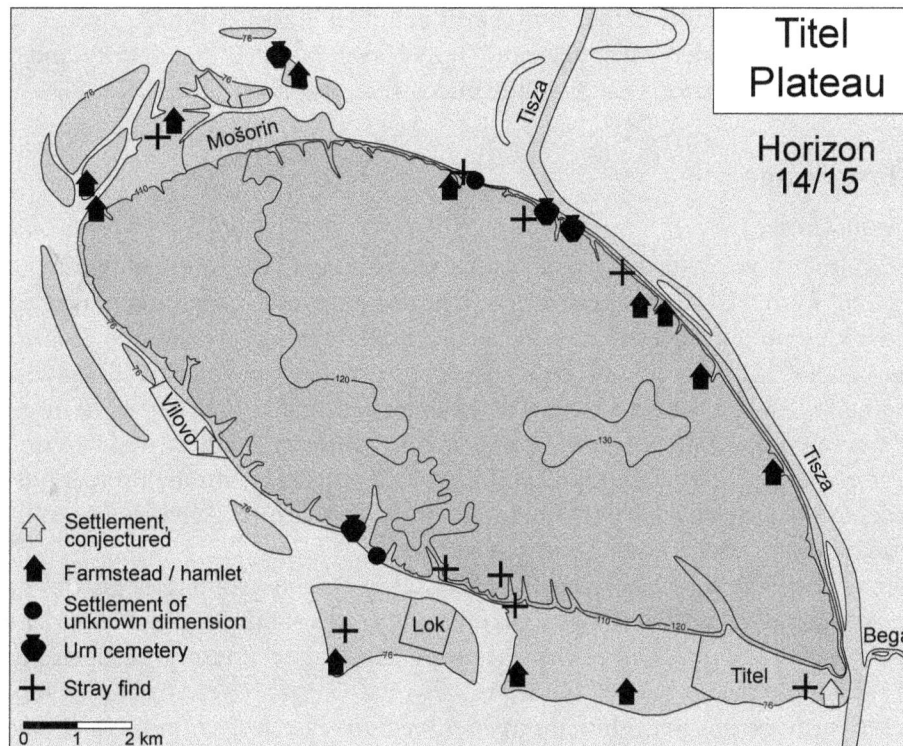

Fig. 14. Titel Plateau. Sites of the Middle and Late Bronze Age Belegiš group (Belegiš Ib–IIa)
(after Falkenstein 1998, Fig. 237, 238).

the entire area of the Titel plateau that was favourable for human occupation was inhabited (horizon 14).
Thus, a system of unfortified farmsteads and hamlets now emerged at distances of an hour's walk (3–5
km) along the riverside edges of the plateau and terraces[65]. Furthermore, numerous sites with Belegiš
pottery and incrusted late Szeremle pottery on the opposite river terraces of the Bačka (Šajkaška) testify
that this decentralised settlement pattern of the Middle Bronze Age probably extended over the entire
area of the Tisza estuary[66]. Since a small settlement of the kind existed also on the southern flanks of the
Šocin surduk at a short distance from Feudvar, the deserted settlement mound by that time apparently
no longer had any effect on the settlement activity[67]. Only in the cemetery at Stubarlija surduk east of
Feudvar burials possibly continued on a local scale. There, next to the above mentioned single inhumation of the Vatin culture, a vast Middle Bronze Age cemetery with urn graves of the Belegiš and Szeremle
group has been recorded[68].

The ceramic finds from the settlements and cemeteries of the Titel Plateau and the adjacent part of
Šajkaška show characteristics of two different pottery stiles. Thus, ornamented ceramic shapes of the
developed early Belegiš group (Belegiš Ib) and the late Szeremle group appear side by side. The incrusted
late Szeremle pottery according to the studies of Ch. Reich represents the most recent occurrence of
Middle Bronze Age Incrusted Pottery along the Danube. Besides the Drava estuary and the Iron Gates
region, a micro-regional agglomeration of settlements and cemeteries with Incrusted Pottery is evident
also in the area at the confluence of the Tisza and Danube[69]. In addition, anthropomorphic clay figurines
with incrusted ornamentations that are also characteristic of the Late Szeremle group were frequently

65   Falkenstein 1998, 269–270 fig. 237.
66   Medović 1998b, 151–153; 163 map 3.
67   Falkenstein 1998, 156–157 fig. 56–57; fig. 237.
68   Medović 1996, 163–165; id. 2007, 79–85; Falkenstein 1998, 158–160 fig. 59.
69   Reich 2006, 315–326; 332–334 fig. 177; 181.

encountered[70]. Thus, a discontinuity of the Vatin-Moriš culture of the early Middle Bronze Age at Feudvar can be observed both in the settlement pattern and in the development of the pottery, and on this basis it is possible to postulate a population change in the micro-region at about 1500 BC.[71]

4.3 The Late Bronze Age

4.3.1 Late Belegiš Group

The settlement pattern that was installed in a short time and perhaps in the course of systematic colonisation by population groups from the Danube-Sava region (Belegiš group) and from the confluence of the Danube and Drava (Szeremle group) remains virtually unchanged from the Middle to the Late Bronze Age (15th–13th century BC) (horizon 14–15). Only at local level can be observed that individual buildings were moved from one place to another, whereby the built-up areas of the open hamlet-like sites tended to increase[72].

The time of the greatest possible continuity of settlement is however characterised by a drastic change in pottery decoration from the incised, stamped and incrusted pottery of Middle Bronze Age type (Belegiš Ib, Late Szeremle) to a black-polished and fluted ware of the Late Bronze Age Belegiš group (Belegiš IIa), whilst the shapes of the vessels continued without a break[73].

The subsequent settlement phase (horizon 16) of the latest Belegiš group (Belegiš IIb) of the 12th–11th century BC is a transitional phase that shows signs of disintegration of the traditional settlement structure. Thus, at the beginning of the phase all earlier sites were abandoned, and new settlements were built at distances of a few hundred meters to two kilometers. Also, in the urn grave cemetery of Stubarlija which is unfortunately only partly excavated the burial activities seem to cease at the beginning of Belegiš IIb phase.

As the area of exploited agricultural land and the settlement density remained virtually the same, it would be expected that the restructuring was caused by socio-political rather than economic or demographic factors. However, the former even distribution of hamlets in the landscape was replaced by a less regular settlement pattern comprising sites of very different sizes. Thus, farmsteads and hamlets now alternated with large settlements of village-like character[74].

Whilst the shapes of the pottery gradually changed, the black polished surfaces and the fluted decoration of the later Belegiš group continued. In addition, coarsely made vessels with incised and stamped decoration appear in a still small, but already regular proportion and thus mark the beginnings of the Early Iron Age Bosut group[75].

From the characteristic finds in Feudvar it appears that, in the course of the reorganisation of the settlement pattern on the Titel plateau in the 12th / 11th century BC, also the Bronze Age settlement mound of Feudvar was occupied again. The transition from the Middle Bronze Age settlement to the Late Bronze Age habitation, with the intervening hiatus, seems to correspond stratigraphically with level I after Röder in excavation trenches D and E[76]. The apparent decline in the settlement structure and in the pottery production support the view of a period of cultural transition and reorientation between the Late Bronze and Early Iron Age in the middle Danube region[77].

---

70   Hänsel / Medović 1988 / 89, 36 pl. 9,4; Falkenstein1998, 83–87; 106 pl. 57,7–9; 58,1–4; Medović 1998a, pl. 16,1; 36,2; id. 1998b, 153–154; id. 2007, 59–61.
71   Falkenstein 1998, 83–87; 106.
72   Falkenstein 1998, 271 fig. 238.
73   Falkenstein 1998, 87–89.
74   Falkenstein 1998, 271; 274 fig. 239.
75   Falkenstein 1998, 89–91.
76   Röder 1991, 129–131. See also Falkenstein 1998, 134; 136–137; Ihde 2001, 338–339.
77   Medović 1988 / 89, 45–47.

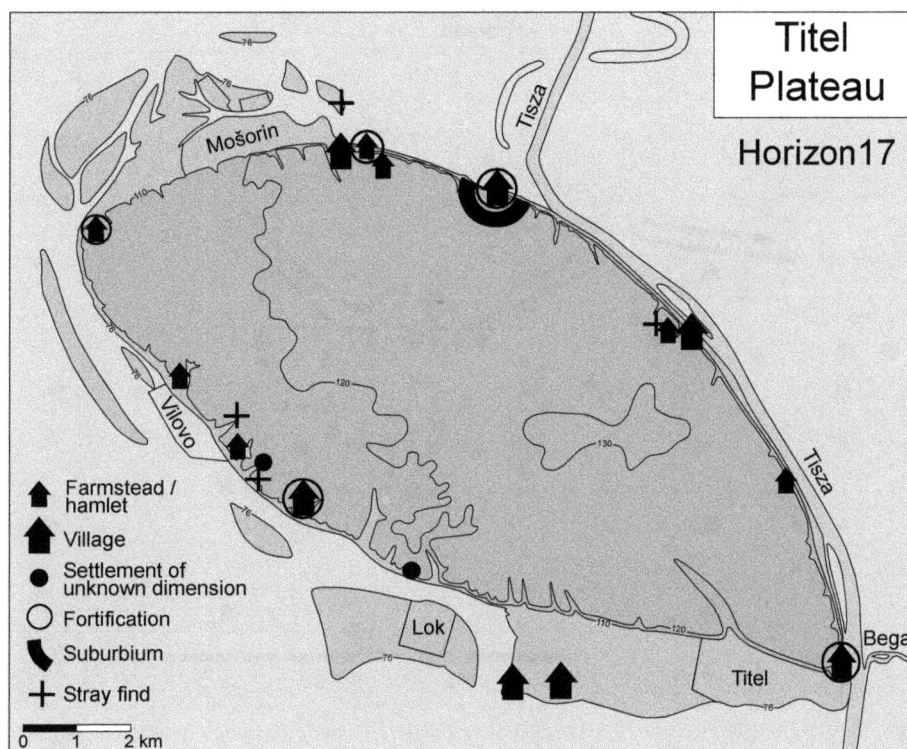

Fig. 15. Titel Plateau. Sites of the Early Iron Age Bosut group (Kalakača phase) (after Falkenstein 1998, Fig. 240).

4.4 The Early Iron Age

4.4.1 Early Bosut Group

The beginning of the Early Iron Age in the Tisza estuary area and throughout the Serbian Danube region is characterised by the appearance of the early Bosut group (Kalakača horizon). Compared with the black-polished fine ware of the Late Bronze Age there is now a prevalent trend towards coarser ceramic wares, as well as a sharp decline of fluted decorations in favour of incised, stitched and stamped ornaments[78].

In the settlement phase of the early Bosut group (horizon 17) either a significant increase nor a reduction of settled area can be observed in relation to the immediately preceding period, thus the population size in the micro-region of the Titel plateau was presumably fairly stable. However, the settlement pattern had been radically regulated through resettlement measures that affected about two thirds of the existing sites (Fig. 15). Along the edge of the plateau towards the Tisza the mostly village-like sites were situated at regular distances of 2.5–4 km and within sight of each other. Especially striking is the complete depopulation of the lower terraces, for all settlements originally located at the foot of the plateau or in the plain were moved to the shelter of a nearby spur of the plateau. In addition, the settlements on the promontories at the natural access routes to the micro-region were protected by earthworks[79].

The earliest Iron Age settlement of Feudvar on the central northern edge of the plateau was likewise fortified by a ditch approximately 10 m wide and up to 4.5 m deep (Fig. 16). Two passageways flanked by the inwardly receding ditch give reason to expect pincer gates. The excavated earth from the ditch was used to level the area in front of the fortified settlement, and therefore the remains of the Bronze Age

---

78 Medović 1991, 147; Falkenstein 1998, 91–93.
79 Falkenstein 1998, 274–275 fig. 240; id. 1999, 114–115 fig. 5.

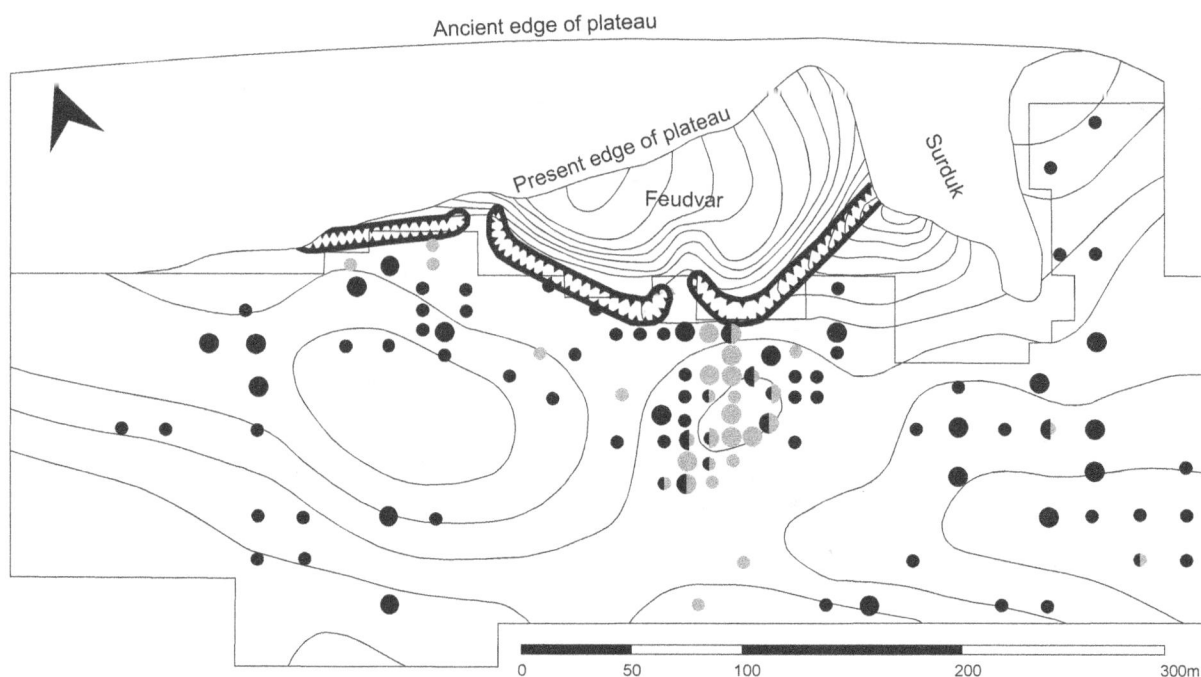

Fig. 16. Feudvar Suburbium – Survey. The course of the Early Iron Age ditch is detected by drillings and geomagnetic prospection. Intensive surface collection in the suburbium, dots signify the distribution of pottery fragments, respectively the expansion of the Early Iron Age settlement areas (Bosut group). Black dots: pottery of the Kalakača phase (horizon 17); grey dots: pottery of the Basarabi phase (horizon 18) (after Falkenstein 1998, Fig. 38, 39).

ditch were also completely levelled. Immediately on this levelled loess layer the suburbium of the Kalakača period was built, which extended over an area of approximately 6 ha (Fig. 16)[80].

The beginnings of the Bosut group are therefore marked by strategic measures that were carried out with considerable effort. As a result, the settlement activities were shifted from the lower terraces to naturally protected locations on the Titel plateau and the settlement area was safeguarded at the neuralgic points against military attacks from the outside.

The resettlement and reinforcement measures take place at a time when a complex cultural change can be discerned in the Carpathian basin. In the zone of the Great Hungarian plain, the cultural break has especially dramatic effects. Thus, the settlements and urnfields of the Csorva, Kyjatice and Gáva groups in the middle and upper Tisza basin were in the course of 10th–9th century BC replaced by the burial sites of the Füzesabony-Mezőcsát group. The metal finds from the graves and depots represent a repertoire of forms of Pontic-Caucasian origin. At the same time it can be assumed, especially due to the lack of settlement remains, that the population groups in the Alföld were of nomadic steppe character[81]. The presence of a nomadic steppe population in the geographically adjacent lowlands is in perfect agreement with the resettlement and reinforcement activities of the early Bosut group, for such measures would be expected in the case of threat from steppe nomadic attacks.

By the time of the Kalakača period at the latest, the settlement complex of Feudvar due to its heavily fortified settlement and large suburbium could once more have functioned as a political centre in the micro-region of the Titel plateau. However, another large settlement in a strategic position now existed on the southeastern tip of the Titel plateau in the Titel-Kalvarija area[82].

---

80   Falkenstein 1998, 129–152 fig. 32; 38; Gomme 1991, 92–93.

81   Kemenczei 1984, 94– 96; Patek 1993, 19–21; Metzner-Nebelsick 1998, 360–362; 398–400.

82   Falkenstein 1998, 194–196.

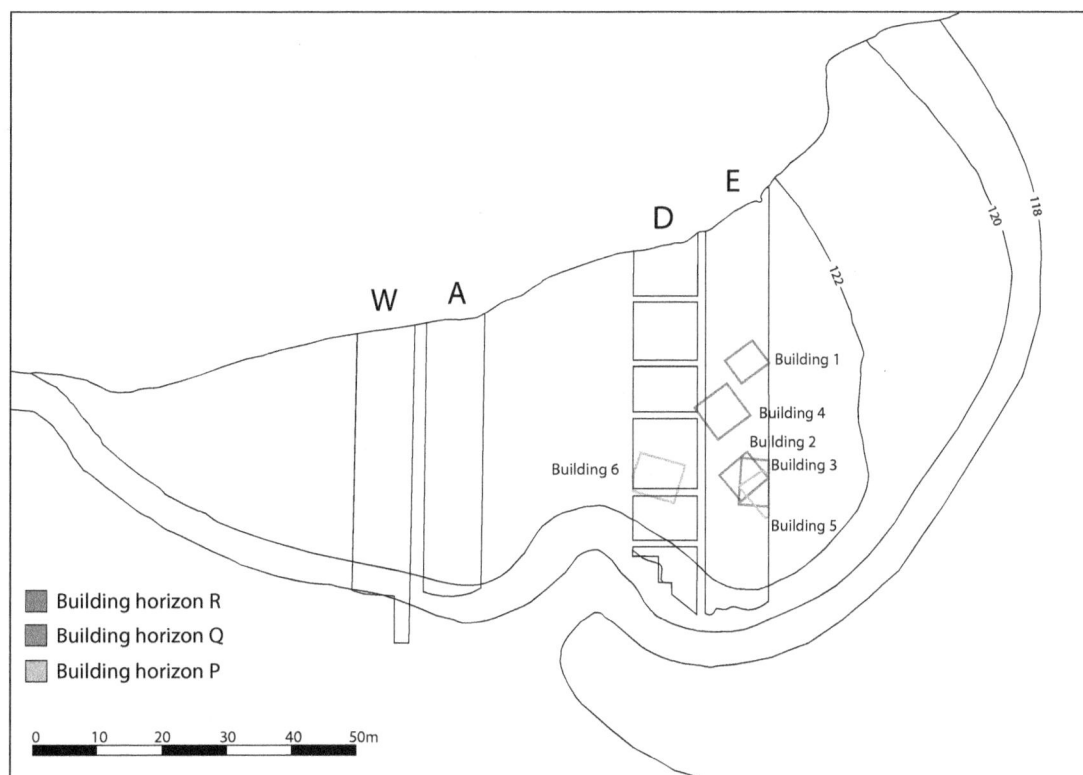

Fig. 17. Feudvar, trenches D and E. Schemes and horizons of Early Iron Age buildings (Kalakača and Basarabi phases) (after Röder 1995, Abb. 1, 12, 20, 29, 37, 43, 59).

The settlement stratum of the early Bosut group in Feudvar was identified stratigraphically as layer II by M. Röder and described by P. Medović. The characteristic layout at this time is defined by loosely arranged irregular groups of freestanding small buildings that were used only for a short time and are surrounded by alleys and open spaces (Fig. 17). The preserved parts of the buildings are often clay floors, hearths, post holes and burnt clay of the walls that were constructed of wattle and daub. The construction and dimensions of the houses remained the same throughout the Early Iron Age building phases (Fig. 18). The residential areas include storage facilities consisting of clay-lined pits, the pits being accessible, roofed over and arranged individually or in groups beside the residential buildings[83].

Building level P (houses 5 and 6) in excavation areas D and E corresponds to two stratigraphically earliest house contexts that were analysed by M. Röder and according to the ceramic finds date back to the very end of the Kalakača phase. Here, the first occurrence of incrusted stamped S-motifs marks the beginning of the Basarabi decorative style[84].

The range of species represented by the Early Iron Age animal bones from Feudvar points to gradual changes in subsistence strategies in comparison to the Early Bronze Age. As before, the floodplain forests of the Tisza lowland yielded large quantities of wild game, so that in the Early Iron Age the proportion of game meat could still rise. Regarding the role of the river as food resource there is, however, a shift in that the fish consumption declined noticeably, whilst the consumption of mussels doubled[85]. In the case of domestic animals, a change in food selection towards specialised meat consumption with a preference for horse meat can be determined. Whilst beef retained its importance, pig and sheep / goat was eaten significantly less. Of special importance is the doubling of the proportion of horse meat

---

83 Medović 1991, 144–146 fig. 27; Röder 1991, fig. 222.
84 Röder 1995, 33–35; 115–117; 124–126 fig. 64.
85 Becker 1998, 322–324; 327.

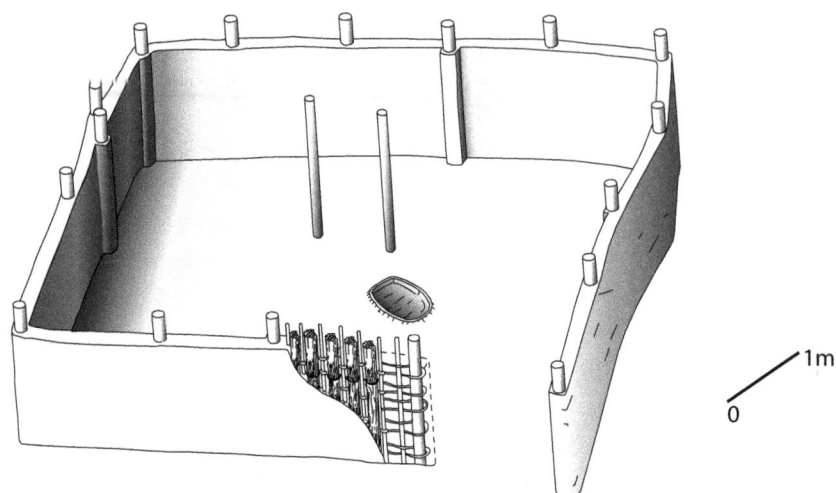

Fig. 18. Feudvar, trench E. Isometric reconstruction of house 1 (Building horizon R, Basarabi phase) (after Röder 1995, Abb. 7).

(31.6 %) compared to the Early Bronze Age. Half of the consumed horses were slaughtered already at juvenile to subadult age, before they could be of use as riding and work horses. This is remarkable because horse keeping for the purpose of meat production is, for species-specific reasons, extremely unprofitable and can only be imagined when the economy generates a surplus[86]. The preference of the population of Feudvar for horse meat must therefore be seen in the context of the cultural fabric of the lowlands of the Carpathian basin at the time of the Early Iron Age, which is characterised by steppe nomadic traits. Thus, it would be conceivable that goods were exchanged between sedentary farmers and pastoral horse breeders, for example at the occasion of regularly held livestock markets. Another possible explanation could be the adaptation of horse keeping in large transhumant herds, because on the plateau or on the sandy islands of the alluvial lowland herds of horses would have found ideal grazing grounds. Also, the botanical macro remains demonstrate a trend towards anthropogenic desertification of the hinterland by the time of the Iron Age at Feudvar, and this could have been another favourable factor for specialised horse keeping[87].

4.4.2 Middle to Late Bosut Group

The settlement phase of the early Bosut group (Kalakača horizon) on the Titel plateau, in the area of tension between farmers and nomadic horsemen, thus saw a well-organised settlement pattern with the highest population density ever reached in prehistoric times (Fig. 15). However, the prospering settlement region came to an abrupt end. Notwithstanding the earlier reinforcement measures, almost all settlements were abandoned at the transition to the middle Bosut group (horizon 18), and the land-scape was depopulated. This resulted in a decreased number of settlement sites on the Titel plateau of about one-tenth[88].

On the basis of the pottery, the far-reaching events that caused the irreparable breakdown of the Early Iron Age settlement pattern can be assigned quite precisely to the transition from an early Basarabi style marked by stamped S-motifs to a developed Basarabi style characterised by incised and incrusted

---

86   Becker 1991, 188–189 Abb. 46; id. 1994, 29; id. 1998, 329–330.
87   Kroll 1998, 308–309.
88   Falkenstein 1998, 276–277 fig. 241.

Fig. 19. Feudvar. Pottery assemblage of the Early Iron Age Bosut group (horizon of Fluted Pottery).

two-dimensional ornaments. In terms of absolute chronology, we are thus likely near the transition from the 9th to 8th century BC[89].

Depopulation phenomena with such dramatic effects are noticeable throughout almost the entire area of the Bosut group at the end of the Kalakača period, and they are probably the reflection of a crisis period which finds visible expression in, among other aspects, the mass grave II in the settlement of the Kalakača period of Gomolava in Srem[90].

After the depopulation of the hinterland at the beginning of the 8th century BC only the fortified central settlement of Feudvar continued to be inhabited (horizon 18). The rapid shrinking of the population to probably less than one-tenth of the original population size is, at that point, observable not only on the small-scale regional but also at the local level, as a drastic reduction in built-up area is visible also in the suburbium. Thus the extensive suburbium of the Kalakača period (approximately 6 ha) was followed by a settlement of the middle and late Bosut group (horizons 18 and 19) with a very confined area of only about 0.5 ha (Fig. 16). In the characteristic settlement zones immediately outside the gate complex a row of buildings can be discerned that are aligned with the axis of the gateway. This ‚gateway settlement‘ provides indirect proof that the Iron Age earthwork was still functioning[91].

On the basis of the pottery, P. Medović has recognised a clear stratigraphic sequence of the Kalakača, Basarabi and Fluted Pottery periods (Bosut IIIa–IIIc / IVa–IVc) in Feudvar and defined it with reference to the settlement of Gradina on Bosut[92] (Fig. 19). M. Röder in his stratigraphic assessment of the house phases Q to S however places a different emphasis. Thus he stresses that high-quality wares and the associated surface polishing and fluted decoration were already revived at the transition to the Bosut II (resp. Bosut IIIb / IVb) period, without any sharp differentiation from the ceramic repertoire of the subsequent Bosut III (resp. Bosut IIIc / IVc) period. The ceremonial bowls of Basarabi style that occur irregularly among the pottery finds in houses he considers as no defining element of the Bosut pottery (Fig. 20)[93].

Due to the patchy nature of the settlement findings of the middle to late Bosut group in Feudvar, no reliable statements can be made with regard to continuities or breaks in the settlement sequence. The loose

89 Röder 1995, 132–133; Falkenstein 1998, 91–93; 276.
90 Farkas 1972 / 73; Falkenstein 1998, 276–277; id. 1999, 118–121.
91 Falkenstein 1998, 152 fig. 39–40; 276–277.
92 Medović 1978; Medović / Medović 2011.
93 Medović 1991, 148–151; Röder 1995, 137–139; 144–146; 160–161.

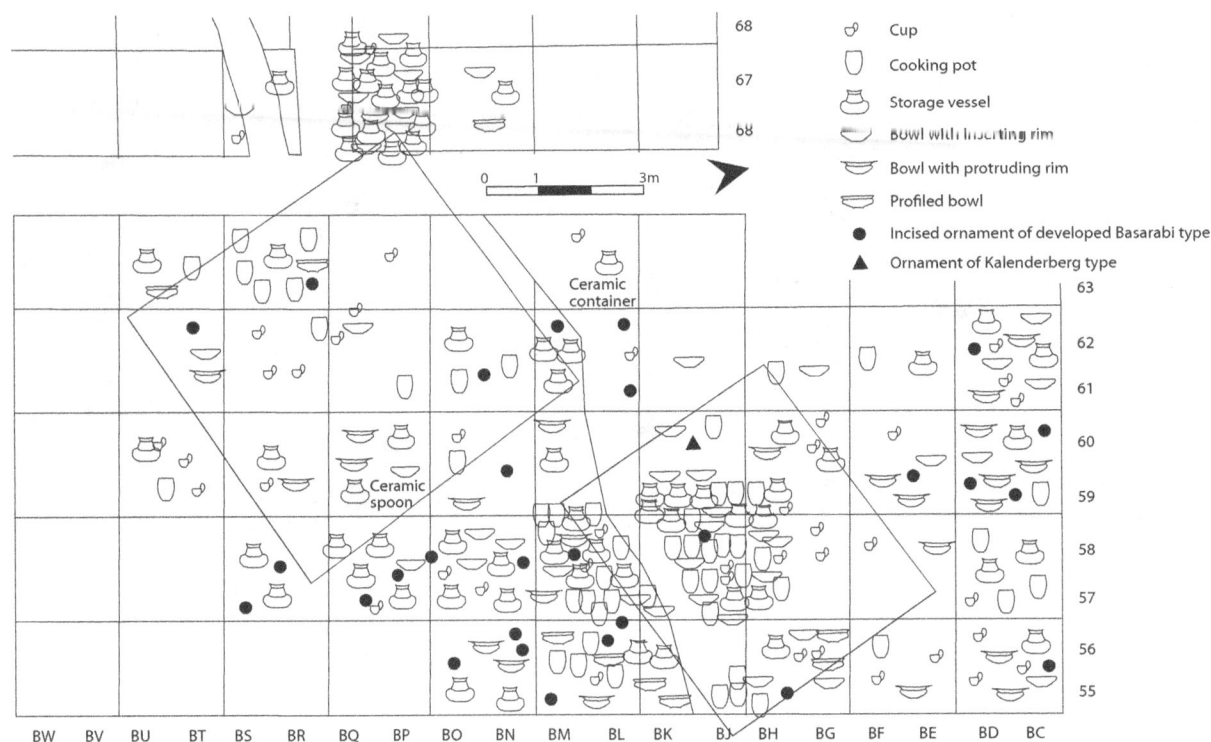

Fig 20. Feudvar, trench E. Schemes of the Early Iron Age houses 1 and 4 (Building horizon R) with selected types of pottery (after Röder 1995, Abb. 68).

arrangement of groups of freestanding rectangular buildings was retained, whereas in excavation trenches D and E the houses of the individual levels seem to have been uniformly aligned (Fig. 17). Between phases P, Q and R the orientation of the houses shifts by approximately 45° respectively, without however implying further-reaching conclusions. As layers of burnt debris show clearly, house fires continued to occur frequently throughout all Iron Age settlement phases[94]. Due to the presence of large numbers of storage vessels, cooking pots and animal bones in the area of house 1 of the Basarabi period and further, the find of a spiral decorated hearth nearby (Fig. 21), Röder identifies this finding as the remains of a special building to which he assigns a sacred character[95].

The uppermost Iron Age settlement deposits of the late Bosut group (Fluted Pottery period) are heavily weathered due to the millennia-long root activity of the surface vegetation, and we consequently know very little about the latest settlement phase of Feudvar. However, a striking number of *in situ* inventories of intact vessels were found in buildings that had collapsed in the fire and only a few decimeters below the recent surface. They are interpreted by the excavators in that the latest settlement was suddenly abandoned in a catastrophe and with the belongings of the inhabitants being left behind[96]. The time when Feudvar was abandoned has so far been only vaguely determined. Whereas M. Röder, though with certain reservations, assigns the finds from the most recent level S to the Ha D period P. Medović, on the basis of the single find of a small three-nozzled oil lamp, associates the end of the settlement in Feudvar with the so-called Syrmian group of the Western Balkan Complex of the 5th / 4th century BC[97]. Medović also

---

94   see Röder 1995, fig. 1–38.
95   Röder 1995, 1–3 fig. 7; 157–159 fig. 68; id. 1997, 53 fig. 2.
96   Hänsel / Medović 1991, 70; Medović 1991, 150.
97   Röder 1995, 160–161; Medović 1991, 150–151; Medović / Hänsel 2006, 494–495.

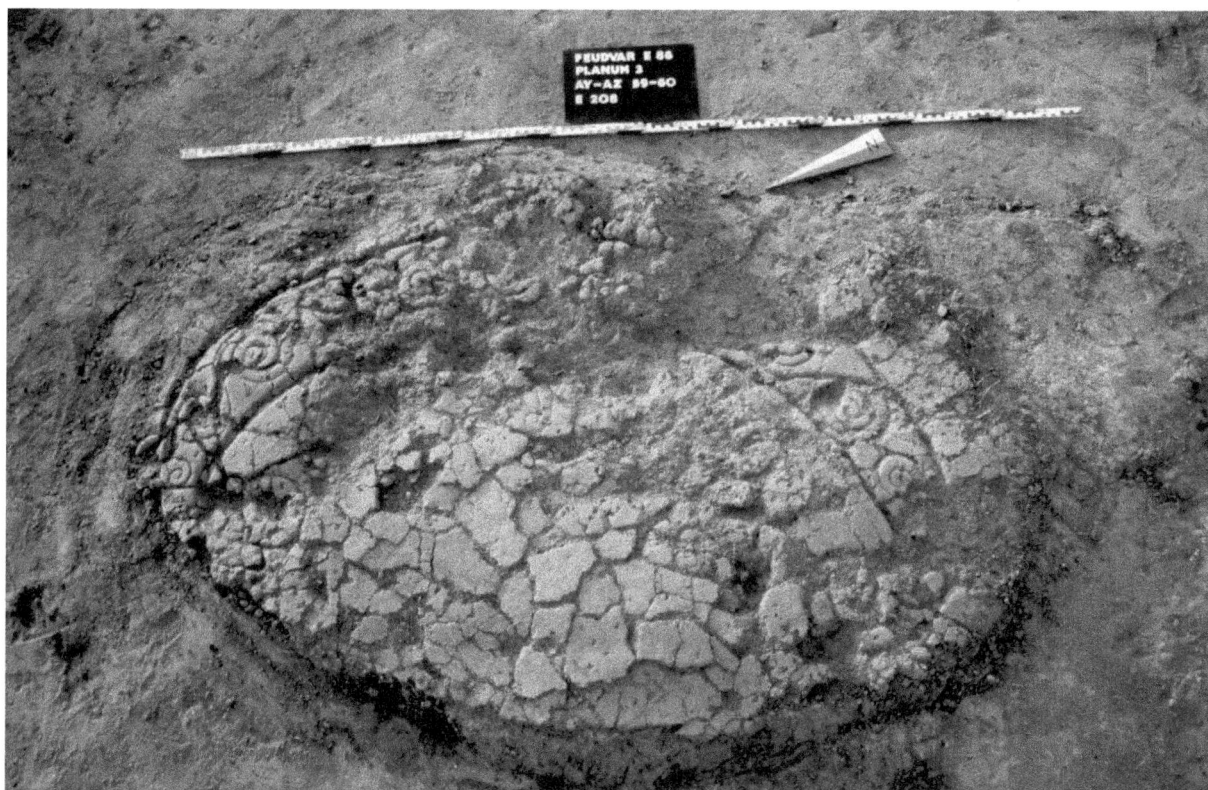

Fig. 21. Feudvar, Trench E. Early Iron Age Building horizon R (after Röder). Clay hearth with spiral ornamentation.

connects five graves of the Syrmian group in the cemetery area of Stubarlija surduk with the occupation level of the late Bosut group in Feudvar[98].

After the fortified settlement of Feudvar, which formed an isolated island in the steppe landscape, was finally destroyed around the 5th / 4th century BC the micro-region of the Titel plateau remained abandoned for several centuries. A grave find on the bottom of Feudvar surduk however attests the presence of Celts already in the early La Tène period (Lt B)[99]. When the settlement area was extensively reoccupied in the 2nd century BC, in the course of colonisation of the Tisza estuary area by population groups of the Celtic Scordisci, the focus of settlement had shifted to the southern tip of the plateau. Thus, at that time a large Celtic fortified settlement existed at the important geostrategic location of Titel-Kalvarija on the mouth of the river Tisza[100]. Thereafter, the prehistoric settlement mound of Feudvar has remained unaffected by the settlement activities of historical times on the Titel plateau.

98   Medović 2007, 86–91.
99   Kull 1991.
100 Falkenstein 1998, 277–279.

5. Bibliography

BECKER 1991: C. Becker, Haustierhaltung und Jagd in der frühen Bronze- und Eisenzeit in der Vojvodina – Erste Resultate zu Tierknochenfunden aus Feudvar. In: B. Hänsel / P. Medović, Vorbericht über die jugoslawisch-deutschen Ausgrabungen in der Siedlung von Feudvar bei Mošorin (Gemeinde Titel) von 1986–1990. Ber. RGK 72, 1991, 178–190.

BECKER 1994: C. Becker, Pferdefleisch – Notnahrung oder Gaumenfreude? Einblicke in bronzezeitliche Eßgewohnheiten durch archäozoologische Untersuchungen der Tierreste von Feudvar / Vojvodina. Das Altertum 40, 1994, 29–46.

BECKER 1998: C. Becker, Möglichkeiten und Grenzen von Tierknochenanalysen am Beispiel der Funde aus Feudvar – Mogucnosti i granice analize zivotinjskih kostiju na primeru nalaza iz Feudvara. In: B. Hänsel / P. Medović (Hrsg.), Feudvar I. Das Plateau von Titel und die Šajkaška – Titelski Plato i Šajkaška. Archäologische und naturwissenschaftliche Beiträge zu einer Kulturlandschaft. Prähist. Arch. Südosteuropa 13 (Kiel 1998) 321–332.

BECKER U.A. 1989: B. Becker / R. Krause / B. Kromer, Zur absoluten Chronologie der Frühen Bronzezeit. Germania 67, 1989, 421–442.

BLAŽIĆ 1991: S. Blažić, Die Fischfunde von Feudvar. In: B. Hänsel / P. Medović, Vorbericht über die jugoslawisch-deutschen Ausgrabungen in der Siedlung von Feudvar bei Mošorin (Gem. Titel, Vojvodina). Ber. RGK 72, 1991, 190–193.

BORIĆ 1998: D. Borić, Die Fortführung der Ausgrabungen in Feudvar im Jahre 1960. Nastavak iskopavanja na Feudvaru 1960. godine. In: B. Hänsel / P. Medović (Hrsg.), Feudvar I. Das Plateau von Titel und die Šajkaška. Archäologische und naturwissenschaftliche Beiträge zu einer Kulturlandschaft. Prähist. Arch. Südosteuropa 13 (Kiel 1998) 179–194.

BOROJEVIĆ 1991: K. Borojević, Emmer aus Feudvar. In: B. Hänsel / P. Medović, Vorbericht über die jugoslawisch-deutschen Ausgrabungen in der Siedlung von Feudvar bei Mošorin (Gem. Titel, Vojvodina). Ber. RGK 72, 1991, 171–177.

BUDAKOV 1998: L. Budakov, die Fischfauna von Donau und Theiß. Recentno stanje i zaštita ihtiofaune Dunava i Tise. In: B. Hänsel / P. Medović (Hrsg.), Feudvar I. Das Plateau von Titel und die Šajkaška. Archäologische und naturwissenschaftliche Beiträge zu einer Kulturlandschaft. Prähist. Arch. Südosteuropa 13 (Kiel 1998) 365–383.

BUKVIĆ 1991: L. Bukvić, Pyraunoi der Bronze- und Eisenzeit. In: B. Hänsel / P. Medović, Vorbericht über die jugoslawisch-deutschen Ausgrabungen in der Siedlung von Feudvar bei Mošorin (Gem. Titel, Vojvodina). Ber. RGK 72, 1991, 137–140.

BUTORAK 1998: B. Butorak, Der Zustand der rezenten Flora und Vegetation des Plateaus von Titel. Stanje recentne flore i vegetacije Titelskog platoa. In: B. Hänsel / P. Medović (Hrsg.), Feudvar I. Das Plateau von Titel und die Šajkaška. Archäologische und naturwissenschaftliche Beiträge zu einer Kulturlandschaft. Prähist. Arch. Südosteuropa 13 (Kiel 1998) 281–303.

ĆURČIĆ 1998: S. Ćurčić, Das Plateau von Titel und seine Umgebung: Geomorphologie und Besiedlungsverhältnisse. Titelski breg i okolina: Orohidrološke karakteristike i uslovi za naseljavanje. In: B. Hänsel / P. Medović (Hrsg.), Feudvar I. Das Plateau von Titel und die Šajkaška. Archäologische und naturwissenschaftliche Beiträge zu einer Kulturlandschaft. Prähist. Arch. Südosteuropa 13 (Kiel 1998) 261–278.

DAUTOVA-RUŠEVLJAN 1998: V. Dautova-Ruševljan, Das sarmatische Gräberfeld „Kraljev surduk" in Mošorin. Sarmatska nekropola „Kraljev surduk" u Mošorinu. In: B. Hänsel / P. Medović (Hrsg.), Feudvar I. Das Plateau von Titel und die Šajkaška. Archäologische und naturwissenschaftliche Beiträge zu einer Kulturlandschaft. Prähist. Arch. Südosteuropa 13 (Kiel 1998) 211–227.

DAVID 2009: W. David, Nascite e crollo della civiltà dei tell dell'antica està del bronzo nel bacino carpatico ed indizi di possibili, analoghi fenomeni culturali coevi nelle regione dell'alto e medio danubio nella prima metà de II millennio a.c. Scienze dell' Antichità. Storia, archeologia, antropologia 15 (2009) 563–594.

FALKENSTEIN / HÄNSEL / MEDOVIĆ 2014: F. Falkenstein / B. Hänsel / P. Medović, Feudvar bei Mošorin (Serbien) - Ausgrabungen und Forschungen in einer Mikroregion am Zusammenfluß von Donau und Theiß - Eine Bilanz. In: W. Schier / M. Meyer (Hrsg.), Vom Nil bis an die Elbe. Forschungen aus fünf Jahrzehnten am Institut für Prähistorische Archäologie der Freien Universität Berlin. Intern. Arch. - Studia honoraria 36 (Rahden / Westf. 2014) 111-132.

FALKENSTEIN 1991: F. Falkenstein, Geländeuntersuchungen zum Ablauf der vor- und frühgeschichtlichen Besiedlung auf dem Titeler Plateau im Theißmündungsgebiet. In: B. Hänsel / P. Medović, Vorbericht über die jugoslawisch-deutschen Ausgrabungen in der Siedlung von Feudvar bei Mošorin (Gem. Titel, Vojvodina). Ber. RGK 72, 1991, 194–204.

FALKENSTEIN 1997: F. Falkenstein, Die Siedlungsgeschichte des Titeler Plateaus. Studien zum Ablauf der ur- und frühgeschichtlichen Besiedlung in einer Kleinlandschaft am Donau-Theiß-Zusammenfluß (ehem. Jugoslawien). Arch. Nachrichtenblatt 2, 1997, 58–61.

FALKENSTEIN 1998: F. Falkenstein, Die Siedlungsgeschichte des Titeler Plateaus. Prähist. Arch. in Südosteuropa 14 (Kiel 1998).

FALKENSTEIN 1999: F. Falkenstein, Steppenkulturen und Epochengrenzen am Beispiel einer Siedlungskammer am Donau-Theiß-Zusammenfluß, Jugoslawien. Mitteil. Anthrop. Ges. Wien 129, 1999, 107–124.

FARKAS 1972 / 73: G. Farkas, Izveštaj o isptivanju antropološkog materijala iz grupne grubnice sa lokaliteta „Gomolava". Rad Vojvodjanski Muz. 21–22, 1972 / 73, 125–129.

Fischl et al. 2013: K.P. Fischl, V. Kiss, G. Kulcsár, V. Szeverényi, Transformations in the Carpathian Basin around 1600 B.C. In: H. Meller /F. Bertemes / H.-R. Bork / R. Risch (Hrsg.), 1600 – Kultureller Umbruch im Schatten des Thera-Ausbruchs? Tagungen des Landesmuseums für Vorgeschichte Halle 9 (Halle, Saale 2013) 355–371.

Gačić 1991: D. Gačić, Knochengeräte. In: B. Hänsel / P. Medović, Vorbericht über die jugoslawisch-deutschen Ausgrabungen in der Siedlung von Feudvar bei Mošorin (Gem. Titel, Vojvodina). Ber. RGK 72, 1991, 140–143.

Gogâltan 2005: F. Gogâltan, Der Beginn der bronzezeitlichen Tellsiedlungen im Karpatenbecken: Chronologische Probleme. In: B. Horejs / R. Jung / E. Kaiser / B. Teržan, Interpretationsraum Bronzezeit. Bernhard Hänsel von seinen Schülern. UPA 121 (Bonn 2005) 161–179.

Görsdorf 1992: J. Görsdorf, Interpretation der ^{14}C-Datierungen im Berliner Labor an Materialien eines Hauses von Feudvar bei Mošorin in der Vojvodina. Germania 70, 1992, 279–291.

Graovnikov 1998: B. Garovnikov, Die Avifauna des Titeler Plateaus und seiner Umgebung. Ptice Titelskog platoa i njegove okoline. In: B. Hänsel / P. Medović (Hrsg.), Feudvar I. Das Plateau von Titel und die Šajkaška. Archäologische und naturwissenschaftliche Beiträge zu einer Kulturlandschaft. Prähist. Arch. Südosteuropa 13 (Kiel 1998) 343–364.

Grčki-Stanimirov 1991: S. Grčki-Stanimirov, Eine bronzezeitliche Vorratsgrube. In: B. Hänsel / P. Medović, Vorbericht über die jugoslawisch-deutschen Ausgrabungen in der Siedlung von Feudvar bei Mošorin (Gem. Titel, Vojvodina). Ber. RGK 72, 1991, 110–117.

Hadžić u.a. 1998: V. Hadžić / A. Kukin / F.L. Nešić, Pedologische Charakteristika des Lößplateaus von Titel und des umliegenden Gebietes. Pedološke karakteristike Titelskog lesnog platoa sa bližom okolinum. In: B. Hänsel / P. Medović (Hrsg.), Feudvar I. Das Plateau von Titel und die Šajkaška. Archäologische und naturwissenschaftliche Beiträge zu einer Kulturlandschaft. Prähist. Arch. Südosteuropa 13 (Kiel 1998) 249–259.

Hänsel 1968: B. Hänsel, Beiträge zur Chronologie der mittleren Bronzezeit im Karpatenbecken (Bonn 1968).

Hänsel / Medović 1989 / 90: B. Hänsel / P. Medović, Zur Stellung des bronzezeitlichen Pančevo-Omoljica-Stils innerhalb der Keramikentwicklung der Vattina-Kultur. Starinar 40 / 41, 1989 / 90, 113–120.

Hänsel / Medović 1991: B. Hänsel / P. Medović, Vorbericht über die jugoslawisch-deutschen Ausgrabungen in der Siedlung von Feudvar bei Mošorin (Gem. Titel, Vojvodina) von 1986–1990. Bronzezeit – Vorrömische Eisenzeit. Mit Beiträgen von C. Becker, S. Blažić, Ks. Borojević, L. Bukvić, F. Falkenstein, D. Gačić, H. Kroll, B. Kull, M.Röder, S. Grčki-Stanimirov, Č. Trajković u. Th. Urban. Ber. RGK 72,1991, 45–204.

Hänsel / Medović 1992: B. Hänsel / P. Medović, ^{14}C-Datierungen aus den früh- und mittelbronzezeitlichen Schichten der Siedlung von Feudvar bei Mošorin in der Vojvodina. Germania 70, 1992, 251–257.

Hänsel / Medović 1994: B. Hänsel / P. Medović, Bronzezeitliche Inkrustationskeramik aus Feudvar bei Mošorin an der Theißmündung. In: Die Fragen der Bronzezeit. Archäologische Konferenz des Komitates Zala und Niederösterreichs III. Keszthely, 5.–7. 10. 1992. Zalai Múzeum 5, 1994, 189–199.

Hänsel / Medović 1998: B. Hänsel / P. Medović (Hrsg.), Feudvar I. Das Plateau von Titel und die Šajkaška. Archäologische und naturwissenschaftliche Beiträge zu einer Kulturlandschaft. Titelski plato i Šajkaška. Arheološki i prirodnjački prilozi o kulturnoj slici područja. Prähist. Arch. in Südosteuropa 13 (Kiel 1998).

Hänsel / Medović 2004: B. Hänsel / P. Medović, Eine Bronzegießerwerkstatt der Frühen Bronzezeit in Feudvar bei Mošorin in der Vojvodina. In: B. Hänsel (Hrsg.), Parerga Praehistorica. Jubiläumsschrift zur Prähistorischen Archäologie. 15 Jahre UPA. Universitätsforsch. zur Prähist. Arch. 100 (2004) 83–111.

Hänsel 1996: B. Hänsel, Bronzezeitliche Siedlungssysteme und Gesellschaftsformen in Südosteuropa: vorstädtische Entwicklungen und Ansätze zur Stadtwerdung. In: C. Belardelli/R. Peroni (Hrsg.), The Bronze Age in Europe and the Mediterranean. The Colloquia of the XIII International Congress of Prehistoric and Protohistoric Sciences 11 (Forlì 1996) 241–251.

Hänsel 1998: B. Hänsel, Das Feudvar-Projekt – eine Einleitung. Ausgrabungen und Geländeuntersuchungen auf dem Plateau von Titel und seiner Umgebung. Projekat Feudvar – priprema istraživanja i rekognosciranja na Titelskom platou i njegovoj okolini. In: B. Hänsel / P. Medović (Hrsg.), Feudvar I. Das Plateau von Titel und die Šajkaška. Archäologische und naturwissenschaftliche Beiträge zu einer Kulturlandschaft. Prähist. Arch. Südosteuropa 13 (Kiel 1998) 15–37.

Hänsel 2002: B. Hänsel, Stationen der Bronzezeit zwischen Griechenland und Mitteleuropa. Ber. RGK 83, 2002, 69–97.

Ihde 2001: Ch. Ihde, Die früh- und mittelbronzezeitliche Keramik von Feudvar, Gem. Mošorin, Vojvodina (Serbien) (Freie Universität Berlin 2001).

Kienlin 2007: T. Kienlin, Von den Schmieden der Beile: Zu Verbreitung und Angleichung metallurgischen Wissens im Verlauf der Frühbronzezeit. Prähist. Zeitschr. 82, 2007, 1–22.

Kienlin 2009: Anmerkungen zu Gesellschaft und Metallhandwerk der Frühbronzezeit. In: A. Krenn-Leeb / H.-J. Beier / E. Claßen / F. Falkenstein / St. Schwenzer (Hrsg.), Mobilität, Migration und Kommunikation in Europa während des Neolithikums und der Bronzezeit. Varia neolithica V (Langenweissbach 2009) 133–146.

KROLL / BOROJEVIĆ 1988 / 89: H. Kroll / K. Borojević, Jednozrna pšenica sa Feudvara. Jedna rana potvrda pšenične korovske zajenice Caucalidion. Rad Vojvodanskih Muz. 31, 1988 / 1989, 37–43.

KROLL / BOROJEVIĆ 1988: H. Kroll / K. Borojević, Einkorn von Feudvar. Ein früher Beleg der Caucalidion-Getreideunkrautgesellschaft aus Feudvar, Jugoslawien. Prähist. Zeitschr. 63, 1988, 135–139.

KROLL 1990A: H. Kroll, Melde von Feudvar, Vojvodina. Ein Massenfund bestätigt Chenopodium als Nutzpflanze in der Vorgeschichte. Prähist. Zeitschr. 65, 1990, 46–48.

KROLL 1990B: H. Kroll, Saflor von Feudvar, Vojvodina. Ein Fruchtfund von Carthamus tinctorius belegt diese Färbepflanzen für die Bronzezeit Jugoslawiens. Arch. Korrbl. 20, 1990, 41–46.

KROLL 1991A: H. Kroll, Botanische Untersuchungen zu pflanzlichen Grundnahrungsmitteln. Bier oder Wein? In: B. Hänsel / P. Medović, Vorbericht über die jugoslawisch-deutschen Ausgrabungen in der Siedlung von Feudvar bei Mošorin (Gem. Titel, Vojvodina). Ber. RGK 72, 1991, 165–171.

KROLL 1991B: H. Kroll, Rauke von Feudvar. Die Crucifere Sisymbrium als Nutzpflanze in einer metallzeitlichen Siedlung in Jugoslawien. In: E. Hajnalová (Hrsg.), Palaeoethnobotany and Archaeology. International Work-Group for Palaeoethnobotany. 8th Symposium Nitra-Nové Vozokany 1989. Acta interdisciplinaria archaeologica 7 (Nitra 1991) 187–192.

KROLL 1992: H. Kroll, Einkorn from Feudvar, Vojvodina, II. What is the difference between emmer-like two-seeds Einkorn and Emmer? Rev. Palaeobot. Palynol. 73, 1992, 181–185.

KROLL 1995: H. Kroll, Ausgesiebtes von Gerste aus Feudvar, Vojvodina. In: H. Kroll / R. Pasternak (Hrsg.), Res archaeobotanicae. International Work Group for Palaeoethnobotany. Proceedings of the ninth Symposium Kiel 1992. Berichte des Neunten Symposiums Kiel 1992 (Kiel 1995) 135–143.

KROLL 1997: H. Kroll, Zur eisenzeitlichen Wintergetreide-Unkrautflora von Mitteleuropa. Mit Analysenbeispielen archäologischer pflanzlicher Großreste aus Feudvar in der Vojvodina, aus Greding in Bayern und aus Dudelange in Luxemburg. Prähist. Zeitschr. 72, 1997, 106–114.

KROLL 1998: H. Kroll, Die Kultur- und Naturlandschaften des Titeler Plateaus im Spiegel der metallzeitlichen Pflanzenreste von Feudvar. Biljni svet Titelskog platoa u bronzanom i gvozdenom dobu – paleo-botanička analiza biljnih ostataka praistorijskog naselja Feudvar. In: B. Hänsel / P. Medović (Hrsg.), Feudvar I. Das Plateau von Titel und die Šajkaška - Titelski Plato i Šajkaška. Archäologische und naturwissenschaftliche Beiträge zu einer Kulturlandschaft. Prähist. Archäol. Südosteuropa 13 (Kiel 1998) 305–317.

KUKIN 1998: A. Kukin, Das geologische Gefüge des Titeler Lößplateaus und seiner näheren Umgebung. Geološki sastav Titelskog lesnog platoa i njegove bliže okoline. In: B. Hänsel / P. Medović (Hrsg.), Feudvar I. Das Plateau von Titel und die Šajkaška. Archäologische und naturwissenschaftliche Beiträge zu einer Kulturlandschaft. Prähist. Arch. Südosteuropa 13 (Kiel 1998) 241–247.

KULL 1991: B. Kull, Latènefunde. In: B. Hänsel / P. Medović, Vorbericht über die jugoslawisch-deutschen Ausgrabungen in der Siedlung von Feudvar bei Mošorin (Gem. Titel, Vojvodina). Ber. RGK 72, 1991, 151–164.

MEDOVIĆ / HÄNSEL 1988 / 89: P. Medović / B. Hänsel, Feudvar kod Mošorina, naselje gvozdenog i bronzanog doba. Rad Vojvodanskih Muz. 31, 1988 / 89, 21–36.

MEDOVIĆ / HÄNSEL 2006: P. Medović / B. Hänsel, Die Srem-Gruppe – Nekropolen bei den Siedlungen der Bosut-Gruppe. In: N. Tasić / C. Grozdanov (eds.), Homage to Milutin Garašanin (Belgrade 2006) 489–512.

MEDOVIĆ / MEDOVIĆ 2011: P. Medović / I. Medović, Gradina na Bosutu. Naselje starijeg gvozdenog doba/Gradina am Bosut. Besiedlung der älteren Eisenzeit. Prokrajinski zavod za zaštitu spomenika kulture (Novi Sad 2011).

MEDOVIĆ 1978: P. Medović, Naselja starijeg gvozdenog doba u jugoslovenskom Podunavlju (Belgrad 1978).

MEDOVIĆ 1991: P. Medović, Die eisenzeitliche Besiedlung und ihre Funde. In: B. Hänsel / P. Medović, Vorbericht über die jugoslawisch-deutschen Ausgrabungen in der Siedlung von Feudvar bei Mošorin (Gem. Titel, Vojvodina). Ber. RGK 72, 1991, 144–151.

MEDOVIĆ 1992: Medović, P., Praistorijska arheologija Vojvodine na pragu 21. veka. Rad Vojvodjanski Muzea 34, 1992, 7–17.

MEDOVIĆ 1998A: P. Medović, Die Geländebegehungen im Raum um das Titeler Plateau 1965 und 1969. Rekognosciranje Titelskog platoa i bliže okoline 1965. i. 1969. In: B. Hänsel / P. Medović (Hrsg.), Feudvar I. Das Plateau von Titel und die Šajkaška. Archäologische und naturwissenschaftliche Beiträge zu einer Kulturlandschaft. Prähist. Arch. Südosteuropa 13 (Kiel 1998) 41–140.

MEDOVIĆ 1998B: P. Medović, Stand der archäologischen Forschung in der Šajkaška. Arheološka slika Šajkaške u odnosu na širi prostor jugoslovenskog Podunavlja. In: B. Hänsel / P. Medović (Hrsg.), Feudvar I. Das Plateau von Titel und die Šajkaška. Archäologische und naturwissenschaftliche Beiträge zu einer Kulturlandschaft. Prähist. Arch. Südosteuropa 13 (Kiel 1998) 141–165.

MEDOVIĆ 1998C: P. Medović, Ausgrabungen auf dem Titeler Plateau in den Jahren 1951–1952. Istraživanja Titelskog platoa 1951–1952. godine. In: B. Hänsel / P. Medović (Hrsg.), Feudvar I. Das Plateau von Titel und die Šajkaška. Archäologische und naturwissenschaftliche Beiträge zu einer Kulturlandschaft. Prähist. Arch. Südosteuropa 13 (Kiel 1998) 167–169.

MEDOVIĆ 1998D: P. Medović, Untersuchungen in Feudvar in den Jahren 1951–1952. Istraživanja Feudvara 1951–1952. godine. In: B. Hänsel / P. Medović (Hrsg.), Feudvar I. Das Plateau von Titel und die Šajkaška. Archäologische und naturwissenschaftliche Beiträge zu einer Kulturlandschaft. Prähist. Arch. Südosteuropa 13 (Kiel 1998) 171–177.

MEDOVIĆ 1998E: P. Medović, Die Rettungsgrabung der Nekropole Pod Gracom in Lok, Gemeinde Titel. Zaštitno istraživanje nekropole sa urnama Pod Gracom u Loku, Opština Titel. In: B. Hänsel / P. Medović (Hrsg.), Feudvar I. Das Plateau von Titel und die Šajkaška. Archäologische und naturwissenschaftliche Beiträge zu einer Kulturlandschaft. Prähist. Arch. Südosteuropa 13 (Kiel 1998) 195–200.

MEDOVIĆ 1998F: P. Medović, Der Kalvarienberg von Titel. Die Notgrabungen des Jahres 1968. Titel – Kalvarija, zaštitno istraživanje 1968. godine. In: B. Hänsel / P. Medović (Hrsg.), Feudvar I. Das Plateau von Titel und die Šajkaška. Archäologische und naturwissenschaftliche Beiträge zu einer Kulturlandschaft. Prähist. Arch. Südosteuropa 13 (Kiel 1998) 201–209.

MEDOVIĆ 2007: P. Medović, Stubarlija. Nekropola naselja Feudvar kod Mošorina (Bačka). Muzej Vojvodine (Novi Sad) Posebna izdanja 20 (Novi Sad 2007).

MIKES 1998: M. Mikes, Die Säugetierfauna auf dem Titeler Plateau. Teriofauna područja lokaliteta Titelskog platoa. In: B. Hänsel / P. Medović (Hrsg.), Feudvar I. Das Plateau von Titel und die Šajkaška. Archäologische und naturwissenschaftliche Beiträge zu einer Kulturlandschaft. Prähist. Arch. Südosteuropa 13 (Kiel 1998) 333–341.

PALINCAS 1999: N. Palincas, Nouvelle interprétation chronologique des sites de Feudvar (Serbie) et Popesti (Roumanie) à partir de deux séries de datations ^{14}C. In: J. Evin (Hrsg.), 3ème Congrès International ^{14}C et Archéologie 1998, Lyon. Mémoires de la Société préhistorique française 26 Supplement (Paris 1999) 25–31.

REED 2012: K. Reed, Farmers in Transition The archaeobotanical analysis of the Carpathian Basin from the Late Neolithic to the Late Bronze Age (5000–900 BC) (University of Leicester 2012).

REICH 2006: Ch. Reich, das Gräberfeld von Szeremle und die Gruppe mit inkrustierter Keramik entlang mittlerer und unterer Donau. Berliner Beitr. Vor- Frühgesch. Neue Folge 13 (Berlin 2006).

RÖDER / URBAN 1995: M. Röder / Th. Urban, Vorgeschichtliche Siedlungsentwicklung im Mündungsbereich der Theiß. Interdisziplinäre Untersuchungen in Feudvar (Vojvodina). In: A. Aspes (Hrsg.), Atti del Simposio Internazionale Modelu Insediativi tra Alpi e Mar Nero dal 5° al 2° Millennio A.C. Symposium Settlement Patterns between the Alps and the Black Sea 5th to 2nd Millennium B. C. Veroná – Lazise 1992. Memorie del Museo Civico di Stona Naturale di Verona 2. Serie, Sezione Scienze dell'Uomo 4 (Verona 1995) 147–159.

RÖDER 1991: M. Röder, Der Übergang von Bronzezeit zu früher Eisenzeit. In: B. Hänsel / P. Medović, Vorbericht über die jugoslawisch-deutschen Ausgrabungen in der Siedlung von Feudvar bei Mošorin (Gem. Titel, Vojvodina). Ber. RGK 72, 1991, 119–136.

RÖDER 1992: M. Röder, ^{14}C-Daten und archäologischer Befund am Beispiel eines Hauses in Feudvar bei Mošorin in der Vojvodina. Germania 70, 1992, 259–277.

RÖDER 1995: M. Röder, Feudvar in der Eisenzeit. Studien zu einem Siedlungszentrum im Theißmündungsgebiet (Freie Universität Berlin 1995).

RÖDER 1997: M. Röder, Feudvar in der Eisenzeit. Studien zu einem Siedlungszentrum im Theißmündungsgebiet. Archäologisches Nachrichtenblatt 2,1, 1997, 48–53.

STANKOVIĆ-PEŠTERAC 2010: T. Stanković-Pešterac, Geoelektrična prospekcija na lokalitetu Feudvar kod Mošorina. Rad Muzeja Vojvodine, 52, 2010, 49–59.

STANOJEV 1998A: N. Stanojev, Die mittelalterliche Nekropole von Stubarlija (Čot). Srednjevekovna nekropola, Stubarlija (Čot). In: B. Hänsel / P. Medović (Hrsg.), Feudvar I. Das Plateau von Titel und die Šajkaška. Archäologische und naturwissenschaftliche Beiträge zu einer Kulturlandschaft. Prähist. Arch. Südosteuropa 13 (Kiel 1998) 229–232.

STANOJEV 1998B: N. Stanojev, Die mittelalterliche Siedlung in Bostanište (Kuveždin). Srednjevekovno naselje na Bostaništu (Kuveždin). In: B. Hänsel / P. Medović (Hrsg.), Feudvar I. Das Plateau von Titel und die Šajkaška. Archäologische und naturwissenschaftliche Beiträge zu einer Kulturlandschaft. Prähist. Arch. Südosteuropa 13 (Kiel 1998) 233–240.

TRAJKOVIĆ 1991: Č. Trajković, Bronzezeitliche Fischpfannen. In: B. Hänsel / P. Medović, Vorbericht über die jugoslawisch-deutschen Ausgrabungen in der Siedlung von Feudvar bei Mošorin (Gem. Titel, Vojvodina). Ber. RGK 72, 1991, 117–119.

TASIĆ 1983: N. Tasić, Jugoslovenko podunavlje od indoevropske seobe do prodora skita (Novi Sad, Belgrad 1983).

TASIĆ 1983: N. Tasić, Die Vatin-Kultur. In: N. Tasić (Hrsg.), Kulturen der Frühbronzezeit des Karpatenbeckens und Nordbalkans (Belgrad 1984) 59-81.

URBAN 1991: Th. Urban, Eine Hausstelle der frühen und mittleren Bronzezeit. In: B. Hänsel / P. Medović, Vorbericht über die jugoslawisch-deutschen Ausgrabungen in der Siedlung von Feudvar bei Mošorin (Gem. Titel, Vojvodina). Ber. RGK 72, 1991, 83–109.

H. Kroll/K. Reed, Die Archäobotanik. Feudvar III. Würzburger Studien zur Vor- und
Frühgeschichtlichen Archäologie 1 (Würzburg 2016) 37–194.

Die Pflanzenfunde von Feudvar

von Helmut Johannes Kroll

unter der Mitarbeit von Almuth Alsleben, Ksenija Borojević, Aleksandar Medović,
Rainer Pasternak und Edeltraud Tafel

Inhalt

1. Einleitung

1.1 Die Tellsiedlung Feudvar auf dem Plateau von Titel

Das Plateau von Titel ist ein spitz eiförmiger Zeugenberg der mächtigen Lössdecken in der Pannonischen Tiefebene. Flussarme von Donau und Theiß haben ihn zu unterschiedlichen Zeiten allseits umflossen, spätestens seit dem 4. Jahrtausend v. Chr. fließt die Theiß an der Ostflanke des Berges vorbei, die Donau an der Südseite. Wenige Kilometer südlich der Ortschaft Titel fließen Theiß und Donau zusammen. Die Theißseite hat streckenweise ein offenes Kliff, das über 30 m mächtige Lössablagerungen freigibt. Auf der nördlichen Kante der Hochfläche liegt die mehrschichtige urgeschichtliche Burgsiedlung Feudvar unweit des Dorfes Mošorin[1]. Auf etwa 600 m Länge hat eine heute verlandete Flussschlinge der Theiß sich in den Plateaurand eingegraben, dabei ist ein Teil der Tellsiedlung abgegangen (Abb. 1). Das Plateau erhebt sich hoch über den Auenwald des Theißbeckens, seine trockenen Ränder sind spärlich bebuscht, sodass der Steilrand des Plateaus einen prächtigen Ausblick über die Theißaue gewährt. Den fruchtbaren Boden bilden Schwarzerden auf tiefgründigem Löss, die ihre Genese einem ausgeprägten Steppenklima verdanken. Abgeflachte Ränder des Plateaus nach Süden und Westen sind Grasland, Weide für Schafe und Ziegen. Hier und in den tief eingeschnittenen Trockentälern des Plateaurands hat sich eine natürliche Reliktvegetation erhalten. Bis in die 1990er Jahren querte das Plateau ein jahrhundertealter Ochsenweg von Titel nach Mošorin, dessen vielspurige Trasse von Hecken und Baumgruppen begleitet wurde. Die Hochebene ist heute vollständig ackerbaulich genutzt, nahezu baumlos und gänzlich unbesiedelt. Die sich an den Plateaurand schmiegenden Ortschaften Titel und Mošorin liegen indessen hochwasserfrei auf vorgelagerten Lössterrassen. Das Plateau entwässert untertags, es hat kein obertägiges Gewässer, dies machte eine Besiedlung der etwa 80 km² großen Binnenfläche in vorgeschichtlicher Zeit praktisch unmöglich. Unterhalb von Feudvar

Abb. 1. Ansicht von Feudvar aus der Theißebene, Foto B. Hänsel 1986.

1　　Der Flurname „Feudvar" ist abgeleitet von ung. „Földvár" und bedeutet „Erdburg". Vgl. einführende Aufsätze zu dem Projekt „Feudvar – Ausgrabungen und Forschungen in einer Mikroregion am Zusammenfluß von Donau und Theiß" in Hänsel / Medović 1998.

tritt jedoch phreatisches Wasser aus dem Steilhang aus, sodass sich hierdurch begünstigt Schilfrohr den Plateaufuß weit hinaufzieht, ein bemerkenswerter Anblick. Gut denkbar, dass gerade dieser Quellhorizont für die Gründung einer vorgeschichtlichen Burgsiedlung an dieser Stelle ausschlaggebend war.

Wie bereits kleinflächige Ausgrabungen in den 1950er Jahren erbracht haben, handelt es sich bei der Fundstätte Feudvar um eine mehrschichtige Burgsiedlung aus der Bronze- und frühen Eisenzeit. In den Jahren 1986 bis 1990 wurden in einem Kooperationsprojekt des Seminars für Prähistorische Archäologie der Freien Universität Berlin und des Museums der Vojvodina in Novi Sad insgesamt vier Ausgrabungs-kampagnen (1986, 1987, 1988 und 1990) durchgeführt, die von Seiten der Archäobotanik kontinuierlich begleitet wurden[2]. Im Zuge dieser Ausgrabungen wurden insgesamt vier Grabungsschnitte von jeweils 10 m Breite und 40 bis 70 m Länge geöffnet. Zunächst wurden der westliche Schnitt W – auch als Westburg bezeichnet – und der östliche Schnitt E (Ostburg) geöffnet. Beide Schnitte wurden später bis zur Hang-kante erweitert. Unmittelbar östlich von Schnitt W – durch einen 1 m breiten Erdsteg getrennt – ist dann der Parallelschnitt A angelegt worden, westlich von Schnitt E der Parallelschnitt D. Das Areal zwischen den Schnitten A und D in der Breite zweier weiterer Grabungsschnitte blieb unausgegraben.

Aufgrund des Jugoslawienkriegs kamen nach der Feldkampagne 1990 die Ausgrabungen in Feudvar bis heute zum Erliegen, sodass das Grabungsprojekt nicht in der geplanten Weise zu Ende geführt werden konnte. So konnten in den Schnitten A und D nur die oberen (früheisenzeitlichen) Schichten untersucht werden. Die Schnitte Westburg (W) und Ostburg (E) reichen indessen bis in Tiefen von 2,5 m bzw. 1,8 m und erschließen damit auch die mittel- und frühbronzezetlichen Siedlungsablagerungen, ohne dass aber die Basis des etwa 3,5 m mächtigen Kulturschichtpakets erreicht werden konnte[3].

1.2 Die Proben mit den Pflanzenresten

1.2.1 Das Procedere der Beprobung

Da die Fundstätte Feudvar hoch auf dem Titeler Lössplateau und ein paar Kilometer vom Dorf Mošorin entfernt liegt, gibt es dort kein fließend Wasser und keine Elektrizität aus dem Netz. Das für die Ausgra-bung benötigte Wasser wurde durch mobile Tanks bereitgestellt und ein Generator sorgte für den Betrieb der Grabungsstaubsauger.

Zum Schlämmen der archäobotanischen Proben genügte das Wasser aus dem Reservoir nicht. In mit-telbarer Nähe zur Ausgrabung fließt die Theiß. Das sommerliche Flussbett bietet trocken gefallene Strand-bereiche, die hart und befahrbar sind. Diese günstigen Umstände ließen den Gedanken aufkommen, am Strand des Flusses die Proben von der Grabung auszuschlämmen. Das Grundmaterial, Siedlungsschutt auf Löss-Basis, lässt sich leicht und schnell schlämmen. Bald war nach einer Idee von Rainer Pasternak, Kiel, die Grundausstattung zusammengestellt und funktionierte tadellos. Sie bestand aus den Grundelementen Solarmodul (100 x 50 cm), Autobatterie (als Puffer und Speicher) und leistungsstarker Aquarienpumpe. Die Pumpe beförderte das Wasser aus dem Fluss auf den Strand, das sind wenige Dezimeter Höhenun-terschied. Zehn Eimer, Folienbeutel, ein Siebsatz, eine Kiste zum Sitzen und eine Kiste als Untergestell fürs Sieb vervollständigten den Arbeitsplatz, der am Morgen zügig aufgebaut und am Abend schnell ins Auto geräumt werden konnte. In der sommerlichen Hitze der Flussebene ist das Schlämmen eine schöne Arbeit gewesen. Die Fluss-Schiffahrt bot Abwechslung mancher Art.

Veranschlagt haben wir 15 bis 20 Minuten für eine 10-Liter Siedlungsschutt-Probe, das sind 20 bis 30 Proben am Tag, 100 bis 150 Proben in der Woche, ausreichend helles Tageslicht, am besten Sonnenlicht, vorausgesetzt.

Die jeweilige Tagesmenge wurde mit dem Auto geholt oder gebracht, eine längere Lagerung am Fluss war nicht möglich, da freilaufende Haus- oder Wildschweine nächtlich gelagerte Foliensäcke mit den Proben geöffnet hatten.

---

2   An den archäobotanischen Arbeiten beteiligt waren: Almuth Alsleben, Dr. Ksenija Borojević, Aleksandar Medović, Rainer Pasternak und Edeltraud Tafel.

3   Hänsel / Medović 1991; dies. 1998.

Abb. 2. Der Autor beim Schlämmen der Proben an der Theiss, Foto C. Becker.

Mittels mehrmaligem Aufgießen mit Flusswasser wird das Bodengerüst des Siedlungsschutts aufgeschlämmt, dann ins Sieb abgegossen, der Löss passiert das Sieb, leichte Bestandteile, unter anderem die gesuchten Pflanzenreste, bleiben im Sieb zurück (Abb. 2). Schwere Bestandteile (Sand, Kies, Steinchen, Lösskindl etc., auch Scherben und anderes Fundgut) bilden den Bodensatz des Eimers, werden gesichtet, großenteils verworfen oder eventuell verzettelt und zur Ausgrabung zurückgeführt.

Die nass in Folienbeuteln verpackten Siebinhalte wurden noch feucht in das Kieler Botanik-Labor eingeliefert. Die Fundzettel waren stabil und nässebeständig. In Kiel wurden die Siebinhalte alsbald noch einmal gewaschen und schließlich getrocknet. Die trockenen Proben wurden in Papiertüten (Frühstücksbrot-Tüten) mit außen angehefteten Fundzettel gelagert. Diese Papiertüten haben den Vorteil, dass Restfeuchtigkeit verdunsten kann und kein Schaden durch Schimmelbefall entsteht.

Aus der Grundsubstanz der trockenen Siebinhalte wurden die Pflanzenreste ausgelesen, Holzkohle wurde nicht beachtet, soweit es sich nicht um Kohle von Bauholz oder ähnlichem handelte. Diese Pflanzenreste wurden bestimmt und, sofern es sinnvoll war, gezählt und in Zählbögen eingetragen. Nicht gezählt wurden beispielsweise Bruchstücke von Schilfhalmen, verkohlte Speisereste und Zweikörniges Einkorn. Hier bezeichnet die Zahl 1 lediglich das Vorkommen ohne Angabe der Fundmenge. Diese Zählbögen listen Kollektionen auf, d. h. zusammengelesenes archäologisches Fundgut, das nach bestem Wissen und Gewissen bestimmt wurde. Allerdings liefern wiederholte Zählungen der selben Probe nicht immer das selbe Ergebnis. Das Resultat ist viel mehr abhängig vom Kenntnisstand und vom Erkennungsvermögen des Bearbeiters, und stellt damit prinzipiell eine Annäherung an den tatsächlichen Fundbestand dar.

Die große Zahl von Massenfunden (Vorratsfunde, mehr als 1000 Funde) machte ein gesondertes Verfahren dafür nötig. Die Ausgangsmenge ist in diesem Fall nicht die gesamte Probe, sondern ein Teil davon, nämlich 100 g der trockenen Probe. Diese Teilmenge wird fraktioniert in DIN-Sieben (fein: 0,3 mm, mittel: 1 mm, grob: 2 mm). Aus der groben und aus der mittleren Fraktion wird alles ausgelesen, was mindestens zur Hälfte erhalten ist. Aus der feinsten werden nur ganze Funde ausgelesen. Kleine Bruchstücke werden in allen Fraktionen nicht beachtet, es sei denn, sie stammen von bisher nicht identifizierten Taxa. Bei sehr fundreichen Proben ist es sinnvoll, nur einen Teil der feinsten Fraktion auszulesen und den Gesamtinhalt hochzurechnen. Die mittleren und groben Fraktionen der Stichproben sind immer vollständig durchgelesen worden. Dann werden die einzelnen Taxa getrennt und auf der Analysewaage gewogen. Bei großen Fundmengen ersetzt ein Tausendkorngewicht das Zählen: Die Gesamtmenge wird errechnet. Das Tausendkorngewicht wird anhand von 100 annähernd vollständigen Fundstücken ermittelt. Dabei ist es wichtig, nur auf Vollständigkeit zu achten, Größe oder Masse außer Acht zu lassen[4].

1.2.2 Die Beprobungsstrategie

Die Sonnenabhängigkeit des Schlämmens und die Unmöglichkeit, große Probenmengen zwischenzulagern, limitierten die potentielle Menge der gewonnen Proben. Deshalb wurde auf eine Rasterbeprobung verzichtet. Stattdessen wurden bevorzugt dunkle, holzkohle- oder aschereiche Befundbereiche beprobt, die

---

4   Ausführlich wird dieses Vorgehen geschildert in: Kroll / Willerding 2004, 135–184; Medović 2004, 189–190.

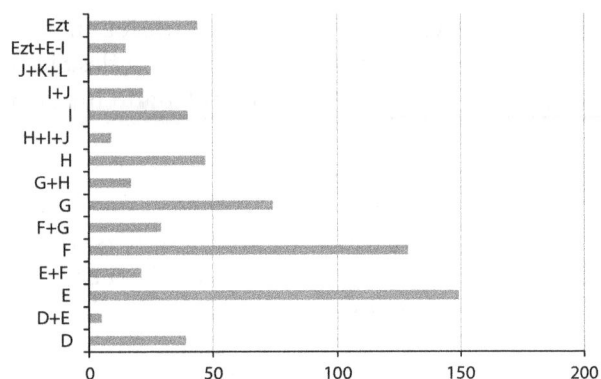

Abb. 3. Feudvar, Pflanzenfunde. Die Probenmengen in den Schichten der Westburg.

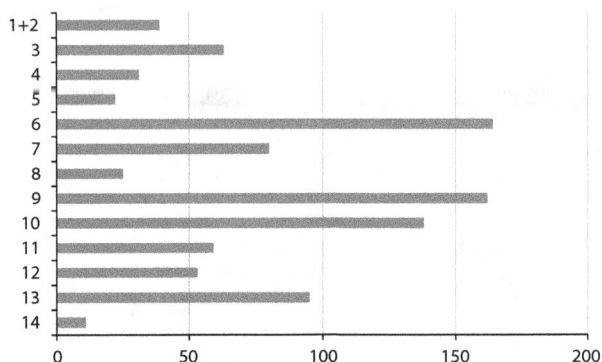

Abb. 4. Feudvar, Pflanzenfunde. Die Probenmengen in den Plana der Ostburg.

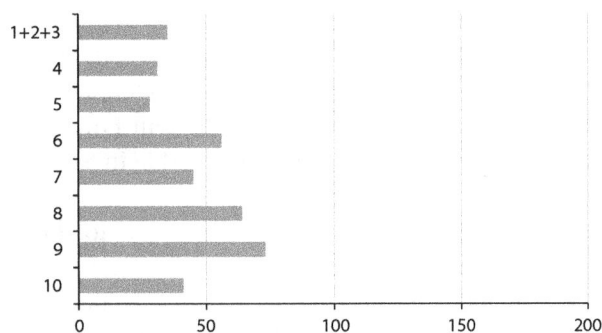

Abb. 5. Feudvar, Pflanzenfunde. Die Probenmengen in den Plana von Schnitt D.

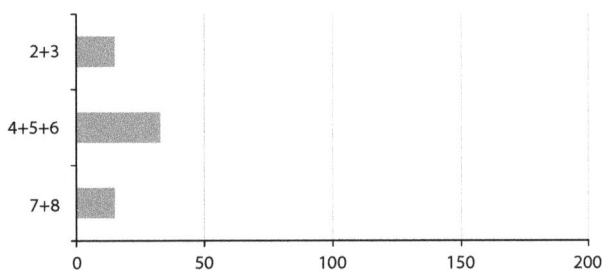

Abb. 6. Feudvar, Pflanzenfunde. Die Probenmengen in den Plana von Schnitt A.

als besonders materialreich gelten dürfen, ohne aber fundarme Zonen der Ausgrabung ganz außer Acht zu lassen. Die wenig ergiebige oberste Siedlungsablagerung, d. h. der durch rezente Durchwurzelung und andere Bioturbation stark gestörte Bereich der ersten drei Plana der Ausgrabung, wurde ebenfalls exemplarisch beprobt. Nach der Tagesleistung von 20 bis 30 Proben richtete sich auch der Umfang der Probennahme bei laufender Ausgrabung. Da die Probennahme zyklisch aus den geputzten und dokumentierten Plana erfolgte, wechselte sie ständig je nach Arbeitsstadium zwischen den verschiedenen Grabungsschnitten.

1.2.3 Zahlen, Kulturen und Stratigraphie

Insgesamt wurden mehr als 2000 Proben genommen und sämtlich bearbeitet. Die meisten stammen aus der Ostburg / Schnitt E (986 Proben), aus der Westburg / Schnitt W (715 Proben) kommt die nächstgrößere Menge. Aus den Schnitten D (373 Proben) und A (63 Proben) wurden deutlich geringere Mengen an Proben gewonnen. Diese sind für die Auswertung vernachlässigbar, erweitern aber die Fundmenge aus den oberen, jüngeren Schichten, in denen die Erhaltungsbedingungen besonders schlecht sind (Abb. 3–7).

Die mittlere Fundzahl pro Probe liegt in der West- und in der Ostburg zumeist deutlich über 100 (Abb. 8; 9), Ausnahmen sind die Plana 1, 2 und 4 der Ostburg mit sehr niedrigen Werten. Massenfunde in der Westburg verzerren das Bild, besonders Schicht F ist durch den Sonderfund W 3063 herausgehoben (s. S. 90). Die Schnitte D und A bleiben überwiegend in den oberen, fundarmen Schichten (Abb. 10), Schnitt A erreicht in Planum 7 und 8 durchaus gute Erhaltungsbedingungen (Abb. 11). Die Fundmengen in der Ostburg (Abb. 12) zeigen einen deutlichen Sprung zwischen Planum 5 und 6. Ab dem Planum 6 in der Ostburg sind die Erhaltungsbedingungen gut.

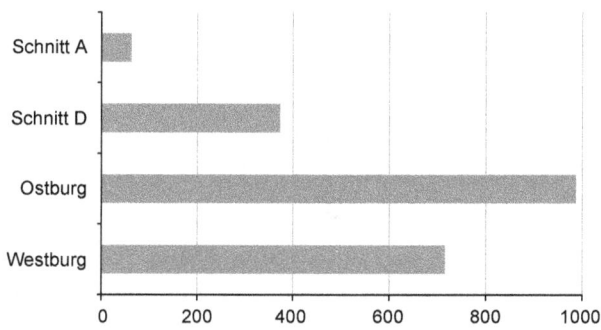

Abb. 7. Feudvar, Pflanzenfunde. Die Probenmengen der Schnitte Westburg, Ostburg und Schnitt D und A.

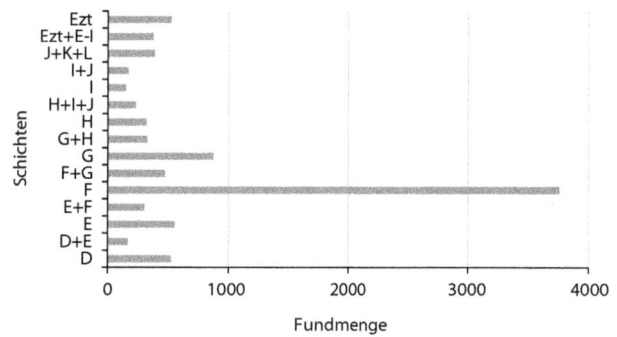

Abb. 8. Feudvar, Pflanzenfunde. Mittlere Fundzahlen in den einzelnen Schichten der Westburg.

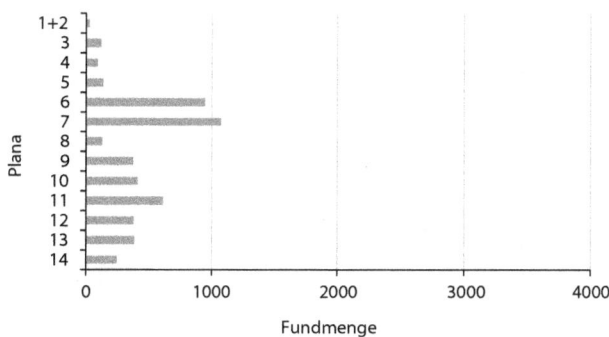

Abb. 9. Feudvar, Pflanzenfunde. Mittlere Fundzahlen in den Plana der Ostburg.

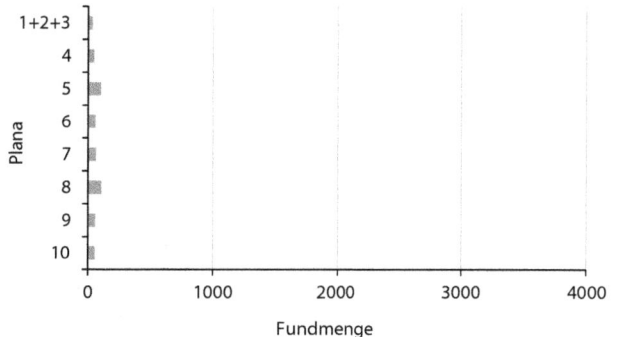

Abb. 10. Feudvar, Pflanzenfunde. Mittlere Fundzahlen in den Plana von Schnitt D.

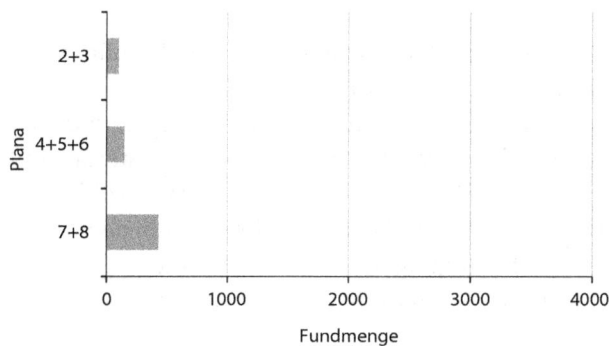

Abb. 11. Feudvar, Pflanzenfunde. Mittlere Fundzahlen in den Plana von Schnitt A.

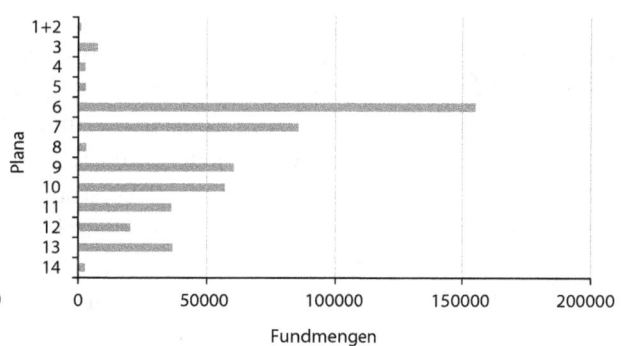

Abb. 12. Feudvar, Pflanzenfunde. Fundmengen in den Plana der Ostburg.

Die mittlere Taxazahl pro Probe gilt als probater Maßstab für die Erhaltungsbedingungen. Dies wird in der Ostburg deutlich: Die Zahl der identifizierten Taxa nimmt mit der Tiefe kontinuierlich zu (Abb. 14). Dass in den tiefen Schichten mehr Pflanzentaxa erkannt werden als in höheren Lagen, liegt an der zunehmend ungestörten Erhaltung der Pflanzenreste. Die gute Erhaltung von pflanzlichen Makroresten ist deshalb eine Grundbedingung für differenzierte Bestimmungen. Funde, die auch bei schlechter Erhaltung gut kenntlich sind (Getreidekörner allgemein), sind überall vertreten. Wie die Bodenverfärbungen der Plana in der Westburg oft deutlich zu erkennen geben, werden die jüngeren bronzezeitlichen Schichten häufig durch früheisenzeitliche Siedlungsgruben gestört. Die aus oberen Laufhorizonten mit schlechten Erhaltungsbedingungen in ältere Schichten eingelagerten Grubenfüllungen liefern deshalb gut erhaltenes

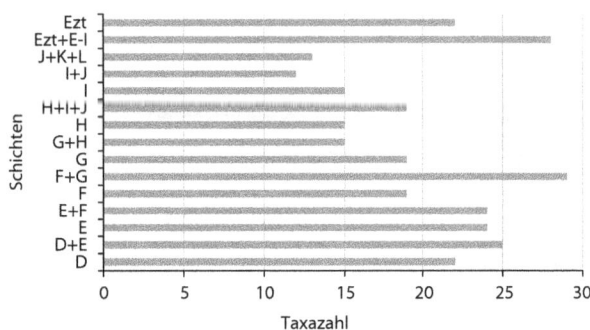

Abb. 13. Feudvar, Pflanzenfunde. Mittlere Taxazahl in den Schichten der Westburg.

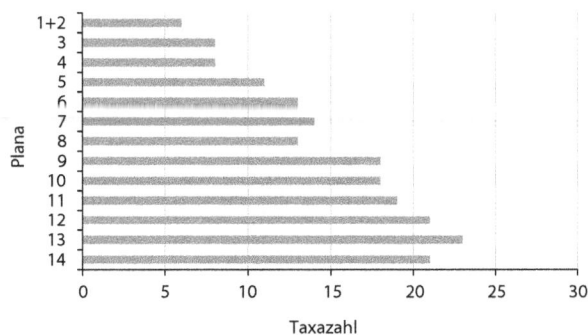

Abb. 14. Feudvar, Pflanzenfunde. Mittlere Taxazahl in den Plana der Ostburg.

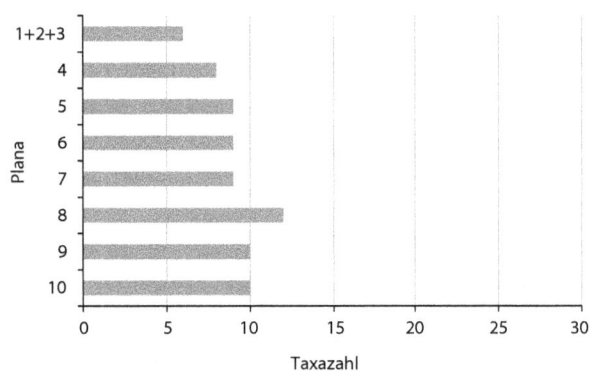

Abb. 15. Feudvar, Pflanzenfunde. Mittlere Taxazahl in den Plana von Schnitt D.

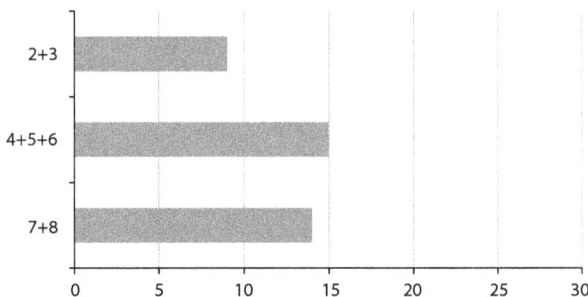

Abb. 16. Feudvar, Pflanzenfunde. Mittlere Taxazahl in den Plana von Schnitt A.

Probenmaterial aus den jüngeren Siedlungshorizonten (Abb. 13). Doch gelangte mit den Aushüben der zahlreichen Siedlungsgruben in großer Menge auch älteres Boden- und Fundmaterial in die jüngeren Siedlungsschichten, dort wurde es oft untrennbar mit jüngerem Material vermischt. Aufgrund dieser erschließbaren, aber nicht quantifizierbaren Kontaminierung des eisenzeitlichen Pflanzenmaterials mit älterem hat das rein Eisenzeitliche in der Westburg oft viel Ähnlichkeit mit dem jünger Bronzezeitlichen. Die Schaubilder der Ostburg ergeben da oft ein klareres Bild als die der Westburg. Sie spiegeln aber mehr die nach unten hin zunehmend besser werdenden Erhaltungsbedingungen wider. In den Grabungsschnitten A und D hat sich der oberste Meter Kulturschicht durch Wurzeltätigkeit und Durchwühlung als erheblich gestört erwiesen (Abb. 15; 16).

Leider liegt eine tragfähige Gliederung der Siedlungsstratigraphie in archäologische Schichten bisher nur für die Westburg / Schnitt W vor (Abb. 17)[5]. Die von B. Hänsel herausgearbeitete, aber unpubliziert gebliebene Nomenklatur der Schichten kam bei der Bearbeitung der früh- und mittelbronzezeitlichen Keramik durch Chr. Ihde zur Anwendung[6]. Die Siedlungsschichten B bis G bezeichnen die sechs ergrabenen Bebauungsphasen der entwickelt frühbronzezeitlichen (klassischen) Vatin-Kultur, die Schicht A umfasst den unteren, noch nicht ausgegrabenen Abschnitt der frühbronzezeitlichen Vatin-Siedlung. Zum Hangenden folgen die Schichten H und I der mittelbronzezeitlichen Vatin-Kultur, die durch einen mehrhundertjährigen Hiatus von den jüngeren Siedlungsablagerungen getrennt sind. Die obersten Schichten J, K und L bezeichnen Siedlungs- und Entwicklungphasen der früheisenzeitlichen Bosut-Gruppe (Bosut

---

5 vgl. Beitrag Falkenstein in diesem Band.

6 Ihde 2001.

v. Chr.	Reinecke	Hänsel 1968	Donauraum		Feudvar						
					Schnitt W	Schnitt W	Schnitt W	Schnitt E	Schnitt D	Schnitt D / E	Schnitt E
					Hänsel u. Medović 1991 Phasen / Schichten	Hänsel unpubl. Schichten	Ihde 2001 Keramik-phasen	Urban 1991 Bauphasen	Röder 1991 Horizonte	Röder 1995 Haus-horizonte	Ausgrabung Plana
500	LT A / Ha D		Frühe Eisenzeit	Bosut-Gruppe	Kannelierte Keramik	L				S	0 - 1
	Ha C				Basarabi	K				R / Q	1 - 3
										P	
1000	Ha B				Kalakača	J			II		4 - 6
	Ha A	SD II	Spät-Bronzezeit	Belegiš-Gruppe	Spätbronzezeit						
	D	SD I			?	Hiatus	Hiatus		I		Hiatus
	C2	MD III	Mittel-bronzezeit								
1500	C1 / B	MD II			Mittel-bronzezeit A - B	H - I / F - G	IV / IIIb / IIIa	III / I - II			6 - 9
		MD I		Vatin-Kultur	C	E					10 - 14
	A2	FD III	Frühbronzezeit		D	D	IIb				
2000					E - F	B / C	IIa				
					(A) ?		(I) ?				
	A1	FD II									
2500											

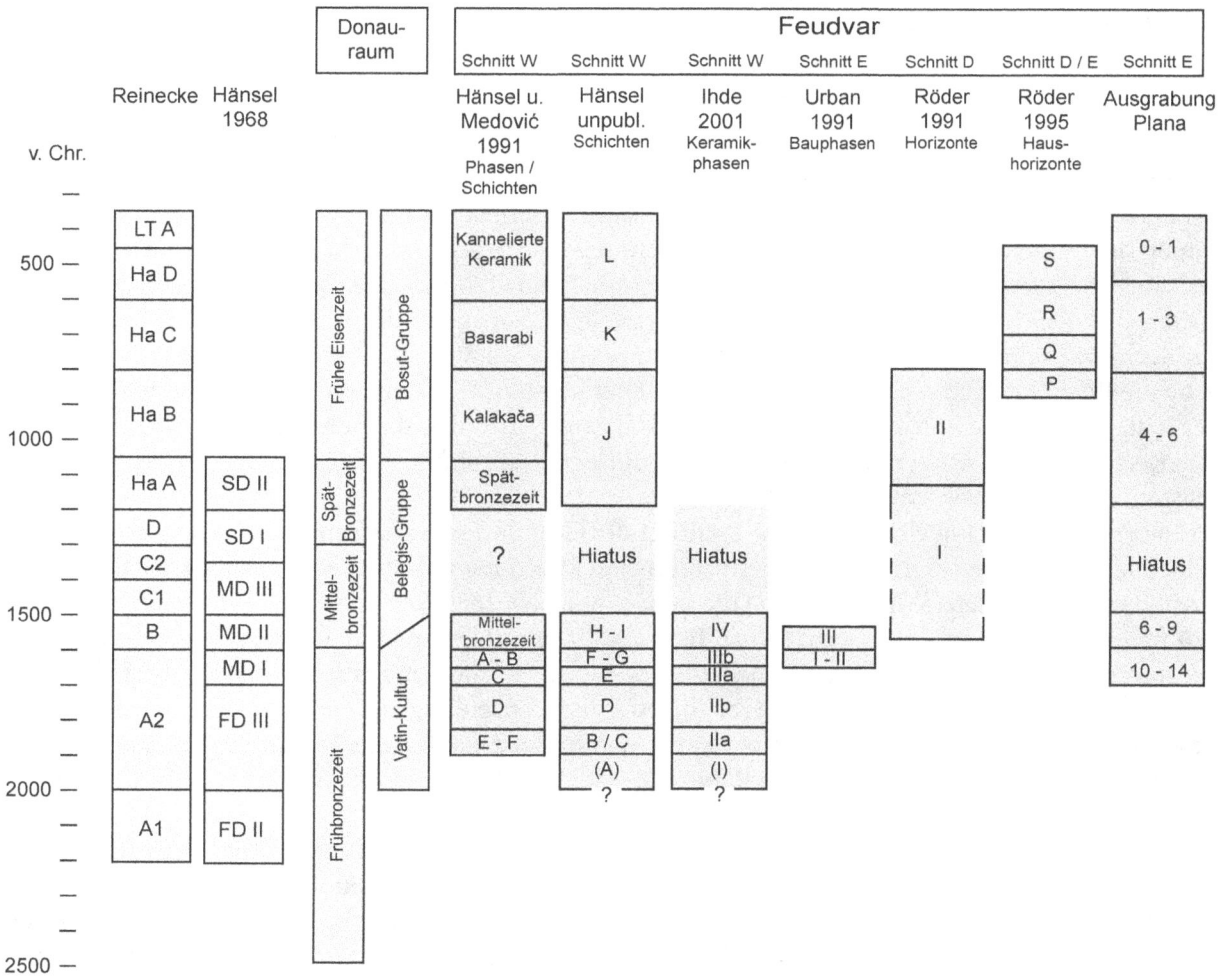

Abb. 17. Synchronistische Zusammenstellung der Stratigraphie der prähistorischen Siedlung Feudvar bei Mošorin.

I–III, entspricht Gradina am Bosut IIIa–IIIc). Dabei enthält die Schicht J auch Siedlungsablagerungen der Spätbronzezeit (Belegiš IIb), die sich von denen der älteren Früheisenzeit (Bosut I, Kalakača-Horizont) bisher nicht hinreichend differenzieren lassen.

Für die Ostburg / Schnitt E liegen zwar verschiedene Gliederungsansätze für Teilabschnitte der bronze- und eisenzeitlichen Stratigraphie vor, doch wurde noch keine Gesamtstratigraphie erstellt[7]. Um die große Proben- und Fundmenge aus der Ostburg / Schnitt E jedoch nicht ungenutzt zu lassen, werden die Proben nach den Plana, aus denen sie gewonnen wurden, ausgewertet. Die chronologisch-kulturelle Zuweisung der Plana erfolgt unter Vorbehalt[8] (Abb. 17).

Ostburg Plana 14 bis 10: frühbronzezeitliche Vatin-Kultur,
Ostburg Plana 9 bis 6: mittelbronzezeitliche Vatin-Kultur,
Ostburg Plana 6 bis 4: ältere Früheisenzeit (Bosut I, Kalakača),
Ostburg Plana 3 bis 1: mittlere Früheisenzeit (Bosut II, Basarabi),
Ostburg Plana 1 bis 0: späte Früheisenzeit (Bosut III, Kannelierte Keramik).

7   Roeder 1991; ders. 1995; Urban 1991.
8   vgl. Beitrag Falkenstein in diesem Band.

1.3 Der Erkenntniszugewinn im Verlauf der Bearbeitung

Auch wenn wir schon einiges im Vorhinein wussten, hat uns das umfangreiche Feudvar-Material vieles gelehrt, im Laufe der Bearbeitungszeit von den spaten 1980er bis in die frühen 1990er Jahre und vereinzelt noch später.

Sehr früh sind uns parenchymatische Gewebe aufgefallen, verkohlte Schwammgewebe einer bestimmten Form und der Größe etwa eines Schlehensteins mit abgeriebener Oberfläche, die wir nicht für einen Samen oder eine Frucht gehalten haben. Dann kamen bald Stücke mit erhaltener Oberfläche und mit benachbarten Gewebeteilen und mit dem faltigen Nabelrand (Taf. 1,9). So konnte die Zuordnung abgesichert werden: Es handelte sich um die Schwimmgewebe in den Haken der Wassernuss *Trapa natans*. Auf der Suche nach heutigen Vorkommen der Wassernuss hatte ich die Dorfbewohner von Mošorin befragt, habe die Pflanze aufgezeichnet und beschrieben, aber keine Antwort bekommen. Bis ich die Bewegung des Watens im Wasser machte, des Hineintretens in einen Dorn und die Bewegung des Ausziehens und Wegwerfens. Diese Gesten hat man erkannt und mich zu bestimmten Altwässern der Theiß geführt mit Massenvorkommen von Wassernuss-Pflanzen.

Einen bestimmten Typ einer Teilfrucht, wohl aus der Gruppe der Lamiaceen, hatten wir früh mit einem Kunstnamen als *Knautia* x *Linum* bezeichnet, als eine Mischung zwischen der Frucht der Skabiose und einem Leinsamen. Später erhielt der Fund die Bezeichnung Nr. 188, nach der Taxon-Nr. in der Datenbank. Wir haben den Fund auf jede internationale Tagung mitgenommen und ihn dort den ebenfalls in Südosteuropa arbeitenden Kollegen gezeigt. Die haben bestätigt: „Ja, das kennen wir!" – „Was ist es?" –„Keine Ahnung!". Dann haben wir die rezente Saat von Nr. 188 in ungereinigtem Einkorn gefunden, das Rainer Pasternak, Kiel, als Tierfutter auf einem Markt in der Türkei gekauft hatte. Wir haben die Saat ausgesät: Sie ist nicht gekeimt. Schließlich hat Soultana Valamoti, heute Thessaloniki, das Rätsel gelöst: Es handelt sich um den Ölziest, eine alte Ölpflanze[9].

Viele Funde aus den unteren Schichten von Feudvar sind vollkommen erhalten. Aber unter den Früchten des Vogelknöterichs *Polygonum aviculare* befanden sich wiederholt Funde, die abgerollt und rund geschliffen aussahen, auch vogelköpfig, aber glatt. Der Vogelknöterich hat ein Perlmuster auf den Flächen der ungleich dreiseitigen Frucht. Für Rundschliff waren die Erhaltungsbedingungen zu gut. Vogelköpfe? Spatzenhirne! Spatzenzungen *Thymelaea passerina*! Die Assoziation kam über den Begriff lat. *passer*, Spatz. Das alte, heute seltene Getreideunkraut war gefunden.

Wiederholt fanden sich holzige verdrehte Fruchtteile, Drittel einer Frucht, mit glatter Innenseite, die offenbar Samen umschlossen hatten, von sehr charakteristischer Erscheinung – das sollte findbar sein. Hier half, wie so oft, der russische Atlas[10]. Es handelt sich um die harten Fruchtschalen der Sumpfwolfsmilch, einer auffälligen Staude des Röhricht-Randes, die in Feudvar wohl Sammelpflanze für heilende Magie gewesen ist (siehe unten S. 171).

Weiteres haben wir als ‚Gliederschotenendstück' verzeichnet, Gliederschoten sind typisch für Brassicaceen. Es wurden aber keine Brassicacee gefunden, die solche Gliederschoten aufweisen. Wir nehmen an, dass es sich um Früchte des Syrischen Schuppenkopfes handelt, *Cephalaria syriaca*, einer Ölpflanze des östlichen Mittelmeergebiets und des nahen Ostens. Allerdings gibt es auch triviale Unkräuter aus der Gruppe (siehe unten S. 135).

Unter den Getreiden hat sich früh die Erkenntnis eingestellt, dass es neben Emmer und Dinkel einen weiteren zweikörnigen Spelzweizen gibt, das zweikörnige Einkorn, und wiederholt einen merkwürdigen ‚unreifen Emmer'. Dieser unreife Emmer hat sich dann ein Jahrzehnt später als ‚new spelted wheat' herausgestellt, dieser neu entdeckte Spelzweizen wird inzwischen als Sanduri *Triticum timopheevii* geführt. Wir haben ihn dann in einigen wenigen Komplexen gut nachweisen können. Leider muss das meiste nun als Emmer / Sanduri geführt werden, diese Entdeckung kam ein wenig zu spät (siehe unten S. 90).

---

9   Jones / Valamoti 2005; siehe unten S. 107.
10   Kac / Kac / Kipiani 1965 Taf. 56,18; 19.

Ein Fundgut habe ich wiederholt als „wohl Roggen, cf. *Secale*" bezeichnet[11] und habe mich dabei stets unschlüssig gefühlt. Es ist ein kleines Getreidekorn, das viel Ähnlichkeit mit einem Roggenkorn aufweist. Im Sommer 2012 entdeckte ich im systematischen Kulturpflanzenteil des Botanischen Gartens Berlin-Dahlem zwischen den Beeten mit *Triticum* und *Secale* einige Reihen eines Getreides mit zottig behaarter Ähre: *Dasypyrum villosum*. Dieses Fast-Getreide, dem wegen seiner Ähnlichkeiten mit *Triticum* und mit *Secale* jetzt pflanzenzüchterische Aufmerksamkeit gewidmet wird, entspricht recht sicher unserem cf. *Secale* (siehe unten S. 150).

1.4 Zur Auswertung der Ergebnisse

Die Schichtzuweisung der archäobotanischen Proben folgt der Siedlungsstratigraphie von Bernhard Hänsel, Berlin, der bis zum Jahr 2000 die Westburg (Schnitt W) stratigraphisch bearbeitet hat. Verloren gegangen ist in der Folgezeit das Blatt mit den Zuweisungen W 3350–3399, das entspricht 35 Proben. Um die Funde aus der Ostburg (Schnitt E) mit der fehlenden Schichtengliederung nicht unbearbeitet zu lassen, werden die zahlreichen Proben aus diesem Schnitt nach Plana getrennt ausgewertet.

Die Zählbögen mit den handschriftlichen Eintragungen wurden erstmals in den 1990er Jahren in eine Datenbank eingepflegt, zum einen, um Kartierungen durchführen zu können, zum anderen um von verschiedenen Seiten raschen Zugriff zu den Daten zu erhalten. Doch sind diese Daten nicht in neue Datenbankformate konvertiert worden, sodass sie schließlich nicht mehr lesbar waren. Deshalb wurden die handschriftlichen Zählbögen ein zweites Mal in eine schlichte Datenbankstruktur eingegeben, nach Schichten (Westburg / Schnitt W) und nach Plana (Ostburg / Schnitt E, Schnitt A, Schnitt D) sortiert. Diese Basisdateien nach Schicht oder Planum wurden so formatiert, dass sie im Querformat ausdruckbar sind. Die Daten wurden zu Datengruppen nach Fundmengen und nach Stetigkeiten zusammengeführt, die ebenfalls Rücksicht nehmen auf ein Papierformat (meist Querformat).

Da die Massenfunde besonders die Fundhäufigkeiten und die relativen Angaben dazu statistisch verzerren, sind die Stetigkeiten das geeignete Maß für bildliche Darstellungen als Diagramm. Stetigkeit ist eine Präsens-Absens-Analyse, die ohne Angabe der Fundmenge verzeichnet, ob ein Taxon in einer Kollektion vorhanden ist. Absolute Werte werden in Prozentwerte umgerechnet. Die Präsens eines Taxons in allen Proben ergäbe den Wert 100 %, in der Hälfte der Proben 50 %. In den Stetigkeitsdiagrammen wird stets die selbe Skala von 0 bis 100 % verwendet, um visuelle Vergleiche zu vereinfachen. Das Ältere befindet sich gemäß der vertikalen Abfolge archäologischer Schichten in den Balkendiagrammen stets unten, das Jüngere oben.

Einige wichtige Kollektionen werden einzeln aufgeführt, bei Massenfunden von Kulturpflanzen als Prozentangaben des Gewichtes, weil das Gewicht aussagekräftiger ist als die Stückzahl (siehe unten S. 96). Denn die pflanzlichen Makroreste sind unterschiedlich groß und schwer. Einige Kollektionen sind auch in absoluten Stückzahlen angeben, wenn diese instruktiver sind als Prozentangaben (z. B. die Kollektionen mit viel Saatweizen, Tab. 29). Oft haben wir uns bei den Diagrammen zur Westburg auf die Proben mit eindeutiger Schichtzuweisung beschränkt, da die mit ungenauer Schichtzuweisung keinen Erkenntnisgewinn versprachen.

Im nächsten Auswertungsschritt haben wir die einzelnen Fundtaxa zu funktionalen Gruppen zusammengestellt. Allerdings sind die Gruppenzugehörigkeiten nicht immer eindeutig, Zweifel werden in den verschiedenen Kapiteln angegeben. Dennoch erweist sich diese Aufgliederung in funktionale Gruppen (Getreide, Hülsenfrüchte, Obst und Nüsse) nach wie vor als sinnvoll, denn der Mensch und sein Wirtschaften stehen im Mittelpunkt der archäobotanischen Untersuchungen, nicht das Pflanzenkleid der Erde.

Kopien der handschriftlichen Analysenbögen zur Westburg (Schnitt W) von Feudvar habe ich Kelly Reed zur Verfügung gestellt, damit sie die Daten im Rahmen ihrer Dissertation an der Universität Leicester, Großbritannien, einer Untersuchung mittels multivariater Analysemethoden unterziehen kann. Diese

---

11   So auch in Kastanas (Kroll 1983) und Agios Mamas (Becker / Kroll 2008).

Arbeit ist inzwischen abgeschlossen[12]. Das den archäobotanischen Fundbestand von Feudvar betreffende Kapitel aus der Dissertation von Kelly Reed wird in diesem Band ebenfalls vorgelegt.

Die Nomenklaturen folgen einer neueren Auflage des Zander, im Zweifel der 2. Auflage des Mansfeld-Verzeichnisses[13].

Die Ergebnisse der Bearbeitungen der Pflanzenfunde von Feudvar fließen über Handlisten in Tabellen ein, die zu Übersichtstabellen zusammengefasst sind. Hier aufgelistet sind die Übersichtstabellen der Fundmengen aller Grabungsschnitte (Tab. 1), sowie die Fundmengentabellen Westburg, Ostburg, Schnitte D und A und die entsprechenden Stetigkeitstabellen (Tab. 2–5; 6–9) als Grundlage vieler Diagramme.

Die vollständigen Basislisten der Schichten und Plana der vier Grabungsschnitte können als CD vom Autor angefordert werden. Diese Basislisten sind auf der selben CD gekürzt zu Übersichtslisten zusammengefasst mit Fundsummen, Prozentwerten davon sowie mit Stetigkeitswerten und Prozentwerten davon. Diese Übersichtslisten nehmen auf das übliche Din A4 Papierformat Rücksicht und sind damit direkt ausdruckbar.

Einzelne, für die Interpretation wichtige Fundkollektionen sind bei den entsprechenden Arten verzeichnet. Sie mögen als Einblicke in die Gesamtmenge der Pflanzenfundkollektionen von Feudvar genügen.

In den Tabellen sind die Fundtaxa einzelnen Gruppen zugewiesen (Getreide, Hirse etc.). Diese Zuweisung ist nicht immer zweifelsfrei. Innerhalb der Gruppen bestimmt die Stetigkeit die Abfolge in abnehmender Reihung, bei gleicher Stetigkeit entscheidet die höhere Fundmenge über den höheren Rang, bei gleicher Stetigkeit und Fundmenge folgt die Reihung dem ABC.

Schnitt	W	E	D	A	Summe	
Getreide						Getreide
Triticum monococcum	73514	163292	4225	1850	242881	Einkorn
Tr. monococcum, Spelzbase	83096	131807	1530	914	217347	Einkorn, Spelzbase
Triticum dicoccon / Tr. timopheevii	98933	7444	631	96	107104	Emmer / Sanduri
Tr. dicoccon / Tr. timoph., Spelzbase	41387	4450	172	63	46072	Emmer / Sanduri, Spelzbase
Hordeum vulgare vulgare	17584	41933	1602	480	61599	Vierzeil-Spelzgerste
H. vulgare nudum	2	1			3	Vierzeil-Nacktgerste
H. vulgare, Spindelglied	1562	623	7	8	2200	Vierzeilgerste, Spindelglied
H. distichum	19	9	1		29	Zweizeilgerste
Triticum aestivum	321	557	23	12	913	Saatweizen
Tr. aestivum, Spindelglied	313	184	1	2	500	Saatweizen, Spindelglied
Tr. spelta	35	220		1	256	Dinkel
Tr. spelta, Spelzbase	163	1775	9		1947	Dinkel, Spindelglied
Cerealia indet.	7264	15841	2510	816	26431	unbestimmtes Getreide
Hirsen						Hirsen
Panicum miliaceum	13216	37288	9300	2323	62127	Rispenhirse
Setaria italica			2		2	Kolbenhirse
Öl- und Faserpflanzen						Öl- und Faserpflanzen
Linum usitatissimum	68	126	6	11	211	Lein / Flachs
L. usitatissimum, Garnknoten	3				3	Lein / Flachs, Garnknoten
L. usitatissimum, Stengelbündel	1				1	Lein / Flachs, Stengelbündel
Camelina sativa	738	2366	67		3171	Leindotter
C. sativa, Schötchenklappe	56	5	1		62	Leindotter, Schötchenklappe
Lallemantia iberica	666	212	1		879	Ölziest
Papaver somniferum	19	133	1		153	Mohn
Sisymbrium	12439	115			12554	eine Wegrauke
Hülsenfrüchte						Hülsenfrüchte
Lens culinaris	2537	2243	779	63	5622	Linse
Pisum sativum	3130	511	38	9	3688	Erbse
Vicia ervilia	2310	71	15	14	2410	Linsenwicke
Lathyrus sativus	31	85	10	2	128	Platterbse
Vicia faba	15	7	6		28	Ackerbohne

Tab. 1. Feudvar, Pflanzenfunde. Übersicht über die Fundmengen aller Schnitte.

12 Reed 2012.
13 Schultze-Motel 1986.

Schnitt	W	E	D	A	Summe	
Cicer arietinum		1			1	Kichererbse
Leg. sat. indet	486	342	120	28	976	unbestimmte Hülsenfrüchte
Gemüse und Gewürze						Gemüse und Gewürze
Daucus carota	6	4	2		12	Gelbe Rübe
Anethum graveolens	224	1			225	Dill
Apium-Typ		2			2	Sellerie-Typ
Beta vulgaris	1				1	Bete, Rübe, Mangold
Obst und Nüsse						Obst und Nüsse
Fragaria	1165	4650	4	2	5821	eine Erdbeere
Sambucus ebulus	470	337	125	42	974	Attich
Trapa natans	163	259	29	4	455	Wassernuss
Rubus fruticosus	92	71	4	2	169	Brombeere
Quercus	5	47	3	1	56	ein Eichbaum
Prunus (non-spinosa)	20	19	4	1	44	ein Steinobst (nicht Schlehe)
Pr. spinosa	82	27	6		115	Schlehe
Rosa	23	10	1		34	eine Rose / Hagebutte
Cornus mas	9	13	6		28	Herlitze
Sambucus nigra	11	12			23	Schwarzer Holunder
Prunus padus	2	11			13	Traubenkirsche
Pyrus	3	7			10	ein Birnbaum
Vitis vinifera sylvestris	6	2			8	Wilde Weinrebe
Physalis alkekengi	2	2			4	Blasenkirsche
Crataegus		2	1		3	ein Weißdorn
Ficus carica		1	1		2	Feigenbaum
Malus			1	1	2	ein Apfelbaum
Mögliche Nutzpflanzen						Mögliche Nutzpflanzen
Lithospermum arvense	4118	110	9	10	4247	Ackersteinsame
Teucrium-Typ	958	567	64	19	1608	Edelgamander-Typ
Chenopodium hybridum	127	357	38	55	577	Bastardgänsefuß
Verbena officinalis	210	72	1	2	285	Eisenkraut
Malva	75	59	2	8	144	eine Malve
cf. Cephalaria	60	61	3	1	125	wohl Schuppenkopf
Hyoscyamus	44	29	1		74	Bilsenkraut
Onopordum acanthium	4	4	1		9	Eselsdistel
Hypericum	47	3			50	ein Hartheu
Allium	10	7			17	ein Lauch
Althaea officinalis	4	9			13	Echter Eibisch
Brassica nigra	1	3			4	Schwarzer Senf
Cichorium intybus	1	1			2	Wegwarte
Carthamus lanatus	1				1	Wolliger Saflor
Carthamus tinctorius	1				1	Färbersaflor
Cornus sanguinea		1			1	Roter Hartriegel
Technische Materialien						Technische Materialien
Schoenoplectus lacustris	109	1316	126	1	1552	Seebinse
Phragmites australis, Halme	325	405	61	15	806	Schilfrohr, Halme
Unkräuter i.w.S.						Unkräuter i.w.S.
Setaria viridis / S. verticillata	43027	1126	38	25	44216	Grüne / Quirl-Borstenhirse
Bromus arvensis	10914	11022	739	287	22962	Ackertrespe
Lolium, kleinfrüchtig	4946	1751	98	37	6832	ein kleinfrüchtiger Lolch
Agrostemma githago	482	5862	11	3	6358	Kornrade
Dasypyrum villosum	3112	1469	105	212	4898	‚Zottiges Korn'
D. villosum, Spindelglied		30	1		31	‚Zottiges Korn', Spindelglied
Fallopia convolvulus	2455	1151	106	40	3752	Windenknöterich
Trifolium-Typ	2209	858	44	71	3182	Klee-Typ
Bromus, langfrüchtig	1244	1440	41	56	2781	eine langfrüchtige Trespe
Polygonum aviculare	1055	747	166	3	1971	Vogelknöterich
Galium spurium	693	439	59	15	1206	Saatlabkraut
Bupleurum arvense	771	241	12	2	1026	Ackerhasenohr
Persicaria maculosa	786	183	11	1	981	Flohknöterich
Digitaria	274	449	36	78	837	eine Fingerhirse
Glaucium corniculatum	512	219	8	2	741	Roter Hornmohn
Vicia-Typ	243	332	32	21	628	Wicke-Typ
Plantago lanceolata	333	73	4	4	414	Spitzwegerich
Solanum nigrum	104	204	7	9	324	Schwarzer Nachtschatten
Silene-Typ	93	195	11	15	314	Leimkraut-Typ
Echinochloa crus-galli	150	105	11	7	273	Hühnerhirse
Sherardia arvensis	63	100	2	1	166	Ackerröte
Rumex crispus-Typ	58	43	2	1	104	Krauser Ampfer-Typ
Lithospermum officinale	39	26	2	3	70	Echter Steinsame
Galium aparine	27	26	1	2	56	Klettenlabkraut
Avena	17	19	1	3	40	ein Hafer
Avena, Granne		9	2		11	ein Hafer, Granne

Tab. 1. Fortsetzung. Feudvar, Pflanzenfunde. Übersicht über die Fundmengen aller Schnitte.

Schnitt	W	E	D	A	Summe	
Veronica, schüsselsamig	12	3	1	1	17	ein schüsselsamiger Ehrenpreis
Agrimonia eupatoria	363	48	1		412	Odermennig
Portulaca oleracea	88	70	1		159	Portulak
Thymelaea passerina	108	12	5		125	Spatzenzunge
Bromus mollis	7	105	2		114	Weiche Trespe
Asperula arvensis	5	96	1		102	Ackermeister
Ajuga chamaepitys	38	46		1	85	Gelber Günsel
Scleranthus annuus	40	14	2		56	Einjähriges Knäuelkraut
Petrorhagia saxifraga	37		2	2	41	Felsennelke
Mentha	20	17		1	38	eine Minze
Verbasum	17	12	2		31	eine Königskerze
Convolvulus arvensis	11	12	1		24	Ackerwinde
Galeopsis	7	12		3	22	ein Hohlzahn
Montia-Typ	5	9		2	16	Quellkraut-Typ
Atriplex hastata	7	1		1	9	Spießmelde
Centaurea	352	28			380	eine Flockenblume
Rorippa-Typ	233	51			284	Sumpfkresse-Typ
Conringia orientalis	35	107			142	Ackerkohl
Atriplex patula-Typ	76	52			128	Rutenmelde-Typ
Stellaria media	110	11			121	Vogelmiere
Consolida regalis	106	1			107	Ackerrittersporn
Adonis	3	102			105	ein Adonisröschen
Anthemis	73	21			94	eine Hundskamille
Cerastium	24	38			62	ein Hornkraut
Stachys annua	51	3			54	Einjähriger Ziest
Echium	35	18			53	ein Natternkopf
Lolium temulentum	13	7			20	Taumellolch
Aphanes arvensis	10	9			19	Ackerfrauenmantel
Geranium	6	8			14	ein Storchschnabel
Ranunculus	3	11			14	ein Hahnenfuß
Valerianella dentata	6	8			14	Gezähnter Feldsalat
Viola	2	12			14	ein Veilchen / Stiefmütterchen
Urtica dioica	7	6			13	Große Brennessel
Legousia speculum-veneris	10	2			12	Frauenspiegel
Neslia paniculata	10	2			12	Finkensame
Knautia arvensis	3	5			8	Wiesenknautie
Carex vulpina-Typ	5	2			7	Fuchssegge-Typ
Euphorbia	5	2			7	eine Wolfsmilch
Papaver (non-somniferum)	2	4			6	ein (Unkraut-) Mohn
Xanthium strumarium		5		1	6	Spitzklette
Berteroa	4	1			5	eine Graukresse
Carduus	1	4			5	ein Distel
Carpinus betulus	3	1			4	Hainbuche
Torilis arvensis	3	1			4	Ackerklettenkerbel
Bromus secalinus	2	1			3	Roggentrespe
Juncus	2	1			2	eine Binse
Kickxia spuria	1	1			2	Tännelkraut
Picris hieracioides	1	1			2	Bitterkraut
Salix, Frucht		1	1		2	eine Weide, Frucht
Fumaria		19			19	ein Erdrauch
Vaccaria hispanica		15			15	Kuhkraut
Barbarea	5				5	ein Barbarakraut
Dianthus	5				5	eine Nelke
Anthemis tinctoria		3			3	Färberhundskamille
Cirsium		3			3	eine Kratzdistel
Leontodon hispidus	3				3	Rauher Löwenzahn
Veronica, flachsamig		3			3	ein flachsamiger Ehrenpreis
Acer	2				2	ein Ahorn
Euphorbia helioscopia			2		2	Sonnenwendwolfsmilch
Hibiscus trionum		2			2	Stundenblume
Lapsana communis	2				2	Rainkohl
Luzula	2				2	eine Hainsimse
Rumex acetosella		2			2	Kleiner Sauerampfer
Setaria pumila		2			2	Rote Borstenhirse
Anagallis	1				1	ein Gauchheil
Carex hirta		1			1	Rauhe Segge
Ecballium elaterium			1		1	Spritzgurke
Lathyrus nissolia		1			1	Grasplatterbse
Lolium remotum	1				1	Leinlolch
Nigella	1				1	Schwarzkümmel
Orlaya grandiflora		1			1	Großblütiger Breitsame
Spergula arvensis	1				1	Ackerspörgel

Tab. 1. Fortsetzung. Feudvar, Pflanzenfunde. Übersicht über die Fundmengen aller Schnitte.

Schnitt	W	E	D	A	Summe	
Tilia	1				1	eine Linde
Wasserpflanzen						Wasserpflanzen
Carex sect. Vignea	36	18	2	2	58	zweigrifflige Seggen
Carex sect. Eucarex	17	30	2	4	53	dreigrifflige Seggen
Euphorbia palustris	59	71	3		133	Sumpfwolfsmilch
Alismataceae	18	14		1	33	Froschlöffelgewächse
Characeae	7	4			11	Armleuchteralgen
Lemna	5	2			7	eine Wasserlinse
Polygonum hydropiper	3	2			5	Wasserpfeffer
Phalaris arundinacea		21			21	Rohrglanzgras
Schoenoplectus mucronatus	4				4	Stachelspitzige Seebinse
Lycopus europaeus		4			4	Wolfstrapp
Potamogeton	1				1	ein Laichkraut
Nicht näher Bestimmtes						Nicht näher Bestimmtes
Chenopodiaceae	294272	32619	2197	4655	333743	Gänsefußgewächse
Poaceae	3997	2919	153	197	7266	Süßgräser
Polygonaceae	1044	313	26	21	1404	Knöterichgewächse
Brassicaceae	781	523	6	9	1319	Kreuzblütler
Lamiaceae	512	738	18	21	1289	Lippenblütler
Cyperaceae	109	190	12	3	314	Sauergräser
Asteraceae	130	141	2	1	274	Korbblütler
Caryophyllaceae	120	96	8	4	228	Nelkengewächse
Rubiaceae	82	69	1	1	153	Rötegewächse
Boraginaceae	2	14	1	2	19	Rauhblattgewächse
Apiaceae	115	11	3		129	Doldenblütler
Fabaceae	10	6	2		18	Schmetterlingsblütler
Malvaceae	1	9	1		11	Malvengewächse
Primulaceae	6	1	1		8	Primelgewächse
Rosaceae	23	9			32	Rosengewächse
Solanaceae	17	10			27	Nachtschattengewächse
Campanulaceae	2	6			8	Glockenblumengewächse
Scrophulariaceae	3	2			5	Braunwurzgewächse
Papaveraceae	2	3			5	Mohngewächse
Euphorbiaceae		3			3	Wolfsmilchgewächse
Cucurbitaceae			2		2	Kürbisgewächse
Plantaginaceae	1				1	Wegerichgewächse
Juncaceae		1			1	Binsengewächse
Sonstiges						Sonstiges
verkohlter Speisebrei	77	75	10	4	166	verkohlter Speisebrei
Summe (n)	745338	487201	25572	12691	1270802	Summe (n)
Probenmenge	665	986	373	63	2087	Probenmenge

Tab. 1. Fortsetzung. Feudvar, Pflanzenfunde. Übersicht über die Fundmengen aller Schnitte.

Schicht	D	D+E	E	E+F	F	G+F	G	G+H	H	H+I+J	I	I+J	J+K+L	Ezt+ E-I	Ezt	n	St.n.
Getreide																	
Triticum monococcum	1392	131	14581	1622	13426	2347	29268	1839	3393	677	1311	306	518	929	1774	73514	15
Tr. monococcum, Spelzbase	3144	115	24301	1310	24646	3970	9903	531	1700	460	689	346	553	1948	9480	83096	15
Hordeum vulgare vulgare	487	42	4175	262	2849	476	4526	135	2655	85	295	208	404	267	718	17584	15
Hordeum vulgare nudum					1				1							2	2
H. vulgare, Spindelglied	10	2	821	4	565	111	16	2	2	3				13	13	1562	12
H. distichum					7		2		5	1	3	1				19	6
Triticum dicoccon / Tr. timopheevii	4755	20	604	76	88223	71	281	2006	119	115	330	871	35	112	1315	98933	15
Tr. dicoccon / Tr. timoph., Spelzbase	3471	9	560	59	35497	72	145	46	193	50	72	67	17	116	1013	41387	15
Tr. aestivum	202		31	2	26	2	7	1	4	6	5	18	1	1	15	321	14
Tr. aestivum, Spindelglied	50		5		187	43			3	1	1			2	21	313	9
Tr. spelta	1		6	2	7	2	11	1	1	1	1				2	35	11
Tr. spelta, Spelzbase	77		17	3	27	5	5	2	6	2	2			2	15	163	12
Cerealia indet.	1017	71	1912	198	1168	220	574	136	371	72	350	111	172	314	578	7264	15

Tab. 2. Feudvar, Pflanzenfunde. Übersicht über die Fundmengen aus den Schichten der Westburg.

Schicht	D	D+E	E	E+F	F	G+F	G	G+H	H	H+I+J	I	I+J	J+K+L	Ezt+E-I	Ezt	n	St.n.
Hirsen																	
Panicum miliaceum	12		381	22	204	97	26	7	3217	18	519	1024	6791	77	821	13216	14
Öl- und Faserpflanzen																	
Camelina sativa	15	6	238	10	216	43	48	1	7	1	38	1		76	38	738	14
C. sativa, Schötchenklappe			15		36	4				1						56	4
Linum usitatissimum	2		2		14	2	8	15	4		3	1	8	2	7	68	12
L. usitatissimum, Garnknoten			1				2									3	2
L. usitatissimum, Stengelbündel								1								1	1
Lallemantia iberica	3	1	397	4	22	37	169							3	30	666	9
Sisymbrium	1		2	2		2	12430	1	1							12439	7
Papaver somniferum	4		3		3	1	2							1	5	19	7
Hülsenfrüchte																	
Pisum sativum	14	2	64	20	69	2774	82	4	50	2	11	6	5	15	12	3130	15
Lens culinaris	71	18	825	59	230	109	773	40	127	12	45	10	78	43	97	2537	15
Vicia ervilia	92	9	680	231	134	120	703	80	77	4	30	3	1	134	12	2310	15
Lathyrus sativus	4		2	1	7	2	8		1		2		1	1	2	31	11
Vicia faba			1		1	1	2		1	1		3	4		1	15	9
Leg. sat. indet	40	5	178	24	37	15	35	3	30	3	27	9	7	49	24	486	15
Gemüse und Gewürze																	
Anethum graveolens			127		82	11				1				1	2	224	6
Daucus carota			1		2				1						2	6	4
Beta vulgaris					1											1	1
Obst und Nüsse																	
Trapa natans	13	2	49	6	31	9	14	5	9	3	4	1	2	6	9	163	15
Sambucus ebulus	31	1	252	10	42	12	21	4	50		7	2	10	6	22	470	14
Fragaria	26		102	929	25	7	33	2	3	2	3		5	18	10	1165	13
Rubus fruticosus	1		55	4	8	1	10	1	4	1	1		1		5	92	12
Prunus spinosa	8		41	5	11	1	2		2				1	6	5	82	10
Pr. (non-spinosa)	2	1	3	1	6		3		1					1	2	20	9
Rosa			3	1	14	1	1				1				2	23	7
Cornus mas					1		2		1	1	1			1	2	9	7
Sambucus nigra	3		3				2				1				2	11	5
Quercus			1		2						1	1				5	4
Vitis vinifera sylvestris					1						1		4			6	3
Pyrus			1				2									3	2
Prunus padus	1										1					2	2
Physalis alkekengi							1		1							2	2
Mögliche Nutzpflanzen																	
Teucrium-Typ	115	4	397	13	156	29	132	4	29	5	16	3	4	17	34	958	15
Chenopodium hybridum	5	1	27		23	5	1	25	12	2	11		11	1	3	127	13
Lithospermum arvense	6		8		7	2	730		24	1	11	1	6	4	3318	4118	12
Verbena officinalis	6	4	139	10	27	5	4	1	2					3	9	210	11
cf. Cephalaria	7	2	25	1	4	3	2		3		5			2	6	60	11
Malva	4	1	29		4	19	3		6	1	2				6	75	10
Hyoscyamus			16	1	10		11	1		1	2				2	44	8
Hypericum	20				13	1			1						12	47	5
Althaea officinalis	1					1	1						1			4	4
Allium			5		3	2										10	3
Onopordum acanthium			2		1	1										4	3
Brassica nigra			1													1	1
Carthamus lanatus							1									1	1
Carthamus tinctorius								1								1	1
Cichorium intybus					1											1	1
Technische Materialien																	
Phragmites australis, Halme	25	5	102	13	61	14	40	5	12	4	5	3	5	11	20	325	15
Schoenoplectus lacustris	9	1	28	4	23	5	13	1	6		6	2	2	3	6	109	14
Unkräuter i.w.S.																	
Setaria viridis / S. verticillata	2961	3	2718	30	36963	44	90	11	82	11	11	3	32	33	35	43027	15
Bromus arvensis	467	58	6221	194	1986	657	369	55	158	24	36	14	68	126	481	10914	15
Lolium, kleinfrüchtig	140	33	3079	70	1040	198	167	18	43	17	24	6	1	33	77	4946	15

Tab. 2. Fortsetzung. Feudvar, Pflanzenfunde. Übersicht über die Fundmengen aus den Schichten der Westburg.

Schicht	D	D+E	E	E+F	F	G+F	G	G+H	H	H+I+J	I	I+J	J+K+L	Ezt+E-I	Ezt	n	St.n.
Dasypyrum villosum	88	30	1677	44	700	92	71	8	37	6	49	12	211	31	56	3112	15
Fallopia convolvulus	69	5	1280	37	391	117	190	25	92	13	31	15	10	32	148	2455	15
Trifolium-Typ	151	11	1160	55	357	66	88	13	102	7	23	9	8	42	117	2209	15
Bromus, langfrüchtig	40	4	305	23	492	78	124	14	29	11	32	8	19	21	44	1244	15
Polygonum aviculare	19	2	691	5	148	33	88	3	24	1	6	3	3	7	22	1055	15
Digitaria	5	1	22	1	53	4	15	8	4	1	15	6	121	4	14	274	15
Persicaria maculosa	21	2	481	5	146	10	77	1	11	1	4		3	8	16	786	14
Vicia-Typ	15	2	60	8	9	96	7	4	9	4	2		5	12	10	243	14
Solanum nigrum	5	1	15	5	28	7	11		8	1	1	2	2	5	13	104	14
Galium spurium	42		128	5	116	226	71		44	3	7	4	17	4	26	693	13
Agrostemma githago	5	1	238	2	81	15	85		22	1	4	2		7	19	482	13
Sherardia arvensis		2	7	1	18	1	7	10	9	1	2		1	2	2	63	13
Plantago lanceolata	24	1	64	3	187	14	11		5		2		3	5	14	333	12
Echinochloa crus-galli	12		32	8	56	1	18	9			3	1	6	2	2	150	12
Portulaca oleracea	1		20	3	31	17	5		5	1	2		1	1	1	88	12
Glaucium corniculatum	13		305	18	40	13	28		3	3	20			46	23	512	11
Bupleurum arvense	60	8	474	30	84	17	27		3	8				23	37	771	10
Silene-Typ	5		46	4	7	4	6		2		3			4	12	93	10
Centaurea		1	43	4	283	12	2		2					3	2	352	9
Atriplex patula-Typ	1		56		11	2	2		1	1	1				1	76	9
Lithospermum officinale	1		13	1	3		6		1		1	4			9	39	9
Echium	1		19	2	8		1		1			1		1	1	35	9
Lolium temulentum	1		1		1	1	1	4			1			2	1	13	9
Rumex crispus-Typ	4	1	16	4	14		5				1				13	58	8
Ajuga chamaepitys	2		19	1	5		6		3				1	1		38	8
Scleranthus annuus	1		30	1	5		1							1	1	40	7
Conringia orientalis	2		24	1	3	2			2						1	35	7
Verbasum			2		2		5		5		1			1	1	17	7
Agrimonia eupatoria	34		9		308		7		4						1	363	6
Petrorhagia saxifraga	3		26	1	3	2	2									37	6
Avena			3		6		1		1		3				3	17	6
Bromus mollis			1	1			1	1	1						2	7	6
Stellaria media			66	1	41	1								1		110	5
Anthemis	22		45	1			1								4	73	5
Galium aparine	2		17		2				3						3	27	5
Mentha	2		14		2		1								1	20	5
Galeopsis					2				2		1	1	1			7	5
Geranium			1		1		2		1		1					6	5
Cerastium			14		4	5					1					24	4
Legousia speculum-veneris			5	2	2										1	10	4
Neslia paniculata			2	2	4					2						10	4
Atriplex hastata			1		4		1			1						7	4
Carex vulpina-Typ				1	2						1				1	5	4
Rorippa-Typ			96		133	3									1	233	3
Thymelaea passerina	1		94		13											108	3
Stachys annua	7		2		42											51	3
Veronica, schüsselsamig			7		4	1										12	3
Aphanes arvensis	1				6										3	10	3
Urtica dioica			5				1		1							7	3
Valerianella dentata			2		3		1									6	3
Euphorbia	1				3										1	5	3
Montia-Typ			1				3	1								5	3
Carpinus betulus	1		1		1											3	3
Knautia arvensis					1		1								1	3	3
Leontodon hispidus					1	1	1									3	3
Consolida regalis			100		6											106	2
Convolvulus arvensis			2		9											11	2
Asperula arvensis			4				1									5	2
Adonis			2				1									3	2
Ranunculus	1				2											3	2

Tab. 2. Fortsetzung. Feudvar, Pflanzenfunde. Übersicht über die Fundmengen aus den Schichten der Westburg.

Schicht	D	D+E	E	E+F	F	G+F	G	G+H	H	H+I+J	I	I+J	J+K+L	Ezt+E-I	Ezt	n	St.n.
Bromus secalinus			1		1											**2**	2
Junucus			1		1											**2**	2
Luzula			1												1	**2**	2
Viola			1		1											**2**	2
Barbarea					5											**5**	1
Dianthus					5											**5**	1
Berteroa			4													**4**	1
Torilis arvensis			3													**3**	1
Acer				2												**2**	1
Lapsana communis			2													**2**	1
Papaver (non-somniferum)			2													**2**	1
Anagallis	1															**1**	1
Avena, Granne			1													**1**	1
Carduus						1										**1**	1
Kickxia spuria			1													**1**	1
Lolium remotum							1									**1**	1
Nigella					1											**1**	1
Picris hieracioides						1										**1**	1
Spergula arvensis									1							**1**	1
Tilia							1									**1**	1
Wasserpflanzen																	
Carex sect. Eucarex	4		1	1	4	1	2				1	1		2		**17**	9
Euphorbia palustris	1	5			7		4		39		2				1	**59**	7
Alismataceae			7	1	3									2	5	**18**	5
Carex sect. Vignea			27		5		3								1	**36**	4
Lemna	1		2		1										1	**5**	4
Characeae	4		2				1									**7**	3
Schoenoplectus mucronatus			3		1											**4**	2
Polygonum hydropiper			1												2	**3**	2
Potamogeton			1													**1**	1
Nicht näher Bestimmtes																	
Chenopodiaceae	858	170	8826	704	271719	1005	2839	363	1901	367	1545	477	506	823	2169	**294272**	15
Poaceae	255	23	1844	103	704	204	271	32	54	14	103	37	25	121	207	**3997**	15
Polygonaceae	28	2	739	28	117	17	30	7	19	3	9	4	2	12	27	**1044**	15
Brassicaceae	42	1	489	4	58	96	18	2	6	2	21	2	11	9	20	**781**	15
Lamiaceae	33	3	135	12	128	19	35	10	19	6	6	2	5	23	76	**512**	15
Cyperaceae	13	2	31	7	17	1	14	1	1		1	1	4	4	12	**109**	14
Asteraceae	6	4	39		14	9	5	5	4	4	1		1	10	28	**130**	13
Caryophyllaceae	3	1	75	4	16	5	7	4	2		1			1	1	**120**	12
Rubiaceae	2	2	61	3	5				3		1			1	4	**82**	9
Solanaceae			1	1	2	2	1								10	**17**	6
Fabaceae			1	1	3		2				2				1	**10**	6
Apiaceae	3		98		5		6	3								**115**	5
Rosaceae		1	10		4		6							2		**23**	5
Primulaceae				1	3		1							1		**6**	4
Scrophulariaceae			1		1						1					**3**	3
Boraginaceae	1		1													**2**	2
Papaveraceae	1				1											**2**	2
Campanulaceae			2													**2**	1
Malvaceae							1									**1**	1
Plantaginaceae			1													**1**	1
Sonstiges																	
verkohlter Speisebrei	5	1	25	3	14	4	8	2	3		3	1		4	4	**77**	13
Summen	20639	829	83429	6358	484882	13760	64920	5515	14907	2052	5798	3614	9715	5657	23263	**745338**	15
Probenmenge	39	5	149	21	129	29	74	17	47	9	40	22	25	15	44	**665**	15

Tab. 2. Fortsetzung. Feudvar, Pflanzenfunde. Übersicht über die Fundmengen aus den Schichten der Westburg.

Planum	14	13	12	11	10	9	8	7	6	5	4	3	1+2	Summen
Getreide														
Triticum monococcum	885	12724	2787	9027	4732	6843	602	42552	81375	527	442	543	253	**163292**
Tr. monococcum, Spelzbase	1690	11738	4629	13437	13465	26237	997	21507	37512	277	116	163	39	**131807**
Hordeum vulgare vulgare	197	1864	1358	1348	27591	2588	121	2209	3870	467	78	197	45	**41933**
H. vulgare nudum		1												**1**
H. vulgare, Spindelglied	16	87	35	148	39	187		41	70					**623**
H. distichum?		2				7								**9**
Triticum dicoccon / Tr. timopheevii	78	1135	246	413	780	928	78	651	3044	18	31	34	8	**7444**
Tr. dic. / Tr. timoph., Spelzbase	94	1327	317	352	700	617	208	588	229	3	7	8		**4450**
Tr. spelta		4	4	40	5	31	2	115	14	3	1	1		**220**
Tr. spelta, Spelzbase		88	38	261	73	298	8	976	23		3	7		**1775**
Tr. aestivum	5	116	20	52	152	41	21	67	77	1	1	3	1	**557**
Tr. aestivum, Spindelglied		19	5	30	18	23	1	85	3					**184**
Cerealia indeterminata	262	2287	736	2757	3147	2864	503	1199	1603	184	56	146	97	**15841**
Hirsen														
Panicum miliaceum	143	909	334	2346	896	5714	68	8135	9915	923	1750	5667	488	**37288**
Öl- und Faserpflanzen														
Camelina sativa	17	680	1125	124	75	210	37	52	34	2	1	7	2	**2366**
C. sativa, Schötchenklappe		2						1	2					**5**
Lallemantia iberica	11	25	11	30	105	19	5	1	1	1	1		2	**212**
Papaver somniferum	1	3	1	2		13		33	80					**133**
Linum usitatissimum		3	9	7	12	12		8	68		2	4	1	**126**
Sisymbrium					30	85								**115**
Hülsenfrüchte														
Lens culinaris	48	239	135	169	504	305	35	223	539	10	11	16	9	**2243**
Pisum sativum	13	80	68	41	102	93	30	29	40	3	4	3	5	**511**
Lathyrus sativus		9	1	23	7	5	1	19	20					**85**
Vicia ervilia	1	12	9		11	11	1	4	12	4	2	2	2	**71**
Vicia faba		1				2		1	2			1		**7**
Cicer arietinum						1								**1**
Leguminosae sat. indet.	12	68	25	22	55	43	2	26	64	3	6	14	2	**342**
Gemüse und Gewürze														
Daucus-Typ		1		1	2									**4**
Apium-Typ		1		1										**2**
Anethum graveolens		1												**1**
Obst und Nüsse														
Fragaria	9	49	241	295	16	3860		84	19	1	1	2	73	**4650**
Sambucus ebulus	6	64	31	21	30	104	10	16	41		1	7	6	**337**
Trapa natans	13	50	34	20	48	64	3	8	16	2		1		**259**
Rubus fruticosus	2	11	10	15	12	10	1	3	1	6				**71**
Quercus						1		1	1			1	43	**47**
Prunus spinosa	2	7	5	3	2	5		3						**27**
Prunus (non-spinosa)	1	6			3	6	1	1	1					**19**
Cornus mas		3	1		2	4			2				1	**13**
Sambucus nigra				2	2	8								**12**
Prunus padus		3	2			6								**11**
Rosa		2		3	3	2								**10**
Pyrus			1		1			3	2					**7**
Crataegus					1			1						**2**
Physalis alkekengi				1		1								**2**
Vitis vinifera sylvestris			1		1									**2**
Ficus carica					1									**1**
Mögliche Nutzpflanzen														
Teucrium-Typ	11	108	32	39	101	84	13	40	88	36	6	6	3	**567**
Chenopodium hybridum	1	12	69	13	15	100	2	28	95	2	9	10	1	**357**
Lithospermum arvense	1	6	3	32	9	27	1	10	19				2	**110**
Verbena officinalis	3	19	9	3	10	17			11					**72**
cf. Cephalaria	5	20	22	2	3	5	1	1			2			**61**
Malva		5	3	7	7	12		1	22	2				**59**
Hyoscyamus niger	1	5	4	6	3	3	3	2	1		1			**29**
Althaea officinalis				2	1	4		2						**9**
Allium		3		1					3					**7**
Onopordum acanthium		2			1					1				**4**

Tab. 3. Feudvar, Pflanzenfunde. Übersicht über die Fundmengen aus den Plana der Ostburg.

Planum	14	13	12	11	10	9	8	7	6	5	4	3	1+2	Summen
Brassica nigra				1								2		3
Hypericum	1	2												3
Cichorium intybus			1											1
Cornus sanguinea								1						1
Technische Materialien														
Schoenoplectus lacustris	274	553	35	283	9	104	3	26	21	1	4	2	1	1316
Phragmites australis, Halme	15	84	48	36	93	85	6	6	22	3	1	5	1	405
Unkräuter i.w.S.														
Bromus arvensis	146	863	651	1684	584	1225	29	477	5299	23	11	24	6	11022
Agrostemma githago	2	27	27	14	84	24	7	1187	4487	2	1			5862
Lolium, kleinfrüchtig	37	311	254	210	259	365	26	57	225	2	1	3	1	1751
Dasypyrum villosum	19	432	489	89	97	158	3	54	97	13	4	8	6	1469
Dasypyrum, Spindelglied		30												30
Bromus, langfrüchtig	21	264	345	122	186	171	10	63	237	8	4	6	3	1440
Fallopia convolvulus	14	134	97	150	264	238	32	77	124	12	3	5	1	1151
Setaria viridis / S. verticillata	20	77	78	62	235	551	2	25	64	6		5	1	1126
Trifolium-Typ	32	173	141	84	84	111	7	65	70	53	8	20	10	858
Polygonum aviculare	3	532	19	39	17	52	6	28	21	19	5	5	1	747
Digitaria	1	24	9	14	57	45	1	168	78	19	15	11	7	449
Galium spurium	9	91	57	18	45	73	5	49	61	6	2	20	3	439
Vicia-Typ	3	10	9	6	25	19	5	51	128	4	1	67	4	332
Bupleurum rotundifolium	4	62	23	16	74	35			27					241
Glaucium corniculatum	17	58	49	18	35	36	1	1	1	2		1		219
Solanum nigrum	5	43	15	9	17	30	1	73	7	1	2	1		204
Silene-Typ	2	12	8	5	43	22	1	3	94	1		4		195
Persicaria maculosa	6	48	26	18	36	21	10	3	10	1	1	2	1	183
Conringia orientalis		3	1	8	93	2								107
Echinochloa crus-galli	7	19	9	6	22	12	2	7	15	1	4		1	105
Bromus mollis-Typ		3		1		6		1	94					105
Adonis					1	2	99							102
Sherardia arvensis		14	4	2	8	33		4	34	1				100
Asperula arvensis		9			2							85		96
Plantago lanceolata	2	17	6	2	12	16	2	6	6	4				73
Portulaca oleracea	3	9	4	5	6	14		8	14			6	1	70
Atriplex patula-Typ	1	3	14	3	28	3								52
Rorippa-Typ	1	3	2	2	33				10					51
Agrimonia eupatoria		28	3	4	13									48
Ajuga chamaepitys	2	5	4	15	4	8		3	2			2	1	46
Rumex crispus-Typ		6	17	5	3	11			1					43
Cerastium		1		2		30			5					38
Centaurea		2	3	2	1	5		2	12	1				28
Galium aparine	1	8	2	1	3		1		9	1				26
Lithospermum officinale		2	7	2	8	7								26
Anthemis arvensis		5	1						15					21
Avena		1		1	1	4		10	2					19
Avena, Granne		3	1	3	1				1					9
Fumaria	1			5	1	1		11						19
Echium	1		17											18
Mentha	1	1	6		4	4			1					17
Vaccaria hispanica										1	1	13		15
Scleranthus annuus		3	2	1	6	1		1						14
Convolvulus arvensis		3	1	2	2	1		2	1					12
Galeopsis					8	2			1		1			12
Thymelaea passerina		3	1	2	2	1			1			1	1	12
Verbascum		3	2		1	4		2						12
Viola						11			1					12
Ranunculus		1	1	3	1	2			3					11
Stellaria media		2		6	2				1					11
Aphanes arvensis						1		8						9
Montia-Typ								8				1		9
Geranium			1		4	1		1	1					8
Valerianella dentata						1	1		6					8
Lolium temulentum			2	1		1			2			1		7
Urtica dioica	1		1	2	1	1								6
Knautia arvensis		4			1									5
Xanthium strumarium			1		1	1		2						5

Tab. 3. Fortsetzung. Feudvar, Pflanzenfunde. Übersicht über die Fundmengen aus den Plana der Ostburg.

Planum	14	13	12	11	10	9	8	7	6	5	4	3	1+2	Summen
Carduus				1		3								4
Anthemis tinctoria	1	2												3
Cirsium		3												3
Papaver (non somniferum)				2	1									3
Stachys annua		3												3
Vernonica, flachsamig		1				1							1	3
Veronica, schüsselsamig				2					1					3
Carex vulpina-Typ		1		1										2
Euphorbia		2												2
Hibiscus trionum					1	1								2
Legousia speculum-veneris	1	1												2
Neslia paniculata		1				1								2
Rumex acetosella						2								2
Setaria pumila					1			1						2
Atriplex hastata			1											1
Berteroa incana						1								1
Bromus secalinus								1						1
Carex hirta	1													1
Carpinus betulus					1									1
Consolida regalis	1													1
Juncus			1											1
Kickxia spuria									1					1
Lathyrus nissolia				1										1
Orlaya grandiflora									1					1
Papaver dubium		1												1
Picris hieracioides					1									1
Salix, Frucht					1									1
Torilis arvensis		1												1
Wasserpflanzen														
Euphorbia palustris	1	14	1	5	4	24		21					1	71
Phalaris arundinacea						21								21
Alismataceae	1	4	4	4	1									14
Lycopus europaeus		4												4
Characeae		1			3									4
Polygonum hydropiper	1	1												2
Lemna		2												2
Nicht näher Bestimmtes														
Chenopodiaceae	562	3501	7959	2807	3396	4963	231	3979	4282	518	181	200	40	32619
Poaceae	106	927	264	253	357	496	49	177	233	24	3	26	4	2919
Lamiaceae	11	64	123	49	58	54	2	335	32	2		8		738
Brassicaceae	13	68	32	55	93	70	6	32	140	3		11		523
Polygonaceae	3	54	25	29	75	39	6	10	63	4		3	2	313
Cyperaceae	2	23	11	22	44	59	5	6	14			2	2	190
Asteraceae	2	23	5	8	13	40	2	2	41	1	1	2	1	141
Caryophyllaceae	1	10	4	21	44	9		2	1		1	3		96
Rubiaceae		7	1		1	8		6	2		1	43		69
Carex sect. Eucarex		2		2	6	9	2	1	8					30
Carex, sect. Vignea	1	2	3		5	6	1							18
Boraginaceae			1	1		6		4	1			1		14
Apiaceae		3	2			2		2	2					11
Solanaceae		4	1		5									10
Malvaceae	1	2	3			3								9
Rosaceae	2		3	4										9
Campanulaceae		4	1									1		6
Fabaceae		3	1						1			1		6
Papaveraceae			1			1		1						3
Euphorbiaceae								3						3
Scrophulariaceae						1			1					2
Primulaceae			1											1
Juncaceae									1					1
Sonstiges														
verkohlte Speisereste	6	21	8	9	6	15	1		9					75
Summe (n)	4897	42552	23311	37336	59408	60886	3220	85899	155063	3213	2788	7446	1182	487201
Probenmenge (n)	16	108	62	62	146	164	27	81	163	22	32	63	40	986

Tab. 3. Fortsetzung. Feudvar, Pflanzenfunde. Übersicht über die Fundmengen aus den Plana der Ostburg.

Planum	10	9	8	7	6	5	4	1+2+3	Summe
Getreide									
Triticum monococcum	616	871	719	418	483	600	217	301	4225
Tr. monococcum, Spelzbase	40	103	883	79	291	80	24	30	1530
Hordeum vulgare vulgare	189	369	313	148	179	251	90	63	1602
H. vulgare, Spindelglied		2			1	4			7
H. distichum					1				1
Triticum dicoccon / Tr. timopheevii	174	113	93	54	92	85	10	10	631
Tr. dic. / Tr. timoph., Spelzbase	23	25	46	7	49	21		1	172
Tr. aestivum	2	4	6	2	5		2	2	23
Tr. aestivum, Spindelglied			1						1
Tr. spelta, Spelzbase	1		5		3				9
Cerealia indeterminata	226	377	568	281	337	338	163	220	2510
Hirsen									
Panicum miliaceum	301	1038	2155	1332	1252	2067	765	390	9300
Setaria italica			1			1			2
Öl- und Faserpflanzen									
Camelina sativa	1	18	23	14	6	5			67
C. sativa, Schötchenklappe	1								1
Linum usitatissimum			2	1			2	1	6
Lallemantia iberica				1					1
Papaver somniferum		1							1
Hülsenfrüchte									
Lens culinaris	84	230	163	48	111	110	17	16	779
Pisum sativum	3	4	12	6	4	6	1	2	38
Vicia ervilia	1	2	1	5	2	1		3	15
Lathyrus sativus		1	1	2	1	2	3		10
Vicia faba		2				4			6
Leguminosae sat. indet.	7	24	27	16	18	20	3	5	120
Obst und Nüsse									
Sambucus ebulus	51	21	17	4	7	9	14	2	125
Trapa natans	4	4	6	5	8	1	1		29
Prunus spinosa	1	2	1	1	1				6
Cornus mas		2	1	2	1				6
Fragaria		1	2					1	4
Prunus (non-spinosa)		1	1		1	1			4
Rubus fruticosus	1	2	1						4
Quercus		3							3
Crataegus							1		1
Ficus carica				1					1
cf. Malus					1				1
Rosa					1				1
Gemüse und Gewürze									
Daucus-Typ		2							2
Mögliche Nutzpflanzen									
Teucrium-Typ	7	15	13	6	12	9	1	1	64
Chenopodium hybridum	1	1	4		6	7	6	13	38
Lithospermum arvense		1	2	2	2	2			9
cf. Cephalaria		1	1	1					3
Malva			1		1				2
Hyoscyamus niger			1						1
Onopordum acanthium						1			1
Verbena officinalis		1							1
Unkräuter i.w.S.									
Bromus arvensis	58	92	424	40	57	51	9	8	739
Polygonum aviculare	69	75	9	2	2	9			166
Fallopia convolvulus	13	23	27	11	8	16	6	2	106
Dasypyrum villosum	7	23	23	10	13	14	10	5	105
Dasypyrum, Spindelglied				1					1
Lolium, kleinfrüchtig	12	18	42	6	9	8	1	2	98
Galium spurium	1	11	17	8	10	3	3	6	59
Trifolium-Typ	4	13	12	3	2	6	3	1	44
Bromus, langfrüchtig	4	8	18	2	2	3	4		41
Setaria viridis / S. verticillata	1	7	4		14	11		1	38
Digitaria	2	4	3	4	8	8	3	4	36
Vicia-Typ	3	2	7	5	2	4	4	5	32
Bupleurum rotundifolium	2	2	2	1	3	1		1	12
Agrostemma githago			6	2	2	1			11
Echinochloa crus-galli		1	4	2	1	1	2		11
Persicaria maculosa	1	3	3	2	1	1			11
Silene-Typ		1	4	1	3		1	1	11
Glaucium corniculatum	3	4		1					8
Solanum nigrum	2	1	1		1		2		7
Thymelaea passerina	1	4							5

Tab. 4. Feudvar. Pflanzenfunde. Übersicht über die Fundmengen aus den Plana von Schnitt D.

Planum	10	9	8	7	6	5	4	1+2+3	Summe
Plantago lanceolata	1		2			1			4
Avena	1								1
Avena, Granne				1		1			2
Bromus mollis-Typ			1		1				2
Euphorbia helioscopia						2			2
Lithospermum officinale		1				1			2
Petrorhagia saxifraga			2						2
Rumex crispus-Typ			1		1				2
Scleranthus annuus			1	1					2
Sherardia arvensis			1					1	2
Verbascum			2						2
Agrimonia eupatoria	1								1
Asperula arvensis				1					1
Convolvulus arvensis						1			1
Ecballium elaterium					1				1
Galium aparine							1		1
Portulaca oleracea	1								1
Salix, Frucht			1						1
Veronica, schüsselsamig		1							1
Wasserpflanzen									
Phragmites australis, Halme	7	14	14	6	9	10		1	61
Schoenoplectus lacustris	5	2	98	1	18	2			126
Euphorbia palustris	1					2			3
Nicht näher Bestimmtes									
Chenopodiaceae	216	525	699	161	281	153	87	75	2197
Poaceae	9	31	49	16	19	15	9	5	153
Polygonaceae	4	5	3	3	4	1	4	2	26
Lamiaceae	2	2	1	4				9	18
Cyperaceae	3		7		2				12
Caryophyllaceae	1	2	3	1	1				8
Brassicaceae			6						6
Apiaceae			1			2			3
Asteraceae	1				1				2
Carex sect. Eucarex		1						1	2
Carex sect. Vignea		1				1			2
Cucurbitaceae	1	1							2
Fabaceae						1		1	2
Boraginaceae		1							1
Malvaceae						1			1
Primulaceae		1							1
Rubiaceae			1						1
Sonstiges									
verkohlte Speisereste		1	4	1	1	3			10
Summe (n)	2171	4122	6573	2733	3353	3959	1469	1192	25572
Probenmenge (n)	41	73	64	45	56	28	31	35	373

Tab. 4. Fortsetzung. Feudvar. Pflanzenfunde. Übersicht über die Fundmengen aus den Plana von Schnitt D.

Planum	7+8	4+5+6	2+3	Summe	deutscher Name
Getreide					Getreide
Triticum monococcum	474	804	572	1850	Einkorn
Tr. monococcum, Spelzbase	242	592	80	914	Einkorn, Spelzbase
Hordeum vulgare vulgare	230	176	74	480	Vierzeil-Spelzgerste
H. vulgare, Spindelglied	4	3	1	8	Vierzeilgerste, Spindelglied
Triticum dicoccon / Tr. timopheevii	41	39	16	96	Emmer / Sanduri
Tr. dic. / Tr. timoph., Spelzbase	18	33	12	63	Emmer / Sanduri, Spelzbase
Tr. aestivum	9	2	1	12	Saatweizen
Tr. aestivum, Spindelglied		2		2	Saatweizen, Spindelglied
Tr. spelta	1			1	Dinkel
Cerealia indeterminata	276	347	193	816	unbestimmtes Getreide
Hirsen					Hirsen
Panicum miliaceum	758	1337	228	2323	Rispenhirse
Öl- und Faserpflanzen					Öl- und Faserpflanzen
Linum usitatissimum	3	8		11	Lein / Flachs
Hülsenfrüchte					Hülsenfrüchte
Lens culinaris	20	31	12	63	Linse
Vicia ervilia	3	8	3	14	Linsenwicke
Pisum sativum	2	7		9	Erbse
Lathyrus sativus	2			2	Platterbse

Tab. 5. Feudvar, Pflanzenfunde. Übersicht über die Fundmengen aus den Plana von Schnitt A.

Planum	7 + 8	4 + 5 + 6	2 + 3	Summe	deutscher Name
Leguminosae sat. indet.	7	14	7	28	unbestimmte Hülsenfrüchte
Obst und Nüsse					Obst und Nüsse
Sambucus ebulus	1	40	1	42	Attich
Trapa natans	1	3		4	Wassernuss
Fragaria	1	1		2	eine Erdbeere
Rubus fruticosus	1	1		2	Brombeere
cf. Malus	1			1	wohl Apfelbaum
Prunus (non-spinosa)		1		1	ein Steinobst, nicht Schlehe
Quercus	1			1	ein Eichbaum (Eichel)
Mögliche Nutzpflanzen					Mögliche Nutzpflanzen
Chenopodium hybridum	3	52		55	Bastardgänsefuß
Teucrium-Typ	4	14	1	19	Edelgamander-Typ
Lithospermum arvense	4	4	2	10	Ackersteinsame
Malva		8		8	eine Malve
cf. Cephalaria			1	1	wohl Schuppenkopf
Verbena officinalis	1	1		2	Eisenkraut
Unkräuter i.w.S.					Unkräuter i.w.S.
Bromus arvensis	84	166	37	287	Ackertrespe
Dasypyrum villosum	56	130	26	212	‚Zottiges Korn‘
Digitaria	50	22	6	78	eine Fingerhirse
Trifolium-Typ	8	60	3	71	Klee-Typ
Bromus, langfrüchtig	17	35	4	56	eine langfrüchtige Trespe
Fallopia convolvulus	14	23	3	40	Windenknöterich
Lolium, kleinfrüchtig	15	19	3	37	ein kleinfrüchtiger Lolch
Setaria viridis / S. verticillata	7	18		25	Grüne / Quirl-Borstenhirse
Vicia-Typ	5	14	2	21	Wicke-Typ
Galium spurium	1	13	1	15	Saatlabkraut
Silene-Typ	1	14		15	Leimkraut-Typ
Solanum nigrum	2	7		9	Schwarzer Nachtschatten
Echinochloa crus-galli	4	3		7	Hühnerhirse
Plantago lanceolata	1	3		4	Spitzwegerich
Agrostemma githago		2	1	3	Kornrade
Avena	3			3	ein Hafer
Galeopsis	1	1	1	3	ein Hohlzahn
Lithospermum officinale	1	2		3	Echter Steinsame
Polygonum aviculare	2	1		3	Vogelknöterich
Bupleurum rotundifolium	1	1		2	Ackerhasenohr
Galium aparine		2		2	Klettenlabkraut
Glaucium corniculatum	1	1		2	Roter Hornmohn
Montia-Typ	2			2	Quellkraut-Typ
Petrorhagia saxifraga		2		2	Felsennelke
Ajuga chamaepitys		1		1	Gelber Günsel
Atriplex hastata	1			1	Spießmelde
Mentha		1		1	eine Minze
Persicaria maculosa		1		1	Flohknöterich
Rumex crispus-Typ		1		1	Krauser Ampfer-Typ
Sherardia arvensis			1	1	Ackerröte
Veronica, schüsselsamig	1			1	ein schüsselsamiger Ehrenpreis
Xanthium strumarium	1			1	Spitzklette
Wasserpflanzen					Wasserpflanzen
Phragmites australis, Halme	6	7	2	15	Schilfrohr, Halme
Alismataceae		1		1	Froschlöffelgewächse
Schoenoplectus lacustris		1		1	Seebinse
Nicht näher Bestimmtes					Nicht näher Bestimmtes
Chenopodiaceae	3948	559	148	4655	Gänsefußgewächse
Poaceae	98	88	11	197	Süßgräser
Polygonaceae	4	14	3	21	Knöterichgewächse
Lamiaceae	9	11	1	21	Lippenblütler
Brassicaceae		8	1	9	Kreuzblütler
Carex sect. Eucarex	1	3		4	dreigrifflige Segge
Caryophyllaceae	2	2		4	Nelkengewächse
Cyperaceae	3			3	Sauergräser
Boraginaceae	2			2	Rauhblattgewächse
Carex, sect. Vignea		1	1	2	zweigrifflige Seggen
Asteraceae		1		1	Korbblütler
Rubiaceae		1		1	Rötegewächse
Sonstiges					Sonstiges
verkohlte Speisereste	1	3		4	verkohlte Speisereste
Fundmenge (n)	6461	4771	1459	12691	**Fundmenge (n)**
Probenmenge (n)	15	33	15	63	**Probenmenge (n)**

Tab. 5. Fortsetzung, Feudvar, Pflanzenfunde. Übersicht über die Fundmengen aus den Plana von Schnitt A.

Schicht	D	D+E	E	E+F	F	F+G	G	G+H	H	H+I+J	I	I+J	J+K+L	E-I+EZ	EZ
Getreide															
Triticum monococcum	100	100	99	100	98	100	96	100	96	100	95	100	88	100	1
Tr. monococcum, Spelzbase	92	100	99	100	95	86	91	94	89	89	9	95	76	100	98
Hordeum vulgare vulgare	92	199	96	100	97	100	96	82	94	89	85	82	8	100	1
H. v. nudum					1				2						
H. vulgare, Spindelglied		40	24	14	16	17	16	6	4	33				33	23
H. distichum					3		3		6	11	3	5			
Triticum dicoccon / T. timopheevii	74	100	79	81	58	72	72	65	57	100	63	55	64	87	8
Tr.dic. / T. timoph., Spelzbase	56	40	63	67	52	52	47	41	34	56	43	45	28	87	7
Tr. aestivum	8		1	5	8	7	9	6	6	22	5	18	4	13	14
Tr. aestivum, Spindelglied	5		3		2	17			2	11	3			13	11
Tr. spelta	3		3	10	4	7	9	6	2	11	3				5
Tr. spelta, Spelzbase	8		5	14	9	7	5	12	11	11	5			13	16
Cerealia indet.	95	100	82	76	84	69	77	65	74	33	83	73	8	93	77
Hirsen															
Panicum miliaceum	15		28	43	41	28	22	12	62	67	6	82	96	27	7
Öl- und Faserpflanzen															
Camelina sativa	18	40	21	24	2	14	12	6	9	11	15	5		47	27
C. sativa, Schötchenklappe			1		2	3				11					
Linum usitatissimum	3		1		9	7	11	18	9		8	5	2	7	9
L, usitatissimum, Stengelbündel								6							
L. usitatissimum, Garnknoten			1				3								
Lallemantia iberica	5	20	18	19	6	24	15							13	7
Sisymbrium	3		1	10		3	4	6	2						
Papaver somniferum	5		2		2	3	3							7	7
Hülsenfrüchte															
Lens culinaris	59	80	68	62	62	62	59	47	57	78	53	27	52	73	77
Vicia ervilia	38	60	47	38	22	48	49	29	28	22	38	9	4	60	16
Pisum sativum	8	40	21	33	19	31	3	18	32	22	15	23	16	27	2
Lathyrus sativus	8		1	5	3	7	8		2		5		4	7	2
Vicia faba			1		1	3	3		2	11		5	4		2
Leg. sat. indet.	51	80	41	48	2	34	28	18	34	22	4	27	16	67	32
Gemüse und Gewürze															
Anethum graveolens			5		1	7				11				7	2
Daucus carota			1		2				2						2
Beta vulgaris					1										
Obst und Nüsse															
Trapa natans	31	40	32	24	21	31	18	18	17	33	1	5	8	40	18
Sambucus ebulus	23	20	41	38	18	24	14	18	11		1	9	28	40	3
Fragaria	21		23	52	14	14	14	23	6	11	5		8	27	16
Rubus fruticosus	3		12	19	5	3	9	6	9	11	3		4		9
Prunus spinosa	21	20	22	24	9	3	3		4				4	33	9
Prunus (non-spinosa)	5		1	5	5		4		2					7	5
Cornus mas					1		3		2	11	3			7	5
Rosa			1	5	2	3	1				3				5
Sambucus nigra	3		2				3				3				5
Quercus			1		1						3	5			
Vitis vinifera sylvestris					1						3		4		
Prunus padus	3									11					
Pyrus			1				3								
Physalis alkekengi							1		2						
Mögliche Nutzpflanzen															
Teucrium-Typ	54	40	52	52	45	59	43	12	32	22	28	14	16	53	32
Chenopodium hybridum	5	20	3		9	10	1	24	9	11	18		2	7	7
Lithospermum arvense	8		4		4	7	5		9	11	8	5	12	13	16
cf. Cephalaria	18	40	15	5	3	10	3		6		5			13	9
Verbena officinalis	13	20	12	14	9	3	5	6	4					13	11
Malva	8	20	6		2	10	1		2	11	5				11
Hyoscyamus			7	5	5	3	8	6		11	5				5
Althaea officinalis	3					3	1						4		
Hypericum	3				2				2						2
Allium			3		2	7									
Onopordum acanthium			1		1	3									
Brassica nigra			1												
Carthamus tinctorius								6							
Carthamus lanatus							1								
Cichorium intybus					1										
Technische Materialien															
Phragmites australis, Halme	64	100	68	62	43	48	54	29	26	44	13	14	2	73	45
Schoenoplectus lacustris	21	20	17	19	12	14	11	6	9		13	9	8	13	11

Tab. 6. Feudvar. Pflanzenfunde. Übersicht über die Stetigkeiten in den Schichten der Westburg.

Schicht	D	D+E	E	E+F	F	F+G	G	G+H	H	H+I+J	I	I+J	J+K+L	E-I+EZ	EZ
Unkräuter i.w.S.															
Bromus arvensis	9	100	92	95	78	86	84	76	68	67	53	50	52	100	86
Fallopia convolvulus	51	40	69	67	66	86	62	47	62	78	53	36	28	87	64
Lolium, kleinfrüchtig	79	60	72	76	64	62	61	53	4	67	3	27	4	87	61
Dasypyrum villosum	54	100	73	67	46	59	51	35	34	56	28	36	48	67	61
Trifolium-Typ	64	100	68	76	48	41	43	29	34	33	28	23	2	80	59
Bromus, langfrüchtig	44	80	41	57	44	48	57	35	32	33	33	23	32	40	48
Setaria viridis / S. verticillata	44	40	45	57	4	38	31	29	23	44	18	9	24	73	3
Polygonum aviculare	28	40	35	19	33	55	31	18	21	11	13	14	12	40	32
Digitaria	13	20	1	5	16	10	12	12	4	11	15	14	32	13	11
Persicaria maculosa	26	40	31	24	21	28	19	6	13	11	1		12	33	3
Solanum nigrum	1	20	1	14	12	21	11		9	11	3	9	4	13	18
Galium spurium	41		26	19	19	31	14		23	33	15	14	16	20	34
Vicia-Typ	28		23	33	6	21	7	6	15	33	5		2	60	18
Agrostemma githago	13	20	19	10	17	10	32		9	11	1	5		27	18
Sherardia arvensis		40	5	5	1	3	8	12	11	11	5		4	7	5
Plantago lanceolata	18	20	16	14	14	17	9		9			5	12	27	7
Echinochloa crus-galli	21		13	24	15	3	11	18			8	5	12	13	5
Portulaca oleracea	3		8	14	8	10	4		4	11	5		4	7	2
Bupleurum rotundifolium	46	80	56	52	22	31	23		4	22				73	27
Glaucium corniculatum	21		38	29	13	31	23		6	11	13			53	25
Silene-Typ	5		1	14	5	3	8		4		8			20	14
Centaurea		20	8	10	3	7	3		4					20	5
Atriplex patula-Typ	3		1		5	7	3		2	11	3				2
Lithospermum officinale	3		9	5	2		5		2		3	5			7
Echium	3		3	10	2		1		2			5		7	2
Rumex crispus-Typ	8	20	8	5	7		5				3				9
Ajuga chamaepitys	5		9	5	2		5		6				4	7	
Lolium temulentum	3		1		1	3	1	12			3				2
Conringia orientalis	5		6	5	1	7			2						2
Scleranthus annuus	3		5	5	1		1							7	2
Verbascum			1		2		1		4		3		4		2
Agrimonia eupatoria	10		5		3		7		6						2
Petrorhagia saxifraga	8		2	5	1	3	3								
Avena			1		3		1		2		5				7
Bromus mollis-Typ			1	5			1	6	2						2
Stellaria media			4	5	2	3								7	
Anthemis	5		3	5			1								5
Galium aparine	5		4		2				4						2
Galeopsis					2				2		3	5	4		
Mentha	5		6		2		1								2
Geranium			1		1		3		2		3				
Neslia paniculata			1	5	2					22					
Rorippa-Typ			7		2	7									2
Legousia speculum-veneris			3	10	2										2
Carex vulpina-Typ				5	2						3				2
Cerastium			1		1						3				
Viola		40	1		1										
Montia-Typ			1				4	6							
Thymelaea passerina	3		6		2										
Aphanes arvensis	3				2										5
Urtica dioica			3				1		2						
Veronica, schüsselsamig			1		2	3									
Carpinus betulus	3		1		1										
Leontodon hispidus					1	3	1								
Stachys annua	3		1		1										
Atriplex hastata			1		2		1								
Knautia arvensis					1		1								2
Valerianella dentata			1		2		1								
Euphorbia	3				2										2
Convolvulus arvensis			1		5										
Ranunculus	3				2										
Asperula arvensis			3				1								
Consolida regalis			2		2										
Luzula			1												2
Adonis			1				1								
Bromus secalinus			1		1										
Juncus			1		1										
Nigella					1										
Anagallis	3														
Berteroa			2												
Dianthus					2										

Tab. 6. Fortsetzung. Feudvar. Pflanzenfunde. Übersicht über die Stetigkeiten in den Schichten der Westburg.

Schicht	D	D+E	E	E+F	F	F+G	G	G+H	H	H+I+J	I	I+J	J+K+L	E-I+EZ	EZ
Spergula arvensis									2						
Acer				1											
Avena, Granne			1												
Barbarea				1											
Kickxia spuria			1												
Lapsana communis			1												
Lolium remotum							1								
Papaver (non somniferum)			1												
Tilia							1								
Torilis arvensis			1												
Carduus						3									
Picris hieracioides						3									
Wasserpflanzen															
Carex sect. Eucarex	10		1	5	2	3	3				3	5		7	
Euphorbia palustris	3		3	5			5		9		5				2
Alismataceae			4	5	2									13	7
Carex sect. Vignea			4		3		4								2
Lemna	3		1		1										2
Polygonum hydropiper			5												2
Characeae	3		1												
Schoenoplectus mucronatus			1		1										
Potamogetion				5											
Nicht näher Bestimmes															
Chenopodiaceae	97	80	98	100	93	97	91	76	87	89	98	95	80	100	100
Poaceae	85	100	80	95	69	66	69	47	36	44	70	55	32	93	75
Polygonaceae	36	40	37	62	31	41	26	35	21	22	20	9	8	47	32
Lamiaceae	26	40	34	33	29	38	23	41	26	33	13	9	16	33	34
Brassicaceae	38	20	31	14	15	28	19	12	11	11	20	5	16	53	27
Cyperaceae	26	40	16	14	9	3	9	6	2		3	5	12	27	20
Asteraceae	10	40	15		8	14	4	24	6	11	3		4	33	27
Caryophyllaceae	8	20	10	19	7	14	8	6	4		3			7	2
Rubiaceae	5	20	10	14	2				4		3			7	2
Solanaceae			1	5	2	7	1								9
Rosaceae		20	7		3		4							7	
Apiaceae	8		1		2		4	12							
Fabaceae			1	5	2		3				5				
Primulaceae				5	2		1							7	
Scrophulariaceae			1		1						3				
Boraginaceae	3		1												
Papaveraceae	3				1										
Campanulaceae			1												
Malvaceae							1								
Plantaginaceae			1												
Sonstiges															
verkohlter Speisebrei	13	20	17	19	11	14	11	12	6		8	5		27	9
Probenmenge = 100%	39	5	149	21	129	29	74	17	47	9	4	22	25	15	44

Tab. 6. Fortsetzung. Feudvar. Pflanzenfunde. Übersicht über die Stetigkeiten in den Schichten der Westburg.

Planum	14	13	12	11	10	9	8	7	6	5	4	3	1+2
Getreide													
Triticum monococcum	94	98	97	94	99	100	100	100	98	100	100	94	85
Tr. monococcum, Spelzbase	94	99	97	90	95	98	85	90	85	86	72	48	45
Hordeum vulgare vulgare	88	94	85	63	94	98	89	93	87	86	69	65	45
H. vulgare nudum		1											
H. vulgare, Spindelglied	24	25	19	23	12	16		15	7				
H. distichum?		1				2							
Triticum dicoccon / Tr. timopheevii	82	78	81	44	77	71	56	73	56	50	31	37	13
Tr. dic. / Tr. timoph., Spelzbase	88	82	66	39	63	51	26	33	31	9	9	8	
Tr. aestivum	24	21	11	16	23	14	19	19	10	5	3	5	3
Tr. aestivum, Spindelglied		5	5	10	8	4	4	11	1				
Tr. spelta		4	6	8	2	4	7	16	2	5	3	2	
Tr. spelta, Spelzbase		15	11	15	8	8	4	12	6		6	5	
Cerealia indeterminata	88	90	85	85	94	94	78	91	90	68	53	65	63
Hirsen													
Panicum miliaceum	59	43	48	39	71	72	67	69	93	95	100	94	93
Öl- und Faserpflanzen													
Camelina sativa	24	43	40	24	14	20	19	10	12	5	3	2	5
C. sativa, Schötchenklappe		1							1	1			

Tab. 7. Feudvar, Pflanzenfunde. Übersicht über die Stetigkeiten in den Plana der Ostburg.

Planum	14	13	12	11	10	9	8	7	6	5	4	3	1+2
Lallemantia iberica	35	15	16	6	6	2	7	1	1	5	3		3
Linum usitatissimum		3	8	11	5	7		7	7		6	5	3
Papaver somniferum	6	2	2	3		4		2	1				
Sisymbrium					3	3							
Hülsenfrüchte													
Lens culinaris	71	71	68	32	75	63	74	53	50	23	22	17	10
Pisum sativum	53	31	45	26	32	31	22	21	14	9	13	3	5
Vicia ervilia	6	10	6		6	5	4	5	6	9	6	3	5
Lathyrus sativus		7	2	5	5	3	4	4	2				
Vicia faba		1				1		1	1			2	
Cicer arietinum						1							
Leguminosae sat. indet.	41	43	26	18	28	21	7	23	19	14	19	14	5
Obst und Nüsse													
Sambucus ebulus	18	22	18	15	14	23	19	17	15		3	8	10
Fragaria	35	17	13	10	10	12			5	5	3	3	5
Trapa natans	71	41	44	13	32	37	7	9	10	9		2	
Rubus fruticosus	12		11	6	8	6	4	2	1	9			
Prunus (non-spinosa)	6	6			2	4	4	1	1				
Prunus spinosa	12	6	8	2	1	3		4					
Cornus mas		3	2		1	2			1				3
Quercus						1		1	1			2	3
Pyrus			2		1			2	1				
Rosa		2		3	2	1							
Prunus padus		3	3			2							
Sambucus nigra				3	1	4							
Crataegus					1			1					
Physalis alkekengi				2		1							
Vitis vinifera sylvestris			2		1								
Ficus carica					1								
Gemüse und Gewürze													
Daucus-Typ		1		2	1								
Anethum graveolens		1											
Apium-Typ				2									
cf. Pastinaca		1											
Mögliche Nutzpflanzen													
Chenopodium hybridum	6	8	13	11	9	14	7	10	15	9	13	6	3
Teucrium-Typ	47	46	37	31	42	29	37	25	24	27	16	8	8
Hyoscyamus niger	6	5	6	3	2	2	11	2	1		3		
Lithospermum arvense	6	6	5	3	3	5	4	7	6				3
cf. Cephalaria	24	9	15	2	2	3	4	1			3		
Malva		5	3	6	4	2		1	3	5			
Verbena officinalis	12	11	6	5	3	5			1				
Althaea officinalis				3	1	1		2					
Allium		2		2					1				
Onopordum acanthium		2			1					5			
Brassica nigra				2								2	
Hypericum	6	2											
Cichorium intybus			2										
Cornus sanguinea								1					
Unkräuter i.w.S.													
Bromus arvensis	94	90	84	56	73	75	44	64	48	41	28	17	10
Bromus, langfrüchtig	59	47	42	31	40	42	30	31	31	27	13	10	5
Dasypyrum villosum	59	55	55	26	34	30	11	30	31	23	9	11	15
Dasypyrum, Spindelglied		1											
Digitaria	6	15	11	10	7	7	4	7	10	50	38	14	13
Fallopia convolvulus	41	65	63	39	60	50	48	51	36	32	6	8	3
Galium spurium	35	24	18	10	22	21	15	15	17	23	6	16	8
Lolium, kleinfrüchtig	65	74	74	34	51	46	48	37	29	9	3	3	3
Persicaria maculosa	24	30	27	15	16	10	19	4	5	5	3	2	3
Polygonum aviculare	18	34	27	13	10	12	11	15	7	36	6	8	3
Trifolium-Typ	65	42	52	35	30	33	15	25	33	32	13	13	13
Vicia-Typ	18	9	11	5	13	9	11	16	8	18	3	21	10
Echinochloa crus-galli	35	13	8	6	6	5	7	5	6	5	3		3
Setaria viridis / S. verticillata	47	41	39	24	36	30	7	9	14	14		8	3
Solanum nigrum	24	17	15	6	10	8	4	5	4	5	6	2	
Agrostemma githago	12	16	18	11	9	9	7	17	10	9	3		
Glaucium corniculatum	53	18	27	10	14	15	4	1	1	9		2	
Silene-Typ	12	6	13	6	10	9	4	4	3	5		3	
Ajuga chamaepitys	12	5	6	10	3	5		2	1			3	3
Plantago lanceolata	12	15	10	3	3	7	7	4	4	14			
Portulaca oleracea	12	6	6	5	3	5		2	4			10	3
Centaurea		2	3	2	1	3		2	1	5			

Tab. 7. Fortsetzung. Feudvar, Pflanzenfunde. Übersicht über die Stetigkeiten in den Plana der Ostburg.

Planum	14	13	12	11	10	9	8	7	6	5	4	3	1+2
Galium aparine	6	6	2	2	2		4		2	5			
Sherardia arvensis		7	6	3	5	2		5	1	5			
Thymelaea passerina		3	2	3	1	1			1			2	3
Bupleurum rotundifolium	18	37	32	13	17	15			2				
Convolvulus arvensis		3	2	3	1	1		2	1				
Atriplex patula-Typ	6	3	6	5	1	2							
Avena		1		2	1	1		2	1				
Avena, Granne		3	2	3	1				1				
Mentha	6	1	10		2	2			1				
Ranunculus		1	2	5	1	1			1				
Rorippa-Typ	6	1	3	3	2				1				
Rumex crispus-Typ		6	5	5	2	4			1				
Scleranthus annuus		3	3	2	3	1		1					
Bromus mollis-Typ		3		2		1		1	1				
Conringia orientalis		2	2	2	1	1							
Fumaria	6			5	1	1		2					
Geranium			2		1	1		1	1				
Lithospermum officinale		2	6	2	5	4							
Lolium temulentum			2	2		1			1			2	
Urtica dioica	6		2	2	1	1							
Verbascum		3	3		1	1		2					
Agrimonia eupatoria		6	3	3	3								
Cerastium		1		3		1			1				
Galeopsis					4	1			1		3		
Stellaria media		2		2	1				1				
Xanthium strumarium			2		1	2		2					
Adonis					1	1		4					
Anthemis arvensis		5	2						1				
Asperula arvensis		5			1							2	
Vaccaria hispanica										5	3	5	
Valerianella dentata					1	1			1				
Veronica, flachsamig		1				1						2	
Anthemis tinctoria	6	2											
Aphanes arvensis						1		2					
Carduus				2		1							
Carex vulpina-Typ		1		2									
Echium	6		6										
Hibiscus trionum					1	1							
Knautia arvensis		4			1								
Legousia speculum-veneris	6	1											
Montia-Typ									1			2	
Neslia paniculata		1				1							
Papaver (non somniferum)				3	1								
Setaria pumila					1			1					
Torilis arvensis	1	1											
Veronica, schüsselsamig				3					1				
Viola						1		1					
Atriplex hastata			2										
Berteroa incana						1							
Bromus secalinus								1					
Carex hirta	6												
Carpinus betulus					1								
Cirsium		1											
Consolida regalis	6												
Euphorbia		2											
Juncus			2										
Kickxia spuria									1				
Lathyrus nissolia				2									
Orlaya grandiflora									1				
Papaver dubium		1											
Picris hieracioides					1								
Rumex acetosella						1							
Salix, Frucht					1								
Stachys annua		1											
Wasserpflanzen													
Phragmites australis, Halme	88	78	77	37	64	52	22	7	13	14	3	8	3
Schoenoplectus lacustris	29	21	28	18	5	5	11	20	9	5	13	3	3
Euphorbia palustris	6	8	2	5	3	4		1				2	
Alismataceae	6	3	6	3	1								
Polygonum hydropiper	6	1											
Characeae		1			1								
Lemna		2											

Tab. 7. Fortsetzung. Feudvar, Pflanzenfunde. Übersicht über die Stetigkeiten in den Plana der Ostburg.

Planum	14	13	12	11	10	9	8	7	6	5	4	3	1+2
Lycopus europaeus		3											
Phalaris arundinacea						1							
Nicht näher Bestimmtes													
Asteraceae	12	17	6	6	7	10	4	2	3	5	3	3	3
Chenopodiaceae	94	78	95	55	97	98	85	91	92	91	91	68	50
Poaceae	94	63	71	35	73	63	56	37	36	36	6	22	10
Brassicaceae	47	18	32	23	20	12	11	6	14	14		2	
Cyperaceae	12	15	11	11	16	23	15	7	7			3	3
Lamiaceae	41	30	37	18	27	21	7	10	14	5		8	
Polygonaceae	23	28	24	15	30	17	11	11	19	14		5	5
Caryophyllaceae	6	6	5	2	10	4		2	1		3	3	
Rubiaceae		4	2		1	4		2	1		3	11	
Carex sect. Eucarex		2		3	3	4	4	1	3				
Apiaceae		2	3			1		2	2				
Boraginaceae			2	2		3		1	1			2	
Carex, sect. Vignea	6	2	2		3	4	4						
Fabaceae		3	2						1			2	
Malvaceae	6	2	5			2							
Campanulaceae		3	2									2	
Papaveraceae			2			1		1					
Rosaceae	12		5	5									
Solanaceae		2	2		3								
Scrophulariaceae						1			1				
Euphorbiaceae							1						
Juncaceae									1				
Primulaceae			2										
Sonstiges													
verkohlte Speisereste	35	19	13	11	3	9	4		4				
Probenmenge = 100 %	17	108	62	62	146	164	27	81	163	22	32	63	40

Tab. 7. Fortsetzung. Feudvar, Pflanzenfunde. Übersicht über die Stetigkeiten in den Plana der Ostburg.

Planum	10	9	8	7	6	5	4	1+2+3	
Getreide									Getreide
Triticum monococcum	98	95	100	93	96	93	97	80	Einkorn
Tr. monococcum, Spelzbase	51	51	70	58	54	51	35	34	Einkorn, Spelzbase
Hordeum vulgare vulgare	93	84	91	84	84	84	90	69	Vierzeil-Spelzgerste
H. vulgare, Spindelglied		3			2	3			Vierzeilgerste, Spindelglied
H. distichum					2				Zweizeil-Spelzgerste
Triticum dicoccon / Tr. timopheevii	68	60	63	53	66	68	26	17	Emmer / Sanduri
Tr. dic. / Tr. timoph. Spelzbase	20	19	22	9	16	19		3	Emmer /Sanduri, Spelzbase
Tr. aestivum	2	5	8	4	7		6	6	Saatweizen
Tr. aestivum, Spindelglied			2						Saatweizen, Spindelglied
Tr. spelta, Spelzbase	2		8		2				Dinkel, Spelzbase
Cerealia indeterminata	88	93	92	96	91	85	94	86	unbestimmtes Getreide
Hirsen									Hirsen
Panicum miliaceum	85	97	94	100	95	96	94	89	Rispenhirse
Setaria italica			2		1				Kolbenhirse
Öl- und Faserpflanzen									Öl- und Faserpflanzen
Camelina sativa	2	11	8	4	5	4			Leindotter
C. sativa, Schötchenklappe	2								Leindotter, Schötchenklappe
Lallemantia iberica	2	1	2	2					Ölziest
Linum usitatissimum			3	2			6	3	Lein / Flachs
Papaver somniferum		1							Mohn
Hülsenfrüchte									Hülsenfrüchte
Lens culinaris	66	55	53	49	57	57	39	29	Linse
Pisum sativum	7	5	8	11	7	9	3	6	Erbse
Vicia ervilia	2	3	2	7	4	1		9	Linsenwicke
Lathyrus sativus		1	2	3	2	3	10		Platterbse
Vicia faba	0	3				1			Ackerbohne
Leguminosae sat. indet.	17	29	25	22	23	13	10	11	unbestimmte Hülsenfrüchte
Obst und Nüsse									Obst und Nüsse
Sambucus ebulus	2	19	17	7	11	12	26	6	Attich
Trapa natans	12	5	9	11	14	1	3		Wassernuss

Tab. 8. Feudvar, Pflanzenfunde. Übersicht über die Stetigkeiten der Plana in Schnitt D.

Planum	10	9	8	7	6	5	4	1+2+3	
Prunus spinosa	2	3	2	2	2				Schlehe
Cornus mas		3	2	4	2				Herlitze (Kornelkirsche)
Prunus (non-spinosa)		3	2		2	1			ein Steinobst (nicht Schlehe)
Rubus fruticosus	2	3	2						Brombeere
Fragaria		1	3					3	eine Erdbeere
Crataegus						3			ein Weißdorn
Ficus carica				2					Feigenbaum
cf. Malus					2				wohl Apfelbaum
Quercus		3							ein Eichbaum (Eichel)
Rosa					4				eine Rose (Hagebutte)
Gemüse und Gewürze									Gemüse und Gewürze
Daucus-Typ		1							Gelbe Rübe-Typ
Mögliche Nutzpflanzen									Mögliche Nutzpflanzen
Teucrium-Typ	17	19	17	11	14	9	3	3	Edelgamander-Typ
Chenopodium hybridum	2	1	5		5	7	13	29	Bastardgänsefuß
Lithospermum arvense		1	3	4	4	3			Ackersteinsame
cf. Cephalaria		1	2	2					wohl Schuppenkopf
Malva			2		2				eine Malve
Hyoscyamus niger			2						Schwarzes Bilsenkraut
Onopordum acanthium						1			Eselsdistel
Verbena officinalis		1							Eisenkraut
Unkräuter i.w.S.									Unkräuter i.w.S.
Bromus arvensis	39	49	52	44	45	51	26	14	Ackertrespe
Digitaria	5	4	5	4	7	8	6	6	eine Fingerhirse
Fallopia convolvulus	29	23	34	20	13	16	19	6	Windenknöterich
Galium spurium	2	11	25	16	13	4	6	9	Saatlabkraut
Lolium, kleinfrüchtig	20	21	33	11	16	8	3	6	ein kleinfrüchtiger Lolch
Dasypyrum villosum	17	19	27	20	13	14	19	11	‚Zottiges Korn'
Dasypyrum, Spindelglied				2					‚Zottiges Korn', Spindelglied
Trifolium-Typ	10	16	16	7	4	7	6	3	Klee-Typ
Vicia-Typ	2	3	8	9	4	6	10	3	Wicke-Typ
Bromus, langfrüchtig	5	8	8	4	4	4	10		eine langfrüchtige Trespe
Bupleurum rotundifolium	2	3	3	2	5	1		3	Ackerhasenohr
Silene-Typ		1	5	2	5		3	3	Leimkraut-Typ
Echinochloa crus-galli		1	6	4	2	1	6		Hühnerhirse
Persicaria maculosa	2	3	5	4	2	1			Flohknöterich
Polygonum aviculare	15	12	13	4	4	9			Vogelknöterich
Setaria viridis / S. verticillata	2	7	6		9	6		3	Grüne / Quirl-Borstenhirse
Solanum nigrum	5	1	2		2		6		Schwarzer Nachtschatten
Agrostemma githago			3	4	4	1			Kornrade
Plantago lanceolata	2	1	3			1			Spitzwegerich
Glaucium corniculatum	5	5		2					Roter Hornmohn
Avena	2								ein Hafer
Avena, Granne				2		1			ein Hafer, Granne
Bromus mollis-Typ			2		2				Weiche Trespe-Typ
Lithospermum officinale		1				1			Echter Steinsame
Rumex crispus-Typ			2		2				Krauser Ampfer-Typ
Scleranthus annuus			2	2					Einjähriges Knäuelkraut
Sherardia arvensis			2					3	Ackerröte
Thymelaea passerina	2	5							Spatzenzunge
Agrimonia eupatoria	2								Odermennig
Asperula arvensis				2					Ackermeister
Convolvulus arvensis						1			Ackerwinde
Ecballium elaterium					2				Spritzgurke
Euphorbia helioscopia						1			Sonnenwendwolfsmilch
Galium aparine							3		Klettenlabkraut
Petrorhagia saxifraga			2						Felsennelke
Portulaca oleracea	2								Portulak
Salix, Frucht			2						eine Weide, Frucht
Verbascum			2						eine Königskerze
Veronica, schüsselsamig		1							ein schüsselsamiger Ehrenpreis
Wasserpflanzen									Wasserpflanzen
Phragmites australis, Halme	20	21	22	13	16	15		3	Schilfrohr, Halme
Schoenoplectus lacustris	12	3	19	2	5	3			Seebinse
Euphorbia palustris	2					3			Sumpfwolfsmilch
Nicht näher Bestimmtes									Nicht näher Bestimmtes
Chenopodiaceae	83	77	81	73	63	54	74	57	Gänsefußgewächse
Poaceae	20	34	31	24	23	16	23	14	Süßgräser
Polygonaceae	10	7	5	7	7	1	10	6	Knöterichgewächse
Caryophyllaceae	2	3	3	2	2				Nelkengewächse
Lamiaceae	5	3	2	9				11	Lippenblütler

Tab. 8. Fortsetzung. Feudvar, Pflanzenfunde. Übersicht über die Stetigkeiten der Plana in Schnitt D.

Planum	10	9	8	7	6	5	4	1+2+3	
Cyperaceae	7	3	9		4				Sauergräser
Brassicaceae			9						Kreuzblütler
Apiaceae			2			1			Doldenblütler
Asteraceae	2				2				Korbblütler
Carex sect. Eucarex		1						3	dreigrifflige Seggen
Carex sect. Vignea		1				1			zweigrifflige Seggen
Cucurbitaceae	2	1							Kürbisgewächse
Fabaceae						1		3	Schmetterlingsblütler
Boraginaceae		1							Rauhblattgewächse
Malvaceae						1			Malvengewächse
Primulaceae		1							Primelgewächse
Rubiaceae			2						Rötegewächse
Sonstiges									Sonstiges
verkohlte Speisereste		1	6	2	2	4			verkohlte Speisereste
Probenmenge = 100 %	41	73	64	45	56	28	31	35	Probenmenge = 100 %

Tab. 8. Fortsetzung. Feudvar, Pflanzenfunde. Übersicht über die Stetigkeiten der Plana in Schnitt D.

Planum	7+8	4+5+6	2+3	deutscher Name
Getreide				Getreide
Triticum monococcum	100	97	80	Einkorn
Tr. monococcum, Spelzbase	73	88	80	Einkorn, Spelzbase
Hordeum vulgare vulgare	80	94	47	Vierzeil-Spelzgerste
H. vulgare, Spindelglied	13	6	7	Vierzeilgerste, Spindelglied
Triticum dicoccon / Tr. timopheevii	60	39	40	Emmer / Sanduri
Tr. dic. / Tr. timoph., Spelzbase	27	21	13	Emmer / Sanduri, Spelzbase
Tr. aestivum	20	3	7	Saatweizen
Tr. aestivum, Spindelglied		3		Saatweizen, Spindelglied
Tr. spelta	7			Dinkel
Cerealia indeterminata	87	94	73	unbestimmtes Getreide
Hirsen				Hirsen
Panicum miliaceum	80	85	60	Rispenhirse
Öl- und Faserpflanzen				Öl- und Faserpflanzen
Linum usitatissimum	13	12		Lein / Flachs
Hülsenfrüchte				Hülsenfrüchte
Lens culinaris	27	52	33	Linse
Pisum sativum	13	9	13	Erbse
Vicia ervilia	20	15		Linsenwicke
Lathyrus sativus	7			Platterbse
Leguminosae sat. indet.	13	39	20	unbestimmte Hülsenfrüchte
Obst und Nüsse				Obst und Nüsse
Sambucus ebulus	7	18	7	Attich
Fragaria	7	3		eine Erdbeere
Rubus fruticosus	7	3		Brombeere
Trapa natans	7	9		Wassernuss
cf. Malus	7			wohl Apfelbaum
Prunus (non-spinosa)		6		ein Steinobst, nicht Schlehe
Quercus	7			ein Eichbaum (Eichel)
Mögliche Nutzpflanzen				Mögliche Nutzpflanzen
Teucrium-Typ	20	27	7	Edelgamander-Typ
Chenopodium hybridum	20	27		Bastardgänsefuß
Lithospermum arvense	20	6	7	Ackersteinsame
Verbena officinalis	7	3		Eisenkraut
cf. Cephalaria			7	wohl Schuppenkopf
Malva		3		eine Malve
Unkräuter i.w.S.				Unkräuter i.w.S.
Bromus arvensis	60	52	53	Ackertrespe
Bromus, langfrüchtig	27	30	13	eine langfrüchtige Trespe
Dasypyrum villosum	33	36	27	‚Zottiges Korn'
Digitaria	27	15	20	eine Fingerhirse
Fallopia convolvulus	53	45	13	Windenknöterich
Galeopsis	7	3	7	ein Hohlzahn
Galium spurium	7	27	7	Saatlabkraut
Lolium, kleinfrüchtig	53	36	20	ein kleinfrüchtiger Lolch
Trifolium-Typ	40	39	13	Klee-Typ

Tab. 9. Feudvar, Pflanzenfunde. Übersicht über die Stetigkeiten der Plana in Schnitt A.

Planum	7+8	4+5+6	2+3	deutscher Name
Vicia-Typ	13	33	13	Wicke-Typ
Silene-Typ	7	39		Leimkraut-Typ
Agrostemma githago		6	7	Kornrade
Bupleurum rotundifolium	7	3		Ackerhasenohr
Echinochloa crus-galli	13	9		Hühnerhirse
Glaucium corniculatum	7	3		Roter Hornmohn
Lithospermum officinale	7	6		Echter Steinsame
Plantago lanceolata	7	6		Spitzwegerich
Polygonum aviculare	7	3		Vogelknöterich
Setaria viridis / S. verticillata	20	33		Grüne / Quirl-Borstenhirse
Solanum nigrum	13	6		Schwarzer Nachtschatten
Ajuga chamaepitys		3		Gelber Günsel
Atriplex hastata	7			Spießmelde
Avena	7			ein Hafer
Galium aparine		3		Klettenlabkraut
Mentha		3		eine Minze
Montia-Typ	7			Quellkraut-Typ
Persicaria maculosa		3		Flohknöterich
Petrorhagia saxifraga		6		Felsennelke
Rumex crispus-Typ		3		Krauser Ampfer-Typ
Sherardia arvensis			7	Ackerröte
Veronica, schüsselsamig	7			ein schüsselsamiger Ehrenpreis
Xanthium strumarium	7			Spitzklette
Wasserpflanzen				Wasserpflanzen
Phragmites australis, Halme	40	21	13	Schilfrohr, Halme
Alismataceae		3		Froschlöffelgewächse
Schoenoplectus lacustris		3		Seebinse
Nicht näher Bestimmtes				Nicht näher Bestimmtes
Chenopodiaceae	87	94	80	Gänsefußgewächse
Lamiaceae	40	12	7	Lippenblütler
Poaceae	80	49	20	Süßgräser
Polygonaceae	27	30	20	Knöterichgewächse
Brassicaceae		12	7	Kreuzblütler
Carex sect. Eucarex	7	6		dreigrifflige Segge
Carex, sect. Vignea		3	7	zweigrifflige Seggen
Caryophyllaceae	7	6		Nelkengewächse
Asteraceae		3		Korbblütler
Boraginaceae	7			Rauhblattgewächse
Cyperaceae	20			Sauergräser
Rubiaceae		3		Rötegewächse
Sonstiges				Sonstiges
verkohlte Speisereste	7	9		verkohlte Speisereste
Probenmenge = 100 %	15	33	15	Probenmenge = 100 %

Tab. 9. Fortsetzung, Feudvar, Pflanzenfunde. Übersicht über die Stetigkeiten der Plana in Schnitt A.

2. Kommentierter Katalog der Pflanzenfunde

2.1 Getreide

2.1.1 Einkorn, *Triticum monococcum*

Gefundene Reste: verkohlte Körner und verkohlte Spelzbasen, massenhaft

Das Einkorn ist – neben der Gerste – das Hauptgetreide von Feudvar. Einkorn ist ein Spelzgetreide, es zerfällt beim Dreschen in Ährchen, deren Spelzen das einzige Korn im Ährchen fest umschließen. Das Entspelzen ist der erste Arbeitsgang der Zubereitung, es geschieht entweder im hölzernen Mörser mit Hartholzstößel oder aber auf dem Mühlstein unterm Läufer, im Haushalt, deshalb sind die Spelzen allgegenwärtig.

Dieses eine Korn im Ährchen hat Platz, sich zu entfalten. Bauch- und Rückenseite wölben sich hoch auf, die Seiten werden flach. Dadurch bekommt das Einkornkorn eine eindeutige, unverwechselbare Form innerhalb unserer Getreide (Reis und Kanariensaat haben eine ähnliche Form, sind aber keine hiesigen Getreide). Das südosteuropäische Einkorn der Metallzeiten ist aber nicht so elegant und schön, wie es eigentlich sein sollte, es ist dicker und breiter als üblich. Die Kornbreite ist zwar in der Regel geringer als die Kornhöhe, aber nur geringfügig, sodass der Mittelwert des B:H-Index meist knapp unter 1,00 selten

Abb. 18. Feudvar, Pflanzenfunde. Einkorn, Triticum monococcum. Silhouetten von Körnern. Oben: Zehn Körner einkörniges Einkorn; unten: zehn Körner zweikörniges Einkorn.

über 1,00 liegt (Tab. 10; 11)[14]. Es ist also mehr oder minder ebenso breit wie hoch, seitlich nicht flach, aber, und das ist ein entscheidendes Kriterium, dennoch hochbäuchig. Ein weiteres schönes Einkorn-Merkmal ist das so genannte „Schwänzchen". Die Spitze des Korns (wenn die Basis am Keimling ist) ist dadurch gerundet wie ein Hasenschwänzchen, dass die Silhouette der Bauchseite am Ende des Nabels etwas eingezogen ist. Das ist die Stelle, an der der Nabel aus der Tiefe der Bauchfurche auftaucht und an der Kornoberfläche endet. Dieses Ende des Nabels ist mit einer kleinen Delle in der Seitenansicht des Korns markiert (Abb. 18). Das Merkmal ist nicht immer ausgeprägt, es hilft aber, wenn es vorhanden ist.

Das Schwänzchen-Merkmal hat geholfen bei der Trennung in zweikörniges und einkörniges Einkorn[15]. Zweikörniges Einkorn wird hier als Variante des Einkorns angesehen und deshalb nicht mit gesonderten Fundmengen angegeben. Es ist auf den handgeschriebenen Listen nur als vorhanden vermerkt. In der Ostburg stammen vier Kollektionen mit zweikörnigem Einkorn aus Planum 6 (E 1229; 1284; 1329; 1468), eine aus Planum 9 (E 3449) aus mittleren Lagen. In der Westburg stammen die zwei der vier Kollektionen aus Schicht I (W 1001: Verdacht auf zweikörniges Einkorn; W 1339: Einkorn überwiegend

---

14   Schönes neolithisches Einkorn aus Dimini hat einen mittleren B:H-Index von 0,795 (Kroll 1979).
15   Kroll 1992.

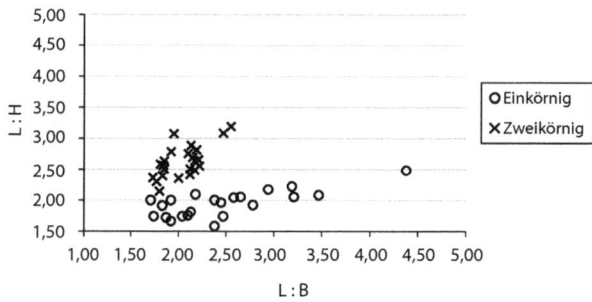

Abb. 19. Feudvar, Pflanzenfunde. Ein- und Zweikörniges Einkorn, Triticum monococcum, Diagramm der Indices Länge zu Breite und Länge zu Höhe.

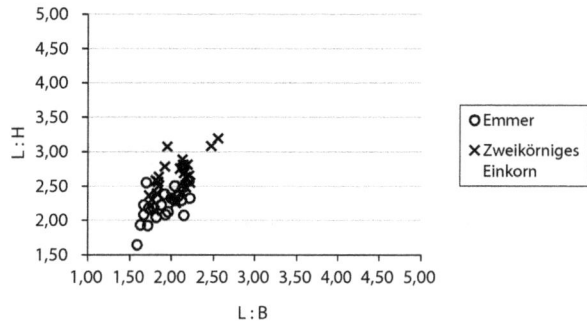

Abb. 20. Feudvar, Pflanzenfunde. Zweikörniges Einkorn, Triticum monococcum und Emmer, Tr. dicoccon. Diagramm der Indices Länge zu Breite und Länge zu Höhe.

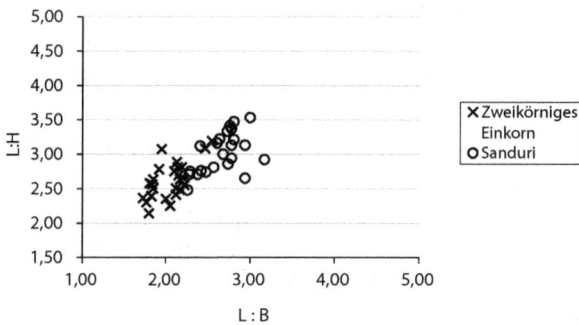

Abb. 21. Feudvar, Pflanzenfunde. Zweikörniges Einkorn, Triticum monococcum und Sanduri, Tr. timopheevii. Diagramm der Indices Länge zu Breite und Länge zu Höhe.

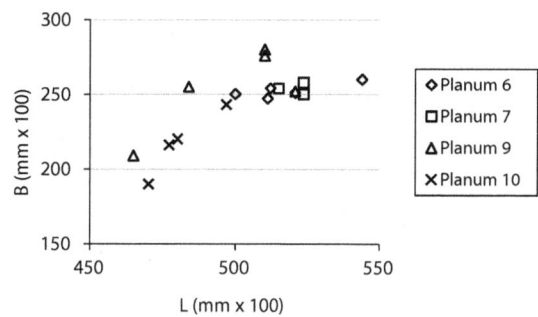

Abb. 22. Feudvar, Pflanzenfunde. Einkorn, Triticum monococcum. Mittelwerte Länge und Breite in der Ostburg, Plana 6–10 (Werte aus Tab. 10).

zweikörnig!) sowie eine aus Schicht G (W 2051: ca. 2 % bis wenig mehr [vom Einkorn] zweikörnig). Eine Kollektion stammt aus der tiefen Schicht E (W 2045: teilweise zweikörniges Einkorn). Zweikörniges Einkorn ist immer etwas schief und krumm, aber in anderer Weise als Emmer. Es ist „nicht eingerichtet" auf Zweikörnigkeit und die zwei Körner eines Ährchens arrangieren sich „irgendwie" im Ährchen, nicht nach einem festen Schema. Daran, und am „Schwänzchen" kann man zweikörniges Einkorn vom Emmer (und von Sanduri) unterscheiden. Aber das ist, wenn viele *Triticum*-Körner da sind, nicht immer einfach (Abb. 19–21). Zweikörniges Einkorn ist aber eine minder häufige Form des Einkorns, die überwiegende Menge ist einkörnig. Eine feste Zahl konnte nur einmal angegeben werden (2 % vom Einkorn in W 2051, s. o.). Zweikörniges Einkorn ist nicht immer als solches zu erkennen. Die Körner können sich auch zu zweit so im Ährchen arrangieren, dass die Bauchseite nicht abgeflacht ist oder dass andererseits die typische Einkornseitenansicht erhalten bleibt (s. Abb. 18, 3. Reihe drittes Korn: Zweikörniges Einkorn mit „normaler, einkörniger" Silhouette).

Die Vielzahl der Funde erlaubt einen Blick auf Größenveränderungen des Korns im Verlauf der Zeit. Besonders die mittleren Fundschichten in der West- und in der Ostburg sind fundreich (Schichten E; F; G; Plana 6; 7; 9; 10), hier ist eine Größenzunahme zum Jüngeren hin zu verzeichnen. In der Ostburg liegen die mittleren Längen über 5 mm, die mittleren Breiten über 2,5 mm. Die Werte von Schicht 10 liegen alle vier darunter (Abb. 22; Tab. 10). In der Westburg sind mehr Funde von der jüngeren Schicht G im Bereich Länge 5 mm und Breite über 2,5 mm als von Schicht F, die geringere Werte haben als in Schicht G. Die ältere Schicht E streut wiederum weit in den großen Bereich (Abb. 23). Diese Schichten in der Westburg sind wohl insgesamt älter als Planum 6–10 der Ostburg, da sie alle im Bereich einer Rispenhirsestetigkeit von 20 bis 40 % liegen, während die Plana 6 bis 10 der

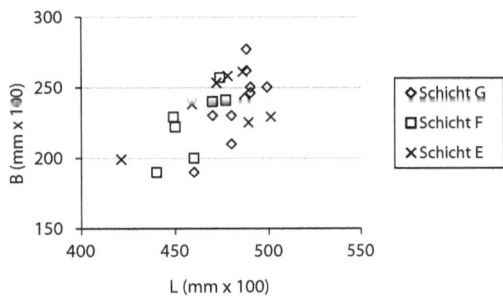

Abb. 23. Feudvar, Pflanzenfunde. Einkorn, Triticum monococ-cum. Mittelwerte Länge und Breite in der Westburg, Schichten E-G (Werte aus Tab. 10).

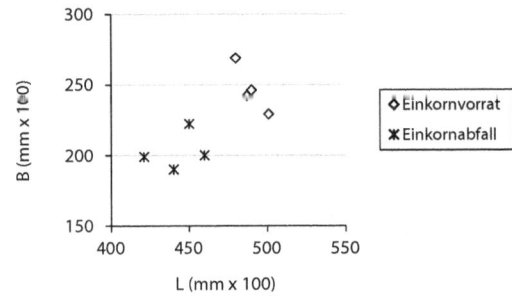

Abb. 24. Feudvar, Pflanzenfunde. Einkorn, Triticum monococ-cum. Jeweils 4 Mittelwerte Länge und Breite in der Westburg, Vorräte und Abfälle (Werte aus Tab. 10).

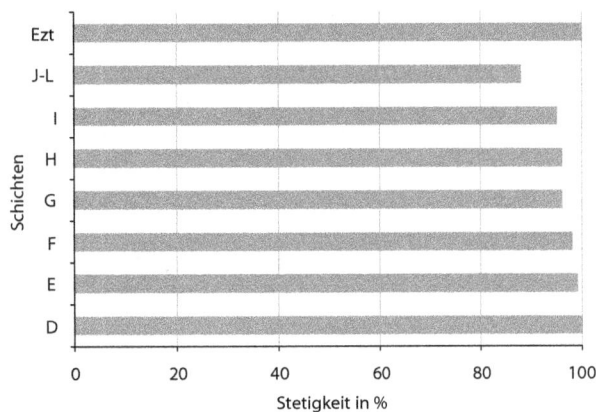

Abb. 25. Feudvar, Pflanzenfunde. Einkorn, Triticum mono-coccum. Stetigkeit in den reinen Schichten der Westburg.

Ostburg mit über 60 %, in Planum 6 über 90 %, höhere Hirsestetigkeiten haben. Die Plana 11 bis 14 der Ostburg entsprechen in der Hirsestetig-keit den Schichten E, F und G in der Westburg. Zwar gibt es einen Größenanstieg des Einkorns zum Jüngeren, doch muss dabei bedacht werden, dass es auch einen eindeutigen Zusammenhang gibt zwischen der Korngröße und der Lage im Vorrat oder im Abfall. Vorratskörner sind länger und breiter als Körner, die im Abfall angetrof-fen werden (Abb. 24). Die Tausendkorngewichte (Tab. 12; 13) nehmen entsprechend von den äl-teren zu den mittleren und jüngeren Schichten und Plana zu.

Es gibt sehr viele Einkornmassenfunde. Sie sind in den Tabellen 14 und 15 aufgeführt mit abneh-mendem Anteil des Einkorngewichts. Es sind zum Einen fast reine küchenfertige Vorräte, Zutaten zu Speisen mit nur einigen wenigen Spelzen (W 3118; 1403; 2073. – E 2313; 2577). Diese Funde sind in der Minderzahl. Zum Zweiten gibt es Vorräte mit 95 bis 98 % Körnern (manchmal mit einigen Prozenten Emmer und Gerste) und einem erheblichen Spelzenanteil von bis zu 3 %, das sind vorgereinigte Lagervorräte, in Spelzen lagerndes Einkorn, Einkorn in Vesen (das sind die von Spelzen fest umschlossenen Ährchen; W 2056; 2051; 2178; 3121; 1408; 2096; 2015; 3311. – E 3505; 1326; 3487). Dann gibt es Massenfunde mit hohen Spelzenanteilen und zahlreichen Unkrautfunden, weiter rechts in den Tabellen 14 und 15, das sind Einkornabfälle, Abfälle des Reinigens und Entspelzens. Diese Tätigkeiten fanden in großem Umfang in der Siedlung statt, davon zeugen die zahlreichen Massen-funde von Einkornspelzen. Dieses Material ist vielseitig weiter verwendbar, z. B. zum Magern von Lehm und Ton für Putz, Backwannen usw. Als Abdruck in Lehm und Ton sind diese Spelzen allgegenwärtig. Wir haben aber darauf verzichtet, diese Negative zu bearbeiten, weil wir die Positive als verkohlte Spreu in großer Menge antreffen.

Einkorn wird mit langem Halm geerntet, davon zeugen die niederwüchsigen Unkräuter Vogelknö-terich, Ackerröte und Gelber Günsel. Und es wird großzügig geschnitten, mit allem Unkraut und Ungras, mit den Trespen, dem Lolch und dem ,Zottigen Korn', mit Windenknöterich, Kornrade und Ackerhasenohr. Das bezeichnende Unkraut im Einkorn von Feudvar ist das Ackerhasenohr *Bupleu-rum rotundifolium* (siehe unten S. 161). Das Ackerhasenohr ist hier Zeigerpflanze für das Ende des Einkorns als Hauptgetreide: Mit dem Einsetzen des intensiven Rispenhirseanbaus in Schicht H der Westburg, Planum 10 der Ostburg, nehmen die Hasenohr-Funde plötzlich ab und verschwinden dann bis zur Eisenzeit (S. 161; Abb. 154). Die Körnerfunde des Einkorns bleiben hoch stet (Abb. 25–27). Das

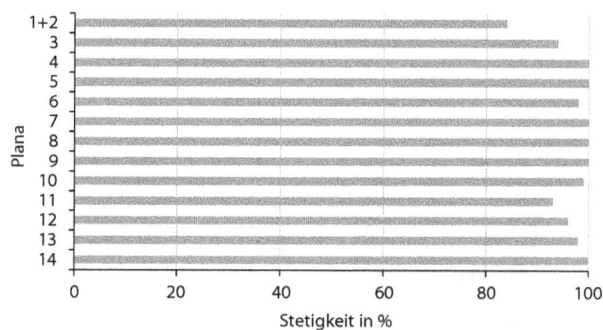

Abb. 26. Feudvar, Pflanzenfunde. Einkorn, Triticum monococcum. Stetigkeit in den Plana der Ostburg.

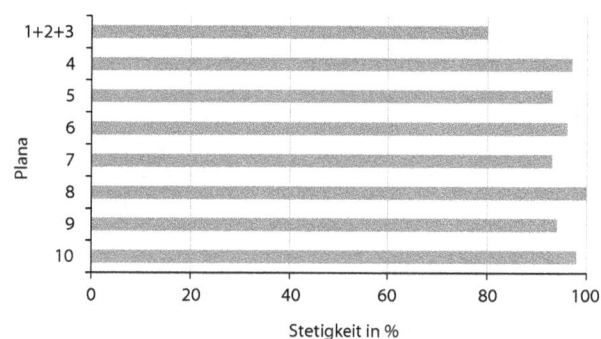

Abb. 27. Feudvar, Pflanzenfunde. Einkorn, Triticum monococcum. Stetigkeit in den Plana von Schnitt D.

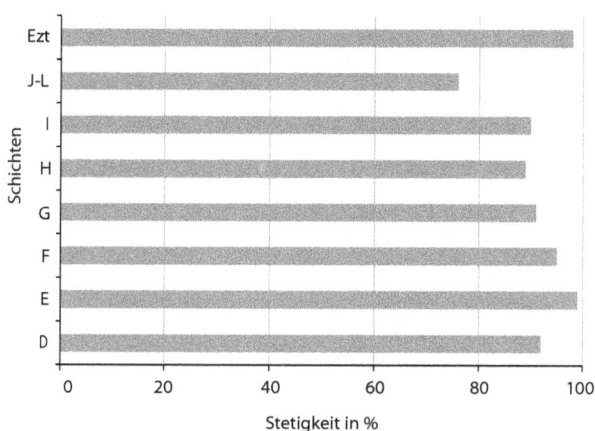

Abb. 28. Feudvar, Pflanzenfunde. Einkorn, Triticum monococcum, Spelzbase. Stetigkeit in den reinen Schichten der Westburg.

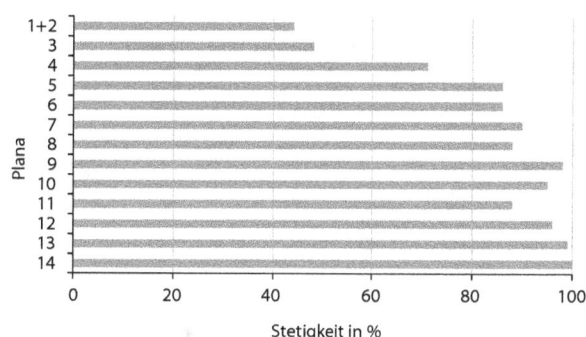

Abb. 29. Feudvar, Pflanzenfunde. Einkorn, Triticum monococcum, Spelzbase. Stetigkeit in den Plana der Ostburg.

Wenigerwerden des Einkorns spiegelt sich gut in der Stetigkeit der Spelzbasen in der Ostburg (Abb. 29), dort gehen die Stetigkeiten zurück auf ca. 90 % in den Plana 5 bis 8, um 70 % in Planum 4 und auf unter 50 % in den jüngsten Plana 3 und 1 / 2. In der Westburg (Abb. 28) ist das nicht so ausgeprägt, das geringfügige Wenigerwerden in geringen Stufen zum Jüngeren kann auch mit der Verschlechterung der Erhaltungsbedingungen im Jüngeren erklärt werden.

Einkorn bleibt Hauptgetreide im Jüngeren, neben Gerste und Hirse.

Wie Emmer und Sanduri, so ist auch Einkorn für gekochte Speisen geeigneter als für Gebackenes. Verkohlter Brei von Einkorn stammt aus E 3960 (Planum 12). Man scheint auch Bier daraus gebraut zu haben: Gekeimtes Einkorn wie für die Malzherstellung haben wir wiederholt gefunden (E 2116/2; 2194; 2199 alle Planum 9; 3505 Planum 13).

2.1.2 Gerste, *Hordeum*

Die Gerste ist *founder crop* des neolithischen Ackerbaus und eine der anpassungsfähigsten Feldfrüchte. Von Finnland bis Äthiopien, von der Küste bis in hohe Gebirgslagen kann man sie anbauen. Sie ist langjährig nach sich selbst anbaubar, zeigt keine Bodenmüdigkeit. In der langen Anbaugeschichte haben sich mehrere Formen ausgebildet, die als Korn und Spindelglied erkennbar sind und die im Folgenden getrennt notiert werden können.

Nr.	Schicht od. Planum-Nr.	L min-max	B min-max	H min-max	L:B min-max	L:H min-max	B:H min-max	n
W 3066	D	4,55 3,3 - 5,2	2,25 1,1 - 3,2	2,42 1,4 - 3,0	2,11 1,53 - 3,46	1,91 1,54 - 2,78	0,92 0,75 - 1,13	50
W 3152	E	4,21 2,5 - 5,5	1,99 1,1 - 2,8	2,22 1,4 - 3,0	2,20 1,74 - 3,67	1,92 1,66 - 2,42	0,89 0,60 - 1,20	25
W 3128	E	4,59 3,4 - 5,4	2,38 1,4 - 3,0	2,51 1,8 - 3,2	1,98 1,43 - 3,64	1,85 1,48 - 2,32	0,95 0,64 - 1,15	25
W 3578	E	4,72 3,8 - 5,3	2,53 1,9 - 3,3	2,58 2,1 - 3,1	1,89 1,52 - 2,52	1,85 1,47 - 2,29	0,98 0,81 - 1,18	25
W 3214	E	4,78 3,6 - 5,7	2,58 1,8 - 3,3	2,62 2,2 - 3,2	1,87 1,27 - 2,21	1,84 1,31 - 2,17	0,99 0,82 - 1,21	20
W 3311	E	4,86 4,1 - 6,0	2,61 1,8 - 3,4	2,67 2,2 -3,3	1,90 1,45 - 2,78	1,83 1,52 - 2,27	0,98 0,70 - 1,16	50
W 3118	E	4,89 4,0 - 5,6	2,25 1,6 - 3,1	2,40 1,8 - 3,0	2,21 1,61 - 2,78	2,06 1,72 - 2,62	0,94 0,71 - 1,10	25
W 3118	E	5,01 4,0 - 5,8	2,29 1,5 - 3,0	2,73 2,0 - 3,3	2,23 1,54 - 3,07	1,85 1,50 - 2,27	0,85 0,54 - 1,13	50
W 3137	E + F	4,59 3,7 - 5,7	2,04 1,2 - 2,8	2,31 1,7 - 3,0	2,35 1,69 - 4,00	2,00 1,59 - 2,40	0,88 0,54 - 1,12	50
W 3222	E + F	4,66 3,5 - 5,4	2,28 1,7 - 2,9	2,48 2,0 - 3,1	2,08 1,37 - 2,63	1,89 1,37 - 2,29	0,92 0,73 - 1,12	50
W 3143	E + F	4,76 3,8 - 5,7	1,92 1,1 - 2,8	2,38 1,9 - 2,9	2,59 1,71 - 4,38	2,01 1,58 - 2,48	0,81 0,50 - 1,17	50
W 2096/13	F	4,40 2,5 - 6,2	1,90 1,1 - 3,7	2,10 1,4 - 2,8	2,43 1,35 - 4,45	2,11 1,71 - 2,75	0,89 0,61 - 1,32	50
W 2096/13	F	4,49 3,5 - 5,4	2,29 1,2 - 3,1	2,42 1,7 - 3,1	2,02 1,29 - 3,67	1,88 1,36 - 2,50	0,94 0,67 - 1,13	50
W 2096/10	F	4,50 3,5 - 5,4	2,22 1,6 - 2,8	2,44 2,0 - 3,1	2,08 1,38 - 3,18	1,86 1,39 - 2,40	0,91 0,62 - 1,04	25
W 2096/14	F	4,60 3,7 - 5,5	2,00 0,9 - 2,8	2,20 1,6 - 3,0	2,40 1,78 - 4,67	2,05 1,67 - 2,71	0,88 0,50 - 1,11	50
W 3063	F	4,70 4,0 - 5,7	2,40 1,8 - 3,0	2,60 2,2 - 2,8	1,97 1,62 - 2,61	1,84 1,56 - 2,17	0,94 0,78 - 1,11	25
W 2178	F	4,74 4,0 - 5,8	2,57 1,8 - 3,0	2,56 2,0 - 2,9	1,86 1,59 - 2,23	1,86 1,64 - 2,42	1,01 0,85 - 1,17	25
W 2170	F	4,77 3,7 - 5,8	2,41 1,5 - 3,4	2,55 1,9 - 3,2	2,01 1,46 - 2,94	1,89 1,56 - 2,40	0,95 0,74 - 1,18	50
W 2108	F + G	4,06 2,9 - 5,7	2,01 1,4 - 3,0	2,16 1,4 - 3,1	2,04 1,37 - 2,65	1,91 1,37 - 2,81	0,94 0,75 - 1,29	50
W 2096/2	G	4,60 3,2 - 6,0	1,90 1,4 - 2,6	2,20 1,5 - 2,7	2,40 1,78 - 3,40	2,11 1,78 - 2,44	0,89 0,68 - 1,00	50
W 2056/6	G	4,70 3,6 - 5,7	2,30 1,6 - 2,9	2,40 1,3 - 3,1	2,07 1,59 - 3,00	1,99 1,54 - 2,92	0,98 0,64 - 1,38	50
W 2052/7	G	4,80 3,5 - 5,5	2,10 1,3 - 2,9	2,40 1,6 - 3,0	2,31 1,54 - 3,47	2,03 1,43 - 2,63	0,89 0,62 - 1,12	50
W 2056/6	G	4,80 3,6 - 5,4	2,30 1,6 - 3,0	2,40 1,8 - 2,8	2,10 1,52 - 2,94	1,97 1,57 - 2,41	0,95 0,77 - 1,21	50
W 2051	G	4,87 4,2 - 5,7	2,42 1,6 - 3,1	2,56 2,0 - 3,0	2,04 1,52 - 2,75	1,91 1,68 - 2,20	0,95 0,75 - 1,19	25
W 2051	G	4,88 3,3 - 5,7	2,62 1,3 - 3,1	2,66 1,6 - 3,1	1,87 1,36 - 2,54	1,85 1,50 - 2,67	0,99 0,78 - 1,44	50
W 2015/3	G	4,88 3,0 - 5,8	2,77 2,0 - 4,0	2,80 2,2 - 3,3	1,78 1,07 - 2,55	1,75 1,07 - 2,32	0,99 0,81 - 1,21	50
W 2056/5	G	4,90 3,2 - 6,0	2,46 1,5 - 2,9	2,59 1,7 - 3,2	2,03 1,44 - 2,94	1,91 1,45 - 2,29	0,95 0,73 - 1,17	50
W 2056/7	G	4,90 4,3 - 6,0	2,50 1,8 - 3,0	2,60 2,1 - 3,0	1,96 1,59 - 2,89	1,92 1,66 - 2,48	0,99 0,74 - 1,23	50
W 2123	G	4,99 3,2 - 6,0	2,50 1,6 - 3,2	2,64 1,9 - 3,5	2,04 1,53 - 3,13	1,90 1,53 - 2,30	0,95 0,70 - 1,17	50
W 1402/2	F + H	4,89 4,0 - 5,9	2,41 1,7 - 3,5	2,51 1,9 - 3,2	2,11 1,43 - 3,00	1,96 1,53 - 2,48	0,96 0,79 - 1,13	25
W 1408	G + H	5,10 4,2 - 6,2	2,68 1,8 - 3,5	2,68 1,8 - 3,3	1,93 1,66 - 2,75	1,92 1,59 - 2,33	1,00 0,75 - 1,21	50
W 1403/51	H	4,80 4,0 - 5,5	2,69 1,7 - 3,4	2,64 1,8 - 3,4	1,80 1,33 - 2,94	1,83 1,48 - 2,44	1,02 0,74 - 1,25	100
W 1001	I	4,80 3,7 - 5,4	2,60 1,7 - 3,2	2,60 1,8 - 3,1	1,89 1,59 - 2,89	1,84 1,53 - 2,30	0,98 0,67 - 1,17	50
E 3505	13	4,75 3,7 - 5,7	2,36 1,7 - 3,2	2,32 1,8 - 3,0	2,05 1,60 - 2,72	2,06 1,71 - 2,48	1,02 0,79 - 1,22	50
E 2313	11	4,60 3,8 - 5,8	2,50 1,4 - 3,2	2,50 1,8 - 3,0	1,90 1,45 - 3,07	1,86 1,46 - 2,39	0,98 0,70 - 1,17	50
E 2457	11	4,80 3,8 - 5,6	2,30 1,2 - 2,9	2,40 1,8 - 3,0	2,12 1,34 - 3,33	1,95 1,60 - 2,27	0,94 0,67 - 1,38	50
E 2402	11	5,03 3,2 - 6,2	2,47 1,4 - 3,3	2,54 1,3 - 3,4	2,10 1,47 - 3,18	2,01 1,38 - 2,63	0,97 0,68 - 1,24	39

Tab. 10. Feudvar, Pflanzenfunde. Maße des Einkorns, Triticum monococcum, einkörnig.

Nr.	Schicht od. Planum-Nr.	L min-max	B min-max	H min-max	L:B min-max	L:H min-max	B:H min-max	n
E 2287	10	4,70 3,8 - 5,5	1,90 1,2 - 2,8	2,30 1,8 - 3,0	2,64 1,61 - 4,00	2,10 1,53 - 2,50	0,82 0,55 - 1,17	50
E 2269/2	10	4,77 3,8 - 5,5	2,16 1,5 - 3,0	2,43 2,0 - 3,0	2,26 1,52 - 3,33	1,97 1,65 - 2,29	0,89 0,63 - 1,10	50
E 2080	10	4,80 4,2 - 5,3	2,20 1,7 - 3,0	2,46 2,2 - 3,0	2,23 1,60 - 3,06	1,96 1,50 - 2,30	0,89 0,74 - 1,08	25
E 2247	10	4,97 3,8 - 6,0	2,43 1,7 - 3,0	2,66 2,2 - 3,2	2,07 1,76 - 3,06	1,87 1,59 - 2,22	0,91 0,63 - 1,05	25
E 2194	9	4,65 4,0 - 5,5	2,09 1,6 - 2,4	2,13 1,8 - 2,5	2,24 1,92 - 2,69	2,19 1,96 - 2,38	0,98 0,84 - 1,15	15
E 2116/2	9	4,84 4,0 - 5,8	2,55 2,1 - 3,3	2,57 2,2 - 3,0	1,92 1,43 - 2,36	1,89 1,43 - 2,36	0,99 0,79 - 1,20	50
E 2156	9	5,10 4,3 - 6,2	2,76 2,3 - 3,3	2,80 2,4 - 3,1	1,87 1,53 - 2,26	1,83 1,61 - 2,12	0,99 0,79 - 1,14	23
E 2156	9	5,10 4,0 - 6,2	2,80 1,8 - 3,8	2,70 1,9 - 3,3	1,86 1,31 - 3,44	1,89 1,39 - 2,58	1,03 0,75 - 1,23	50
E 2112	9	5,21 4,1 - 6,5	2,52 1,8 - 3,8	2,72 2,2 - 3,3	2,10 1,32 - 2,94	1,92 1,61 -2,36	0,92 0,69 - 1,23	50
E 1648	7	5,24 4,3 - 6,1	2,50 1,5 - 3,1	2,69 1,9 - 3,7	2,15 1,65 - 3,00	1,97 1,56 - 2,38	0,93 0,73 - 1,08	25
E 1653	7	5,15 3,9 - 6,2	2,54 1,1 - 3,3	2,65 2,0 - 3,2	2,10 1,52 - 4,55	1,96 1,63 - 2,50	0,96 0,55 - 1,20	50
E 1711/2	7	5,24 4,2 - 6,5	2,58 1,9 - 3,2	2,81 1,9 - 3,6	2,06 1,59 - 3,10	1,88 1,56 - 2,58	0,92 0,70 - 1,21	50
E 1317	6	5,00 3,0 - 6,1	2,50 1,3 - 3,3	2,70 1,6 - 3,2	2,02 1,59 - 2,81	1,90 1,43 - 2,40	0,95 0,67 - 1,20	50
E 1469	6	5,11 4,0 - 6,0	2,51 1,7 - 3,2	2,73 2,2 - 3,4	2,07 1,48 - 3,18	1,88 1,47 - 2,35	0,92 0,74 - 1,25	50
E 1326 a	6	5,12 3,8 - 6,4	2,60 1,9 - 3,4	2,72 2,1 - 3,3	1,98 1,57 - 2,80	1,89 1,53 - 2,13	0,96 0,69 - 1,22	50
E 1224	6	5,21 4,1 - 6,4	2,47 1,2 - 3,3	2,75 1,4 - 3,3	2,17 1,53 - 4,33	1,92 1,61 - 3,71	0,90 0,55 - 1,13	50
E 1229	6	5,44 4,4 - 6,2	2,54 2,0 - 3,5	2,84 2,2 - 3,3	2,15 1,63 - 2,85	1,93 1,55 - 2,19	0,90 0,71 - 1,14	50
E 244	1	4,67 4,2 - 5,4	1,52 1,1 - 2,7	2,30 2,1 - 2,6	3,29 1,74 - 4,45	2,03 1,81 - 2,33	0,66 0,50 - 1,09	15

Tab. 10. Fortsetzung. Feudvar, Pflanzenfunde. Maße des Einkorns, Triticum monococcum, einkörnig.

Nr.	Schicht	L min-max	B min-max	H min-max	L:B min-max	L:H min-max	B:H min-max	n
W 2051	G	4,96 3,7 - 5,9	2,47 1,5 - 3,1	1,95 1,2 - 2,3	2,03 1,71 - 2,55	2,57 2,14 - 3,19	1,27 1,10 - 1,57	50

Tab. 11. Feudvar, Pflanzenfunde. Maße des Einkorns, Triticum monococcum, zweikörnig.

Nr.	W 3118	W 3121	W 3152	W 3311	W 2096/13	W 2096/14	
Schicht	E	E	E	E	F	F	
TKG (g)	7,20	6,45	5,01	7,79	5,90	5,88	
Nr.	W 2015/3	W 2051	W 2056/6	W 2056/6	W 2056/7	W 1408	W 1403/51
Schicht	G	G	G	G	G	G+H	H
TKG (g)	8,18	8,63	6,94	7,16	7,68	8,57	6,99
Nr.	E 3487	E 3505	E 2457	E 2313	D 2926		
Planum	13	13	11	11	10		
TKG (g)	6,36	7,14	7,08	7,04	10,26		
Nr.	E 1224	E 2116/2	E 2156	E 1653	E 1326 A		
Planum	6	9	9	7	6		
TKG (g)	8,29	7,88	8,48	9,40	7,93		

Tab. 12. Feudvar, Pflanzenfunde. Einkorn, Triticum monococcum. Tausendkorngewichte.

Nr.	W 3152	W 2096/14	W 2051	E 2119	E 2156	E 2156	E 1326 A
Schicht/Planum	E	F	G	9	9	9	6
TKG (g)	0,33	0,38	0,60	0,17	0,66	0,71	1,31

Tab. 13. Feudvar, Pflanzenfunde. Einkorn, Triticum monococcum, Spelzbase. Tausendstückgewichte.

Zeitstufe	FBZ	MBZ	FBZ	FBZ	FBZ	FBZ	FBZ	MBZ	FBZ	FBZ	FBZ	FBZ	FBZ	FBZ	FBZ	FBZ	FBZ	FBZ	FBZ	FBZ	FBZ?
Schicht	E	H	F	G	G	F	E	G+H	G	G	G	E	F	F	G	F	F	E	G	E	H+I+Ext
Komplex-Nr. W	3118	1403 /51	2073 /2	2056 /6	2051	2178	3121	1408	2096 /2	2056/7	2015 /3	3311	2096 /13	2096 /14	2106	3340	2096 /10	3152	2078	332<	3210
Getreide																					
Triticum monococcum	100	100	100	97	97	96	94	93	92	91	90	90	76	65	59	57	55	40	40	23	19
Tr. monococcum, Spelzbase	r	r	r	1	3	1	+	+	r	r	2	2	10	15	+	3	20	17	3	8	15
Hordeum vulgare vulgare				r	r		2	r	2	8	4	3	7	9	13	19	7	16	4	9	6
H. vulgare, Spindelglied										r			r					+	r		r
Triticum dicoccon / Tr. timopheevii				r		2		r	+	+	2	2		r	r	r	+	r	3	8	14
Tr. dic. / Tr. timoph., Spelzbase				r			r	r			r	r							r	r	r
Tr. aestivum				r	r			r				r	r						+		
Tr. aestivum, Spindelglied				r							r										
Tr. spelta				r																	
Tr. spelta, Spelzbase																			r		
Cerealia indeterminata															19				3	23	38
Hirsen																					
Panicum miliaceum										r									4	4	r
Öl- und Faserpflanzen																					
Camelina sativa				r				r		r	r		r				r	r		r	
C. sativa, Schötchenklappe											r		r				r				
Linum usitatissimum								r			r		r		3						
Lallemantia iberica																		r		r	
Papaver somniferum																		r			
Hülsenfrüchte																					
Vicia ervilia				r			r		2	r	+	r	+	+	1	+	1	2	1	2	+
Lens culinaris								r	3	r		r	r	+	r	1		10	3	5	1
Pisum sativum											+		r	+			r	+	4	1	
Lathyrus sativus												1							2		
Vicia faba							+		r							+	+		5		
Leguminosae sat. indet.									r	r									3		
Obst und Nüsse																					
Fragaria								r								r		r	r	r	r
Sambucus ebulus								r			r		r	r		r		r	r	r	r
Trapa natans															+				4		2
Prunus spinosa					r							+						r			
Rubus fruticosus					r							1						r			
Rosa																	r		r		
Gemüse und Gewürze																					
Anethum graveolens								r			r		r	r		r		r		r	r
Daucus carota						r														r	r
Mögliche Nutzpflanzen																					
Teucrium-Typ		r											r			r		r		r	r
Verbena officinalis							r				r		r	r		r		r		r	r
Chenopodium hybridum					r		r				r		r	r		r		r		r	2
Hyoscyamus niger									r		r		r	r		r		r		r	
Malva																			+	+	

Tab. 14. Feudvar, Pflanzenfunde. Einkorn, Triticum monococcum. Massenfunde aus der Westburg. Gereiht nach abnehmendem Anteil der Körner. Gewichtsprozente in ganzen Zahlen.
+ < 1‰, > 1‰. r < 1‰.

Zeitstufe	FBZ	MBZ	FBZ	FBZ	FBZ	FBZ	FBZ	MBZ	FBZ	FBZ	FBZ	FBZ	FBZ	FBZ	FBZ	FBZ	FBZ	FBZ	FBZ	FBZ	FBZ?
Schicht	E	H	F	G	G	F	E	G+H	G	G	G	E	F	F	G	F	F	E	G	E	H+I+Ezt
Komplex-Nr. W	3118	1403	2073	2056	2051	2178	3121	1408	2096	2056/7	2015	3311	2096	2096	2106	3340	2096	3152	2078	3322	3210
Sisymbrium										r					r				r		
Lithospermum arvense																		r			
Allium										r									r		
Carthamus lanatus																					
Onopordum acanthium																					
Technische Materialien																					
Phragmites australis, Halme			r			r	r			r	r			r	+			r	r	r	r
Schoenoplectus lacustris										r		r							r		
Unkräuter i.w.S.																					
Lolium, kleinfrüchtig	r	r	r	r	r		r		r	r	r	r	+	r	+	r	r	1	1	r	r
Dasypyrum villosum	r	r	r	r	r		r		r	r	r	r	1	+	r	r	r	+	r	+	+
Bromus arvensis	r	r	r	r	r	1	1		3	r	r	r	3	6	+	r	13	2	5	+	+
Fallopia convolvulus	r	r	r	r	r	r	r		r	r	r	r	r	r	1	2	r	r	2	r	r
Agrostemma githago	r	r	r	r	r	r	r	r	r	r	r	r	r	r	r	r	+	r	r	+	
Setaria viridis / S. verticillata	r	r	r	r	r	r	r		r	r	r	r	r	r	r		r	r	r	r	r
Bupleurum rotundifolium	r						r		r		r	r	r	r	r		r	r	r	r	
Polygonum aviculare	r		r	r	r		r		r	r		r	r	r	r	3	r	r	2	r	r
Bromus, langfrüchtig	r		r	r	r		r		+	r	r	r	+	r	r			r	8	r	r
Galium spurium							r		r	r	r	r	r	r	r			r	r	r	r
Glaucium corniculatum									r						r				r		r
Persicaria maculosa	r		r				r				r	r	r	r		3	r	+	r	r	
Plantago lanceolata			r						r				r	r		r	r	r	r	r	
Solanum nigrum			r	r			r		r		r		r			r	r	r	r		r
Vicia-Typ	r		r	r				r		r		r						r			
Centaurea									r				r				r	r			r
Conringia orientalis									r				r	r				r			r
Atriplex patula-Typ																r		r			
Digitaria			r						r							r	r	r	r	r	
Echinochloa crus-galli				r				r		r		r							r		
Mentha									r							r	r	r	r	r	
Portulaca oleracea									r							r	r	r	r		r
Rorippa-Typ			r				r		r							r		r		r	
Rumex crispus-Typ																					
Agrimonia eupatoria																		r			
Consolida regalis																		r			
Lithospermum officinale					r				+		+							r			
Petrorhagia saxifraga									r									r			r
Scleranthus annuus									r								r	r			r
Veronica, schüsselsamig									r									r			
Adonis														r							
Ajuga chamaepitys				r																	
Anthemis arvensis																		r		r	
Asperula arvensis																					
Atriplex hastata																		r		r	
Barbarea													r								

Tab. 14. Fortsetzung, Feudvar, Pflanzenfunde. Einkorn, Triticum monococcum. Massenfunde aus der Westburg. Gereiht nach abnehmendem Anteil der Körner. Gewichtsprozente in ganzen Zahlen. + < 1 %, > 1 ‰. r < 1 ‰.

Zeitstufe	FBZ	MBZ	FBZ	FBZ	FBZ	FBZ	FBZ	MBZ	FBZ	FBZ	FBZ	FBZ	FBZ	FBZ	FBZ	FBZ	FBZ	FBZ	FBZ	FBZ	FBZ?
Schicht	E	H	F	G	G	F	E	G+H	G	G	G	E	F	F	G	F	F	E	G	E	H+I+Ezt
Komplex-Nr. W	3118	1403	2073	2056	2051	2178	3121	1408	2096	2056/7	2015	3311	2096	2096	2106	3340	2096	3152	2078	3322	3210
Berteroa incana																		r			
Carduus													r								
Cerastium													r								
Coronilla-Typ				r																	
Galium aparine																				+	r
Lolium temulentum																					
Ranunculus acris-Typ																r					
Sherardia arvensis																		r			
Stellaria media																		r			
Thymelaea passerina																		r			
Valerianella dentata														r							
Verbascum														r							
Wasserpflanzen																					
Euphorbia palustris																	r			r	
Nicht näher Bestimmtes																					
Chenopodiaceae		r		r				1	r	r		r	r		2	4	r	+	1	8	+
Poaceae		r	r	r		r			r	r		r	r		r	r	r	1	r	r	r
Trifolium-Typ		r	r	r		r				r		r			r	r				r	r
Brassicaceae								r					r			r		r		r	r
Lamiaceae								r		r			r			+		r		r	r
Polygonaceae					r			r		r			r			r		r		r	r
Asteraceae								r					r					r		r	
Silene-Typ								r			r		r					r	r	r	r
Cyperaceae										r						r	r	r		r	
Rubiaceae																r		r			
Apiaceae																		r			
Rosaceae											r										
Sonstiges																					
verkohlte Speisereste				+				6											r		
Summe (n)	3550	3375	2014	8759	11016	332	656	1858	961	11208	1302	916	28161	4681	1378	480	1714	19745	1053	1075	1124

Tab. 14. Fortsetzung, Feudvar, Pflanzenfunde. Einkorn, Triticum monococcum. Massenfunde aus der Westburg. Gereiht nach abnehmendem Anteil der Körner. Gewichtsprozent in ganzen Zahlen. + < 1 %, > 1 ‰. r < 1 ‰.

Komplex-Nr. E....	2313	2457	3505	1326A	3487	1469	1224	2475	2116/2	2075	2073	4175	4095	2582	3695	2119	2252
Getreide																	
Triticum monococcum	100	100	88	88	81	77	63	55	52	50	43	32	21	17	14	13	9
Tr. monococcum, Spelzbase			r	3	r	+		7		6	8	21	51	14	1	23	28
Tr. dicoccon / Tr. timopheevii	r		r	3	9		3	r	43	1		2	3	10	4	1	9
Tr. dic./Tr. timoph., Spelzbase								r		+		+	+	+	r		1
Hordeum vulgare vulgare		r	10	3	9	16	16	8	3	10	10	12	10	12	16	6	3
H. vulgare, Spindelglied				r	r	r		1		r	+			r	r		r
Triticum aestivum				r										r			3
Tr. aestivum, Spindelglied				r				r		r	r			r	r		r
Tr. spelta, Spelzbase														r	r		r
Cerealia indeterminata							10		6	6	11	15	8	33	15	52	44
Hirsen																	
Panicum miliaceum	r		r	r	r	5	4	4		4							r
Öl- und Faserpflanzen																	
Camelina sativa				r	r	r		r	r			r	r		r		r
Lallemantia iberica				r								r	r	+			
Linum usitatissimum				r				r								r	
Papaver somniferum													r	r			
Hülsenfrüchte																	
Lens culinaris			r	r	r	r		r		r	r	2	+	r	+	1	r
Pisum sativum			+			r			2		r	1			+		1
Lathyrus sativus				r													
Leguminosae sat. indet.				r								+	r				
Obst und Nüsse																	
Trapa natans									+			+	r	9	2	1	r
Fragaria				r	r			r		r		r	r		r	r	r
Sambucus ebulus				r	r			r				r					
Prunus non-spinosa				r	r			r				r					
Prunus spinosa			r									r					
Sambucus nigra								r			r						
Phsyalis alkekengi											r			r			
Prunus padus										r							
Pyrus				r									r				
Rubus fruticosus																	
Mögliche Nutzpflanzen																	
Teucrium-Typ				r	r	r	r	r	r	r		r	r	r	r	r	r
Verbena officinalis	r			r			r	r	r				r	r	r		r
Chenopodium hybridum				r				r		r				r			
Lithospermum arvense				r				r		r	r		r	r			
Hyoscyamus niger									r							r	
Malva				r	r			r									
Allium				r													
Onopordum acanthium													r		r		
Sisymbrium											r						
Unkräuter i.w.S.																	
Bromus arvensis	r	r	r	+	r	r	r	r	r	15	16	2	3	r	1	+	r
Fallopia convolvulus	r	r	r	r	r	r	r	r	r	r	r	r	r	1	r	+	r

Tab. 15. Feudvar, Pflanzenfunde. Einkorn, Triticum monococcum. Massenfunde aus der Ostburg. Gereiht nach abnehmendem Anteil der Körner. Gewichtsprozente in ganzen Zahlen. + < 1 %, > 1 ‰. r < 1 ‰.

Komplex-Nr. E ….	2313	2457	3505	1326A	3487	1469	1224	2475	2116/2	2075	2073	4175	4095	2582	3695	2119	2252
Lolium, kleinfrüchtig		r	r	r	r	r	r	3		2	2	r	r	r	1		r
Dasypyrum villosum		r		r	r	r	r	+		1	r	r	r	r	21		r
Dasypyrum, Spindelglied															r		
Agrostemma githago	r	r	r	1	r		r	r		r	r	r			r		
Bromus, langfrüchtig	r	r	r	r	r	r	r			r	r	r	r		7		r
Bupleurum rotundifolium	r	r	r	r	r			r		r	r		r				r
Setaria viridis / S. verticillata			r	r	r			r		r	r		r				r
Galium spurium			r	r		r				r					r		
Plantago lanceolata			r			r	r	r	r	r	r	r			r		
Persicaria maculosa			r	r			r		r						r		
Polygonum aviculare				r			r	r	r			r		r			
Sherardia arvensis				r				r	r			r					
Solanum nigrum				r	r		r	r		1	r	r	r				
Agrimonia eupatoria			+										r	r			r
Ajuga chamaepitys			r	r					r			r	r	r	r		
Glaucium corniculatum			r									r	r		r	r	
Anthemis arvensis				r		r		r						r	r		
Portulaca oleracea						r								r	r		r
Avena				r		r											
Avena, Granne						r								r			
Centaurea				r			r		r								
Cerastium				r				r									
Digitaria								r	r								
Echinochloa crus-galli			r				r								r		r
Geranium				r													
Mentha																	
Ranunculus acris-Typ				r				r							r		
Rumex crispus-Typ				r					r				r		r		
Vicia-Typ				r				r					r				
Rorippa-Typ	r							r									
Bromus mollis-Typ				r											r		
Carex vulpina-Typ																	
Conringia arvensis	r								r								
Convolvulus arvensis									r								
Galium aparine							r	r									
Kickxia spuria				r													
Lathyrus nissolia																	
Lithospermum officinale														r			r
Orlaya grandiflora			r	r													
Thymelaea passerina														r	r		
Valerianella dentata				r					r								
Veronica, schüsselsamig							r	r									
Wasserpflanzen																	
Phragmites australis, Halme					r	r		r		+		r	r	r	r	1	r
Schoenoplectus lacustris		r			r	r			r			11		r	r	r	r
Lycopus europaeus			r										r		r		
Alismataceae													r				

Tab. 15. Fortsetzung, Feudvar, Pflanzenfunde. Einkorn, Triticum monococcum. Massenfunde aus der Ostburg. Gereiht nach abnehmendem Anteil der Körner. Gewichtsprozente in ganzen Zahlen. + < 1 ‰, > 1 ‰. r < 1 ‰.

Komplex-Nr. E	2313	2457	3505	1326A	3487	1469	1224	2475	2116/2	2075	2073	4175	4095	2582	3695	2119	2252
Nicht näher Bestimmtes																	
Chenopodiaceae	r	+	r	+	r	r	r	1	+	+	1	r	+	2	1	r	r
Poaceae			r	r	r	r	r	r	r	r	r	r	3	r	14	r	r
Trifolium-Typ		r	r	r	r	r	r	r	r	r	r	r	+	r	r	r	r
Brassicaceae				r	r	r	r	r	r		r		+	r	r	r	
Lamiaceae				r	r			r	r	r	r		r				
Polygonaceae				r	r	r	r	r	r	r			r				
Silene-Typ				r				r	r	r		r					
Asteraceae				r							r	r	r	r			
Cyperaceae																	
Rubiaceae								r	r		r						
Apiaceae						r											
Rosaceae								r									
Sonstiges																	
verkohlte Speisereste											2	r	r				
Summe (n)	7329	3961	4285	129626	5627	1151	1116	1790	1578	1206	1282	1002	1926	3051	1811	1123	7729

Tab. 15. Fortsetzung, Feudvar, Pflanzenfunde. Einkorn, Triticum monococcum. Massenfunde aus der Ostburg. Gereiht nach abnehmendem Anteil der Körner. Gewichtsprozente in ganzen Zahlen. + < 1 %, > 1 ‰. r < 1 ‰.

2.1.2.1 Vierzeilgerste, *Hordeum vulgare*

Gefundene Reste: verkohlte Spindelglieder, trivial
Die Spindelstücke von Vierzeil-Spelzgerste und
von Vierzeil-Nacktgerste unterscheiden sich nicht.
Sie müssen gemeinsam angegeben werden. Da die
Spindelstücke beim Dreschen auf dem Dreschplatz
bleiben, haben solche Verarbeitungsvorgänge auch
in der befestigten Siedlung stattgefunden, nicht
nur auf Tennen in freiem Felde. Denn Spindelstücke sind allgegenwärtig, nicht so häufig wie
Spelzbasen von Einkorn und Emmer, aber doch
in merklicher Zahl (Abb. 30). Es gibt ein Tausendstückgewicht Gerste, Spindelglied, aus Schicht E
der Westburg: 0,28 g.

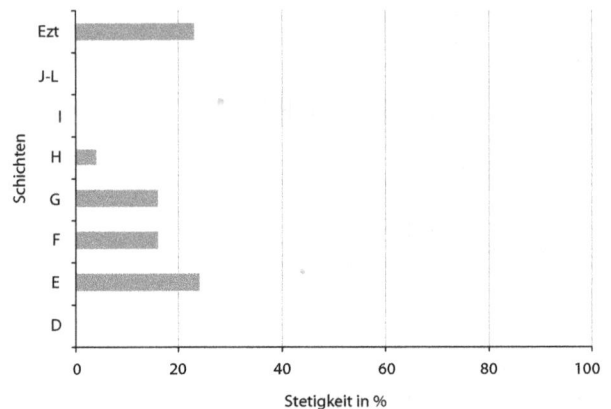

Abb. 30. Feudvar, Pflanzenfunde. Vierzeilgerste, Hordeum vulgare, Spindelglied. Stetigkeit in reinen Schichten der Westburg.

Vierzeil-Spelzgerste, *Hordeum vulgare vulgare*

Gefundene Reste: verkohlte Körner, massenhaft

Die Vierzeil-Spelzgerste ist mit Einkorn das Hauptgetreide von Feudvar. Das Gerstenkorn hat keine ver-
tiefte Raphe wie die Weizen, in der der Nabel versinkt, sondern der Nabel liegt mehr oder minder an der
Oberfläche in einer weiten Falte. Das Korn ist breiter als hoch und an beiden Enden verschmälert. Die
Spelzen formen es, ideal erhalten wird es kantig. Die Leitbündel der Spelzen bilden dabei die Kanten: vier
die Deckspelze auf der Rückenseite und auf den Flanken, zwei die Vorspelze auf der Bauchseite (der Bauch
ist da, wo der Nabel ist). Die Spelzen sind fest mit dem Korn verwachsen, dennoch fehlen sie in verkohltem
Erhaltungszustand oft. Die Kantigkeit und quer verlaufende Pressrunzeln an der Kornspitze sind dann
dennoch eindeutige Merkmale der Spelzgerste. Da Spelzgerste bei weitem die häufigste Gerstenform von
Feudvar ist, wurden Gersten im Zweifel zur Spelzgerste geschlagen. Auch in sehr reduzierter Erhaltungsform
sind Gersten gut zu erkennen, deshalb stellen Gersten nur einen sehr geringen Anteil der Cerealia indet.

Man denkt, dass Spelzgerste zum Verzehr entspelzt werden muss. Heute heißen solche geschälten, ge-
schliffenen Gerstenkörner Graupen. Man verwendet sie als Zutat zu gekochten Speisen. Die Spelzenreste,
die in der Bauchfalte oft noch vorhanden sind, stören dabei nicht. Wie rezentes griechisches Spelzgersten-
brot zeigt („ein Vollkorngerstenbrot"), sind die Spelzen beim Essen unauffällig. Moderner kretischer
Gerstenbrotzwieback hat 20 % Gerstenvollkornanteil und die Gerstenspelzen stören ebenfalls nicht.

Gerstenkörner, Gerstengraupen, Gerstengrieß, Gerstenmehl sind Zutaten zu vielen Speisen auf dem
Feuer und im Ofen. Gerste ist zudem wesentliche Zutat zum Bierbrauen. Da Wilder Wein aus der Theißaue
zwar nachgewiesen, aber als gelegentliches Sammelobst wirtschaftlich ohne jede Bedeutung ist, müssen
wir für Gelage und Festlichkeiten aller Art Bier als Getränk annehmen[16].

In den Gerstenmassenfunden (Tab. 16) kann man drei Gruppen unterscheiden. Das eine sind die küchenfertigen Vorräte, relativ kleine Fundmengen, sehr rein (98–100 % Gerste). Diese Vorräte sind gut gereinigt,
sie sind gesiebt, geworfelt, handverlesen und sind im Vorfeld der täglichen Mahlzeit ‚verunglückt' (W 1172;
W 1339/13; W 424+431; E 1072; E 3066). Es sind keine Spindelstücke darin, das Tausendkorngewicht beträgt
über 10 g (Tab. 17).

W 1414 ist auch ein reiner Vorrat, aber mit der Bemerkung versehen „teilweise angekeimt wie für Bier;
punktuelles Vorkommen, vielleicht zum Gefäß gehörend [maybe from a dish]"). Diese Gerste ist auch
schwer, Tausendkorngewicht 11,62 g. Wir bewerten sie als Braugerste und als Hinweis auf Bier. Die zweite
Gruppe bildet nur ein Fund, W 2287, auch eine schwere Gerste mit einem Tausendkorngewicht von 11,27 g,
ebenfalls 98 % des Gewichts Gerste, aber sehr viele Unkrauttaxa, allerdings mit unwesentlichem Gewicht.
Wir werten diesen Fund als vorgereinigten Vorrat.

---

16   Kroll 1991 a; Völger / van Welck 1982; vgl. auch Šišlina 2013.

Zeitstufe	MBZ	FBZ	MBZ			MBZ			FBZ	FBZ
Schicht oder Planum	F	F	H	5	12	G	10	12	E	E
Komplex-Nr.	W1172	W1339/13	W424+431	E1072	E3066	W1414	E2287	E3062/1	W3171	W3537
Getreide										
Hordeum vulgare vulgare	100	98	99	65	98	99	98	33	53	57
H. vulgare, Spindelglied					r		r	r	r	+
Triticum monococcum		+	r	5	+	r	1	4	2	6
Tr. monococcum, Spelzbase	r				+		r	3	r	r
Tr. dicoccon / Tr. timopheevii			r	+			r	r		r
Tr. dic. / Tr. timoph., Spelzbase					r		r	r		
Tr. spelta			r			r				
Tr. aestivum, Spindelglied							r			
Cerealia indeterminata				30		r		8		
Hirsen										
Panicum miliaceum		r	r	r				r		
Öl- und Faserpflanzen										
Camelina-sativa, Schötchenklappe										r
Linum usitatissimum		r								
Hülsenfrüchte										
Lens culinaris		r			r	r		r	r	r
Pisum sativum		r				r	r	+		r
Leguminosae sat. indet.							r			
Obst und Nüsse										
Fragaria			r							r
Sambucus ebulus						r				r
Trapa natans								+		
Mögliche Nutzpflanzen										
Teucrium-Typ	r					r				r
Allium									1	
Chenopodium hybridum			r					r		
Hyoscyamus niger									r	
Lithospermum arvense						r				
Unkräuter i.w.S.										
Bromus arvensis		r	r	r	r	r	r	4	17	14
Bromus, langfrüchtig	r	r			r	r	r	3	r	+
Lolium, kleinfrüchtig	r	r			r	r	r	1	7	6
Agrostemma githago		r				r	r	r	r	r
Dasypyrum villosum	r					r	r	17	4	4
Fallopia convolvulus		r					r	r	6	5
Bupleurum rotundifolium					r		r		r	r
Conringia orientalis							r		r	r
Consolida regalis									r	r
Glaucium corniculatum					r				r	r
Persicaria maculosa					r				r	r
Petrorhagia saxifraga									r	r
Plantago lanceolata									r	r
Polygonum aviculare				r					1	1
Setaria viridis / S. verticillata					+		r		5	1
Thymelaea passerina									r	r
Vicia-Typ			r	r					r	
Ajuga chamaepitys										r
Anthemis arvensis										r
Avena										r
Chaenorrhinum minus, Kapsel										r
Echium							r			
Galium aparine									r	
Lithospermum officinale		r								
Mentha										r
Papaver argemone									r	
Rorippa-Typ									r	
Rumex crispus-Typ									r	r
Solanum nigrum		r								
Torilis arvensis										r
Asperula arvensis							r			
Atriplex patula-Typ								r		
Avena, Granne								r		
Echinochloa crus-galli							r			
Galium spurium					r		r			

Tab. 16. Feudvar, Pflanzenfunde. Vierzeil-Spelzgerste, Hordeum vulgare vulgare, Massenfunde aus der West- und der Ostburg, gereiht nach abnehmendem Anteil der Gerstenkörner. Gewichtsprozente in ganzen Zahlen. + < 1 %, > 1 ‰. r < 1 ‰.

Zeitstufe	MBZ	FBZ	MBZ			MBZ			FBZ	FBZ
Schicht oder Planum	F	F	H	5	12	G	10	12	E	E
Komplex-Nr.	W1172	W1339/13	W424+431	E1072	E3066	W1414	E2287	E3062/1	W3171	W3537
Verbascum							r			
Wasserpflanzen										
Phragmites australis, Halme			r		r			r		
Nicht näher Bestimmtes										
Chenopodiaceae	r	r	r	+	r	r	r	25	2	1
Brassicaceae					r		r			r
Lamiaceae								r	r	r
Poaceae	r	r		r	r	r		+	r	r
Trifolium-Typ		r		+		r		r	r	r
Asteraceae									r	r
Polygonaceae		r				r		r	r	r
Silene-Typ							r		r	r
Cyperaceae					r					
Sonstiges										
„Raupen"									r	r
Anzahl Taxa	8	10	11	13	16	17	28	25	35	43
Summe (n)	226	353	1247	590	437	3005	28123	6566	4302	11492

Tab. 16. Fortsetzung, Feudvar, Pflanzenfunde. Vierzeil-Spelzgerste, Hordeum vulgare vulgare, Massenfunde aus der West- und der Ostburg, gereiht nach abnehmendem Anteil der Gerstenkörner. Gewichtsprozente in ganzen Zahlen. + < 1 %, > 1 ‰. r < 1 ‰.

Komplex-Nr.	W 3152	W 3171	W 3537	W 1172	W 1414	W 2056/7	W 424 +W 431
Schicht/Planum	E	E	E	F	G	G	H; L
TKG (g)	5,10	6,68	6,33	10,16	11,62	13,80	9,45

Komplex-Nr.	E 3066	E 2287	E 2156	E 1653	E 1326 A
Schicht/Planum	12	10	9	7	6
TKG (g)	13,04	11,27	12,02	13,65	8,86

Tab. 17. Feudvar, Pflanzenfunde. Vierzeil-Spelzgerste, Hordeum vulgare vulgare, Tausendkorngewichte.

Die dritte Gruppe sind Gerstenmassenfunde unter 60 % Gerstenanteil, mit massenhaft Unkrautsaat von vielen Taxa. Wir werten diese Funde als Reinigungsabfälle, als Ausgesiebtes von Gerste. Die Gersten sind leicht (6–7 g; Tab. 17) und klein (unter 5 mm lang: Tab. 18). Solche Funde sind sehr selten[17].

Diese großen Unkrautmengen in der Siedlung lassen darauf schließen, dass Gerste wie Einkorn und Sanduri mit langem Halm extensiv geerntet wurde, mit großzügigem Schnitt (es sind auch viele kleinwüchsige Unkräuter dabei). Entweder wurde in der Siedlung gedroschen oder diese Reinigungsreste hatten eine Funktion in der Siedlung, man hat etwas damit gemacht: z. B. den Baulehm für die Häuser damit gemagert. Bei Verwendung im Hausinnern (für Herdplatten, Backwannen, Wandverputz) stört der hohe Anteil keimfähiger Saat nicht.

Gerste ist wohl Sommergetreide. Die Dominanz des Einkornanbaus verwischt aber die Unterschiede zwischen Sommergetreide- und Wintergetreide-Unkräutern. Scharf ist nur der Unterschied zum ‚monsoon crop' Rispenhirse. In W 3537 und W 3171 (Tab. 16) belegen den Sommergetreide-Charakter die hohen Fundmengen von Setaria, Chenopodium, Polygonaceen und Brassicaceen (wohl überwiegend Camelina, unreif)[18].

Gerste ist zu allen Zeiten gleich wichtig (Abb. 31; 32). Das Abnehmen zum Jüngeren ist dadurch bedingt, dass die Erhaltungsbedingungen in den jüngsten, durchwurzelten Schichten schlechter sind als in den tiefen, sicheren Schichten.

Gersten nehmen mit dem Lauf der Zeit zum Jüngeren hin an Gewicht zu von 5 bis 7 g in Westburg, Schicht E auf über 12 g in Westburg, Schicht G und Ostburg Planum 9 und 7 (Tab. 18). Die

---

17   Kroll 1995.
18   Kroll 1995.

Nr.	Schicht od. Planum-Nr.	L min-max	B min-max	H min-max	L:B min-max	L:H min-max	B:H min-max	n
W 3537	E	4,73 2,4 - 6,6	2,23 0,9 - 3,7	1,69 0,4 - 2,6	2,17 1,39-3,92	2,95 1,88-6,00	1,35 1,09-2,25	100
W 3152	E	4,76 3,5 - 6,2	2,36 1,7 - 3,1	1,83 1,1 - 2,5	2,04 1,56 - 2,61	2,69 1,91 - 4,27	1,32 1,16 - 2,08	25
W 3171	E	4,91 3,7 - 6,3	2,29 1,5 - 3,4	1,74 0,9 - 3,0	2,19 1,67 - 2,80	2,98 1,9 - 4,36	1,35 1,12 - 1,69	50
W 3128	E	5,53 4,5 - 6,8	2,65 2,2 - 3,2	2,19 1,6 - 2,9	2,10 1,74 - 2,50	2,57 1,74 - 3,56	1,22 1,04 - 1,50	20
W 3214	E	5,55 4,8 - 6,6	2,74 1,8 - 3,4	2,24 1,5 - 3,0	2,06 1,71 - 2,89	2,54 2,00 - 3,47	1,24 1,07 - 1,47	20
W 3021	E	5,70 5,0 - 6,7	3,24 2,4 - 4,0	2,56 1,9 - 3,2	1,79 1,41 - 2,79	2,26 1,73 - 3,53	1,27 1,10 - 1,41	25
W 3021	E	5,82 4,6 - 6,8	3,30 2,1 - 4,0	2,64 1,7 - 3,2	1,78 1,50 - 2,19	2,24 1,77 - 2,71	1,26 1,11 - 1,40	20
W 2096/14	F	5,07 4,0 - 6,2	2,30 1,7 - 3,1	1,88 1,2 - 2,7	2,27 1,77 - 2,95	2,80 1,96 - 3,67	1,24 1,06 - 1,50	24
W 2096/13	F	5,10 4,0 - 6,2	2,40 1,7 - 3,1	1,80 1,2 - 2,5	2,17 1,70 - 2,82	2,84 2,08 - 4,42	1,31 1,04 - 1,83	50
W 1172	F	5,76 3,9 - 7,0	2,91 1,5 - 3,8	2,32 1,0 - 3,0	2,00 1,66 - 2,60	2,54 1,88 - 3,90	1,27 1,07 - 1,50	50
W 1339/13	F	5,87 4,5 - 7,1	3,09 2,0 - 4,0	2,42 1,5 - 3,2	1,92 1,55 - 2,60	2,46 1,93 - 3,47	1,28 1,00 - 1,54	50
W 2170	F	6,17 4,8 - 8,0	3,14 2,5 - 3,8	2,51 1,8 - 3,1	1,97 1,55 - 2,42	2,49 1,78 - 3,15	1,26 0,97 - 1,48	50
W 2108	F + G	5,59 4,0 - 7,2	2,58 1,8 - 3,4	2,07 1,2 - 3,1	2,18 1,77 - 2,65	2,78 2,04 -3,62	1,27 1,08 - 1,57	25
W 1414	G	5,40 4,0 - 6,4	2,70 2,0 - 3,4	2,17 1,5 - 2,8	2,01 1,60 - 2,78	2,52 1,96 - 3,87	1,25 1,09-1,45	50
W 2056/6	G	5,60 4,8 - 6,5	2,60 1,9 - 3,4	2,00 1,3 - 2,8	2,18 1,71 - 2,89	2,88 2,15 - 4,08	1,31 1,11 - 1,77	15
W 2123	G	5,63 4,6 - 7,2	2,92 2,0 - 3,5	2,33 1,6 - 3,0	1,95 1,43 - 2,50	2,46 1,67 - 3,21	1,26 1,07 - 1,58	25
W 2056/5	G	5,73 5,1 - 7,2	2,81 2,0 - 3,5	2,25 1,1 - 3,1	2,07 1,71 - 2,67	2,66 1,90 - 4,73	1,28 1,03 - 1,82	15
W 2051	G	5,84 4,3 - 7,0	2,89 2,5 - 3,3	2,28 1,7 - 3,0	2,03 1,69 - 2,41	2,60 1,80 - 3,41	1,28 1,07 - 1,53	25
W 2015/3	G	5,87 5,0 - 6,8	2,73 2,3 - 3,2	2,14 1,6 - 2,9	2,16 1,94 - 2,52	2,79 2,14 - 3,58	1,29 1,10 - 1,56	20
W 2056/7	G	5,90 5,0 - 7,6	2,80 2,1 - 3,5	2,20 1,7 - 2,9	2,12 1,71 - 2,81	2,66 2,00 - 4,22	1,25 0,96 - 1,50	50
W 1172	G	5,92 3,9 - 8,0	2,94 1,8 - 3,6	2,37 1,2 - 3,5	2,03 1,56 - 2,52	2,55 1,66 - 3,75	1,26 0,83 - 1,54	50
W 424+431	H	5,19 3,8 - 6,5	2,62 2,0 - 3,2	2,09 1,4 - 2,8	1,99 1,65 - 2,95	2,52 1,88 - 3,65	1,26 0,93 - 1,67	50
W 1071	H	5,63 4,5 - 6,9	3,10 2,3 - 3,9	2,65 1,8 - 3,5	1,84 1,46 - 2,35	2,15 1,63 - 2,78	1,18 0,77 - 1,56	25
W 2065/1;2	(EZ)	5,50 4,5 - 6,8	2,80 2,2 - 3,6	2,21 1,6 - 3,0	1,98 1,67 - 2,42	2,53 1,93 - 3,16	1,28 1,11 - 1,50	50
E 3505	13	5,90 4,7 - 7,3	2,90 2,0 - 3,7	2,26 1,6 - 3,2	2,05 1,66 - 2,75	2,65 1,96 - 3,79	1,30 0,96 - 1,59	50
E 2402	11	5,78 4,1 - 7,5	2,86 1,9 - 3,6	2,33 1,2 - 3,1	2,06 1,52 - 3,21	2,59 1,67 - 4,00	1,25 1,07 - 1,58	28
E 2287	10	5,97 4,9 - 7,3	3,01 2,2 - 4,0	2,34 1,3 - 3,0	2,01 1,63 - 3,32	2,60 2,00 - 5,62	1,29 1,03 - 1,69	50
E 2156	9	5,90 3,8 - 8,1	3,30 2,0 - 4,6	2,60 1,4 - 3,6	1,85 1,24 - 2,73	2,38 1,44 - 3,71	1,29 1,03 - 1,89	50
E 2156	9	6,10 4,9 - 7,6	3,09 2,1 - 4,0	2,49 1,4 - 3,3	2,02 1,26 - 2,48	2,53 1,63 - 3,71	1,26 1,04 - 1,50	25
E 1653	7	5,67 4,4 - 7,2	3,22 2,5 - 4,1	2,57 1,8 - 3,3	1,78 1,38 - 2,33	2,23 1,77 - 3,28	1,26 1,07 - 1,55	50
E 1711	7	5,72 4,5 - 7,1	3,00 2,1 - 3,8	2,31 1,5 - 3,2	1,94 1,56 - 2,48	2,54 1,81 - 3,47	1,31 1,12 - 1,58	25
E 1648	7	5,77 4,3 - 7,6	3,09 2,1 - 3,7	2,47 1,7 - 3,1	1,88 1,53 - 2,41	2,37 1,93 - 3,17	1,26 1,07 - 1,50	38
E 1326a	6	5,80 4,3 - 7,1	3,13 2,4 - 4,0	2,45 1,6 - 3,3	1,88 1,40 - 2,50	2,40 1,90 - 3,18	1,29 1,06 - 1,67	50
E 1317	6	6,00 4,7 - 7,3	3,10 2,3 - 3,9	2,40 1,8 - 3,2	1,95 1,47 - 2,52	2,53 1,96 - 3,40	1,31 1,00 - 1,77	50
E 1229	6	6,08 5,0 - 7,1	3,18 2,6 - 3,7	2,62 2,1 - 3,0	1,92 1,69 - 2,09	2,34 1,97 - 2,86	1,22 1,07 - 1,42	12
E 1350	6	6,11 5,1 - 7,5	3,16 2,7 - 3,8	2,59 2,2 - 3,0	1,94 1,59 - 2,57	2,38 1,87 - 3,09	1,23 1,04 - 1,48	15
E 1224	6	6,18 4,7 - 7,8	3,12 2,1 - 3,8	2,61 1,2 - 3,5	1,99 1,58 - 2,36	2,46 1,74 - 4,33	1,22 1,03 - 1,40	25
E 1469	6	6,19 5,0 - 8,0	3,06 2,1 - 3,8	2,46 1,7 - 3,0	2,04 1,77 - 2,48	2,55 2,07 - 3,00	1,25 1,11 - 1,42	25

Tab. 18. Feudvar, Pflanzenfunde. Vierzeil-Spelzgerste, Hordeum vulgare vulgare. Maße.

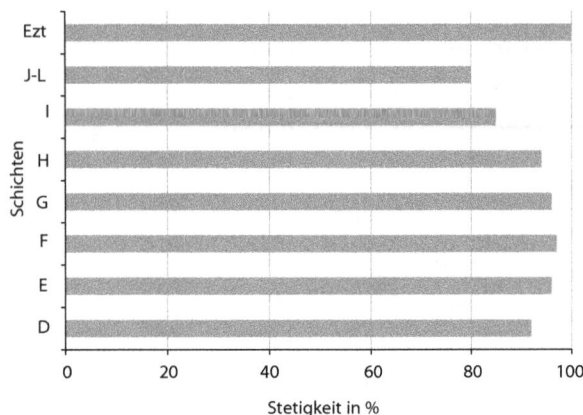

Abb. 31. Feudvar, Pflanzenfunde. Vierzeil-Spelzgerste, Hordeum vulgare vulgare. Stetigkeit in reinen Schichten der Westburg.

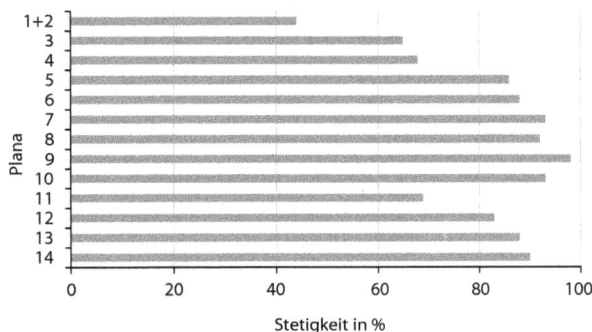

Abb. 32. Feudvar, Pflanzenfunde. Vierzeil-Spelzgerste, Hordeum vulgare vulgare. Stetigkeit in den Plana der Ostburg.

Kornlängen nehmen zum Jüngeren zu von 4 bis 5 mm in Westburg, Schicht E auf Werte über 6 mm in Ostburg, Schicht 6.

Vierzeil-Nacktgerste, *Hordeum vulgare nudum*

Gefundene Reste: verkohlte Körner, sehr selten

Drei Gerstenkörner wiesen Merkmale der Nacktgerste auf. Die Raphe (der Nabel) liegt auf dem Korn, das Korn ist gut gerundet und hat längs und quer verlaufende Schrumpfrunzeln, die an Textiles erinnern. Da sich Nacktgerste genetisch nur sehr geringfügig von Spelzgerste unterscheidet, ist es möglich, dass das Nacktgersten-Gen verdeckt vorhanden ist und ab und zu zur Expression kommt.

2.1.2.2 Zweizeilgerste, *Hordeum distichum*

Gefundene Reste: verkohlte Körner, selten

Zweizeilgerste unterscheidet sich von der Vierzeilgerste dadurch, dass nur eine Blüte des dreiblütigen Ährchens ausgebildet und fruchtbar ist, während bei der Vierzeilgerste die mittlere und die beiden seitlichen Blüten fruchtbar sind. Die wilden Gersten sind alle zweizeilig; die Fruchtbarkeit der Seitenblüten des Ährchens ist ein Kulturmerkmal.

Bei den Vierzeiligen bleibt die Dominanz der mittleren Blüte aber bestehen. Das Korn, das sich aus einer Mittelblüte entwickelt, ist stets größer als die Körner der Seitenblüten. Die seitlichen Körner sind etwas schief, weil sie sich zum mittleren Korn hin krümmen.

Zweizeil-Gerstenkörner sind immer gerade und schlank (Taf. 1,1). Die Ebenmäßigkeit der Zweizeilgerste ist eine hochgeschätzte Eigenschaft für Braumalz, da die gleich großen Körner gleichmäßiger als die unterschiedlich großen Körner der Vierzeilgerste keimen. Braugerste ist heute ganz überwiegend Zweizeilgerste.

Gerade und schlank heißt in numerischen Werten, dass das Korn deutlich mehr als zweimal so lang wie breit ist. Hier schwanken die L:B-Werte der Vierzeil-Spelzgerste um 1,95 von 1,78 bis 2,27 (Tab. 18).

Aufgrund ihres seltenen Auftretens könnten diese langen, schlanken Körner auch als Extrem-Ausbildung der Vierzeilgersten gedeutet werden. Reifende Gerstenkörner wachsen zuerst in die Länge und füllen dann Masse auf, die die Körner breit macht. In dem Fall, dass es sich um extrem lange Vierzeil-Gerstenkörner handelte, wäre Zweizeilgerste in Feudvar nicht angebaut worden.

2.1.3 Emmer, *Triticum dicoccon (und Sanduri Tr. timopheevii)*

Gefundene Reste: verkohlte Körner und Spelzenteile, wohl trivial oder massenhaft

Die Fundmengen sind durch einen nachträglich erkannten Massenfund des neu entdeckten emmerähnlichen Spelzweizens Sanduri, *Triticum timopheevii*, erhöht (siehe dort), deshalb kann das normale, übliche Verhältnis von Emmer zu Sanduri nicht genau angegeben werden. Es hat aber den Anschein, als sei Emmer stetiger als Sanduri, als sei Emmer ein wichtiges Getreide, Sanduri ein Nebengetreide. Das

Emmerkorn ist ein sehr eigenschaftsstarkes Korn. Es ist schief, hohlbäuchig und buckelrückig. Wenn diese Eigenschaften erkennbar sind, ist die Zuweisung einfach. Die Bestimmung wird in Feudvar aber erschwert durch das Vorhandensein von zweikörnigem, emmerähnlichem Einkorn, des Weiteren von emmerähnlichem neu entdecktem Spelzweizen Sanduri und von Dinkel. „Normales" einkörniges Einkorn, Nacktweizen und Gerste sind von Emmer gut zu trennen. Die Trennung vom Dinkel gelingt nicht immer gut. Dinkel hat ein schönes, harmonisch geformtes Korn, das Emmerkorn erscheint hässlich und schief. Zweikörniges, emmerähnliches Einkorn ist vom Emmer verschieden durch eine unregel-

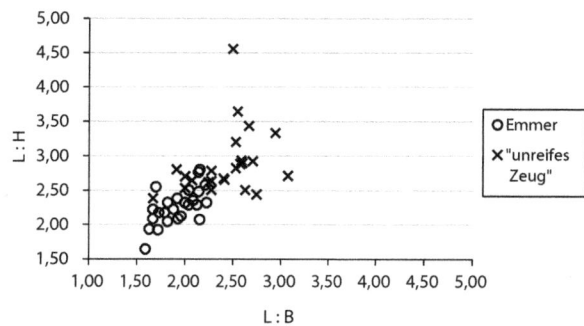

Abb. 33. Feudvar, Pflanzenfunde. Emmer, Triticum dicoccon und „unreifes Zeug" = Sanduri, Tr. timopheevii. Diagramm der Indices Länge zu Breite und Länge zu Höhe.

mäßig schiefe Bauchseite (Einkorn ist „nicht eingestellt" auf Zweikörnigkeit wie Emmer). Doch sind auch Merkmale wie das „Einkornschwänzchen" (Abb. 18) nicht immer zuverlässig (Abb. 20). Sanduri ist schmaler, weniger massig und dadurch leichter als Emmer (Abb. 39). Doch sind diese Merkmale relativ. Im Zweifel wird ein Weizenkorn dann als Cerealia indet. notiert, als Unbestimmtes Getreide. Da Einkorn und Gerste auch in sehr schlechtem Erhaltungszustand recht gut erkennbar sind, besteht die Rubrik Cerealia indet. ganz überwiegend aus Emmer, zweikörnigem Einkorn, Dinkel und Sanduri, ohne dass angegeben werden kann, was wohl häufiger ist und was seltener. Einige Emmerfunde haben wir verzeichnet als „unreifes Zeug", sie sind schmal, klein, leicht und wirken unreif. Im Nachhinein haben sich diese Funde jedoch als Sanduri-Weizen erwiesen, als ein neu entdeckter, emmerähnlicher Spelzweizen (Abb. 33).

Emmerfunde sind sehr stetig und überall verstreut (Abb. 34–37). Dennoch sind Massenfunde des Emmers selten. Hier sind vier reiche aufgelistet (Tab. 19). Einer davon (E 3585) ist ein Abfallfund mit vielen Spelzen und viel Unkrautsaat. Zwei weitere sind küchenfertige Vorräte (W 1288; W 1403/35), sie sind entspelzt und saubergesiebt. Ein vierter ist ein gesiebter Vorrat noch in Spelzen. Einer der beiden küchenfertigen Vorräte, W 1403/35, hat die Bemerkung: „Dic. durchgehend angekeimt, wie für Bier; und schrumpelig". Wir halten diesen Fund für einen Beleg des Bierbrauens[19]. Das geringe Gewicht (11,64 g; Tab. 21) entspricht dem ausgezehrten, geschrumpften Zustand. Es kann sein, dass Massenfunde fehlen, weil Emmer überwiegend Sonderbehandlung zur Herstellung von Braumalz erfahren hat.

Weitere Bemerkungen liefern jedoch auch andere Hinweise: Zwei Herkünfte (E 3323/1 und E 2676, beide Ostburg Planum 12) haben die Bemerkung Emmer-Grieß (Bulgur). Bulgur ist ein altes türkisches *par-boiled* Produkt, gekochter und gestoßener Emmer, wieder getrocknet als schnell gare Zutat zu gekochter Speise. Heute ist Bulgur ein *instant* Hartweizen-Grieß, früher wurde sicher auch Emmer zu Bulgur verarbeitet.

Die wenigen Emmer-Massenfunde sind relativ unkrautarm. Die Unkrautliste ist erheblich kürzer als bei Sanduri und Einkorn (siehe dort). Das spricht für eine andere, aufwendigere Ernteweise und für eine andere Verwendung.

Die Maße nehmen um 1 mm zu von unter 5 mm Länge auf über 5 mm (Tab. 20), allerdings ist der erfasste Zeitraum, mittlere Schichten und Plana, relativ kurz. Die sechs Gewichte (Tab. 21) sind wenig aussagekräftig in Bezug auf Veränderungen im Lauf der Zeit.

---

19 Kroll 1991 a.

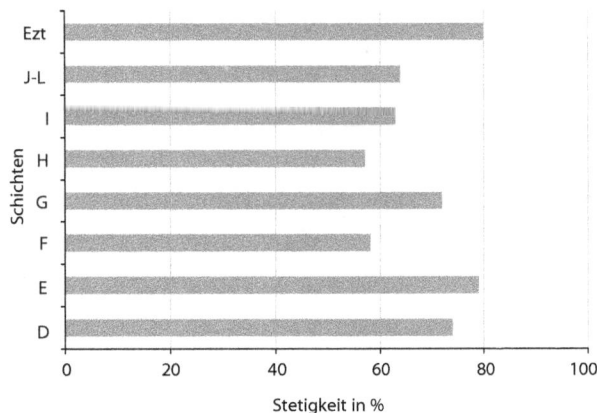

Abb. 34. Feudvar, Pflanzenfunde. Emmer, Triticum dicoccon (und Sanduri, Tr. timopheevii). Stetigkeit in den reinen
Schichten der Westburg.

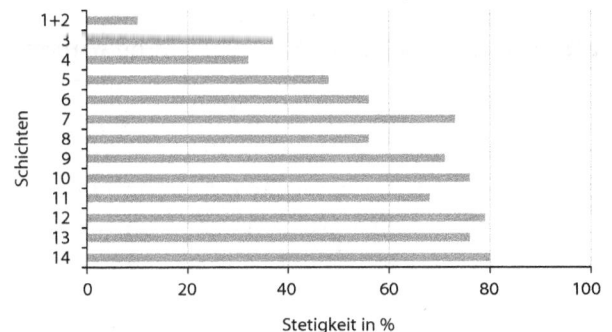

Abb. 35. Feudvar, Pflanzenfunde. Emmer, Triticum dicoccon
(und Sanduri, Tr. timopheevii). Stetigkeit in den Plana der
Ostburg.

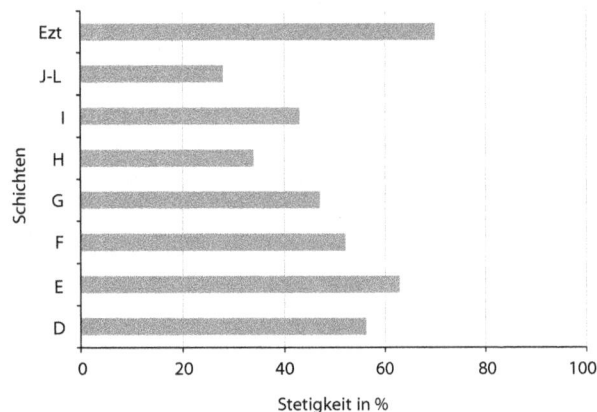

Abb. 36. Feudvar, Pflanzenfunde. Emmer, Triticum dicoccon
(und Sanduri, Tr. timopheevii), Spelzbase. Stetigkeit in den
reinen Schichten der Westburg.

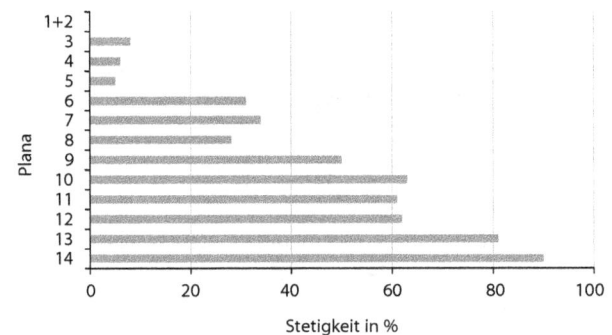

Abb. 37. Feudvar, Pflanzenfunde. Emmer, Triticum dicoccon
(und Sanduri, Tr. timopheevii), Spelzbase. Stetigkeit in den
Plana der Ostburg.

2.1.4 Sanduri, *Triticum timopheevii*

Gefundene Reste: verkohlte Körner und Spelzbasen. Zwei Massenfunde, sonst unerkannt, zumindest
trivial, wenn nicht massenhaft

Sanduri wurde nur in zwei Massenfunden als „unreifer Emmer" erkannt. Die Herkunft W 3066 hat zwar
eine andere Nummer und eine andere Schichtzuweisung als W 3063, das ist aber wohl ein Versehen;
W 3063 und W 3066 sind der selbe Vorrat. Der andere, zweite Fund ist ein Beifund zu einem Massenfund
von *Sisymbrium* (siehe S. 115), in den Handlisten als Dic. eingetragen mit der Bemerkung „dieses unreife
Zeug" (siehe S. 48). Dieses „unreife Zeug" entspricht aber so vollkommen dem Sanduri von 3063 / 3066,
dass es hier als reiner Sanduri aufgeführt wird (Abb. 38).

Das Verhältnis von Sanduri zu Emmer im Großen und Ganzen kann nicht angegeben werden.
Deswegen werden Emmer und Sanduri hier in den meisten Tabellen zusammengefasst als *Tr. di-
coccon / Tr. timopheevii*. Sanduri wird wohl ein Nebengetreide sein wie Dinkel und Saatweizen. Zur
Unterscheidung von Emmer und Sanduri sind die Abbildungen von Marianne Kohler-Schneiders
Stillfried-Publikation am besten geeignet[20]. Die Körner sind nicht so groß, nicht so hochrückig, nicht

---

20   Kohler-Schneider 2001.

Schicht / Planum	G+H	I+J	Ezt	Pl. 13	
Komplex-Nr.	W1403/35	W1288	W1403/1	E3585	deutscher Name
Getreide					Getreide
Tr. dicoccon / Tr. timopheevii	99	96	93	42	Emmer / Sanduri
Tr. dic. / Tr. timoph., Spelzbase	r		4	7	Emmer / Sanduri, Spelzbase
Tr. monococcum	r	2	r	9	Einkorn
Tr. monococcum, Spelzbase	r	r	r	8	Einkorn, Spelzbase
Tr. aestivum		1		7	Saatweizen
Hordeum vulgare vulgare			+	3	Vierzeil-Spelzgerste
H. vulgare, Spindelglied				r	Vierzeilgerste, Spindelglied
Triticum spelta, Spelzbase				r	Dinkel, Spelzbase
Cerealia indeterminata				23	unbestimmtes Getreide
Hirsen					Hirsen
Panicum miliaceum		r	r		Rispenhirse
Hülsenfrüchte					Hülsenfrüchte
Pisum sativum		r		r	Erbse
Lens culinaris				r	Linse
Vicia ervilia			r		Linsenwicke
Obst und Nüsse					Obst und Nüsse
Fragaria			r		eine Erdbeere
Cornus mas			+		Herlitze (Kornelkirsche)
Mögliche Nutzpflanzen					Mögliche Nutzpflanzen
Teucrium-Typ				r	Gamander-Typ
Verbena officinalis				r	Eisenkraut
Unkräuter i.w.S.					Unkräuter i.w.S.
Bromus arvensis	r	r	r	r	Ackertrespe
Fallopia convolvulus	r		+	r	Windenknöterich
Bromus, langfrüchtig	r			r	eine langfrüchtige Trespe
Polygonum aviculare			r	r	Vogelknöterich
Setaria viridis / S. verticillata		r		r	Grüne / Quirlige Borstenhirse
Galium spurium				r	Saatlabkraut
Lolium, kleinfrüchtig				r	ein kleinfrüchtiger Lolch
Dasypyrum villosum				r	‚Zottiges Korn'
Echinochloa crus-galli				r	Hühnerhirse
Wasserpflanzen					Wasserpflanzen
Phragmites australis, Halme				r	Schilfrohr, Halme
Nicht näher Bestimmtes					Nicht näher Bestimmtes
Chenopodiaceae	r	r	r	r	Gänsefußgewächse
Asteraceae	r		r	r	Korbblütler
Lamiaceae	r		r	r	Lippenblütler
Trifolium-Typ	r			r	Klee-Typ
Poaceae				r	Süßgräser
Silene-Typ			r		Leimkraut-Typ
Brassicaceae					Kreuzblütler
Cyperaceae		r			Sauergräser
Sonstiges					Sonstiges
Summe (n)	2027	955	2129	2517	Summe (n)

Tab. 19. Feudvar, Pflanzenfunde. Emmer, Triticum dicoccon (und Sanduri, Tr. timopheevii). Massenfunde aus der West- und Ostburg. Gereiht nach abnehmendem Anteil der Körner. Gewichtsprozente in ganzen Zahlen. + < 1 %, > 1 ‰. r < 1 ‰.

im selben Maße schief wie Emmer, dazu deutlich kleiner und schmaler (wie unreifer Emmer; Abb. 39; Tab. 22). Die Unterscheidung ist aber schwierig und man muss mit reichen Materialien geübt sein, um die Anwesenheit von anderen Spelzweizen in Emmer zu erkennen (zweikörniges Einkorn, Dinkel und Sanduri).

Das Gewicht von Sanduri ist erheblich geringer als von Emmer. Die Tausendkorngewichte vom Emmer schwanken zwischen 8 und 15 g (siehe oben S. 88), Sanduri wiegt zwischen 5 und 7 g, damit halb so viel wie Emmer (Tab. 23; 24). Die perfekte Erhaltung des Fundes W 3063 (Tab. 25) hat es möglich gemacht, in fünf Teilmengen die Spelzgabeln zu sortieren in terminale Spelzgabeln (sie sind wie beim Emmer um 90° gedreht) und in laterale Ährchengabeln (Taf. 1,2; 3). Die Verhältnisse von terminalen zu lateralen Spelzgabeln sind wie 1 zu 8, 1 zu 10, 1 zu 10, 1 zu 11 und 1 zu 16. Das bedeutet, dass die Ähren von

Nr.	Schicht od. Planum-Nr.	L min-max	B min-max	H min-max	L:B min-max	L:H min-max	B:H min-max	n
W 2056/6	G	4,80 3,8 - 5,8	2,00 1,4 - 3,0	1,70 1,1 - 2,2	2,43 1,67 - 3,07	2,88 2,38 - 4,55	1,20 0,88 - 1,82	25
W 2015/3	G	4,96 4,5 - 5,5	2,51 2,2 - 2,8	1,98 1,7 - 2,5	1,98 1,78 - 2,32	2,52 2,20 - 2,83	1,27 1,09 - 1,50	20
W 2056/7	G	5,10 3,8 - 6,0	2,30 1,8 - 3,1	2,00 1,3 - 2,6	2,20 1,63 - 2,67	2,64 1,96-3,43	1,20 0,96 - 1,46	45
W 1403/35	G + H	5,39 4,4 - 6,4	2,83 2,2 - 3,6	2,38 1,7 - 3,3	1,92 1,59 - 2,46	2,29 1,64 - 3,05	1,20 0,93 - 150	50
W 1288	I + J	5,40 4,6 - 6,3	2,80 2,0 - 3,4	2,50 1,7 - 3,4	1,99 1,63 - 2,55	2,35 1,78 - 3,00	1,18 0,88 - 1,59	50
W 1403/1	(EZ)	5,62 3,7 - 6,9	2,87 1,4 - 3,4	2,40 1,4 - 2,9	1,97 1,62 - 2,64	2,34 1,93 - 2,95	1,20 0,84 - 1,48	50
E 2287	11	5,41 5,0 - 6,0	2,66 1,9 - 3,1	2,18 1,8 - 2,6	2,05 1,72 - 2,63	2,49 2,08 - 2,86	1,22 1,06 - 1,35	15
E 2204	9	5,18 4,4 - 6,0	2,39 1,4 - 2,9	2,03 1,4 - 2,5	2,21 1,79 - 3,71	2,59 2,08 - 3,40	1,19 0,64 -1,47	25
E 2116/2	9	5,39 4,5 - 6,5	2,93 2,0 - 3,7	2,40 1,8 - 2,8	1,86 1,45 - 2,36	2,27 1,73 - 3,17	1,23 0,89 - 1,52	50
E 2156	9	5,70 3,5 - 7,0	3,20 2,3 - 4,2	2,60 1,7 - 3,4	1,81 1,47 - 2,62	2,24 1,77 - 3,32	1,25 1,08 - 1,68	29
E 1711/2	7	5,48 3,3 - 6,0	3,06 1,8 - 3,6	2,49 1,6 - 3,4	1,80 1,65 - 1,93	2,22 1,93 - 2,81	1,24 1,06 - 1,48	9
E 1326 a	6	5,52 4,1 - 6,6	2,96 2,2 - 3,7	2,48 1,8 - 3,1	1,89 1,47 - 2,39	2,25 1,47 - 3,11	1,20 0,92 - 1,42	50

Tab. 20. Feudvar, Pflanzenfunde. Emmer, Triticum dicoccon (und Sanduri, Tr. timopheevii). Maße.

Nr.	W 1403/1	W 1403/35	W 1288	D 2926	E 2116	E 1326 A
Schicht/Planum	(EZ)	G+H	I+J	10	9	6
TKG (g)	11,28	11,64	10,43	14,76	11,8	8,41

Tab. 21. Feudvar, Pflanzenfunde. Emmer, Triticum dicoccon (und Sanduri, Tr. timopheevii). Tausend-korngewichte.

Sanduri nicht nur klein und leicht, sondern auch sehr kurz sind, wohl erheblich kürzer als die Ähren von Emmer, Einkorn und Dinkel.

Das bedeutet weiterhin, dass Sanduri auch auf dem Halm leicht zu unterscheiden gewesen ist von den anderen Spelzgetreiden. Wie der große reine Vorrat W 3063 zeigt, ist Sanduri ein eigenständiges Spelzgetreide, keine mehr oder minder unerwünschte Beimischung. Das bedeutet zugleich, dass Sanduri einen Sonderzweck, eine Sonderverwendung hatte. Sanduri hat, wie Einkorn und Gerste, eine sehr lange Unkrautliste in den Massenfunden. Das ist ein Hinweis darauf, dass Sanduri wie Einkorn und Gerste mit langem Stroh extensiv geerntet wurde, nicht auf dem Feld arbeitsaufwendig sortierend, sondern mit großzügigem Schnitt. Es ist wohl eher ein Sommergetreide als ein Wintergetreide.

1. Exkurs: Sanduri in Feudvar oder W 3063

Die Auslesearbeiten und Bestimmungen des Materials von Feudvar fanden in den späten 1980er Jahren und in den frühen 1990ern statt, weit vor der Publikation des „new spelted wheat" um die 2000er Jahre. Wir haben aber alsbald bemerkt, dass mit dem Emmer von Feudvar etwas nicht stimmt. Es begann damit, dass „schöne, gute" Emmerkörner in den Handlisten ein Ausrufezeichen bekamen. Dies heißt zugleich, dass es „schlechte" Emmerkörner gab. Traten sie in Menge auf, so bekamen sie die zusätzliche Bemerkung „dieses unreife Zeug". Als unreifes Korn, als bemerkenswerte Emmer-Missernte oder als Sieb-Abfall wurde dieser „schlechte" Emmer dann publiziert[21].

---

21   Borojević 1991, 171.

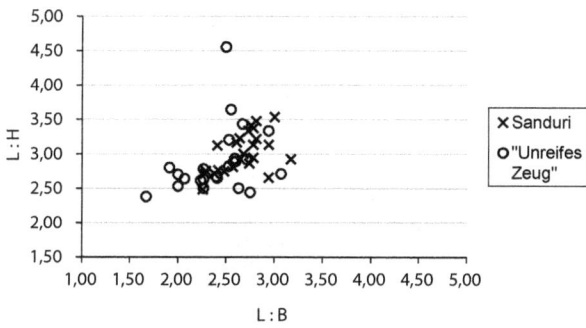

Abb. 38. Feudvar, Pflanzenfunde. Sanduri, Triticum timopheevii aus W 3063 und „unreifes Zeug" = ebenfalls Sanduri. Diagramm der Indices Länge zu Breite und Länge zu Höhe.

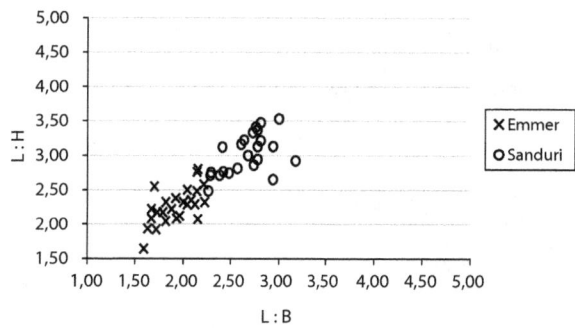

Abb. 39. Feudvar, Pflanzenfunde. Emmer, Triticum dicoccon und Sanduri, Tr. timopheevii. Diagramm der Indices Länge zu Breite und Länge zu Höhe.

Nr.	Schicht	L min-max	B min-max	H min-max	L:B min-max	L:H min-max	B:H min-max	n
W 3066	D	5,56 3,8 - 6,6	2,14 1,2-2,7	1,85 1,3 - 2,3	2,63 2,04 - 3,50	3,02 2,30 - 3,71	1,16 0,90 - 1,38	50
W 3063	F E	5,31 3,6 - 6,4	2,08 1,2 - 2,7	1,80 0,9 - 2,5	2,58 1,77 - 3,31	3,00 2,00 - 4,18	1,19 0,91 - 2,36	100
W 2056/6	G	4,85 3,8-5,8	2,04 1,4-3,0	1,72 1,1-2-2	2,43 1,67-3,07	2,88 2,38-4,55	1,20 0,88-1,82	25

Tab. 22. Feudvar, Pflanzenfunde. Sanduri, Triticum timopheevii. Maße.

Nr. W 30	63	63	63	63	63	63	63	63	63	63	63	63	63	63	66
Schicht	F	F	F	F	F	F	F	F	F	F	F	F	F	F	D
TKG (g)	5,62	5,82	5,64	4,92	4,62	5,97	5,76	5,55	6,04	5,71	5,43	6,43	6,23	5,76	6,72

Tab. 23. Feudvar, Pflanzenfunde. Sanduri, Triticum timopheevii aus W 3063. Tausendkorngewichte.

Nr. W ...	3063	3063	3063	3063	3066
Schicht	F	F	F	F	D
TKG (g)	0,83	0,63	0,43	0,94	1,18

Tab. 24. Feudvar, Pflanzenfunde. Sanduri, Triticum timopheevii, Spelzbase aus W 3063. Tausendstückgewichte.

Die sehr sorgfältige Bearbeitung und Publikation des pflanzlichen Fundguts der Siedlung Stillfried an der March durch M. Kohler-Schneider, Wien, und die beispielhafte Publikation (2001) der Ergebnisse hat aufgeregte Aufmerksamkeit auf den „neuen" Weizen gelenkt, einen bespelzten Weizen aus dem Emmer-Umfeld, auf den kurz zuvor G. Jones mit S. Valamoti und M. Charles (2000), damals alle Sheffield, bereits ausführlich hingewiesen haben[22]. Wenn auch das bronzezeitliche Alter die Bezeichnung als „neu" nur ganz bedingt rechtfertigt, so ist die Situation neu, dass man auch in Mitteleuropa mit einem vierten Spelzweizen rechnen muss, neben Einkorn, Emmer und Dinkel. Wer ist nun dieser vierte?

In der Gruppe der tetraploiden Weizen, in der Emmer-Gruppe, wird ziemlich allgemein einem Gruppenteil ein eigenständiger Status zugesprochen, das ist das Taxon *T. timopheevii* mit der wilden Form *T. timopheevii armeniacum* (oder *araraticum*), Armenischer Wilder Emmer, und mit der Hausform *T.*

22　Kohler-Schneider 2001; Jones / Valamoti / Charles 2000.

	Anzahl (n)	%	Summe (mg)	%	St. %	deutscher Name
Getreide						Getreide
Triticum timopheevii	85957	51	475006	91	100	Sanduri
Tr. timopheevii, Spelzbase	38754	23	29386	6	100	Sanduri, Spelzbase
Tr. dicoccon	224	+	1362	+	24	Emmer
Tr. dicoccon, Spelzbase	2	r	1	r	10	Emmer, Spelzbase
Tr. monococcum	1411	+	6888	1	100	Einkorn
Tr. monococcum, Spelzbase	1198	+	351	r	57	Einkorn, Spelzbase
Hordeum vulgare vulgare	66	r	412	r	86	Vierzeil-Spelzgerste
H. vulgare nudum	1	r	8	r	5	Vierzeil-Nacktgerste
H. vulgare, Spindelglied	2	r	0	r	10	Vierzeilgerste, Spindelglied
Triticum aestivum	7	r	25	r	29	Saatweizen
Tr. aestivum, Spindelglied	2	r	0	r	10	Saatweizen, Spindelglied
Hirsen						Hirsen
Panicum miliaceum	5	r	4	r	19	Rispenhirse
Öl- und Faserpflanzen						Öl- und Faserpflanzen
Papaver somniferum	1	r	0	r	5	Mohn
Linum usitatissimum	1	r	0	r	5	Lein / Flachs
Hülsenfrüchte						Hülsenfrüchte
Lens culinaris	11	r	45	r	33	Linse
Pisum sativum	2	r	4	r	10	Erbse
Vicia ervilia	1	r	10	r	5	Linsenwicke
Leguminosae sat. indet.	2	r	26	r	5	unbestimmte Hülsenfrüchte
Gemüse						Gemüse
Beta vulgaris	1	r	0	r	5	Bete, Mangold
Obst und Nüsse						Obst und Nüsse
Trapa natans	4	r	6	r	19	Wassernuss
Sambucus ebulus	1	r	2	r	5	Attich
Fragaria	1	r	0	r	5	eine Erdbeere
Mögliche Nutzpflanzen						Mögliche Nutzpflanzen
Teucrium-Typ	7	r	14	r	19	Edelgamander-Typ
Verbena officinalis	3	r	2	r	14	Eisenkraut
Unkräuter i.w.S.						Unkräuter i.w.S.
Setaria viridis / S. verticillata	39360	23	2	1	100	Grüne / Quirl-Borstenhirse
Agrimonia eupatoria	336	+	0	+	100	Odermennig
Lolium, kleinfrüchtig	207	+	0	r	95	ein kleinfrüchtiger Lolch
Fallopia convolvulus	95	r	2802	r	95	Windenknöterich
Bromus arvensis	77	r	371	r	76	Ackertrespe
Plantago lanceolata	124	r	58	r	71	Spitzwegerich
Stachys annua	49	r	94	r	33	Einjähriger Ziest
Thymelaea passerina	10	r	126	r	29	Spatzenzunge
Polygonum aviculare	12	r	33	r	24	Vogelknöterich
Bupleurum rotundifolium	9	r	2	r	10	Ackerhasenohr
Persicaria maculosa	5	r	0	r	10	Flohknöterich
Avena	3	r	14	r	10	ein Hafer
Convolvulus arvensis	3	r	10	r	10	Ackerwinde
Agrostemma githago	2	r	0	r	10	Kornrade
Bromus, langfrüchtig	2	r	3	r	10	eine langfrüchtige Trespe
Chenopodium hybridum	2	r	0	r	10	Bastard-Gänsefuß
Dasypyrum villosum	5	r	1	r	5	‚Zottiges Korn'
Euphorbia	2	r	0	r	5	eine Wolfsmilch
Carex vulpina-Typ	1	r	0	r	5	Fuchssegge-Typ
Consolida regalis	1	r	0	r	5	Acker-Rittersporn
Galium spurium	1	r	1	r	5	Saatlabkraut
Glaucium corniculatum	1	r	0	r	5	Roter Hornmohn
Lithospermum officinale	1	r	0	r	5	Echter Steinsame
Portulaca oleracea	1	r	0	r	5	Portulak
Rumex crispus-Typ	1	r	0	r	5	Krauser Ampfer-Typ
Sherardia arvensis	1	r	1	r	5	Ackerröte
Verbascum	1	r	0	r	5	eine Königskerze
Vicia-Typ	1	r	0	r	5	Wicke-Typ
Wasserpflanzen						Wasserpflanzen
Phragmites australis, Halme	6	r	0	r	29	Schilfrohr, Halme
Alismataceae, skeletiert	2	r	4	r	10	Froschlöffelgewächse
Nicht näher Bestimmtes						Nicht näher Bestimmtes
Chenopodiaceae	420	+	0	r	67	Gänsefußgewächse
Trifolium-Typ	46	r	17	r	52	Klee-Typ
Lamiaceae	34	r	6	r	38	Lippenblütler
Poaceae	39	r	5	r	29	Süßgräser
Silene-Typ	6	r	4	r	24	Leimkraut-Typ
Polygonaceae	11	r	0	r	19	Knöterichgewächse
Brassicaceae	8	r	1	r	5	Kreuzblütler
Apiaceae	3	r	0	r	5	Doldenblütler
Asteraceae	2	r	0	r	5	Korbblütler
Sonstiges						Sonstiges
verkohlte Speisereste	1	r	0	r		verkohlte Speisereste
Summe (n)	**168555**	**100**	**517107**	**100**	**21**	**Summe (n)**

Tab. 25. Feudvar, Pflanzenfunde. Sanduri, Triticum timopheevii aus W 3063. Zusammenschau aller 21 Analysen. Fundmengen, deren Prozente; Fundgewichte, deren Prozente. Prozente in ganzen Zahlen. + < 1 %, > 1 ‰. r < 1 ‰.

timopheevii timopheevii, der als Sanduri-Weizen bezeichnet wird[23]. Inzwischen hat der „neue" Weizen aus Feudvar schon Handbuch-Ehren erhalten und der Name Sanduri hat sich eingebürgert[24].

Im pflanzlichen Fundgut von Feudvar in der Vojvodina ist der oben genannte „schlechte Emmer" in einem Massenfund in Spelzen als bemerkenswert aufgefallen.

Ausgegraben wurde dieser Massenfund am 14. und 15. August 1990, er bekam die Nummer W 3063. Die damalige Leiterin des westlichen Schnittes von Feudvar, Frau Dr. Brigitte Kull, hatte ihren Arbeitern die Anweisung gegeben: Alles Abraum-Material aus konkreten Befunden, in denen verkohlte Pflanzenreste auffallen, geht zum Archäobotaniker an den Strand der Theiß zum Ausschlämmen. Mit der Zeit bemerkte ich am Strand, dass ich wiederholt dasselbe ausschlämmte, fuhr also hoch aufs Plateau, um den Nachschub zu stoppen. Das ist mir nicht gelungen, denn Frau Dr. Kull beharrte auf der gegebenen Anweisung, alles zu schlämmen, wenn Pflanzenfunde zu sehen sind. Ich habe mich dann ebenfalls gefügt und habe brav geschlämmt. Denn das Schlämmen von Löss geht schnell, ergiebige Proben sind ein befriedigender Anblick. Zuhause in Kiel, nach dem Nachwaschen, Trocknen und Sortieren, ergab sich eine große Menge verkohlten Getreides mit der selben Fundnummer: W 3063, CE-CF 116, 122,67-122,52 m. Diese Mengen wurden dann zusammengeführt und füllten endlich eine Schublade eines Sammlungsschrankes, 60 x 53 x 8 cm, das sind etwa 25 l, zwei und ein halber Eimer voll trockenen bronzezeitlichen Getreides. Jeder Neuling im Kieler archäobotanischen Labor musste irgendwann etwa 100 g dieses Getreides als Übungsstück auslesen, mit der Vorgabe der oben geschilderten Vorgehensweise (siehe S. 43), sodass es viele Analysen des selben Vorrates gibt, mit der Frage im Kopf, welchen Einfluss hat die Auslesegenauigkeit der jeweiligen Bearbeiter auf das Ergebnis? Um es vorweg zu nehmen: Einen erheblichen Einfluss. Dann kam ein Jahrzehnt später die Nachricht, es gibt einen weiteren Spelzweizen und wir wussten sofort: Das ist W 3063. Und ich war in der Lage, die archäobotanischen Kollegen auf Wunsch mit einer Tüte sehr gut erhaltenen bronzezeitlichen neuen Spelzweizens zu versorgen. Ich habe zwar gebeten, diese Tüte zu analysieren und mir das Ergebnis mitzuteilen, habe aber keine Rückmeldung erhalten.

Da die Entdeckung von Sanduri erheblich nach den Analyse-Arbeiten erfolgte, sind Emmer und Sanduri in diesem Material nicht getrennt. Wir haben danach noch einmal vier 100-g-Mengen von W 3063 bearbeitet, um den Emmer-Anteil im Sanduri zu ermitteln: es sind weniger als 1 % der Anzahl und 2 % des Gewichts (Tab. 26; 27 mit Einträgen in den *Triticum dicoccon*-Zeilen).

W 3063 ist deswegen bemerkenswert, weil die Körner und Spelzbasen (für einen Emmer) besonders schmal sind. Angesichts der Lössböden des Anbaugebiets hat das zu Spekulationen geführt in Richtung Missernte, Dürre oder Siebabfall. Andererseits ist das Unkrautspektrum bizarr mit massenhaft *Setaria viridis* und spärlichen, aber regelhaften Funden von *Agrimonia eupatoria*, *Fallopia convolvulus*, *Lolium* kleinfrüchtig, *Bromus arvensis*, *Plantago lanceolata* und *Thymelaea passerina*. Dabei sind die klassischen, wenn auch wenig spezifischen Getreideunkräuter *Fallopia* und *Bromus* gemischt mit synanthrop zwar geläufigen, doch im Acker unüblichen Arten (*Agrimonia*, *Plantago*) und mit dem sehr spezifischen Wintergetreide-Unkraut *Thymelaea passerina*, einem Zeiger für beste Winterweizenböden. Dem widerspricht das massenhafte Vorkommen von *Setaria*, die Gegenteiliges bezeugt: Abgesehen von ruderalen Standorten sind Sommergetreide oder noch später als Getreide gesäte Feldfrüchte (heute Mais!) auf sommerwarmen, fruchtbaren Böden ihr liebster Standort. In Mitteleuropa gehört sie zwar zu den seit ältester Zeit bekannten Begleitern des Ackerbaus, doch sind *Setaria*-Massenfunde wie von Feudvar weder in den hirsereichen Perioden der Spätbronze- und Hallstatt/Latène-Zeit noch im Mittelalter üblich. Hier ist *Setaria viridis* Unkraut in Weizen, der Weizenfund ist älter als der Umbruch zur Eisenzeit mit dem Umschwenken vom extensiven Einkorn-Anbau zum intensiven, vielseitig kleinteiligen Anbau mit viel Rispenhirse. Es ist noch die Zeit des Einkornanbaus als Wintergetreide mit vielen „schönen" Unkräutern, die hier selten sind oder fehlen: Kornrade, Steinsame, Hornmohn, Ackerkohl, Adonisröschen, Ackermeister, Gelber Günsel, Kuhkraut und Finkensame.

---

23   Schultze-Motel 1986; Hanelt 2001 s. v. Triticum timopheevii Zhuk.
24   Neef / Cappers / Bekker 2012, 453–454.

Es gibt einen Gerstenfund vergleichbaren Alters, der zwar auch sehr viel *Setaria* hat, in dem diese aber einen „normalen", wenn auch hohen Anteil in einer allgemein reichen Unkrautbeimischung bildet[25]. Hier sind auch die anderen Unkrautarten vertreten, es fehlen nur die seltenen Arten: Steinsame, Adonisröschen, Ackermeister, Kuhkraut und Finkensame.

2. Exkurs: Die Übungsarbeiten an W 3063

Wie oben bereits erwähnt, haben wir Teilmengen von W 3063 einigen Anfängern oder Gästen des Archäobotanischen Labors Kiel zum Bearbeiten gegeben, ein Test, wie sehr die persönliche Einstellung zur Auslesegenauigkeit die Ergebnisse beeinflusst.

Die Verhältnis-Zahlen von Körnern zu Spelzenteilen (absolute Fundmengen) sowie von Getreide zu Borstenhirse schwanken in einem weiten Bereich (Tab. 26). Sanduri-Körner haben einen mittleren Anteil von 49 % (min. 19 %; max. 74 %), ein gutes Drittel, 34 bis 35 %, würden wir als sauber und mit Fleiß erarbeitet bewerten. Dazugehörige Spelzbasen haben einen mittleren Prozentanteil der Fundmenge von 23 % (min. 9 %; max. 52 %). Hier würden wir ebenfalls ein knappes Drittel, 30 %, als einen sehr guten Wert betrachten. Den kleinen und zum Teil sehr schlecht erhaltenen *Setaria*-Körnchen wird im Mittel ein Anteil von wiederum 23 % zugebilligt (min. unter 1 %; max. 49 %). Hier würden wir ebenfalls ein Drittel, 30 bis 34 %, als einen Wert betrachten, der mit Sorgfalt und Eifer ermittelt wurde. Das sind Schwankungen, die im Grunde nicht tragbar sind.

Sehr gut vergleichbar sind aber stets die Prozentwerte vom Fundgewicht (Tab. 27). Hier schwanken die Werte für Sanduri um 95 %, von 93 bis 98 %, wenn man Spelzen und Körner zusammenzählt. Die Körner schwanken von 85 bis 94 %, die Spelzengewichte von 3 bis 10 %. Im Allgemeinen variieren die Werte weitaus weniger als die der Stückzahl-Prozente, so die Borstenhirsen von unter 1 bis 4 % (Stückzahl-Prozente unter 1–49 %).

Nach diesem Test erachten wir die Gewichtsprozente als die aussagekräftige Zahl bei Massenfunden von Kulturpflanzen. Deshalb sind diese Massenfunde in vergleichenden Tabellen immer in Gewichtsprozenten angegeben. Das Trennen des Fundes nach Taxa und das Wiegen ist eine geringe Zusatzarbeit. Das dabei ermittelte Tausendkorngewicht ist ein wertvolles Hilfsmittel zum Errechnen der Werte und hat Aussagekraft in Bezug auf die Güte der Feldfrucht.

2.1.5 Dinkel, *Triticum spelta*

Gefundene Reste: verkohlte Körner, häufig, und verkohlte Spelzbasen, trivial

Der Dinkel ist ein hexaploides Spelzgetreide und nahe verwandt mit dem Saatweizen, der nackt aus den Spelzen fällt. Schwierig ist aber nicht die Unterscheidung vom Saatweizen, sondern von den Spelzweizen Emmer und Sanduri (,new spelted wheat'). Wie Emmer und Sanduri, so wird auch das Korn des Dinkels durch die fest schließenden Spelzen geformt. Allerdings ist dieses Formen weniger nachdrücklich als bei Emmer und Sanduri. Das Dinkelkorn ist gleichsam das Weizenkorn ohne Eigenschaften. Es ist nicht flachbäuchig und schiefrückig und buckelig wie das Emmerkorn, sondern ebenmäßig geformt mit flacher, dennoch gut abgerundeter Bauchseite und gleichmäßigem Rücken, die Seiten sind schön parallel (Abb. 40, Tab. 28). Diese ebenmäßige Form hat zur Folge, dass nur mehr oder minder vollständige Körner als Dinkel erkannt werden können, Körner und Spelzbasen sind daher hier in einem Missverhältnis zueinander belegt (vgl. Abb. 41; 42 mit 43; 44). Im Zweifelsfall wird das Weizenkorn ohne Zuweisung als Cerealia indet. gezählt. Das Taxon Cerealia indet. enthält also überwiegend Körner von Emmer, Dinkel und Sanduri, denn Einkorn und Gerste sind auch als Bruchstücke und schlecht erhalten gut erkennbar.

Die Spelzbase des Dinkels ist schaufelig breit und dadurch sehr gut von Spelzbasen von Emmer, Sanduri und Einkorn zu unterscheiden. Das Spindelglied des Dinkels erhält sich außerordentlich selten, sodass in aller Regel die Spelzgabel in die beiden Spelzbasen zerfällt, weil der Spindelteil vollständig verbrennt.

25　Kroll 1995.

Namenskürzel des Bearbeiters	K/T.	K/T.	K.B.	V.B.	R.M.	C.H.	C.K.	K/T.	D.M.	S.T.	A.M.	A.S.	F.M.	A.H.	D.E.	J.F.	B.B.	E.R.	M.S.	M.W.	K/T.
Getreide																					
Triticum timopheevii	35	33	66	63	42	28	35	56	66	60	35	60	73	50	50	54	74	19	46	66	44
Tr. timopheevii, Spelzbase	29	32	18	19	11	40	27	27	17	20	52	35	18	9	12	18	11	37	35	17	24
Tr. dicoccon	+	-	-	-	-	-	-	-	1	+	-	+	+	-	-	-	-	-	-	-	-
Tr. dicoccon, Spelzbase	-	-	-	-	-	-	-	-	-	r	-	-	r	-	-	-	-	-	-	-	-
Tr. monococcum	+	+	+	1	3	+	1	+	1	+	+	1	+	1	+	+	2	2	+	+	+
Tr. monococcum, Spelzbase	3	r	-	r	11	2	-	-	+	r	r	r	r	+	2	r	r	r	+	-	1
Hordeum v. vulgare	r	r	r	r	+	r	r	-	r	r	r	r	r	r	r	r	r	r	-	r	-
H. vulgare nudum										r											
Unkräuter i.w.S.																					
Setaria viridis / S. verticillata	30	34	14	16	19	29	29	16	14	18	13	+	8	38	34	26	12	49	14	17	28
Agrimonia eupatoria	+	r	+	r	r	r	r	+	+	+	+	+	+	+	+	+	+	+	r	+	+
Lolium, kleinfrüchtig	+	+	+	+	r	+	+	+	r	r	r	r	+	r	+	+	r	+	+	r	r
Fallopia convolvulus	r	r	r	r	+	r	+	r	r	r	r	r	r	r	r	+	r	+	r	r	r
Bromus arvensis	r	r	r	r	+	r	+	r	r	r	r	r	r	r	r	r	r	r	+	r	r
Plantago lanceolata	+	+	+	+		r	r	r	+	r	+	+	r	r	r	r	r	-	r	r	+
u.a.																					

Tab. 26. Feudvar, Pflanzenfunde. W 3063. Stückprozente ausgewählter Taxa in 21 Teilmengen. Stückprozente in ganzen Zahlen. + < 1 %, > 1 ‰. r < 1 ‰.

Namenskürzel des Bearbeiters	K/T.	K/T.	K.B.	V.B.	R.M.	C.H.	C.R.	K/T.	D.B.	S.P.	A.M.	A.S.	F.M.	A.H.	D.E.	J.F.	B.B.	E.R.	M.S.	M.W.	K/T.
Getreide																					
Triticum timopheevii	85	87	94	94	87	86	87	88	90	92	88	86	94	94	92	89	94	93	89	93	87
Tr. timopheevii, Spelzbase	8	6	4	4	3	9	7	10	6	5	9	9	4	3	5	7	3	4	9	4	9
Tr. dicoccon	2	-	-	-	-	-	-	-	2	+	-	2	+	-	-	-	-	-	-	-	-
Tr. dicoccon, Spelzbase												r	r								
Tr. monococcum	2	1	1	1	5	1	3	+	+	1	2	2	+	2	1	1	2	1	+	+	2
Tr. monococcum, Spelzbase	+	r	+	r	1	+	+	-	r	+	r	r	r	+	+	+	r	r	r	-	-
Hordeum v. vulgare	r	r	r	r	2	r	+	-	r	+	r	r	r	r	r	+	r	r	-	r	-
H. vulgare nudum										r											
Unkräuter i.w.S.																					
Setaria viridis / S. verticillata	2	4	+	+	+	3	2	1	+	+	1	+	+	+	2	2	+	+	+	2	2
Agrimonia eupatoria	+	+	r	r	r	+	r	+	+	+	+	+	+	+	+	r	+	+	r	r	r
Lolium, kleinfrüchtig	r	+	r	r	r	r	r	r	r	r	r	r	r	r	r	r	r	+	r	r	r
Fallopia convolvulus	r	r	r	r	+	r	+	r	+	r	r	r	r	r	r	+	r	r	r	r	r
Bromus arvensis	r	r	r	r	+	r	+	r	r	r	r	r	r	r	r	r	r	r	r	r	r
Plantago lanceolata	r	r	r	r	+		+		r	r											
u.a.																					

Tab. 27. Feudvar, Pflanzenfunde. W 3063. Gewichtsprozente ausgewählter Taxa in 21 Teilmengen. Gewichtsprozente in ganzen Zahlen. + + < 1 %, > 1 ‰. r < 1 ‰.

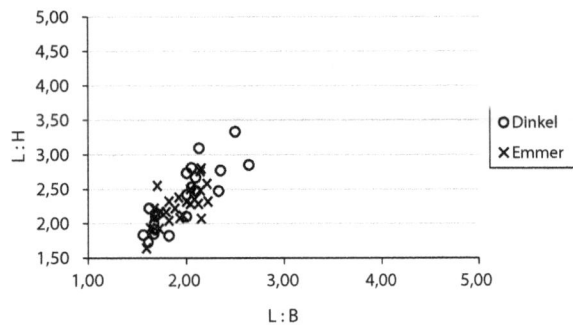

Abb. 40. Feudvar, Pflanzenfunde. Emmer, Triticum dicoccon und Dinkel, Tr. spelta. Diagramm der Indices Länge zu Breite und Länge zu Höhe.

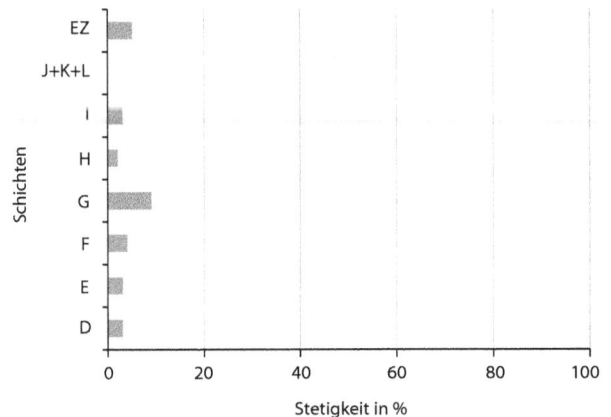

Abb. 41. Feudvar, Pflanzenfunde. Dinkel, Triticum spelta. Stetigkeit in den reinen Schichten der Westburg.

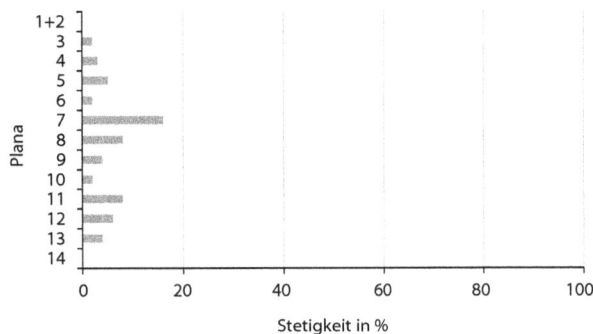

Abb. 42. Feudvar, Pflanzenfunde. Dinkel, Triticum spelta. Stetigkeit in den Plana der Ostburg.

Insofern ist das Merkmal: ‚Spindelglied des oberen Ährchens haftet am unteren Ährchen' nicht hilfreich (bei Emmer, Sanduri und Einkorn haftet das Spindelglied in aller Regel an ‚seinem' Ährchen).

Dinkel ist durch alle Zeiten belegt, in annähernd der selben geringen Stetigkeit und Fundmenge. Dinkel ist demnach ein Sondergetreide, das zu bestimmten Zwecken angebaut wird. Dinkel hat wie Saatweizen gute Backeigenschaften. Es ist möglich, dass man Dinkel für bestimmte Gerichte aus dem Backofen verwendet hat.

Wie bei den anderen Spelzweizen auch ist der erste Schritt des Zubereitens das Entspelzen. Dies kann auf dem Mahlstein mit dem Läufer geschehen oder aber, wahrscheinlicher, im hölzernen Mörser mit dem Hartholzstößel, wie man heute in den Tropen noch Hirsen und Reis entspelzt.

2.1.6 Saatweizen, *Triticum aestivum*

Gefundene Reste: verkohlte Körner und Spindelglieder, häufig

Saatweizen bildet mit Hartweizen (*Triticum durum*) die Gruppe der Nacktweizen. Das sind Weizen, die frei aus den Spelzen fallen, die nicht als Ährchen wie die Spelzweizen, sondern als nacktes Korn gelagert werden. Das Spindelglied vom Saatweizen ist kurz und bauchig, das vom Hartweizen nicht im selben Maße, sondern umgekehrt kegelstumpfförmig mit geraden Seiten. Daran lassen sich diese Weizen unterscheiden, die Körner haben kein trennendes Merkmal. Der Saatweizen gehört mit Dinkel zur hexaploiden Weizengruppe, der Hartweizen mit Emmer zur tetraploiden Gruppe. Da hier der nackte Weizen mit dem verwandten Dinkel auftritt (siehe dort), halten wir diesen Nacktweizen auch wegen der gedrungenen, bauchigen Spindelstücke für Saatweizen.

Saatweizen ist im Gegensatz zu Einkorn, Emmer und Sanduri zum Backen geeignet, weil Teig aus Saatweizenmehl gut aufgeht. Einkorn und Emmer sind besser zum Kochen geeignet als zum Backen. Es besteht also durchaus Bedarf an einem weiteren Weizen für Sonderzwecke.

Da das Saatweizenkorn keine harte Spelze formt, wird es in seinem vielkörnigen Ährchen dick und rund. Der kleine Embryo sinkt tief ein, ebenso die Bauchfurche mit dem Nabel. Diese erbsenhaft kugelige Form ist bezeichnend für prähistorische Nacktweizen. Sie sind deshalb sehr gut zu erkennen und nicht verwechselbar. Die geringe Fundmenge und Stetigkeit unterliegt keiner Einschränkung: Saatweizen ist nicht häufig, er ist ein seltenes Beigetreide für Sonderzwecke.

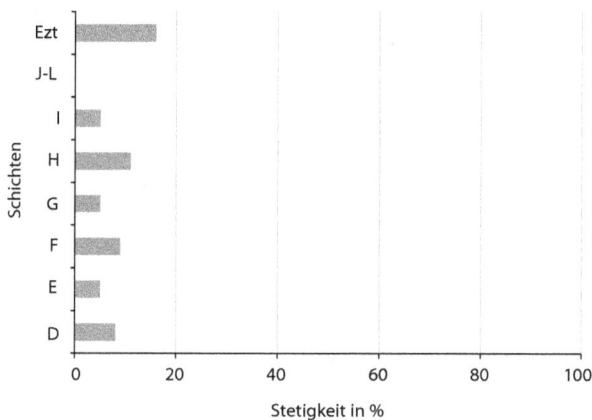

Abb. 43. Feudvar, Pflanzenfunde. Dinkel, Triticum spelta, Spelzbase. Stetigkeit in den reinen Schichten der Westburg.

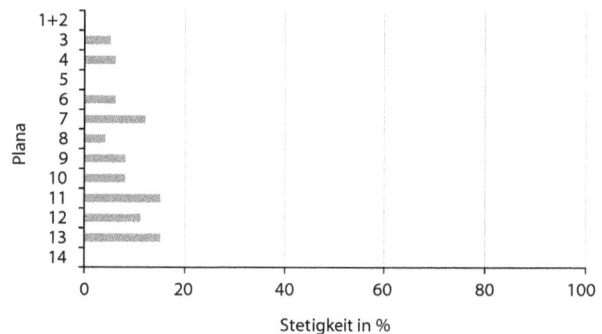

Abb. 44. Feudvar, Pflanzenfunde. Dinkel, Triticum spelta, Spelzbase. Stetigkeit in den Plana der Ostburg.

Nr.	Planum-Nr.	L min-max	B min-max	H min-max	L:B min-max	L:H min-max	B:H min-max	n
E 2402	11	5,53 4,3 - 6,6	2,80 1,9 - 3,4	2,20 1,6 - 3,0	2,00 1,63 - 2,36	2,55 2,17 - 3,47	1,28 1,09 - 1,47	12
E 2156	9	5,30 4,3 - 6,4	2,58 2,0 - 3,2	2,09 1,5 - 2,8	2,09 1,79 - 2,50	2,61 2.04 - 3,33	1,25 1,12 - 1,47	10
E 1639	7	4,50 3,4 - 6,1	2,35 1,4 - 3,5	1,96 1,1 - 2,8	1,96 1,56 - 2,64	2,37 1,73 - 3,33	1,21 1,00 - 1,45	21

Tab. 28. Feudvar, Pflanzenfunde. Dinkel, Triticum spelta. Maße.

Es gibt zwei reiche Proben mit Saatweizen, die uns den Kulturpflanzenstatus dieses Getreides bestätigen (Tab. 29).

Saatweizen ist zu allen Zeiten vorhanden (Abb. 45). Es hat in der Ostburg den Anschein, als sei er in den älteren Phasen etwas häufiger als im Jüngeren (Abb. 46). Die Spindelstücke bestätigen das (Abb. 47).

Die vielen Spindelstücke des Nacktweizens (Tab. 1) zeigen, dass Saatweizen ungedroschen als Ähren in die Siedlung kam, da beim Dreschen auf der Tenne bereits auf dem Felde Spelzen und Spindelstücke dort ausgeworfelt werden. Hat man diese Neben-Weizen anders geerntet, nicht mit langem Halm wie Einkorn und Gerste, sondern nur auslesend Ähren geschnitten? Im Mischanbau mit Dinkel als Stützgetreide für Hülsenfrüchte?

2.1.7 Unbestimmtes Getreide, *Cerealia indeterminata*

Gefundene Reste: verkohlte Körner, massenhaft

Unter dem Unbestimmten Getreide sind überwiegend Weizenkörner zusammengefasst, die nicht als Emmer, Sanduri, Dinkel oder zweikörniges Einkorn bestimmt werden konnten, teils, weil sie als Bruchstücke vorliegen, die keine bezeichnenden Merkmale aufweisen, teils, weil sie sehr schlecht erhalten sind. Gerste und Einkorn lassen sich in diesen Zuständen immer noch gut erkennen, sodass diese Getreide im Unbestimmten gering repräsentiert sind. Um die ohnehin langen Listen nicht zu verlängern, wurde weitgehend auf das cf. (lat. *confer*, vergleichsweise) verzichtet. Das cf. wurde gestrichen, nachdem in der selben Kollektion ein anderer, eindeutiger Fund vorlag. Aus cf. *Triticum dicoccon* 3; *Triticum dicoccon* 5 wird dann *Triticum dicoccon* 8. Kommt keine Bestätigung, fällt das Taxon in die nächst ungenauere Kategorie, nicht ins *Triticum* indet., sondern in Cerealia indet.

Wir waren stets bemüht, uns zu den Weizen zu äußern. Vor die Weizenbestimmungen und vor manche andere Bestimmung ist aber im Geiste stets ein ihdf. zu setzen, ein Ich-halte-das-für … Für eine

Komplex-Nr.	W3604	E3585	deutscher Name
Schicht oder Planum	**D**	**13**	**Schicht oder Planum**
Getreide			Getreide
Triticum dicoccon / T. timopheevii	103	360	Emmer / Sanduri
Tr. dic. / T. timoph., Spelzbase	738	682	Emmer / Sanduri, Spelzbase
Tr. monococcum	181	87	Einkorn
Tr. monococcum, Spelzbase	617	810	Einkorn, Spelzbase
Tr. aestivum	**198**	**58**	Saatweizen
Tr. aestivum, Spindelglied	45		Saatweizen Spindelglied
Tr. spelta	1		Dinkel
Tr. spelta, Spelzbase	75	44	Dinkel, Spelzbase
Hordeum vulgare vulgare	34	22	Vierzeil-Spelzgerste
H. vulgare, Spindelglied	3	3	Vierzeilgerste, Spindelglied
Cerealia indet.	377	308	unbestimmtes Getreide
Hülsenfrüchte			Hülsenfrüchte
Lens culinaris	5	5	Linse
Pisum sativum	2	1	Erbse
Vicia ervilia	1		Linsenwicke
Leg. sat. indet.	5		unbestimmte Hülsenfrüchte
Obst und Nüsse			Obst und Nüsse
Fragaria	1		eine Erdbeere
Rubus fruticosus		1	Brombeere
Trapa natans	1		Wassernuss
Mögliche Nutzpflanzen			Mögliche Nutzpflanzen
Teucrium-Typ	6	3	Edelgamander-Typ
Verbena officinalis	1	2	Eisenkraut
Hypericum	20		ein Hartheu
Malva	2		eine Malve
cf. Cephalaria	1		wohl Schuppenkopf
Technische Materialien			Technische Materialien
Phragmites australis, Halme	1	1	Schilfrohr, Halme
Schoenoplectus lacustris	2		Seebinse
Unkräuter i.w.S.			Unkräuter i.w.S.
Bromus arvensis	74	34	Ackertrespe
Lolium, kleinfrüchtig	20	8	ein kleinfrüchtiger Lolch
Setaria viridis / S. verticillata	13	2	Grüne / Quirl-Borstenhirse
Fallopia convolvulus	8	6	Windenknöterich
Trifolium-Typ	5	4	Klee-Typ
Dasypyrum villosum	3	1	‚Zottiges Korn‘
Anthemis	20		eine Hundskamille
Galium spurium		7	Saatlabkraut
Echinochloa crus-galli		2	Hühnerhirse
Agrimonia eupatoria	1		Odermennig
Bromus, langfrüchtig		1	eine langfrüchtige Trespe
Euphorbia	1		eine Wolfsmilch
Galium aparine	1		Klettenlabkraut
Mentha	1		eine Minze
Polygonum aviculare		1	Polygonum aviculare
Wasserpflanzen			Wasserpflanzen
Characeae	4		Armleuchteralgen
Lemna	1		eine Wasserlinse
Nicht näher Bestimmes			Nicht näher Bestimmtes
Chenopodiaceae	50	56	Gänsefußgewächse
Poaceae	23	6	Süßgräser
Polygonaceae	4		Knöterichgewächse
Asteraceae		1	Korbblütler
Brassicaceae	1		Kreuzblütler
Caryophyllaceae	1		Nelkengewächse
Cyperaceae	1		Sauergräser
Lamiaceae		1	Lippenblütler
Summe (n)	**2652**	**2517**	**Summe (n)**

Tab. 29. Feudvar, Pflanzenfunde. Kollektionen mit viel Saatweizen, Triticum aestivum. Fundmengen.

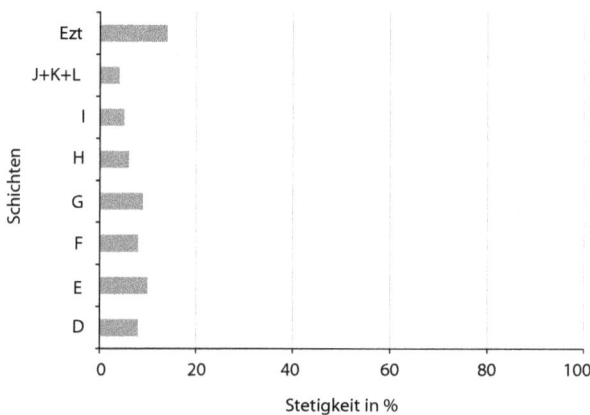

Abb. 45. Feudvar, Pflanzenfunde. Saatweizen, Triticum aestivum. Stetigkeit in den reinen Schichten der Westburg.

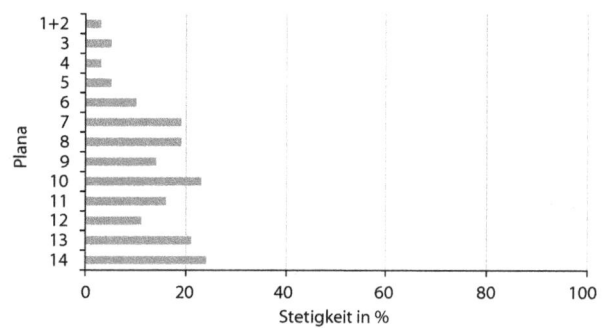

Abb. 46. Feudvar, Pflanzenfunde. Saatweizen, Triticum aestivum. Stetigkeit in den Plana der Ostburg.

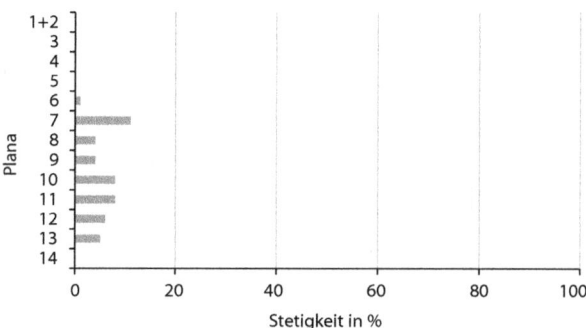

Abb. 47. Feudvar, Pflanzenfunde. Saatweizen, Triticum aestivum, Spindelglied. Stetigkeit in den Plana der Ostburg.

Weizenbestimmung legen wir die Hand nicht ins Feuer[26].

Im Grunde ist der Anteil an Cerealia indet. aber ein Maß für die Güte des Erhaltungszustands. Gut erhaltenes Getreide ist in Feudvar bestimmbar, mit den oben genannten Einschränkungen.

2.2 Hirsen

2.2.1 Rispenhirse, *Panicum miliaceum*

Gefundene Reste: verkohlte Hirsekörner mit und ohne Spelzen, wenige unverkohlte Spelzen, massenhaft

Aufgrund der Andersartigkeit der Funde werden die Hirsen hier von den Getreiden getrennt aufgeführt. Hirsekörner sind erheblich kleiner als Getreidekörner und sind aus diesem Grunde auch nicht in der Rubrik Unbestimmtes Getreide (Cerealia indet.) enthalten. Sie können nicht mit den Getreiden, wohl aber miteinander verwechselt werden. Neben der Rispenhirse tritt als weitere Kulturpflanze die Kolbenhirse *Setaria italica* auf, allerdings nur zweimal in Schnitt D mit je einem Korn (siehe S. 106). Neben den Kulturhirsen sind es jedoch die Unkrauthirsen Hühnerhirse *Echinochloa crus-galli*, die Borstenhirsen *Setaria viridis* vel *S. verticillata* und die Fingerhirsen *Digitaria*, die für Irritationen sorgen. Die Borstenhirsen und die Fingerhirsen sind von den Kulturhirsen hinreichend verschieden, sodass Verwechslungen nahezu ausgeschlossen sind; sie sind schlank und lang[27]. Anders die Hühnerhirse, sie ist der Rispenhirse im Korn recht ähnlich, die Bauchseite mit dem runden Nabel ist aber immer flach und die Keimlingsgrube geht über die Hälfte der Kornlänge. Wenn man eingesehen ist, sind dies zuverlässige Merkmale für ein schnelles Erkennen. Bei etlichen zehn Tausend Rispenhirsefunden stellt sich Routine ein im Erkennen der Beimischung anderer Hirsen.

Anders ist es, wenn die Hirse zu Klumpen verbacken ist. Dann kann eine Beimischung anderer Saat nicht angegeben werden. Wenn äußerlich nichts anderes als Rispenhirse zu sehen ist, wird der Hirseklumpen dann als 100 % rein bezeichnet (Tab. 30, Nr. W 368 und W 432).

In den untersten Schichten D, E, F und G der Westburg ist Rispenhirse ein zwar spärliches, aber geläufiges Fundgut, ebenso wie die Unkrauthirsen Hühnerhirse, Borstenhirse und Fingerhirse (Abb. 48).

---

26 Zur Varianz der Genauigkeit siehe oben unter Sanduri.
27 Kroll 1983, 43 ff. Abb. 6; 98 ff. Abb. 16.

Zeitstufe	EZ	EZ	MBZ	EZ												
Schicht	?	H	H	J												
Komplex-Nr.	W368	W432	W1196	W342	E437	E549	E1334	E1326/A	E1399	E2401	E1648	E1653	E1648	E2156	E2402	E2156
Hirsen																
Panicum miliaceum	100	100	36	9	94	93	84	35	34	24	22	18	18	12	9	6
Getreide																
Triticum monococcum			13	15	r	3	6	43	5	16	20	15	24	14	17	17
Tr. monococcum, Spelzbase			r	2	r		r	3	r	25	14	41	12	41	35	21
Hordeum vulgare vulgare			10	61	5	2	2	8	4	18	28	16	37	15	17	14
H. vulgare nudum			r													
H. vulgare, Spindelglied			r							r	+	r	+	r	r	r
Triticum dicoccon / Tr. timopheevii				+					+	4	+	1	2	2	+	1
Tr. dic. / Tr. timoph., Spelzbase				r				r	r	+	+	2	+	3	r	r
Tr. spelta									r	+	2	+	5	+	4	
Tr. spelta, Spelzbase									r	2	+	2	+	2	2	1
Tr. aestivum									r	r		r	+	r	+	
Tr. aestivum, Spindelglied			r		+	r			r	r	+	r	+	r	+	
Cerealia indeterminata			15	1	+	r	7		4	7	10	+	7	7	12	25
Öl- und Faserpflanzen																
Linum usitatissimum				+		r									r	
Hülsenfrüchte																
Lens culinaris			10	6		+	+	2	r		r				r	
Pisum sativum								2								
Vicia ervilia									r							
Leguminosae sat. indet.			r			r									r	
Gemüse																
Apium-Typ																
Obst und Nüsse																
Fragaria				r						+	r	r	+	+	r	9
Sambucus ebulus			6		r				r		r			r	r	
Quercus														2		8
Prunus padus																
Mögliche Nutzpflanzen																
Chenopodium hybridum			r	r		r	r		r	r	r	r		r	r	
Malva			r							r	r			r	r	
Teucrium-Typ			r						r	r	r	r	r	r	r	
Althaea officinalis											r			r	r	
Hyoscyamus niger			r												r	
Hypericum																
Unkräuter i.w.S.																
Bromus arvensis			r	+		r	r	3	r	1	r	r	+	r	+	r
Fallopia convolvulus			2	+				r	r	r	+	r	+	r	r	r
Bromus, langfrüchtig			r	r			r			r	r	r	r	r	r	r
Dasypyrum villosum			r	4			r		r			r			r	r
Digitaria			r	+	r										r	r
Galium spurium			+	r			r								r	r
Polygonum aviculare			r	r						r		r		r	r	r
Lolium, kleinfrüchtig			r							r		r			r	r
Setaria viridis / S. verticillata			r		r			r	r		r			r	r	r
Agrostemma githago			r	r					r			r			r	r

Tab. 30. Feudvar, Pflanzenfunde. Rispenhirse, Panicum miliaceum. Massenfunde aus der West- und der Ostburg. Gereiht nach abnehmendem Anteil der Körner. Gewichtsprozente in ganzen Zahlen. + < 1 ‰, > 1 ‰. r < 1 ‰.

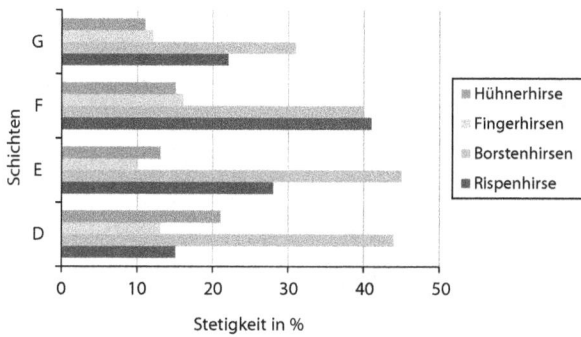

Abb. 48. Feudvar, Pflanzenfunde. Hirsen i.w.S.: Hühnerhirse, Echinochloa crus-galli, Fingerhirsen, Digitaria, Borstenhirsen, Setaria und Rispenhirse, Panicum miliaceum. Stetigkeit in den ältesten, frühbronzezeitlichen reinen Schichten der Westburg.

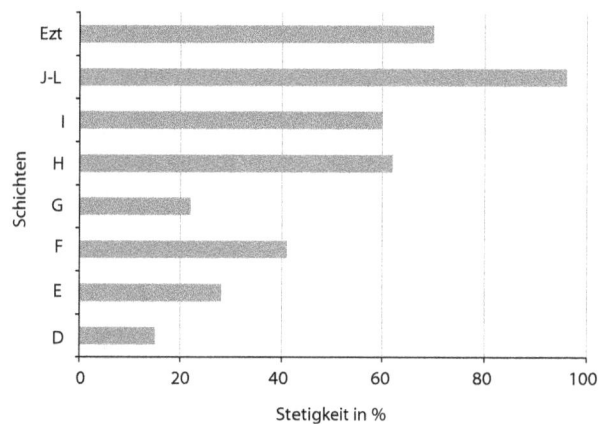

Abb. 49. Feudvar, Pflanzenfunde. Rispenhirse, Panicum miliaceum. Stetigkeit in den reinen Schichten der Westburg.

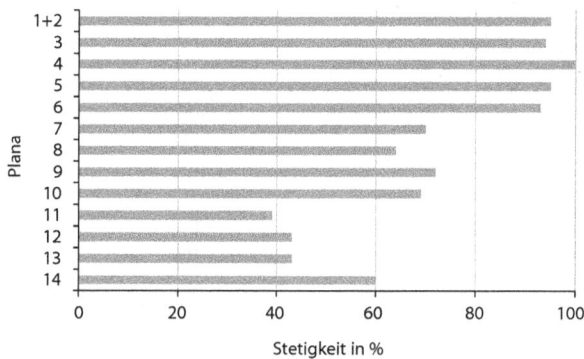

Abb. 50. Feudvar, Pflanzenfunde. Rispenhirse, Panicum miliaceum. Stetigkeit in den Plana der Ostburg.

In der Westburg wurde viermal die Bemerkung verzeichnet „Pan. mil. unkrauthaft klein" (Nr. W 3140; 3487; 3492; 3514; alle Schicht E). Wir gehen davon aus, dass in der Frühbronzezeit, das sind die Schichten B bis G, die Rispenhirse allenfalls eine Sammelpflanze oder ein in geringem Umfang #gelegentlich angebautes Beigetreide gewesen ist. Stetigkeiten unter 50 % (10–40 %) sind dafür bezeichnend (Abb. 49). Das entspricht dem Fundbild in den Plana 14 bis 11 in der Ostburg (Abb. 50).

In den Schichten H und I der Westburg, entsprechend den Plana 7 bis 10 in der Ostburg, nimmt die Stetigkeit auf 60 % und darüber zu (Abb. 49; 50). Hier gehen wir davon aus, dass ein regelmäßiger Rispenhirseanbau eingesetzt hat, Rispenhirse aber noch nicht in den Rang eines Hauptgetreides aufgestiegen ist. Hauptgetreide wird Rispenhirse dann in den spätbronze- bis früheisenzeitlichen Schichten J, K und L, das entspricht den Plana 6 bis 1 in der Ostburg (und allen Plana in Schnitt D und wohl auch A; Abb. 51; 52). Der Hauptgetreide-Aspekt wird besonders deutlich in den Fundmengen (Abb. 53–55). Es hat den Anschein, als ob die Stetigkeit in eisenzeitlich datierten jüngsten Schichten wieder zurückgeht auf den Stetigkeitswert von 60 %, also auf die zweite, mittlere Stufe des mäßigen Hirseanbaus. Denn im Grunde ist die Stetigkeit auch in den jüngsten Schichten mit schlechten Erhaltungsbedingungen hoch (Abb. 50). Diese Dreistufigkeit des Anstieges des Hirseanbaus in der Bronzezeit und das Absinken in der Eisenzeit fassen wir mit ähnlichen Werten auch in den nordgriechischen Fundstätten von Kastanas[28] und mit geringeren Werten im bronzezeitlichen Agios Mamas (prähistorisches Olynth)[29].

Hirsekörner wurden nicht gemessen, sondern nur einige Tausendkorngewichte ermittelt. Das Gewicht steigt zum Jüngeren an (Werte aus der Ostburg, Tab. 31).

28   Kroll 1983, 123 Abb. 22.
29   Becker / Kroll 2008, 19 Abb. 5, 28 Abb. 7.

Zeitstufe	EZ	EZ	MBZ	EZ												EZ
Schicht	?	H	H	J												
Komplex-Nr.	W368	W432	W1196	W342	E437	E549	E1334	E1326/A	E1399	E2401	E1648	E1653	E1648	E2156	E2402	E2156
Centaurea									r							r
Adonis											r	r	r	r	r	r
Ajuga chamaepitys			r												r	
Avena											r	r	r	r	r	r
Echinochloa crus-galli				r				r								r
Fumaria											r	r		r	r	
Lithospermum arvense											r	r		r	r	
Cerastium														r		
Rumex crispus-Typ											r			r	r	r
Viola			r								r			r		
Bromus mollis-Typ			r													
Bupleurum rotundifolium								r								
Consolida regalis																r
Convolvulus arvensis															r	
Euphorbia												r				
Geranium											r					
Plantago lanceolata			r													
Portulaca oleracea									r							
Ranunculus acris-Typ																r
Spergula arvensis			r													
Stellaria media										r						
Veronica, schüsselsamig															r	
Vicia-Typ			r													
Wasserpflanzen																
Phragmites australis, Halme				r						r		r				r
Schoenoplectus lacustris										r		r		r		r
Phalaris arundinacea																r
Nicht näher Bestimmtes																
Chenopodiaceae			4	+	r	r	r	r	r	r	+	+	+	r	+	r
Poaceae		r	r	r		r	r	r	+	r	r	r	r	r	r	r
Brassicaceae		r	r	r			r	r		r	r	r		r	r	r
Trifolium-Typ		r	r			r			r	r	r	r			r	
Polygonaceae		r	r				r				r	r		r	r	r
Silene-Typ		r	r							r	r	r			r	r
Lamiaceae		r	r											r	r	r
Cyperaceae			r							r	r			r	r	
Asteraceae			r											r	r	
Boraginaceae											r			r	r	
Apiaceae									r							
Rubiaceae			r													
Sonstiges																
verkohlte Speisereste								5	50							
Summe (n)	5416	1759	1286	1531	3667	1098	1177	1156	2607	3672	1213	24794	1254	18842	4015	5076

Tab. 30. Fortsetzung, Feudvar, Pflanzenfunde. Rispenhirse, Panicum miliaceum. Massenfunde aus der West- und der Ostburg. Gereiht nach abnehmendem Anteil der Körner. Gewichtsprozente in ganzen Zahlen. + < 1 %, > 1 ‰. r < 1 ‰.

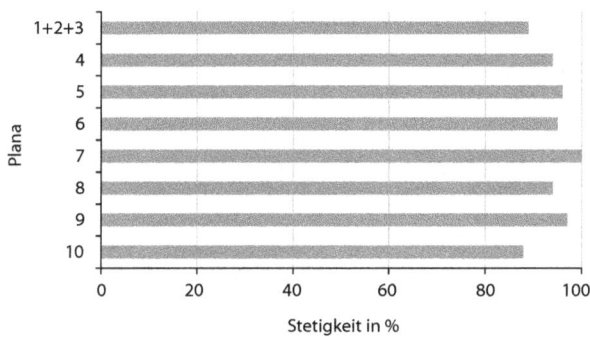

Abb. 51. Feudvar, Pflanzenfunde. Rispenhirse, Panicum mili-aceum. Stetigkeit in den Plana von Schnitt D.

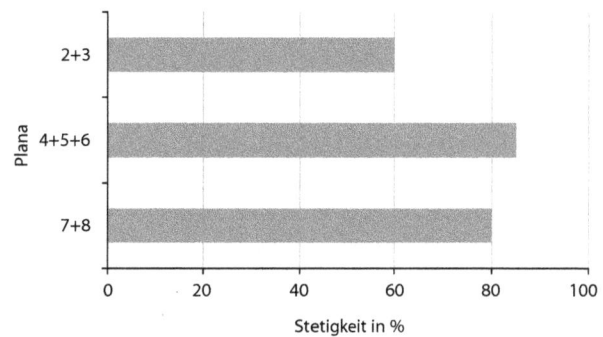

Abb. 52. Feudvar, Pflanzenfunde. Rispenhirse, Panicum mili-aceum. Stetigkeit in den Plana von Schnitt A.

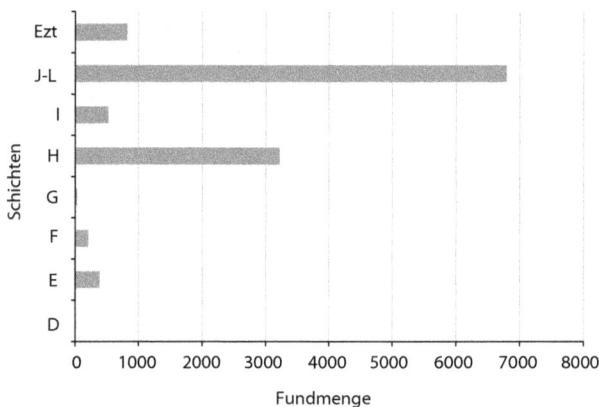

Abb. 53. Feudvar, Pflanzenfunde. Rispenhirse, Panicum mi-liaceum. Fundmengen in den reinen Schichten der Westburg.

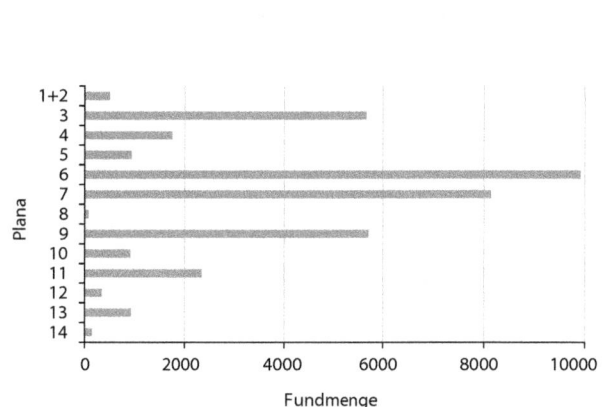

Abb. 54. Feudvar, Pflanzenfunde. Rispenhirse, Panicum mili-aceum. Fundmengen in den Plana der Ostburg.

Hirse ist in erster Linie ein Produkt, das gekocht oder im heißen Ofen gegart gegessen wird. Hirsebrei hat natürliche Süße und ist stets ein sehr beliebtes Gericht gewesen. Man kann mit Hirse nicht backen, aber man kann, wie aus allen Mehlfrüchten, Bier daraus brauen.

Die Rispenhirse *Panicum miliaceum* ist ein Gewächs des Ostens, der kurzen heißen Sommer. Die Vegetationszeit dauert knapp drei Monate. Die Rispenhirse steht ganz im Gegensatz zu den medi-terranen Kulturpflanzen, die die Winterfeuchtigkeit ausnutzen. Wenn die Hirse keimt, ist die Win-terfeuchtigkeit bereits verschwunden und die frühsommerlichen Regenfälle befeuchten den warmen Boden. Die Donau-Tiefebene mit ihren heißen Sommern und den heftigen regenreichen Gewittern ist für den Hirseanbau außerordentlich geeignet. Es ist möglich, dass Rispenhirse als zweite Frucht im selben Jahr nach der Ernte einer früh reifen Kulturpflanze gesät wurde. Heute ist die Hirse durch den subtropischen amerikanischen Mais als Hauptkulturpflanze ersetzt, der ebenfalls ergiebigen Som-merregen braucht.

Hirsen reifen nach und nach, man muss oft die reifen Rispen schneiden. Wartet man zu lange, fallen sie aus. Das Grün und die Körner sind bei den tierischen Marodeuren des Ackerbaus sehr beliebt. Gegen Wild kann man das Feld hüten, Haustiere kann man im Zaum halten, aber Mäuse, Hamster und Vögel sind schlimme Hirsediebe.

Die Massenfunde (Tab. 30) enthalten die üblichen Kulturpflanzen, Sammelpflanzen und Unkräuter. Eine spezielle Hirseunkrautkombination ist nicht feststellbar. Unter den Unkrauthirsen hat aber besonders die Fingerhirse *Digitaria* einen hohen Rang innerhalb der Unkrautliste, was auf Förderung der Fingerhirse durch den Rispenhirseanbau hinweist (siehe unten S. 154). Borstenhirsen und Hühnerhirse sind nicht sonderlich hoch im Rang (Tab. 30).

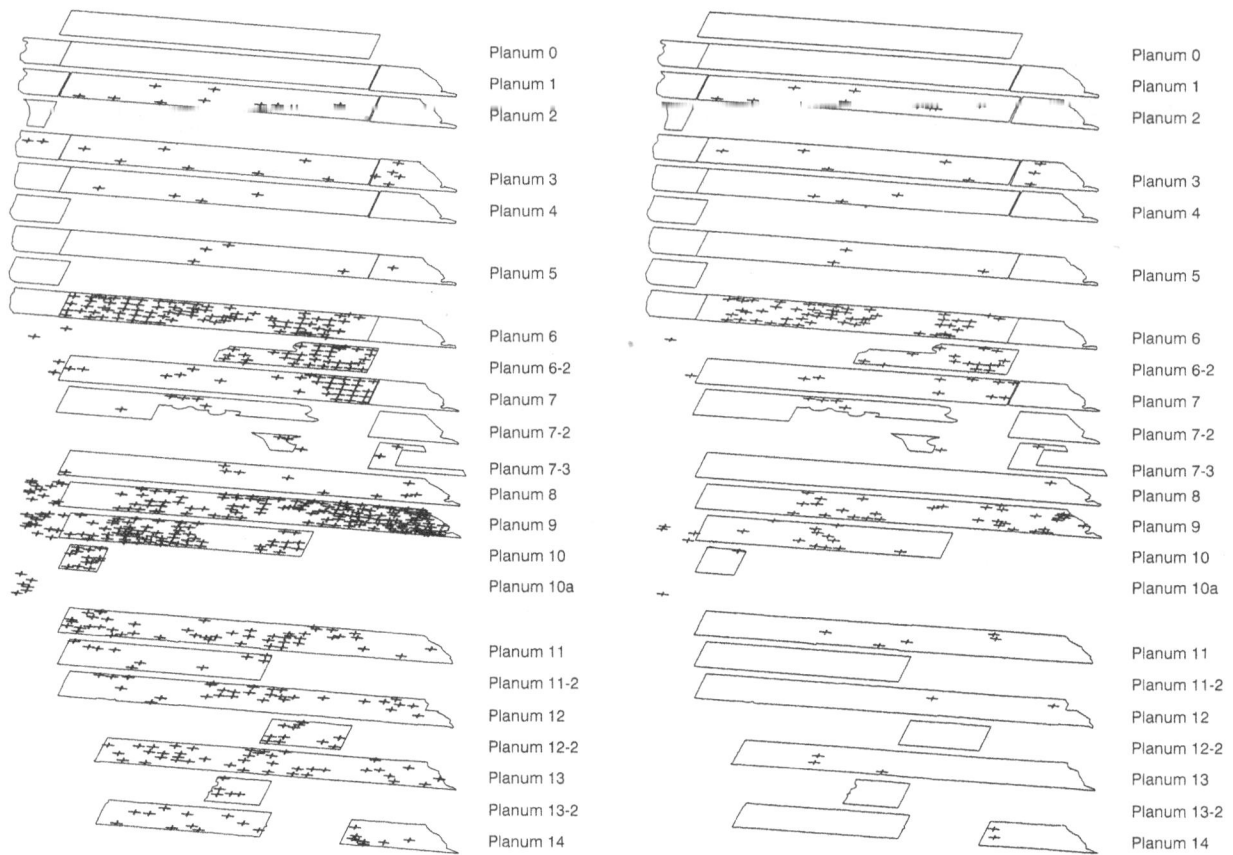

Abb. 55. Feudvar, Kartierungen, Stand 1992. Links Plana der Ostburg mit bearbeitenen Proben, rechts mehr als 10 Funde der Rispenhirse, Panicum miliaceum.

Nr.	W 1190	W 1196	W 368	E 2156	E 1326 A	E 437	E 549
Schicht / Planum	H	H	(EZ)	9	6	3	3
TKG (g)	1,26	0,78	1,10	0,79	0,82	1,47	1,53

Tab. 31. Feudvar, Pflanzenfunde. Rispenhirse, Panicum miliaceum. Tausendkorngewichte.

2.2.2 Kolbenhirse, *Setaria italica*

Gefundene Reste: verkohlte Hirsekörner, sehr selten

Im Gegensatz zur Rispenhirse ist die Kolbenhirse *Setaria italica* in Feudvar außerordentlich selten. Lediglich von zwei Plana im Schnitt D gibt es je ein Korn dieser Kulturhirse (Abb. 56). Wir können davon ausgehen, dass die Kolbenhirse in den jüngeren Phasen der Tellsiedlung bekannt war – der Fruchtstand ist auffällig –, aber keine wirtschaftliche Bedeutung hatte[30]. Die gänzlich andere Form des Kolbenhirsekorns und die Erfahrung, die das Feudvar-Archäobotanik-Team mit Hirsen hat, macht es unwahrscheinlich, dass wesentliche Mengen dieser Hirse übersehen worden sind.

---

30   vgl. Bakels 2013.

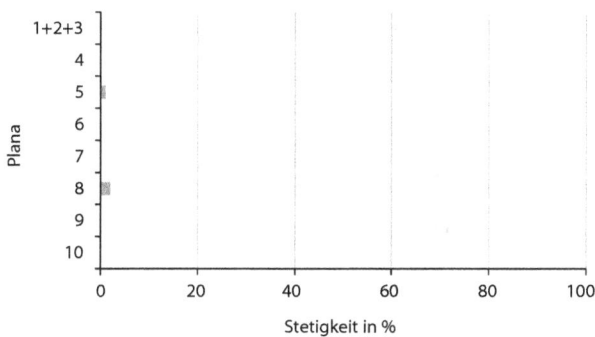

Abb. 56. Feudvar, Pflanzenfunde. Kolbenhirse, *Setaria italica*. Vorkommen in den Plana von Schnitt D.

2.3 Öl- und Faserpflanzen

2.3.1 Leindotter, *Camelina sativa*

Gefundene Reste: verkohlte Samen und Schötchenteile („Schötchenklappen") (Taf. 1,4), häufig
Der Leindotter ist eine sekundäre Kulturpflanze, die aus einem Steppengewächs und Getreideunkraut zu einer bedeutenden Ölpflanze der Metallzeiten geworden ist. Heute beginnt man wieder, sich auf diese praktische, bescheidene und zuverlässige Ölfrucht zu besinnen, die ein gewaltiges Potential hat. Das Öl aus *Camelina*-Saat ist scharf und kratzig, es dürfte für die moderne Pflanzenzucht ein Geringes sein, dies zu ändern.

In der Ostburg gibt es in Planum 11 und 12 etliche Proben aus dem Komplex 2660[31], von denen einige massenhaft *Camelina*-Saat ergeben haben. In den meisten Kollektionen 2660 ist *Camelina*-Saat zu Klumpen verbacken, stammt also aus einer Art Vorrat, wenn die Fundsituation auch weit gestreut ist (Tab. 32). Aus der Kollektion Ostburg 2656 stammen nur neun Samen, die aber miteinander verbacken sind. Sind die Erhaltungsbedingungen sehr gut, dann bleiben auch die bezeichnend geaderten Schötchenhälften erhalten, die harte Fruchtwand. Diese Fruchthälften heißen traditionell Schötchenklappen. Es gibt einige Maße (Tab. 33) und zwei Tausendkorngewichte von E 2660, Planum 12: 0,20 und 0,28 g.

Die Stetigkeit der Leindotterfunde nimmt von den tiefen, frühbronzezeitlichen Schichten zu den jüngeren kontinuierlich ab, ohne aber in den jüngsten Schichten ganz zu fehlen (Abb. 57–59). In den rein eisenzeitlichen Kollektionen der Westburg werden wieder Werte weit über 20 % erreicht, das entspricht den hohen Werten in den frühbronzezeitlichen Schichten. Der Leindotter ist die wichtigste Ölpflanze von Feudvar. Doch denke man nicht nur an das flüssige Öl in der Flasche, sondern auch an Ölpasten. Gemahlene oder zerstoßene Ölsaat mit anderen würzenden Zutaten ergaben Zubereitungen nach Art des Pesto oder des Senfs. Es sind wichtige geschmackgebende Nahrungsmittel.

2.3.2 Ölziest, *Lallemantia iberica*

Gefundene Reste: verkohlte Teilfrüchte, häufig
Der Artname *iberica* kommt uns spanisch vor, ist es aber nicht: Iberia ist ein Land südlich des Kaukasus-Gebirges, das heutige Ost-Georgien. Im Westen liegt Kolchis, im Süden Armenia. Nach dem deutschen Botaniker Julius Leopold Eduard Avé-Lallemant (1803–1867), der 20 Jahre in Sankt Petersburg lehrte, wurde die Gattung *Lallemantia* benannt.

Die Teilfrüchte des Ölziests sind nicht sogleich als solche erkannt worden, sie wurden lange unter einem Alias-Namen notiert, anfänglich als ‚*Knautia* x *Linum*', später als Nr. 188, so in der einführenden Publikation von Feudvar (siehe oben S. 48)[32]. Die Früchte (Taf. 1,5) sehen aus wie die eines theoretischen Bastards aus *Knautia arvensis* mit *Linum usitatissimum*. Beim Verkohlen blähen sie sich ähnlich auf wie Leinsamen (siehe unten S. 111).

Den Ausschlag, *Lallemantia iberica* als Öl-Kulturpflanze aufzulisten, gab die Kollektion Nr. W 3152, ein Abfall-Massenfund aus hauptsächlich Einkornspelzen. Darin fanden wir 297 Teilfrüchte des Ölziests, eine einzigartige Menge (Tab. 34). Daneben ist diese Kollektion aber auch bedeutend durch massenhaft Dill (120 Teilfrüchte), Eisenkraut (96 Teilfrüchte), und durch den Hinweis, dass vielleicht noch andere genutzte Doldenblütler im Material vorhanden sein können (97 nicht näher bestimmte Apiaceen). In Kollektion E 3775/1 sind Ölziest-Teilfrüchte miteinander verbacken, ein Hinweis auf Vorräte. Es gibt ein

---

31   Bereits erwähnt in Kroll 1991 b.
32   Kroll 1998, 317.

Komplex-Nr. E ...	2660	2660	2660	2660	
Planum-Nr.	12	12	12	12	
Getreide					Getreide
Triticum monococcum	21	12	35	61	Einkorn
Tr. monococcum, Spelzbase	14	5	17	20	Einkorn, Spelzbase
Triticum dicoccon / Tr. timopheevii	1	3	8	5	Emmer / Sanduri
Tr. dicoccon / Tr. timopheevii, Spelzbase	1	3	2	4	Emmer / Sanduri, Spelzbase
Hordeum vulgare vulgare		2	14	9	Vierzeil-Spelzgerste
H. vulgare, Spindelglied				1	Vierzeilgerste, Spindelglied
Tr. aestivum, Spindelglied				1	Saatweizen, Spindelglied
Cerealia indeterminata	7		7	4	unbestimmtes Getreide
Hirsen					Hirsen
Panicum miliaceum	3	1	1	10	Rispenhirse
Öl- und Faserpflanzen					Öl- und Faserpflanzen
Camelina sativa	**547**	**180**	**304**	**26**	Leindotter
Linum usitatissimum			3		Lein / Flachs
Lallemantia iberica			1		Ölziest
Papaver somniferum			1		Mohn
Hülsenfrüchte					Hülsenfrüchte
Lens culinaris	2			5	Linse
Pisum sativum				5	Erbse
Obst und Nüsse					Obst und Nüsse
Fragaria			2		eine Erdbeere
Rubus fruticosus				1	Brombeere
Technische Materialien					Technische Materialien
Phragmites australis, Halme			1	1	Schilfrohr, Halme
Mögliche Nutzpflanzen					Mögliche Sammelpflanzen
Chenopodium hybridum	2				Bastardgänsefuß
Hyoscyamus niger		1			Bilsenkraut
Teucrium-Typ		1			Edelgamander-Typ
Unkräuter i.w.S.					Unkräuter i.w.S.
Lolium, kleinfrüchtig	1	1	2	1	ein kleinfrüchtiger Lolch
Bromus arvensis	1		5	6	Ackertrespe
Bromus, langfrüchtig	4	1	5		eine langfrüchtige Trespe
Dasypyrum villosum	1		3	4	,Zottiges Korn'
Trifolium-Typ	1		3	1	Klee-Typ
Fallopia convolvulus			1	5	Windenknöterich
Polygonum aviculare	1		1		Vogelknöterich
Glaucium corniculatum			2		Roter Hornmohn
Setaria viridis / S. verticillata			2		Grüne / Quirl-Borstenhirse
Agrostemma githago				1	Kornrade
Bupleurum rotundifolium	1				Ackerhasenohr
Lithospermum arvense	1				Ackersteinsame
Persicaria maculosa			1		Flohknöterich
Portulaca oleracea	1				Portulak
Solanum nigrum			1		Schwarzer Nachtschatten
Verbascum		1			eine Königskerze
Nicht näher Bestimmtes					Nicht näher Bestimmtes
Chenopodiaceae	71	42	149	73	Gänsefußgewächse
Poaceae	9	3	6	1	Süßgräser
Cyperaceae		1	1		Sauergräser
Polygonaceae			3		Knöterichgewächse
Fabaceae				1	Schmetterlingsblütler
Sonstiges					Sonstiges
verkohlte Speisereste			1		verkohlter Speisebrei
Summe (n)	690	257	582	246	**Summen (n)**

Tab. 32. Feudvar, Pflanzenfunde. Kollektionen mit viel Leindotter, Camelina sativa. Fundmengen.

Nr.	Schicht od. Planum-Nr.	L min-max	B min-max	H min-max	L:B min-max	L:H min-max	B:H min-max	n
W 2096/13	F G	3,76 3,5 - 4,0	2,56 2,5 - 2,7	- -	1,47 1,30 - 1,60	- -	- -	5

Tab. 33. Feudvar, Pflanzenfunde. Leindotter, Camelina sativa. Maße.

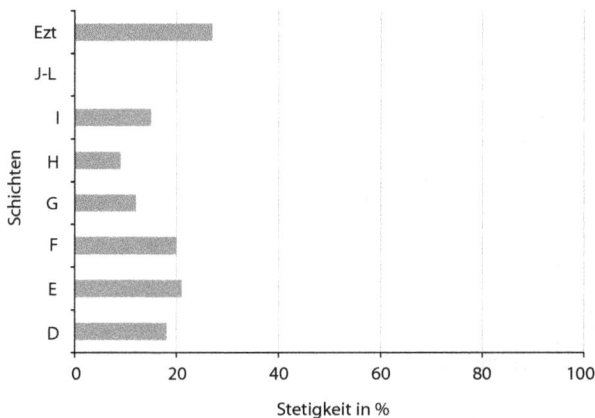

Abb. 57. Feudvar, Pflanzenfunde. Leindotter, Camelina sativa. Stetigkeit in den reinen Schichten der Westburg.

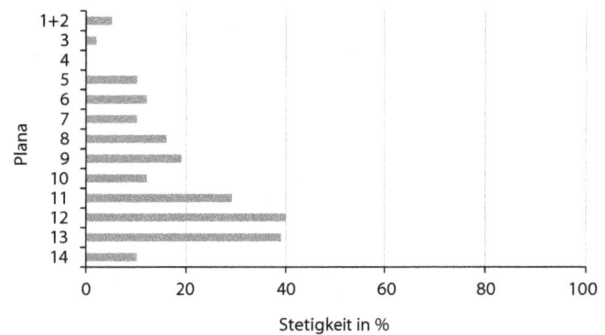

Abb. 58. Feudvar, Pflanzenfunde. Leindotter, Camelina sativa. Stetigkeit in den Plana der Ostburg.

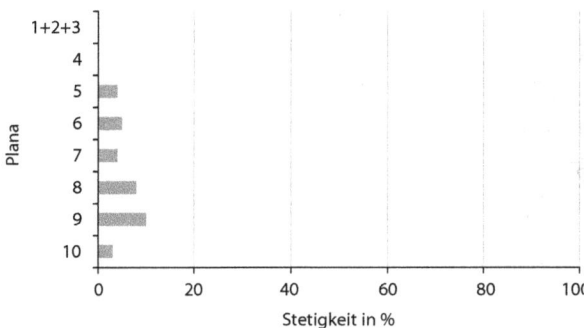

Abb. 59. Feudvar, Pflanzenfunde. Leindotter, Camelina sativa. Stetigkeit in den Plana von Schnitt D.

Tausendkorngewicht aus der Kollektion mit der größten Fundmenge, W 3152 Schicht E: 1,00 g.

Der Ölziest ist eine orientalische Ölpflanze, die auf Märkten des Nahen Ostens heute noch als Ölsaat angeboten wird, das Öl daraus ist wie Leinöl auch technisch vielseitig einsetzbar. Das ehemalige neuzeitliche Anbaugebiet schließt weite Teile Südosteuropas ein, auch Serbien, es reicht bis Österreich. Die Samen sind sehr ölreich, das Kraut kann als Blattgemüse oder als Heilkraut dienen.

Der Ölziest ist bezeichnend für die frühbronzezeitlichen Schichten D bis G. In der Mittelbronzezeit (Schichten H und jüngere) fehlt er. Auch hier sieht es so aus, als würde die Eisenzeit wieder an frühbronzezeitliche Traditionen anknüpfen (Abb. 60). Denn die Nachweisdichte in rein eisenzeitlich datierten Kollektionen aus der Westburg ist wieder gut, im Gegensatz zu den oberen Plana der Ostburg (Abb. 61). Hier schleicht sich wiederholt der Verdacht ein, dass manche Taxa in den oberen Schichten wegen der schlechten Erhaltungsbedingungen oberhalb von Planum 6 nicht erkannt werden (vgl. Abb. 12, oben S. 45). Da eisenzeitliche Grubenbefunde aber tief in die bronzezeitlichen Schichten eindringen, hat die eisenzeitliche Schicht der Westburg bessere Erhaltungsbedingungen als die oberen Plana der Ostburg.

Stetigkeiten von über 10 % sind für eine Ölpflanze hoch, über 20 % ist sehr hoch. Die Saat wird beim Verkohlen durch Öldämpfe oft zersprengt. Der Ölziest von Feudvar ist inzwischen in die Sekundärliteratur eingegangen[33].

2.3.3 Mohn, *Papaver somniferum*

Gefundene Reste: verkohlte und unverkohlte, skelettierte Samen, häufig
Der Mohn ist wie der Lein oder Flachs zweierlei, zum einen Ölsaat, Zutat zu allerlei Speise und vielleicht auch Grundstoff zu einem Pflanzenöl für alle Zwecke, zum anderen ein potentes Heilmittel, eine Droge im Sinne von getrocknetem pflanzlichem Material für medizinische Verwendungen. Diese Verwendungen – als halbreife halbiert getrocknete Fruchtkapseln oder als getrockneter Milchsaft (Opium) – sind einfach, aber von hoher Wirksamkeit. Die modernen daraus erzeugten Substanzen Morphium und Heroin sind

---

33   Neef / Cappers / Bekker 2012, 241.

Komplex-Nr. W ...	3152	
Schicht	E	
Getreide		Getreide
Triticum monococcum	1701	Einkorn
Ti. monococcum, Spelzbase	10783	Einkorn, Spelzbase
Hordeum vulgare vulgare	271	Vierzeil-Spelzgerste
H. vulgare, Spindelglied	431	Vierzeilgerste, Spindelglied
Triticum dicoccon / T. timopheevi	10	Emmer / Sanduri
Tr.dic. / T. timoph., Spelzbase	1	Emmer / Sanduri, Spelzbase
Hirsen		Hirsen
Panicum miliaceum	21	Rispenhirse
Öl- und Faserpflanzen		Öl- und Faserpflanzen
Lallemantia iberica	**297**	Ölziest
Camelina sativa	143	Leindotter
C. sativa, Schötchenklappe	14	Leindotter, Schötchenklappe
Hülsenfrüchte		Hülsenfrüchte
Lens culinaris	390	Linse
Vicia ervilia	95	Linsenwicke
Pisum sativum	16	Erbse
Gemüse und Gewürze		Gemüse und Gewürze
Anethum graveolens	**120**	Dill
Obst und Nüsse		Obst und Nüsse
Fragaria	40	eine Erdbeere
Sambucus ebulus	6	Attich
Prunus spinosa	1	Schlehe
Rubus fruticosus	1	Brombeere
Trapa natans	1	Wassernuss
Mögliche Nutzpflanzen		Mögliche Nutzpflanzen
Verbena officinalis	**96**	Eisenkraut
Teucrium-Typ	71	Edelgamander-Typ
Chenopodium hybridum	22	Bastardgänsefuß
cf. Cephalaria	2	wohl Schuppenkopf
Allium	1	ein Lauch
Technische Materialien		Technische Materialien
Phragmites australis, Halme	1	Schilfrohr, Halme
Unkräuter i.w.S.		Unkräuter i.w.S.
Bromus arvensis	1289	Ackertrespe
Lolium, kleinfrüchtig	480	ein kleinfrüchtiger Lolch
Persicaria maculosa	367	Flohknöterich
Trifolium-Typ	354	Klee-Typ
Setaria viridis / S. verticillata	211	Grüne / Quirl-Borstenhirse
Dasypyrum villosum	123	,Zottiges Korn'
Bupleurum rotundifolium	111	Ackerhasenohr
Bromus, langfrüchtig	76	eine langfrüchtige Trespe
Polygonum aviculare	76	Vogelknöterich
Stellaria media	60	Vogelmiere
Agrostemma githago	46	Kornrade
Centaurea	30	eine Flockenblume
Fallopia convolvulus	25	Windenknöterich
Scleranthus annuus	23	Einjähriges Knäuelkraut
Glaucium corniculatum	22	Roter Hornmohn
Petrorhagia saxifraga	22	Felsennelke
Rorippa-Typ	6	Sumpfkresse-Typ
Plantago lanceolata	5	Spitzwegerich
Thymelaea passerina	5	Spatzenzunge
Vicia-Typ	4	Wicke-Typ
Galium spurium	3	Saatlabkraut
Mentha	3	eine Minze
Ajuga chamaepitys	2	Gelber Günsel
Berteroa	2	Graukresse
Echinochloa crus-galli	1	Hühnerhirse
Sherardia arvensis	1	Ackerröte
Solanum nigrum	1	Schwarzer Nachtschatten
Adonis	1	ein Adonisröschen
Agrimonia eupatoria	1	Odermennig
Asperula arvensis	1	Ackermeister
Atriplex patula-Typ	1	Rutenmelde-Typ
Conringia orientalis	1	Ackerkohl
Consolida regalis	1	Ackerrittersporn
Rumex crispus-Typ	1	Krauser Ampfer-Typ
Silene-Typ	1	Leimkraut-Typ
Wasserpflanzen		Wasserpflanzen
Carex sect. Vignea	21	zweigrifflige Seggen
Carex sect. Eucarex	1	dreigrifflige Seggen
Nicht näher Bestimmes		Nicht näher Bestimmtes

Tab. 34. Feudvar, Pflanzenfunde. Kollektion mit viel Ölziest, Lallemantia iberica. Fundmengen.

Komplex-Nr. W ...	3152	
Schicht	E	
Poaceae	666	Süßgräser
Chenopodiaceae	326	Gänsefußgewächse
Apiaceae	97	Doldenblütler
Lamiaceae	42	Lippenblütler
Rubiaceae	41	Rötegewächse
Polygonaceae	21	Knöterichgewächse
Brassicaceae	4	Kreuzblütler
Asteraceae	3	Korbblüter
Caryophyllaceae	2	Nelkengewächse
Summe (n)	19115	Summe (n)

Tab. 34. Fortsetzung, Feudvar, Pflanzenfunde. Kollektion mit viel Ölziest, Lallemantia iberica. Fundmengen.

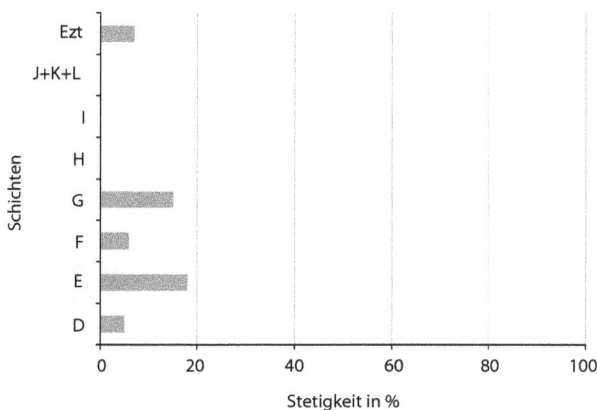

Abb. 60. Feudvar, Pflanzenfunde. Ölziest, Lallemantia iberica. Stetigkeit in den reinen Schichten der Westburg.

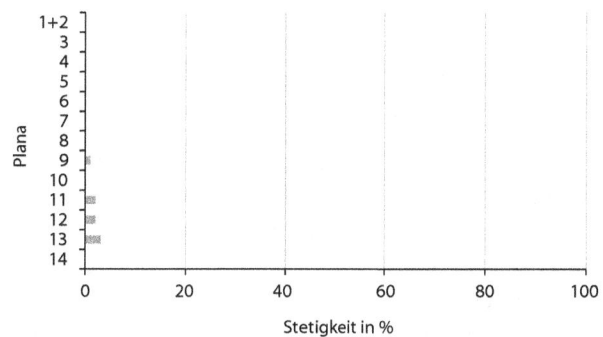

Abb. 61. Feudvar, Pflanzenfunde. Ölziest, Lallemantia iberica. Stetigkeit in den Plana der Ostburg.

Erfindungen der chemischen Industrie und als solche in ihrer drastischen Psychoaktivität nicht in die Vergangenheit übertragbar.

Von den Samen der Unkrautmohne ist der Same des Kulturmohns verschieden durch geringe Zellzahl der Samenwand. Diese Samenschalenzellen sind dadurch groß und haben stabile Wände, sodass sie sich unter günstigen Bedingungen auch unverkohlt als Zell-Skelette erhalten.

Der Mohn ist zwar *founder crop* des westeuropäischen Ackerbaus[34], den Osten des Erdteils erreicht er aber erst spät in der Bronzezeit[35]. Hier ist Mohn nur als Streufund nachgewiesen, überwiegend in unverkohlt-skelettierter Form. Zwar kann Mohn sich zeitenüberdauernd in einer Siedlung als Unkraut halten, dennoch werten wir ihn hier als Kulturpflanze.

Mohn ist in Feudvar bezeichnend für die frühbronzezeitlichen Schichten D bis G der Westburg (Abb. 62), in der Ostburg für die mittleren Plana (Abb. 63). Die erreichten Werte sind sehr gering, maximal 7 % in den eisenzeitlich datierten Kollektionen aus der Westburg.

Der Anstieg der Nachweisdichte in der Spätbronzezeit und zur Eisenzeit, wie er für Agios Mamas und Kastanas in Nordgriechenland bezeichnend ist[36], kann hier nicht nachverfolgt werden, da ausgeprägte spätbronzezeitliche Schichten fehlen und die eisenzeitlichen durch die Oberflächennähe fundärmer sind als die tiefliegenden früh- und mittelbronzezeitlichen Schichten.

Es gibt von zehn Mohnsamen Maße: L 0,77 (0,6–0,9) B 0,58 (0,5–0,7) mm; L : B 1,34 (1,00–1,80).

---

34 Bakels 1982.
35 Becker / Kroll 2008, 33 f.
36 Becker / Kroll 2008, 33 f.; Kroll 1983, 59 f.

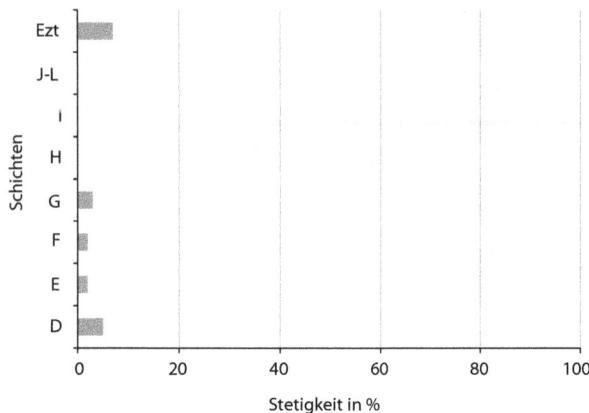

Abb. 62. Feudvar, Pflanzenfunde. Mohn, Papaver somniferum. Stetigkeit in den reinen Schichten der Westburg.

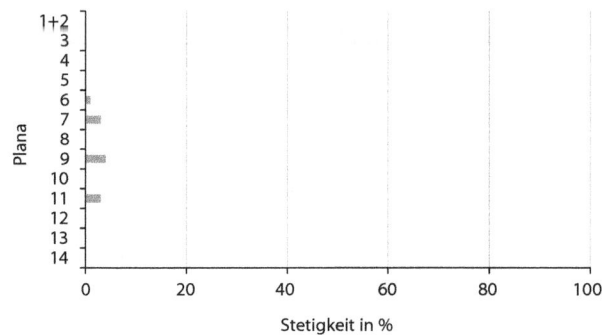

Abb. 63. Feudvar, Pflanzenfunde. Mohn, Papaver somniferum. Stetigkeit in den Plana der Ostburg.

2.3.4 Lein / Flachs, *Linum usitatissimum*

Gefundene Reste: verkohlte Samen, ein verkohltes Leinstengelbündel; drei verkohlte Garnknoten, häufig Lein oder Flachs – im Deutschen werden die zwei Nutzungsweisen auch durch die Namen deutlich: Lein für die Samen- und Ölnutzung und Flachs für die Fasernutzung. Lein ist *founder crop* des altweltlichen Ackerbaus.

Aus dem Komplex Nr. 2010/15 in der Westburg (BU 118 Fundpunktangabe 73/95, Tiefe 123,40 m), Schichten G bis H, stammt ein verkohltes Material, das als „Geflecht?" geborgen wurde. Es ist ein Leinstengelbündel. Leider ist es nicht so fundreich wie das mittelalterliche Leinstengelbündel von Oldenburg in Holstein[37]. Es enthielt, vorsichtig auseinander genommen, nur drei Körner Einkorn, eine Einkorn-Spelzbase, eine Teilfrucht Eisenkraut, zwei Gänsefußsamen, vier Körner der Ackertrespe und zwei des kleinsamigen Lolches. Und diese können zudem noch sekundäre Beimengungen des Umfeldes sein. Keine Leinsamen und leider auch keine Leinunkräuter. Das Stengelbündel zeugt von der Nutzung des Leins / Flachses als Faserpflanze. Ebenfalls sehr selten sind Garnknoten. Die speziellen Bedingungen des festen Knotens sorgen dafür, dass die Fasern nicht auseinander fallen, sondern die rüden Aufbereitungsmethoden der Bodenproben heil als Ganzes überstehen. Es sind drei Stück aus der Frühbronzezeit, einer aus Schicht E, zwei aus Schicht G. Die tiefe Lage hat zudem für gute Konservierungsbedingungen gesorgt. Ob nun Knoten eines Netzes oder anderes, bleibt offen.

Verkohlte Leinsamen sind regelmäßige Funde. Es werden durchaus Nachweisdichten von maximal 20 % Stetigkeit erreicht (Abb. 64). Ein besonderes zeitliches Schwergewicht lässt sich nicht ausmachen. Da zum Jüngeren die Erhaltungsbedingungen schwierig werden, die Nachweisdichte aber nicht abnimmt, sondern eher zunimmt (Abb. 65; 66), kann angenommen werden, dass Leinenindustrie im Jüngeren mehr Bedeutung hatte als im Älteren. In Agios Mamas hatten wir 13 % Stetigkeit im Älteren als gewichtigen Hinweis auf entwickelten Hausfleiß in der Leinenproduktion gewertet[38].

Ein Massenfund von Leinsamen als Hinweis auf die Samen- und Ölnutzung des Leins fehlt. Es gibt aber eine Kollektion mit vielen Leinsamen (Tab. 35). Die Ölnutzung ist im Ganzen sehr wahrscheinlich. Das Öl aus den Samen ist einerseits ein hochwertiges Lebensmittel und andererseits auch technisch für viele Zwecke zu gebrauchen. Leinöl trocknet, Firnis beispielsweise ist klar getrocknetes Leinöl, Fensterkitt besteht aus Leinöl mit Kreide. Die Verwendungen des Leinöls sind äußerst vielseitig, wie auch durch den Art-Beinamen *usitatissimum* deutlich wird.

Lein ist eine empfindsame Kulturpflanze, die äußerster Sorgfalt bedarf. Sie erfordert die Einhaltung langer Fruchtfolgen und darf nicht nach sich selbst oder nach bestimmten anderen Feldfrüchten angebaut

---

37　Kroll / Willerding 2004. Berühmt sind die Leinstengelfunde der Feddersen Wierde: Körber-Grohne 1967, bes. 147–168 Taf. 21–33, bes. Taf. 21.

38　Becker / Kroll 2008, 33 f. Abb. 9. Zum Wollschaf und zur Textilverarbeitung ebd. 154–158; 170–174.

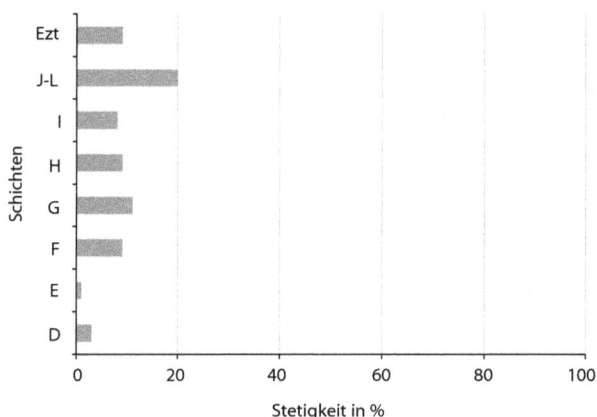

Abb. 64. Feudvar, Pflanzenfunde. Lein / Flachs, Linum usitatissimum. Stetigkeit in den reinen Schichten der Westburg.

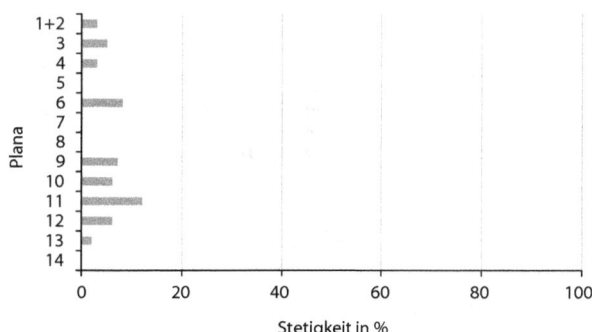

Abb. 65. Feudvar, Pflanzenfunde. Lein / Flachs, Linum usitatissimum. Stetigkeit in den Plana der Ostburg.

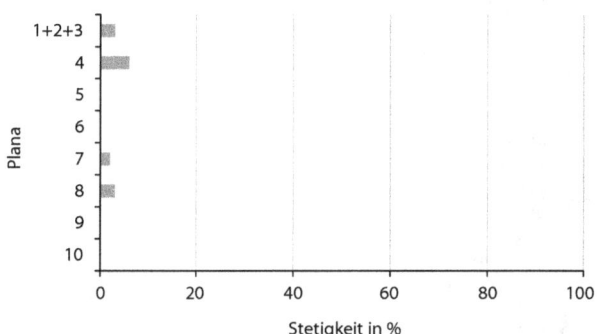

Abb. 66. Feudvar, Pflanzenfunde. Lein / Flachs, Linum usitatissimum. Stetigkeit in den Plana von Schnitt D.

werden. Die Termine für Aussaat, Pflegemaßnahmen und Ernte sind streng einzuhalten. Unkraut mindert den Ertrag und muss rechtzeitig kontrolliert und gezogen werden. Auf jede Unachtsamkeit reagiert Lein mit kümmerlichem Wuchs, was zu Einbußen in Quantität und Qualität führt.

Die zahllosen Einzelschritte der Aufbereitung zur Faser, das Spinnen, das Einrichten des Webstuhls und das Weben selbst erfordern tiefe Sachkenntnis, Fleiß und unsägliche Geduld. Ziel ist ein feines weißes Tuch. Dieses Leinen altert in Schönheit, es wird mit jedem pflegenden Waschen weißer und weicher. Aber nicht nur feine Textilien lassen sich daraus herstellen, sondern auch grobes Tuch und harte Garne, die wiederum zu Leinen im Sinne von Seilen zusammengedreht werden können.

2.3.5 Wegrauke, *Sisymbrium*

Gefundene Reste: verkohlte Samen, ein Massenfund, sehr selten

Die Wegrauken sind kurzlebige, kleinsamige Pflanzen, die am Wege gesammelt werden können. Ein Massenfund der Wegrauke stammt aus dem Komplex 2056 der Westburg, dort gab es viel Rauke in drei der neun Proben: 18 Samen in der einen, 12196 in der zweiten und 193 Samen in der dritten Probe.

Über den Massenfund wurde schon berichtet. Wir zitieren das nicht leicht zugängliche, mehr als 20 Jahre alte Original aus dem Tagungsband IWGP Nitra[39].

„Die Raukensaat von Feudvar (Tab. 2 [hier Tab. 36]) liegt zum Großteil zu bis fingernagelgroßen Klumpen verbacken vor. Manche Samen sind zu wenigen miteinander verklebt. Spärlich konnten Einzelfunde ausgelesen werden. Diese Einzelsamen haben im Durchschnitt die Form und die Struktur der Oberfläche am besten bewahrt. Soweit es erkennbar ist, zeigen die verbackenen keine Abweichungen und keine Beimengungen von Schotenbruch oder anderen Samen und Früchten. Dies ist ein Hinweis darauf, daß eine beträchtliche Saatmenge, von Menschenhand geerntet und gründlich gereinigt, in einem Feuer verkohlte. Die Mehrzahl der in Tabelle 2 [hier Tab. 36] aufgeführten Taxa gehören demnach primär nicht zur Sisymbrium-*Samenmasse, sondern stellen Streufunde allgemeiner Art dar.*

---

39   Kroll 1991 b, 189 ff.

Komplex-Nr. W ...	2106	
Schicht	**G**	
Getreide		Getreide
Triticum monococcum	346	Einkorn
T. monococcum, Spelzbase	93	Einkorn, Spelzbase
Hordeum vulgare vulgare	77	Vierzeil-Spelzgerste
H. vulgare, Spindelglied	1	Vierzeilgerste, Spindelglied
Triticum dicoccon / T. timopheevii	1	Emmer / Sanduri
Cerealia indet.	115	unbestimmtes Getreide
Öl- und Faserpflanzen		Öl- und Faserpflanzen
Lallemantia iberica	**146**	Lein / Flachs
Sisymbrium	23	eine Wegrauke
Camelina sativa	3	Leindotter
Hülsenfrüchte		Hülsenfrüchte
Vicia ervilia	6	Linsenwicke
Lens culinaris	2	Linse
Obst und Nüsse		Obst und Nüsse
Fragaria	1	eine Erdbeere
Trapa natans	1	Wassernuss
Mögliche Nutzpflanzen		Mögliche Nutzpflanzen
Verbena officinalis	1	Eisenkraut
Technische Materialien		Technische Materialien
Phragmites australis, Halme	1	Schilfrohr, Halme
Unkräuter i.w.S.		Unkräuter i.w.S.
Bromus arvensis	37	Ackertrespe
Fallopia convolvulus	33	Windenknöterich
Setaria viridis / S. verticillata	26	Grüne / Quirl-Borstenhirse
Lolium, kleinfrüchtig	23	kleinfrüchtiger Lolch
Trifolium-Typ	8	Klee-Typ
Dasypyrum villosum	6	‚Zottiges Korn‘
Galium spurium	5	Saatlabkraut
Bupleurum rotundifolium	3	Ackerhasenohr
Polygonum aviculare	3	Vogelknöterich
Agrostemma githago	2	Kornrade
Nicht näher Bestimmes		Nicht näher Bestimmtes
Chenopodiaceae	407	Gänsefußgewächse
Poaceae	9	Süßgräser
Summe (n)	**1379**	**Summe (n)**

Tab. 35. Feudvar, Pflanzenfunde. Kollektion mit viel Lein / Flachs, Linum usitatissimum. Fundmengen.

Wozu mag die Sisymbrium-*Saat gedient haben? Den entscheidenden Hinweis geben allein die wissenschaftlichen Namen des Linnéschen Systems.* Sisymbrium officinale *war ehedem offizinell als Semen Erysimi und als Herba Erysimi gegen Husten. Wirkstoff ist ein schwefelhaltiges ätherisches Öl in den Samen, die auch scharfschmeckende Senfölglycoside und fettes Öl enthalten. Aufgrund seiner oberflächlichen Ähnlichkeit mit* Verbena officinalis *hieß* Sisymbrium officinale *in vorlinnéscher Zeit auch Gelbes Eisenkraut,* verbena femina, v. recta *oder* v. mas. *Ein Wundermittel soll* Descurainia sophia *gewesen sein. Der Artname* Sophia *leitet sich her vom Beinamen* sophia chirurgorum, *Weisheit der Wundärzte. Die Namen* Erysimum *und* (Sisymbrium) irio *stammen ebenfalls aus dem Griechischen.* Eryomai *heißt ich rette oder helfe (nach Hegi).*

Die Samen von Sisymbrium officinale *und verwandten Arten lassen sich leicht ernten. Denn die Schoten bleiben auch dann noch lange geschlossen, wenn die hapaxanthe Pflanze bereits abgestorben ist. Die charakteristisch steif-sparrige Pflanze ist auch kahl gut zu erkennen. In Bezug auf das Unterbleiben der spontanen Öffnung der Schoten unterscheiden sich die ein- bis zweijährigen* Sisymbrium-*Arten um S.* officinale *nicht von* Descurainia sophia, *deren Samennutzung aus dem Neolithikum der Schweiz und Südwestdeutschlands nachgewiesen ist (vgl. Schlichtherle 1981). Auch* Descurainia sophia *ist ein sogenannter Wintersteher. Die Samen dieser Art neigen sogar dazu, auf der Pflanze in den Schoten zu überwintern, wenn die Pflanzen nicht an der Erdoberfläche abbrechen und als Steppenroller vom Wind verdriftet werden. Dabei brechen die Schoten leicht und geben die Samen frei. Ähnliches gilt für die* Sisymbrium-*Arten.*

Demnach ist eine Nutzung der Samen wahrscheinlich. Als Grundnahrungsmittel können solche gesammelten Samen wohl nicht gelten, wenn auch der Samenreichtum üppiger Pflanzen den Sammler bald mit einem gewichtigen und gefäßfüllenden Ergebnis befriedigt. Die Übergänge zwischen pflanzlicher Droge und gesundem Lebensmittel sind fließend, so daß eher eine Mittelstellung zwischen beidem anzunehmen ist als

Komplex-Nr. W ...	2056/5	2056/6	2056/7	
Schicht	**G**	**G**	**G**	
Getreide				Getreide
Triticum monococcum	565	846	**8256**	Einkorn
Tr. monococcum, Spelzbase	116	265	**2117**	Einkorn, Spelzbase
Hordeum vulgare vulgare	46	39	398	Vierzeil-Spelzgerste
H. vulgare, Spindelglied		4	2	Vierzeilgerste, Spindelglied
Triticum dicoccon / T. timopheevii	9	33	51	Emmer / Sanduri
Tr.dic. / T. timoph., Spelzbase	2			Emmer / Sanduri, Spelzbase
Hirsen				Hirsen
Panicum miliaceum			2	Rispenhirse
Öl- und Faserpflanzen				Öl- und Faserpflanzen
Sisymbrium	**18**	**12196**	**193**	eine Wegrauke
Linum usitatissimum, Garnknoten		1		Lein / Flachs, Garnknoten
Hülsenfrüchte				Hülsenfrüchte
Lens culinaris	2	2	2	Linse
Pisum sativum	1	1		Erbse
Vicia ervilia	4	7	7	Linsenwicke
Lathyrus sativus			1	Platterbse
Obst und Nüsse				Obst und Nüsse
Fragaria		6	10	eine Erdbeere
Prunus spinosa	1			Schlehe
Pyrus	1			ein Birnbaum
Rubus fruticosus			1	Brombeere
Sambucus ebulus			1	Attich
Mögliche Nutzpflanzen				Mögliche Nutzpflanzen
Teucrium-Typ	1	5	5	Edelgamander-Typ
Malva		2		eine Malve
Carthamus lanatus			1	Wolliger Saflor
Lithospermum arvense			1	Ackersteinsame
Verbena officinalis	1			Eisenkraut
Technische Materialien				Technische Materialien
Phragmites australis, Halme		1	1	Schilfrohr, Halme
Schoenoplectus lacustris	3			Seebinse
Unkräuter i.w.S.				Unkäuter i.w.S.
Bromus arvensis	12	17	13	Ackertrespe
Fallopia convolvulus	10	13	10	Windenknöterich
Agrostemma githago	5	4	21	Kornrade
Bromus, langfrüchtig	4	4	10	eine langfrüchtige Trespe
Lolium, kleinfrüchtig	3	10	1	ein kleinfrüchtiger Lolch
Dasypyrum villosum	5	2	1	‚Zottiges Korn‘
Glaucium corniculatum	1	2	1	Roter Hornmohn
Galium spurium		1	21	Saatlabkraut
Trifolium-Typ	4	5		Klee-Typ
Bupleurum rotundifolium	2	3		Ackerhasenohr
Polygonum aviculare	1		4	Vogelknöterich
Lithospermum officinale		2	2	Echter Steinsame
Setaria viridis / S. verticillata		13		Grüne / Quirl-Borstenhirse
Digitaria	5			eine Fingerhirse
Persicaria maculosa		3		Flohknöterich
Solanum nigrum		2		Schwarzer Nachtschatten
Agrimonia eupatoria		1		Odermennig
Mentha			1	eine Minze
Petrorhagia saxifraga		1		Felsennelke
Silene-Typ		1		Leimkraut-Typ
Wasserpflanzen				Wasserpflanzen
Characeae		1		Armleuchteralgen
Euphorbia palustris		1		Sumpfwolfsmilch
Nicht näher Bestimmes				Nicht näher Bestimmtes
Chenopodiaceae	34	106	71	Gänsefußgewächse
Poaceae	4	14	4	Süßgräser
Lamiaceae		2		Lippenblütler
Polygonaceae		2		Knöterichgewächse
Rosaceae	2			Rosengewächse
Sonstiges				Sonstiges
verkohlter Speisebrei	1			verkohlter Speisebrei
Summe (n)	**863**	**13618**	**11209**	**Summe (n)**

Tab. 36. Feudvar, Pflanzenfunde. Kollektionen mit viel Wegrauke, Sisymbrium. Fundmengen.

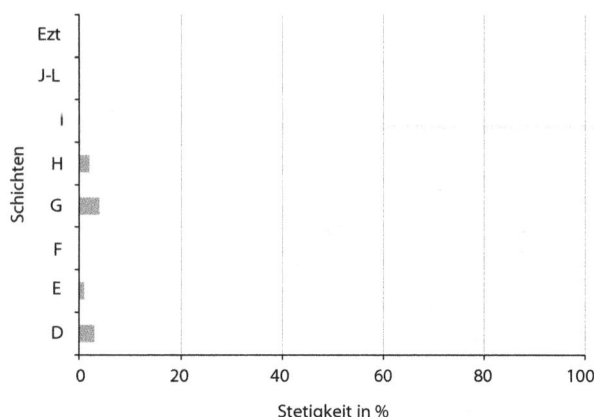

Abb. 67. Feudvar, Pflanzenfunde. Wegrauke, Sisymbrium. Stetigkeit in den reinen Schichten der Westburg.

das eine oder das andere. Da die Sisymbrium*-Arten allgegenwärtige Ruderalunkräuter sind, genügt eine fördernde Schonung der Pflanzen, um ausreichend Samen sammeln zu können. Daher ist wohl nicht anzunehmen, daß es sich bei unserm Fund um Saatgut handelt. Sind junge Blätter und Triebe genutzt worden, beschränkt sich die Nutzung ohnehin auf die Winter- und Frühlingsmonate, in denen man das Grünzeug ebenso leicht sammeln kann wie die Samen nach der Reife. Das ausdauernde* Sisymbrium strictissimum *hat im Gegensatz zu den kurzlebigen Arten dicke, fleischige, meerrettichartig-scharfe Wurzeln. Diese Art kommt aber wegen größerer Samen als Stammart des Fundes von Feudvar nicht in Frage.*"

Die Wegrauke ist bezeichnend für das ältere Schichtpaket von Feudvar, für die frühbronzezeitlichen Schichten D bis G und für die mittelbronzezeitliche Schicht H der Westburg (Abb. 67). In Kollektion E 2215 Planum 9 der Ostburg sind *Sisymbrium*-Samen miteinander verbacken, ein weiterer Hinweis auf Vorräte. Ohne den Massenfund W 2056/6 hätten wir den Nutzpflanzencharakter von *Sisymbrium* in Feudvar nicht erkannt. Die Fundmengen sind sonst sehr gering.

Es gibt einige Maße aus W 2056/6 (n = 25): L 1,2 (1,1–1,4) B 0,7 (0,5–0,9) mm, L : B 1,76 (1,22–2,20) und ein Tausendkorngewicht der selben Herkunft von 0,17 g.

Ein weiterer Massenfund aus eigenen Analysen stammt aus Norddeutschland, aus Ribnitz-Dammgarten in Mecklenburg-Vorpommern, und datiert in die späte Bronzezeit oder frühe Eisenzeit[40]. Die Tausendkorngewichte betragen dort 0,23 g und 0,16 g.

Zur weiteren potentiellen Ölpflanze *Cephalaria* - Schuppenkopf siehe unten S. 135 in der Rubrik Mögliche Nutzpflanzen.

2.4 Hülsenfrüchte

2.4.1 Linse, *Lens culinaris*

Gefundene Reste: verkohlte Samen, trivial

Die Linse *Lens culinaris* ist *founder crop* des altweltlichen Ackerbaus. In Feudvar ist sie die stetigste und häufigste Hülsenfrucht. Die Linsenpflanze ist sehr zart und schmal im Laub, niederliegend, mit winzigen Blütchen und kleinen, wenigsamigen Hülsen. Erbse, Platterbse, Ackerbohne und Kicher entwickeln dagegen stattliche, konkurrenzfähige Pflanzen mit großen Früchten und ansehnlichen Samen darin. Linsenpflanzen wachsen nicht schneller als das Unkraut, man muss sie jäten, hegen und pflegen. Linsenanbau ist aufwendig.

Linsen sind klein (Tab. 37), eine Linse wiegt weniger als ein Getreidekorn. Es gibt zwei Tausendkorngewichte: W 3152 Schicht E 5,66 g; W 2010/2 Schicht G 6,08 g.

Die Lagerfähigkeit als trockene Saat, auch der Wohlgeschmack und die Beliebtheit der Linsengerichte haben offenbar alle Nachteile dieser alten Kulturpflanze aufgewogen. Sie ist zu allen Zeiten zugegen mit gleichmäßiger Stetigkeit (Abb. 68; 69) und Fundmenge. Sie hat im Gegensatz zu Erbse und Linsenwicke kein Schwergewicht in den älteren Perioden, sondern ist gleich bleibend wichtig.

Da Linsen überwiegend von Hand geerntet werden – die ganze Pflanze mit den reifen Hülsen wird aus der Erde gezogen –, sind Linsenmassenfunde meist sehr rein (Tab. 38). Auch wenn man sie mit einem Stützgetreide als Gemenge anbaut, wird sie bei der Ernte mit der Hand getrennt und getrennt gedroschen[41].

---

40   Kroll 2004.
41   Horneburg 2003.

Nr.	Schicht od. Planum-Nr.	L min-max	B min-max	H min-max	L:B min-max	L:H min-max	B:H min-max	n
W 3558	E	2,81 2,4 - 3,4	1,80 1,5 - 2,2	3,18 2,3 - 3,9	1,56 1,29 - 1,80	0,89 0,80 - 1,07	0,57 0,47 - 0,70	25
W 3152	E	2,77 1,9 - 3,5	1,71 0,9 - 2,0	2,96 1,7 - 3,6	1,64 1,32 - 2,67	0,94 0,78 - 1,41	0,58 0,38 - 0,88	50
W 2077	F F	2,82 2,0 -3,8	1,78 1,4 - 2,1	3,11 2,4 - 3,8	1,59 1,15 - 1,90	0,90 0,83 - 1,00	0,58 0,47 - 0,74	25
E 2326/1	11	2,79 2,2 - 3,3	1,88 1,4 - 2,5	2,97 2,3 - 3,7	1,50 1,14 - 1,71	0,94 0,86 - 1,03	0,63 0,52 - 0,79	25
E 1326 a	6	2,71 2,0 - 3,3	1,81 1,4 - 2,1	2,76 2,2 - 3,5	1,50 1,32 - 1,71	0,98 0,86 - 1,18	0,67 0,57 - 0,75	25
D 700	6	2,83 2,2 - 3,3	1,94 1,5 - 2,5	3,05 2,5 - 3,6	1,47 1,29 - 1,76	0,93 0,85 - 1,11	0,64 0,52 - 0,80	25
W 2010/2	G	2,70 2,0 - 3,5	1,50 1,2 - 1,9	2,80 2,2 - 3,5	1,74 1,35 - 2,33	0,96 0,84 - 1,12	0,56 0,43 - 0,68	50
E 1317	6	2,70 2,0 - 3,5	1,80 1,3 - 2,2	2,80 2,1 - 3,7	1,48 1,19 - 2,00	0,96 0,80 - 1,22	0,65 0,49 - 0,80	50
E 1711/2	7	2,75 2,1 - 3,4	1,91 1,4 - 2,6	2,90 2,2 - 3,9	1,46 1,15 - 1,80	0,95 0,81 - 1,13	0,66 0,48 - 0,82	25
W 1401/39	F + G	3,13 2,4 - 4,0	2,10 1,4 - 2,7	3,02 2,4 - 3,8	1,51 1,19 - 1,75	1,02 0,89 - 1,18	0,68 0,47 - 0,79	15
W 1401/53	H	2,92 2,2 - 3,5	1,89 1,4 - 2,6	3,30 2,5 - 3,8	1,56 1,32 - 1,94	0,92 0,84 - 1,07	0,59 0,49 - 0,69	15
W 3145	E	2,73 2,0 - 3,7	1,79 1,3 - 2,3	3,01 2,1 - 4,1	1,54 1,21 - 1,79	0,91 0,80 - 1,00	0,60 0,50 - 0,73	40

Tab. 37. Feudvar, Pflanzenfunde. Linse, Lens culinaris. Maße.

Zeitstufe	MBZ	FBZ	FBZ	Zeitstufe
Schicht	G+F	G	G	Schicht
Komplex-Nr. W	1401/39	2010/2	2052/7	deutscher Name
Getreide				Getreide
Triticum monococcum	r	r	31	Einkorn
Tr. monococcum, Spelzbase		r	+	Einkorn, Spelzbase
Hordeum vulgare vulgare	r	r	5	Vierzeil-Gerste
Tr. dicoccon / Tr. timopheevii	r		+	Emmer / Sanduri
Tr. dic. / Tr. timoph., Spelzb.			r	Emmer / Sanduri, Spelzbase
Triticum aestivum, Spindelglied	r			Saatweizen, Spindelglied
Hülsenfrüchte				Hülsenfrüchte
Lens culinaris	+	**99**		Linse
Pisum sativum	**98**			Erbse
Vicia ervilia			**63**	Linsenwicke
Obst und Nüsse				Obst und Nüsse
Sambucus ebulus			r	Attich
Mögliche Nutzpflanzen				Mögliche Nutzpflanzen
Teucrium-Typ		r		Edelgamander-Typ
Unkräuter i.w.S.				Unkräuter i.w.S.
Bromus arvensis	r	r	r	Ackertrespe
Lolium, kleinfrüchtig	r	r	r	ein kleinfrüchtiger Lolch
Fallopia convolvulus	r	r		Windenknöterich
Setaria viridis / S. verticillata	r	r		Grüne / Quirl-Borstenhirse
Vicia-Typ	+		r	Wicke-Typ
Agrostemma githago			r	Kornrade
Bromus, langfrüchtig	r			eine langfrüchtige Trespe
Digitaria			r	eine Fingerhirse
Polygonum aviculare	r			Vogelknöterich
Sherardia arvensis		r		Ackerröte
Solanum nigrum	r			Schwarzer Nachtschatten
Nicht näher Bestimmtes				Nicht näher Bestimmtes
Chenopodiaceae	r	r	r	Gänsefußgewächse
Polygonaceae	r		r	Knöterichgewächse
Asteraceae	r			Korbblütler
Lamiaceae	r			Lippenblütler
Poaceae	r			Süßgräser
Summe (n)	2963	699	887	**Summe (n)**

Tab. 38. Feudvar, Pflanzenfunde. Massenfunde von Hülsenfrüchten. Erbse, Pisum sativum, Linse, Lens culinaris und Linsenwicke, Vicia ervilia. Gewichtsprozente in ganzen Zahlen. + < 1 %, > 1 ‰. r < 1 ‰.

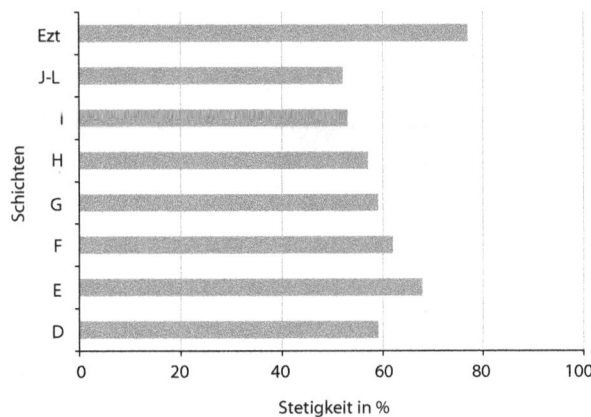

Abb. 68. Feudvar, Pflanzenfunde. Linse, Lens culinaris. Stetigkeit in den reinen Schichten der Westburg.

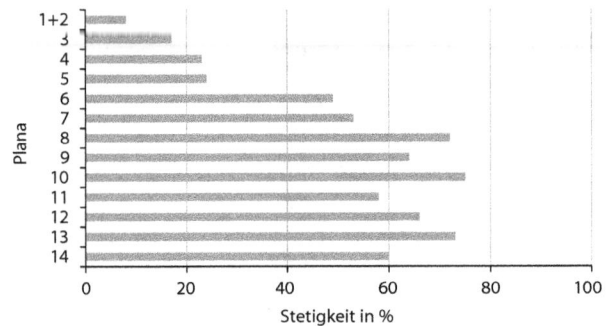

Abb. 69. Feudvar, Pflanzenfunde. Linse, Lens culinaris. Stetigkeit in den Plana der Ostburg.

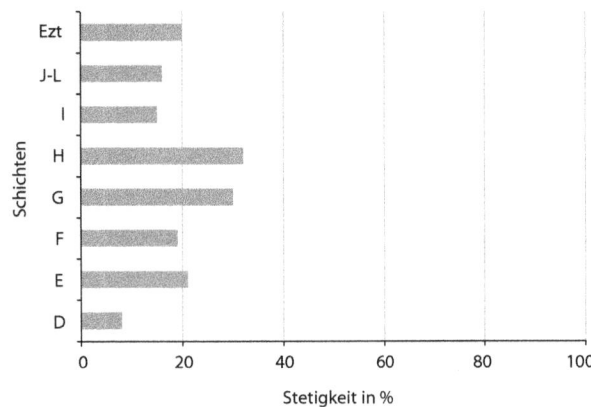

Abb. 70. Feudvar, Pflanzenfunde. Erbse, Pisum sativum. Stetigkeit in den reinen Schichten der Westburg.

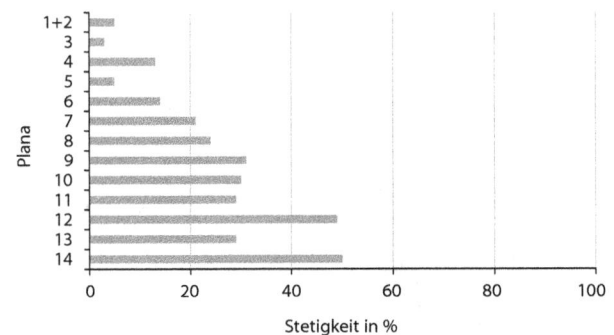

Abb. 71. Feudvar, Pflanzenfunde. Erbse, Pisum sativum. Stetigkeit in den Plana der Ostburg.

2.4.2 Erbse, *Pisum sativum*

Gefundene Reste: verkohlte Samen, trivial

Die Erbse *Pisum sativum* teilt sich mit der Linsenwicke den zweiten Platz unter den Hülsenfrüchten von Feudvar, nach der dominierenden Linse, die stets an erster Stelle steht.

Im Vergleich zu Linse und Linsenwicke sind Erbsen stattliche Pflanzen mit dicken, samenreichen Hülsen. Auch sie sind nicht sonderlich standfest und brauchen eine Stütze, an der sich aus Blattfiedern zu Ranken umgebildete Wickelorgane festhalten. Standfestes hohes Getreide ist eine gute Stütze für Erbsen. Erbsen ertragen eine weite Klima-Spanne, sie sind wohlschmeckend und nahrhaft, leicht anzubauen und gut lagerfähig, die Zubereitungen sind variantenreich, dennoch stehen sie an zweiter Stelle der Hülsenfrüchte. Erbsen sind als Variationen des Runden nicht immer leicht zu bestimmen, deshalb ist ihr Anteil an den Unbestimmten Hülsenfrüchten vielleicht höher als der von Linse, Linsenwicke und Platterbse. Die Abtrennung vom unkrauthaften *Vicia*-Typ der Unkrautwicken- und Unkrautplatterbsen ist nicht immer scharf.

Frühe Erbsen aus Schicht E sind erstaunlich leicht: W 3152 Tausendkorngewicht 7,27 g; spätere aus Schichten F bis G sind schon schwerer: W 1401/39 Tausendkorngewicht 19,25 g. Maße der selben Herkunft (n = 100): L 3,35 (2,3–4,7) B 3,44 (2,4–4,5) H 3,67 (2,8–5,0) mm, L : B 0,98 (0,72–1,21) L : H 0,92 (0,67–1,21) B : H 0,94 (0,71–1,21) sowie Maße aus dem Komplex W 1172 Schicht F (n = 25): L 3,41 (2,5–4,5) B 3,57 (2,7–4,2) H 3,64 (2,8–4,3) mm, L : B 0,96 (0,74–1,29) L : H 0,94 (0,74–1,13) B : H 0,98 (0,88–1,09).

Die Erbse hat ihr Schwergewicht in den früh- und mittelbronzezeitlichen Schichten D bis H und die Stetigkeit verringert sich zum Jüngeren (Abb. 70; 71); zum Erbsen-Massenfund W 1401/39 siehe Tab. 38.

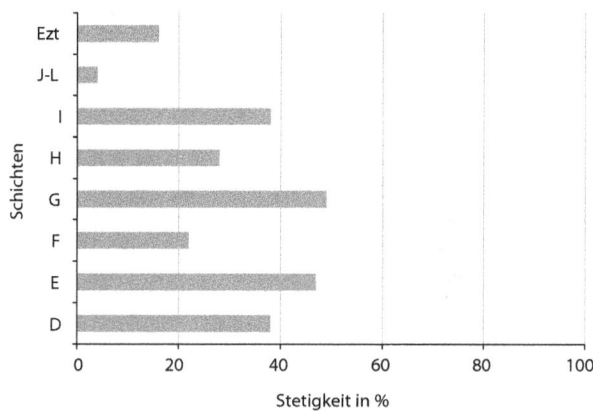

Abb. 72. Feudvar, Pflanzenfunde. Linsenwicke, Vicia ervilia. Stetigkeit in den reinen Schichten der Westburg.

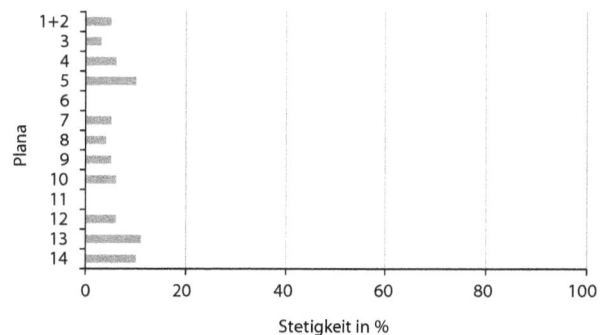

Abb. 73. Feudvar, Pflanzenfunde. Linsenwicke, Vicia ervilia. Stetigkeit in den Plana der Ostburg.

2.4.3 Linsenwicke, *Vicia ervilia*

Gefundene Reste: verkohlte Samen, trivial

Die Linsenwicke ist mit der Erbse die nachgeordnet häufige Hülsenfrucht nach der dominierenden Linse, die immer an erster Stelle steht (Abb. 72; 73). In der Ostburg steht sie an dritter Stelle, in der Westburg und in den Schnitten D und A an zweiter Stelle nach Stetigkeit und Fundmenge. In vielem ist die Linsenwicke der Linse sehr ähnlich. Als Beimischung in Linse fällt sie auf dem Felde kaum auf. Sie ist ebenso zart und klein wie die Linse. Die Samen aber sind grundverschieden von der Linse, ein gerundeter Tetraeder. Das ist unter den Leguminosen eine seltene Samenform. So sind Linsenwicke und Linse an ihrer bezeichnenden Samenform sehr leicht zu erkennen. In den Leg. sat. indet, in den Unbestimmten Hülsenfrüchten, sind beide wohl unterrepräsentiert.

Die Massenfunde (Tab. 38) belegen aber eindeutig, dass in der Vorgeschichte Linse und Linsenwicke durchaus als zwei verschiedene Hülsenfrüchte betrachtet wurden. Wir haben einen Massenfund der Linse und einen der Linsenwicke, beide aus der frühbronzezeitlichen Schicht G der Westburg. Getrennter Anbau oder zumindest getrennte Verarbeitung des Ernteguts ist daher anzunehmen.

Die Hülsen der Linsenwicke sind klein und wenigsamig, das Blattwerk ist zierlich und schmal, die ganze Pflanze nicht standfest. Sie braucht zur Reifezeit trockenes Wetter und trockenen Boden, um nicht zu verrotten. Die Zartheit der Pflanze macht unkrautarme Ackerböden oder häufiges Jäten nötig.

Wie bei der Erbse, so sind auch bei der Linsenwicke frühe Samen leichter und kleiner (Tab. 39) als spätere: Tausendkorngewicht W 3152 Schicht E 4,25 g, W 2952/7 Schicht G 6,02 g.

Die Verwendung der Samen ist die bei Hülsenfrüchten übliche. Die Kotyledonen unter der Samenschale sind leuchtend gelbrot, aus geschälten Linsenwicken lässt sich ein rotes Gericht kochen. Man sagt der Linsenwicke Minderwertigkeit nach, sie sei Viehfutter oder giftig für den Menschen. Das ist aber unzutreffend. Sie ist die zweite große Hülsenfrucht des Mittelmeergebiets und auch außerhalb der mediterranen Welt verbreitet. Sie ist bezeichnend für die prähistorischen Zeiten. Zu den klassischen Perioden hin und zum Mittelalter wird sie unbedeutend.

2.4.4 Platterbse, *Lathyrus sativus*

Gefundene Reste: verkohlte Samen, häufig

Sehr regelmäßig, aber in geringer Menge vertreten sind Funde von Platterbsensamen. Die Platterbsen der Gattung *Lathyrus* sind in manchem der Gattung Erbse *Pisum* ähnlich. Die Samen der angebauten Platterbsen-Arten Saat-Platterbse *L. sativus* und Kicher-Platterbse *L. cicera* aber unterscheiden sich von allen anderen angebauten Hülsenfrüchten dadurch, dass die Samen beilförmig sind. Sie haben eine Schneide, eine ausgeprägte scharfe Kante. Diese Schneide haben sie in jedem Fall, auch wenn sich die Form des Samens nach dem Platzangebot in der Hülse richtet. Samen am Hülsenende sehen anders aus als Samen in der Hülsenmitte; Samen ohne Nachbarn anders als vom Nachbarsamen bedrängte.

Nr.	Schicht od. Planum-Nr.	L min-max	B min-max	H min-max	L:B min-max	L:H min-max	B:H min-max	n
W 1108	H	2,47 2,1 - 3,4	2,46 2,1 - 3,3	2,50 2,2 - 3,4	1,01 0,89 - 1,14	0,99 0,86 - 1,09	0,98 0,91 - 1,13	15
W 3137	E + F	2,79 2,1 - 3,4	2,82 2,0 - 3,7	2,85 2,1 - 3,7	0,99 0,02 - 1,08	0,98 0,85 - 1,09	0,99 0,89 - 1,04	20
W 3128	E	2,52 2,0 - 3,4	2,55 2,0 - 3,5	2,57 2,0 - 3,2	0,99 0,92 - 1,09	0,98 0,87 - 1,08	0,99 0,88 - 1,09	15
W 3222	E + F	2,47 1,8 - 3,2	2,42 1,8 - 3,0	2,53 1,8 - 3,1	1,02 0,91 - 1,14	0,98 0,87 - 1,05	0,96 0,87-1,15	25
W 3152	E	2,60 1,8 - 3,3	2,49 1,6 - 3,4	2,58 1,8 - 3,2	1,05 0,94 - 1,13	1,00 0,92 - 1,08	0,96 0,83 - 1,13	25
W 2051	G	2,20 1,6 - 3,0	2,02 1,3 - 3,3	2,20 1,6 - 3,3	1,10 0,91 - 1,33	1,01 0,91 - 1,18	0,92 0,79 - 1,00	20
W 2110	F + G	2,69 1,9 - 3,2	2,58 1,7 - 3,4	2,69 2,0 - 3,0	1,05 0,91-1,30	1,00 0,87 - 1,09	0,96 0,93 - 1,13	17
W 2096/13	F G	2,80 2,2 - 3,2	2,60 2,0 - 3,1	2,80 2,2 - 3,4	1,09 1,00 - 1,22	1,01 0,88 - 1,10	0,92 0,81 - 1,00	12
W 2052/7	G	2,60 2,0 - 3,3	2,60 2,1 - 3,3	2,60 2,3 - 3,2	1,02 0,86 - 1,14	0,99 0,86 - 1,13	0,98 0,85 - 1,07	50
W 1402/2	F H	2,57 1,9 - 3,7	2,52 1,9 - 3,7	2,52 2,0 - 3,4	1,02 0,88 - 1,20	1,02 0,86 - 1,25	1,00 0,92 - 1,33	24

Tab. 39. Feudvar, Pflanzenfunde. Linsenwicke, Vicia ervilia. Maße.

Platterbsensamen sind zu allen Zeiten gleich regelmäßig stetig, 10 % Stetigkeit ist das Maximum (Abb. 74–76).

Platterbsen gehören zu den zweitrangigen Hülsenfrüchten. Man sagt ihnen nach, sie seien unbekömmlich. In der Tat muss das Zubereiten entgiftende Schritte enthalten wie das Weggießen des Einweichwassers, das Aufsetzen mit frischem Wasser oder ähnliches. Solche Zubereitungsfeinheiten müssen als bekannt vorausgesetzt werden.

2.4.5 Ackerbohne, *Vicia faba*

Gefundene Reste: verkohlte Samen, selten

Die Ackerbohne *Vicia faba* ist ungewöhnlich selten, sie erreicht nicht einmal 5 % Stetigkeit (Abb. 77; 78). Zwar kann es sein, dass sie und die Erbse in der Rubrik Leg. sat. indet., Unbestimmte angebaute Hülsenfrüchte, wegen der bei beiden wenig aussagekäftigen, allgemein runden Grundform überrepräsentiert sind. Wenn sich die Nachweisdichte dadurch vielleicht verdoppelte, wäre die Bohne immer noch seltener als die Platterbse. Ein weiterer Faktor, der die Verkohlungswahrscheinlichkeit erheblich verringerte, wären Sonderzubereitungen, z. B. als halbreifes Frühgemüse, wie wir sie heute etwa als zarte Dicke Bohnen sehr schätzen. Die allgemeine Fundstreuung durch alle Schichten und Plana würde so eine Annahme vielleicht nahe legen. Selbstverständlich kann man auch aus reifen Ackerbohnen herzhafte Bohnensuppen kochen.

Die Dicken Bohnen der großsamigen Varietäten lassen sich aber erst im Mittelalter und in der Neuzeit nachweisen[42]. Zu einem Tausendkorngewicht haben die Fundmengen aus Feudvar nicht gereicht, die bronzezeitlichen Bohnen von Agios Mamas wiegen 60 bis 90 g[43].

Im Anbau ist die Ackerbohne einfach, wenn man sie so früh wie möglich sät. Sie ist nicht zimperlich in der Frühlingskälte. Späte Saaten dagegen leiden sehr unter Blattläusen. Die Pflanze ist groß und stattlich, sodass vielleicht auch die Größe des Samens ihren Einfluss auf die Funddichte hat: Sie sind so groß, dass man sie aufliest, wenn sie drohen verloren zu gehen.

---

42   Unveröff.: Winsen bei Hamburg, frühe Neuzeit TKG 481 g. Agios Mamas, byzantinisch, hochgerechnet TKG 150 g.
43   Becker / Kroll 2008, 38 f. Tab. 13.

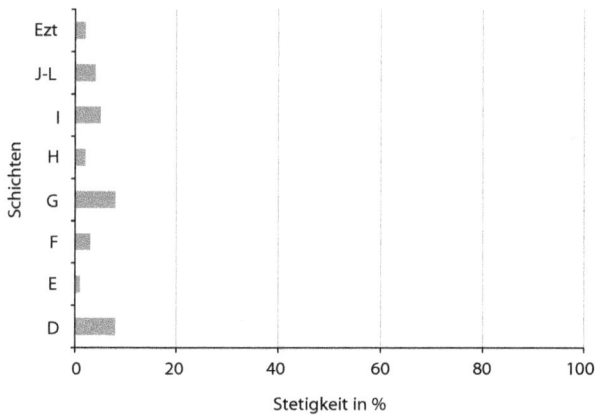

Abb. 74. Feudvar, Pflanzenfunde. Platterbse, Lathyrus sativus. Stetigkeit in den reinen Schichten der Westburg.

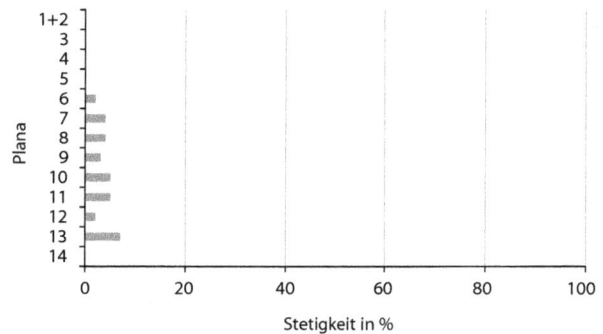

Abb. 75. Feudvar, Pflanzenfunde. Platterbse, Lathyrus sativus. Stetigkeit in den Plana der Ostburg.

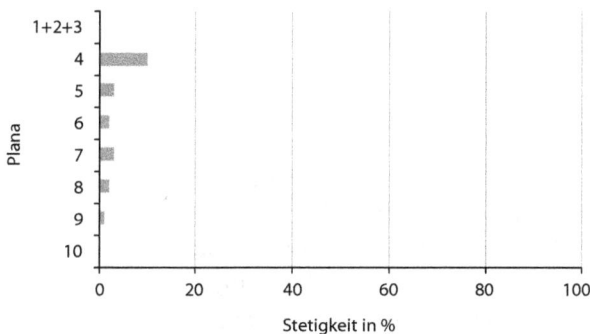

Abb. 76. Feudvar, Pflanzenfunde. Platterbse, Lathyrus sativus. Stetigkeit in den Plana von Schnitt D.

2.4.6 Kicher, *Cicer arietinum*

Gefundene Reste: ein verkohlter Same, sehr selten

Einen einzigen verkohlten Samen der Kichererbse *Cicer arietinum* haben wir in einer Probe aus Planum 9 der Ostburg gefunden. In Agios Mamas, im prähistorischen Olynth, ist die Kicher in den bronzezeitlichen Schichten ebenfalls selten, etwas mehr Stetigkeit, dennoch magere 8 %, erreicht sie dort in der byzantinischen, mittelalterlichen Zeit[44]. In Kastanas gibt es wie in Feudvar nur einen einzigen Samen[45], etwas mehr sind es in Tiryns[46]. Kichererbsen sind große Samen. Die Pflanze verwildert nicht. Seltene Feldfrüchte erntet man sorgfältig. Es entspringen dabei nur wenige Samen, die verkohlen könnten. Das Entspringen einer Kichererbse oder Bohne, beim Ausmachen aus den Hülsen, wird bemerkt und sie wird aufgelesen.

Man muss davon ausgehen, dass diese Hülsenfrucht bekannt, wirtschaftlich jedoch ohne jede Bedeutung war.

2.4.7 Unbestimmte Hülsenfrüchte, *Leguminosae sativae indeterminatae*

Gefundene Reste: verkohlte Samen, häufig

Linse, Linsenwicke, Platterbse und Kicher haben definierte Samenformen, Kanten und Ecken. Sie sind als Bruchstücke gut erkennbar und deshalb in der Rubrik Unbestimmte Hülsenfrüchte gering vertreten. Dieses Sammelsurium enthält wohl überwiegend Bruchstücke von Erbsen und Bohnen sowie große Samen des unkrauthaften Wicke-Typs, die gerundete Oberflächen haben.

---

44   Becker / Kroll 2008, 20 f. Abb. 6; 37 Abb. 10.
45   Kroll 1983, 56 f.
46   Kroll 1982.

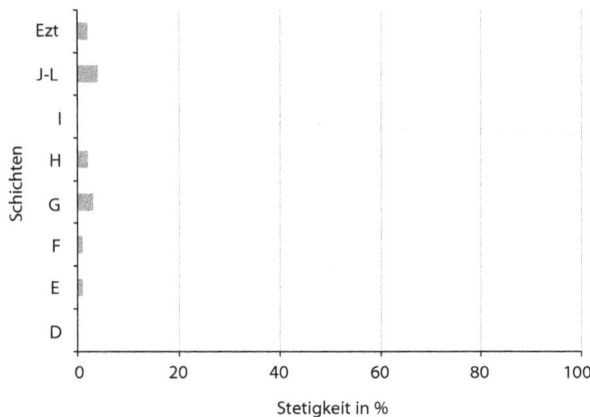

Abb. 77. Feudvar, Pflanzenfunde. Ackerbohne, Vicia faba.
Stetigkeit in den reinen Schichten der Westburg.

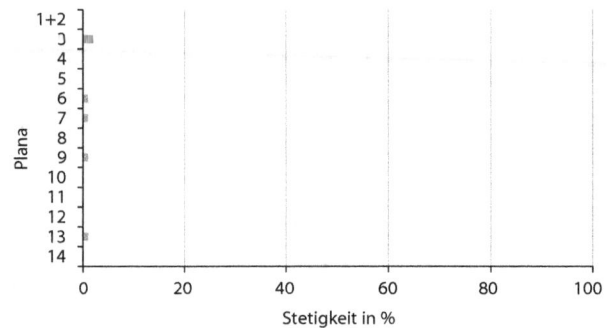

Abb. 78. Feudvar, Pflanzenfunde. Ackerbohne, Vicia faba.
Stetigkeit in den Plana der Ostburg.

2.5 Gemüse und Gewürze

2.5.1 Dill, *Anethum graveolens*

Gefundene Reste: verkohlte Teilfrüchte (Taf. 1,5), häufig

Von den 225 Dill-Früchten aus Feudvar stammen 224 aus der Westburg, ein weiterer Fund kommt aus der Ostburg. 120 Früchte stammen allein aus einer Probe, die oben beim Ölziest aufgeführt worden ist (W 3152, Tab. 34). Weitere 82 stammen aus dem Fund W 2096/13 und 2096/14, der beim Einkorn aufgelistet ist (dort nur r; Tab. 14). Die restlichen 23 Früchte sind Einzelfunde. Diese ungleiche Verteilung, Massenfunde einerseits, spärliche Streufunde andererseits (Abb. 79; 80), spricht für eine Kulturpflanze. Die Nachweise stammen aus allen Zeiten ohne besondere Schwergewichte der Verteilung.

Dill ist eine sehr alte Kulturpflanze[47]. Beheimatet in Vorderasien, vermag sie sich einige Zeit in Kulturland durch Selbstaussaat zu halten. Im Grunde ist sie aber darauf angewiesen, gesät und gepflegt zu werden. Der Anbau von Gewürzpflanzen, von denen man kein ganzes Feld, sondern nur ein kleines Stück Land braucht, ist Sonderkultur. Sonderkulturen sind eher Gartenbau als Ackerbau.

Dill ist eine allbekannte geschätzte Nutzpflanze, leicht zu ziehen und frohwüchsig. Frisches Kraut, getrocknetes Blattwerk und Saat haben beträchtliche Würzkraft. Es liegt nahe, sich in Feudvar den Fisch aus der Theiß mit Dill zubereitet vorzustellen.

Es gibt zwei Maße: W 3152 Schicht E (n = 25): L 2,18 (1,8–2,6) B 1,39 (1,2–1,8) mm, L : B 1,39 (1,18–1,64), Tausendkorngewicht 0,50 g. W 2096/13 Schicht F-G (n = 25): L 2,18 (1,5–2,7) B 1,53 (1,3–2,1) mm, L : B 1,44 (1,20–1,71).

Es gibt in Probe Nr. W 3152 weitere 97 (Tab. 34) nicht näher bestimmte Apiaceen. Es liegt nahe, auch hierbei an weitere genutzte oder angebaute Umbelliferen zu denken.

2.5.2 Gelbe Rübe, *Daucus*

Gefundene Reste: verkohlte Teilfrüchte, selten

Die Funde der Gelben Rübe verteilen sich auf Ostburg und Westburg sowie Schnitt D, es sind insgesamt nur zwölf. Die charakteristischen Borsten der vier Rippen aus Schwammgewebe fehlen immer, die vier Rippen aber sind einigermaßen gut erhalten und neben der Größe das entscheidende Merkmal.

Die Wilde Gelbe Rübe oder Wilde Möhre ist ein verbreitetes Gewächs in der synanthropen Vegetation des Siedlungsumfeldes. In nicht-blühendem Zustand ist es eine wenigblättrige Rosette mit dem fein zerteilten Möhrenlaub. Der Blütenstand ist auffällig, besonders durch die schwarzbraune Mohrenblüte im Zentrum der

---

47   Maier / Vogt 2001, 76.

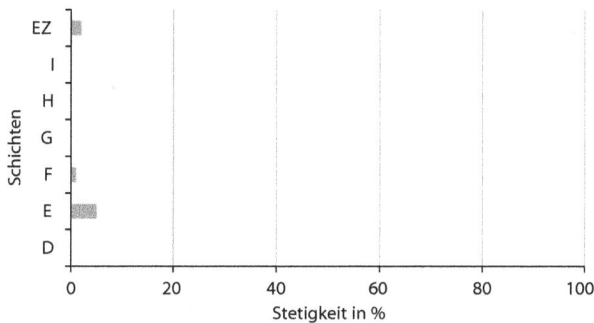

Abb. 79. Feudvar, Pflanzenfunde. Dill, Anethum graveolens. Stetigkeit in den reinen Schichten der Westburg.

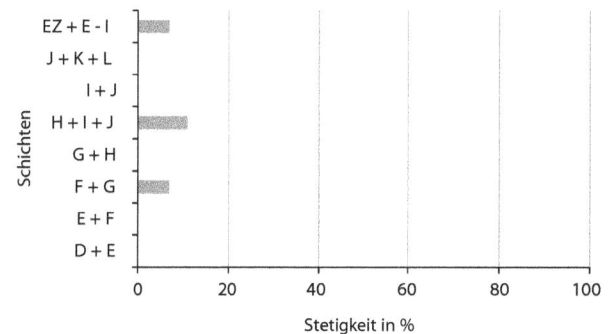

Abb. 80. Feudvar, Pflanzenfunde. Dill, Anethum graveolens. Stetigkeit in den Übergangsschichten der Westburg.

Hauptdolde. Zur Fruchtreife ziehen sich die Doldenäste zu einer vogelnestartigen Struktur zusammen. Die gelbweiße Wurzel ist faserig hart, aber wohlriechend und als Suppengrün nutzbar. Die Saat duftet ebenfalls nach Gelber Rübe, ist als Gewürz verwendbar und überall vom Wildstandort leicht zu ernten.

Die Karotten als rote Sonderformen der Möhre sind recht jung. Die alten gelben und weißen Sorten sind beinahe ins völlige Abseits gedrängt worden.

Die Gelbe Rübe ist hier als Gemüse und Gewürz aufgelistet. Ein Einreihen unter Mögliche Nutzpflanzen wäre ebenfalls möglich gewesen.

2.5.3 Sellerie-Typ, *Apium-Typ*

Gefundene Reste: verkohlte Teilfrüchte, sehr selten

Der Sellerie-Typ ist eine kleine Apiaceenhalbfrucht mit wenigen Merkmalen. Die im frischen Zustand bezeichnenden Rippen aus Schwammgewebe fehlen den verkohlten Früchten.

Sie sind sehr selten, die zwei Belege stammen aus der Ostburg, aus den tiefen Plana 11 und 13. Sellerie ist eine beliebte Würzpflanze mit strengem, aber angenehmem Duft.

Sonderformen von Sellerie sind in salzreichen Röhrichten zuhause, auch in gemäßigten Breiten. Dort wachsen sie kriechend und flutend. Die ertragreichen Zuchtsorten wachsen aufrecht auf trockenem Land, werden aber nur groß bei regelmäßiger Wasserversorgung.

Die Nutzung ist bekannt, die Saat als leicht zu verwahrende Zutat hat auch beträchtlich Würzkraft.

2.5.4 Bete oder Mangold, *Beta vulgaris*

Gefundene Reste: verkohlte Fruchtknäuel, sehr selten

Die Fruchtknäuel der Beta-Rüben – je nachdem, welches Organ genutzt wird, heißen sie Rüben, Weiße oder Rote Bete oder Mangold – sind ziemlich eigenschaftslos, ein rauhes Knäuel aus mehreren Blüten, die jeweils einen Samen ausbilden können. Ist das Knäuel angebrochen, wird der Blick frei auf die glatte, glänzende Innenwand der Frucht, ein ziemlich einzigartiges Merkmal. Nur so wird das Beta-Knäuel als solches erkennbar, entsprechend selten sind Nachweise.

Die wilden Beta-Rüben sind Küstenpflanzen auf dem sonnigen Spülsaum der altweltlichen Meere in den gemäßigten Breiten mit mildem Winterklima. Sie kommen aber auch sekundär auf salzreichen Stellen des Binnenlandes vor, das können auch stickstoffsalzreiche Standorte sein.

Das Blattwerk kann mit den Stielen als Gemüse zubereitet werden, die Rüben der Zuchtformen sind milde und zart, die wilden Rüben sind holzig. Es ist unbekannt, ob die Blattsorten älter sind als die Rübensorten.

Die Beta-Rübe muss mangels naher natürlicher Standorte in der Umgebung von Feudvar als Kulturpflanze gelten. Angebaut worden ist sie wohl auf kleinen Flächen als gartenartige Sonderkultur. Der Feldanbau zu Futterzwecken (Runkelrübe) oder für die Industrie (Zuckerrübe) ist jung.

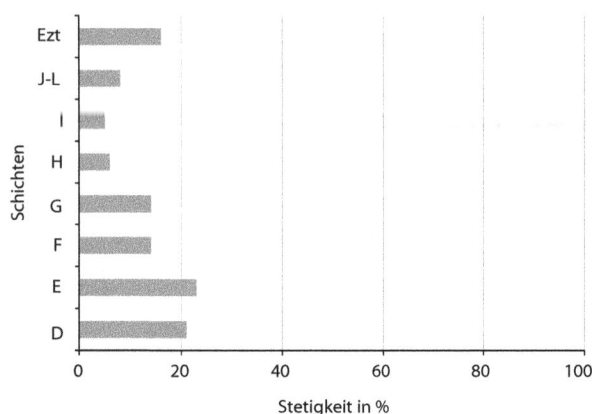

Abb. 81. Feudvar, Pflanzenfunde. Eine Erdbeere, Fragaria. Stetigkeit in den reinen Schichten der Westburg.

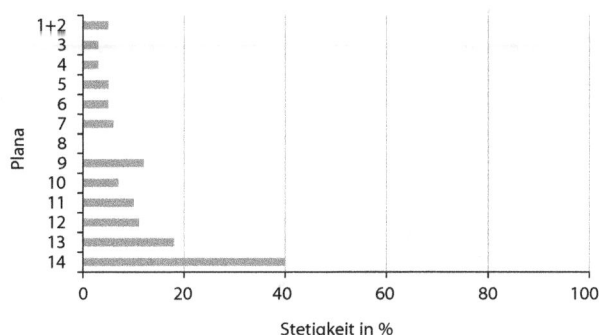

Abb. 82. Feudvar, Pflanzenfunde. Eine Erdbeere, Fragaria. Stetigkeit in den Plana der Ostburg.

2.6 Obst und Nüsse

Manche der Möglichen Nutzpflanzen sind so eindeutig Sammelfrüchte, dass sie hier eine eigene Rubrik bekommen, Obst und Nüsse. Auch hier ist es denkbar, dass ein Teil vielleicht unbeabsichtigt oder mit anderer Absicht in die Siedlung gelangt ist, als wir annehmen. Es ist uns bewusst, dass wir hier dem heutigen Verhältnis zu diesen Pflanzen folgen.

Auf ein Fehlen wird an dieser Stelle nachdrücklich hingewiesen: Es fehlt in Feudvar die bedeutendste Nuss, die Haselnuss. Nächste Standorte der Hasel kann man auf der anderen, rechten Seite der Donau, in dem Rumpfgebirge der Fruška Gora ("Frankenwald") vermuten. Dorthin gibt es offenbar keine Beziehung.

2.6.1 Erdbeere, *Fragaria*

Gefundene Reste: verkohlte Früchte (Nüsschen) (Taf. 1,8), trivial
Es gibt drei wilde Erdbeeren: Die eigentliche Wald-Erdbeere *Fragaria vesca*, die Zimt-Erdbeere *F. moschata* und die Knack-Erdbeere *F. viridis*. Alle drei sind wunderbar duftende Sammelfrüchte, die sich auch leicht in einen Anbau fügen. Wilde Erdbeeren sind klein, fingernagelgroß und nicht so überwältigend voll im Geschmack wie die heutigen Garten-Erdbeeren (die Hybriden sind gezüchtet aus altweltlichen und neuweltlichen Erdbeeren), aber waren in Feudvar dennoch das schmackhafteste Obst.

Tatsächlich sind sie in Feudvar so stetig (Abb. 81; 82), dass man annehmen muss, sie stammen entweder von gepflegten Beständen oder gar aus einem Anbau. Es gibt einen Massenfund, W 3143, mit 901 Erdbeer-Nüsschen, das sind 21 % des Gesamtgewichts der Kollektion (Tab. 40), Tausendkorngewicht 0,13 g, eine ganze verkohlte Erdbeere (Taf. 1,7) und Maße von E 2402 Planum 11 (n = 25): L 0,99 (0,9–1,1) B 0,66 (0,5–0,9) mm, L : B 1,55 (1,22–2,00).

2.6.2 Attich, *Sambucus ebulus*

Gefundene Reste: unverkohlte und verkohlte Steinkerne, häufig
Der Attich oder Zwergholunder ist kein Strauch wie die anderen Holunder, sondern eine Staude, die aus dem Wurzelstock jedes Jahr neue einjährige Triebe bildet, die in einem Blüten- und Fruchtstand enden. Auch der Attich hat Beeren als Früchte, sie enthalten eiförmige Steinkerne, die, unverkohlt erhalten, gelbrot sind, nicht gelb wie die des Schwarzen Holunders. Bezeichnend ist aber das Eiförmige. Der Schwarze Holunder hat hingegen schlanke, parallelseitige Steinkerne. Der Attich ist ein Kulturfolger, Weideunkraut, Heilkraut, Färbepflanze, Sammelobst. Wie so oft, so sind auch hier die Übergänge zwischen Pharmakon und Lebensmittel fließend. In der Vorgeschichte bis zum Mittelalter und bis zur Neuzeit war er der eigentlich heilige Holunder, das Erbe hat dann der Schwarze Holunder angetreten.

Zeitstufe	-	FBZ	FBZ	Zeitstufe
Schicht Falkenstein		E	E + F	
Komplex-Nr.	E 282	W3143	W3287	**deutscher Name**
Obst und Nüsse				Obst und Nüsse
Prunus spinosa		+	+	Schlehe
Sambucus ebulus	r	r		Attich
Quercus	**100**			ein Eichbaum, Eichel
Fragaria		**21**		eine Erdbeere
Rosa			**19**	eine Rose (Hagebutte)
Rubus fruticosus		r		Brombeere
Trapa natans			2	Wassernuss
Getreide				Getreide
Triticum monococcum	r	10	29	Einkorn
Tr. monococcum, Spelzbase		6	2	Einkorn, Spelzbase
Hordeum vulgare vulgare	r	6	15	Vierzeil-Spelzgerste
H. vulgare, Spindelglied		r		Vierzeilgerste, Spindelglied
Triticum dicoccon / Tr. timopheevii		9	3	Emmer / Sanduri
Tr. dic. / Tr. timoph., Spelzbase		+	r	Emmer / Sanduri, Spelzbase
Cerealia indeterminata		32		unbestimmtes Getreide
Hirsen				Hirsen
Panicum miliaceum	r			Rispenhirse
Öl- und Faserpflanzen				Öl- Faserpflanzen
Lallemantia iberica			r	Ölziest
Hülsenfrüchte				Hülsenfrüchte
Vicia ervilia		4	r	Linsenwicke
Lens culinaris			+	Linse
Leguminosae sat. indet.		3		unbestimmte Hülsenfrüchte
Mögliche Nutzpflanzen				Mögliche Nutzpflanzen
Allium			r	ein Lauch
Cichorium intybus			r	Wegwarte / Zichorie
Verbena officinalis			r	Eisenkraut
Unkräuter i.w.S.				Unkräuter i.w.S.
Bromus arvensis	r	1	r	Ackertrespe
Bromus, langfrüchtig		r	r	eine langfrüchtige Trespe
Bupleurum rotundifolium		2	r	Ackerhasenohr
Echinochloa crus-galli		r	r	Hühnerhirse
Fallopia convolvulus		r	r	Windenknöterich
Glaucium corniculatum		1	r	Roter Hornmohn
Lolium, kleinfrüchtig		+	r	ein kleinfrüchtiger Lolch
Setaria viridis / S. verticillata		r	r	Grüne / Quirl-Borstenhirse
Atriplex patula-Typ			r	Rutenmelde-Typ
Centaurea			5	eine Flockenblume
Echium			r	ein Natternkopf
Plantago lanceolata			r	Spitzwegerich
Scleranthus annuus		r		Einjähriges Knäuelkraut
Vicia-Typ		r		Wicke-Typ
Wasserpflanzen				Wasserpflanzen
Phragmites australis, Halme		r	r	Schilfrohr, Halme
Schoenoplectus lacustris		r		Seebinse
Nicht näher Bestimmtes				Nicht näher Bestimmtes
Brassicaceae		r	r	Kreuzblütler
Chenopodiaceae		+	20	Gänsefußgewächse
Poaceae		+	r	Süßgräser
Trifolium-Typ		+	r	Klee-Typ
Asteraceae			4	Korbblütler
Cyperaceae		r		Sauergräser
Lamiaceae		r		Lippenblütler
Primulaceae			r	Primelgewächse
Rubiaceae			r	Rötegewächse
Summe (n)	83	1173	1813	**Summe (n)**

Tab. 40. Feudvar, Pflanzenfunde. Massenfunde von Obst. Ein Eichbaum, Quercus, eine Erdbeere, Fragaria und eine Rose / Hagebutte, Rosa. Gewichtsprozente in ganzen Zahlen. + < 1 %, > 1 ‰. r < 1 ‰.

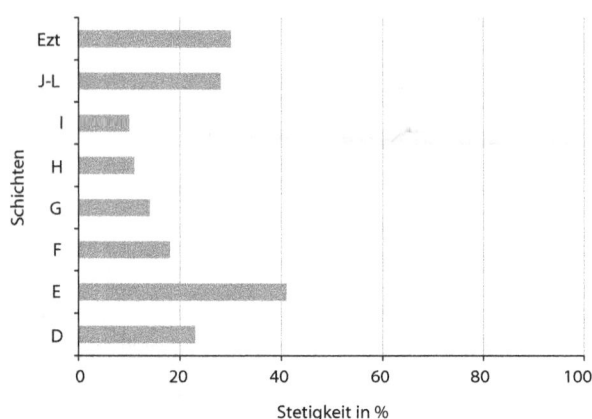

Abb. 83. Feudvar, Pflanzenfunde. Attich, Sambucus ebulus. Stetigkeit in den reinen Schichten der Westburg.

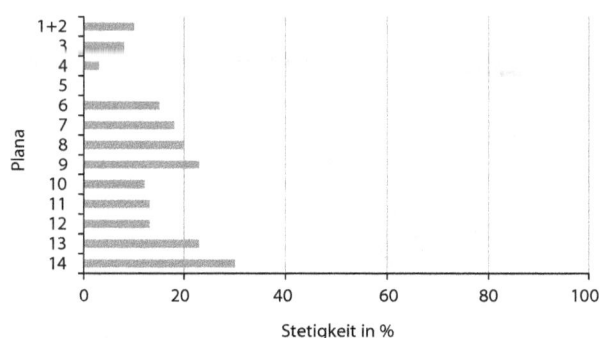

Abb. 84. Feudvar, Pflanzenfunde. Attich, Sambucus ebulus. Stetigkeit in den Plana der Ostburg.

Der Attich ist zwar bezeichnend fürs Siedlungsumfeld, wächst aber in der Regel nicht in der Siedlung selbst. Wenn wir ihn hier in großer Regelmäßigkeit finden, so ist das ein Zeichen für seinen Gebrauch. Wofür, entzieht sich der Interpretation – für vieles. Die Pflanze ist giftig, besonders die Steinkerne in den Beeren. Die ißt man aber bei Zubereitungen aus den Beeren traditionell nicht mit. Der Saft ist stark färbend. Massenfunde, die hilfreich wären bei einer Interpretation, gibt es nicht.

Die Stetigkeiten zeigen eine abnehmende Tendenz zum Jüngeren, mit der oft zu beobachtenden erneuten Zunahme im Jüngsten, Eisenzeitlichen (Abb. 83; 84).

Aus Kollektion W 3145 Schicht E der Westburg gibt es Maße von Attichkernen (n = 20): L 2,48 (2,0–2,9) B 1,59 (1,3–2,0) H 1,14 (0,8–1,5) mm, L : B 1,57 (1,17–1,80), L : H 2,22 (1,79–3,00), B : H 1,43 (1,07–2,00).

2.6.3 Wassernuss, *Trapa natans*

Gefundene Reste: verkohlte Schalenteile, häufig

Die Frucht der Wassernuss ist ein *tribulus*, ein Krähenfuß, sie hat vier Stacheln, von denen einer immer nach oben zeigt, in welcher Lage die Frucht sich auch befindet (Taf. 1,9). Man tritt darauf, zieht den *tribulus* aus dem Fuß und wirft ihn weg: Eine raffinierte Verbreitungsstrategie. Die Schale ist stabil und holzig dick, die Stacheln haben als Anpassung ans Wasserleben ein schwammiges Schwimmgewebe im Innern.

Wir haben die Wassernuss erst erkannt, als wir ein großes Schalenstück fanden mit dem faltigen Rand der Frucht. Die Schwammgewebe ohne Schale konnten wir dadurch erst später zuordnen (siehe oben unter Erkenntniszugewinn). Die Wassernuss ist eine Nuss, die man wegen ihrer stärkehaltigen Kerne sammelt. Diese Kerne sind nahrhaft, haben aber wenig Eigengeschmack.

Wassernüsse sind einjährige Schwimmpflanzen des besonnten, ruhigen, warmen, nährstoffreichen, kalkarmen Wassers. Unter günstigen Bedingungen bilden sie große Mosaikflächen: Die auf dem Wasser liegenden Blätter mit Schwimmgewebe im Blattstiel schieben sich gegenseitig auf Mindestabstand. Die Früchte können leicht vom Boot geerntet werden, bevor die Blattrosetten im Herbst vergehen. Dann sinken die Nüsse auf den Schlamm des Gewässers.

Das Tiefland von Donau und Theiß ist vor den großen Kanal- und Deich-Projekten der Neuzeit halb Wasser halb Land gewesen[48]. Theiß und Donau haben drei Hochstände im Jahr, den der Schneeschmelze, den der heftigen frühsommerlichen Gewitterregen und den der Herbst- und Winterregen. Die Wasserflächen verringern sich im Verlauf des Sommers. Das Hauptproblem bei der Wassernuss-Ernte wird das

---

48 Zu den Überschwemmungsgebieten der Theiß- und Donaubecken vor den Gewässerregulierungen vgl. Karte von 1918 in A. Medović in diesem Band Abb. 1 (vgl. auch in: Hänsel / Medović 1992, Taf.1).

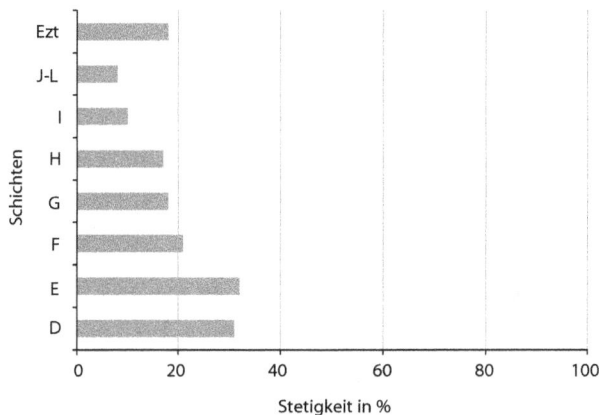

Abb. 85. Feudvar, Pflanzenfunde. Wassernuss, Trapa natans. Stetigkeit in den reinen Schichten der Westburg.

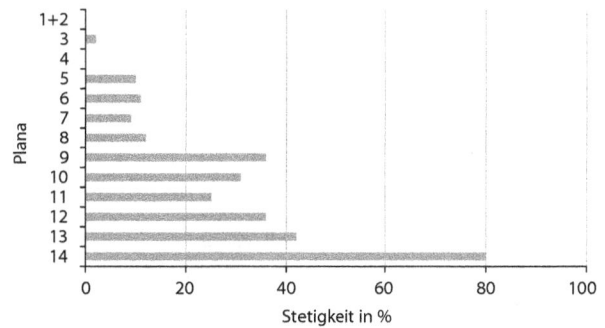

Abb. 86. Feudvar, Pflanzenfunde. Wassernuss, Trapa natans. Stetigkeit in den Plana der Ostburg.

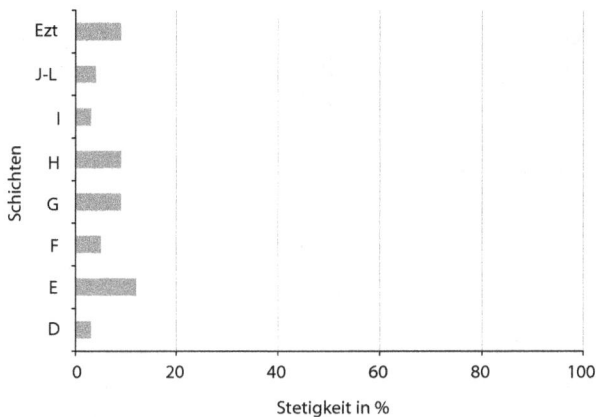

Abb. 87. Feudvar, Pflanzenfunde. Brombeere, Rubus fruticosus. Stetigkeit in den reinen Schichten der Westburg.

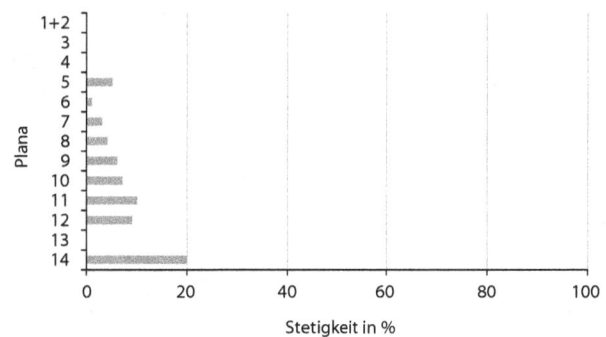

Abb. 88. Feudvar, Pflanzenfunde. Brombeere, Rubus fruticosus. Stetigkeit in den Plana der Ostburg.

Erreichen der Wasserflächen mit dem Boot gewesen sein. Der Zu-Weg durch Auenwälder und Röhrichte ist schwierig, nur wenige flache Seen sind durch offene Wasserwege miteinander verbunden.

Die Wassernuss war zu allen Zeiten ein wichtiges Zubrot in Feudvar. In den frühen Zeiten sind die Nachweise dichter (Abb. 85; 86).

2.6.4 Brombeere, *Rubus fruticosus*

Gefundene Reste: verkohlte Steinkerne, häufig

Die Brombeeren sind eine artenreiche Pflanzengruppe, für die *Rubus fruticosus* ein alter Sammelname ist. Die Unterscheidung in die Arten ist rein botanisch, der Pflücker unterscheidet eher nach Standort, dort sind sie ergiebig und groß, andernorts klein und süß etc. Brombeeren sind, wie Schlehen und Weißdorn, Kulturfolger und Ruderalunkraut, sie besiedeln allerlei gestörte Bereiche, sind demnach im sonnigen Siedlungsumfeld häufig. Sie sind auch in der Stachligkeit verschieden, der Fruchtstand ist in aller Regel nicht sehr bestachelt. Die größte Fundmenge, 35 Brombeersteinkerne, stammen aus der Kollektion W 3145 Schicht E. Sie sind vermessen worden (n = 17): L 2,54 (2,3–2,8) B 1,42 (1,1–1,8) H 1,65 (1,4–1,9) mm, L : B 1,80 (1,50–2,09), L : H 1,55 (1,33–1,73), B : H 0,86 (0,73–1,00).

Brombeeren sind roh und zubereitet durch alle Zeiten eine beliebte Kost (Abb. 87; 88).

Die Himbeere *Rubus idaeus* fehlt in Feudvar. Sie liebt den kühlen gemäßigten Waldesschatten, den es hier nicht gibt. Im Auenwald kann sie sich nicht durchsetzen.

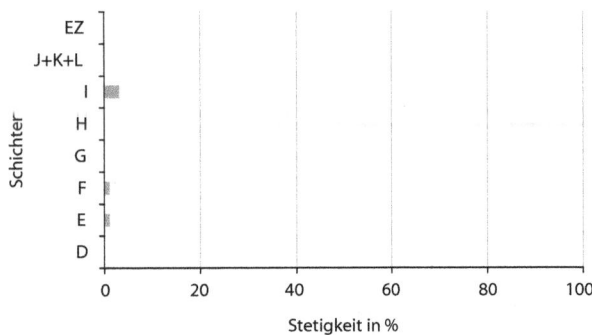

Abb. 89. Feudvar, Pflanzenfunde. Ein Eichbaum, Quercus. Stetigkeit in den reinen Schichten der Westburg.

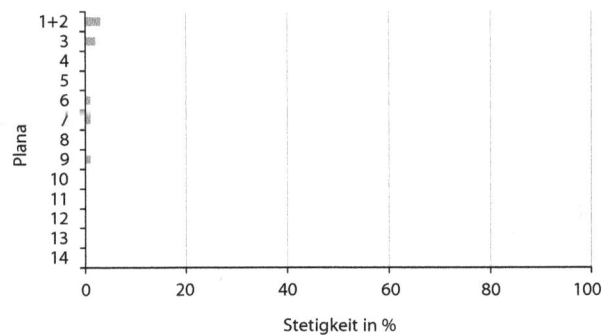

Abb. 90. Feudvar, Pflanzenfunde. Ein Eichbaum, Quercus. Stetigkeit in den Plana der Ostburg.

2.6.5 Eichbaum, *Quercus*

Gefundene Reste: verkohlte Eicheln ohne Schale, selten, ein Massenfund

Eicheln sind auch Nüsse. Ziemlich allgemein wird angenommen, sie seien bittere Notnahrung. Aber es gibt süße Eicheln, die sich fürs Essen sehr gut eignen: *Qu. rotundifolia*, eine Eiche aus dem Kreis der mediterranen immergrünen Steineichen *Qu. ilex*, hat Eicheln von unterschiedlichem Geschmack, süße und bittere. *Qu. virgiliana*, die Adriatische Eiche aus dem Komplex Qu. *pubescens* s. l., hat ebenfalls süße Eicheln. Sie ist die größte Form in der *Qu. pubescens*-Gruppe, verbreitet von Sardinien bis zum Schwarzen Meer. Im Freistand wird *Qu. virgiliana* gewaltig breit, mächtig und uralt. Der italienische Volksname der Adriatischen Eiche ist *quercia castagnara*, das bedeutet Maroneneiche. *Qu. pubescens* heißt dort *roverelle*, *rovere* ist die Eiche im Allgemeinen (von *robur*). Die Leute wissen, welche Eiche süße Früchte hat und suchen sie gezielt auf, um Eicheln zu sammeln. Diese Eichen genießen fördernde Schonung: Ist *Qu. virgiliana* ein Relikt aus alter Eichenkultur? Ein Hinweis auf eine alte Hainwirtschaft mit Eichenmanagement? Ja![49].

Auch die zentraleuropäischen Eicheln sind nicht alle gleich bitter, heute ist aber das Wissen verloren, welche süß oder welche nicht allzu bitter sind. Und es gibt Entbitterungsverfahren[50]. An der Verwendung zu menschlicher Nahrung bestehen hier keine Zweifel.

Es gibt einen Massenfund (43 Eicheln, 100 % des Gewichts) aus den oberflächennahen Plana 1 bis 2, Kollektion E 282 (Tab. 40). Das Tausendstückgewicht beträgt rund 700 g.

Es gibt Eichelfunde in geringer Zahl zu allen Zeiten (Abb. 89; 90).

2.6.6 Steinobst

2.6.6.1 Schlehe, *Prunus spinosa*

Gefundene Reste: verkohlte Steinkerne (Taf. 1,10; 11), häufig

Die Schlehe oder der Schwarzdorn ist ein Strauch, der vom Menschen und seiner Wirtschaft profitiert: Die Auflichtung des Waldes und die Viehweide schaffen neue Standorte für die Schlehe, die durch Wurzelbrut breite Bestände aufbaut. Diese werden vom Vieh zwar befressen, aber nicht reduziert, im Gegenteil, Schlehengebüsch ist ein Weideunkraut.

Die neue Frucht ist bekanntlich herb, später im Jahr, nach Frosteinwirkung, mildert sich das Herbe, ohne ganz zu verschwinden. Zubereitungen sind von reicher Geschmacksfülle. Pflaume, Süßkirsche und Sauerkirsche sind späte Errungenschaften, hier in Feudvar noch in ferner Zukunft. So ist die Schlehe das eigentliche Steinobst der vorgeschichtlichen Perioden. Von der Fundmenge her steht sie in Feudvar an fünfter Stelle nach Erdbeere, Attich, Wassernuss und Brombeere. Sie gehört zum wirtschaftlich wichtigen Sammelobst.

Die Stetigkeiten nehmen vom Älteren zum Jüngeren deutlich ab (Abb. 91; 92).

---

49   Pignone / Laghetti 2010.
50   Karg / Haas 1996.

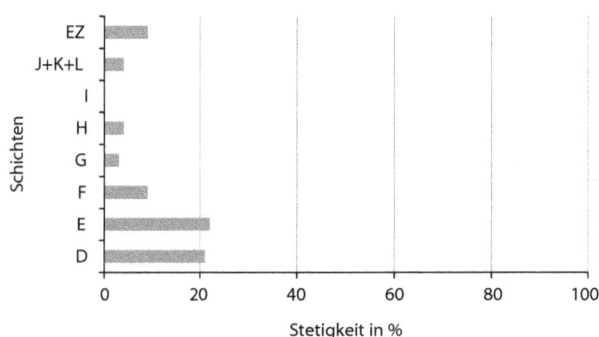

Abb. 91. Feudvar, Pflanzenfunde. Schlehe, Prunus spinosa. Stetigkeit in den reinen Schichten der Westburg.

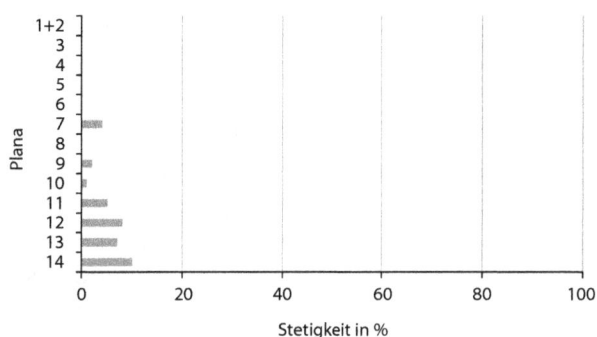

Abb. 92. Feudvar, Pflanzenfunde. Schlehe, Prunus spinosa. Stetigkeit in den Plana der Ostburg.

2.6.6.2 Steinobst, nicht Schlehe, *Prunus (non-spinosa)*

Gefundene Reste: verkohlte Steinkerne, selten

Manche Steinkerne der Gattung *Prunus* s. l. haben keine Schlehenmerkmale. Die Steine sind glatt, aber zu unvollständig oder zu schlecht erhalten, um osteuropäische Kirschen (z. B. Weichsel *P. mahaleb* oder Steppenkirsche *P. fruticosa*) oder anderes (z. B. die Kirschpflaume *P. cerasifera*) zu belegen. Das wichtigste Steinobst von Feudvar ist sicher die Schlehe.

2.6.6.3 Traubenkirsche, *Prunus padus*

Gefundene Reste: verkohlte Steinkerne, selten

Die Traubenkirsche, ein heimischer Kleinbaum des hellen Waldrandes am Wasser landseits, hat kleine leuchtende rote bis rotschwarze Früchte, die bitter-herb, aber nicht giftig sind. Sie sind nur erbsengroß, die Vögel schlucken sie ganz und bemerken das Bittere nicht. Die Auffindung weit entfernt vom Standort, oben auf dem Lössplateau, spricht für ein Sammeln und für Verwendung. Es sind nur 13 Kerne (Taf. 1,12). Das ist ein Zehntel der Nachweismenge der Schlehe.

2.6.7 Herlitze, *Cornus mas*

Gefundene Reste: verkohlte Steinkerne, selten

Die Herlitze heißt heute überwiegend Kornelkirsche, das assoziiert Kirsche, ist aber falsch; sie sollte Kirschkornelle heißen, weil sie eine *Cornus* ist und keine Kirsche *Cerasus* oder *Prunus*.

Beheimatet ist die Herlitze in den Wäldern des Balkans und weiter östlich. Im Neolithikum überquert sie als Ware oder als Kulturpflanze die Alpen[51]. In den Bergen Südosteuropas bildete sie damals eine wichtige Nutzpflanze[52]. Hier, in der Ebene der Ströme, ist sie gelegentliches Sammelobst. Herlitzen oder Kirschkornellen sind kein köstliches Naschobst, sie sind herb und adstringierend. Man muss sie zubereiten und kochen. Das Ergebnis kann durchaus wohlschmeckend sein.

2.6.8 Schwarzer Holunder, *Sambucus nigra*

Gefundene Reste: verkohlte und unverkohlte, skelettierte Steinkerne, selten

Bevor der Schwarze Holunder in Mitteleuropa im eutrophierten Siedlungsumfeld heimisch wurde, fördernd geschont und geheiligt, war er im Erlenwald zuhause. Die Erle verfügt über bakterielle Symbionten, die Luftstickstoff in pflanzenverfügbaren Stickstoff umwandeln. Davon profitiert auch der Schwarze Holunder *S. nigra*. Lange Zeit war der Attich oder Zwergholunder *S. ebulus* der eigentliche Holunder

---

51　Maier / Vogt 2001.
52　Kroll in Vorb.

und der Schwarze nur entfernter Verwandter, so, wie wir heute den Trauben- oder Hirschholunder *Sambucus racemosa* als unwichtigen Anhang des guten Schwarzen betrachten. Hier in Feudvar ist der Schwarze aber noch der minder geachtete Holunder, der Attich ist der eigentliche. Aus Holunderbeeren muss man etwas machen, roh sind sie unbekömmlich. Die Nutzung der Holunder ist stets im Übergangsfeld Nahrung zu Heilmittel.

2.6.9 Heckenrose / Hagebutte, *Rosa*

Gefundene Reste: verkohlte Hagebuttenkerne (Taf. 2,1), selten

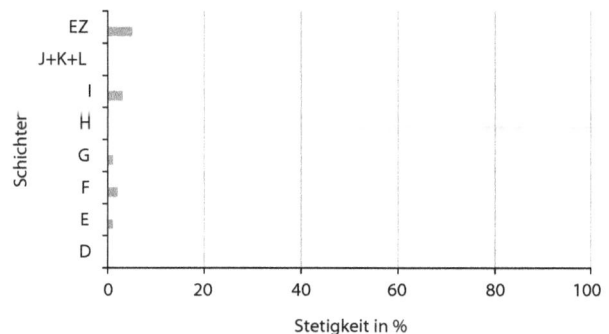

Abb. 93. Feudvar, Pflanzenfunde. Rose / Hagebutte, Rosa. Stetigkeit in den reinen Schichten der Westburg.

Die rote Fruchtwand ist Ziel des Sammelns der Hagebutten, die Kerne sind reichlicher Abfall. Zubereitet ist das Fruchtfleisch köstlich, nahrhaft und vitaminreich. Wie die Schlehen profitieren auch die Heckenrosen von Siedlung, Ackerbau und Viehzucht. Auch Heckenrosen sind Weideunkräuter, Dornsträucher, die das Vieh zwar ein wenig verbeißt, aber nicht wirklich schädigt.

Die meisten Hagebuttenkerne von Feudvar, zwölf Stück, sind in der Kollektion W 2387 enthalten, das sind 19 % des Gewichts (Tab. 40); es haften noch Fruchtfleischreste an diesen Kernen.

Die wenigen Nachweise stammen aus allen Zeiten (Abb. 93).

2.6.10 Kernobst

2.6.10.1 Birnbaum, *Pyrus*

Gefundene Reste: verkohlte Kerne (Taf. 2,2), selten

2.6.10.2 Apfelbaum, *Malus*

Gefundene Reste: verkohlte Kerne, sehr selten

2.6.10.3 Weißdorn, *Crataegus*

Gefundene Reste: verkohlte Kerne, sehr selten

Birnenkerne sind schmaler als Apfelkerne, und das Zellmuster ist gepunktet, beim Apfel ist es glatt gestreift. Birnbäume schätzen das kontinentale Klima mit kalten Wintern und heißen Sommern. Wilde dornige Birnbäume können im pannonischen Klima uralt und riesengroß werden. Birnbäume kommen mit trockenem Wind besser zurecht als Apfelbäume, die es luftfeuchter und gemäßigter mögen. Beides bieten Aue und Lössplateau.

Es hat sich gezeigt, dass der Nachweis des Kernobstes besser über die Holzkohle gelingt als über die Großreste verkohlte Frucht und Kern[53]. Wir haben die Holzkohle von Feudvar aber nicht systematisch bearbeitet, mit Ausnahme einiger Holzfunde für Radiokarbon-Altersbestimmungen. Insofern kann über die Bedeutung des Kernobstes in Feudvar nicht viel mehr gesagt werden als dass es gelegentlich gesammelt wurde. Die holzigen Wildbirnen und Wildäpfel sind Kochobst. Sie sind zu hart für den Rohverzehr.

Zu den Apfelfrüchten zählen auch die kleinen Früchte der Weißdorn-Arten, die ein oder zwei große Kerne enthalten. Das Verhältnis von Kern zu Fruchtfleisch ist bei ihnen unausgewogen, das Fruchtfleisch ist dünn und mehlig. Deshalb erfreuen sich die Weißdornfrüchte keiner sonderlichen Wertschätzung. Bei den geringen Nachweismengen (drei Stück) kann es zudem sein, dass die Steinkerne von Buschholz für das Herdfeuer stammen.

---

53   Castelletti / Stäuble 1997; Kroll, in Vorb.

2.6.11 Blasenkirsche, *Physalis alkekengi*

Gefundene Reste: verkohlte Samen, sehr selten
Die Blasenkirsche ist ein Nachtschattengewächs, wie Schwarzer Nachtschatten und Bilsenkraut. Durch die Musterung der Samenschale sind sie hinreichend unterschieden.

Die Blasenkirsche ist eine wuchernde langlebige Staude des Waldrandes, mit charakteristischen lampionartigen roten Kelchen, die die Beere umschließen. *Physalis*-Beeren sind heute beliebtes Dekorationsobst, das ist die einjährige Anden-Blasenkirsche *Physalis peruviana*. *Physalis alkekengi* var. *franchetii* ist als Lampionpflanze heute nur noch Zierpflanze. Im Neolithikum war sie wichtiges Obst[54]. In den Metallzeiten, so auch in Feudvar, schwindet ihre Bedeutung.

2.6.12 Wilde Weinrebe, *Vitis vinifera sylvestris*

Gefundene Reste: verkohlte Weinrebenkerne, sehr selten
Die Bedeutung der Weinrebe in Feudvar wurde bereits in einem früheren Beitrag herausgestellt, auf den hier verwiesen werden soll:

> *„Wenn man heute auf der Theiß in der Nähe von Feudvar bei Mošorin Boot fährt oder bei niedrigem Wasser auf den trockengefallenen Ufern spazieren geht, so fallen auch dem floristisch nicht Interessierten mächtige Wilde Reben auf, die hoch in die Bäume ranken und die Kronen des Auenwaldes mit dichten Schleiern überziehen. In gestörten Bereichen können sie so wüchsig werden, daß die Auenbäume unter der Last der wuchernden Rebentriebe zusammenbrechen. Die Reben modellieren die Holzgeripe zu hügeligen Landschaften, denn das dichte Laubwerk des Wilden Weines erstickt vorerst jede andere Vegetation, bis Stützholz und Reben zusammenbrechen, Hochwässer sie zerreißen oder Eisgang sie schleift. Dann entwickelt sich neuer Auenwald.*
>
> *Man findet im Rankengewirr nur selten die erbsengroßen Weinbeeren: An der Theiß ist heute die Mehrzahl der Pflanzen männlich. Sind die Trauben reif, so zeigt aus Weinbeerkernen bestehender Tierkot auf dem trockenen Flussufer die Nähe weiblicher, tragender Reben an: Marder und Dachs lieben Weintrauben, dem Fuchs sind nur die hoch hängenden zu sauer. Die leicht zu erlangenden Trauben sind bald gefressen, die hochhängenden den Vögeln vorbehalten. Beim Ernten des Wilden Weins ist man bald zerschunden vom Durchbrechen durch zähe Neutriebe und spröde Vorjahrschösslinge, durch morsches und hartes, trockenes Totholz der Stützbäume und hat dennoch nur wenige Trauben in Händen"*[55].

Entspricht die Stetigkeit des Vorkommens von Rebenkernen in einem archäologischen Fundgut mehr dem von Sammelpflanzen (der Brombeeren als Beispiel), so wird man wenige Funde, die zudem alle zum kurzen, runden Typ gehören[56], mit ziemlicher Sicherheit als Sammelgut wilder Reben werten können. Gehören Rebenkerne aber zum regelmäßigen Fundgut einer ortsfesten Siedlung, entsprechen ihre Stetigkeiten mehr der der angebauten Pflanzen (Getreide, Hülsenfrüchte), so wird man die Rebe als Kulturpflanze bezeichnen, wobei die zusätzliche Ernte wilder Bestände nicht ausgeschlossen werden kann[57].

Wilder Wein ist in Feudvar seltenes Sammelobst.

2.6.13 Feigenbaum, *Ficus carica*

Gefundene Reste: unverkohlte skelettierte Feigenkerne, sehr selten
Skelettierte Feigenkerne sind sehr dauerhaft und sehr klein. Durch Tropfenform und eine scharfe Kante der Tropfenspitze sind sie hinreichend sicher abgegrenzt. Sind die beiden Funde Hinweise auf einen Handel mit Trockenfeigen von der Adriaküste? Oder sind sie Zeugen mittelalterlich-neuzeitlicher Düngung mit Mist? Beides ist möglich und Gedanken darüber sind müßig.

54　Herbig 2009, 64 f.; Herbig et al. 2013.
55　Kroll 1991a, 165 f.
56　Kroll 1991a, 166 Abb. 32.
57　Kroll 1983, 62 ff.

2.7 Mögliche Nutzpflanzen

In diese Rubrik einsortiert sind Pflanzen, deren
Nutzung sehr wahrscheinlich ist, die andererseits
aber auch im Siedlungsbereich als Unkraut vorkommen können oder die zur potentiellen natürlichen Vegetation gehören. Pflanzen, bei denen
ein ‚natürlicher' Eindruck vorherrscht, sind an
anderer Stelle abgehandelt, z. B. unter den Unkräutern.

2.7.1 Edelgamander-Typ, *Teucrium*-Typ

Gefundene Reste: verkohlte Teilfrüchte, trivial
Der Pflanzenfund vom Edelgamander-Typ ist eine
kleine runde Lamiaceen-Teilfrucht mit großem
Nabel, der über die Hälfte der Bauchseite geht.
Die Rückenseite ist, wenn gut erhalten, skulptu-

Abb. 94. Feudvar, Pflanzenfunde. Einige Lamiaceen. Minze, Mentha; Hohlzahn, Galeopsis; Gelber Günsel, Ajuga chamae-pitys und Edelgamander-Typ, Teucrium-Typ. Stetigkeit in den reinen Schichten der Westburg.

riert mit erhabenen Lienen und Punkten. Es gibt eine Reihe von kleinen *Teucrium*-Arten, die infrage
kommen: *T. chamaedrys*, Edelgamander; *T. marum*, Katzengamander; *T. montanum*, Berggamander; *T.
scordium*, Lauchgamander und *T. scorodonia*, Salbeigamander.

Das Wort Gamander ist entstellt abgeleitet aus *chamaedrys*, das bedeutet Erd-Eiche, da die Blättchen wie
Eichenblätter gekerbt sind. Der Edelgamander ist die kleine Ausgabe der Betonie, des Heilziests *Stachys
betonica* oder *St. officinalis* (früher *Betonica o.*), die als ‚gute' Allheil- und Zauberflanze in der römischen
Antike einen sensationellen Ruf hatte und bis in die Neuzeit hoch verehrt wurde[58].

Der Edelgamander *Teucrium chamaedrys* ist die kleine Betonie, ebenfalls eine Allheil- und Zauberpflanze[59] mit nur guten Eigenschaften, sowohl nachgesagten als auch nachgewiesenen.

Angepflanzt sind die Gamander beständige, langlebige, pflegeextensive Pflanzen. Auf spontanen Standorten kann das Kraut über lange Jahre, über Generationen hinweg gesucht und gesammelt werden. Die
sehr hohen Stetigkeitswerte für eine Lamiacee im Vergleich zu den anderen Gattungen der Familie der
Lippenblütler legen eine vielfältige Nutzung und Allgegenwart im täglichen Leben nahe (Abb. 94). Vielleicht hat magisches Verbrennen und Räuchern die Nachweisdichte erhöht. Es ist ein dringendes Desiderat,
diesen Pflanzenfund mit antiken Texten und Namen zu verbinden. Der Edelgamander-Typ ist in Feudvar
erheblicher häufiger als in Agios Mamas[60] und Kastanas[61].

Wie das Eisenkraut, so ist auch der Edelgamander-Typ besonders stetig in den tiefsten, frühbronzezeitlichen Schichten. Die Stetigkeit nimmt zum Jüngeren ab, steigt aber in den jüngsten, rein eisenzeitlichen
Befunden wieder an, ein in Feudvar oft zu beobachtendes Phänomen (Abb. 95; 96).

Es gibt ein Tausendkorngewicht: W 3537 Schicht E 0,71 g.

2.7.2 Bastardgänsefuß, *Chenopodium hybridum*

Gefundene Reste: verkohlte (und unverkohlte?) Früchte, häufig
Die einsamigen Früchte des Bastardgänsefußes haben eine charakteristisch grubige Oberfläche, die sie
von allen anderen *Chenopodium*- und *Atriplex*-Arten unterscheidet. Die schwarze Fruchtschale ist hart
und hält sich unter gewissen Umständen auch unverkohlt. Es ist sehr schwer zu entscheiden, ob eine
Chenopodium-Frucht eine jüngere oder rezente Verunreinigung ist oder ob ihr Alter dem Alter der
anderen archäologischen Fundstücke im Umfeld entspricht. Da macht man gern den *Chenopodium*-Test:

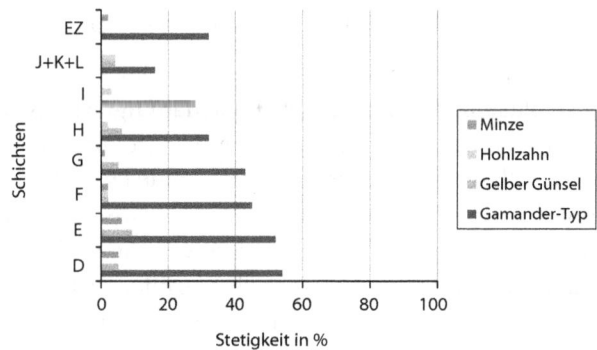

---

58   Madaus 1979, 2598 ff.
59   Madaus 1979, 2687 ff.
60   Becker / Kroll 2004, 43.
61   Kroll 1983, 82.

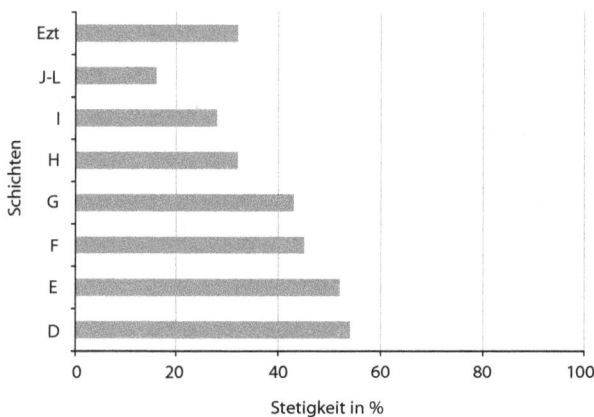

Abb. 95. Feudvar, Pflanzenfunde. Edelgamander-Typ, Teucrium-Typ. Stetigkeit in den reinen Schichten der Westburg.

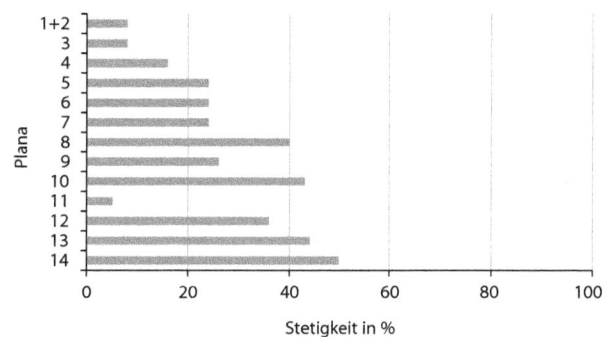

Abb. 96. Feudvar, Pflanzenfunde. Edelgamander-Typ, Teucrium-Typ. Stetigkeit in den Plana der Ostburg.

Man übt mit der Pinzette Druck auf den Fund aus, springt er weg, erweist er sich als hochelastisch, so war er rezent oder zumindest jung; zerkrümelt er ganz schwarz, so war er verkohlt und sicher alt; zerspringt er in Trümmer, die innen braun sind, so war er unverkohlt skelettiert, von ungewissem, aber hohem Alter.

Chenopodium hybridum liebt ein sommerheißes Klima mit genügend Bodenfeuchtigkeit. Das Klima der Donau-Theiß-Ebene ist ihm recht. Bastardgänsefuß heißt er, weil die alten Botaniker ihn für eine Mischung aus Nachtschattengewächs und Gänsefußgewächs hielten. Blattform und widerlicher Geruch erinnern an den Stechapfel *Datura stramonium*, ein giftiges Nachtschattengewächs. Der Blütenstand und die Erscheinung als Ganzes ist aber eindeutig Gänsefuß *Chenopodium*. Nicht nur die Frucht, auch die Pflanze als Ganzes hat eindeutige Merkmale, die ein Verwechseln ausschließen.

In Gebieten, in denen die Pflanze häufig wächst, weiß man, dass sie giftig ist: Sautod ist einer der deutschen Namen. Denn Schweine, die Chenopodiaceen eigentlich gern fressen, vertragen diese Pflanze nicht. Die Dosis macht das Gift: Der Bastardgänsefuß ist eine alte Heil- und Zauberpflanze. Hier wird er als solche gewertet.

Die Stetigkeit schwankt etwas, Werte über 10 % werden aber oft erreicht. Ein Trend lässt sich nicht ablesen (Abb. 97; 98).

2.7.3 Ackersteinsame, *Lithospermum arvense*

Gefundene Reste: unverkohlte, skelettierte und einige verkohlte Teilfrüchte, trivial
Der Ackersteinsame *Lithospermum arvense* ist eigentlich ein Ackerunkraut auf sehr guten Weizenböden. Beheimatet ist er in der Steppe. Er hat Steinsamen: Die Teilfrüchte haben mineralische Einlagerungen in der Fruchtwand, die sie steinhart und haltbar machen.

Viele Boraginaceen, Rauhblattgewächse, zu denen der Ackersteinsame gehört, haben Farbstoffe in der Wurzelrinde. Die eigentliche Nutzpflanze in dieser Hinsicht ist *Alkanna tuberculata* (syn. *A. tinctoria*), die Schminkwurz. Sie wird zu diesem Zwecke angebaut. Aus der Wurzel kann auf kompliziertem Wege ein Farbstoff gewonnen werden, das Alkannin. Verwandte Gattungen haben jeweils ähnliche Farbstoffe (*Anchusa*: Anchusin; *Lithospermum*: Lithospermin). Der Farbstoff ist in fettiger Umgebung tiefrot (Schminke), in basischer violett[62].

Der Massenfund von 727 Steinfrüchten des Ackersteinsamens in einem Hauskontext (Ofen; Herd; Nr. W 2015 Schicht G) gibt den Anlass, die Art zu den Möglichen Nutzpflanzen zu stellen. Neben den

---

62   vgl. Hegi.

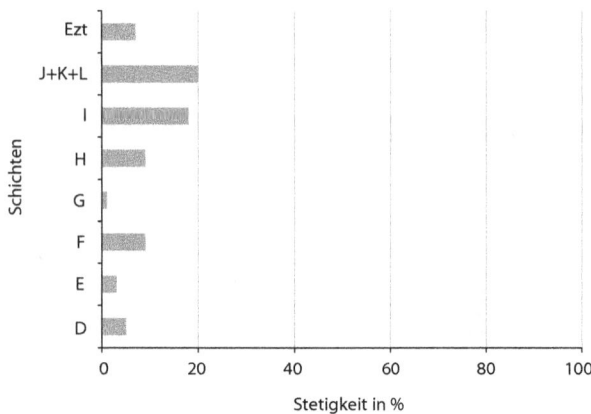

Abb. 97. Feudvar, Pflanzenfunde. Bastardgänsefuß, Chenopodium hybridum. Stetigkeit in den reinen Schichten der
Westburg.

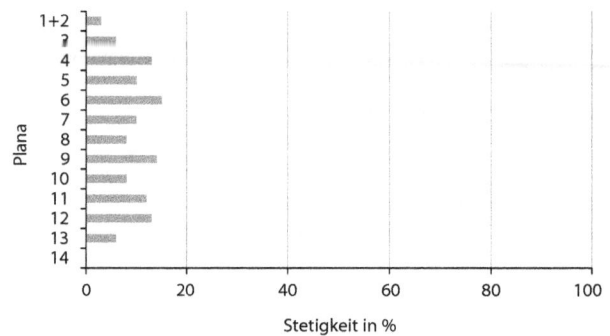

Abb. 98. Feudvar, Pflanzenfunde. Bastardgänsefuß, Chenopodium hybridum. Stetigkeit in den Plana der Ostburg.

Früchten des Ackersteinsamens enthielt die Kollektion noch zwölf Steinkerne des Attichs, eine verkohlte Linse und einen Gänsefußsamen. Ein weiterer, bestätigender Massenfund, 3311 skelettierte Früchte des Steinsamens, der jünger, wohl eisenzeitlich ist, stammt ohne nähere Angaben der Fundumstände aus W 3380 (Tab. 41)[63].

Maße aus dem Massenfund W 2015/4 (n = 25): L 2,30 (1,7–2,6) B 1,40 (1,2–1,7) mm, L : B 1,61 (1,36–1,85). Zwei identische Tausendkorngewichte aus W 2015/4 und W 3380: je 0,77 g.

Wozu dienten diese Ackersteinsamenvorräte? Saatgut zum Ansäen von *Lithospermum*-Wurzeln? Ist die Art in erster Linie Nutzpflanze? Oder doch nur ein genutztes Ackerunkraut? Kulturpflanze oder Sammelpflanze? Der Ackersteinsame ist in den Kulturpflanzenvorräten als gelegentliche spärliche Unkrautsaat vorhanden (siehe Tab. 14–16).

Das Wort Alkanna ist etymologisch verwandt mit arabisch al hinna, Henna (*Lawsonia inermis*, eine subtropische Lythracee). Dem Farbstoff Henna entsprechend müssen wir uns die Verwendung wohl vorstellen.

Die Stetigkeiten nehmen in der Westburg zum Jüngeren zu (Abb. 99); die Ostburg bestätigt dies nicht (Abb. 100), vielleicht bleibt es gleich.

2.7.4 Eisenkraut, *Verbena officinalis*

Gefundene Reste: verkohlte Teilfrüchte, häufig

Das Eisenkraut ist ein kleines, unscheinbares Kräutlein mit kleinen unscheinbaren weißlichen Blütchen. Es kommt nur synanthrop vor, nur im Umfeld menschlicher Siedlungen. Einen Standort in natürlichen Pflanzengesellschaften hat es allenfalls an gestörten Ufern in Flutrasen gefunden. Beheimatet ist es wohl im Mittelmeergebiet.

Das Eisenkraut als eines der heiligen Kräuter der Alten Welt, ist tief in den religiösen und magischen Vorstellungen des Menschen verwurzelt. Es soll besondere Beziehungen zum Eisen haben, vom Gewinnungsprozess bis zur Verletzung durch eiserne Waffen: Es soll hieb- und stichfest machen. Es gilt als eines der guten, vielseitig verwendbaren Heil- und Zauberkräuter. Die relative Häufigkeit im Fundgut kann durch rituelle Räucherungen mit Eisenkraut bedingt sein.

Die winzigen Klausen des Eisenkrauts haben zwei einzigartig gemusterte Seiten, die Außenseite hat unten wenige lange und oben einige kürzere Felder, die Innenseite ist durch den langen Nabel gekennzeichnet, der fast die ganze Seite einnimmt (Taf. 2,3).

---

63   vgl. auch: Medović 2013 b.

Zeitstufe	FBZ	FBZ	Zeitstufe
Schicht	G	F	
Komplex-Nr.	W2015/4	W3380	deutscher Name
Kraut oder Unkraut?			Kraut oder Unkraut?
Lithospermum arvense	**96**	**84**	Ackersteinsame
Getreide			Getreide
Triticum monococcum		6	Einkorn
Tr. monococcum, Spelzbase		+	Einkorn, Spelzbase
Hordeum vulgare vulgare		3	Vierzeil-Spelzgerste
Triticum dicoccon / Tr. timopheevii		r	Emmer / Sanduri
Tr. dic. / Tr. timoph., Spelzbase		r	Emmer / Sanduri, Spelzbase
Cerealia indeterminata		2	unbestimmtes Getreide
Hülsenfrüchte			Hülsenfrüchte
Lens culinaris	+	+	Linse
Leguminosae sat. indet.		+	unbestimmte Hülsenfrüchte
Obst und Nüsse			Obst und Nüsse
Sambucus ebulus	3	r	Attich
Rosa		r	eine Rose (Hagebutte)
Mögliche Nutzpflanzen			Mögliche Nutzpflanzen
Teucrium-Typ		r	Edelgamander-Typ
Unkräuter i.w.S.			Unkräuter i.w.S.
Bromus arvensis		r	Ackertrespe
Fallopia convolvulus		r	Windenknöterich
Lolium, kleinfrüchtig		r	ein kleinfrüchtiger Lolch
Setaria viridis / S. verticillata		r	Grüne / Quirl-Borstenhirse
Bupleurum rotundifolium		r	Ackerhasenohr
Dasypyrum villosum		r	‚Zottiges Korn'
Galium spurium		r	Saatlabkraut
Agrostemma githago		r	Kornrade
Lithospermum officinale		+	Echter Steinsame
Persicaria maculosa		r	Flohknöterich
Rumex crispus-Typ		r	Krauser Ampfer-Typ
Wasserpflanzen			Wasserpflanzen
Alismataceae		r	Froschlöffelgewächse
Nicht näher Bestimmtes			Nicht näher Bestimmtes
Poaceae		r	Süßgräser
Trifolium-Typ		r	Klee-Typ
Chenopodiaceae	r	r	Gänsefußgewächse
Rubiaceae		r	Rötegewächse
Brassicaceae		r	Kreuzblütler
Cyperaceae		r	Sauergräser
Solanaceae		r	Nachtschattengewächse
Summe (n)	741	3518	Summe (n)

Tab. 41. Feudvar, Pflanzenfunde. Massenfunde des Ackersteinsamen, Lithospermum arvense. Gewichtsprozente in ganzen Zahlen. + < 1 %, > 1 ‰. r < 1 ‰.

In Feudvar ist Eisenkraut in den älteren, frühbronzezeitlichen Schichten eindeutig stetiger als in den jüngeren (Abb. 101; 102). Die Stetigkeiten sind für eine kleine Ruderalpflanze hoch. Die Unregelmäßigkeit des Vorkommens macht eine Nutzung – etwa als Zauberkraut – sehr wahrscheinlich. Die Nutzung wird in der Eisenzeit, nach einer Phase der Vernachlässigung, offenbar wieder aufgenommen. Die Kombination häufig in der Frühbronze- und Eisenzeit, in den mittelbronzezeitlichen Schichten selten oder fehlend, ist bei zahlreichen Fundtaxa von Feudvar zu beobachten.

2.7.5 Schuppenkopf, *cf. Cephalaria* (?)

Gefundene Reste: verkohlte Früchte, häufig
Cephalaria ist eine einjährige Dipsacacee, ein Angehöriger der Weberkardenfamilie, verwandt mit der Witwenblume *Scabiosa* und mit dem Teufelsabbiss *Succisa*. Die Funde des Taxons *Cephalaria* wurden zunächst unter Alias-Namen geführt, weil kein Vergleich stimmte. Sie wurden zuerst für Spitzenteile von Gliederschoten gehalten. Da die Oberfläche oft erodiert ist, war das Suchen schwierig (siehe oben unter Erkenntniszugewinn).

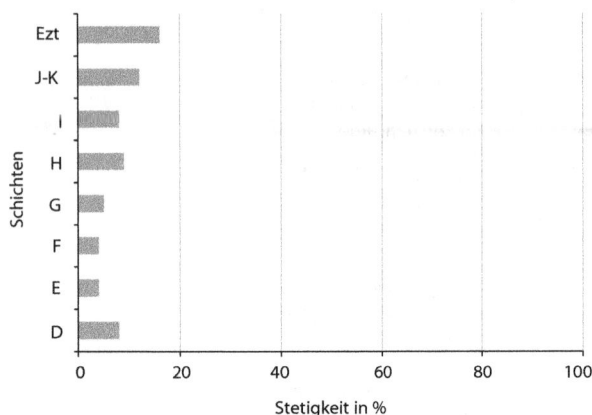

Abb. 99. Feudvar, Pflanzenfunde. Ackersteinsame, Lithospermum arvense. Stetigkeit in den reinen Schichten der Westburg.

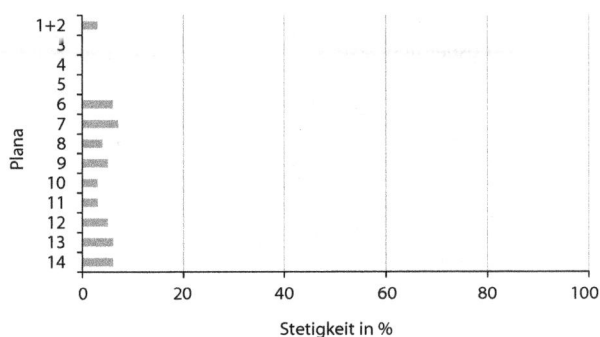

Abb. 100. Feudvar, Pflanzenfunde. Ackersteinsame, Lithospermum arvense. Stetigkeit in den Plana der Ostburg.

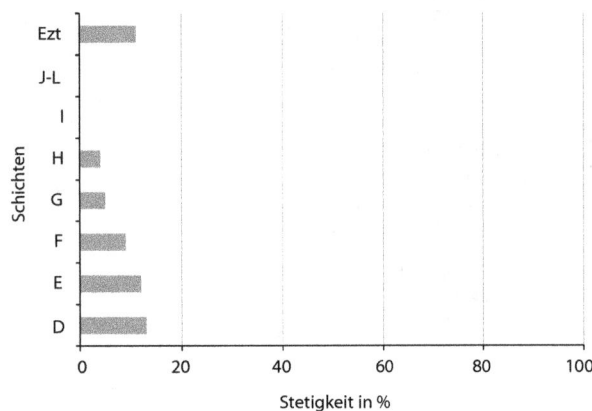

Abb. 101. Feudvar, Pflanzenfunde. Eisenkraut, Verbena officinalis. Stetigkeit in den reinen Schichten der Westburg.

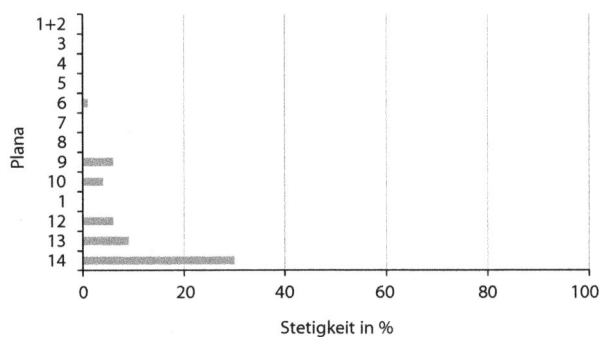

Abb. 102. Feudvar, Pflanzenfunde. Eisenkraut, Verbena officinalis. Stetigkeit in den Plana der Ostburg.

Der Syrische Schuppenkopf *Cephalaria syriaca* gilt als gesammelte Ölpflanze. Das Mansfeld-Verzeichnis schreibt dazu:

> *„Die Früchte enthalten ein helles, geschmackfreies Öl, das vielfältig benutzt wird. In Transkaukasien und in der Türkei werden die gemahlenen Früchte dem Brotteig zugegeben, um „blaues Brot" zu erhalten, das besonders schmackhaft ist und sich lange frisch hält. Deshalb in Kleinasien zuweilen kultiviert, doch werden meist nur die Wildvorkommen genutzt"*[64].

Cephalaria transylvanica ist eine häufige Einjährige in Südosteuropa. Deshalb ist *Cephalaria* hier nicht als Ölpflanze geführt, sondern als Mögliche Nutzpflanze. Sie hat wie *Lallemantia iberica* (siehe oben) das Schwergewicht der Verbreitung in den älteren Schichten (Abb. 103; 104). Die Unregelmäßigkeit des Vorkommens spricht dafür, dass es sich hier um Nutz- oder Kulturpflanzenfunde handelt.

2.7.6 Malve, *Malva*

Gefundene Reste: verkohlte Samen, häufig

Der einzelne nackte Same der Malven ist hirsekorngroß und auch ähnlich abgerundet. Es macht Mühe, in hirsereichen Funden auf Malven zu achten, sie zu erkennen und auszulesen.

---

64 Schultze-Motel 1986, 1257 f.

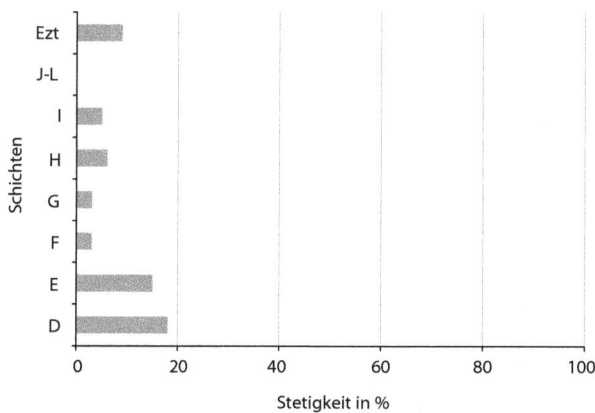

Abb. 103. Feudvar, Pflanzenfunde. Wohl Schuppenkopf, cf. Cephalaria. Stetigkeit in den reinen Schichten der Westburg.

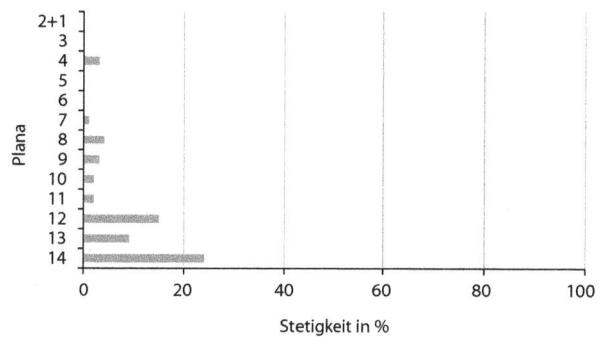

Abb. 104. Feudvar, Pflanzenfunde. Wohl Schuppenkopf, cf. Cephalaria. Stetigkeit in den Plana der Ostburg.

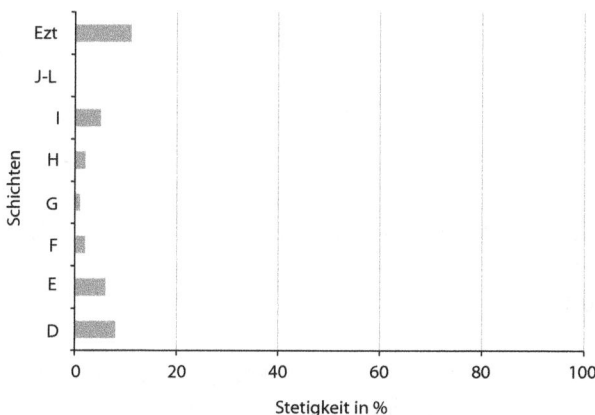

Abb. 105. Feudvar, Pflanzenfunde. Malve, Malva. Stetigkeit in den reinen Schichten der Westburg.

Die Malven, besonders *Malva sylvestris*, aber auch *M. moschata*, sind berühmte ‚nur gute‘ Heil- und Gemüsepflanzen. Aus den Blättern macht man einen pappigen Brei, das Wort Papp bezeichnet ursprünglich einen solchen Brei[65], davon abgeleitet sind Malven-Volksnamen wie Käsepappel. Diese Breie sind schleimig, man kann Malvenblätter zum Andicken (‚Binden‘) von Speisen verwenden. Der kulinarisch interessierte Reisende kennt diesen Schleim von den Okra-Früchten oder „lady's fingers“, den Früchten der Malvacee *Abelmoschus esculentus*. Auch die medizinische Nutzung baut auf diesem schützenden und heilenden Schleim auf. Die ebenfalls essbaren Früchte als Ganzes sehen aus wie ein kleiner Handkäse. Die Malven sind hier sehr wahrscheinlich regelmäßig genutzte Blattgemüsepflanzen (Abb. 105).

2.7.7 Bilsenkraut, *Hyoscyamus niger*

Gefundene Reste: verkohlte Samen (Taf. 2,4), selten

Das Bilsenkraut ist die wichtigste psychoaktive Pflanze der Alten Welt[66]. Es ist eine Gift- und Zauberpflanze, Heilpflanze, bewusstseinsverändernde Droge. Man kann davon ausgehen, dass zu allen Zeiten die Wirkungen der Pflanze bekannt waren. Das Bilsenkraut ist unverkennbar. Die hellgelben, düster violett geäderten Blüten, der einseitswendige Blütenstand, das Blattwerk und der widerliche Geruch sind einzigartig.

Die Samen des Bilsenkrauts sind in Feudvar selten. Dennoch muss man davon ausgehen, dass es genutzt wurde. Es hat keine natürlichen Standorte, sondern kommt nur synanthrop vor. Das Vieh meidet die Pflanze, der Mensch hat Ehrfurcht. Beides bedingt eine fördernde Schonung, die die dauerhafte Ansiedlung des Bilsenkrauts in und um die Siedlung sichert. Die geringen Stetigkeiten zu allen Zeiten belegen dies (Abb. 106; 107).

Das Bilsenkraut ist schlechthin das Schamanenkraut der Alten Welt.

---

65   Alberti 2011, 101–104.

66   Herbig 2012; Herbig et al. 2013, 275; siehe auch Rätsch 2009; Rätsch / Storl 2000.

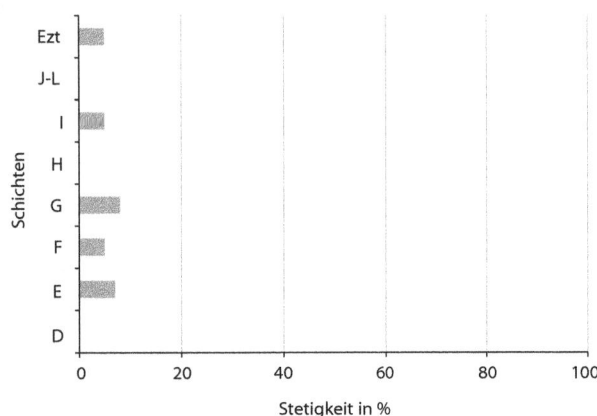

Abb. 106. Feudvar, Pflanzenfunde. Bilsenkraut, Hyoscyamus niger. Stetigkeit in den reinen Schichten der Westburg.

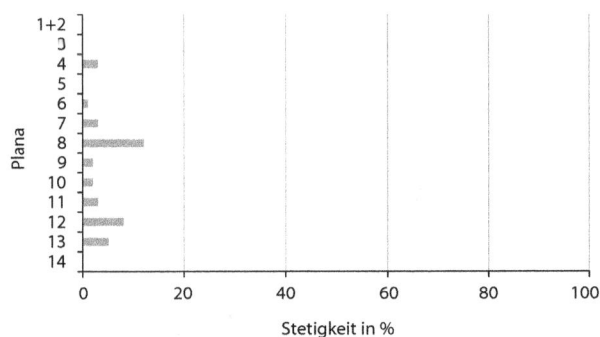

Abb. 107. Feudvar, Pflanzenfunde. Bilsenkraut, Hyoscyamus niger. Stetigkeit in den Plana der Ostburg.

2.7.8 Echter Eibisch, *Althaea officinalis*

Gefundene Reste: verkohlte Samen (Taf. 2,5), selten

Der Echte Eibisch ist eine Art des Hochstaudenrieds, er steht landseits vom Röhricht auf festem Boden, gerne in salzigem Milieu, das die Konkurrenz durch Holzgewächse mindert. Der Echte Eibisch ist eine östliche Stromtalpflanze, besonders an Flüssen, die ins Schwarze und Kaspische Meer münden. An Donau und Theiß gibt und gab es sicher Massenstandorte dieser Pflanze. Sie ist gänzlich samtig behaart ('Samtpappel') und dadurch sehr hell im Grünton. Das Vieh umgeht die Pflanzen. Die Blüten sind rosaweiß.

Die Samtpappel oder der Echte Eibisch ist eine 'gute' Heilpflanze, die Verwendung und die Zubereitungsformen der Eibisch-Pharmaka sind vielfältig. Die Blätter als aufgelegtes Wundmittel und die Wurzel als kalter Aufguss sind die gebräuchlichsten Anwendungen. Der hohe Schleimgehalt der Pflanze macht heiße Aufgüsse widerwärtig.

Die Nachweismenge ist mit 13 Samen gering. Dennoch lässt der Sonderstandort der Pflanze keinen Zweifel an ihrer Verwendung als Heilmittel zu.

2.7.9 Lauch, *Allium*

Gefundene Reste: verkohlte Samen, selten

Vom landseitigen Rand des Röhrichts bis auf trockene Hänge, an besonnten und schattigen Standorten wachsen viele Laucharten. Manche blühen selten und vermehren sich vielmehr durch Brutzwiebeln in der Erde oder in luftiger Höhe. Dort ergänzen oder ersetzen bei machen Arten Brutzwiebeln die Blüten im Blütenstand. Viele Arten sind als Gewürzkräuter geeignet, sowohl das grüne Laub als auch die unterirdischen weißen bis violettweißen Teile.

Man denke dabei eher an Verwendungen nach Art des Schnittlauchs *Allium schoenoprasum*, der auf der Nordhalbkugel im Hochgebirge und auf dem Spülsaum der Flüsse zuhause ist, weniger an die Küchenzwiebel *Allium cepa*, deren Herkunft sich nicht mehr ermitteln lässt. Sie existiert nur noch als variantenreiche Kulturpflanze.

Die Samen der *Allium*-Arten sind nicht sonderlich verschieden voneinander.

2.7.10 Eselsdistel, *Onopordum acanthium*

Gefundene Reste: verkohlte und unverkohlte Früchte (Taf. 2,6), sehr selten

Die Eselsdistel ist eine große, sehr stachlige Distel der osteuropäischen Dorfflur. Sie ist in manchem der Artischocke *Cynara* ähnlich, auch in den Inhaltsstoffen. In Feudvar ist sie so selten, dass eine Deutung als Heil- und Nutzpflanze nicht nahe liegt. Andernorts sind die Bedingungen für eine solche Annahme besser[67].

2.7.11 Schwarzer Senf, *Brassica nigra*

Gefundene Reste: verkohlte Samen, sehr selten

Die Samen der Gattung Kohl, *Brassica*, sind kugelige Samen verschiedener Größe und mit verschieden ausgeprägtem Zellnetz der Samenschale (Taf. 2,7). Die Nutzung des Kohls ist außerordentlich vielfältig. Rübe, Sproß, Blatt, Blattkopf, Blütenstand und Saat sind die genutzen Teile der verschiedenen Zuchtformen. Vom Schwarzen Senf, mit besonders markantem Zellnetz der Samenschale, wird die ölhaltige Saat zu Würzpasten verarbeitet (Senf), auch heute noch sind Senfsorten aus Schwarzem Senf oder mit Schwarzem Senf beliebt. Der Weiße Senf *Sinapis alba* ist ein später Zuwanderer aus Asien.

In Feudvar hat es durch die Seltenheit der Nachweise von *Brassica* den Anschein, als seien die anderen Ölpflanzen Leindotter, Ölziest, Wegrauke, Lein, Mohn und wohl auch Schuppenkopf die eigentlichen Nutzpflanzen für Pflanzenfett.

Allerdings ist zu bedenken, dass unbestimmte Brassicaceen ein ziemlich regelmäßiges Fundgut sind, von dem es mehr als tausend Belege gibt (Tab. 1), in dem einiges verborgen bleibt.

2.7.12 Hartheu, *Hypericum*

Gefundene Reste: verkohlte Samen (Taf. 2,8), selten

Das Hartheu ist außerhalb des dichten Waldes auf trockenem Land verbreitet. Hartheu wird das Johanniskraut genannt, weil das Vieh es auf der Weide meidet und es daher hart wird. Es blüht im Sommer leuchtendgelb, um den Tag Johannes des Täufers (24. Juni). Die Pflanze ist aromatisch, herb und bitter. Die punktkleinen roten Öltröpfchen in den Blättern leuchten, wenn man sie gegen das Licht hält (*Hypericum perforatum*).

Hypericum gilt als Stimmungsaufheller, zahllose Präparate sind heute im Handel. Das wirksame Hypericin ist phototoxisch, es kann bei Mensch und Weidevieh in Verbindung mit Licht unangenehme Symptome auslösen. *Hypericum* mit Hypericin ist deshalb schwach giftig. Das rote Öl in den Öltröpfchen färbt intensiv, z. B. beim Zerreiben der Blätter und Blütenblätter (daher der Name Mannsblut: *Hypericum androsaemum*).

Es ist schwierig, die Arten anhand der Samen zu unterscheiden, deshalb wird hier nur *Hypericum* angegeben. Nicht alle Arten haben Hypericin, nicht alle sind phototoxisch[68]. Die geringe Fundmenge gibt keinen Anlass, über Nutzungsweisen nachzusinnen (50 Stück; 20 davon in einer fund- und taxareichen Probe aus der Westburg, Nr. 3604 Schicht D, mit viel Saatweizen; siehe Tab. 29).

2.7.13 Wegwarte, *Cichorium intybus*

Gefundene Reste: verkohlte Früchte (Taf. 2,9), sehr selten

Die Wegwarte ist ein bitteres Kraut am Wege, sie wartet aber nur vormittags am Wege, mittags schließen sich die blassblauen Blüten. Aus der Wegwarte sind die Zuchtformen Zichorie mit Nutzung der Rübe (bleich im Dunkeln getrieben Chicoree), Endivie (grünlaubig) und Radicchio (rotlaubig) mit Nutzung der Blattrosette entstanden. Daraus resultiert die Nutzung als Gemüse und Salat. Wurzel und Kraut sind zudem vielseitiges bitteres Heilmittel.

Cichorium intybus ist hier als Mögliche Nutzpflanze aufgelistet, um mit Nachdruck auf das Sammeln von Blattgemüsen und Salaten hinzuweisen.

---

67 Hellmund 2008; Kroll 2012 a; ders. 2012 b.

68 Roth / Daunderer / Kormann 2012 s. v. Hypericum perforatum.

2.7.14 Roter Hartriegel, *Cornus sanguinea*

Gefundene Reste: verkohlte Steinkerne, sehr selten (ein Steinkern)

Einjährige Ruten des Roten Hartriegels, von bewirtschafteten Beständen geschnitten, sind ein perfektes Flechtmaterial, besonders zur Herstellung von Fischreusen und ähnlichen Gebrauchsgegenständen unter und über Wasser. Die Früchte enthalten viel fettes Öl, sind aber nicht wirklich essbar; der Fruchtsaft färbt[69].

Das Hartriegelholz wird für allerlei haltbare, abriebfeste Kleinteile verwendet (Riegel, Knebel), ist aber kein ergiebiges Feuerholz. Die Früchte sind nutzbar, wirklich geeignet sind aber die langen Ruten fürs Flechten und Knüpfen[70].

Anlässlich des Fundes eines einzigen Steinkerns wird dennoch auf diese Nutzungsweisen hingewiesen, auch mit Bezug auf die Lage des Ortes am Strom.

2.7.15 Saflor, *Carthamus tinctorius* und *C. lanatus*

Gefundene Reste: verkohlte Früchte, sehr selten

Über den Saflorfund von Feudvar ist gleich nach seiner Auffindung ausführlich berichtet worden[71]:

„(…) *Die erste in einer fundreichen Feudvar-Probe (W 2956/7 Tab. 1 [hier Tab. 14]) gefundene Carthamus-Frucht hat einen großen zackigen Kragen (Abb. 1 a–c [hier Abb. 108 a–c]) und eine prominente Anheftungsstelle an den Fruchtboden (Abb. 1 b [hier Abb. 108 b]). Sie wird als* Carthamus lanatus *Wolliger Saflor bezeichnet. Der Fund stammt aus dem sogenannten Haus des Bäckers. Die Keramikfunde des Hauses ermöglichen eine eindeutige Datierung in die frühbronzezeitliche klassische Vattina-Kultur.*

Die Gattung Carthamus *ist vom westlichen Mittelmeergebiet bis nach Nordindien mit etwa 20 Arten verbreitet. Als polyploide Art wohl hybridogener Entstehung (Knowles 1976) ist* Carthamus lanatus *auch außerhalb des eigentlichen Areals der Gattung als Ruderalunkraut erfolgreich. Als solches wird er hier auch gewertet. Heute ist der Wollige Saflor weltweit verschleppt.*

Die zweite Carthamus-*Frucht stammt aus einer nicht sonderlich reichen Routine-Probe (W 1083 Tab. 1[hier nicht aufgeführt]) ist dagegen so glatt, so lang und kleinkragig (Abb. 1 d–f [hier Abb. 108 d–f]), daß sie als Echte Färberdistel, Färbersaflor* Carthamus tinctorius *bestimmt ist. Sie kommt aus Ascheablagerungen, die rein mittelbronzezeitliche Keramik enthalten. Ein Hausgrundriß kann nicht zugeordnet werden.*

Die Kulturpflanze Färbersaflor Carthamus tinctorius *ist eine einjährige oder überwinternd einjährige Distel aus der Familie der Korbblütler (Compositae; Asteraceae). Sie wird knie- bis hüfthoch. Die Blütenköpfe sind gelb bis orangegelb, es gibt auch weiß und orangerot blühende Typen. Neben sehr stachligen Formen kommen auch kaum bewehrte und gänzlich stachellose Sorten vor. Heute baut man den Saflor als Ölpflanze an. Das Öl ist in den Früchten enthalten. Sie sind weiß bis gelblich, sehen aus wie kleine, dicke weiße Sonnenblumenkerne, sind aber härter als diese und durch den seitlich verschobenen Nabel verschieden. Das Saatöl kommt als Distelöl in den Handel, nur selten wird es als Safloröl bezeichnet. Es ist das an mehrfach ungesättigten Fettsäuren reichste Speiseöl des Handels, eignet sich deshalb besonders als Salatöl. Denn ein Erhitzen mindert die Qualität. Da die Pflanze mit sehr wenig Niederschlag auskommt, wird sie überwiegend in sommertrockenen Gebieten gesät, in Indien, Nordafrika, im Iran und in den entsprechenden Gebieten Nordamerikas. Sie wächst aber auch andernorts bei ausreichender Sommerwärme willig. Nicht nur für Speisezwecke, sondern auch für technische Verwendungen ist Saflöröl nützlich. Es ist ein trocknendes Öl, das wie Leinöl verwendbar ist für Seife, Firnis, Ölfarbe, Lack und für anderes mehr. Die Früchte waren früher offizinell, sie wirken heftig abführend. Ähnliches mag für unzureichend gereinigtes Öl gelten. Doch ist die Nutzung des Öls aus den Früchten bis in die Neuzeit nebensächlich gewesen. Denn man baute den Saflor wegen der Blüten an, die Farbstoffe enthalten, mit denen man Lebensmittel schön gelb und Stoffe und Garne rot bis braun oder schwarz färben kann. Die gelbe Farbe ist wasserlöslich, frische oder getrocknete Blüten wurden wie Safran verwendet. Der eigentliche Farbstoff ist das Spanische Rot,*

---

69   Out 2009, 350 f.
70   Klooß 2010.
71   Kroll 1990 a, 41, 43; zum Saflor heute s. Dajue / Mündel 1996.

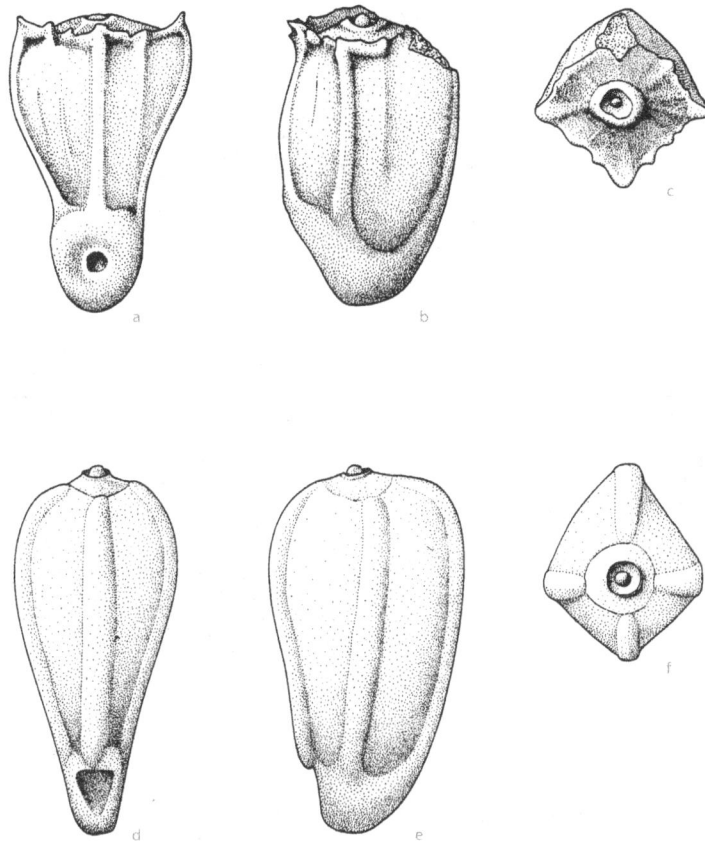

Abb. 108. Feudvar, Pflanzenfunde. Saflor. a-c Wolliger Saflor, Carthamus lanatus; d-f Färbersaflor, C. tinctorius.

rouge d'Espagne, rouge végétal, Carthamin oder Saflorkarmin. Er ist wasserunlöslich, wurde mit Alkalien (Soda) ausgezogen und endlich in Porzellantiegeln eingetrocknet, nach denen er auch rouge d'assiette, Tassenrot hieß. Saflorkarmin diente neben Schminkzwecken vor allem in der Tuchfärberei. [Nachträgliche Ergänzung: Leinen,] Wolle, Seide, auch Lyoner Seide und Baumwolle hat man damit gefärbt. Die Färbung ist jedoch nicht sehr beständig und bleicht bald aus. Dennoch war Carthamus tinctorius *vor der Entdeckung der synthetischen Anilinfarben nach Indigo die zweitwichtigste Färbepflanze. Heute ist sie als leicht zu ziehende Schnittblume in Sträußen mit Feldblumencharakter beliebt. Ziemlich allgemein wird angenommen, daß der Saflor eine uralte Färbepflanze ist. Doch gibt es wenige archäologische Funde. (...)* [...; zu den Belegen und zu den Bestimmungsunsicherheiten s. Kroll 1990a, 44].

*   Wozu hat man den Färbersaflor verwendet? Als Ölpflanze wohl nicht, dafür ist er zu selten. Denn werden reife Früchte geerntet und in einer Siedlung verarbeitet, so ist die Verkohlungswahrscheinlichkeit und damit auch die Auffindwahrscheinlichkeit so hoch, daß der Färbersaflor in Feudvar bereits häufiger nachgewiesen sein müsste. Werden jedoch Blüten geerntet und verarbeitet und wird nur ein wenig Saatgut für das nächste Jahr nebenher eingesammelt und verwahrt, so wird die Auffindwahrscheinlichkeit gering wie in diesem Fall (...). Es ist demnach wahrscheinlich, daß man in Feudvar den Saflor als Färbepflanze angebaut und Farbe gewonnen hat für Schminke, zum Färben von gewebtem Stoff oder Garn, um damit zu weben, zu sticken oder um schöne Schnüre zu drehen. Blüten als Zutat zu mancherlei Speise aus Topf und Ofen haben Backwerken und Gerichten eine appetitlich gelbe Farbe verliehen.*"

Ein reicher *Carthamus*-Fund in Ungarn bestätigt den Kulturpflanzenstatus in der Bronzezeit[72].

---

72   Gyulai 2010.

Zeitstufe	FBZ	Zeitstufe
Schicht	F	Schicht
Komplex-Nr.	W2073/2	deutscher Name
Kraut oder Unkraut?		Kraut oder Unkraut?
Chenopodium polyspermum	100	vielsamiger Gänsefuß
Getreide		Getreide
Triticum monococcum	r	Einkorn
Tr. monococcum, Spelzbase	r	Einkorn, Spelzbase
Hordeum vulgare vulgare	r	Vierzeil-Spelzgerste
H. vulgare, Spindelglied	r	Vierzeilgerste, Spindelglied
Hülsenfrüchte		Hülsenfrüchte
Lens culinaris	r	Linse
Mögliche Nutzpflanzen		Mögliche Nutzpflanzen
Teucrium-Typ	r	Edelgamander-Typ
Unkräuter i.w.S.		Unkräuter i.w.S.
Bromus arvensis	r	Ackertrespe
Fallopia convolvulus	r	Windenknöterich
Lolium, kleinfrüchtig	r	ein kleinfrüchtiger Lolch
Setaria viridis / S. verticillata	r	Grüne / Quirl-Borstenhirse
Echinochloa crus-galli	r	Hühnerhirse
Bromus, langfrüchtig	r	eine langfrüchtige Trespe
Sherardia arvensis	r	Ackerröte
Agrimonia eupatoria	r	Odermennig
Polygonum aviculare	r	Vogelknöterich
Nicht näher Bestimmtes		Nicht näher Bestimmtes
Poaceae	r	Süßgräser
Trifolium-Typ	r	Klee-Typ
Summe (n)	263764	Summe (n)

Tab. 42. Feudvar, Pflanzenfunde. Massenfund vom Vielsamigen Gänsefuß, Chenopodium polyspermum. Gewichtsprozente in ganzen Zahlen. + < 1 %, > 1 ‰. r < 1 ‰.

2.7.16 Vielsamiger Gänsefuß, *Chenopodium polyspermum*

Gefundene Reste: verkohlte Saat, sehr selten

Dieser Massenfund, eine Viertelmillion Früchte eines Gänsefußes, ist der mengenreichste Fund von Feudvar, er wiegt aber nur ganze 66 g (Tab. 42). Die Körner sind sehr klein. Beim Auffinden, am 26. August 1988, dachten wir an Mohn oder an Leindotter, die Körner sind aber noch kleiner (Tausendkorngewicht 0,25 g).

Es ist gleich nach dem Bearbeiten über diesen Fund berichtet worden:

„Der Erhaltungszustand des Fundes ist schlecht; die meisten Samen sind durch das Verkohlen stark aufgebläht und geschädigt. Andere Chenopodiaceen-Arten als Ch. polyspermum *konnten nicht erkannt werden. Es ist zwar möglich, daß weitere Taxa in geringer Menge vorkommen, aber die Einheitlichkeit der Samengröße des Fundes läßt dies unerheblich erscheinen: Die Samen der* Atriplex-*Arten und von* Chenopodium album *sind größer, die von* Ch. rubrum *und* Ch. glaucum *sind kleiner als die von* Ch. polyspermum; Ch. hybridum *kennzeichnet eine charakteristisch gemusterte Samenschale, die nicht gefunden wurde. Die genannten Arten sind weitverbreitete und häufige Ackerunkräuter und Ruderalpflanzen. (…)*

Aus jungen, wenigblättrigen Pflänzchen einiger Meldenarten läßt sich ein gutes Mus kochen („Man macht aus ihnen Spinat"). In geringer Menge genossen, schmecken sie auch roh. Die zwar kleinen, aber stärkehaltigen Samen lassen sich leicht in beträchtlicher Menge auf abgeernteten Äckern oder auf Ödland gewinnen und können, zu Mehl oder Grütze verarbeitet, zum Strecken des Getreidemehls verwendet werden, daraus kann man Brot backen oder Brei kochen.

Historische und volkskundliche Berichte über Chenopodium *(…) haben zu einer langen Diskussion geführt, ob die Melden nun Nutzpflanzen oder zum Teil sogar Kulturpflanzen seien. Besonders* Chenopodium album *wurde als altweltliches Gegenstück zur Reismelde angesehen (*Ch. quinoa*), die in Südamerika als Mehlfrucht seit langem kultiviert wird, und die die einzige entwickelte Kulturpflanze der Gattung darstellt. Hans Helbæk (1960) hat diesen Disput mit seinem „Comment on Chenopodium album as a food plant in prehistory" abgebrochen, in dem er archäologische Belege für die Verwendung der Pflanzen anführt, aber auch die Schwierigkeiten darlegt, archäologische* Chenopodium-*Funde eindeutig zu interpretieren als synanthropes Unkraut einerseits und als Nutzpflanze andererseits (…).*

Die Meldensaat von Feudvar stammt aus dem Inneren eines Hauses. Dies belegt für archäologische Verhältnisse hinreichend die Verwendung. Die Saat ist sehr rein. Die wenigen Samen, Früchte und Spelzen von

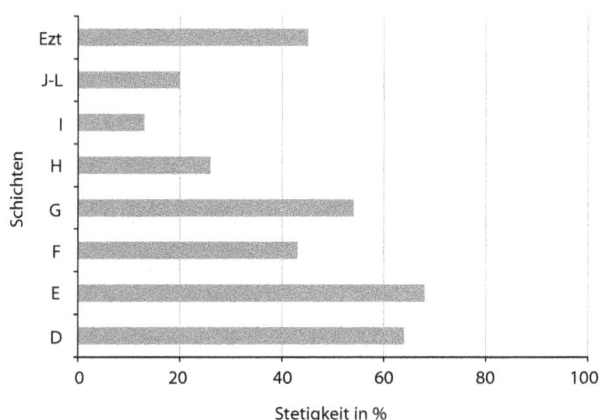

Abb. 109. Feudvar, Pflanzenfunde. Schilfrohr, Phragmites australis, Halme. Stetigkeit in den reinen Schichten der Westburg.

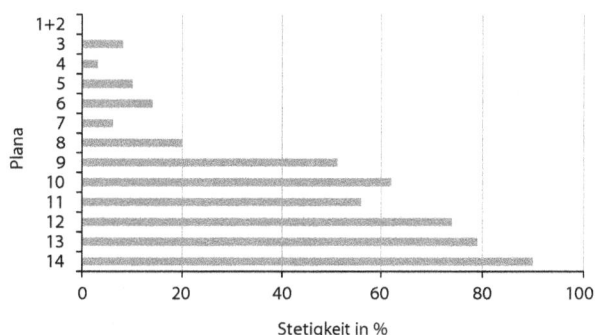

Abb. 110. Feudvar, Pflanzenfunde. Schilfrohr, Phragmites australis, Halme. Stetigkeit in den Plana der Ostburg.

Kulturpflanzen und die spärlichen Belege von Unkräutern können auch als übliche Funde innerhalb eines Hauses gewertet werden und sind trotz aller Umsicht bei der Bergung des Fundes auch als primär nicht zum Fund gehörig interpretierbar. Das heißt, man hat die Saat sorgfältig geerntet und gereinigt. Bei einer Verwendung der stärkehaltigen Saat als Notnahrung würde man keine reine Saat, sondern ein Gemisch aus allerlei brauchbaren Wildsämereien erwarten, denn es kommt hierbei darauf an, etwas zu essen zu haben; die Qualität ist von minderer Bedeutung als die Quantität. Hier spricht die Qualität des Meldenfundes von Feudvar nicht für eine Hungerkost, sondern für die Verwendung in ruhigen, guten Zeiten. Sei es, man baute diese Melde als Hilfsmittel zum Fischfang an – man sagt vom Vielsamigen Gänsefuß, er sei ein guter Fischköder (Schneebeli-Graf 1987), daher auch der Name Fischmelde – oder sei es, man säte sie als zartes Gemüse.[73]

2.8 Technische Materialien

Zu den Möglichen Nutzpflanzen zählen auch Wasserpflanzen, die ein wenig aus der Reihe der Nutzpflanzen ausscheren, denn es sind eher ‚architektonische' Pflanzen, Pflanzen, die dem Bereich Handwerk und Bauen zuzuordnen sind. Da Bauholz hier keine eigene Rubrik hat (siehe S. 171), sind Schilfrohr und Seebinse als technische Materialien bei den Wasserpflanzen ausgeschieden und sind zu den Möglichen Nutzpflanzen gestellt worden.

2.8.1 Schilfrohr, *Phragmites australis,* Halme

Gefundene Reste: Halmteile, Halmknoten, häufig.
Im Gegensatz zu den Früchten der Seebinse wurden die Halmteile und Halmknoten des Schilfsrohrs nicht gezählt, sondern es wurde nur vorhanden festgestellt mit der Mindestzahl 1. Auf die Stetigkeitsdarstellungen hat dies keinen Einfluss, bei den Fundmengen sieht es aber aus, als sei die Seebinse häufiger als das Schilfrohr. Die Verschiedenartigkeit der Funde beider Arten lässt einen solchen Vergleich aber nicht zu. Schilf ist sicher wichtiger als Seebinse.

Das Schilfrohr ist ein perfektes Material für viele Zwecke, in erster Linie als Baumaterial für Wände und Raumdecken und Dächer, aber auch für anderes. Wie die Binse macht es einartige Röhrichte, die sich im Winter auf Eis bequem ernten lassen. Die Halme sollen kahl sein, man muss warten, bis der Wind die Blätter von den Halmen geblasen hat.

Die Stetigkeit nimmt in Schritten zum Jüngeren ab. Von über 80 auf 60 und auf 20 % und darunter. Die rein eisenzeitliche Schicht zeigt wieder höhere Werte (Abb. 109; 110).

---

73   Kroll 1990 b, 46–48.

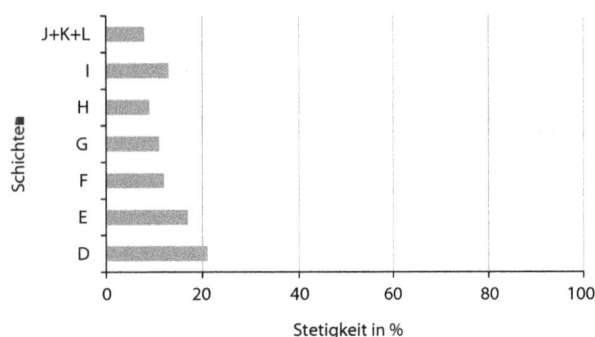

Abb. 111. Feudvar, Pflanzenfunde. Seebinse, Schoenoplectus lacustris. Stetigkeit in den reinen Schichten der Westburg.

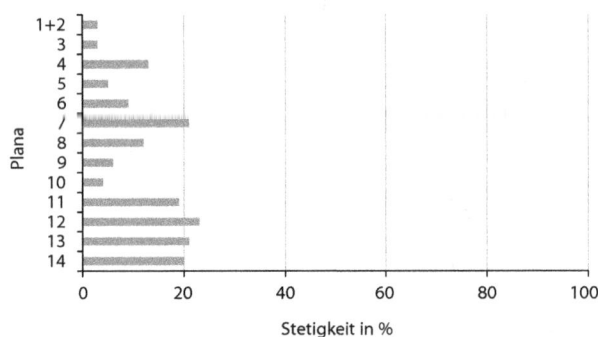

Abb. 112. Feudvar, Pflanzenfunde. Seebinse, Schoenoplectus lacustris. Stetigkeit in den Plana der Ostburg.

2.8.2 Seebinse, *Schoenoplectus lacustris*

Gefundene Reste: verkohlte Früchte (Taf. 2,10), trivial

Die Seebinse *Schoenoplectus lacustris* (syn. *Scirpus lacustris*) ist ein stattliches Gewächs des seeseitigen Röhrichts, es steht in tieferem Wasser als das Schilfrohr *Phragmites australis*. Wie dieses ist es für sehr viele Verwendungen geeignet, zum Dachdecken, zum Flechten und für Unzähliges mehr[74]. Für die Verwendung wird es im Sommer grün geschnitten, zum Trocknen ausgebreitet und dann bis zum Gebrauch eingelagert. Gegenstände aus Flechtbinse sind generationenüberdauernd haltbar, seien es Taschen, Körbe oder geflochtene Stuhlsitze (engl. Name chairmaker's bulrush). Auch als Dachdeckmaterial ist es geeignet, je steiler das Dach, umso haltbarer ist es. Die Haltbarkeit ist abhängig von der Abfließ- und Abtrocknungsgeschwindigkeit des Regenwassers. Das Material ist zuverlässig und beständig: Die genähten Boote auf dem Titicaca-See sind *Schoenoplectus*-Boote und Vorbild für Thor Heyerdahls ‚Schilf‘-Boote Ra II und Tigris. Der südamerikanische *Schoenoplectus* ist als Totora-Schilf bekannt und berühmt (S. *californicus* ssp. *tatora*). Der europäische Laie unterscheidet bei diesen ‚Schilf‘-Booten nicht zwischen Schilfrohr *Phragmites*, Seebinse *Schoenoplectus* oder Papyrus *Cyperus papyrus*. Der knotenfreie *Schoenoplectus*-Halm mit seinem luftigen Mark ist das beste Material für solche Wasserfahrzeuge. Man denke dabei auch an das Binsenkörbchen, in dem der neugeborene Moses den Nilwassern anvertraut wurde.

In Feudvar werden die regelmäßigen Funde von Seebinsenfrüchten als Hinweis auf die Verwendung der Binsenhalme für technische Zwecke gewertet. Die Funde sind stetig, sie nehmen zum Jüngeren etwas ab (Abb. 111; 112). Massenfunde aus der Ostburg belegen die Verwendung (Tab. 43).

2.9 Unkräuter im weiten Sinn

Bei den Unkräutern stellt sich oft die Frage: Kraut oder Unkraut? Zu etwas nütze oder ganz und gar unnütz und schädlich? Das ist nicht immer eindeutig zu beantworten, deshalb gibt es auch in dieser Gruppe einige mögliche Nutzpflanzen. Und andererseits können Taxa aus anderen Rubriken auch Unkraut sein: Denn alles, was auf einem Standort zurzeit nicht erwünscht ist, ist Unkraut. Bei dieser Definition erübrigt sich die Diskussion Unkraut oder Acker-Wildkraut. Wer jemals gegen Unkraut angekämpft hat, verliert seinen Faible fürs Acker-Wildkraut.

Nicht alle Unkräuter sind einen eigenen erläuternden Absatz wert.

Die Unkräuter sind hier aufgegliedert nach den Fundmengen: Sehr seltene Unkräuter haben einstellige Nachweismengen. Seltene sind zweistellig belegt. Dreistellig nachgewiesene Unkraut-Taxa sind in

---

74 Seidel 1955.

Komplex-Nr. E	3612	3611	deutscher Name
Getreide			Getreide
Triticum monococcum	25	33	Einkorn
Tr. monococcum, Spelzbase	80	46	Einkorn, Spelzbase
Hordeum vulgare vulgare	4	7	Vierzeil-Spelzgerste
Triticum dicoccon / Tr. timopheevii		2	Emmer / Sanduri
Tr. dicoccon / Tr. timoph., Spelzbase	1	2	Emmer / Sanduri, Spelzbase
Tr. aestivum		1	Saatweizen
Cerealia indeterminata		7	unbestimmtes Getreide
Hirsen			Hirsen
Panicum miliaceum		1	Rispenhirse
Öl- und Faserpflanzen			Öl- und Faserpflanzen
Camelina sativa	4		Leindotter
Lallemantia iberica	2		Ölziest
Hülsenfrüchte			Hülsenfrüchte
Leguminosae sat. indet.		1	unbestimmte Hülsenfrüchte
Obst und Nüsse			Obst und Nüsse
Fragaria	9		eine Erdbeere
Rubus fruticosus	1	1	Brombeere
Prunus (non spinosa)		1	ein Steinobst (nicht Schlehe)
Mögliche Nutzpflanzen			Mögliche Nutzpflanzen
Teucrium-Typ	5	1	Edelgamander-Typ
Hyoscyamus niger	1		Bilsenkraut
Technische Materialien			Technische Materialien
Schoenoplectus lacustris	**361**	63	Seebinse
Phragmites australis, Halme	1	1	Schilfrohr, Halme
Unkräuter i.w.S.			Unkräuter i.w.S.
Bromus arvensis	21	4	Ackertrespe
Solanum nigrum	8		Schwarzer Nachtschatten
Dasypyrum villosum	1	5	‚Zottiges Korn‘
Setaria viridis / S. verticillata	4	2	Grüne / Quirl-Borstenhirse
Bupleurum rotundifolium	3	2	Ackerhasenohr
Digitaria	2		eine Fingerhirse
Asperula arvensis	1		Ackermeister
Bromus, langfrüchtig		1	eine langfrüchtige Trespe
Echinochloa crus-galli	1		Hühnerhirse
Glaucium corniculatum		1	Gelber Hornmohn
Persicaria maculosa		1	Flohknöterich
Polygonum aviculare		1	Vogelknöterich
Rumex crispus-Typ		1	Krauser Ampfer-Typ
Sherardia arvensis	1		Ackerröte
Wasserpflanzen			Wasserpflanzen
Alismataceae	1		Froschlöffelgewächse
Nicht näher Bestimmtes			Nicht näher Bestimmtes
Chenopodiaceae	6	2	Gänsefußgewächse
Poaceae	10	2	Süßgräser
Trifolium-Typ	2	1	Klee-Typ
Lamiaceae	1		Lippenblütler
Brassicaceae		1	Kreuzblütler
Rubiaceae	4		Rötegewächse
Summe (n)	**560**	**191**	**Summen (n)**

Tab. 43. Feudvar, Pflanzenfunde. Kollektionen mit viel Seebinse, Schoenoplectus lacustris. Fundmengen.

der Häufig-Gruppe. Trivial werden Unkräuter genannt, die vierstellig nachgewiesen sind. Ackertrespe und Borstenhirse sind die einzigen Massenunkräuter mit fünfstelliger Nachweismenge. Innerhalb dieser Gruppen erfolgt die Reihung alphabetisch nach der wissenschaftlichen Nomenklatur.

Die Bewertung der Unkräuter geschieht hier nach einem *ranking*: In den Tabellen werden die Taxa in den einzelnen funktionalen Gruppen gereiht nach Stetigkeit, bei gleicher Stetigkeit nach Fundmenge, bei gleicher Stetigkeit und Fundmenge nach dem Alphabet. Das ergibt dann Rangfolgen z. B. in den Getreiden, in den Hülsenfrüchten, in den Unkräutern. Um diese Rangfolgen abzubilden, wird folgendes getan: Es wird ein willkürlicher Schnitt gemacht nach dem 20. Rang. Von dieser Grenze wird nach ‚oben‘, zum Häufigeren mit positiven Zahlen gezählt (1 bis 20), nach ‚unten‘ zum Selteneren mit negativen Zahlen (-1 bis - Ende). So erhält ein häufiges Vorkommen einen hohen positiven Wert in einer graphischen Darstellung. Sinkt ein Taxon im Rang ab, fällt es, wenn es tief fällt, bis ins Negative. Steigt es auf, nehmen die Werte zu bis ins Positive. In den Tabellen ist die Anzahl der Unkraut-Taxa

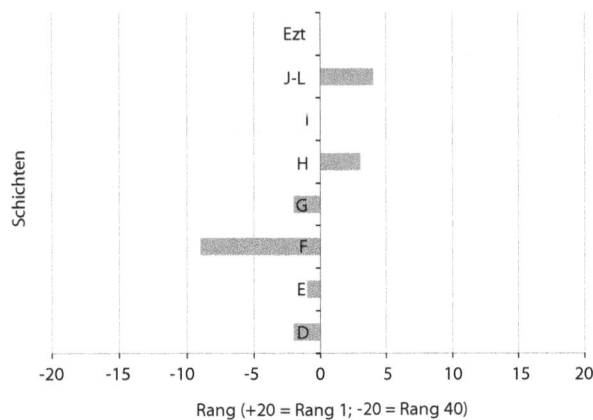

Abb. 113. Feudvar, Pflanzenfunde. Gelber Günsel, Ajuga chamaepitys als Beispiel für die Darstellung der Ränge in den Listen der Unkräuter; reine Schichten der Westburg.

durchaus unterschiedlich, deswegen ist ein willkürlich festgesetzter Wert 20 besser als die reale Zahl der Taxa; 20 sind es jedoch immer. Entwicklungen und Veränderungen lassen sich allerdings nur bei den stetigen Unkräutern erfassen.

Als Beispiel (Abb. 113) ist hier der Gelbe Günsel *Ajuga chamaepitys* aufgeführt, der aus reinen Schichten der Westburg stammt. In den älteren Schichten D bis G sind die Ränge sehr niedrig. Zum Jüngeren, Schichten H und J bis L, steigt der Gelbe Günsel im Rang auf.

2.9.1 Ackertrespe, *Bromus arvensis*

Gefundene Reste: verkohlte Früchte, massenhaft
Die Ackertrespe *Bromus arvensis* ist eine der vielen Trespen, die ruderal oder segetal vorkommen. Die Ackertrespe ist das häufigste Ungras in Feudvar. Von der Roggentrespe *B. secalinus* unterscheidet sie sich durch geringere Masse. Sie wiegt viel weniger als die Roggentrespe, ansonsten sind sich beide Arten sehr ähnlich. Zum Vergleich: Roggentrespen aus dem frühmittelalterlichen Oldenburg in Holstein, die in Roggen auftreten, wiegen 4 bis 5 g[75], die Ackertrespen in Feudvar etwas mehr als 1 g (Tab. 44).

Die Ackertrespe hat im Gegensatz zur Roggentrespe nicht das Schwergewicht der Verbreitung im Wintergetreide, sondern in den Sommerfrüchten, ohne aber das Wintergetreide zu meiden. Das ist im Material aus dem prähistorischen Olynth bereits aufgefallen[76]. Im Gegensatz zur massigen Roggentrespe käme man bei der papierdünnen Ackertrespe (Tab. 45) nicht auf die Idee, sie zu sammeln und als Nahrungsmittel zu verwenden[77]. Sie muss in Feudvar als Massen-Ungras gelten. Die Rispen reifen im Ährenhorizont des Getreides, werden deshalb mitgeerntet und kommen so in großer Menge vom Feld in die Siedlung (Abb. 114; 115).

2.9.2 Grüne / Quirl-Borstenhirse, *Setaria viridis / S. verticillata*

Gefundene Reste: verkohlte Früchte, zum Teil in Spelzen, massenhaft
Die Grüne Borstenhirse ist die wilde Stammform der Kolbenhirse (*S. italica*), die in Feudvar, Schnitt D in ganz geringer Zahl nachgewiesen ist (siehe oben). Die wilde Borstenhirse hat das Potential zur Nutzpflanze: Im Massenfund des neuen Spelzweizens Sanduri, in den Kollektionen aus dem Komplex W 3063, ist die Borstenhirse so reichlich vertreten, dass sie zum Massenunkraut wird. Es hätte sich gelohnt, sie daraus für Ernährungszwecke auszusieben, trotz der geringen Größe der Körner (Tab. 46).

Die Borstenhirse ist ein triviales Ackerunkraut und zu allen Zeiten recht hoch im Rang (Abb. 116). Die Ränge in der Ostburg lassen daran denken, dass die Borstenhirse zum Jüngeren, in der Rispenhirsezeit, im Rang etwas absinkt (Abb. 117). Ist die Borstenhirse kein Hirseunkraut? Nein, sie ist ein allgemeines Ackerunkraut mit höchsten Werten in den Spelzweizen Einkorn, Emmer und Sanduri und in den Hülsenfrüchten, hingegen mit geringsten Werten in der Gerste und in Rispenhirse (Abb. 118). Das mag mit jeweils spezifischen *crop processing*-Schritten zusammenhängen, erklärt aber nicht die geringen Werte in Rispenhirse und Gerste. Die Borstenhirse ist in Feudvar ein Spelzweizen-Ungras. Heute ist sie besonders in Mais lästig.

---

75   Kroll / Willerding 2004.
76   Becker / Kroll 2008, 45.
77   Kohler-Schneider 2001, 153 ff.

Nr.	W 3152	W 3171	W 3537	W 2096/10	W 2096/14	E 2073	E 1326 A
Schicht/Planum	E	E	E	F	F	9	6
TKG (g)	1,06	1,00	1,16	1,26	1,08	1,00	1,27

Tab. 44. Feudvar, Pflanzenfunde. Ackertrespe, Bromus arvensis. Tausendkorngewichte.

Nr.	Sch. od. Pl. Nr.	L min-max	B min-max	H min-max	L:B min-max	L:H min-max	B:H min-max	n
W 3537	E	5,05 4,5 - 5,8	1,29 0,8 - 1,6	0,66 0,4 - 1,1	3,98 3,13 - 7,00	8,02 4,73 - 13,25	2,05 1,13 - 3,25	50
W 3171	E	5,08 4,5v - 5,6	1,24 0,9 - 1,5	0,60 0,4 - 0,9	4,14 3,33 - 5,67	8,94 6,11 - 12,25	2,17 1,43 - 3,00	25
W 3118	E	4,61 4,0 - 5,1	1,15 1,0 - 1,4	0,54 0,4 - 0,8	4,04 3,50 - 4,64	8,92 6,00 - 12,25	2,23 1,50 - 3,50	20
W 3152	E	4,76 3,9 - 5,6	1,20 0,8 - 1,6	0,74 0,4 - 1,1	4,04 3,31 - 5,38	6,76 4,55 - 10,25	1,70 1,00 - 2,80	25
E 2475	11	4,73 4,0 - 5,6	1,31 1,1 - 1,6	0,89 0,6 - 1,2	3,61 3,19 - 4,17	5,43 3,83 - 7,50	1,52 1,00 - 2,29	50
E 1326 a	6	4,63 4,0 - 5,3	1,27 0,9 - 2,1	0,89 0,6 - 1,6	3,72 2,05 - 4,89	5,42 2,94 - 8,50	1,46 1,00 - 2,63	50
W 2096/10	F	4,59 4,0 - 5,4	1,25 1,0 - 1,6	0,84 0,5 - 1,2	3,69 2,93 - 4,70	5,55 4,00 - 9,40	1,52 1,08 - 3,20	50
E 2073	10	4,72 4,3 - 5,1	1,36 1,1 - 1,6	0,90 0,7 - 1,3	3,50 2,94 - 4,45	5,38 3,69 - 6,71	1,55 1,08 - 2,00	25
W 2096/14	F	4,90 4,0 - 5,8	1,10 0,6 - 1,4	0,70 0,5 - 0,9	4,53 3,71 - 6,67	7,58 5,00 - 11,60	1,70 1,00_2,40	50
W 2096/13	F	5,03 4,3 - 5,5	1,12 0,8 - 1,3	0,71 0,4 - 1,0	4,53 3,83 - 6,25	7,44 4,30 - 11,25	1,66 1,00 - 2,50	25
E 2464	11	4,73 4,0 - 5,4	1,25 1,0 - 1,6	0,66 0,4 - 0,9	3,82 3,08 - 4,80	7,42 4,78 - 11,25	1,95 1,43 - 3,25	50

Tab. 45. Feudvar, Pflanzenfunde. Ackertrespe, Bromus arvensis. Maße.

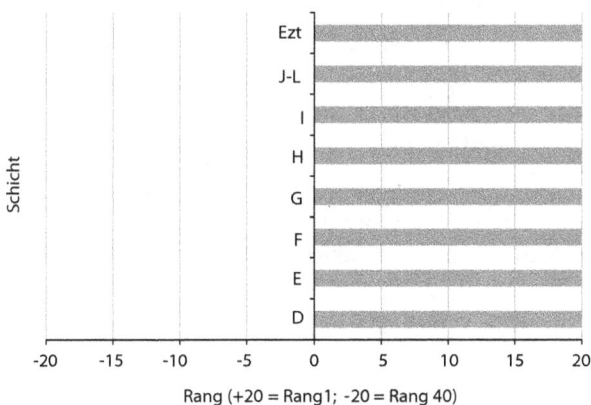

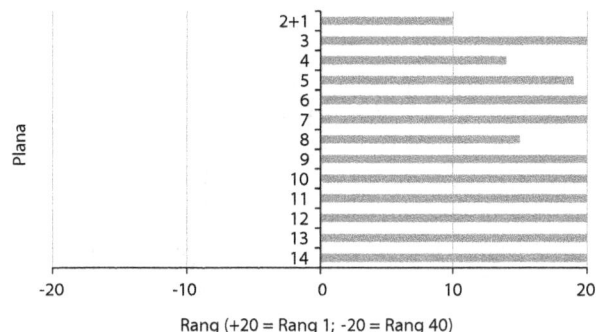

Abb. 114. Feudvar, Pflanzenfunde. Ackertrespe, Bromus arvensis. Ränge in den Unkrautlisten, reine Schichten der Westburg.

Abb. 115. Feudvar, Pflanzenfunde. Ackertrespe, Bromus arvensis. Ränge in den Unkrautlisten, Plana der Ostburg.

Nr. W	3066	3152	3171	3063	3063	3063	3063	3063	3063
Schicht	D	E	E	F	F	F	F	F	F
TKG (g)	0,30	0,19	0,21	0,18	0,28	0,27	0,20	0,20	0,19

Tab. 46. Feudvar, Pflanzenfunde. Grüne / Quirl-Borstenhirse, Setaria viridis / S. verticillata. Tausendkorngewichte.

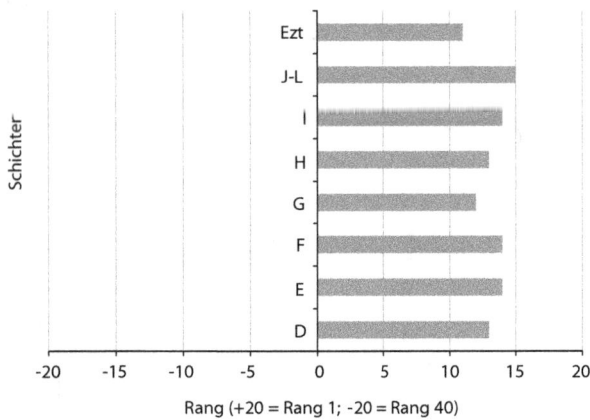

Abb. 116. Feudvar, Pflanzenfunde. Grüne / Quirl-Borstenhirse ,Setaria viridis / S. verticillata. Ränge in den Unkrautlisten, reine Schichten der Westburg.

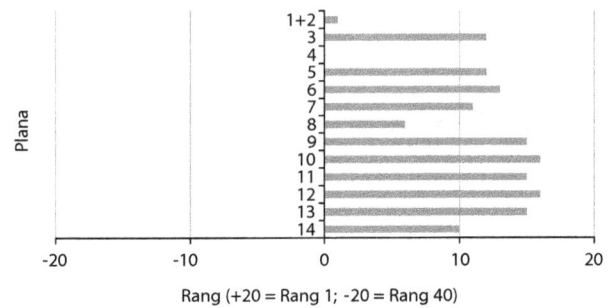

Abb. 117. Feudvar, Pflanzenfunde. Grüne / Quirl-Borstenhirse, Setaria viridis / S. verticillata. Ränge in den Unkrautlisten, Plana der Ostburg.

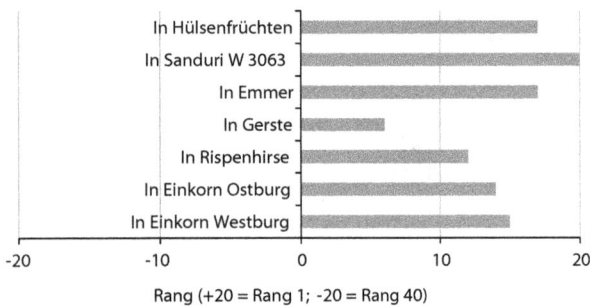

Abb. 118. Feudvar, Pflanzenfunde. Grüne / Quirl-Borstenhirse, Setaria viridis / S. verticillata. Ränge in den Unkrautlisten der Massenfunde von Kulturpflanzen.

2.9.3 (Weißer) Gänsefuß, *Chenopodium (album)*

Gefundene Reste: verkohlte und unverkohlte Früchte, massenhaft

Die schwarzen *Chenopodium*-Früchte sind massenhaft in der Samenbank des Bodens vorhanden, sie sind sehr hart und bleiben auch als tote, leere Schalen lange erhalten. Es ist daher oft sehr schwer zu beurteilen, ob sie alt sind oder nicht. Aus diesem Grunde haben wir früh beschlossen, nur besondere Arten der Chenopodiaceen einzeln aufzulisten (*Atriplex patula, A. hastata, Ch. hybridum*) und dem Chenopodien-Löwenanteil wenig Aufmerksamkeit zu schenken, ihn als Nicht-näher-Bestimmtes, Chenopodiaceen, zu vermerken. - *Chenopodium* ist aber auch Nutzpflanze und Sammelpflanze, vielleicht sogar Kulturpflanze, sei es als Gemüse oder als Mehlfrucht. *Ch. quinoa*, die andine Reismelde, ist im Gegensatz zu unserem altweltlichen *Chenopodium* eine ‚richtige' Kulturpflanze geworden, die harte dunkle Schale ist durch ein helles Häutchen ersetzt, das die groß gezüchtete einsamige Frucht umschließt. Unsere Chenopodien sind nach wie vor klein, hartschalig und schwarz (Tab. 48). Ein *Chenopodium*-Vorrat (Tab. 42) ist als *Ch. polyspermum* bestimmt (siehe oben S. 142), zwei weitere als *Ch.* (*album*; Tab. 47). Die Klammern bedeuten: wohl überwiegend *Ch. album*, für die absolute Reinheit, für die Abwesenheit anderer Chenopodien lege ich aber keine Hand ins Feuer.

Der triviale Weiße Gänsefuß ist die häufigste Chenopodien-Art im Siedlungsbereich und im Acker.

2.9.4 Windenknöterich, *Fallopia convolvulus (syn. Polygonum c.)*

Gefundene Reste: verkohlte Früchte, trivial

Wie die Ackertrespe ist der Windenknöterich ein sehr regelmäßiges, hochstetes Unkraut, aber im Gegensatz zur Trespe kein häufiges. Die Nachweiszahlen sind stets sehr gering bei hoher Stetigkeit (Abb. 119; 120). Der Windenknöterich ist also ein triviales, aber kein Massenunkraut. Der Sproß des Krautes windet sich um Halme, um im Ährenhorizont zu blühen und zu fruchten. Daher werden die schwarzen Früchte der Pflanze bei jeder Methode mitgeerntet. Sie sind recht groß (etwas kleiner und leichter als Kornradensamen; zwei Tausendkorngewichte aus der Westburg, Schicht E, W 3152 1,01 g; W 3537 1,03 g). Durch das auffällige Schwarz lassen sie sich mit kleinen Fingern leicht auslesen. Andererseits schadet oder stört

Zeitstufe		FBZ	Zeitstufe
Schicht		E + F	
Komplex-Nr.	A1588	W3287	deutscher Name
Kraut oder Unkraut?			Kraut oder Unkraut?
Chenopodium (album)	**72**	**20**	(Weißer) Gänsefuß
Getreide			Getreide
Triticum monococcum	21	29	Einkorn
Tr. monococcum, Spelzbase	r	2	Einkorn, Spelzbase
Hordeum vulgare vulgare	5	15	Vierzeil-Spelzgerste
Triticum dicoccon / Tr. timopheevii		3	Emmer / Sanduri
Tr. dic. / Tr. timoph., Spelzbase		r	Emmer / Sanduri, Spelzbase
Hirsen			Hirsen
Panicum miliaceum	r		Rispenhirse
Öl- und Faserpflanzen			Öl- und Faserpflanzen
Lallemantia iberica		r	Ölziest
Hülsenfrüchte			Hülsenfrüchte
Lens culinaris	r	+	Linse
Vicia ervilia		r	Linsenwicke
Obst und Nüsse			Obst und Nüsse
Sambucus ebulus	r		Attich
Rosa		19	eine Rose (Hagebutte)
Prunus spinosa		+	Schlehe
Trapa natans		2	Wassernuß
Mögliche Nutzpflanzen			Mögliche Nutzpflanzen
Verbena officinalis	r	r	Eisenkraut
Allium		r	ein Lauch
Cichorium intybus		r	Wegwarte
Unkräuter i.w.S.			Unkräuter i.w.S.
Bromus arvensis		r	Ackertrespe
Fallopia convolvulus	r	r	Windenknöterich
Lolium, kleinfrüchtig	r	r	ein kleinfrüchtiger Lolch
Setaria viridis / S. verticillata		r	Grüne / Quirl-Borstenhirse
Bupleurum rotundifolium		r	Ackerhasenohr
Echinochloa crus-galli	r	r	Hühnerhirse
Bromus, langfrüchtig		r	eine langfrüchtige Trespe
Galium spurium	r		Saatlabkraut
Glaucium corniculatum	r	r	Roter Hornmohn
Atriplex patula-Typ		r	Rutenmelde-Typ
Atriplex hastata	r		Spießmelde
Avena	+		ein Hafer
Centaurea		5	eine Flockenblume
Echium		r	ein Natternkopf
Montia-Typ	r		Quellkraut-Typ
Plantago lanceolata		r	Spitzwegerich
Wasserpflanzen			Wasserpflanzen
Phragmites australis, Halme		r	Schilfrohr, Halme
Nicht näher Bestimmtes			Nicht näher Bestimmtes
Poaceae	r	r	Süßgräser
Trifolium-Typ		r	Klee-Typ
Rubiaceae		r	Rötegewächse
Brassicaceae		r	Kreuzblütler
Asteraceae		r	Korbblütler
Boraginaceae	r		Rauhblattgewächse
Primulaceae		r	Primelgewächse
Summe (n)	3775	1813	Summe (n)

Tab. 47. Feudvar, Pflanzenfunde. Kollektionen mit viel (Weißem) Gänsefuß, Chenopodium (album). Gewichtsprozente in ganzen Zahlen. + < 1 %, > 1 ‰. r < 1 ‰.

Nr.	W 3171	W 3537	W 3287	A 1588
Schicht/Planum	E	E	F	8
TKG (g)	0,18	0,14	0,12	0,25

Tab. 48. Feudvar, Pflanzenfunde. (Weißer) Gänsefuß, Chenopodium (album). Tausendkorngewichte.

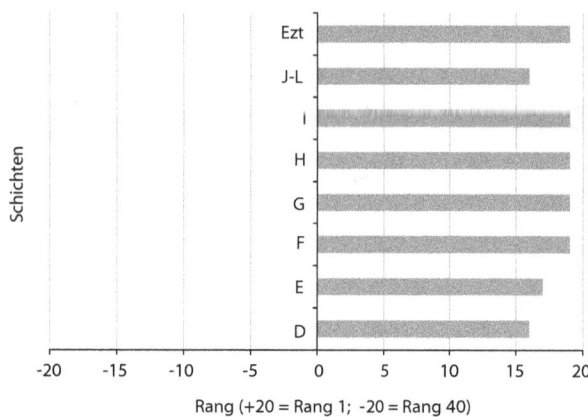

Abb. 119. Feudvar, Pflanzenfunde. Windenknöterich, Fallopia convolvulus. Ränge in den Unkrautlisten, reine Schichten der Westburg.

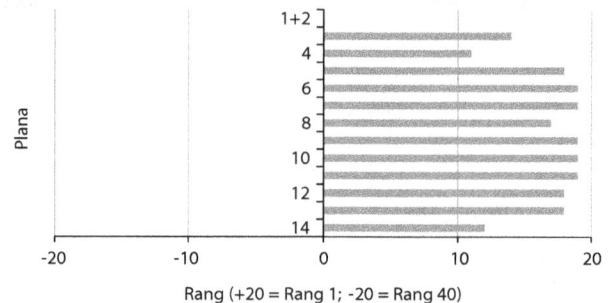

Abb. 120. Feudvar, Pflanzenfunde. Windenknöterich, Fallopia convolvulus. Ränge in den Unkrautlisten, Plana der Ostburg.

der geringe Anteil der Windenknöterichfrüchte nicht im Essen. Sie sind Mehlfrüchte wie der verwandte Buchweizen. Allerdings ist die Samenschale hart und macht unbeschädigte Früchte unverdaulich.

2.9.5 ‚Zottiges Korn‘, *Dasypyrum villosum* (L.) P.C. Candargy

Gefundene Reste: verkohlte Früchte und Spelzen- und Spindelteile, trivial

Wie im Kapitel Erkenntniszugewinn geschildert, ist dieses Taxon früh erkannt, aber lange Zeit nur mit Alias-Namen geführt worden, als *Secale*-ähnliches Taxon. Ein sommerlicher Besuch im Jahre 2012 im systematischen Teil des Berliner Botanischen Gartens Dahlem brachte die Erkenntnis, dass das Wildgras im Beet zwischen *Triticum* und *Secale* mit großer Wahrscheinlichkeit dieses Taxon ist. Es ist heute von großer Bedeutung für die moderne Pflanzenzüchtung[78]. Es ist nach wie vor auch möglich, dass es ein Roggen *Secale* ist[79].

Das Taxon ist weder im Zander, dem die Nomenklatur hier folgt, noch in Schultze-Motels Mansfeld-verzeichnis (1986) aufgelistet, sodass es ausnahmsweise nötig ist, die namengebenden Autoren anzugeben. Ernest Saint-Charles Cosson und Michel Charles Durieu de Maisonneuve haben im 19. Jahrhundert die Gattung *Dasypyrum* aufgestellt. Paleologos C. Candargy hat um die Wende zum 20. Jahrhundert in französischsprachigen Beiträgen zur griechischen Inselflora die Art benannt: *Dasypyrum villosum* (L.) P. C. Candargy. Die unsichere Stellung als Fast-Getreide zwischen Weizen und Roggen kommt auch in den Synonymen zum Ausdruck: *Secale villosum* L.; *Secalidium villosum* Schur; *Pseudosecale villosum* (Godron) Degen; *Triticum villosum* M. Bieb.; *Agropyrum villosum* Link; *Agropyrum villosum* Host. Als eigenständige Gattung mit zwei Arten hat sie den Namen *Haynaldia* Schur (*H. villosa* und *breviaristata*) oder den Namen, dem wir hier folgen: *Dasypyrum villosum*. Da es keinen eingeführten deutschen Namen hat, wird hier in einfachen Anführungszeichen der Begriff ‚Zottiges Korn‘ verwendet, als direkte Übersetzung von *Dasypyrum*.

Dasypyrum villosum gehört nicht zur primären Unkrautvegetation der Alten Welt[80]. Es gilt als eine Küstenpflanze, die das Inland meidet: „ *… the grains of wild einkorn (*Triticum boeoticum*), wild rye (*Secale spp.*) and* Dasypyrum villosum *are very silmilar in appearance. In most cases Dasypyrum villosum can be ruled out because it is primarily a coastal species, growing only in Turkey*"[81].

---

78   De Pace et al. 2010.

79   Es wird hier daran erinnert, dass der Leser bei diesen schwierigen Taxa stets im Geiste ein ‚Er-hält-das-für‘ vor das Taxon setzen sollte.

80   http://g.willcox.pagesperso-orange.fr/archaeobotanical%20images/index1.htm: „However this species [D. v.] has never been identified from Near Eastern archaeobotanical material".

81   Nesbitt 2002.

Nr.	Schicht / Planum	L min-max	B min-max	H min-max	L:B min-max	L:H min-max	B:H min-max	n
W 3537	E	3,50 3,0 - 4,5	1,36 1,0 - 2,0	1,27 0,9 - 1,7	2,60 2,06 - 3,08	2,80 2,24 - 3,67	1,08 0,93 - 1,33	25
W 3152	E	4,14 2,5 - 4,0	1,33 0,9 - 1,7	1,30 0,8 - 1,7	2,41 2,08 - 3,22	2,46 1,82 - 3,13	1,03 0,82 - 1,31	25
W 3171	E	3,09 2,4 - 4,1	1,12 0,8 - 1,9	1,07 0,7 - 1,6	2,86 2,16 - 4,25	2,94 2,33 - 4,86	1,04 0,80 - 1,30	25
W 2096/14	F	3,27 2,6 - 4,0	1,26 0,9 - 1,8	1,23 1,0 - 1,6	2,65 1,78 - 3,56	2,64 1,78 - 3,36	1,02 0,82 - 1,31	20
W 2096/13	F	3,49 2,6 - 4,2	1,43 1,0 - 1,9	1,34 0,9 - 1,6	2,50 1,63 - 3,60	2,64 1,86 - 3,27	1,07 0,87 - 1,31	20
E 1326 a	6	3,43 2,8 - 4,0	1,25 1,0 - 1,4	1,16 1,0 - 1,3	2,77 2,15 - 3,30	2,99 2,15 - 3,50	1,08 0,92 - 1,20	10
A 1235/2	5	3,60 3,0 - 4,2	1,55 1,1 - 1,9	1,48 1,1 - 1,9	2,34 1,88 - 2,91	2,47 1,76 - 3,15	1,06 0,84 - 1,21	25

Tab. 49. Feudvar, Pflanzenfunde. ‚Zottiges Korn', Dasypyrum villosum. Maße.

Küstennah und im 19. Jahrhundert wächst es jedoch ruderal und segetal: „*In Istrien und in dem Littorale unter der Saat und an Wegrändern*"[82]; „*in graminosis siccis, incultis, ad vias*"[83]. Im heutigen Rom unter extensiver Parkbewirtschaftung auch in der Stadt als *Dasypyrum-villosum*-Grasland: „*This grassland is dominated by tall annual herbs (1-1,5 meters) such as* Dasypyrum villosum, Avena barbata, *and* Phalaris brachystachys. *Perennials are also present, such as* Asphodelus ramosus *and* Carlina corymbosa. *This grass-land is species-rich (about 30 species per ten square meters), including in particular annual legumes like* Medicago polymorpha, Trifolium subterraneum, *and* Trifolium campestre. *It has been irregularly subjected either to mowing (closer to the urban areas) or to grazing. Blackberry (*Rubus ulmifolius*), elm (*Ulmus minor*), and broom (*Spartium junceum*) thickets are sparsely present in the grassland*"[84]. Die Nähe zu den Gattungen *Triticum* und *Secale* macht *Dasypyrum villosum* für die heutige Kulturpflanzengenetik interessant. Und es rückt auch als potentielle Nutzpflanze ins Blickfeld[85]. Das Korn ist aber sehr klein (Tab. 49) und leicht (zwei Tausendkorngewichte W 3152 Schicht E 1,10 g; E 3695 Planum 13 1,67 g).

Das bronzezeitliche Kastanas liegt in der Marsch, küstennah; ebenso das prähistorische Olynth / Agios Mamas. Das bronzezeitliche Feudvar liegt am Zusammenfluss von Theiß und Donau an der Aue oder an der Flussmarsch. Ich halte es deshalb für möglich, dass es *Dasypyrum villosum* ist. Morphologisch ist die Übereinstimmung perfekt. Die wilden und unkrauthaften Roggenunterarten und -arten haben ihre hauptsächliche Verbreitung im winterkalten Inland. Hier wird das *Secale*-ähnliche Unkraut im bronzezeitlichen Einkorn Südosteuropas als ‚Zottiges Korn' *Dasypyrum villosum* bezeichnet.

Als Unkraut hat es das Schwergewicht im als Wintergetreide angebauten Einkorn (Abb. 121). Das wird nicht ganz klar, weil es allgegenwärtig ist (Abb. 122; 123). Kornrade ergibt das selbe Bild (Abb. 142). Abweichend davon haben die Borstenhirsen ihr Schwergewicht in neuem Spelzweizen, in Emmer und in den Hülsenfrüchten (Abb. 118), das sind Sommerfrüchte.

2.9.6 Kleinfrüchtiger Lolch, *Lolium, klein*

Gefundene Reste: verkohlte Früchte (Taf. 2,11), oft noch mit Spelzenresten, trivial
Dieses segetale *Lolium*, ein Lolch, der an das Leben im Getreide angepasst ist, entzieht sich noch der Zuordnung. Die heutigen *Lolia* sind hochgezüchtete Weidegräser. Ein eigentliches Getreideungras gibt es heute nicht mehr. Zudem bastardieren die Lolche leicht mit verwandten Arten und Gattungen. Die Früchte haben auf den oft erhaltenen Spelzenresten das typische *Lolium*-Perlmuster. *Lolium*-klein ist erheblich kleiner als Taumellolch *L. temulentum* und als Leinlolch *L. remotum* (siehe dort). Vielleicht sind die Funde aus Feudvar eine segetale Form vom Steifen Lolch *L. rigidum*. Der Steife Lolch ist ein Ruderal-ungras des

82　Mertens / Koch / Röhlings 1823.
83　Hayek / Markgraf 1933.
84　http://www.urbanhabitats.org/v01n01/ruderalization_full.html (20039).
85　http://www.saatgutfonds.de/fileadmin/landwirtschaft/file/sgf_dokumente/0802saatgut_infobrief.pdf.

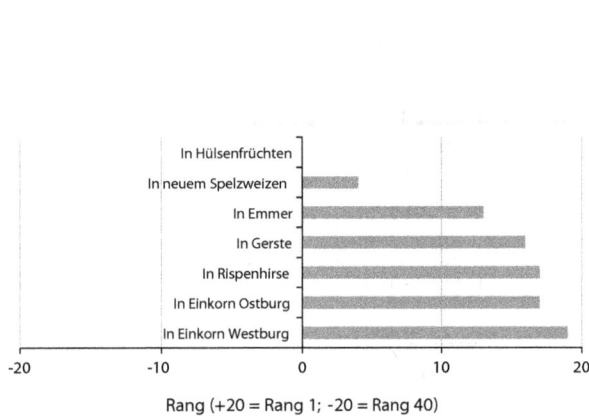

Abb. 121. Feudvar, Pflanzenfunde. 'Zottiges Korn', Dasypyrum villosum. Ränge in den Unkrautlisten der Massenfunde von Kulturpflanzen.

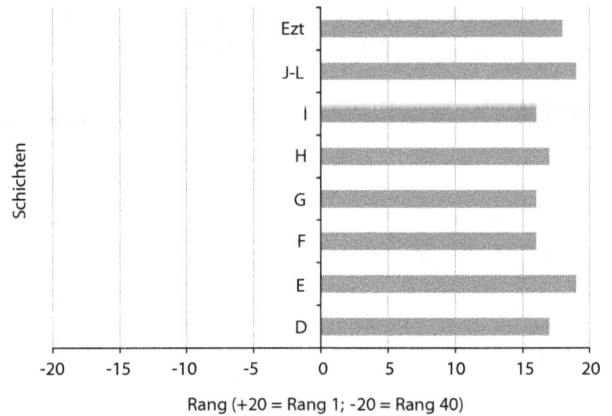

Abb. 122. Feudvar, Pflanzenfunde. 'Zottiges Korn', Dasypyrum villosum. Ränge in den Unkrautlisten, reine Schichten der Westburg.

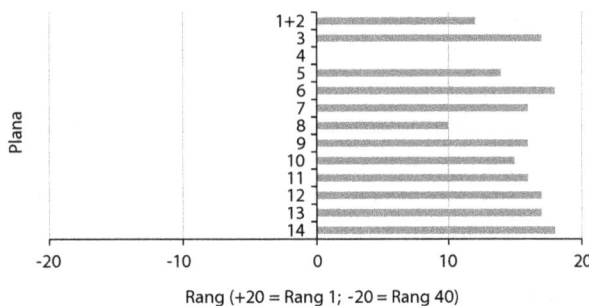

Abb. 123. Feudvar, Pflanzenfunde. 'Zottiges Korn', Dasypyrum villosum. Ränge in den Unkrautlisten, Plana der Ostburg.

Mittelmeergebiets und ein Massensaatproduzent, heute Kosmopolit. Andere *Lolium*-Arten des Futterpflanzenanbaus heißen auch Weidelgräser oder Raygräser.

Lolium-Gräser sind durch symbiontische Pilze fakultativ giftig. Man sieht es den Gräsern nicht an, ob sie den Pilz haben oder nicht. Das Pilzgift ist schlimm, nicht vernachlässigbar. Da heute *Lolium temulentum* und *L. remotum* als Ungräser der Kulturpflanzen unbedeutend sind, gibt es keine aktuellen Untersuchungen zur menschlichen Nahrung. Da das moderne Sportpferd aber Futter aus angesäten Weidelgräsern bekommt, gibt es Studien aus dem Veterinärbereich[86].

Der kleine Lolch ist so klein (Tab. 50) und leicht, dass er einfach ausgesiebt werden kann (zwei Tausendkorngewichte aus der Westburg, Schicht E W 3152 0,59 g; W 3171 0,65 g). In Hirse ist er selten (Tab. 30), ebenso in küchenfertig gereinigten Getreiden (Hauptgetreide 100 % oder nahe daran; Tab. 14–16, 19).

Es sieht so aus, als ob die Stetigkeit in den obersten Schichten, in den hirsereichsten Zeiten, nachließe: *Lolium*-klein ist in Feudvar ein triviales Getreideunkraut (Abb. 124; 125).

2.9.7 Langfrüchtige Trespen, *Bromus, langfrüchtig*

Gefundene Reste: verkohlte Früchte, zum Teil in Spelzen, trivial

Langfrüchtig heißt hier Länge : Breite der Frucht weit über 2. Unter dem Namen langfrüchtige Trespe sind einige ruderale Trespen zusammengefasst, die sich schwer trennen lassen. Der Typ entspricht gut den Arten Taube Trespe *B. sterilis* und der Dachtrespe *B. tectorum*. Da die Früchte lang und zerbrechlich sind, liegen sie oft nur als Bruchstücke vor. Es sind Ruderalpflanzen, die auch in den Acker gehen. Sie sind weniger häufig als die Ackertrespe (Abb. 126). Die Ackertrespe („*Bromus*, kurzfrüchtig") ist sehr gut von den langfrüchtigen zu trennen. Langfrüchtige Trespen sind im Siedlungsbereich allgegenwärtig (Abb. 127; 128). Da die Fruchtsubstanz unwesentlich höher ist als die der Spelzen, sind langfrüchtige Trespen wohl keine möglichen Nutzpflanzen.

86   Vanselow 2011.

Nr.	Schicht / Planum	L min-max	B min-max	H min-max	L:B min-max	L:H min-max	B:H min-max	n
W 3537	E	2,52 2,1 - 2,8	1,10 0,9 - 1,3	0,72 0,5 - 0,9	2,30 1,75 - 2,78	3,57 2,88 - 4,60	1,57 1,13 - 2,40	25
W 3171	E	2,34 1,7 - 3,0	1,03 0,7 - 1,3	0,64 0,3 - 0,9	2,30 1,82 - 3,33	3,88 2,57 - 7,67	1,70 1,00 - 3,33	25
E 2073	10	2,50 1,9 - 3,0	1,19 1,0 - 1,3	0,78 0,5 - 1,0	2,10 1,67 - 2,40	3,30 2,44 - 4,80	1,56 1,30 - 2,20	25
W 2096/14	F	2,46 1,9 - 2,9	0.98 0,8 - 1,1	0,67 0,4 - 0,9	2,51 2,22 - 3,00	3,80 2,67 - 5,25	1,51 1,11 - 1,80	25
W 2096/13	F	2,50 1,9 - 3,6	1,06 0,9 - 1,2	0,63 0,4 - 1,0	2,35 1,82 - 3,00	4,22 2,44 - 9,00	1,79 1,13 - 3,00	25
W 3152	E	2,58 2,1 - 3,2	1,04 0,8 - 1,3	0,66 0,4 - 1,0	2,50 1,92 - 3,00	4,11 2,50 - 6,40	1,64 1,13	25

Tab. 50. Feudvar, Pflanzenfunde. Kleinfrüchtiger Lolch, Lolium, kleinfrüchtig. Maße.

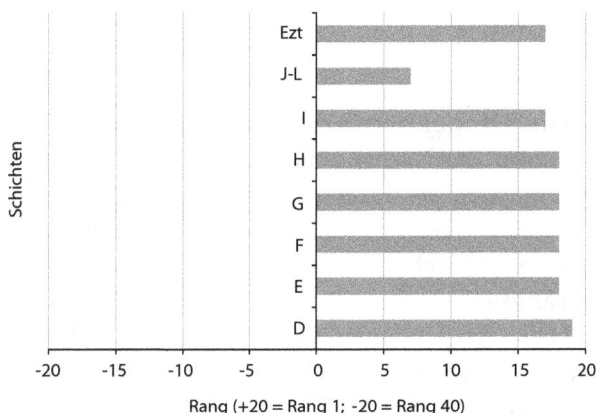

Abb. 124. Feudvar, Pflanzenfunde. Kleinfrüchtiger Lolch, Lolium, kleinfrüchtig. Ränge in den Unkrautlisten, reine Schichten der Westburg.

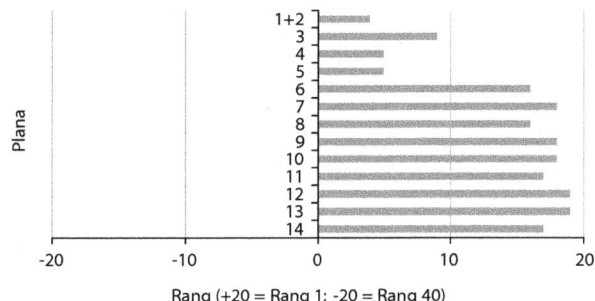

Abb. 125. Feudvar, Pflanzenfunde. Kleinfrüchtiger Lolch, Lolium, kleinfrüchtig. Ränge in den Unkrautlisten, Plana der Ostburg.

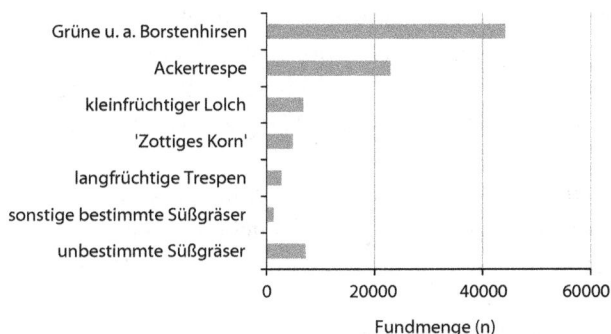

Abb. 126. Feudvar, Pflanzenfunde. Einige Süßgräser, Poaceen. Grüne / Quirlborstenhirse, Setaria viridis / S. verticillata; Ackertrespe, Bromus arvensis; kleinfrüchtiger Lolch, Lolium, kleinfrüchtig; ‚Zottiges Korn', Dasypyrum villosum; langfrüchtige Trespen, Bromus, langfrüchtig; weitere bestimmte Süßgräser, Poaceen und unbestimmte Süßgräser, Poaceen. Fundmengen aus allen vier Schnitten.

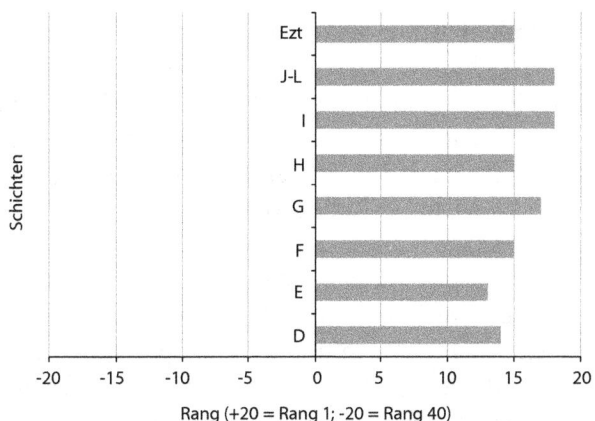

Abb. 127. Feudvar, Pflanzenfunde. Langfrüchtige Trespen, Bromus, langfrüchtig. Ränge in den Unkrautlisten, reine Schichten der Westburg.

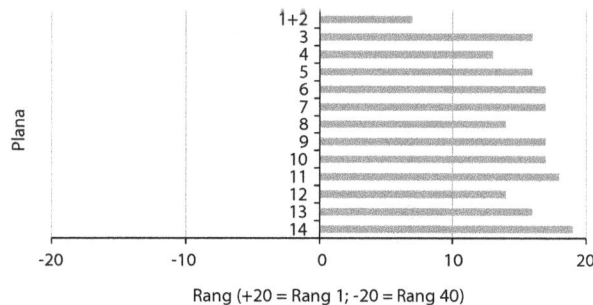

Abb. 128. Feudvar, Pflanzenfunde. Langfrüchtige Trespen, Bromus, langfrüchtig. Ränge in den Unkrautlisten, Plana der Ostburg.

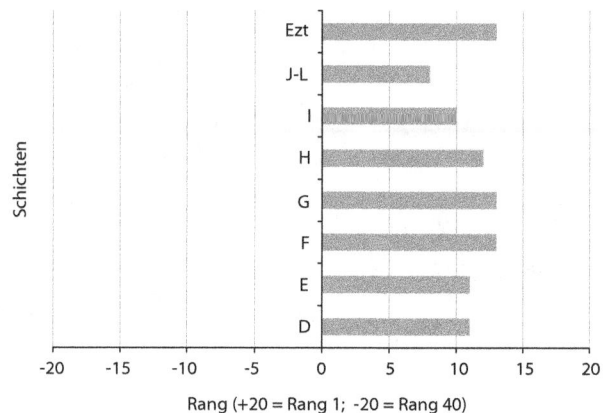

Abb. 129. Feudvar, Pflanzenfunde. Vogelknöterich, Polygonum aviculare. Ränge in den Unkrautlisten, reine Schichten der Westburg.

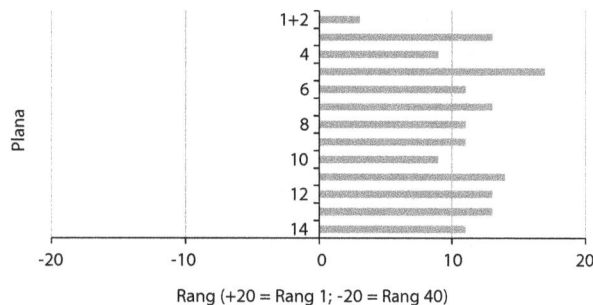

Abb. 130. Feudvar, Pflanzenfunde. Vogelknöterich, Polygonum aviculare. Ränge in den Unkrautlisten, Plana der Ostburg.

Die Trespen gehören zu den stetigsten Unkräutern. Die Nachweisdichte ist zum Teil dadurch erhöht, dass sie durch die waffelige Struktur der Fruchtoberfläche sehr gut erkennbar sind. Andere Gräser ohne schöne Merkmale werden als Poaceae zusammengefasst.

Diese Trespen besiedeln den Acker und ruderale Flächen im Siedlungsbereich. Wenn so viele Gräser im unmittelbaren Siedlungsbereich reif werden, spricht das dafür, dass das Vieh während der Vegetationsperiode nicht in Siedlungsnähe ist, sondern in den Flussauen oder auf den trockenen Weiden der Niederterrassen.

2.9.8 Vogelknöterich, *Polygonum aviculare*

Gefundene Reste: verkohlte Früchte, trivial

Der Vogelknöterich ist eine niederliegende Pflanze der Trittgesellschaften, erhebliche Mengen an Früchten können deshalb aus der Siedlung und aus dem direkten Umfeld stammen. Er geht aber auch in die Äcker und auf andere Standorte, die zeitweise sonnig und vegetationsfrei sind. Hohe Nachweismengen in Getreide sind ein Hinweis auf Ernte niedrig am Halm, also auf tiefen Sichelschnitt (z. B erstaunliche 1 % des Gewichts in Kollektion W 3537 Schicht E, Tab. 16; Tausendkorngewicht 0,50 g aus W 3152 Schicht E, Tab. 14).

Geringfügig erhöht können die Zahlen dadurch sein, dass wir zu Anfang die Früchte der Spatzenzunge oder des Vogelkopfs *Thymelaea passerina* für abgeriebene Früchte des Knöterichs gehalten haben. Beide haben Früchte, die an einen Vogelkopf erinnern, der Knöterich ist aber ungleich dreiseitig mit Perlmuster, während der Schädelteil der Spatzenzungenfrucht rund und glatt ist.

Der Vogelknöterich ist in Feudvar stets allgegenwärtig (Abb. 129; 130). Da Knöterichfrüchte mehlig sind, können sie in Notzeiten zum Strecken des Mehls dienen. Dafür gibt es jedoch in Feudvar keine Hinweise.

2.9.9 Fingerhirsen, *Digitaria*

Gefundene Reste: verkohlte Früchte, häufig

Die Fingerhirsen *Digitaria sanguinalis* und *D. ischaemum* besiedeln die Siedlungsnähe der sommerwarmen Tieflagen. Es sind Sommer-Unkräuter, die spät keimen und eine kurze Vegetationszeit haben.

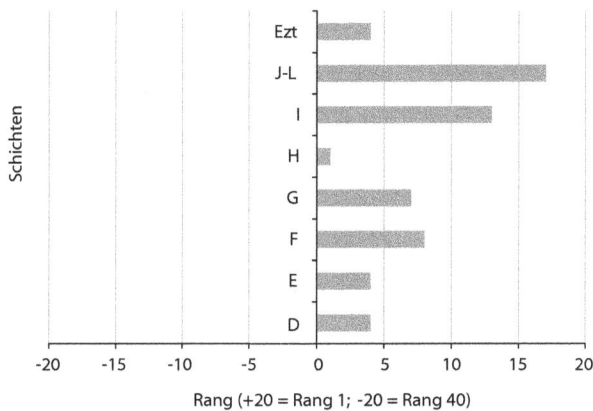

Abb. 131. Feudvar, Pflanzenfunde. Fingerhirsen, Digitaria. Ränge in den Unkrautlisten, reine Schichten der Westburg.

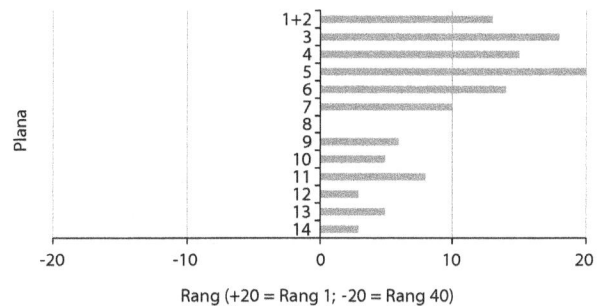

Abb. 132. Feudvar, Pflanzenfunde. Fingerhirsen, Digitaria. Ränge in den Unkrautlisten, Plana der Ostburg.

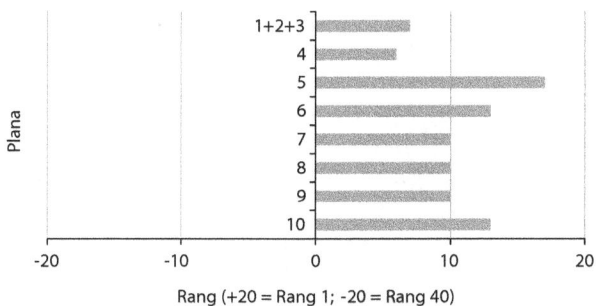

Abb. 133. Feudvar, Pflanzenfunde. Fingerhirsen, Digitaria. Ränge in den Unkrautlisten, Plana von Schnitt D.

Die Fingerhirsen sind eindeutig mit dem Rispenhirse-Anbau in den jüngeren Phasen von Feudvar verbunden. Ihre Stetigkeit nimmt zum Jüngeren kräftig zu, sowohl in der Westburg (Abb. 131) als auch in der Ostburg (Abb. 132). In dem wenig tiefen Schnitt D, der überwiegend die jüngeren Schichten repräsentiert, sind Fingerhirsen ebenfalls ganz regelmäßig vertreten (Abb. 133).

Die Fingerhirse ist das einzige zweifelsfreie Hirse-Unkraut unter den Unkraut-Hirsen.

2.9.10 Flohknöterich, *Persicaria maculosa*

Gefundene Reste: verkohlte Früchte, häufig

Der Flohknöterich ist gemeinsam mit dem Ampferblättrigen Knöterich *P. lapathifolia* ein triviales Unkraut der Ruderalflächen und der Äcker, das eher in den späten Sommer-Feldfrüchten zu finden ist als in den früh reifenden. Die Früchte sind Mehlfrüchte und werden deshalb gelegentlich gesammelt[87]. In Feudvar sind sie nicht sonderlich zahlreich belegt. Die größte Fundmenge, 367 Stück, stammt aus dem Einkorn-Spelzenfund W 3152 Schicht E (Tausendkorngewicht 0,44 g; Tab. 14). Solche Beleg-Zahlen sind in diesem Fund nicht ungewöhnlich.

Hier ist der Flohknöterich ein häufiges Unkraut. Das Abnehmen zum Jüngeren in der Ostburg zeigt sich nicht in der Westburg (Abb. 134; 135).

2.9.11 Schwarzer Nachtschatten, *Solanum nigrum*

Gefundene Reste: verkohlte Samen, häufig

Der Schwarze Nachtschatten ist ein submediterran-altweltliches einjähriges Nachtschattengewächs des offenen Landes, Kulturbegleiter seit den Anfängen. Der Schwarze Nachtschatten gilt als Unkraut der Sommerfrüchte und der Sonderkulturen, denn er keimt spät, wenn es warm genug ist, und reift im Hochsommer. Die Früchte sind kleine schwarze Beeren, sie sind essbar, bei sommerlicher Hitze erfrischend und belebend. Das Kraut ist ebenfalls essbar und kann als Blattgemüse gekocht werden. Der Schwarze Nachtschatten ist Unkraut und Nutzpflanze zugleich, wird hier auch als beides gewertet.

---

87   Behre 2008.

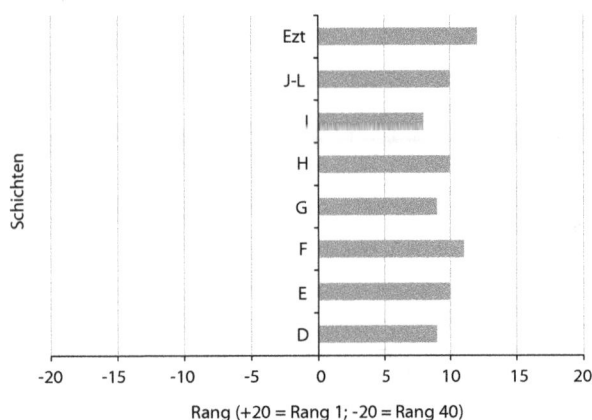

Abb. 134. Feudvar, Pflanzenfunde. Flohknöterich, Persicaria maculosa. Ränge in den Unkrautlisten, reine Schichten der Westburg.

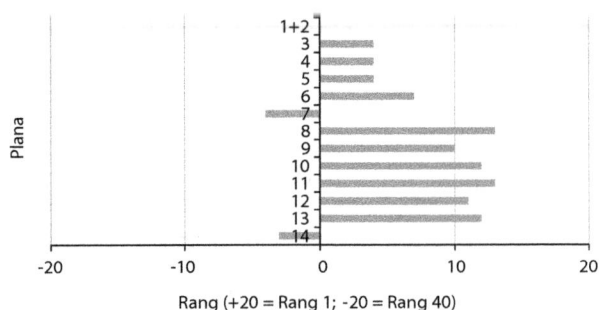

Abb. 135. Feudvar, Pflanzenfunde. Flohknöterich, Persicaria maculosa. Ränge in den Unkrautlisten, Plana der Ostburg.

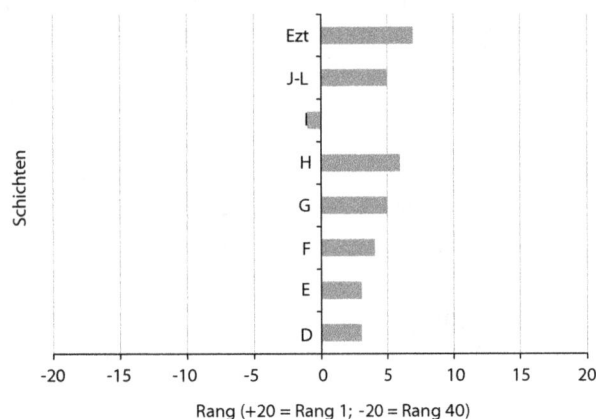

Abb. 136. Feudvar, Pflanzenfunde. Schwarzer Nachtschatten, Solanum nigrum. Ränge in den Unkrautlisten, reine Schichten der Westburg.

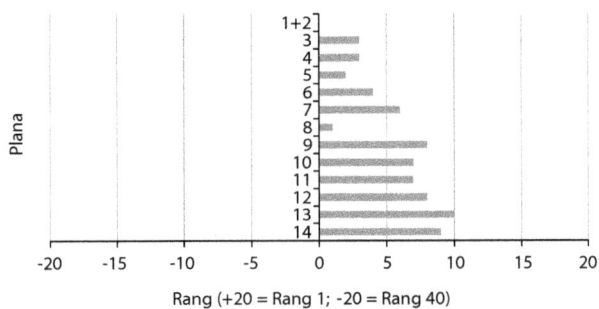

Abb. 137. Feudvar, Pflanzenfunde. Schwarzer Nachtschatten, Solanum nigrum. Ränge in den Unkrautlisten, Plana der Ostburg.

In Feudvar steht er in der großen Übersicht (Fundmengen; Tab. 1) an 17. Stelle der Unkrautliste, in Okolište, im Neolithikum Bosniens, an wesentlich prominenterer 7. Stelle[88]. Dort wird er als Wildobst und Gemüse gewertet. Hier sind die Verhältnisse verzwickter. In den großen Vorräten vom Sanduri (Tab. 25), des Emmers (Tab.19) und der Hirse (Tab. 30) fehlt er, in den Einkornfunden der Ostburg (Tab. 15) und der Westburg (Tab. 14) steht er jeweils an 14. Stelle, in denen der Gerste an 29. Stelle (Tab. 16) und in den Hülsenfrüchten an 11., das ist die letzte Stelle (Tab. 19). Er ist kein eigentliches Getreideunkraut. Das Vorkommen ist aber ganz regelmäßig. Das leichte Zunehmen zum Jüngeren in der Westburg (Abb. 136) bestätigt die Ostburg nicht (Abb. 137).

2.9.12 Saatlabkraut, *Galium spurium*

Gefundene Reste: verkohlte Teilfrüchte, trivial
Die Teilfrüchte von *Galium* sind Hohlkugeln mit Loch, kleine dickwandige runde Kümpfe. Die Fruchtwand ist rauh von steifen Hakenhaaren, die in verkohltem Zustand immer fehlen. Die häufigen Rubiaceen

---

88　Kroll in Vorb.

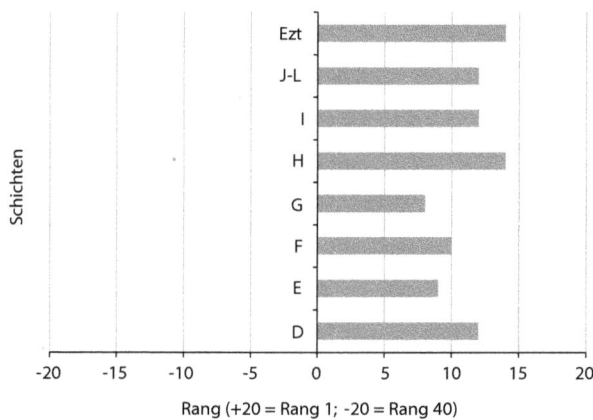

Abb. 138. Feudvar, Pflanzenfunde. Saatlabkraut, Galium spurium. Ränge in den Unkrautlisten, reine Schichten der Westburg.

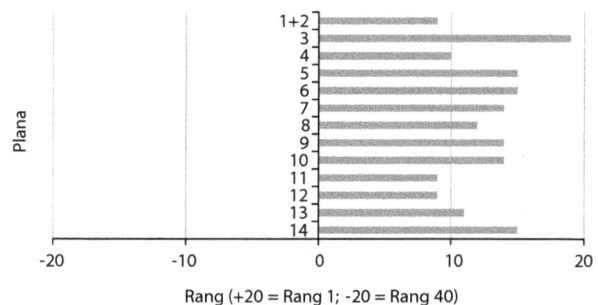

Abb. 139. Feudvar, Pflanzenfunde. Saatlabkraut, Galium spurium. Ränge in den Unkrautlisten, Plana der Ostburg.

des Ackers, *Galium aparine* und *G. spurium*, kann man gut trennen in groß (*Aparine*) und klein (*G. spurium*). Beide werden heute zur Sammelart *Galium aparine* zusammengefasst.

Maße und Gewichte: W 2078 Schicht G (n = 50): L 1,71 (1,2–2,4) B 1,42 (1,0–2,1) H 1,29 (0,7–1,8) mm, L : B 1,20 (1,06–1,46), L : H 1,33 (1,17–1,71), B : H 1,11 (0,93–1,43); Tausendkorngewicht 0,59 g.

Die Stengel sind ebenfalls von abwärts gerichteten Haaren rauh. Die Labkräuter sind nicht standfest, sie sind Spreizklimmer, die in der Vegetation schräg aufwärts wachsen. Triebe und Früchte haften durch Kletthaare gut auf Textilien. *Galium spurium* ist eher ein Unkraut der Sonderkulturen als des Getreides. Das wird hier deutlich im Aufsteigen im Rang zum hirsereichen Jüngeren (Abb. 138; 139). Besonders lästig wird das Saatlabkraut im Lein, der nimmt wohl auch zum Jüngeren zu (siehe oben).

2.9.13 Kornrade, *Agrostemma githago*

Gefundene Reste: verkohlte Samen, trivial

Die Kornrade gilt heute als das klassische Wintergetreideunkraut, hochgradig angepasst ans Mitgeerntet-Werden und Wieder-Mitausgesät-Werden. Die Samenkapsel gibt die Samen erst beim Dreschen frei, sie werden durch unfreiwillige Selektion so groß wie das Getreidekorn breit ist, dadurch wird die Kornrade nicht-aussiebbar. Die Keimruhe geht verloren, Kornrade keimt sofort, aber nicht in der reifen Kapsel[89]. Das alles funktioniert nur in den freidreschenden Wintergetreiden Nacktweizen und Roggen. Durch diesen fehlgerichteten Züchtungsdruck ist aus der Kornrade ein Kultur-Unkraut in diesen Getreiden entstanden.

In den Spelzweizen Emmer, Sanduri, Einkorn und Dinkel geht das nicht, weil die Siebe größere Maschen haben, denn man siebt Vesen (das sind die die Körner fest umschließenden Ährchen, in die die Ähre zerfällt) und keine Körner.

In Feudvar sind die Kornraden klein und leicht, 1 bis 2 g schwer (W 3152 Schicht E 1,17 g; E 1326A Planum 6 1,97 g). Solche frühen, kleinen Kornradensamen gibt es auch andernorts[90]. Mittelalterliche Kornraden wiegen doppelt so viel, im Mittel 3,6 g im frühmittelalterlichen Oldenburg in Holstein[91], 2,8 g im gleichzeitigen Groß Lübbenau (Brandenburg).[92]

In Feudvar hat es den Anschein, als sei die Kornrade noch ein gewöhnliches Ackerunkraut ohne Spezialisierung. Die Kornrade reagiert nicht negativ auf die Zunahme des Hirseanbaus in den jüngeren

89 Hammer / Hanelt / Knüppfer 1982.
90 Kroll 2011, 104 f. 111 f.
91 Kroll / Willerding 2004, 173.
92 Medović 2004; die Tausendkorngewichte sind unveröffentlichte Daten.

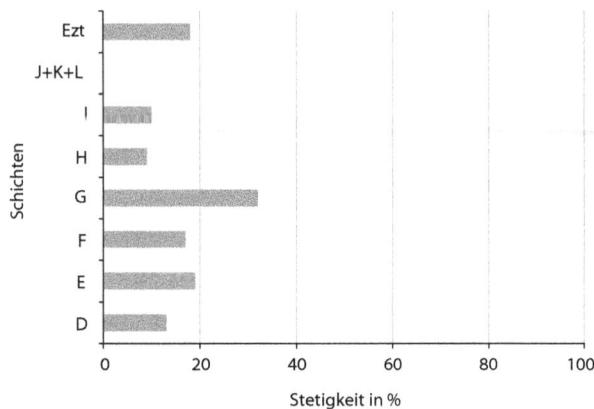

Abb. 140. Feudvar, Pflanzenfunde. Kornrade, Agrostemma githago. Stetigkeit in den reinen Schichten der Westburg.

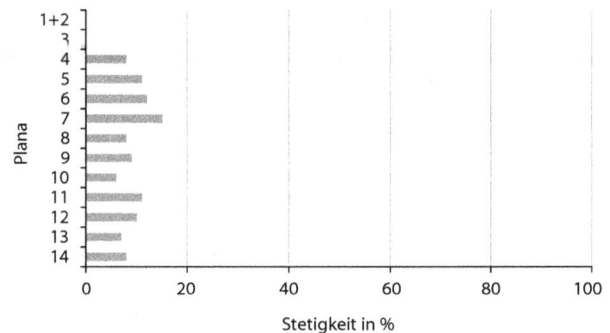

Abb. 141. Feudvar, Pflanzenfunde. Kornrade, Agrostemma githago. Stetigkeit in den Plana der Ostburg.

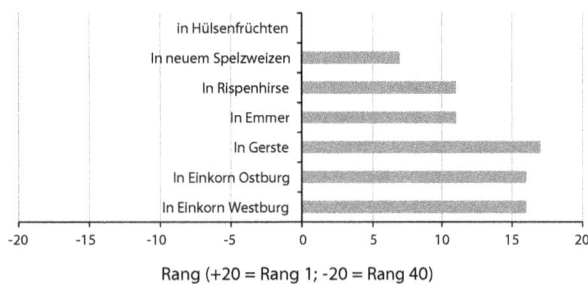

Abb. 142. Feudvar, Pflanzenfunde. Kornrade, Agrostemma githago. Ränge in den Unkrautlisten der Massenfunde von Kulturpflanzen.

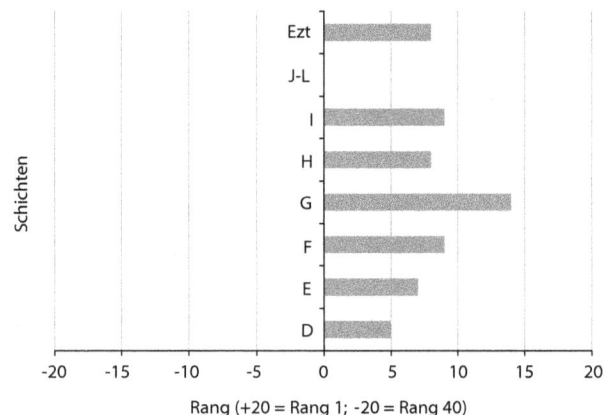

Abb. 143. Feudvar, Pflanzenfunde. Kornrade, Agrostemma githago. Ränge in den Unkrautlisten, reine Schichten der Westburg.

Schichten, sie ist mit meist deutlich unter 20 % in der Westburg (Abb. 140) und in der Ostburg (Abb. 141) nicht sonderlich stetig und nicht sonderlich häufig (maximal 1 % des Gewichts in Einkorn, Tab. 15, das ist die selbe Kollektion E 1326A, die unten mit den Fundzahlen aufgelistet ist, Tab. 51). Deutlich häufiger als in Emmer und Rispenhirse ist die Kornrade in Gerste und Einkorn (Abb. 142).

Die wenigen Samen, die nach den Reinigungsvorgängen im küchenfertigen Getreide bleiben, können schnell ausgelesen werden (im Promill-Bereich, Symbol r, Tab. 14; 15; 16; 25; 30; 38, jeweils links, Werte der Hauptkulturpflanze 100 % oder nahe daran). Sie sind auffällig schwarzbraun. Die Kornrade ist in Feudvar kein Problem. Die erhebliche Giftigkeit der Pflanze ist wohl ohne Auswirkung auf die Bewohner. Sie ist aber dennoch ein stetiges Unkraut, sie ist noch ein „Ackerwildkraut", noch kein „Kulturfolger" (Abb. 143; 144).

2.9.14 Ackerröte, *Sherardia arvensis*

Gefundene Reste: verkohlte Teilfrüchte, häufig

Die Ackerröte ist eine kleine Rubiacee, ein Rötegewächs des Ackers. Die reife Frucht wird stachelhaarig und behält die Kelchzipfel. Diese Charakteristika fehlen den verkohlten Früchten, sie werden dadurch beinahe unkenntlich und lassen eher an Apiaceen denken als an Rubiaceen.

Die Röte ist bezogen auf die Verwendung einiger Rubiaceen zum Rotfärben, z. B. mit Krapp *Rubia tinctorum*. *Sherardia* ist hier aber wohl nur ein Unkraut mit kraftvollem Fingerzeig auf beste Weizenböden (Caucalidion; Abb. 145). Theoretisch taugt sie auch zum Färben.

Komplex-Nr. E	1326 a	deutscher Name
Getreide		Getreide
Triticum monococcum	**76067**	Einkorn
Tr. monococcum, Spelzbase	**35644**	Einkorn, Spelzbase
Triticum dicoccon / Tr. timopheevii	2685	Emmer / Sanduri
Tr. dic. / Tr. timoph., Spelzbase	101	Emmer / Sanduri, Spelzbase
Hordeum vulgare vulgare	2364	Vierzeil-Spelzgerste
H. vulgare, Spindelglied	50	Vierzeilgerste, Spindelglied
Tr. aestivum	40	Saatweizen
Tr. aestivum, Spindelglied	2	Saatweizen, Spindelglied
Tr. spelta	1	Dinkel
Hirsen		Hirsen
Panicum miliaceum	1158	Rispenhirse
Öl- und Faserpflanzen		Öl- und Faserpflanzen
Papaver somniferum	80	Mohn
Linum usitatissimum	15	Lein / Flachs
Hülsenfrüchte		Hülsenfrüchte
Lens culinaris	225	Linse
Lathyrus sativus	17	Platterbse
Pisum sativum	1	Erbse
Vicia ervilia	1	Linsenwicke
Leguminosae sat. indet.	17	unbestimmte Hülsenfrüchte
Obst und Nüsse		Obst und Nüsse
Sambucus ebulus	12	Attich
Pyrus	1	ein Birnbaum
Mögliche Nutzpflanzen		Mögliche Nutzpflanzen
Chenopodium hybridum	29	Bastardgänsefuß
Verbena officinalis	10	Eisenkraut
Malva	8	eine Malve
Teucrium-Typ	4	Edelgamander-Typ
Allium	3	ein Lauch
Lithospermum arvense	2	Ackersteinsame
Unkräuter i.w.S.		Unkräuter i.w.S.
Bromus arvensis	4964	Ackertrespe
Agrostemma githago	**4400**	Kornrade
Lolium, kleinfrüchtig	161	ein kleinfrüchtiger Lolch
Bromus, langfrüchtig	142	eine langfrüchtige Trespe
Vicia-Typ	112	Wicke-Typ
Bromus mollis-Typ	93	Weiche Trespe-Typ
Silene-Typ	85	Leimkraut-Typ
Sherardia arvensis	34	Ackerröte
Galium spurium	24	Saatlabkraut
Bupleurum rotundifolium	24	Ackerhasenohr
Setaria viridis / S. verticillata	21	Grüne / Quirl-Borstenhirse
Anthemis arvensis	15	Ackerhundskamille
Dasypyrum villosum	12	‚Zottiges Korn'
Centaurea	12	eine Flockenblume
Fallopia convolvulus	10	Windenknöterich
Polygonum aviculare	5	Vogelknöterich
Cerastium-Typ	5	Hornkraut-Typ
Valerianella dentata	5	gezähnter Feldsalat
Ranunculus	2	ein Hahnenfuß
Ajuga chamaepitys	1	Gelber Günsel
Avena	1	ein Hafer
Geranium	1	ein Storchschnabel
Kickxia spuria	1	Tännelkraut
Orlaya grandiflora	1	Großblütiger Breitsame
Nicht näher Bestimmtes		Nicht näher Bestimmtes
Chenopodiaceae	680	Gänsefußgewächse
Brassicaceae	108	Kreuzblütler
Poaceae	97	Süßgräser
Asteraceae	37	Korbblütler
Polygonaceae	28	Knöterichgewächse
Lamiaceae	10	Lippenblütler
Rubiaceae	1	Rötegewächse
Summe (n)	**129629**	**Summe (n)**

Tab. 51. Feudvar, Pflanzenfunde. Eine Kollektion mit viel Kornrade, Agrostemma githago. Fundmengen.

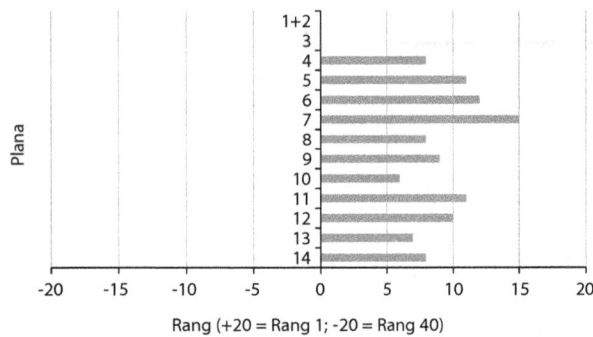

Abb. 144. Feudvar, Pflanzenfunde. Kornrade, Agrostemma githago. Ränge in den Unkrautlisten, Plana der Ostburg.

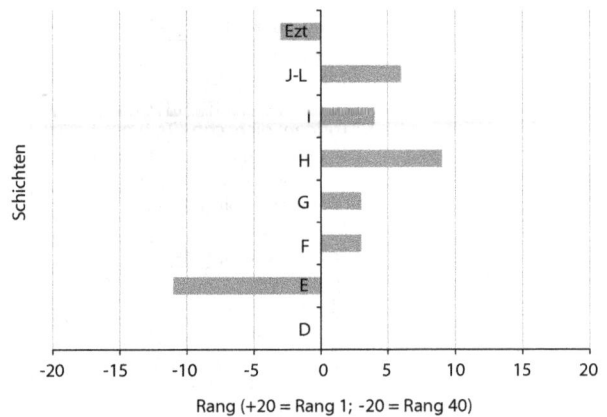

Abb. 145. Feudvar, Pflanzenfunde. Ackerröte, Sherardia arvensis. Ränge in den Unkrautlisten, reine Schichten der Westburg.

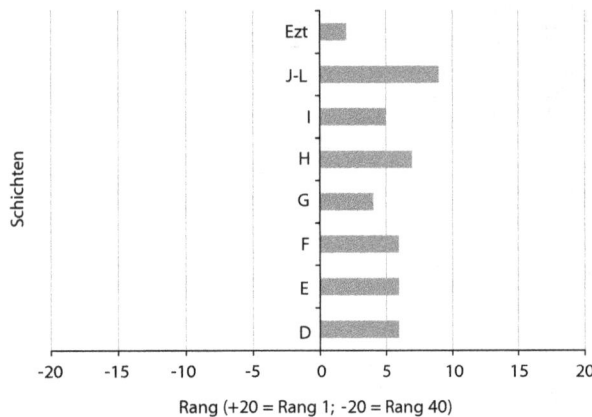

Abb. 146. Feudvar, Pflanzenfunde. Spitzwegerich, Plantago lanceolata. Ränge in den Unkrautlisten, reine Schichten der Westburg.

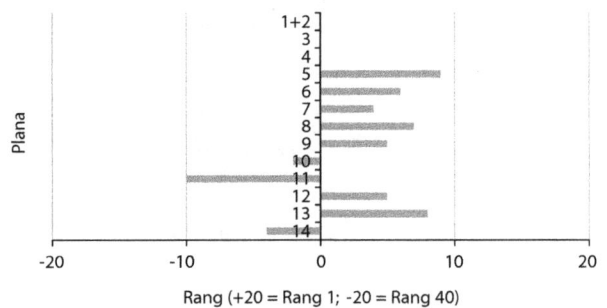

Abb. 147. Feudvar, Pflanzenfunde. Spitzwegerich, Plantago lanceolata. Ränge in den Unkrautlisten, Plana der Ostburg.

2.9.15 Spitzwegerich, *Plantago lanceolata*

Gefundene Reste: verkohlte Samen, häufig

In der Pollenanalyse und in der Siedlungsgeschichte wird der Spitzwegerich überwiegend als Weidezeiger gewertet. Er geht aber auch in die Äcker und in die Ruderalflächen. Das Vieh meidet den Spitzwegerich, denn wenn es ihn fressen muss, bewirkt er Störungen der Verdauung. Dadurch wird er auf den Weiden häufig. Der Spitzwegerich ist auch Heilpflanze. Es gibt aber in Feudvar keine Fundhäufungen, die darauf hinweisen.

Der Spitzwegerich ist eine mehrjährige Pflanze. Wenn er im Acker steht, weist das darauf hin, dass das Pflügen, die Saatbettbereitung, den Acker nicht ganz schwarz macht, sondern dass manches das Pflügen durchsteht. Der Spitzwegerich ist recht stetig (Abb. 146; 147).

2.9.16 Hühnerhirse, *Echinochloa crus-galli*

Gefundene Reste: verkohlte Früchte, häufig

Die Hühnerhirse ist ein Ruderalunkraut, das sehr warme, fruchtbare, hinreichend feuchte vegetationsfreie Böden liebt, z. B. den Schlamm trocken gefallener Ufer. Bei hinreichend Platz entwickeln sich schnell mächtige reichverzweigte, zunächst niederliegende Pflanzen, deren wiederum verzweigte Halme schräg aufsteigen. Im Acker bei dichtem Stand wächst die Hühnerhirse straff aufrecht und bildet nur wenige Halme.

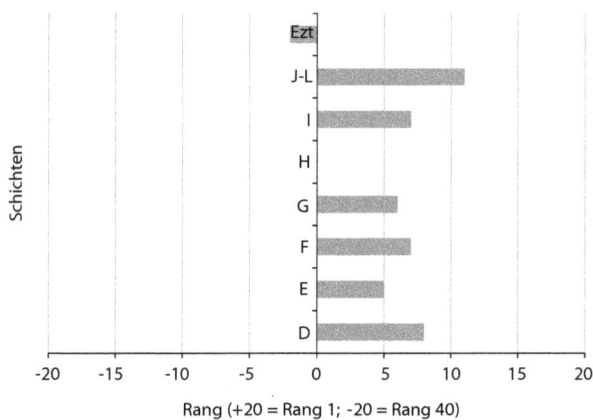

Abb. 148. Feudvar, Pflanzenfunde. Hühnerhirse, Echinochloa crus-galli. Ränge in den Unkrautlisten, reine Schichten der Westburg.

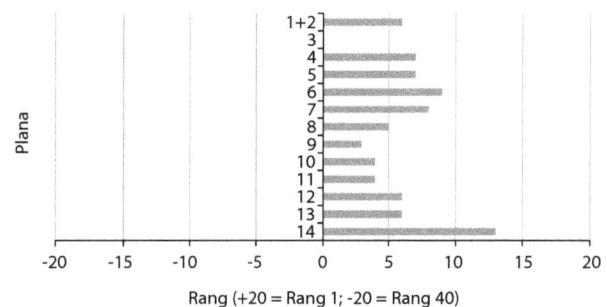

Abb. 149. Feudvar, Pflanzenfunde. Hühnerhirse, Echinochloa crus-galli. Ränge in den Unkrautlisten, Plana der Ostburg.

Die Halme reifen in der Folge ab, in der sie geschoben werden. Wenn man die Saat sammeln will, muss man über einen langen Zeitraum die Pflanzen beernten. Die Hühnerhirse hat das Potential zur Kulturpflanze, in Ostasien ist aus ihr die Japanhirse *E. frumentacea* entstanden. In Feudvar geben die geringen Fundmengen keinen Anlass, an ein Sammeln zu denken. Zudem gibt es die feuchtwarmen Standorte für die Rispenhirse reichlich in der Umgebung. Dadurch wird die Hühnerhirse häufig und ist regelmäßig belegt (Abb. 148; 149).

2.9.17 Portulak, *Portulaca oleracea*

Gefundene Reste: verkohlte Samen (Taf. 2,12), häufig
Der Portulak ist ein Sommerunkraut, das Bedarf hat an hohem Lichtgenuss, hoher Wärme, hoher Feuchtigkeit und hoher Fruchtbarkeit des vegetationsarmen Standorts. Auf sommerlich trocken gefallenen Ufern entwickeln sich prächtige Pflanzen, die auf dem Boden aufliegen und am Rande schräg aufsteigen. Portulak blüht und fruchtet schon als kleine Pflanze, eine Vegetationszeit von wenigen Wochen genügt ihr. Die Samen sind dauerhaft und überstehen vieles lange ohne Schaden zu nehmen.

Der Portulak ist ein köstliches Gemüse, ein knackig-saftiger Salat. Der Portulak geht im Siedlungsbereich auch in die Äcker, sofern die Grundbedingungen stimmen.

Die Stetigkeit ist sehr unregelmäßig (Abb. 150; 151). Regelmäßiges Vorkommen ist ein Hinweis auf Unkrautstatus, unregelmäßiges auf Kultur- oder Nutzpflanzenstatus[93]. Portulak ist in Feudvar wohl eine Sammelpflanze.

Heute ist *Portulaca* weltweit verbreitet und ist überall dort, wo es hell, warm, feucht und fruchtbar ist, ein gefürchtetes Unkraut[94].

2.9.18 Ackerhasenohr, *Bupleurum rotundifolium*

Gefundene Reste: verkohlte Teilfrüchte, trivial
Bei den Umbelliferen, heute Apiaceen, denkt man als erstes an die Kulturpflanzen aus der Gruppe, an die Kräuter und Gemüse Petersilie, Sellerie, Dill und Möhre, nicht an die Unkräuter des Ackers. Das häufigste Apiaceen-Taxon von Feudvar stimmt allerdings mit keiner Kulturpflanze überein, aber perfekt mit dem Ackerunkraut *Bupleurum rotundifolium*, das ostmediterran-vorderasiatischer Herkunft und heute in Europa sehr selten ist. Es stellt hohe Ansprüche an den Boden, Schwarzerde aus Löss ist ihm gerade recht: Warm soll der Boden sein, mäßig trocken, nährstoff- und kalkreich, tiefgründig,

93　vgl. Medović 2004, 212 f.
94　Waterhouse 1994, 208–218.

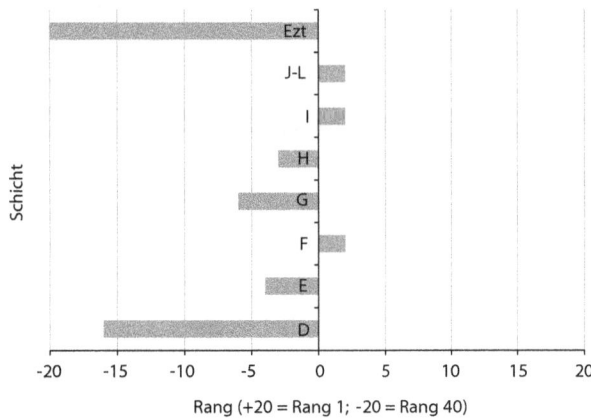

Abb. 150. Feudvar, Pflanzenfunde. Portulak, Portulaca oleracea. Ränge in den Unkrautlisten, reine Schichten der Westburg.

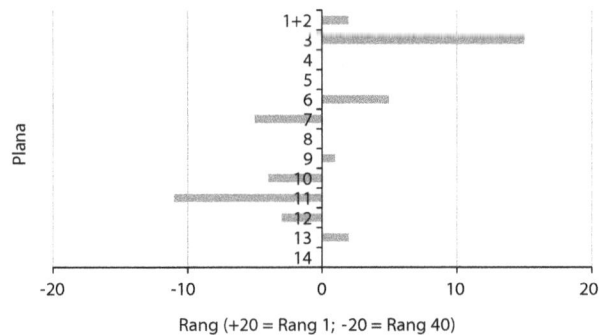

Abb. 151. Feudvar, Pflanzenfunde. Portulak, Portulaca oleracea. Ränge in den Unkrautlisten, Plana der Ostburg.

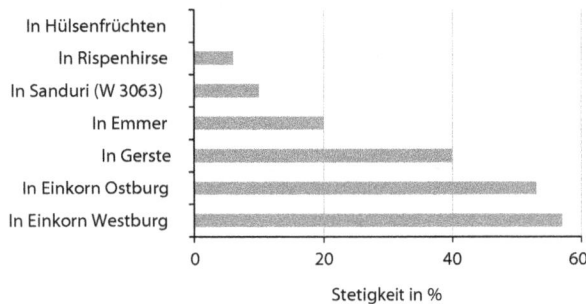

Abb. 152. Feudvar, Pflanzenfunde. Ackerhasenohr, Bupleurum rotundifolium. Stetigkeit in den Massenfunden von Kulturpflanzen.

tonig-lehmig. Das sind die besten Weizenböden. Heute zählt man das Ackerhasenohr zu den Charakterpflanzen des *Caucalidion lappulae*, der mitteleuropäischen Mohnäcker *Papaveretalia rhoeadis* (gemeint sind die roten Unkrautmohne, nicht der angebaute Mohn).

Die hohen Fundmengen des Ackerhasenohrs verwirren etwas (1026 Stück insgesamt, Tab. 1), aber wenn man bedenkt, dass folgende Reihe von Nachweisen von Unkräutern in Feudvar auch auf das Caucalidon verweist, wird es verständlich: *Adonis, Ajuga chamaepitys, Anagallis, Asperula arvensis, Conringia orientalis, Consolida regalis, Fumaria, Galium spurium, Kickxia, Lathyrus nissolia, Legousia speculum-veneris, Neslia paniculata, Nigella arvensis, Orlaya grandiflora, Stachys annua, Thymelaea passerina, Torilis arvensis, Vaccaria hispanica* und *Valerianella dentata*.

Hier sieht es so aus, als sei das Ackerhasenohr ein Spezialist des Einkorns (Abb. 152). Rispenhirse-Anbau drängt das Hasenohr zurück, obwohl Einkorn in Feudvar stets ein Hauptgetreide bleibt. Aber offensichtlich stört der Rispenhirseanbau den Rhythmus der Feldarbeiten, an die das Hasenohr angepasst ist (vgl. Abb. 153; 154; 155 mit Abb. 49).

Das Ackerhasenohr ist eine schöne Korn-Blume. Die gestiegenen Energiekosten der Jetztzeit im Schnittblumenanbau haben dazu geführt, dass man sich auf bescheidene, einfach zu ziehende, schnellwachsene Pflanzen besonnen hat, die zudem den Schnittblumen als Beigrün den Eindruck ländlicher Natürlichkeit mitgeben. Man sieht das Ackerhasenohr daher wieder ab und zu, wenn auch nicht auf dem Acker, sondern im Blumenladen.

Es gibt ein Tausendkorngewicht: W 3152 Schicht E 0,52 g.

2.9.19 Roter Hornmohn, *Glaucium corniculatum*

Gefundene Reste: verkohlte und unverkohlte Samen (Taf. 2,13), häufig

Als Mohngewächs hat der Rote Hornmohn auch eine harte Samenschale wie der angebaute Mohn und erhält sich wie dieser auch oft in skelettierter Form in Elfenbeinweiß. Die Samenschale hat aber mehr Zellen und der Same ist größer als der Mohnsame von *Papaver somniferum*.

Der Rote Hornmohn ist wie viele weitere Unkräuter von Feudvar eine wärmeliebende Zeigerpflanze für gute Weizenböden, er gehört zu den Unkräutern des Caucalidion-Verbandes und ist deshalb in der Ostburg

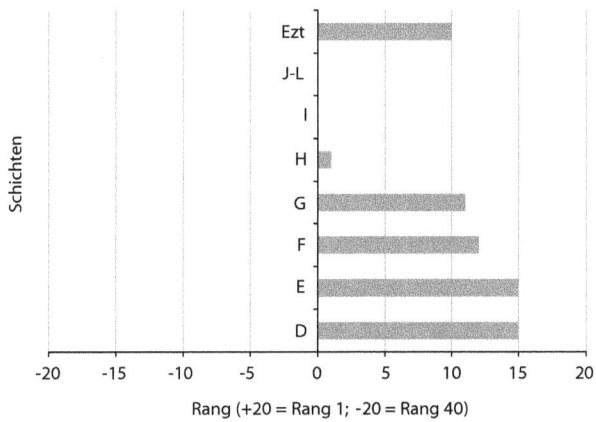

Abb. 153. Feudvar, Pflanzenfunde. Ackerhasenohr, Bupleurum rotundifolium. Ränge in den Unkrautlisten, reine Schichten der Westburg.

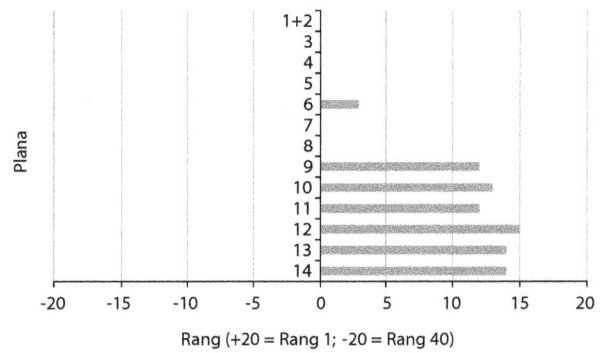

Abb. 154. Feudvar, Pflanzenfunde. Ackerhasenohr, Bupleurum rotundifolium. Ränge in den Unkrautlisten, Plana der Ostburg.

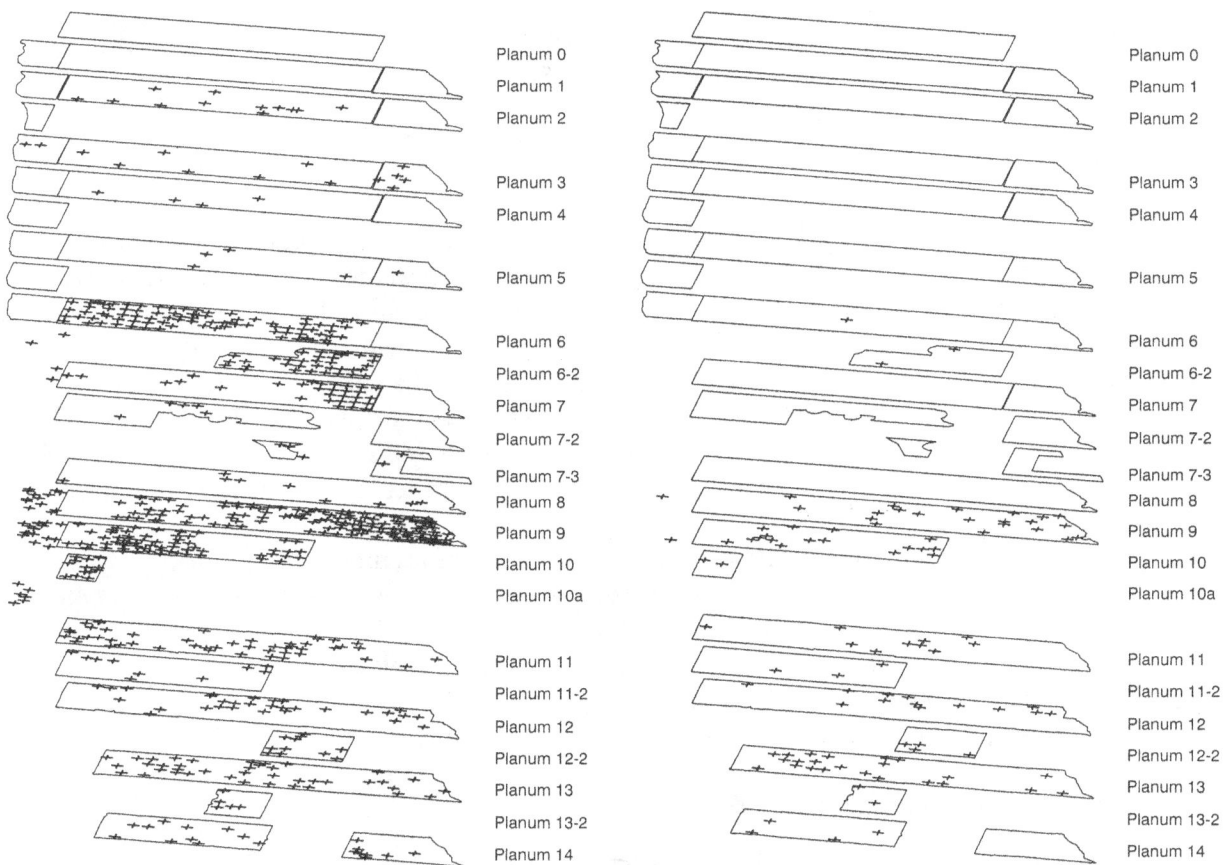

Abb. 155. Feudvar, Kartierungen, Stand 1992. Links Plana der Ostburg mit bearbeitenen Proben, rechts Funde des Ackerhasenohrs, Bupleurum rotundifolium.

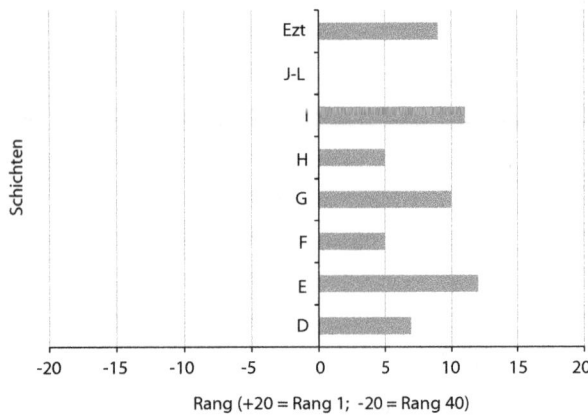

Abb. 156. Feudvar, Pflanzenfunde. Roter Hornmohn, Glaucium corniculatum. Ränge in den Unkrautlisten, reine Schichten der Westburg.

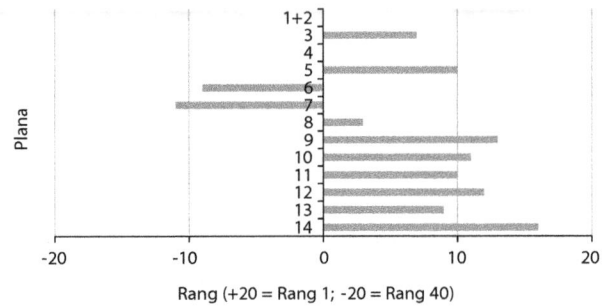

Abb. 157. Feudvar, Pflanzenfunde. Roter Hornmohn, Glaucium corniculatum. Ränge in den Unkrautlisten, Plana der Ostburg.

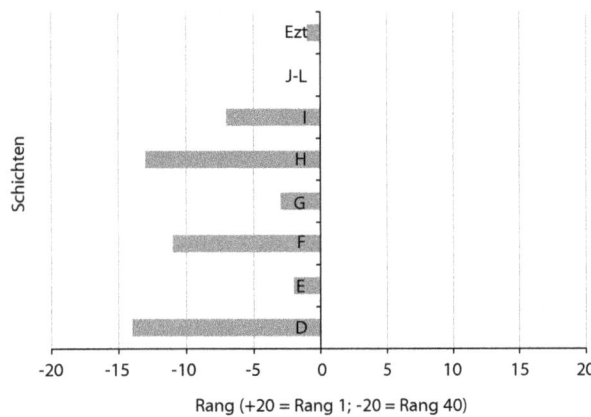

Abb. 158. Feudvar, Pflanzenfunde. Echter Steinsame, Lithospermum officinale. Ränge in den Unkrautlisten, reine Schichten der Westburg.

besonders stetig in den unteren Plana (Abb. 157). In der Westburg wird dies nicht deutlich (Abb. 156).

2.9.20 Echter Steinsame, *Lithospermum officinale*

Gefundene Reste: verkohlte und unverkohlte, skelettierte Früchte (Taf. 2,14), selten

Die Früchte des Echten Steinsamens sind echte pflanzliche Perlen, hart und fest, sie können als solche verwendet werden[95]. *Lithospermum officinale* ist eine Stromtalpflanze, die Früchte sind demnach in die Siedlung hinaufgebracht worden. Die weißen Fruchtperlen haften lange an den Fruchtständen und sind dann auffällig. Die Kleinheit ist kein Hindernis für eine dekorative Verwendung, das Lochen und das Auffädeln sind offenbar kein Problem.

Mit den Wurzeln kann man rotfärben (siehe oben). Die Pflanze ist auch Heil- und Zauberpflanze. Hier wird sie als mögliche Sammelpflanze gewertet. Das Sammeln oder gar den Anbau belegt ein neuer Massenfund aus der Ukraine. Robert Hofmann brachte in Zusammenhang mit den Kieler Ausgrabungen in Maidanet's einige skelettierte Steinsamen vom Lithospermum-officinale-Typ mit, sie sind reichlicher Gefäßinhalt eines neolithischen Topfes aus Ozeve, ausgegraben von D. Černovol im Sommer 2013.

Die Funde sind selten (unter ‚ferner liefen'), aber regelmäßig (Abb. 158).

2.9.21 Gelber Günsel, *Ajuga chamaepitys*

Gefundene Reste: verkohlte und unverkohlte, skelettierte Teilfrüchte (Taf. 2,15), selten

Der Gelbe Günsel ist ein kleines Getreideunkraut mit Zeigekraft auf entwickelten Getreidebau auf besten Böden. Darüber hinaus ist er ein gutes Heilmittel, es ist ein aromatisches Kraut, und man hat ihm in der Vergangenheit wunderbare Dinge nachgesagt, Heilkraft bei so bedrohlichen Erkrankungen wie Schlaganfall (‚Schlagkraut'), aber auch bei Fieber, Kopfweh und anderen Symptomen. Die niedliche, einzigartige

---

95   Schlichtherle 1988; Jiang et al. 2007.

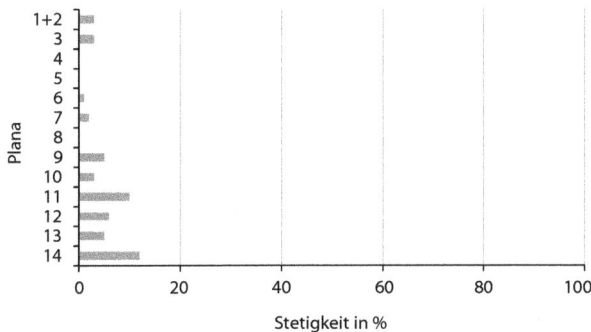

Abb. 159. Feudvar, Pflanzenfunde. Gelber Günsel, Ajuga chamaepitys. Stetigkeit in den Plana der Ostburg.

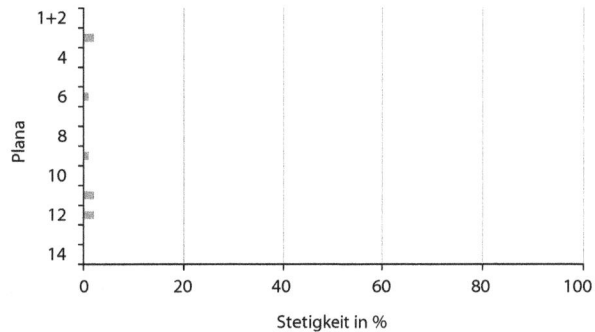

Abb. 160. Feudvar, Pflanzenfunde. Taumellolch, Lolium temulentum. Stetigkeit in den Plana der Ostburg.

Gesamterscheinung als unverwechselbares kleines Nadelgewächs (griech. *chamaepitys*) mit kleinen gelben Blüten mag zur Wertschätzung beigetragen haben.

Die sich in den Unkrauträngen dokumentierende Stetigkeit ist sehr ungleichmäßig. Solche Sprünge in den Rängen sprechen für Nutzpflanzenstatus (Abb. 113; 159). Seltene Unkräuter sind durchgehend selten wie der Taumellolch (siehe dort).

2.9.22 Taumellolch, *Lolium temulentum*

Gefundene Reste: verkohlte Früchte, selten

Der Taumellolch ist eines der wenigen giftigen Gräser, allerdings ist es fakultativ giftig, im Falle einer Infektion mit einem Pilz, der in der Pflanze wächst, ohne sie zu schädigen.

Dieser Pilz *Neotyphodium coenophialum* ist ein Verwandter des Mutterkornpilzes, der neurotoxische Indolalkaloide bildet, wodurch die gesamte Pflanze giftig wird. Es gibt neue Untersuchungen zum Pferdefutter aus *Lolium*-Weidegräsern[96]. Der Taumellolch ist ganz überwiegend ein seltenes, unbedeutendes Ungras. Es kann aber geschehen, dass sich die Vermehrung hochschaukelt und *Lolium temulentum* zu einem Massenunkraut wird. Die Körner sind in der Regel so groß, dass sie sich nur mit großen Verlusten aus dem Erntegut aussieben lassen. Farblich und in der Größe sind Lolchkörner unauffällig, sie reizen nicht, wie etwa die schwarzen runden Kornradensamen, zum Aussammeln. Die Bevölkerung ist dann einem Gift-Druck ausgesetzt, oft ohne es zu wissen, denn diese Massenvermehrungen sind selten. Dort, wo der Taumellolch regelmäßig vorkommt, kennt man ihn und seine Gefährlichkeit[97]. Erfasst haben wir solche dramatischen Häufungen in Einkorn im bronzezeitlichen Kastanas[98] und in Hafer im mittelalterlichen Schleswig[99]. Der Taumellolch steht demnach in einer Reihe mit Mutterkorn und Kornrade, was die Vergiftung des Grundnahrungsmittels angeht.

In Feudvar schläft *Lolium temulentum*. Er ist da, aber unauffällig (Abb. 160).

Ein kleines *Lolium*-Korn ist als *Lolium remotum* (Taf. 2,16) bestimmt, als Leinlolch. *Lolium remotum* ist die spezielle Form des Leinunkrauts. Außer in der Größe und in der Spezialisierung sind Taumellolch und Leinlolch nicht sonderlich verschieden.

2.9.23 Ackerkohl, *Conringia orientalis*

Gefundene Reste: verkohlte Samen (Taf. 2,17), häufig

Kohlig blaugrünes, dickes Laub gibt den deutschen Namen Ackerkohl für *Conringia orientalis*, ein giftiges Getreideunkraut. Der Artzusatz *orientalis* besagt, dass er nach Osten häufiger wird, im Schwarzmeergebiet

---

96 Vanselow 2011.
97 Zohary 1983 s. v. Taumellolch.
98 Kroll 1983, 82–86.
99 Pasternak 1991.

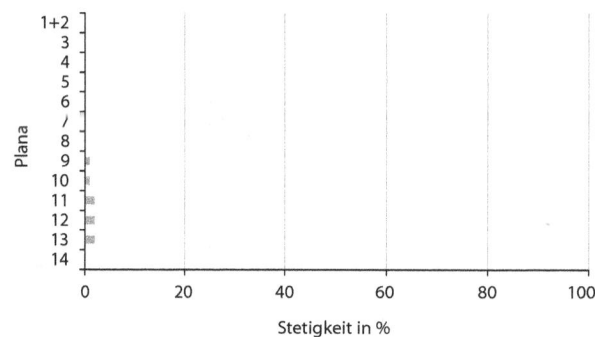

Abb. 161. Feudvar, Pflanzenfunde. Ackerkohl, Conringia orientalis. Stetigkeit in den Plana der Ostburg.

so häufig, dass es sich zeitweise gelohnt hat, die Saat aus dem Erntegut (Getreide, Klee-Saat, Senf) abzutrennen und daraus Öl zu pressen[100]. Hier ist der Unterschied in der Fundmenge zu *Camelina* (3171 Stück) oder *Lallemantia* (879 Stück) aber doch so eindeutig, dass *Conringia* hier ganz sicher seltenes Unkraut ist (142 Stück; Tab. 1; Abb. 161).

Maße (n = 25): L 2,12 (1,7–2,5) B 1,19 (1,0–1,4) mm, L : B 1,79 (1,42–210).

Conringia ist eine Zeigerart für entwickelten Weizenanbau auf besten Böden (Caucalidion-Verbandscharakterart).

2.9.24 Flockenblume, *Centaurea*

Gefundene Reste: verkohlte Früchte (Taf. 2,18), häufig

Die Flockenblume, die heute als die eigentliche Korn-Blume gilt, ist die Kornblume *Centaurea cyanus*. Die Flockenblumenfrüchte von Feudvar sind zu schmal und zu klein im Vergleich mit der Kornblume (Tausendkorngewicht aus W 3152 Schicht E 1,01 g). Zudem liegt die Hauptverbreitung der Kornblume in Gebieten mit kalkarmen Böden mit Roggen- und Haferanbau und nicht auf besten Weizenböden.

Eine Unkraut-*Centaurea* Südosteuropas und Vorderasiens ist heute als invasive Art im Ackerbau der Welt erfolgreich: *C. diffusa*, die Sparrige Flockenblume. Zu dieser Art könnten die Feudvar-Früchte gehören.

2.9.25 Odermennig, *Agrimonia eupatoria*

Gefundene Reste: verkohlte Früchte und Samen (Taf. 3,1), häufig

Der Odermennig ist ein langlebiges Kraut, eine Staude des offenen Landes und des Waldrandes. Sie blüht auffällig, strahlend gelb, und ist eine vielfältig nutzbare Heilpflanze. Die Frucht ist eine kleine Klette. Die Hakenhaare fehlen den verkohlten Früchten aber in den meisten Fällen. In der Frucht liegt ein einziger großer merkmalsarmer Same.

Der Odermennig braucht tiefen Wurzelraum, gute Böden und helles Licht. Er ist als langlebige Staude eigentlich keine Ackerpflanze. Sein Vorkommen als Beimischung in Vorräten (Tab. 25) spricht, wie der Spitzwegerich (siehe oben), für ein Pflügen, das den Acker halbwegs grün belässt und den Stauden ein Fortkommen ermöglicht.

Die Unregelmäßigkeit der Nachweise (Abb. 162) weist dennoch gegen ein regelhaftes Vorkommen als Ackerunkraut, eher für fördernde Schonung als geheiligte Pflanze. Er ist wohl eine Sammelpflanze, entweder als gutes, vielseitiges Heilkraut oder als Färbepflanze für Gelb.

100　vgl. Hegi.

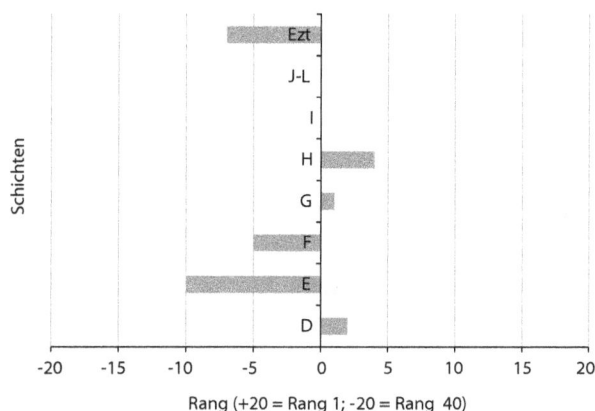

Abb. 162. Feudvar, Pflanzenfunde. Odermennig, Agrimonia eupatoria. Ränge in den Unkrautlisten, reine Schichten der Westburg.

2.9.26 Hafer, *Avena*

Gefundene Reste: verkohlte Früchte, Spelzen- und Grannenteile, selten

Die Hafer[101] sind ohne Spelzen nicht bestimmbar. Der Kulturhafer *A. sativa* ist hexaploid und stammt von *Avena sterilis* ab, einem hexaploiden Unkrauthafer des Mittelmeergebiets und Vorderasiens. Die entscheidenden Unterschiede sind die des Abbrechens oder Ablösens von der Rispe: Bei den eigentlichen Wildformen löst sich das Ährchen mit erstem und zweitem Korn als Einheit von der Rispe mit einer vorgebildeten Sollbruchstelle, so bei *A. sterilis* (u. a.). Bei den sekundären, atavistisch wildhaften Unkrauthafern hat jedes Korn eine vorgebildete Sollbruchstelle, das Ährchen zerfällt in erstes, zweites und gegebenenfalls drittes Korn, so bei *A. fatua*. Bei den Kulturhafern ist keine Sollbruchstelle vorgebildet, sondern das Ährchen zerbricht bei Druck in erstes, zweites und drittes Korn, direkt an der Basis der Deckspelze bei *A. sativa*, ohne Sollbruchstelle, aber immer an der selben Stelle. Regelhaft etwas entfernt von der Basis der Deckspelze, in der Mitte des Stielchens, bricht *A. strigosa*, der diploide Sandhafer, eine Kulturform Nordwesteuropas. Neue Funde zeigen, dass man in Südosteuropa auch *A. byzantina* in die Überlegungen mit einbeziehen muss[102].

In Feudvar fehlen bei den wenigen Funden (40 Körner und elf Grannenteile) diese Merkmale, sodass Hafer hier nur als *Avena* gelistet wird. Es ist aber sehr wahrscheinlich, dass der Siegeszug von *Avena fatua* als ‚teuflisches' Ungras erst spät beginnt, in der Eisenzeit. In frühen Haferfunden fehlt *Avena fatua* oft oder ist selten[103].

Hafer ist in Feudvar seltenes Ungras.

2.9.27 Spatzenzunge, *Thymelaea passerina*

Gefundene Reste: verkohlte Früchte (Taf. 3,2), häufig

Die Spatzenzunge ist ein Unkraut, das auf beste Weizenböden hinweist, wie wir sie in der Umgebung von Feudvar antreffen: Schwarzerde aus Löss. Heute gilt die Spatzenzunge als Charakter-Art des Caucalidion-Verbandes, eine Unkrautgesellschaft der mitteleuropäischen Mohnäcker *Papaveretalia rhoeadis*. Solche Arten sind bezeichnend für den Ackerbau von Feudvar.

Die Spatzenzunge heißt auch Vogelkopf: Die kleine Frucht sieht aus wie ein kleiner Vogelschädel. Wir haben sie anfänglich für abgerollte Vogelknöterichfrüchte gehalten, bis in einer Probe sehr gut erhaltene Vogelknöterichfrüchte mit dem typischen Perlmuster der Fruchtschale und offensichtlich nicht abgerollte

---

101 Loskutov / Rines 2010, 109 ff.
102 Medović 2013 a.
103 vgl. Kirleis 2003.

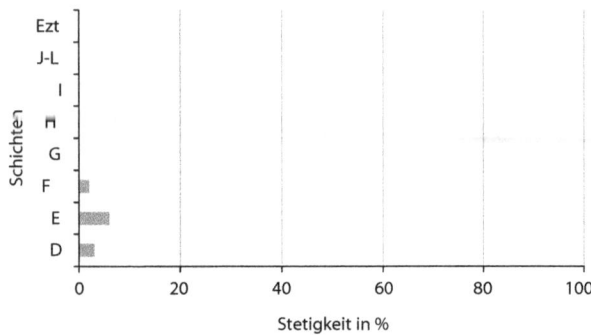

Abb. 163. Feudvar, Pflanzenfunde. Spatzenzunge, Thymelaea passerina. Stetigkeit in den reinen Schichten der Westburg.

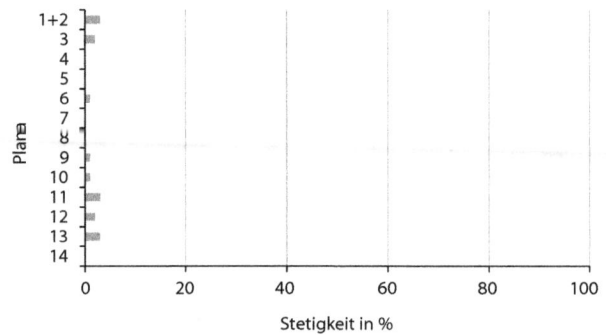

Abb. 164. Feudvar, Pflanzenfunde. Spatzenzunge, Thymelaea passerina. Stetigkeit in den Plana der Ostburg.

glatte Früchte nebeneinander vorkamen. Da liegt die Assoziation Vogel / Spatz nahe. *Thymelaea passerina* ist bezeichnend für die älteren Perioden von Feudvar, ohne in den jüngeren ganz zu fehlen (Abb. 163; 164).

Beheimatet ist *Thymelaea passerina* in Südeuropa, in lückigen Trockenrasen mit Einjährigenvegetation.

2.9.28 Ackermeister, *Asperula arvensis*

Gefundene Reste: verkohlte Teilfrüchte (Taf. 3,3), häufig

Der Ackermeister ist eine Rubiacee des Ackers. Die zweiteilige Frucht ist eine Hohlkugel mit Loch, am Boden der Öffnung teilt ein Steg die Teilfrucht wieder in zwei Hälften[104]. Dieses Merkmal trennt *Asperula* von *Galium*. Im Gegensatz zu *Galium spurium* und *G. aparine* ist *Asperula arvensis* auf den Getreide-Anbau in Wärmegebieten auf besten Böden beschränkt. Der Ackermeister ist eine Zeigerpflanze für beste Weizenböden in sommerwarmem Klima. Er gilt heute als eine Verbandscharakterart der Getreideunkrautgesellschaft Caucalidion.

2.9.29 Ackerrittersporn, *Consolida regalis*

Gefundene Reste: verkohlte Samen, häufig

Der Ackerrittersporn ist eine schöne, strahlend königsblaue Korn-Blume. Sie blüht augenfällig vor, während und nach der Erntezeit der Getreide. Die kleinen Samen haben hellhäutige Schuppen, die in verkohltem Zustand aber bis auf die Ansätze fehlen (Taf. 3,4). Gut erhalten sind sie leicht kenntlich. Der Ackerrittersporn ist giftig. Das Konsolidieren im Namen weist auf Heilkraft hin. In Feudvar geht aber die Fundmenge konform mit dem Vorkommen als Ackerunkraut der Weizenböden, des Caucalidion-Verbandes. Die größte Fundmenge, 93 Samen, stammt aus Gerstenabfall der Schicht E (W 3537, Tab. 16).

2.9.30 Adonisröschen, *Adonis*

Gefundene Reste: verkohlte Früchte, häufig

Adonis aestivalis und *A. flammea* gelten heute als namengebende Charakter-Arten des Caucalido-Adonidetum innerhalb des Caucalidion-Verbandes: Sie sind Zeigerarten für einen entwickelten Weizenanbau auf besten Böden. Adonis-Arten sind giftig. Da die Unkraut-Adonis-Arten klein sind und wenig Saat haben, fällt dies aber nicht ins Gewicht.

Ihren Namen haben diese roten Korn-Blumen nach dem vergossenen Blute des Jünglings Adonis. Aphrodite beweint seinen Tod und um an den schönen Jüngling zu erinnern, verwandelt sie jeden Blutstropfen in eine rote Blume.

---

104 Lange 1979 Abb. 1; 8–9.

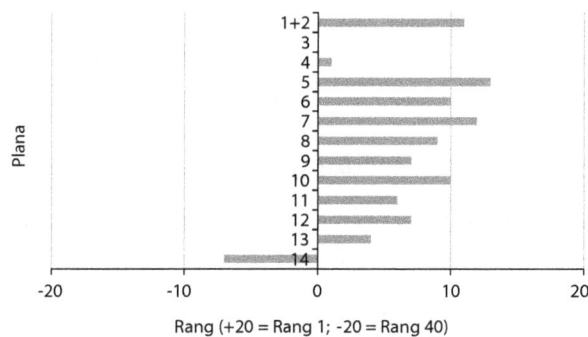

Abb. 165. Feudvar, Pflanzenfunde. Wicke-Typ, Vicia-Typ. Ränge in den Unkrautlisten, Plana der Ostburg.

2.9.31 Ackerschwarzkümmel, *Nigella*

Gefundene Reste: verkohlte Samen (Taf. 3,5), sehr selten
Die Unterschiede zwischen dem Echten Schwarzkümmel *Nigella sativa*, dem Acker-Schwarzkümmel *N. arvensis* und der Jungfer im Grünen *N. damascena* sind graduell und eher akademisch als im Volkswissen verankert. Es ist sehr wahrscheinlich, dass man die Arten im linnéschen Sinne nicht unterschieden hat.

Nigella sativa ist eine orientalische Kulturpflanze, Heilpflanze und zugleich Ölpflanze und Gewürz[105]. Sie heißen selten eindeutig; es sind entstellende Namen darunter wie *black onion seed, black sesame* oder *fennel seed*. Das Deutsche ist mit Schwarzkümmel nicht besser. *Nigella* ist ein Hahnenfußgewächs, kein Kümmel (eine Apiaceae).

Nigella arvensis ist als ein Ackerunkraut ein Archäophyt und hat seine Nische in den Weizenäckern auf besten Böden gefunden. Die Gattung ist aber mediterran-nahöstlich verbreitet. In Sandberg / Roseldorf (Österreich, latènezeitlich) ist sie mit mehreren Samen belegt und wird dort als Ackerunkraut gewertet[106].

Nigella damascena ist die Jungfer im Grünen, eine einjährige Gartenpflanze, bei der sowohl die blauen Blumen als auch die aufgeblasenen Früchte als Zierde geschätzt werden.

Es liegt nahe, auch an die Nutzpflanzeneigenschaften von *Nigella* zu denken.

2.9.32 Wicke-Typ, *Vicia*-Typ

Gefundene Reste: verkohlte Samen, häufig
Wie der folgende Klee-Typ, so sind auch die Samen des Wicke-Typs merkmalsarm. Zudem neigen diese Samen dazu, die Schale zu verlieren und in Hälften auseinander zu fallen. Neben der Gattung *Vicia* wird die Gattung *Lathyrus* regelmäßig vertreten sein. Der Wicke-Typ ist nicht sonderlich häufig, aber stetig (Abb. 165), auch in den Vorräten. Die Trennung von den Unbestimmten Hülsenfrüchten geschieht mehr oder minder intuitiv, überwiegend nach der Größe. *Vicia ervilia* fällt zum Teil in den selben Größenbereich, ist aber durch die markante Form definiert (siehe oben).

2.9.33 Klee-Typ, *Trifolium*-Typ

Gefundene Reste: verkohlte Samen, trivial
Die Fabaceensamen vom Klee-Typ sind merkmalsarme kleine Samen mit glatter Samenhaut und etwas prominentem Würzelchen (mit geringem Tausendkorngewicht: W 3152 Schicht E, Tab. 14, 0,19 g).

---

105 Heiss et al. 2013. Die schwarzen Körner auf den orientalischen Broten sind *Nigella*-Samen.
106 Caneppele / Heiss / Kohler-Schneider 2010.

Bestimmungen in dieser Gruppe sind stets mit Unsicherheiten behaftet, eine große Taxazahl kommt in Frage. Der Typ ist hier als Unkraut aufgeführt und nicht als weiteres Unbestimmtes, weil er auch in Vorräten häufig ist.

2.9.34 Nachwort zu den Unkräutern: Unkrautgesellschaften

Die Ackerunkrautgesellschaften unterliegen permanenter Veränderung, da ein wesentlich bestimmender, formender Faktor dieser Pflanzengesellschaften das Bewirtschaftungsregime der jeweiligen Kulturpflanze ist. Wir kennen zwar die Kulturpflanzen von Feudvar, nicht jedoch deren Bewirtschaftungsregime. Auf welchem Boden wächst die Kulturpflanze? Wird gedüngt? Womit wird gedüngt? Wie wird das Saatbett bereitet? Wie gründlich wird gepflügt? Wann und wie wird ausgesät? Wird die frühe Saat noch einmal beweidet? Wird gejätet? Wie wird geerntet? Was geschieht weiterhin auf dem abgeernteten Feld? Wie wird das Erntegut gereinigt? Was geschieht mit den Reinigungsabfällen? Welche Unkräuter bleiben im gereinigten Erntegut und werden wieder mit ausgesät? Von diesen weitgehend unbekannten Faktoren ist die Unkrautvegetation einer Kulturpflanze abhängig. Und es sind viele Kulturpflanzen: jeweils einige Winter- und Sommergetreide, Hirsen, Ölpflanzen, Hülsenfrüchte und Gartenpflanzen im weiten Sinne. Alle haben mit ihren Bewirtschaftungsregimen Einfluss auf die Unkrautvegetation.

Die Unkrautvegetationen Mitteleuropas sind wissenschaftlich beschrieben worden in der heutigen Nacktweizen-Zeit, in der Saatweizen und Hartweizen, *Triticum aestivum* und *Tr. durum*, die wichtigsten Kulturpflanzen mit den höchsten Ansprüchen an den Boden sind. Im Norden hatte Roggen *Secale cereale* noch großen Einfluss auf die Unkrautvegetation auf sandigen, mageren Böden. Der Lein-Anbau und die Hirsekultur sind in Europa mehr oder minder erloschen, sodass über die Unkrautvegetationen dieser Kulturpflanzen nur alte Berichte vorliegen.

Die wichtigen Kulturpflanzen von Feudvar sind die Spelzweizen Einkorn und andere, Linse und Linsenwicke, Flachs und Leindotter sowie Rispenhirse in den jüngeren Phasen. In der Tiefebene von Donau und Theiß ist Mais *Zea mays* heute die prägende Kulturpflanze, die besten Böden haben auch viel Zuckerrübenanteil *Beta vulgaris*. Spelzweizen und Hirse gibt es nicht mehr, Linsen werden nicht mehr angebaut, prägende Hülsenfrucht ist heute Soja *Glycine max*. Es ist nicht möglich, die Verhältnisse von Feudvar mit heutigen Verhältnissen vor Ort zu vergleichen.

Es fällt auf, dass viele der aus den Metallzeiten in Feudvar belegten Unkräuter mit Ausnahme der trivialen einer Unkrautgesellschaft angehören, die heute als Caucalidion platycarpi bezeichnet wird, als Haftdoldengesellschaft. Den Namen gibt die Haftdolde *Caucalis platycarpos* (die hier nicht nachgewiesen ist). Es ist eine Gesellschaft des Winterweizen-Anbaus auf besten Böden, meist auf Löss als Ausgangsmaterial der Bodenbildung[107].

Klasse: Stellarieteae mediae, Ackerbeikrautgesellschaften sowie kurzlebige Ruderalgesellschaften …
   Ordnung: Papaveretalia rhoeadalis, Klatschmohnäcker auf Kalkverwitterungsböden sowie basenreichen Lehm- und Tonböden
      Verband: Fumario-Euphorbion, Erdrauch-Wolfsmilchäcker auf nährstoff- und basenreichen Lehm- und Tonböden
         Caucalidion platycarpi, Haftdoldenäcker auf Kalkverwitterungsböden …
      Assoziation: Papaveri-Melandrietum noctiflori
         Kickxietum spuriae
         Caucalido-Adonidetum flammeae

Folgende Taxa von Feudvar sind für das Caucalidion bezeichnend, für die Haftdoldenäcker der besten Weizenböden in warmer Lage: *Adonis, Ajuga chamaepitys, Anagallis, Asperula arvensis, Bupleurum arvense, Chaenorrhinum minus, Conringia orientalis, Consolida regalis, Glaucium corniculatum, Kickxia, Legousia*

---

107 nach Ellenberg 1996, 882 f.

speculum-veneris, Neslia paniculata, Nigella arvensis, Orlaya grandiflora, Sherardia arvensis, Stachys annua, Thymelaea passerina, Torilis arvensis, Vaccaria hispanica, Valeriana dentata.

Für das Euphorbion, die Erdrauch-Wolfsmilch-Äcker, den nächstverwandten Verband, sind bezeichnend: *Atriplex patula, Chenopodium hybridum, Euphorbia helioscopia, Fumaria.*

Für das Setarion, die Fingerhirsen-Borstenhirsen-Äcker, sind es: *Digitaria, Echinochloa crus-galli, Portulaca oleracea, Setaria viridis.*

Für das Aphanenion, für die mageren, mäßig nährstoffreichen und kalkarmen Äcker sind es nur zwei Taxa, und die sind ihrem Verband nicht sehr treu: *Aphanes arvensis, Scleranthus annuus.*

Für eine Reihe von Vegetationen im Siedlungsumfeld, für die Wege und Ränder, die Plätze, im weiten Sinne für die Ruderalflächen sind es die Taxa: *Agrimonia eupatoria, Althaea officinalis, Anthemis tinctoria, Atriplex hastata, Berteroa, Brassica nigra, Bromus mollis, Carex hirta, Carex vulpina, Cichorium intybus, Convolvulus arvensis, Daucus carota, Ecballium elaterium, Galium aparine, Hibiscus trionum, Hyoscyamus, Lapsana communis, Malva, Onopordum acanthium, Picris hieracioides, Polygonum aviculare, Rumex crispus, Sisymbrium, Solanum nigrum, Urtica dioica, Verbena officinalis, Xanthium strumarium.*

2.10 Wasserpflanzen

2.10.1 Froschlöffelgewächse, *Alismataceae*

Gefundene Reste: verkohlte und unverkohlte Embryonen, selten

2.10.2 Armleuchteralgen, *Characeae*

Gefundene Reste: unverkohlte Oogonien, selten

2.10.3 Eine Wasserlinse, *Lemna*

Gefundene Reste: unverkohlte Früchte, sehr selten
Die Embryonen der Alismataceen, die Oogonien der Characeen, die *Lemna*-Früchte sind Hinweise auf Baulehm aus Lehmgruben der Ebene. Mit dem Baumaterial kommen auch diese winzigen Pflanzenreste hinauf in die Siedlung.

Die wichtigsten Wasserpflanzen, das Schilfrohr und die Seebinse, werden oben unter Technische Materialien (S. 143) abgehandelt.

2.10.4 Mögliche Nutzpflanzen unter den Wasserpflanzen
2.10.4.1 Sumpfwolfsmilch, *Euphorbia palustris*

Gefundene Reste: verkohlte holzige Fruchtwandteile (Taf. 4,10); wohl auch vereinzelt Samen, diese als *Euphorbia* sp., häufig
Die Sumpfwolfsmilch *Euphorbia palustris* ist eine klassische Stromtalpflanze. In Zentraleuropa ist die natürliche Verbreitung dieser langlebigen Staude beschränkt auf die Täler der Ströme Rhein, Elbe, Oder, Donau und Theiß. Sie wächst auf besonnten Standorten und fällt durch mehrfachen dramatischen Farbwechsel auf, von Grün zu Grün mit Gelb zu Grün mit Gelbrot zu leuchtend Karminrot im Herbst. Die einjährigen, über kniehohen Triebe sind weidenartig beblättert, die Triebe selbst sind weidenrutenähnlich. Die Pflanze hat ätzenden Milchsaft, alle Teile sind hochgiftig. Das Weidevieh meidet die Pflanze.

Die Pflanze war ehedem offizinell als *cortex radicis* oder *radix esulae majoris*. Das *esula* ist bezogen auf *Euphorbia esula*, die ebenfalls weidenartig ist. H. Genaust verbindet dieses lat. *esula* mit griech. *oîsos*, weidenartiger Strauch, und mit *oisýa*, Brand-Weide[108].

---

108 Genaust 1993, s. v. esula.

Pharmaka mit *Euphorbia palustris* haben drastische Wirkung. Der Milchsaft ist scharf ätzend. Die nordafrikanischen Sukkulenten *E. resinifera* und *E. officinalis* liefern aus den getrockneten Milchsafttränen das *Euphorbium, -ion*, ein Gummi, das als Droge noch heute verwendet wird. Der vorlinnésche Name der Wolfsmilch ist *tithymalus, -lon, -llus, -llon*, unter diesen Namen findet man weitere und andere Informationen.

Es ist wenig wahrscheinlich, dass die Pflanze zufällig in die Siedlung auf das Titeler Plateau gelangt ist, z. B. mit Schilfrohr oder Seebinsen für technische Zwecke. Dazu ist sie zu hart und zu sperrig. Sie ist wohl absichtlich heraufgebracht worden, um sie zu verwenden. In der Ethnobotanik des eurasischen Ostens spielt sie eine bedeutende Rolle[109]. Die Pflanze ist ein Schamanenkraut. Leider fehlen von Feudvar Massenfunde, die dies gut belegen könnten (größte Fundmengen: 36 Stück in Westburg Komplex-Nr. 2010/8 Schicht H [10 % von 350 Funden] und 18 Stück in Ostburg Komplex-Nr. 2208 Planum 9 [16 % von 115 Funden]). Die Fruchtschalen von *Euphorbia palustris* haben wir nicht sofort erkannt, wir haben sie durch Blättern im Atlas von Kac, Kac, Kipiani gefunden (siehe oben S. 48)[110]. Die Samen sind merkmalsarm (,*Euphorbia* ohne Muster'). Es ist möglich, dass sich einige Sumpfwolfsmilchsamen unter den Samen befinden, die als Gattung *Euphorbia* unter den Unkräutern aufgelistet sind.

Die Stetigkeiten bleiben unter 10 % und sind regelmäßig verteilt.

2.10.4.2 Wasserpfeffer, *Polygonum hydropiper*

Gefundene Reste: verkohlte Früchte, sehr selten
Die Früchte des Wasserpfeffers *Polygonum hydropiper* lassen sich von den anderen Polygonaceen sehr gut abtrennen, weil ihre Oberfläche stumpf und körnig ist. Wasserpfefferblätter sind essbar und können als scharf-würzende Zutat dienen.

Die geringen Fundmengen und der Ruderalcharakter der feuchten Stellen, an denen sie wächst, machen ein zufälliges In-die-Siedlung-Gelangen wahrscheinlicher als ein absichtliches Eintragen.

2.11 Sonstiges

2.11.1 Verkohlte Speisereste

Gefundene Reste: verkohlte Krusten und Brocken von Speise, nicht gezählt, dennoch häufig
Diese Krusten und Brocken sind porige Reste von Lebensmitteln, ohne dass gesagt werden kann, ob es sich um Brot oder Brei, Teig oder Nudeln handelt oder um angebrannte Speise anderer Art. Wenn Teile erkennbar waren – z. B. Grieß von Emmer –, wurde das vermerkt und andernorts abgehandelt. Zu Klumpen verbackene Rispenhirse und Leindotter sind keine verkohlten Speisereste, sondern reine Vorräte und sind unter dieser Rubrik nicht vermerkt, sondern an entsprechender Stelle.

2.11.2 Anthrakologisches

Für physikalische ^{14}C-Datierungen wurden unter anderem Holzkohlen genommen. Diese Holzkohlen wurden bestimmt[111]. Es überwiegen die Hölzer der Aue, einerseits die der Weichholzaue, Weide und Pappel, andererseits die der Hartholzaue, Eiche, Esche, Erle und Ulme (Abb. 166).

Allein der Kreuzdorn und wohl der Ahorn stammen vom Titeler Lössberg.

Der Kreuzdorn hat ein einzigartiges, unverkennbares Holz, es ist gelb, hart, schön gemasert und schmeichelt der Hand. Die drastische Wirkung der Kreuzdornbeeren (,Purgier-Kreuzdorn') verleiht dem Strauch Respekt und magische Kräfte, sodass auch solche Aspekte wohl hinein spielen in die Gründe, aus denen das Holz in der Siedlung verwendet wird. Der Strauch selbst ist von bescheidener Größe.

---

109 www.henriettesherbal.com s. v. Euphorbia palustris.
110 Kac / Kac / Kipiani 1965 Taf. 56,18; 19.
111 Hänsel / Medović 1992; Roeder 1992; Görsdorf 1992.

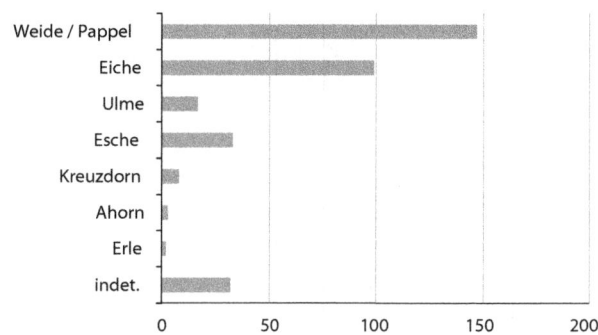

Abb. 166. Feudvar, Pflanzenfunde. Holzkohlen für ^{14}C-Analysen.
Holzgattungen, Stückmengen.

Es kommen zwei Schwester-Arten in Frage, der gewöhnliche Echte Kreuzdorn *Rhamnus cathartica* und der südliche Felsenkreuzdorn *Rh. saxatilis*. Im Holz und in der Verwendung sind sie nicht verschieden, das Volk trennt sie nicht voneinander.

2.11.3 Gefäßinhalte

Die meisten der ganz oder teilweise erhaltenen Gefäße, die wir zum Ausschlämmen ausgehändigt bekamen, enthielten die Erde des Umfeldes und damit die Pflanzenreste dieses Umfeldes in der üblichen Streuung. Einige wenige Befunde sind als reale Gefäßinhalte anzusehen, die jeweiligen Komplex-Nummern und die jeweiligen Fundmengen sind in den Gefäßinhaltstabellen fett markiert und unterstrichen.

Aus der Westburg stammen vier reale Gefäßinhalte (Tab. 52), einmal Einkorn-Vesen (Einkorn in Spelzen), einmal Vierzeil-Spelzgerste, einmal Erbse und, als ganz besonderer Fund, einmal unverkohlte Teilfrüchte des Ackersteinsamens *Lithospermum arvense*. Wegen dieses eindeutigen Massenfundes (727 Teilfrüchte in einem Gefäß bei einer Feuerstelle oder Ofen) ist der Ackersteinsame in den Tabellen hier nicht als Unkraut, sondern als mögliche Nutzpflanze aufgeführt (siehe oben). Man kann mit den Wurzeln des Ackersteinsamens rotfärben.

Die Inhalte von Gefäßen der Schnitte D und A sind nicht erwähnenswert. Es sind die üblichen Streufunde.

Es gibt von der Ostburg fünf Proben aus dem Komplex Nummer E 2660 (Tab. 53), eine ist dem Planum 11 zugewiesen, vier dem Planum 12; drei davon haben den Zusatz ‚Gefäßinhalt‘. Allgemein sind die Proben mit der Nummer E 2660 reich an verbackener Saat des Leindotters *Camelina sativa* (siehe oben). Es ist möglich, dass ein Gefäß in diesem Komplex Leindottersaat enthalten hat[112].

3. Die Entwicklung im Lauf der Zeit

Die Schichten und Plana von Feudvar enthalten drei Zeitstufen: die Frühbronzezeit, die sich bruchlos zur Mittelbronzezeit entwickelt, und eine Wiederbesiedlung des Ortes in der frühesten Eisenzeit. Die Späte Bronzezeit kann bisher stratigraphisch nicht klar ausgesondert werden. Die absolute Vielseitigkeit des Kultur- und Nutzpflanzeninventars von Feudvar gilt für die Schichten der Frühbronzezeit, für Material, das sicher abgedeckt in ziemlicher Tiefe lagert. Je näher wir der heutigen Oberfläche kommen, umso schlechter sind die Erhaltungsbedingungen. Das ist gut ablesbar an der mittleren Taxazahl in der Ostburg (siehe oben Abb. 14). Es gibt Sprünge in der Erhaltungsqualität ab Planum 6 der Ostburg

---

112 vgl. den Leindotter-Fund von Kastanas: Kroll 1983, 132 f.

Komplex-Nr. W ...	3393	2051	1414	1401	3502	3082	342	3393	3287	3393	1403	2023	3393	2052	1403	1401	2010	3040	2015	≥185	2070
Schrägstrich	2		39		1		c	2		2	3		2		23	52	5		4	5	4
Schicht Hänsel		G	G	G+F	D+E	F	J		F		G	F		G	H	G	H	D	G	E	G
Schicht Falkenstein		G	H	H															G	G	
n Taxa	37	23	20	19	18	18	17	17	15	13	12	10	10	9	9	8	5	5	4	0	0
Getreide																					
Triticum monococcum	79	7632	3	12	8	5	21	72	8	25	6		1	14	4			1			
Tr. monococcum, Spelzbase	66	3294	2		3	9	5	124	7	11	23	3	6	5	1	5	1				
Hordeum vulgare vulgare	16	2	2942	12	11	3	5	28	1	5	1		1	10	1	3	1				
H. vulgare, Spindelglied	1												1								
Triticum dicoccon / T. timopheevii	3		1	3	1				1		1					1					
Tr.dic./ T. timoph., Spelzbase	1								4		1		1		1						
Tr. spelta		1																			
Tr. spelta, Spelzbase				1		1		1		1					1						
Tr. aestivum		1																			
Tr. aestivum, Spindelglied			1																		
Cerealia indet.	6		1		6	4		25	2	3	10	1	2		7			1			
Hirsen																					
Panicum miliaceum							57					1			3	2					
Öl- und Faserpflanzen																					
Camelina sativa	1					3		3													
Hülsenfrüchte																					
Lens culinaris	1		10	44	1	1	1		1			6							1		
Vicia ervilia	1								1		1										
Pisum sativum			7	2760																	
Lathyrus sativus						1	1														
Leg. sat. indet.					1	1	1	1		1		1									
Obst und Nüsse																					
Sambucus ebulus	2				1		1											12			
Fragaria	1																				
Rubus fruticosus		1																			
Trapa natans																					
Mögliche Nutzpflanzen																					
Teucrium-Typ		6	4			3								1							
Lithospermum arvense						1				1									727		
cf. Cephalaria								2		1											
Hyoscyamus	1																				
Technische Materialien																					
Phragmites australis, Halme		1		1	1	1	1	1		1	1	1	1						1		
Schoenoplectus lacustris							1														
Unkräuter i.w.S.																					
Bromus arvensis	21	17	17	3	7	6	3	14	1		7		2		1	1	1				
Fallopia convolvulus	1	2	15			1		1				2						1			
Lolium, kleinfrüchtig	2	7	2			4		2			2	1	2	1	1		1				
Bromus, langfrüchtig	1	1	7								2	1		1			1				
Trifolium-Typ	2	2	4		2	2	2	1	1							1			1		
Polygonum aviculare	1	3	1							1			1	1		4					
Setaria vridis / S. verticillata	2	5	2			1						1									
Solanum nigrum	3	2	1			1				1			1								

Tab. 52. Feudvar, Pflanzenfunde. Gefäßinhaltskollektionen aus der Westburg. Fundmengen.

Komplex-Nr. W...	3393	2051	1414	1401	3502	3082	342	3393	3287	3393	1403	2023	3393	2052	1403	1401	2010	3040	2015	2185	2070
Schrägstrich	2			39		1	1	2		2	3	3	2	2	23	52	5	5	4		
Schicht Hänsel		G	G	G+F	D+E	F	C	F	F	F	G	F	G	G	H	G	H	D	G	E	G
Schicht Falkenstein		G	H	H			J												G		G
n Taxa	37	23	20	19	18	18	17	17	15	13	12	10	10	9	9	8	5	5	4	0	0
Dasypyrum villosum	5						9														
Bupleurum rotundifolium					1	1		1													
Agrostemma githago		5	1																		
Digitaria		1					3														
Plantago lanceolata					1						2										
Vicia-Typ				88	1																
Agrimonia eupatoria	3																				
Ajuga chamaepitys	2																				
Atriplex patula-Typ	1																				
Centaurea	2																				
Geranium	1																				
Glaucium corniculatum	4																				
Lithospermum officinale	1																				
Persicaria maculosa	1																				
Rorippa-Typ	1																				
Rumex crispus-Typ														1							
Scleranthus annuus	1																				
Sherardia arvensis	2																				
Valerianella dentata	1																				
Wasserpflanzen																					
Euphorbia palustris									1												
Nicht näher Bestimmes																					
Chenopodiaceae	68	19	4	7		60	10	4	95	10	17	33	8				1	3	1		
Poaceae	14	10	2	2	3	2		2	1	3	1					4		1			
Polygonaceae	1	1	1	1																	
Asteraceae				1	3									1							
Brassicaceae	1		1						1												
Cyperaceae			1						1												
Fabaceae		1																			
Lamiaceae				1																	
Malvaceae			1																		
Sonstiges					1																
verkohlter Speisebrei								1													
Summe (n)	316	11019	3005	2963	53	108	140	282	127	72	66	50	25	35	20	21	5	7	741	0	0

Tab. 52. Fortsetzung. Feudvar, Pflanzenfunde. Gefäßinhaltskollektionen aus der Westburg. Fundmengen.

Komplex-Nr. E...	1870	3323	3603	2660	2660	3468	2660	2231	2447	2303	3370	3050	2492	2492	2492	2297	1379	2492	247	2429	2407	1328
Planum	8	12	13	12	11	13	12	10	11	11	4	12	11	11	11	11	3	11	1	11	11	6
Getreide																						
Triticum monococcum	153	78	14	61	24	35	12	12		4	3	2	1	1		9	1	1	4			
Tr. monococcum, Spelzbase	33	159	23	20	27	228	5	166	2	5		2	1			2	2					
Hordeum vulgare vulgare	24	26	6	9	2	17	2	8	1	1	3			1								
H. vulgare, Spindelglied				1																		
Triticum dicoccon / Tr. timopheevii	30	12		5	2	2	3	4	1								1					
Tr. dic. / Tr. timoph., Spelzbase	2	7	3	4	11		3	6														
Tr. aestivum	1																					
Tr. aestivum, Spindelglied	1			1																		
Tr. spelta	1																					
Cerealia indeterminata	189	28	2	4	3	3		5		5			2									
Hirsen																						
Panicum miliaceum				10	1		1								1							
Öl- und Faserpflanzen																						
Camelina sativa	7	6	1	26	22		180				6						4		3			
Linum usitatissimum								1					1									
Hülsenfrüchte																						
Lens culinaris	2		2	5	1	1																
Pisum sativum	6	1		5					1													
Lathyrus sativus			1																			
Leguminosae sat. indet.		1	1								1											
Obst und Nüsse																						
Rubus fruticosus	4			1		1																
Sambucus ebulus	4	8																				
Fragaria	1	1	1																			
Trapa natans	1																					
Mögliche Nutzpflanzen																						
Teucrium-Typ	2	2	5				1	1		1				1								
Hyoscyamus niger	1						1															
cf. Cephalaria		1																				
Chenopodium hybridum	1	1																				
Malva		1	1																			
Unkräuter i.w.S.																						
Bromus arvensis	12	42	12	6	4	2		4	2	3		1										
Lolium, kleinfrüchtig	1	14	2	1		2	1	1								1						
Fallopia convolvulus	4	3	6	5				1	1							1						
Bromus, langfrüchtig		10	1		1		1	1		1												
Trifolium-Typ		3	1	1	1	1																
Setaria viridis / S. verticillata			1	1	1			1		1		1										
Echinochloa crus-galli	1	1																1				
Plantago lanceolata	1	1	1																			
Dasypyrum villosum				4				3														
Solanum nigrum	6							1														
Agrostemma githago		2																				
Bupleurum rotundifolium			1																			
Polygonum aviculare		120																				
Atriplex patula-Typ	2																					

Tab. 53. Feudvar, Pflanzenfunde. Gefäßinhaltskollektionen aus der Ostburg. Fundmengen.

Komplex-Nr. E...	1870	3323	3603	2660	2660	3468	2660	2231	2447	2303	3370	3050	2492	2492	2297	1379	2492	247	2429	2407	1328
Planum	8	12	13	12	11	13	12	10	11	11	4	12	11	11	11	3	11	1	11	11	6
Galium spurium	1																				
Ajuga chamaepitys		1																			
Centaurea						1															
Convolvulus arvensis		1																			
Digitaria		1																			
Lithospermum officinale		1																			
Persicaria maculosa			1																		
Verbascum							1														
Wasserpflanzen																					
Phragmites australis, Halme		1	1			1				1											
Euphorbia palustris									2												
Schoenoplectus lacustris															1						
Nicht näher Bestimmtes																					
Chenopodiaceae	32	111	108	73	32	1	42		2		2	1		1							
Poaceae	3	14	3	1	8	1	3	3					1		1						
Lamiaceae	1	1			2				2												
Cyperaceae	2						1														
Campanulaceae		1																			
Fabaceae			1																		
Polygonaceae																					
Sonstiges	1					1			1												
verkohlte Speisereste		1											1								
Summe (n)	515	552	318	246	142	297	257	217	15	22	15	7	6	5	13	8	3	7	0	0	0

Tab. 53.. Fortsetzung Feudvar, Pflanzenfunde. Gefäßinhaltskollektionen aus der Ostburg. Fundmengen.

(gut ablesbar an der mittleren Fundzahl, siehe oben Abb. 9). In den Plana darüber ist die Qualität im Grunde ungenügend.

Folgende Schlüsse sind zweifelsfrei: Die Qualität der Feldfrüchte nimmt im Verlauf der Früh- zur Mittelbronzezeit zu, die Anbauprodukte werden größer und schwerer. Die Stellung des Einkorns als Hauptanbauprodukt verringert sich zugunsten von Rispenhirse und anderen Kulturpflanzen wie z. B. Lein / Flachs. Manche Nutzpflanzen wie der Ackersteinsame als mögliche Färbepflanze werden zum Jüngeren häufiger.

Aber der Eindruck, dass die Vielfältigkeit der Anbauprodukte und Nutzpflanzen zum Jüngeren abnimmt, wird durch folgendes Phänomen eingeschränkt: In der Mehrzahl der Diagramme der reinen Schichten der Westburg nimmt die Stetigkeit zu den jüngeren Schichten H, I, J, K und L zwar ab, aber zum letzten jüngsten eisenzeitlichen Schichtpaket wieder zu (Einkorn Abb. 25; Gerste Abb. 31; Emmer Abb. 34; Dinkel Abb. 41; Saatweizen Abb. 45; Leindotter Abb. 57; Ölziest Abb. 60; Mohn Abb. 62; Linse Abb. 68; Erbse Abb. 70; Linsenwicke Abb. 72; Erdbeere Abb. 81; Attich Abb. 83: Wassernuss Abb. 86; Brombeere Abb. 87; Schlehe Abb. 91, Edelgamander-Typ Abb. 95; Eisenkraut Abb. 101; wohl Schuppenkopf Abb. 103). Es gibt ganz wenige Ausnahmen davon (erstaunlicherweise Rispenhirse Abb. 49; Platterbse Abb. 74; Ackerbohne Abb. 77 und Bastardgänsefuß Abb. 97).

Kehrt die Eisenzeit zur Wirtschaftsweise der alten Zeiten zurück? Wir glauben es nicht. Wir nehmen vielmehr an, dass durch das Eingraben eisenzeitlicher Kellergruben in ältere Schichten, auch altes Fundgut zutage befördert wurde, das die jüngeren Schichten kontaminierte. Denn die Mittlere Fundzahl (Tab. 8) und die mittlere Taxazahl des Eisenzeitlichen in der Westburg (Tab. 13) entspricht nicht den oberen Schichten der Ostburg (Tab. 9; 14). Das bedeutet, manches Eisenzeitliche kommt aus Lagen, in denen die Erhaltungsbedingungen gut sind und in denen benachbart reiches Älteres vorhanden ist.

Ähnliches hatten wir in Agios Mamas / prähistorisches Olynth festgestellt: Dort wird der bronzezeitliche Tell im Byzantinischen wiederbesiedelt, klassisches mittelalterliches Fundgut wie Roggen z. B. stört dort aber nicht die bronzezeitlichen Schichten, sondern reichlich Bronzezeitliches ‚verdünnt‘ das Mittelalterliche, sodass Roggen als mittelalterliches Hauptgetreide in den rein byzantinischen Schichten nur als Schatten erkennbar wird[113]. Hier mindert das reichliche Bronzezeitliche sogar die Funddichte der Rispenhirse, die von 90 % Stetigkeit auf magere 70 % im rein Eisenzeitlichen zurückfällt (Abb. 49).

Bei anderem Fundgut mit Eigenschaften, die eine datierende Zuweisung erlauben (Tonware, Artefakte aus Stein und Metall), kann man ältere Ware von jüngerer trennen und den Einmischungsanteil einschätzen. Mit Pflanzenfunden geht das nicht. Deshalb stünden alle weiteren Äußerungen zu Entwicklungstendenzen der Pflanzenwirtschaft der Eisenzeit von Feudvar auf tönernen Füßen.

4. Der Forschungsstand im überregionalen Vergleich

Hans-Peter Stika und Andreas Heiss haben soeben den Forschungsstand zusammengetragen und in deutscher und englischer Sprache veröffentlicht[114]. Darauf wird verwiesen und auf eine Wiederholung verzichtet. Ferenc Gyulai hat den Stand der Dinge im Karpatenbecken geschildert und eine vollständige Übersicht vom Neolithikum bis zum Spätmittelalter erstellt, mit differenzierter Würdigung der bronzezeitlichen Perioden[115].

---

113 Nur 5 % Stetigkeit; vgl. Becker / Kroll 2008, 20 f. Abb. 6.
114 Stika / Heiss 2012; dies. 2013.
115 Gyulai 2010, 93–136.

5. Zusammenfassung

Feudvar in der Vojvodina hat eine außerordentlich reiche, vielfältige Wirtschaft auf der Basis der pflanzlichen Produktion.

Tragende Säule der Wirtschaft ist der Anbau von Getreide. Hauptgetreide ist das Einkorn *Triticum monococcum*, das extensiv auf besten Böden auf Lössbasis angebaut wird. Es wird als Wintergetreide gesät, diese Wirtschaftsweise bestimmt das Unkrautspektrum, das vom Ackerhasenohr *Bupleurum rotundifolium* geprägt wird. Das Einkorn wird großzügig mit langem Halm geschnitten und in die Siedlung gebracht. Das Korn wird grob gereinigt in Spelzen gelagert und in Portionen des aktuellen Verbrauchs entspelzt. Diese Portionen sind dann sehr rein. Angekeimtes Einkorn spricht dafür, dass auch Bier daraus gemacht wurde.

Neben dem Einkorn ist die Gerste bedeutender Wirtschaftsfaktor. Es ist eine Vierzeilige Spelzgerste *Hordeum vulgare vulgare*. Die Gerste wird ebenfalls extensiv angebaut auf besten Böden, auch sie wird mit langem Halm geschnitten und mit dem reichen Unkrautbestand in die Siedlung gebracht. Ob sie allerdings ebenfalls als Wintergetreide gesät wird, ist nicht sicher, da das Einkorn mit seiner Wirtschaftsweise das Unkrautspektrum übergreifend prägt. Die Verwendung der Gerste im Haushalt ist ebenso unspektakulär wie vielfältig. Gerste ist die Basis vieler Gerichte und auch Getränke, es gibt wie beim Einkorn Hinweise auf Malz und damit auf Bier.

Als Nebengetreide für andere Zwecke werden vier weitere Weizen angebaut. Der Emmer *Triticum dicoccon* ist der wichtigste der Nebengetreide. Er ist sehr regelmäßig nachgewiesen, auch mit großen Vorratsfunden. In den Bestimmungen überwiegend nicht getrennt vom Emmer wurde ein weiterer ähnlicher Spelzweizen, der erst vor kurzem als anders erkannt wurde, der Sanduri *Triticum timopheevii*. Sanduri hat kleinere Körner, kürzere Ähren als Emmer, ist sicher ein Sommergetreide. Zwei Massenfunde, einer davon spektakulär, zeigen, dass Sanduri in Feudvar ein eigenständiges Getreide ist, angebaut auf eigenem Feld mit eigenem Bewirtschaftungsregime, das sich in einer bemerkenswerten Unkrautbeimengung zeigt. Ferner gibt es Dinkel *Triticum spelta*. Dieser Weizen mit ebenfalls stark abweichender Gestalt und Ähre ist wie der Saatweizen *Triticum aestivum* ein stets vorhandenes, aber in geringer Menge belegtes Sondergetreide. Die Verwendung kann jeweils ähnlich sein – beide Weizen sind Brotgetreide mit besten Backeigenschaften –, das Aussehen ist aber grundverschieden voneinander. Dinkel ist fest bespelzt, die Ähre zerfällt beim Dreschen wie bei Einkorn, Emmer und Sanduri in fest geschlossene Vesen. In einem zusätzlichen Arbeitsgang werden die Körner daraus befreit. Beim Saatweizen fallen die Körner frei aus den Spelzen.

Diese Vielfalt allein an Getreiden lässt auf eine Mannigfaltigkeit an Gerichten und Getränken schließen.

Mit zu den Getreiden zählen die Hirsen, haben aber eine Sonderstellung, da sie spät gesät werden und eine sehr kurze sommerliche Vegetationszeit haben. Über zwei Stufen wird die Rispenhirse *Panicum miliaceum* zu einem Hauptgetreide der späten Besiedlungsphase, gleichberechtigt neben Einkorn und Gerste. In den früheren Phasen ist sie unbedeutendes Ackerbauprodukt. Auf der zweiten Ebene verdoppelt sich der Hirseanteil, um in der dritten Stufe Hauptgetreide zu werden. Die *Panicum*-Rispen reifen nach und nach, sodass mehrfache Erntedurchgänge nötig sind. Durch dieses selektive Schneiden sind Vorratsfunde der Hirse stets sehr rein. Andererseits ist Hirse aber auch im jüngeren Siedlungsschutt allgemein gut vertreten. Hirse hat den Vorteil der langjährigen Haltbarkeit, wenn sie in Spelzen lagert. Hirse ist ein Kochgetreide mit natürlicher Süße und als solches ein schnell zubereitetes Grundnahrungsmittel, sowohl rein als Hirsebrei, aber als auch als Zutat zu mancherlei Speise. Die Kolbenhirse *Setaria italica* ist nachgewiesen, aber ohne jede Bedeutung.

Gegenstand intensiven Ackerbaus sind die Ölpflanzen, deren Saat pflanzliches Fett zur menschlichen Ernährung und Öl für technische Zwecke liefert. Die wichtigste dieser Ölpflanzen ist der Leindotter *Camelina sativa*. Der Leindotter ist ein Kreuzblütler mit kleinen Schoten, in denen kleine Samen reifen, die ein fettes Öl enthalten. Aus diesen ölreichen Samen kann zwar Öl gepresst werden, wahrscheinlicher aber sind Verwendungen zu Würzpasten („man macht daraus Senf") oder die Verwendung als Zutat. Ein Massenfund reiner Saat in einem Gefäß belegt den Nutzpflanzenstatus, denn der Leindotter ist auch als Ackerunkraut existenzfähig. Als weitere Ölpflanze ist der Ölziest *Lallemantia iberica* nachgewiesen, eine erst jüngst für die Vorgeschichte erkannte Ölpflanze, die heute noch im Orient verwendet wird. Der Ölziest ist besonders in den älteren, frühbronzezeitlichen Schichten von Bedeutung. Der Mohn *Papaver somniferum* liefert einerseits hochwirksame Pharmaka, andererseits feine blaue Mohnsaat, die zu vielen Gerichten am Feuer oder im Ofen Verwendung findet. Mohn ist selten, aber in den tiefen Schichten durchgängig belegt. Ein Massenfund zeugt von der Nutzung der Wegrauke *Sisymbrium* als Nutzpflanze. Die winzigen Samen der Wegrauke haben Öl und andere Inhaltsstoffe, die sie zu hochwertigen Lebensmitteln machen. Ferner sind mit Abstrichen der großen Seltenheit die Ölpflanze Färberdistel *Carthamus* und mit Abstrichen der Bestimmungsunsicherheit der Schuppenkopf *Cephalaria* (*syriaca*) vorhanden, dessen Früchte ebenfalls ölreich sind und als Zutat Geschmack geben. Zweierlei Verwendungsweisen wie der Mohn, aber in einem anderen Bereich hat der Lein oder Flachs *Linum usitatissimum*. Er ist als Leinsame einerseits Ölpflanze mit einem hochwertigen Öl und als zubereitete Saat eine hochwertige Speisezutat, andererseits als Flachs eine angebaute Faserpflanze für gutes Garn und schöne Gewebe, die an Schönheit mit dem Alter noch zunehmen, die weich und weiß werden. Der Flachsanbau ist eine intensive Kultur, die Arbeitsschritte bis zum weißen Leintuch sind unzählig und alle mühsam. Wie der Getreidebau, so ist auch der intensive, kleinteilige Ölpflanzenanbau in Feudvar vielfältig und gibt den erneuten Hinweis auf ein entwickeltes, reiches Küchenwesen.

Intensiv ist auch der Anbau der Hülsenfrüchte. Hülsenfrüchte haben den Vorteil, dass sie den Luftstickstoff mit Hilfe von Bakterien in den Wurzeln in pflanzenverfügbaren Stickstoff umwandeln können. Auf den fruchtbaren Lössböden von Feudvar, die primär aber nicht viel pflanzenverfügbaren Stickstoff haben, werden dadurch reiche Ernten möglich. Haupt-Hülsenfrucht ist die Linse *Lens culinaris*, gefolgt von der ähnlichen, aber dennoch stets als verschieden erkannten Linsenwicke *Vicia ervilia*. Beides sind zarte, liegende Pflanzen, die vor Unkrautüberwucherung geschützt werden müssen und die kleine, wenigsamige Hülsen ausbilden. Dennoch schätzt man beide sehr und sie haben den Hauptanteil an den Hülsenfruchtfeldern. Groß und lang werden Erbse *Pisum sativum* und Platterbse *Lathyrus sativus*, mit vollen Hülsen und großen Samen. Dennoch sind sie nachgeordnet in der Wirtschaft. Alle vier können mit Stützgetreide angebaut werden, an dem sie sich mit Ranken festhalten. Fest und standfest aufrecht stehen hingegen Ackerbohne *Vicia faba* und Kicher *Cicer arietinum*. Das scheint kein Kriterium des Anbaus zu sein, denn Ackerbohnen sind selten, die Kicher sehr selten. Wir haben demnach drei Gruppen: Hauptanbauprodukte des Hülsenfruchtanbaus sind Linse und Linsenwicke. Wichtig, aber im Umfang geringer sind Erbse und Platterbse. Unbedeutend sind Ackerbohne und Kicher. Da Hülsenfrüchte im Anbau nach alter Art nicht geschnitten, sondern gezogen werden, werden sie dabei schon sortiert und in reinen Chargen gedroschen und gelagert. Deswegen sind Vorräte von Hülsenfrüchten rein und wir können über den Unkrautbestand der Äcker oder Beete nichts sagen.

Intensiv gartenhaft ist der Anbau der Gemüse und Gewürze. Ein angebautes exotisches Gewürz, das keinen Naturstandort im Umfeld hat, ist der Dill *Anethum graveolens*. Er ist in solchen Mengen vorhanden, dass am Anbau und an der Verwendung als Gewürz – grünes Kraut und Früchte – keine Zweifel bestehen. Die Gelbe Rübe *Daucus carota* hingegen ist ein Wildkraut, das in synanthropen Vegetationen, am Wege, häufig ist und das man sammeln kann, nicht anbauen muss. Dennoch ist Dill häufig, die Gelbe Rübe oder Möhre selten.

Sehr selten, nur einmal nachgewiesen ist ein Fruchtknäuel von *Beta vulgaris*. Deren Anbauformen haben alle unterschiedliche Namen, wir können deshalb nicht sagen, ob aus diesem Fruchtknäuel das Blattgemüse Mangold oder die Wurzelgemüse rote oder weiße Bete gewachsen wäre. *Beta vulgaris* ist sicher Kulturpflanze, denn die Wildstandorte befinden sich weit weg an atlantischen Gestaden.

Obst und Nüsse ergänzen als Gesammeltes das Angebaute. Die reichen Funde der Erdbeere *Fragaria* sind aber so häufig, dass es beim hohen Stand der Pflanzenwirtschaft von Feudvar durchaus sein kann, dass sie von Beeten stammen, sicher aber von gepflegten Standorten. Der Attich oder Zwergholunder *Sambucus ebulus* ist sowohl Heilpflanze als auch Kochobst und Färbepflanze, dazu als Ruderalstaude im menschlichen Umfeld allgegenwärtig, heute als Nachklang seiner ehemaligen hohen Wertschätzung. Auf den Altwassern der Theiß schwimmt die Wassernuss *Trapa natans*, die man im Herbst erntet, bevor sie auf den Schlamm der Gewässer absinkt. Die Wassernuss hat Stärke als Speichermasse. Beerenobst im weiten Sinn liefern Brombeere *Rubus fruticosus*, Schlehe *Prunus spinosa*, Traubenkirsche *Prunus padus* und weiteres Steinobst *Prunus* sp., Herlitze *Cornus mas* und Schwarzer Holunder *Sambucus nigra*. Die Blasenkirsche *Physalis alkekengi* zählt auch zum Beerenobst. Das Kernobst ist unbedeutend, es gibt seltene Hinweise auf Birnbaum *Pyrus*, Apfelbaum *Malus* und Weißdorn *Crataegus*. Die Seltenheit des Wilden Weins *Vitis vinifera sylvestris* gibt den Hinweis, dass Bier das eigentliche alkoholische Getränk ist. Ein einzelner unverkohlter Feigenkern *Ficus carica* gibt in seiner absoluten Seltenheit den Hinweis auf die Möglichkeit jüngerer Verunreinigung.

Der Alkohol leitet über zur Rubrik Mögliche Nutzpflanzen, Unterkategorie psychoaktive, bewusstseinsverändernde Drogen. Hier ist zunächst das Bilsenkraut zu nennen, *Hyoscyamus niger*. Es tritt aber hinter den ‚guten' Heilpflanzen Edelgamander *Teucrium chamaedrys*, Eisenkraut *Verbena officinalis*, Malve *Malva* und Eibisch *Althaea officinalis* ganz zurück. Bastardgänsefuß *Chenopodium hybridum*, Eselsdistel *Onopordum acanthium*, Hartheu *Hypericum* sind weitere mögliche Heilpflanzen, die zugleich auch Zauberpflanzen oder Schamanenpflanzen sein können, wie z. B. die Sumpfwolfsmilch *Euphorbia palustris* unter den Pflanzen vom Wasser, oder wie der Kreuzdorn *Rhamnus cathartica*, der als Holzkohlenfund vorliegt, die wohl von Sträuchern auf dem Plateau selbst stammen. Lauch *Allium*, Wegwarte *Cichorium intybus* und Schwarzer Senf *Brassica nigra* sind weitere Nutzpflanzen als Nahrungsmittel, als Gemüse, Salat und Ölpflanze. Ein Massenfund von Gänsefußsamen *Chenopodium* cf. *polyspermum* gibt Rätsel auf, wozu er gut ist; es kommt allerlei in Frage. Der Rote Hartriegel *Cornus sanguinea* gibt einen Hinweis aufs Korbflechten. Farbe bringt der Ackersteinsame *Lithospermum arvense* ins Spiel, aus dessen Wurzeln sich ein Rot gewinnen lässt. Färbersaflor und Wolliger Saflor *Carthamus tinctorius* und *C. lanatus* weisen ebenfalls auf Farbe hin, Rot, Gelb oder Schwarz, je nach Färbetechnik. Diese Rotfarben können sowohl zu Schminke dienen als auch Garn und Tuch färben oder als Dekorations- oder Zeichenfarbe an der Wand oder auf Gegenständen des täglichen und auch des rituellen Bedarfs verwendet werden. Der Echte Steinsame *Lithospermum officinale* liefert mit seinen Früchten kleine weiße schimmernde Perlen, die, angebohrt und durchlocht und auf einen feinen Faden gezogen, zierlich schmücken.

Die zahlreichen und zum Teil aussagekräftigen Unkräuter ergeben in ihrer Kombination das Bild eines entwickelten Getreidebaus auf fruchtbaren Böden. Die Schwarzerde, die sich aus dem Löss des Titeler Plateaus entwickelt, ist ein tiefgründiger, noch primär kalkhaltiger Ackerboden, der für fast alle Kulturpflanzen geeignet ist. Das Einkorn als Hauptprodukt des Anbaus prägt als Wintergetreide die Unkrautflora. Dies wird später relativiert durch die Rispenhirse, die als spät gesäte extreme Sommerfrucht das Bild durcheinander bringt; darunter leidet besonders das Ackerhasenohr *Bupleurum rotundifolium*, das verschwindet. Kornrade *Agrostemma githago* und Taumellolch *Lolium temulentum* als giftige Unkräuter sind zwar vorhanden, gelangen aber nicht in die küchenfertigen Produkte, sondern werden durch effektive Reinigungsvorgänge ausgeschieden. Dadurch, dass ungereinigtes Erntegut mit langem Stroh in die Siedlung kommt und dort weiterverarbeitet wird, ist das Unkraut in Menge und Vielfalt massenhaft vorhanden.

Wenn man heute auf dem Titeler Plateau statt Mais und Soja Einkorn in langjährigen Folgen säte und wenn die alten Unkräuter noch in der Samenbank des Bodens vorhanden wären, so würde sich die Unkrautgesellschaft des Caucalidion einstellen, eine charakteristische Wintergetreideunkrautgesellschaft auf Kalkverwitterungsböden. Namengebend ist die Haftdolde *Caucalis platycarpos*, die hier zwar nicht nachgewiesen ist, dafür aber der gesamte Hofstaat dieser Königin der Unkrautgesellschaften auf besten Böden. Viele schöne Korn-Blumen sind darunter wie der Ackerrittersporn *Consolida regalis*, das Adonisröschen *Adonis* und der Frauenspiegel *Legousia speculum-veneris*.

Regelmäßig gelangen technische Materialien in die Siedlung, das sind neben den Hölzern vor allem Materialien zum Dachdecken, zum Flechten und für Matten. Das Schilfrohr *Phragmites australis* ist das geläufige Material für diese Zwecke, es ist in bester Güte und in großen Längen im Tiefland verfügbar, sofern der Auenwald durch Rieder ersetzt ist. Die Standorte des Schilfrohrs sind in erster Linie durch volles Licht und hinreichend Wasser und Nährsalze bedingt. Wenn diese Grundbedingungen stimmen, sind die Standorte des Schilfrohrs sehr vielfältig und nicht an stehendes oder langsam fließendes Wasser gebunden. Schilfrohr ist als haltbares und vielseitig verwendbares technisches Material in Feudvar allgegenwärtig. Allgemein wird es nach dem Laubfall im Winter auf Eis geschnitten. Grün im Sommer geschnitten und getrocknet bleiben die langen Triebe der Seebinse *Schoenoplectus lacustris* flexibel und lassen sich flechten und knoten ohne zu brechen. Die Seebinse steht in der Regel in tieferem Wasser als das Schilfrohr und bildet das Röhricht zur offenen Wasserfläche hin. Das Schneiden, watend oder vom Boot aus, ist mühsam, ergibt aber einen lang haltenden Werkstoff für viele Zwecke. Von der langen Haltbarkeit zeugen heute vor allem die einfachen mediterranen Stühle, die oft einen geflochtenen Sitz aus Binsen haben.

Verkohlte Speisereste sind ein häufiges Fundgut in Siedlungen und auf Opferplätzen. Es ist in aller Regel schwer zu beurteilen, ob es Brot oder Brei, Teig oder angebrannte Speise ist. Wenn eine Zutat erkennbar ist, wird der Speiserest zur entsprechenden Art geschlagen und dort vermerkt.

Holzkohle wurde in Feudvar nur dann geborgen und bestimmt, wenn eine Funktion erkennbar ist, z. B. als Bauholz. Im Falle von Eiche, Esche und Ulme ist verkohltes Bauholz auf der Ausgrabungsfläche bestimmbar und wird im Tagebuch vermerkt. Holzkohle für die Isotopen-Datierung wurde bestimmt, um zu erkennen, ob es altes Bauholz oder junges Astholz ist.

Die Wirtschaft von Feudvar auf der Basis der pflanzlichen Produktion ist außerordentlich entwickelt und vielseitig. Sie ist schon in der Frühbronzezeit auf einem Höchststand, der andernorts erst in der späten Bronzezeit / Urnenfelderzeit erreicht wird, und dann auch nicht in dieser Vielseitigkeit. Das mag gegebenenfalls an den perfekten Erhaltungsbedingungen in den tiefen Schichten des Tells von Feudvar liegen, diese Bedingungen gibt es aber auch andernorts.

In den Metallzeiten sind die Lössplateaus in den Stromtälern der Pannonischen Tiefebene Inseln agrarischer Hochkultur inmitten weitläufig amphibischer grandioser Naturlandschaften, in denen allein der Wasserweg Langstreckenverbindungen ermöglicht.

6. Summary/Resume

Feudvar in Vojvodina has an extraordinarily rich, diverse economy based on crop production.

The cultivation of **cereals** is the main pillar of the economy. The main cereal is Einkorn *Triticum monococcum* which is grown extensively on best soils on a loess basis.

It is sown as winter cereal. This type of economy controls the spectrum of weed which is typified by the Field hare's ear *Bupleurum rotundifolium*. The Einkorn, with its long stalk, is generously cut and is brought into the settlement. The corn is superficially cleaned, stored in spikelets and dehusked in portions of actual usage. These portions are thereafter very clean. Sprouted Einkorn has presumably also been used for beer brewing.

Besides Einkorn, Barley is an important economic factor. It is a four-row hulled Barley *Hordeum vulgare vulgare*. Barley is likewise extensively cultivated in best earth. It is also cut with a long stalk and is brought into the settlement together with amply existing weeds (weed contamination). Whether it is also sown as winter cereal is uncertain, since the Einkorn with its efficiency overwhelmingly forms the weed spectrum. The use of Barley in the household is likewise as unspectacular as it is diverse. Barley is the basis of many menus and drinks as well. Like Einkorn, there are indications of malt and hence on beer.

As secondary cereals for other purposes, four further types of wheat are being cultivated. The Emmer *Triticum dicoccon*, is the most important of the secondary cereals. It is quite regularly confirmed, also with large findings of storage. Not predominantly separated from the Emmer was another hulled wheat which had only recently been recognized to be different, the Zanduri *Triticum timopheevii*. *Zanduri* has smaller grains, shorter ears than Emmer and is surely a summer cereal. Two mass-findings one of them spectacular, show that Zanduri is a stand-alone cereal grown on a separate field with its own cultivating regime which shows itself in a remarkable weed admixture.

Furthermore, there is Spelt *Triticum spelta*. This cereal has a unique habit and ear, like the Bread wheat *Triticum aestivum* has its own distinctive features. Both cereals are permanently present but as secondary crops occurring in small quantities. They are well distinguishable from each other as from Emmer, Zanduri and Einkorn. The use of Spelt and Bread wheat can be similar; both cereals are bread cereals with best baking properties, and the appearance of the two is quite different from one another. Spelt is firmly husked; the stalk falls apart during threshing – as with Einkorn, Emmer and Zanduri, in firmly closed spikelets. In additional crop processing stages the grains are thus freed from the glumes. With bread wheat, the grains fall free from the glumes.

 This variety of cereals alone, assumes a broad range of dishes and drinks on a high level of kitchen culture.

The **Millets** also belong to the cereals, but have a special position due to late sowing and a very short time of vegetation during summer. The Broomcorn millet *Panicum miliaceum* becomes a main cereal in the late phase of cultivation, and assumes an equal place with Einkorn and Barley. In the earlier phases, it was an insignificant agricultural product. On the second level the Millet portion is doubled in order to become main cereal on the third level.

The panicles ripen gradually so that more harvesting stages become necessary. Due to this selective cutting, stocks of millets are constantly very pure. Otherwise, millets are generally also significantly present in younger settlement stocks. Millet has the advantage of being long-lasting if it is stored in glumes. Millet is a cooking cereal with natural sweetness and as such a quickly-prepared basic food, as well as pure millet gruel, but also as an ingredient in a range of dishes. The existence of Foxtail Millet *Setaria italica* has also been established, but is of no importance.

The objects of an intensive agriculture are the **Oil plants** whose seeds deliver vegetable fat for human nourishment and oil for technical purposes. The most important of these oil plants is the Gold-of-pleasure *Camelina sativa*. The Gold-of-pleasure is a Cruciferous plant with small silicles in which small seeds ripen and consist of fat oil. From these oil-rich seeds, oil can be pressed, but more probable is its usage for spicy pastes mostly used for producing mustard or its usage as an ingredient. A mass-finding of pure seeds in one receptacle confirms its status of a useful plant since the Gold-of-pleasure is also able to exist as Cereal weed.

As a further oil plant, the Dragon's head *Lallemantia iberica* has been established; an oil plant which was only recently recognized in prehistory which is today still used in the Orient. The Dragon's head is especially of importance in the older, early Bronze Age. The Opium poppy *Papaver somniferum,* on the one hand, delivers highly effective pharmaceuticals, as also the fine blue Opium poppy seed, which finds use in many dishes prepared over a fire or in the oven. Opium poppy is rare, but is continuously to be found in deeper strata. A mass-finding indicates evidence of the use of Hedge mustard *Sisymbrium* as a useful plant. The tiny seeds of the Hedge mustard have oil and other contents which make them high-value foodstuffs.

Furthermore appear to a lesser extent due to its extreme rarity, are the oil plants Safflower *Carthamus* and likewise to a lesser extent the uncertain confirmation of Syrian cephalaria *Cephalaria syriaca* whose seeds are also rich in oil and provide additional taste as seasoning.

Two methods of usage like the Opium poppy, but in another area, is the Linseed or Flax *Linum usitatissimum.* As Linseed, it is on the one hand an oil plant with high-grade oil and as a prepared seed, a highly valuable food addition, otherwise as Flax, a cultivated **Fibre plant** for good quality yarn and nice Fabric cloth, which increase in beauty when getting older, and become soft and white. Flax cultivation is an intensive culture; the processing steps up to the white Linen sheet are manifold and laborious. Like cereal cultivation, also the intensive, small-steps oil-plant cultivation in Feudvar are manifold and give the renewed hint for a developed and rich kitchen system.

The cultivation of **Pulses** is also intense. Pulses have the advantage in that they are able to convert the atmospheric nitrogen with the help of bacteria inside the roots into nitrogen available to plants. The fertile earth of Feudvar primarily does not consist of much nitrogen available for plants but which makes rich harvesting possible. The main Pulse is the Lentil *Lens culinaris,* followed by the similar but nevertheless always known as Bitter vetch *Vicia ervilia.* Both are delicate laying plants which have to be protected from stifling by weeds and which produce small pods with few seeds. Nevertheless, both are valued very highly and form the main part of the Pulse fields. Growing high and long are the Pea *Pisum sativum* and the Grass pea *Lathyrus sativus* with full pods and large seeds, but they are subordinate in the economy. All four can be cultivated with supporting cereals, on which they support themselves on climbers.

In contrast, growing firmly and upright is the Broad bean *Vicia faba,* and the Chick pea *Cicer arietinum.* This does not appear to be a criterion of pulse cultivation, since the Broad bean is rare and the Chick pea rarer still. As a result we have three groups: main cultivation products are the lentil and the bitter vetch. Important, but less in quantity are Pea and Grass pea. Unimportant are Broad bean and Chick pea. Since the pulses in keeping with old tradition are not cut but pulled, and in this fashion are already sorted and threshed and stored. The stocks of pulses are therefore clean and we are unable say anything about the weed presence on acres or beds.

Intensively garden-like is the cultivation of **Vegetables and Spices**. One exotic spice which does not have a natural place in the environment is the Dill *Anethum graveolens.* It exists in such quantities that there are no doubts concerning its use as a spice green herb and seeds. In contrast, the Wild carrot *Daucus carota* is a wild herb and is often found in synanthropic vegetation along lanes which one can collect and does not have to be cultivated. Nevertheless, Dill is found very often, but the Wild carrot is rare.

Very seldom, only once authenticated, is a cluster of nutlets of *Beta vulgaris.* Its forms of cultivation have all different names and we therefore cannot say if from this Cluster of nutlets the leaf vegetable Mangel or the root vegetable red or white Beetroot has grown. *Beta vulgaris* is surely a culture plant since its wild locations are far away on the Atlantic coasts.

Fruit and nuts complete the cultivation. The rich finds of the Wild strawberry *Fragaria* are so numerous that with the high state of the plant economy of Feudvar it is possible that they stem from beds, but surely from cultivated locations. The Danewort *Sambucus ebulus* is not only a medicinal herb but also a cooking fruit and Dye plant additionally present as ruderal species in the human environment, at the present time as resonance of its former high value. Swimming on the old waters of the Tissa is the water Chestnut *Trapa natans* which is harvested in autumn before it sinks into the mud of the water. The Water chestnut has starch as a storage mass. Berry fruits in a broader sense consist of Blackberry *Rubus fruticosus,* Sloe *Prunus spinosa,* Black cherry *Prunus padus* and further stone fruit *Prunus sp.*; Cornelian cherry *Cornus mas,* and Black elderberry *Sambucus nigra.*

The Winter cherry *Physalis alkekengi* also belongs to berry fruit. The 'Chinese lantern' is not important; there are rare hints to Pear tree, Apple tree and Hawthorn *Pyrus, Malus, Crataegus*. The rarity of Wild grape vine *Vitis vinifera sylvestris* hints that beer is the real alcoholic drink. A single uncarbonized Fig pip *Ficus carica* in its absolute rareness gives the hint to the possibility of younger impurities.

Alcohol leads to the heading of **possible useful plants**, category psychoactive, mind-altering drugs and includes the Henbane *Hyoscyamus niger* but its place is quite far behind the 'good' medicinal herbs Wall germander *Teucrium chamaedrys*, Common vervain *Verbena officinalis*, Mallow Malva, and Marshmallow *Althaea officinalis*. Mapleleaf goosefoot *Chenopodium hybridum*, Scottish thistle *Onopordum acanthium*, St. John's wort *Hypericum* are further possible medicinal herbs which at the same time can be magical plants or shaman plants such as for example the Marsh spurge *Euphorbia palustris* amongst the water plants or like the Buckthorn *Rhamnus cathartica* which is present as charcoal and certainly stem from bushes on the plateau itself.

Leek *Allium*, Chicory *Cichorium intybus* and Black mustard *Brassica nigra*, are further useful plants as foodstuffs, as vegetables, salads and oil plants. A mass finding of Goosefoot seeds *Chenopodium cf. polyspermum* gives a puzzle of what it could be good for and raises many questions. The Common dogwood *Cornus sanguinea* gives the hint to wickerwork. The Field gromwell *Lithospermum arvense* brings colour of which roots a red can be extracted. Colour Safflower and wool Safflower *Carthanus tinctorius* and *C. lanatus* also point to colours, red, yellow or black, depending upon colouring technique. These red colours can serve as make-up or for colouring yarn and fabrics or as decoration or painting colour on to the wall or on artifacts of daily as also ritual usage. The true Common gromwell or European stone seed *Lithospermum officinale*, delivers with its fruits small white shimmering pearls which, with a hole drilled into it and then drawn along a fine thread, can be decorative.

The numerous and partially meaningful **Weeds** provide in their combination the picture of developed cereal cultivation on fruitful soil. The black-earth which develops off the loess of the Titel plateau, is a deep and yet primarily calcareous soil or farmland which is suitable for almost all cultivated plants. The Einkorn as a main product of cultivation characterizes this weed flora as a winter cereal. Later on, this is relativized by the Broomcorn millet, which as a late-sown extreme summer fruit jumbles the picture. The Field hare's ear *Bupleurum rotundifolium* suffers especially from this and it disappears. Corn-cockle *Agrostemma githago*, and Poison darnel *Lolium temulentum*, exist as poisonous weeds, but do not come into kitchen-ready products; they are eliminated by effective cleaning processes. Since unclean harvest plants with long stalks come into cultivation and is processed further, the weed abounds in quantity and variety.

If today, on the Titeler Plateau, one would sow Einkorn instead of Maize and Soybean in a series of successive years and the old weeds would still exist in the seedbank of the soil, then the weed community of the Caucalidion would be growing, a characteristic weed community of winter cereals on Calcareous residual soil. Eponymic is the Burr parsley *Caucalis platycarpos* which, although it has not been proven here, forms the entire court of this queen of the weed community on best soils. Many nice cornflowers are amongst them, like the Field larkspur *Consolida regalis*, the Pheasant's eye *Adonis*, and the Venus' looking glass *Legousia speculum-veneris*.

Technical materials are regularly supplied into the settlement. These are, besides the lumbers, especially material for roofing, for plaiting and mats. The Common reed *Phragmites australis* is the current material for these purposes which is of best quality and in large lengths available in lowlands as far as the alluvial forest is replaced by marshland. The locations of the Common reed are basically conditioned by ample light, sufficient water and nutrient salts. When these basic conditions are met, the locations of the Common reed are manifold and not bound to stagnant or slow-flowing water. Common reed as a stable and diversely usable technical material is present everywhere in Feudvar. Generally, after the leaf fall in winter, it is cut on ice. Cut green in summer and dried, the long shoots of the Common club-rush *Schoenoplectus lacustris*, remain flexible and can be woven and knotted without breaking. The Common club-rush normally stands in deeper water than the Common reed and produces reeds in the direction of the open water reservoir. Cutting while wading or from the boat, is laborious but gives a long-lasting material for many purposes. Today above all, as testimony of long-lasting durability, are the simpler Mediterranean chairs, which often have a plaited seat made from rushes.

Carbonized food remains are often-found substances in settlements and on sacrificial sites. As a general rule, it is difficult to judge whether it is bread or mash/pulp, dough or burnt food. When a main ingredient is recognizable as such, the food remainder is allocated to the corresponding species and a note of it is made there.

In Feudvar, charcoal was only then retrieved and determined when it indicates a function, e.g. as building-wood. In the case of Oak, Ash and Elm, carbonized building wood is recognizable in the archaeological area and is noted in the daily diary. Charcoal is determined for isotopic dating in order to recognize if it is old building wood or young branch wood.

The **economy of Feudvar** on the basis of plant production is extraordinarily developed and versatile. Already in the Early Bronze Age it was at a peak, whereas elsewhere it had been reached only in the late Bronze Age / Urn Field Age and even then not in this versatility. This can, on the one hand, be due to the perfect preservation conditions in the deep layers of the Feudvar Tell, but these conditions can also be found elsewhere.

7. Literaturverzeichnis

ALBERTI 2011: W. Alberti, Garten der Götter. Pflanzen am Mittelmeer: Heilkraft, Mythos, Geschichten & Rezepte (Athen 2011).

BAKELS 1982: C.C. Bakels, Der Mohn, die Linearbandkeramik und das westliche Mittelmeergebiet. Archäol. Korrespondenzbl. 12, 1982, 11–13.

BAKELS 2013: C. Bakels, Foxtail millet (Setaria italica [L.] P. Beauv.) in Western Central Europe. Offa 69/70, 2012/2013, 139–143.

BECKER / KROLL 2008: C. Becker / H. Kroll, Das Prähistorische Olynth. Ausgrabungen in der Toumba Agios Mamas 1994–1996. Ernährung und Rohstoffnutzung im Wandel. Prähist. Archäol. Südosteuropa 22 (Rahden 2008).

BEHRE 2008: K.-E. Behre, Collected seeds and fruits from herbs as prehistoric food. Veget. Hist. Archaeobot. 17, 2008, 65–73.

BOROJEVIĆ 1991: Ks. Borojević, Emmer aus Feudvar. In: Hänsel / Medović 1991, 171–177.

CANEPPELE / HEISS / KOHLER-SCHNEIDER 2010: A. Caneppele / A.G. Heiss / M. Kohler-Schneider, Weinstock, Dill und Eberesche: Pflanzenreste aus der latènezeitlichen Siedlung Sandberg/Roseldorf. Archäol. Österreich 21, 2010, 13–25.

CASTELLETTI / STÄUBLE 1997: L. Castelletti / H. Stäuble, Holzkohlenuntersuchungen zu ur- und frühgeschichtlichen Siedlungen der Aldenhovener Platte und ihrer Umgebung (Niederrheinische Bucht). Eine diachrone Betrachtung. In: J. Lüning (Hrsg.), Studien zur neolithischen Besiedlung der Aldenhovener Platte und ihrer Umgebung. Rhein. Ausgr. 43 (Bonn 1997) 685–714.

DAJUE / MÜNDEL 1996: L. Dajue / H.-H. Mündel, Safflor Carthamus tinctorius L. Promoting the conservation and use of under-utilized and neglected crops 7 (Gatersleben [IPK] / Rome [IPGRI] 1996).

ELLENBERG 1996: H. Ellenberg, Vegetation Mitteleuropas mit den Alpen (Stuttgart 1996, 5. Aufl.).

FALKENSTEIN 1998: F. Falkenstein, Die Siedlungsgeschichte des Titeler Plateaus. Feudvar 2: Ausgrabungen und Forschungen in einer Mikroregion am Zusammenfluß von Donau und Theiß. Prähist. Archäol. Südosteuropa 14 (Kiel 1998).

GENAUST 1993: H. Genaust, Etymologisches Wörterbuch der botanischen Pflanzennamen (Hamburg 1993, 3. Aufl.).

GÖRSDORF 1992: J. Görsdorf, Interpretation der ^{14}C-Datierungen im Berliner Labor an Materialien eines Hauses von Feudvar bei Mošorin in der Vojvodina. Germania 70, 1992, 279–291.

GYULAI 2010: F. Gyulai, Archaeobotany in Hungary. Seed, fruit, food and beverage remains in the Carpathian basin from the Neolithic to the late Middle Ages. Archaeolingua (Budapest 2010).

HÄNSEL 1998: B. Hänsel, das Feudvar-Projekt – eine Einleitung. Ausgrabungen und Geländeuntersuchungen auf dem Plateau von Titel und in seiner Umgebung. In: Hänsel / Medović 1998, 15–37.

HÄNSEL / MEDOVIĆ 1991: B. Hänsel / P. Medović, Vorbericht über die jugoslawisch-deutschen Ausgrabungen in der Siedlung von Feudvar bei Mošorin (Gem. Titel, Vojvodina). Mit Beiträgen von C. Becker, S. Blažić, Ks. Borojević, L. Bukvić, F. Falkenstein, D. Gačić, H. Kroll, B. Kull, M. Roeder, S. Grčki-Stanomirov, Č. Trajković, u. Th. Urban. Ber. RGK 72, 1991, 45-204 Taf. 1–63.

HÄNSEL / MEDOVIĆ 1992: B. Hänsel / P. Medović, 14C-Datierungen aus den früh- und mittelbronzezeitlichen Schichten der Siedlung von Feudvar bei Mošorin in der Vojvodina. Germania 70, 1992, 251–257.

HÄNSEL / MEDOVIĆ 1998: B. Hänsel / P. Medović (Hrsg,) Feudvar 1. Das Plateau von Titel und die Šajkaška – Titelski Plato i Šajkaška. Ausgrabungen und Forschungen in einer Mikroregion am Zusammenfluß von Donau und Theiß. Prähist. Archäol. Südosteuropa 13 (Kiel 1998).

HAMMER / HANELT / KNÜPPFER 1982: K. Hammer / P. Hanelt / H. Knüppfer, Vorarbeiten zur monografischen Darstellung von Wildpflanzensortimenten: Agrostemma L. Kulturpflanze 30, 1982, 45–96.

HANELT 2001: P. Hanelt (Hrsg.), Mansfeld's encyclopedia of agricultural and horticultural crops (except ornamentals) (Berlin – Heidelberg 2001, 3. Aufl.).

HAYEK / MARKGRAF 1933: A. Hayek / Fr. Markgraf, Prodromus Florae peninsulae Balcanicae (Dahlem [Berlin] 1933).

HEGI: G. Hegi (ehem. Hrsg.), Illustrierte Flora von Mitteleuropa (München ab 1906; dann andernorts).

HEISS ET AL. 2013: A.G. Heiss / H.-P. Stika / N. De Zorzi / M. Jursa, Nigella in the mirror of time. Offa 69/70, 2012/2013, 147–169.

HELBÆK 1960: H. Helbæk, Comment on Chenopodium album as a food plant in prehistory. Ber. Geobot. Inst. Eidgen. Techn. Hochschule Stiftung Rübel 31, 1959 (1960) 16–19.

HELLMUND 2008: M. Hellmund, The Neolithic records of Onopordum acanthium, Agrostemma githago, Adonis cf. aestivalis and Claviceps purpurea in Sachsen-Anhalt, Germany. Veget. Hist. Archaeobot. 17 Suppl. 1, 2008, 123–130.

HERBIG 2009: Chr. Herbig, Archäobotanische Untersuchungen in neolithischen Feuchtbodensiedlungen am westlichen Bodensee und in Oberschwaben. Frankfurter Archäol. Schr. 10 (Bonn 2009).

HERBIG 2012: Chr. Herbig, Unkraut oder in Gärten kultivierte Heilpflanze? Die Rolle des Schwarzen Bilsenkrauts (Hyoscyamus niger L.) im Neolithikum – Neue archäobotanische Nachweise in linienbandkeramischen Brunnenbefunden in Sachsen. In: A. Stobbe / U. Tegtmeier (Hrsg.) Verzweigungen. Eine Würdigung für A. J. Kalis und J. Meurers-Balke. Frankfurter Archäol. Schr. 18 (Bonn 2012) 147–157.

HERBIG ET AL. 2013: Chr. Herbig / U. Maier / H. Stäuble / R. Elburg, "Neolithische Füllhörner" – Archäobotanische Untersuchungen in fünf linienbandkeramischen Brunnen in Westsachsen. Offa 69/70, 2012/2013, 265–305.

HORNEBURG 2003: B. Horneburg, Frischer Wind für eine alte Kulturpflanze. Linsen im ökologischen Anbau, ihre Geschichte und Verwendung (Hrsg. Inst. Pflanzenbau Pflanzenzüchtung Univ.; Göttingen 2003).

IHDE 2001: Ch. Ihde, Die früh- und mittelbronzezeitliche Keramik von Feudvar, Gem. Mošorin, Vojvodina, Serbien (Freie Universität Berlin 2001).

JIANG ET AL. 2007: H.-E. Jiang / X. Li / Ch. –J. Liu / Y.-F. Wang / Ch.-S. Li, Fruits of Lithospermum officinale L. (Boraginaceae) used as an early plant decoration (2500 BP) in Xingjiang, China. J. Archaeol. Science 34, 2007, 167–170.

JONES / VALAMOTI 2005: G. Jones / S. Valamoti, Lallemantia, an imported or introduced oil plant in Bronze Age Greece. Veget. Hist. Archaeobot. 14, 2005, 571–577.

JONES / VALAMOTI / CHARLES 2000: G. Jones / S. Valamoti / M. Charles, Early crop diversity: a "new" glume wheat from northern Greece. Veget. Hist. Archaeobot. 9, 2000, 133–146.

KAC / KAC / KIPIANI 1965: N.Ja. Kac / S.V. Kac / M.G. Kipiani, Atlas i opredelitel' prodov i semjan, vstrečajuščichsja v četvertičnych otloženijach SSSR (Moskva 1965).

KARG / HAAS 1996: S. Karg / J.N. Haas, Indizien für den Gebrauch von mitteleuropäischen Eicheln als prähistorische Nahrungs-ressource. In: I. Campen / J. Hahn, / M. Uerpmann (Hrsg.): Spuren der Jagd – Die Jagd nach Spuren. [Festschrift Müller-Beck]. Tübinger Monogr. Urgesch. 11 (Tübingen 1996) 429–435.

KIRLEIS 2003: W. Kirleis, Vegetationsgeschichtliche und archäobotanische Untersuchungen zur Landwirtschaft und Umwelt im Bereich der prähistorischen Siedlungen bei Rullstorf, Ldkr. Lüneburg. Probleme Küstenforsch. 28, 2003, 65–132 u. Tab.

KLOOSS 2010: S. Klooß, Holzartefakte von endmesolithischen und frühneolithischen Küstensiedlungen an der südwestlichen Ostseeküste (unveröff. Diss. Kiel 2010).

KNOWLES 1976: P.F. Knowles, Safflower. Carthamus tinctorius (Compositae). In: N.W. Simmonds (Hrsg.), Evolution of Crop plants (London 1976) 31–33.

KÖRBER-GROHNE 1967: U. Körber-Grohne, Geobotanische Untersuchungen auf der Feddersen Wierde. Feddersen Wierde 1 (Wiesbaden 1967).

KOHLER-SCHNEIDER 2001: M. Kohler-Schneider, Verkohlte Kultur- und Wildpflanzenreste aus Stillfried an der March als Spiegel spätbronzezeitlicher Landwirtschaft im Weinviertel, Niederösterreich. [Österreich. Akad. Wiss. Phil.-Hist. Kl.] Mitt. Prähist. Komm. 37 (Wien 2001).

KOHLER-SCHNEIDER ET AL. 2014: M. Kohler-Schneider / A. Caneppele / A.G. Heiss, Land use, economy and cult in late Iron Age ritual centres: an archaeobotanical study of the La Tène site at Sandberg-Roseldorf, Lower Austria. Veget. Hist. Archaeobot. online publication Dec 2014. 26.

KROLL 1979: H. Kroll, Kulturpflanzen aus Dimini. In: Festschrift Maria Hopf. Zum 65. Geburtstag herausgegeben von U. Körber-Grohne. Archaeo-Physika 8 (Köln – Bonn 1979) 173–189.

KROLL 1982: H. Kroll, Kulturpflanzen von Tiryns. Archäol. Anz. 1982, 467–485.

KROLL 1983: H. Kroll, Kastanas. Ausgrabungen in einem Siedlungshügel der Bronze- und Eisenzeit Makedoniens 1975–1979. Die Pflanzenfunde. Prähist. Archäol. Südosteuropa 2 (Berlin 1983).

KROLL 1990 A: H. Kroll, Saflor von Feudvar, Vojvodina. Ein Fruchtfund von Carthamus tinctorius belegt diese Färbepflanzen für die Bronzezeit Jugoslawiens. Archäol. Korrespondenzbl. 20, 1990, 41–46.

KROLL 1990 B: H. Kroll, Melde von Feudvar, Vojvodina. Ein Massenfund bestätigt Chenopodium als Nutzpflanze in der Vorge-schichte. Prähist. Zeitschr. 65, 1990, 46–48.

KROLL 1991 A: H. Kroll, Botanische Untersuchungen zu pflanzlichen Grundnahrungsmitteln. Bier oder Wein? In: Hänsel / Medović 1991, 165–171.

KROLL 1991 B: H. Kroll, Rauke von Feudvar. Die Crucifere Sisymbrium als Nutzpflanze in einer metallzeitlichen Siedlung in Jugoslawien. In: Palaeoethnobotany and Archaeology. International Work-Group for Palaeoethnobotany. 8th Symposium Nitra-Nové Vozokany 1989. Interdiszipl. Archaeol. 7 (Nitra 1991) 187–192 bes. 187ff. Tab. 1.

KROLL 1992: H. Kroll, Einkorn from Feudvar, Vojvodina, 2. What is the difference between emmer-like two-seeded Einkorn and Emmer? Rev. Palaeobot. Palynol. 73, 1992, 181–185.

KROLL 1995: H. Kroll, Ausgesiebtes von Gerste aus Feudvar, Vojvodina. In: H. Kroll / R. Pasternak, Res archaeobotanicae. International Work Group for Palaeoethnobotany. Proceedings of the nineth Symposium Kiel 1992. Berichte des Neunten Symposiums Kiel 1992 (Kiel 1995) 135–143.

KROLL 1998: H. Kroll, Die Kultur- und Naturlandschaften des Titeler Plateaus im Spiegel der metallzeitlichen Pflanzenreste von Feudvar - Biljni svet Titelskog platoa u bronzanom i gvozdenom dobu – paleo-botanička analiza biljnih ostataka praistorijskog naselja Feudvar. In: Hänsel / Medović 1998, 305–317.

KROLL 2004: H. Kroll, Aus der Arbeit der archäobotanischen Großrestanalyse: Das Beispiel Ribnitz. Starigard (Jahresbericht des Fördervereins des Institutes für Ur- und Frühgeschichte der CAU Kiel) 4/5, 2003–2004, 89–94.

KROLL 2011: H. Kroll, Der Getreidefund von Dolgelin. In: H. Peter-Röcher, Die spätbronze-/früheisenzeitliche Siedlung in Dolgelin. Lkr. Märkisch-Oderland. Ergebnisse der Grabungen in den Jahren 2000–2004. Veröff. brandenburg. Landesarchäol. 43/44, 2009/2010 (2011) 85–112.

KROLL 2012 A: H. Kroll, Heilpflanzen der Bronzezeit in Mitteleuropa. In: Faszinosum Lausitzer Kultur. Religion, Musik, Medizin. H.3 Schrr. Spreewälder Kulturstiftung Burg Müschen (Burg, Spreewald 2012) 57–63.

KROLL 2012 B: H. Kroll, Der Kaktus der Bronzezeit: die Eselsdistel Onopordum acanthium L. In: A. Stobbe / U. Tegtmeier (Hrsg.), Verzweigungen. Eine Würdigung für A.J. Kalis und J. Meurers-Balke. Frankfurter Archäol. Schr. 18 (Bonn 2012) 189–192.

KROLL IN VORB.: H. Kroll, Die Pflanzenfunde von Okolište. In: J. Müller / K. Rassmann (Hrsg.), Okolište – Umwelt, materielle Kultur und Gesellschaft in einer spätneolithischen und chalkolithischen Siedlungskammer in Zentralbosnien. J. Müller / K. Rassmann / Z. Kujundžić-Vejzagić (Hrsg.), Neolithikum und Chalkolithikum in Zentralbosnien 3. Universitätsforsch. Prähist. Archäol. (Bonn, in Vorb.).

KROLL / WILLERDING 2004: H. Kroll / U. Willerding, Die Pflanzenfunde von Starigard / Oldenburg. In: Starigard / Oldenburg. Hauptburg der Slawen in Wagrien 5. Naturwissenschaftliche Beiträge. Offa-Bücher 82 (Neumünster 2004) 135–184.

LANGE 1979: E. Lange, Verkohlte Pflanzenreste aus den slawischen Siedlungsplätzen Brandenburg und Zirzow (Kr. Neubrandenburg. In: U. Körber-Grohne (Hrsg.) Festschrift Maria Hopf zum 65 Geburtstag am 14. September 1979. Archaeo-Physika 8 (Bonn 1979) 191–207.

LOSKUTOV / RINES 2010: I.G. Loskutov / H.W. Rines, Avena. In: Ch. Kole (Hrsg.) Wild Crop Relatives – Genetics and Breeding Resources. Cereals (Berlin 2010) 109–183.

MADAUS 1979: G. Madaus, Lehrbuch der biologischen Heilmittel (2. Nachdruckauflage Hildesheim 1979).

MAIER / VOGT 2001: U. Maier / R. Vogt, Siedlungsarchäologie im Alpenvorland 6. Botanische und pedologische Untersuchungen zur Ufersiedlung Hornstaad-Hörnle 1A. Forsch. Ber. Vor- u. Frühgesch. Baden-Württemberg 74 (Stuttgart 2001) 9–233 Taf. 1–50 Tab. 1–17.

MEDOVIĆ 2004: A. Medović, Zum Ackerbau in der Lausitz vor 1000 Jahren. Der Massenfund verkohlten Getreides aus dem slawischen Burgwall unter dem Hof des Barockschlosses von Groß Lübbenau, Kreis Oberspreewald-Lausitz. In: Starigard / Oldenburg. Hauptburg der Slawen in Wagrien 5. Naturwissenschaftliche Beiträge. Offa-Bücher 82 (Neumünster 2004) 185–236.

MEDOVIĆ 2013 A: A. Medović, Can you teach an old sample new tricks? Half-a-century old late Iron Age Avena byzantina C. Koch sample from Gomolava, Serbia. Offa 69/70, 2012/2013, 461–466.

MEDOVIĆ 2013 B: A. Medović, Sex, drugs & Petrovaradin rock: Was field gromwell (Lithospermum arvense L.) more than an early Bronze Age make-up? Rad Muz. Vojvodina 55, 2013, 41–46.

MERTENS / KOCH / RÖHLINGS 1823: F.C. Mertens / W.D.J. Koch / J.C. Röhlings, Deutschlands Flora. Band 1 (Frankfurt / Main 1823).

NEEF / CAPPERS / BEKKER 2012: R. Neef / R.T.J. Cappers / R.M. Bekker, Digital Atlas of Economic Plants in Archaeology. Groningen Archaeol. Stud. 17 (Groningen 2012).

NESBITT 2002: M. Nesbitt, When and where did domesticated cereals first occur in southwest Asia? In: R.T.J. Cappers / S. Bottema (Hrsg.) The Dawn of Farming in the Near East. Stud. Early Near East Production, Subsistence Environment 6 (Berlin 2002) 113–132.

OUT 2009: W.A. Out, Sowing the seeds? Human impact and plant subsistence in Dutch wetlands during the late Mesolithic and Early and Middle Neolithic (5500–3400 cal BC). Archaeol. Stud. Leiden Univ. 18 (Leiden 2009).

DE PACE ET AL. 2010: C. De Pace / P. Vaccino / P.G. Cionini / M. Pasquini / M. Bizarri / C.O. Qualset, Dasypyrum. In: Ch. Kole (Hrsg.) Wild Crop Relatives – Genetics and Breeding Resources. Cereals. (Berlin u. a. 2010) 185–292.

PASTERNAK 1991: R. Pasternak, Hafer aus dem mittelalterlichen Schleswig. Offa 48, 1991, 363–380.

PIGNONE / LAGHETTI 2010: D. Pignone / G. Laghetti, On sweet acorn (Quercus spp.) cake tradition in Italian cultural and ethnic islands. Genet. Resour. Crop Evol. 57, 2010, 1261–1266.

RÄTSCH 2009: Chr. Rätsch, Bier jenseits von Hopfen und Malz (München 2002) oder: Urbock: Bier jenseits von Hopfen und Malz (Aarau 2009).

RÄTSCH / STORL 2000: Chr. Rätsch / W.-D. Storl, Götterpflanze Bilsenkraut. Nachtschattengewächse – eine faszinierende Pflanzenfamillie (Solothurn 2000).

REED 2012: K. Reed, Farmers in transition. The archaeobotanical analysis of the Carpathian Basin from the late Neolithic to the Late Bronze Age (5000-900 BC). Diss. Leicester 2012.

ROEDER 1991: M. Roeder, Der Übergang von Bronzezeit zu früher Eisenzeit. In: Hänsel / Medović 1991, 119–136.

ROEDER 1992: M. Roeder, 14C-Daten und archäologischer Befund am Beispiel eines Hauses von Feudvar bei Mošorin in der Vojvodina. Germania 70, 1992, 259–277.

ROEDER 1995: M. Roeder, Feudvar in der Eisenzeit. Studien zu einem Siedlungszentrum im Theißmündungsgebiet (Freie Universität Berlin 1995).

ROTH / DAUNDERER / KORMANN 2012: L. Roth / M. Daunderer / K. Kormann, Giftpflanzen. Pflanzengifte. Vorkommen · Wirkung · Therapie. Allergische und phototoxische Reaktionen (Sonderausgabe Hamburg 2012, 6. Aufl.).

SCHLICHTHERLE 1981: H. Schlichtherle, Cruciferen als Nutzpflanzen in neolithischen Ufersiedlungen Südwestdeutschlands und der Schweiz. Zeitschr. f. Archäol. 15, 1981, 135–139.

SCHLICHTHERLE 1988: H. Schlichtherle, Neolithische Schmuckperlen aus Samen und Fruchtsteinen. in: H. Küster (Ed.), Der prähistorische Mensch und seine Umwelt. Forsch. Ber. Vor- u. Frühgesch. Baden-Württemberg 31 (Stuttgart 1988) 199–203.

SCHNEEBELI-GRAF 1987: R. Schneebeli-Graf (Hrsg.) A. von Chamisso, Illustriertes Heil-, Gift- und Nutzpflanzenbuch (Berlin 1987).

SCHULTZE-MOTEL 1986: J. Schultze-Motel (Hrsg.) Rudolf Mansfeld, Verzeichnis landwirtschaftlicher und gärtnerischer Kulturpflanzen. Ohne Zierpflanzen (Berlin 2. Aufl. 1986).

SEIDEL 1955: K. Seidel, Die Flechtbinse, Scirpus lacustris L., Ökologie, Morphologie und Entwicklung, ihre Stellung bei den Völkern und ihre wirtschaftliche Bedeutung. Binnengewässer 21 (Stuttgart 1955).

ŠIŠLINA 2013: N. Šišlina, Der Trank der Götter, der den Tod überwindet … In: Bronzezeit. Europa ohne Grenzen. 4.–1. Jahrtausend v. Chr. Ausstellungskatalog (St. Petersburg 2013) 253–258.

STIKA / HEISS 2012: H.-P. Stika / A.G. Heiss, Bronzezeitliche Landwirtschaft in Europa – Der Versuch einer Gesamtdarstellung des Forschungsstandes. In: K.-H. Willroth (Hrsg.) Siedlungen der älteren Bronzezeit. Beiträge zur Siedlungsarchäologie und Paläoökologie des zweiten vorchristlichen Jahrtausends in Südskandinavien, Norddeutschland und den Niederlanden [Workshop Sankelmark 2011]. Stud. nordeurop. Bronzezeit 1 (Neumünster 2012) 183–216.

STIKA / HEISS 2013: H.-P. Stika / A.G. Heiss, Plant Cultivation in the Bronze Age. Chapter 19 in: A. Harding / H. Fokkens (eds) The Oxford Handbook of the European Bronze Age (Oxford 2013).

URBAN 1991: Th. Urban, Eine Hausstelle der frühen und mittleren Bronzezeit. In: Hänsel / Medović 1991, 83–109.

VANSELOW 2011: R.S. Vanselow, Giftige Gräser auf Pferdeweiden: Endophyten und Fruktane – Risiken für die Tiergesundheit. Neue Brehm-Bücherei (Hohenwarsleben 2011, 3. Aufl.).

VÖLGER / VON WELCK 1982: G. Völger / K. von Welck (Hrsg.) Rausch und Realität. Drogen im Kulturvergleich [Materialienbde. Ausst. Rautenstrauch-Joest-Mus. Völkerkde Köln] (Reinbek 1982).

WATERHOUSE 1994: D.F. Waterhouse, Biological control of weeds: The southeast Asian prospects (Canberra 1994) 208–218.

ZANDER 2002: W. Erhardt / E. Götz / N. Bödeker / S. Seybold, Zander. Handwörterbuch der Pflanzennamen. Dictionary of plant names. Dictionnaire des noms des plantes (Stuttgart 17. Aufl. 2002).

ZOHARY 1983: M. Zohary, Pflanzen der Bibel (Stuttgart 1983).

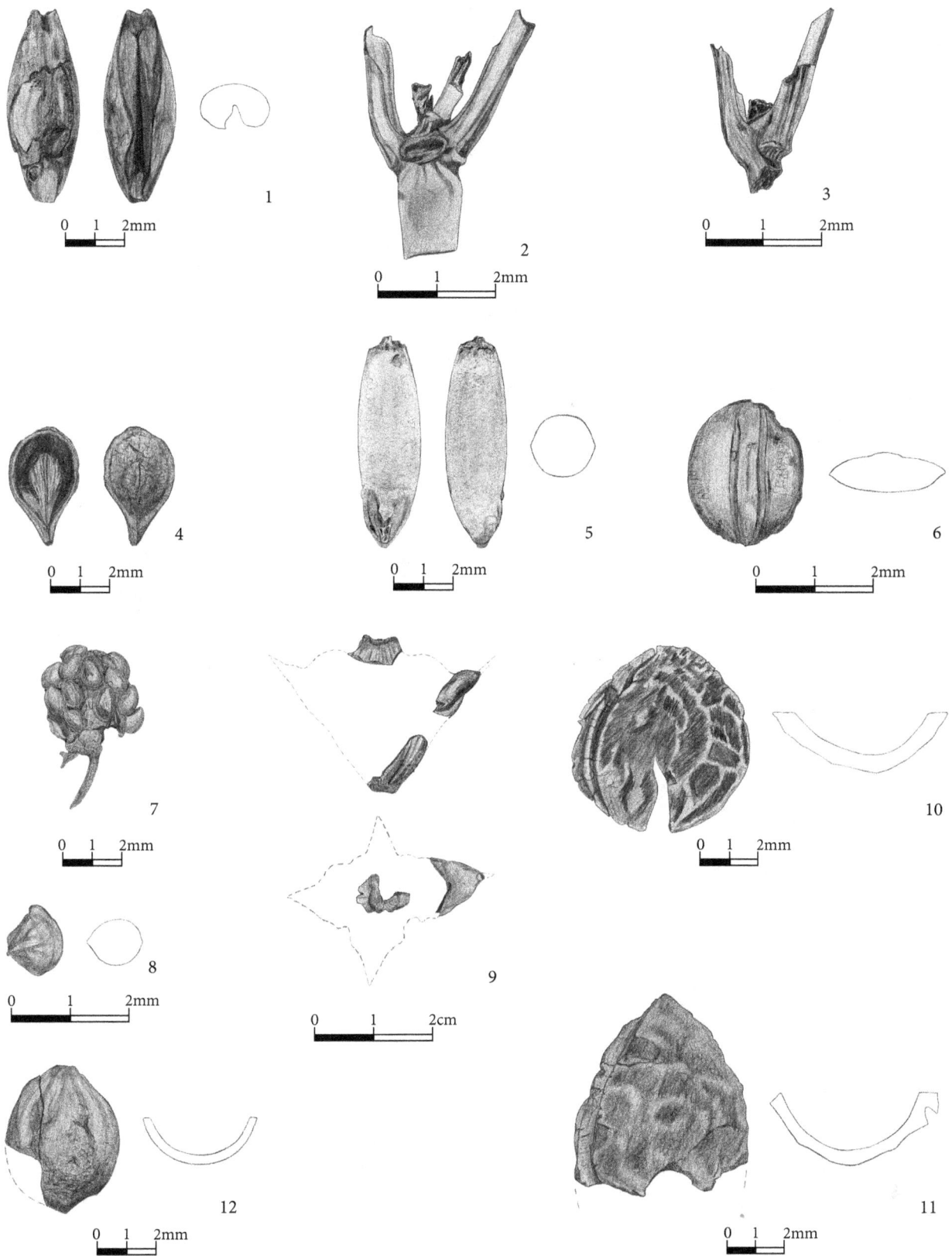

Taf. 1. 1 Zweizeilgerste, Hordeum distichum. 2 Sanduri, Triticum timopheevii, laterales Ährchen, Spelzbasen und Spindelglied. 3 Sanduri, Triticum timopheevii, terminales Ährchen, Spelzbasen und Spindelglied. 4 Leindotter ,Camelina sativa, Schötchen-klappe. 5 Ölziest, Lallemantia iberica. 6 Dill, Anethum graveolens. 7 eine Erdbeere, Fragaria, verkohlte Frucht. 8 eine Erdbeere, Fragaria. 9 Wassernuss, Trapa natans, Schalenstücke und ihre Lage. 10 Schlehe, Prunus spinosa, halber Steinkern. 11 Schlehe, Prunus spinosa, Steinkernstück. 12 Traubenkirsche, Prunus padus (Zeichnungen Aleksandar Medović).

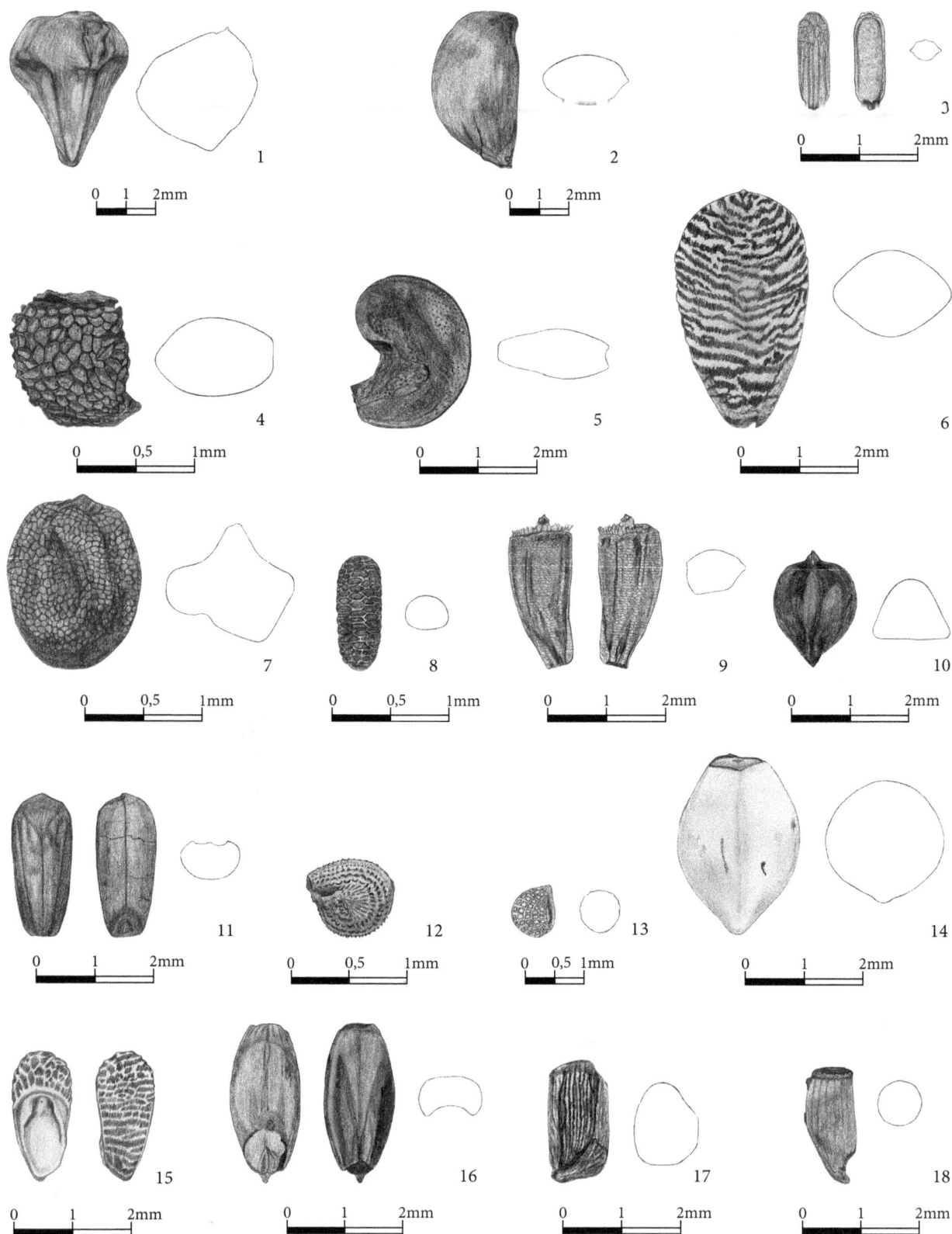

Taf. 2. 1 Rose, Hagebutte Rosa. 2 Birne, Pyrus. 3 Eisenkraut, Verbena officinalis. 4 Schwarzes Bilsenkraut, Hyoscyamus niger. 5 Echter Eibisch, Althaea officinalis. 6 Eselsdistel, Onopordum acanthium. 7 Schwarzer Senf, Brassica nigra. 8 ein Hartheu, Hypericum. 9 Wegwarte, Cichorium intybus. 10 Seebinse, Schoenoplectus lacustris. 11 Kleinfrüchtiger Lolch, Lolium, klein. 12 Portulak, Portulaca oleracea. 13 Roter Hornmohn, Glaucium corniculatum. 14 Echter Steinsame, Lithospermum officinale. 15 Gelber Günsel, Ajuga chamaepitys. 16 wohl Leinlolch, Lolium cf. remotum. 17 Ackerkohl, Conringia orientalis. 18 Flockenblume, Centaurea (Zeichnungen Aleksandar Medović).

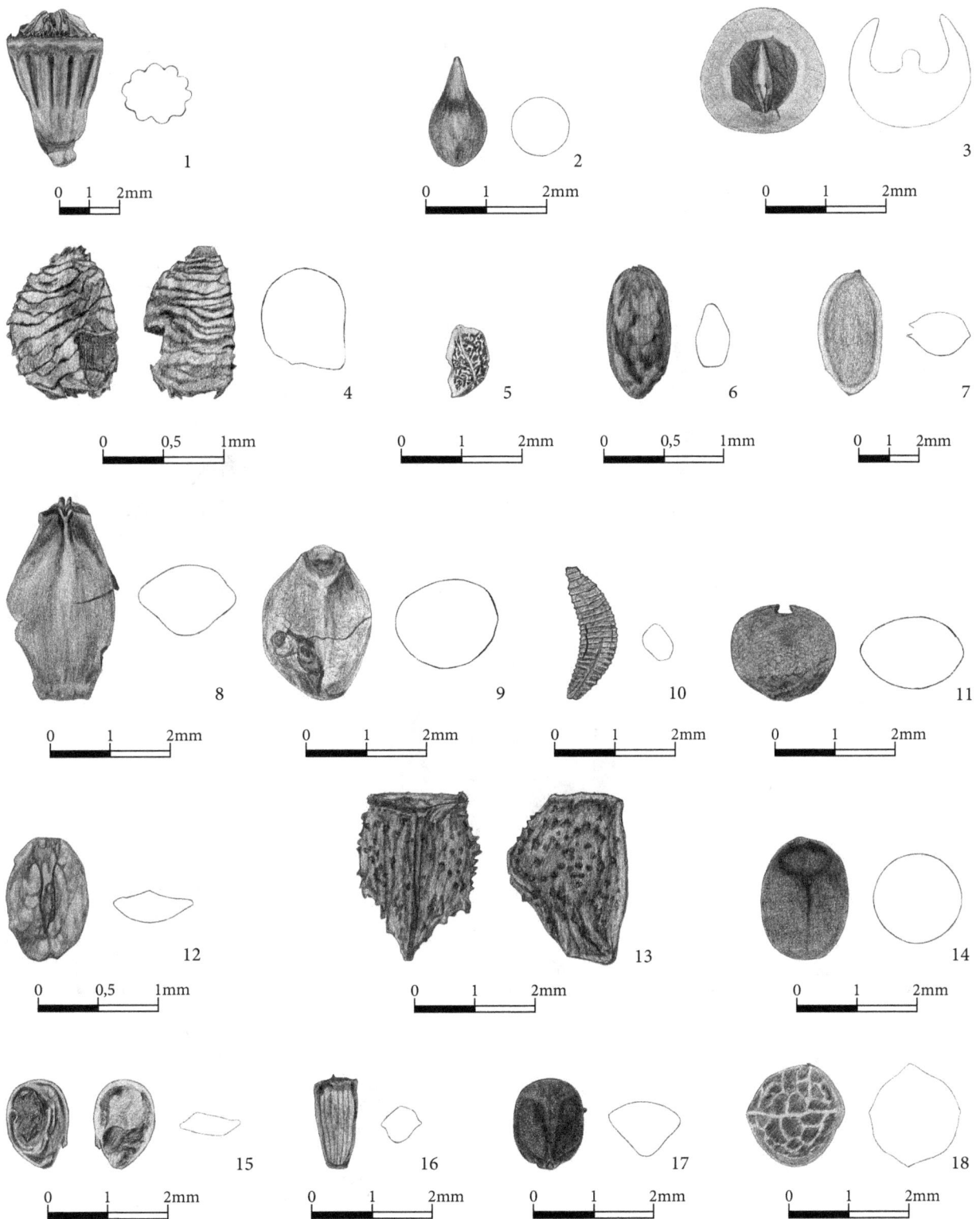

Taf. 3. 1 Odermennig, Agrimonia eupatoria. 2 Spatzenzunge, Thymelaea passerina. 3. Ackermeister, Asperula arvensis. 4 Acker-rittersporn, Consolida regalis. 5 ein Schwarzkümmel, Nigella. 6 Frauenspiegel, Legousia speculum-veneris. 7 Spritzgurke, Ecballium elaterium. 8 Wiesenknautie, Knautia arvensis. 9 Ackerwinde, Convolvulus arvensis. 10 Bitterkraut, Picris hieraci-oides. 11 ein Erdrauch, Fumaria. 12 ein flachsamiger Ehrenpreis, Veronica, flachsamig. 13 ein Natternkopf, Fchium. 14 ein Storchschnabel, Geranium. 15 eine Graukresse, Berteroa. 16 eine Hundskamille, Anthemis. 17 Einjähriger Ziest, Stachys annua. 18 Finkensame, Neslia paniculata (Zeichnungen Aleksandar Medović).

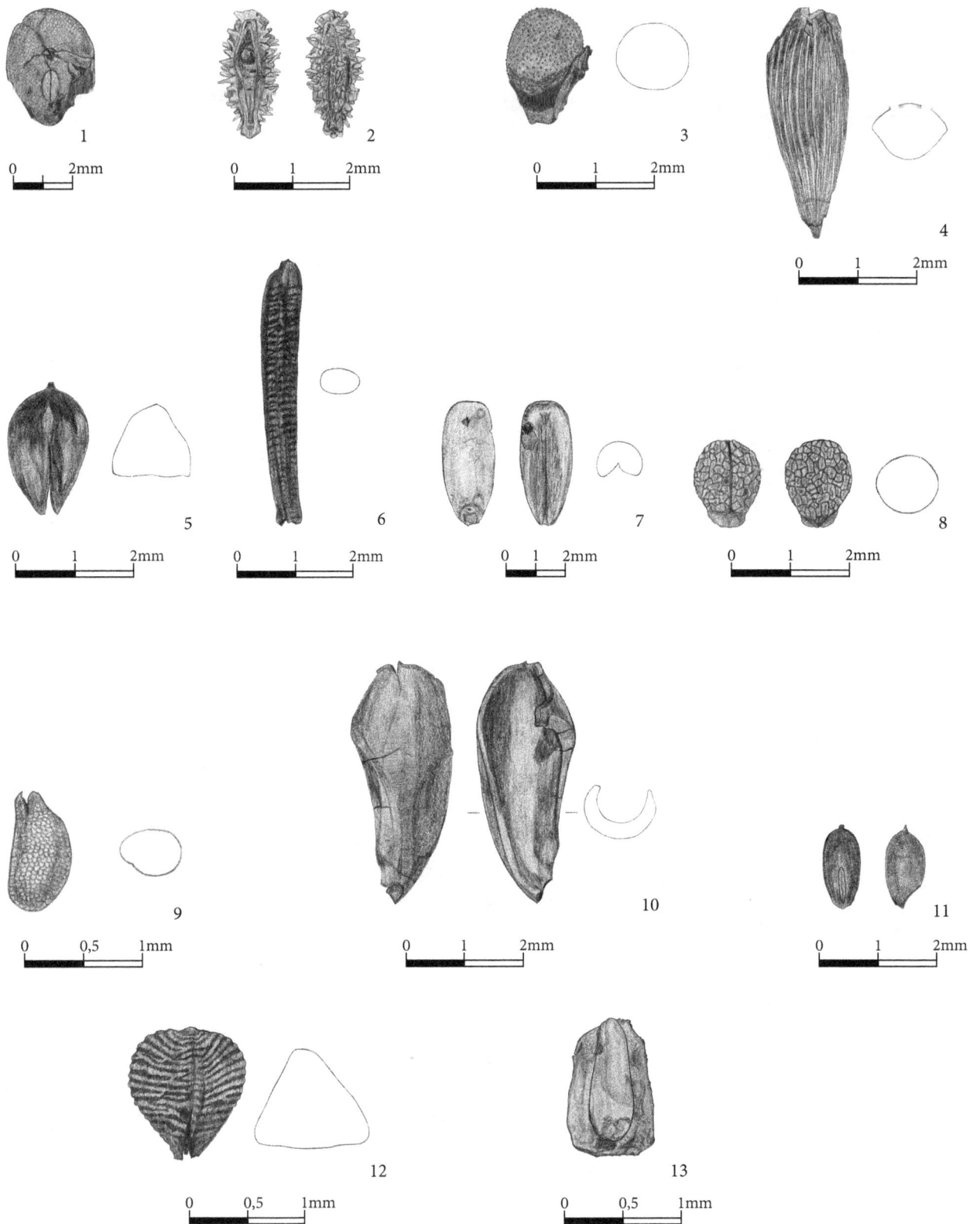

Taf. 4. 1 Grasplatterbse, Lathyrus nissolia. 2 Klettenkerbel, Torilis arvensis. 3 Kuhkraut, Vaccaria hispanica. 4 Rainkohl, Lapsana communis. 5 Rauhe Segge, Carex hirta. 6 Rauher Löwenzahn, Leontodon hispidus. 7 Roggentrespe, Bromus secalinus. 8 Sonnenwendwolfsmilch, Euphorbia helioscopia. 9 Sumpfkresse-Typ, Rorippa-Typ. 10 Sumpfwolfsmilch, Euphorbia palustris, Kapselbruch. 11 Rohrglanzgras, Phaleris arundinacea. 12 Stachelspitzige Seebinse, Schoenoplectus mucronatus. 13 Wolfstrapp, Lycopus europaeus. (Zeichnungen Aleksandar Medović).

Vorwort

Frau Kelly Reed bat mich um Rat bezüglich ihres Materials zur Dissertation. Ihr Material aus dem ehemaligen Jugoslawien war etwas spärlich und karg, so dass ich ihr anbot, ihre Fertigkeiten im Umgang mit den neuen Analyse-Methoden mit einem reichen Material, mit meinen Analysen aus der Westburg von Feudvar zu demonstrieren, um zu zeigen, was hätte herauskommen können, wenn sie ein gutes, reiches Fundgut gehabt hätte. Denn ich war mir sicher, dass ich das Feudvar-Material nur herkömmlich erörtern würde, ohne die modernen *analytical approaches*.

Ich habe ihr für diese *analytical approaches* die handschriftlich notierten Kollektionen auf den vorgedruckten Feudvar-Analysebögen gegeben mit dem Erkenntnisstand der 90er Jahre. Späterer Erkenntniszugewinn ist nicht übermittelt worden, so dass manches noch auf vorläufigen Bestimmungen beruht, so ist z.B. der Komplex Was-wir-Secale-nennen bei Kelly Reed noch cf. *Secale*, und nicht, wie jetzt, *Dasypyrum villosum*. Das ist so bei *work in progress*. Fußnoten stellen das jeweils richtig.

Helmut Kroll

Foreword

During her thesis preparation, Kelly Reed asked me for some advice. Since her archaeobotanical material from former Yugoslavia was somewhat meagre, I offered her a part of my Feudvar material – samples from Feudvar's western cut. Consequently, she could show her skills in dealing with the new computional analysis methods based on rich material in order to show what far-reaching results would have been possible with substantial find material of her own. I was sure that I would only handle the Feudvar archaeobotanical material in the conventional continental way without the British computerised analytical approaches.

For these analytical approaches, I gave her my analysis forms, consisting of handwritten notes on one sheet of paper for every sample from Feudvar's western cut. These forms contain the state of knowledge from the 1990s. New insights from later years have not been added. Thus, some preliminary determinations are still used throughout her work, e.g. the weed that we denoted as rye is still recorded as cf. *Secale* and not denoted with the most current term *Dasypyrum villosum*. This is often the case with ongoing work. Footnotes set the record straight.

Helmut Kroll

H. Kroll/K. Reed, Die Archäobotanik. Feudvar III. Würzburger Studien zur Vor- und
Frühgeschichtlichen Archäologie 1 (Würzburg 2016) 197–291.

Archaeobotanical analysis of Bronze Age Feudvar

by Kelly Reed

Contents

1. Bronze Age Feudvar

This contribution presents the results of the plant remains from Bronze Age Feudvar (Serbia). The first section outlines the assemblage characteristics (p. 200) in order to explore general patterns in the assemblage. Formation processes at the site will then be explored (p. 200), followed by a detailed discussion of the crops (p. 203) and wild resources (p. 207) found in the Bronze Age levels. The chapter concludes by comparing the Feudvar assemblage with other sites in order to see if any further patterns can be seen through time.

1.1 Assemblage characteristics

Feudvar is a fortified Bronze and Iron Age settlement, situated on the northern rim of a loess plateau in Vojvodina, Serbia. The archaeobotanical assemblage, collected from the 1986–1990 excavations, was previously identified by Helmut Kroll, Kiel. The dataset consists of 524 samples collected from the western cut of the tell site dating to the Bronze and Iron Age. Each sample represented ca. 10 litres of sediment, a total of ca. 5240 litres floated, from which 593,315 carbonised plant remains were recovered. However, within the assemblage 263,780 seeds were of *Chenopodium polyspermum*, recovered from FEU210[1]. The large quantity of seeds recovered were a rare find within the assemblage and would have had a distinct effect on the following results. Therefore the *Chenopodium polyspermum* remains from FEU210 were removed from the following analyses.

The seed density at Feudvar is high at 63 seeds per litre of sediment (Table 1), but the standard deviation for the site is, however, extremely high at 268, showing huge variation between the samples. The median density per litre is slightly lower at 20 and may be a more realistic estimation for the assemblage. Additionally, Table 2, grouping the samples by seed density per litre, shows that the majority of the samples have a seed density of >10.1 (205 samples) and >25.1 (209 samples). Only 39 samples have a seed density per litre between 0 to 5.

The density of each plant group (i.e. grain, chaff, fruits) per litre (Table 3), as well as their relative proportions (Fig. 1), show that grain, chaff and wild / weed seeds dominate the overall assemblage. The mean seed densities for these categories are extremely high, ranging from 133 for wild / weed seeds to 276 for chaff remains per litre. However, they also have extremely high standard deviations e.g. 1,924 for chaff (Table 3). Thus, the median values show that chaff remains have a density per litre of 45, followed by wild / weed seeds at 48 and then grain at 58. The relative proportions show 44 % of the assemblage consists of chaff, 31 % of grain and 21 % of wild / weed seeds (Fig. 1). Pulses, oil plants and fruits have median densities of <5 seeds per litre and account for less than 5 % of the overall assemblage.

1.2 Formation processes

Eight main feature types were indentified from Feudvar, including house floors, pits, yard and hearth areas (Table 4). A vast majority of samples, 257, were allocated as general deposits with no further contextual details. Context details were unclear for a couple of samples and some were from contexts that did not fit in with the main feature types i.e. house, yard or street. Fourteen samples were therefore allocated as miscellaneous features. Only six of the eight features are represented in the 0 to 5 density group at Feudvar (Table 4). The highest percentage of samples with a seed density of between 0–5 were recovered from the container fills (33 %). The remaining feature types all increase in percentage by the 25.1+ density group. For example, pit samples increase from 7 % in the 0 to 5 seed density group to 49% in the 25.1+ category (Table 4). It is unclear, however, whether any correlations exists between certain feature types and seed density.

Only 38 samples had a seed density per litre of over 100. Of these, twelve are dominated by grain, twelve by chaff and seven by wild / weed seeds (Table 5). Of the samples dominated by grain, only FEU047, an occupation layer, and FEU328, from a house level, indicate relatively clean grain deposits. This is

---

1   Nomenclature follows Polunin (1980) and Zohary and Hopf (2000). The sample numbers differ from Kroll's, see Appendix.

Total number of samples	524
Total volume (litres)	5.240
Total no. of seed items	32.535
Mean seed density per litre	63
Median seed density per litre	20
Standard deviation	268

Table 1. Bronze Age Feudvar. Summary statistics.

Density per litre of soil	No. of samples
0 - 5	39
5.1 - 10.0	71
10.1 - 25.0	205
25.1 +	209

Table 2. Bronze Age Feudvar. Number of samples per density group.

	Total no. of samples	Total volume sampled	Grain	Chaff	Pulse	Oil plant	Fruit	Wild/weed	Feature type
Total no. of items	524	5240	104.448	144.578	8.195	817	1.717	69.780	Multiple
Mean			194	276	19	6	4	133	
Median			58	45	4	2	1	48	
Standard deviation			744	1.924	143	21	40	512	

Table 3. Bronze Age Feudvar. Summary table of seed densities (per litre) of plant remains, grouped by plant category.

N = 329,535

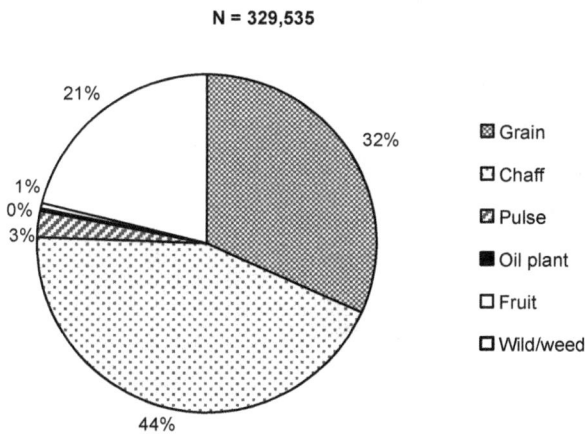

Fig. 1. Bronze Age Feudvar. Pie chart representing the percentages of seeds allocated to a particular plant category.

Density	0 - 5	5.1 - 10.0	10.1 - 25.0	25.1 +	Sum=100%
No. of samples	39	71	205	209	524
House floor deposits	18	17	32	33	115
Container fill	33	22	17	28	18
Pits	7	7	38	49	74
Yard		25	50	25	12
Hearth	14	10	33	43	21
Street deposits		15	31	54	13
Occupation level	1	13	46	40	257
Miscellaneous	7	21	36	36	14

Table 4. Bronze Age Feudvar. Percentage of samples from each feature type per density group.

No. (FEU, Reed)	No. (W, Kroll)	Grain	Chaff	Pulse	Oil plant	Fruit	Wild/weed	Feature Type	Dominant component
487	3574	27	78	0.4	0.6	0.4	17	Occupation layer	Chaff
385	3266	22	89	1		0.8	30	Occupation layer	Chaff
441	3360	20	83	0.2	0.5	0.4	48	Occupation layer	Chaff
035	1274	5	172	0.1		0.1	4	Occupation layer	Chaff
084	1403/1	26	171	0.3		0.1	11	House	Chaff
057	1378	51	152	0.2			47	Occupation layer	Chaff
056	1377	18	271	0.1			16	Occupation layer	Chaff
425	3604	80	277	1		0.2	26	Occupation layer	Chaff
219	2096/14	92	559	3	4		78	House	Chaff
244	2062	10	764	0.2			1	Pit	Chaff
350	3152	199	2.200	50	16	9	504	Occupation layer	Chaff
217	2096/13	646	3.595	5	18		313	House	Chaff
128	2051	776	659			0.1	9	Occupation layer	Chaff/grain
079	1401/39	4	3	280			13	Container fill	Pulse
324	3110	5	19	0.7		90	9	Northwest House, floor	Fruit
220	2096/2	79	10	5			6	Fisher House, floor	Grain
205	2056/6	92	6	1		0.3	23	House	Grain
190	2015/3	93	47	0.6		0.4	7	Pit, Baker House	Grain
209	2073/2	192	1				9	Hearth	Grain
083	1403	198	2				3	Hearth	Grain
042	1408	138	59	0.2	0.3	0.1	17	Occupation layer	Grain
047	1914	295		2			4	Occupation layer	Grain
328	3118	352	2				1	House	Grain
092	1403/51	252	163				3	House	Grain
206	2056/6	729	259	0.4	2		12	Occupation layer	Grain
207	2056/7	871	424	1		1	36	Fisher House	Grain
316	3066	464	3	0.1			298	Yard	Grain
013	1190	57	46	0.3		0.1	4	Pit	Grain/chaff
403	3311	60	39	0.2	0.8	0.2	11	Occupation layer	Grain/chaff
019	1196	63	4	5		0.2	54	Pit	Grain/weeds
237	2045	11	34	0.6		0.1	68	Pit	Weeds
138	2078	21	22	2	0.7	0.1	70	Pit	Weeds
483	3513	28	5	0.2		6	87	Northwest House	Weeds
408	3322	20	45	2	1.5	0.1	61	Occupation layer	Weeds
477	3486	21	34			3	98	Occupation layer	Weeds
396	3287	8	2	0.2		2	161	Occupation layer	Weeds
353	3171	41	1	0.2			384	Occupation layer	Weeds
485	3537	159	7	0.4	0.1	0.3	927	North House	Weeds

Table 5. Bronze Age Feudvar. Density per litre of main plant categories, given for samples with a seed density of >100 per litre.

particularly interesting as FEU047 is dominated by barley grains (>2,900 grains) and FEU328 has over 3,500 einkorn grains and no other crop species present. FEU217 has the highest density per litre of chaff of 3,595 which was also recovered from a house level. The preservation of chaff at sites is notoriously problematic[2]; however, when large deposits are found this is particularly interesting as it could provide information about depositional activities, such as crop processing. FEU485, from the floor of the northwest house, is the only sample with an extremely high wild / weed density of 927 per litre (Table 5). This sample, which also contained barley and einkorn grains, had over 30 different weed species present, including high numbers of *Bromus*, *Lolium* and *Setaria*. Many of these weeds may be found as weeds in arable fields and may suggest the remains of crop processing by-products. These rich deposits therefore show the potential of identifying different crop processing stages within the assemblage and will be examined further in the following chapter.

---

2   Boardman and Jones 1990.

As well as the samples dominated by grain, chaff and weed / weed seeds, a couple of samples had relatively clean deposits of other food plants. For instance, the container fill FEU079, had a high density of pulses, in particular pea with >2,700 seeds identified. Another sample of note is FEU342, a sample from the floor of the northwest house, which is dominated by 901 strawberry pips (*Fragaria*).

Differences between feature types may also be seen from these rich samples where the vast majority of grain dominant samples are from house or hearth deposits, while the chaff and wild / weed rich samples are more likely to be found in occupation layers (Table 5).

To examine the distribution of the plant remains further within the western trench, the area has been divided into arbitrary 5 m² blocks / areas based on the grid pattern of the original excavation. The relative proportions of the main plant categories per block highlights differences in plant deposition across the trench (Fig. 2). Blocks 1, 3 and 5 (northwest house and fisher house) have a high percentage of wild / weed remains. Block 7 (northwest house), 9 (yard area) and 3 (baker house) have extremely high percentages of chaff, wile block 3 (fisher and northwest house) shows a relatively high percentage of pulses, fruits and nuts. This is due to the large number of peas in FEU079 and wild strawberries found in FEU342.

The average seed density per litre across the trench shows an extremely high seed density in block 7, the fisher and northwest house level (Fig. 3). This is likely the result of two particularly large deposits of glume bases recovered from FEU217 (house) and FEU350 (occupation layer). Block 4 (baker house) and 12 (yard area) also have high seed densities of between 76–100 seeds per litre. Block 4 has particularly high numbers of grain in FEU206 and FEU207, while block 12 has large numbers of grain, chaff and wild / weed seeds. Block 8, baker house, 10 (baker house and yard) and 16 (general deposits) have the lowest seed density per litre. The section has therefore identified differences in formation processes with the western trench which may follow further differentiation between activity areas or between different households when examining crop processing and crop husbandry regimes at the site.

1.3 Crops

A total of thirteen different crop plants were found at Feudvar: both one grained and two grained einkorn *Triticum monococcum*, emmer *Tr. dicoccon*[3], spelt *Tr. spelta*, bread / durum wheat *Tr. aestivum / Tr. durum*, barley *Hordeum vulgare*, broomcorn millet *Panicum miliaceum*, broad bean *Vicia faba*, bitter vetch *Vicia ervilia*, grass pea *Lathyrus sativus*, pea *Pisum sativum*, flax *Linum usitatissimum* and gold-of-pleasure *Camelina sativa*. So called rye was also tentatively identified at the site (cf. *Secale*[4]). In total, over 104,000 cereal grains and 144,000 chaff remains were recovered, as well as over 8,000 pulses and 800 oil plant seeds.

1.3.1 Einkorn

In terms of quantity of remains discovered, one grained einkorn is the most dominant crop found at Feudvar, with 69,586 grains and 136,228 glume bases recovered. Einkorn represents over 80 % of the total crop assemblage and is present in 99 % of the samples (Table 6). The richest deposit of einkorn grain was in FEU207 (fisher house) where 8,256 grains were recovered along with 4,234 einkorn glume bases. Barley, pulses and over 300 wild / weed seeds were also recovered from this sample. FEU217 (house deposit) had the richest einkorn glume bases, totalling 35,244, as well as 6,036 einkorn grains. This sample also contained rich deposits of 525 barley rachis, 184 bread / durum wheat rachis, and 145 seeds of gold-of-pleasure.

Two grained einkorn was also found, but only within 1 % of the samples and in small quantities. The largest deposit of 124 grains was recovered from FEU128, a miscellaneous layer in block 5. This sample was described by Kroll[5] as a relatively pure deposit of einkorn, still in their glumes and thus ready for dehusking, and were found scattered around a broken bowl that once carried the remains. Kroll also stressed

---

3   The presence of sanduri (Triticum timopheevii) is a later discovery, not mentioned in the sample papers [Kroll].
4   The identification of cf. Secale as Dasypyrum villosum is also a late discovery [Kroll].
5   Kroll 1992.

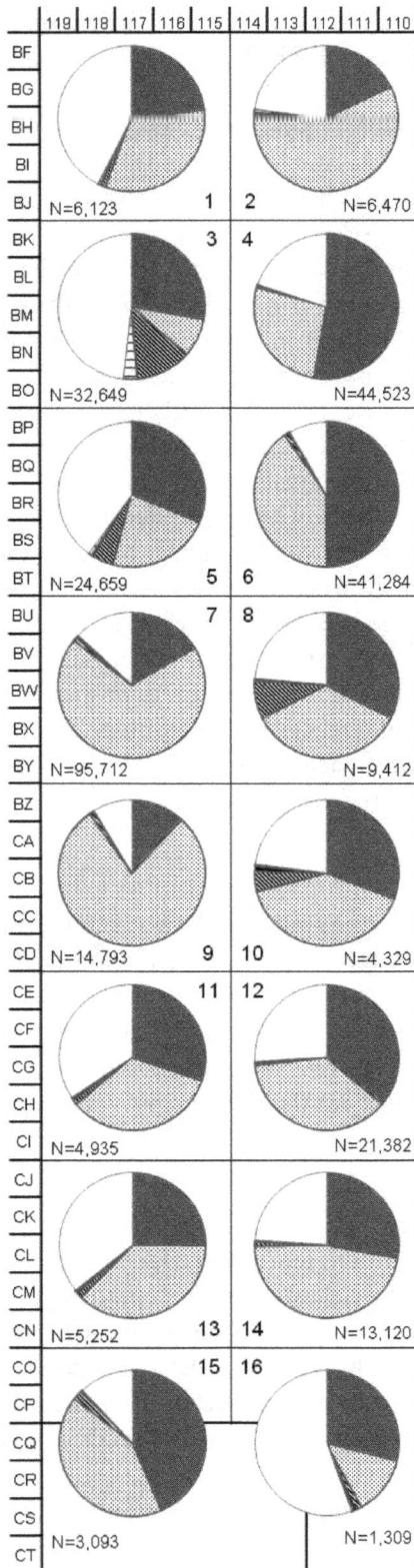

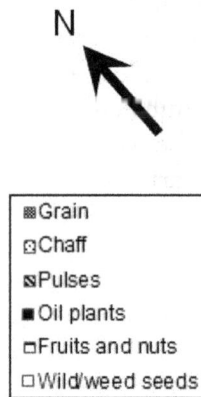

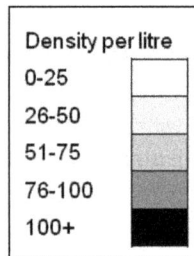

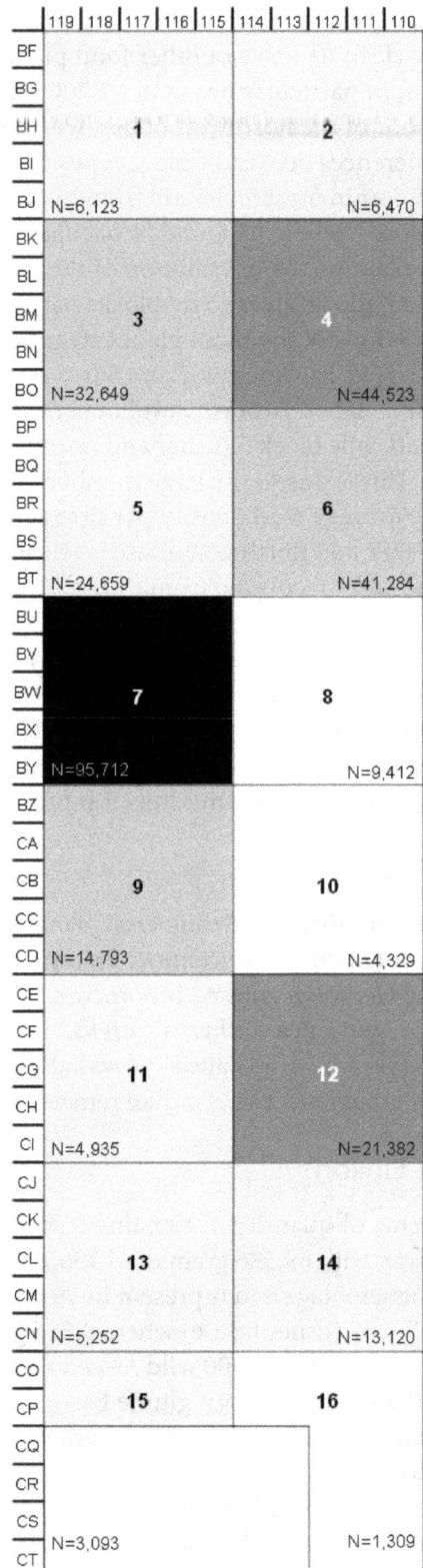

Fig. 2. Bronze Age Feudvar. Pie charts representing the percentages of seeds allocated to a particular plant category per block (5x5m).

Fig. 3. Bronze Age Feudvar. Average seed density per litre of sediment per block (5x5m).

Grain		
Triticum monococcum	Einkorn	99
Tr. monoc., two-grained	Two-grained einkorn	+
Hordeum vulgare	Barley	79
Triticum dicoccon	Emmer	73
Tr. aestivum / Tr. durum	Naked wheat	9
Tr. spelta	Spelt	2
Tr. timopheevii	Sanduri	+
Avena	Oats	+
Chaff		
Tr. monoc., glume base	Einkorn	96
Tri. dic., glume base	Emmer	61
Hordeum vulgare, rachis	Barley	22
Tr. spelta, glume base	Spelt	9
Tr. aest. / Tr. durum, rachis	Naked wheat	5
Tr. timopheevii, glume base	Sanduri	+
Millets		
Panicum miliaceum	Broomcorn millet	31
Setaria italica	Italian millet	+
Pulses		
Lens culinaris	Lentil	64
Vicia ervilia	Bitter vetch	40
Pisum sativum	Pea	22
Lathyrus sativus	Grass pea	4
Vicia faba	Broad bean	1
Oil plants		
Linum usitatissimum	Linseed / Flax	4
Camelina sativa	Gold-of-pleasure	20

Table 6. Bronze Age Feudvar. Presence/absence analysis of crops and chaff (%).

the difficulties in distinguishing two grained einkorn from emmer, unless the grains are well preserved, which may result in two grained einkorn being under represented at Feudvar[6].

1.3.2 Barley

Barley is the second most common crop present at Feudvar being found in 79% of the samples (Table 6). The richest deposit of barley grain was found in FEU074 (occupation layer in block 3) where 2,942 grains were recovered. This deposit is relatively clean, with less than a hundred seed items identified from other species. Naked barley was also found, but in very small quantities and in only four samples (FEU019, 074, 296, 330). Barley rachis was recovered from only 22 % of the samples with the richest deposit of 525 coming from FEU217 (house layer in block 7). Although this will be looked further in the next chapter, the disparity between the number of barley rachis and grains recovered at the site could result from two factors. First, the chaff remains from free-threshing cereals are generally removed during the early stages of crop processing, which could occur away from the site and would therefore reduce the access to fire. Second, the carbonisation process itself may reduce the survival rate of the free-threshing rachis, as they are more likely to be destroyed than glume wheat glume bases.

1.3.3 Emmer (and sanduri wheat)

Emmer is the third most common crop recovered from the site and is present in 73 % of the samples (Table 6)[7]. In particular, a large number of emmer grains, 4,543, were found in FEU316 (yard context in block 12). Einkorn was also present in this sample, although in much smaller quantities, and a large admixture of 2,902 *Setaria viridis* seeds and small quantities of other wild / weed species. Emmer chaff is found in 61% of the sample (Table 6). A rich sample of emmer chaff was identified in FEU084 (house deposit in block 8) which contained 1,698 glume bases. This deposit contained only 108 wild / weed seeds and a small number of einkorn and emmer grains.

1.3.4 Spelt and bread / durum wheat

Both spelt and bread / durum wheat are present but in much smaller quantities. For spelt, only 14 grains were recovered from only 2 % of the samples (Table 6). Spelt glume bases were slightly more prevalent being present in 9 % of the samples. The largest number of glumes recovered in any one sample was 24 glume bases found in FEU034 (occupation layer in block 9). However, the spelt bases were found among large numbers of einkorn and emmer glume bases.

6　Hillman 1981; Boardman and Jones 1990.

7　The famous W 3063 sample of sanduri wheat, Triticum timopheevii, the "new spelted wheat". The identification of this wheat in Feudvar is a quite recent one. Sanduri wheat is smaller and narrower than emmer, but very similar. There are more samples with emmer than with sanduri. Sanduri is an additional crop [Kroll].

Bread / durum wheat grains were found in 9 % of the samples (Table 6). The richest deposit was of 198 grains found in FEU425 (occupation layer in block 14). Bread / durum wheat rachis is found only in 5 % of the samples and the richest deposit was FEU217 (a house deposit in block 7) which yielded 184 rachis remains. However, the rachis remains were recovered along with large numbers of einkorn, barley, so called rye and gold-of-pleasure.

1.3.5 Millet, so called rye and oat

Positive identifications of rye (cf. *Secale*), cultivated oat (*Avena sativa*) and foxtail millet (*Setaria italica*) are absent from the samples. The tentative identifications of rye (so called rye, cf. Secale) were found in 63 % of the samples, totalling nearly 3,000 grains within the assemblage. The largest quantity was recovered from FEU217 (house deposit in block 7) yielding 430 grains[8].

Two pit samples, FEU013 and FEU019 (both from block 14) contained the highest numbers of broomcorn millet, that of 552 and 534 grains respectively. Both samples contained other crop species, although in slightly lower quantities, such as einkorn, emmer and barley and FEU019 also contained 385 *Chenopodium* seeds.

There are some grains of weedy oats in the western trench (*Avena* sp.). Foxtail millet is missing in that area[9].

1.3.6 Pulses

At Feudvar, lentil is found in 64 % of the samples, followed by bitter vetch which was found in 40 % (Table 6). A large number of lentils were recovered from FEU182 (hearth deposit in the north house in block 3), which yielded a relatively clean assemblage of 614 lentils. The largest number of bitter vetch, 512 seeds, was found in FEU199 (baker house, floor) which also contained 240 einkorn grains (Table 6).

Pea, on the other hand, was found in only 22 % of the samples, but represented the largest number of items found for all pulses. This is due to sample FEU079 (container deposit), which contained 2,760 peas. Pea numbers are extremely low within the rest of the samples at the site. A similar deposit was found in early Iron Age site of Hissar, southern Serbia, where 2,572 peas were recovered from one deposit suggesting it was indeed a crop at the site[10].

Both, broad bean and grass pea were recovered from only 1 % and 4 % of the samples (Table 6) and in extremely low numbers (<2 seeds per sample). Broad bean is found in Near Eastern archaeological assemblages from the Neolithic[11], but are not commonly found in temperate Europe until the 3rd millennium[12]. The presence of broad bean is particularly interesting as the species is often missing in great parts of Southeast Europe.

1.3.7 Oil plants

Gold-of-pleasure is the most common oil plant found at the site and is present in 20 % of the samples (Table 6) Gold-of-pleasure is not commonly found until the Late Bronze Age in the region[13]. Both FEU350 (occupation layer) and FEU217 (house context, block 7) contained relatively large numbers of 143 and 145 gold-of-pleasure seeds, as well as a number of pod remains. Both assemblages are also dominated by einkorn grain and chaff. Flax seeds were found in only 4 % of the samples in very small quantities

---

8   This so called Secale is meanwhile identified as Dasypyrum villosum, a weedy species of the Secale and Triticum relationship [Kroll].

9   There are two grains of foxtail millet, Setaria italica, in the eastern trench, younger layers [Kroll].

10   Medović and Horváth 2012.

11   Tanno and Willcox 2006.

12   Zohary and Hopf 2000.

13   Zohary and Hopf 2000, 138.

(Table 6). The preservation of oil plants through carbonisation is, however, particularly problematic as the seeds tend to burn away due to their high oil content.

1.4 Wild resources

1.4.1 Fruits

Nine fruit species were identified at Feudvar; wild strawberry *Fragaria*, cornelian cherry *Cornus mas*, Chinese lantern or winter cherry *Physalis alkengengi*, bird cherry *Prunus padus*, sloe *Pr. spinosa*, dewberry *Rubus caesius*, blackberry *R. fruticosus*, dwarf elder *Sambucus ebulus*, elder *S. nigra*, and wild grape *Vitis vinifera silvestris*). In addition, other plant items were identified to genus, such as pear *Pyrus* sp. and rosehip *Rosa* sp. In total 1,717 fruit seeds were recovered.

The most common fruit is dwarf elder *Sambucus ebulus* which is present in 20 % of the samples. The largest deposit consists of 60 seeds found in FEU483 (northwest house). The remaining fruit species are found in <15 % of the samples and are generally represented by small quantities of remains. Fruit remains are found in all feature types, especially general deposits, house floors and pits. Most of the fruit remains can be eaten, with the possible exception of the bird cherry, which is extremely bitter and dawrf elder, suggesting that they were collected from the local environment to supplement the diet. Their presence at the site therefore provides further evidence of the possible environment around Feudvar, especially as many of the fruits, such as *Prunus spinosa*, *Rubus fruticosus*, *Rosa* sp., *Fragaria vesca* and *Sambucus nigra*, are indicative of open woodland which usually grow in clearings and along wood edges.

Only one wild grape pip was found in the assemblage from FEU164, a house floor deposit in block 3. Of particular note from this assemblage is the large deposit of wild strawberries from FEU342, a house floor deposit from the northwest house in block 3. Wild strawberry is present in 17% of the samples. Wild strawberry is found throughout Europe today growing in forests and along hedges, particularly in areas rich in soil nitrates and can be collected for consumption between May and August.

1.4.2 Wild / weed species

A total of 129 wild / weed species were identified from the Feudvar assemblage, totalling 69,780 seeds. The vast majority consist of those species commonly found in arable environments such as *Chenopodium album*, *Bromus* arvensis and *Agrostemma githago*. Nine species are from wetland or aquatic environments, including sedges *Carex* and water chestnut *Trapa natans*, and four are seeds from trees, including lime *Tilia* and oak *Quercus*. A number of uses may also be attached to some of the species present, i.e. as food, medicine, fodder or building materials.

Kišgeci and Medović presented a case for the prehistoric use of medicinal and aromatic plants at Feudvar and a number of other Neolithic, Bronze and Iron Age sites in the region[14]. They suggested that vervain *Verbena officinalis*, high mallow *Malva sylvestris*, black henbane *Hyoscymus niger*, white mallow *Althaea officinalis*, mint *Mentha* and poppy *Papaver somniferum* could have been collected for herbal medicine. Many of these are found at Feudvar, although in relatively small quantities and are all present in relatively mixed deposits. Vervain is the most prevalent species, being found in 10 % of the samples and totalling 196 seeds.

The concentrated find of 263,780 seeds from the many-seeded goosefoot *Chenopodium polyspermum* found in FEU210 (occupation layer in block 3) would suggest the deliberate gathering of the plant. Behre also suggests that *Polygonum lapathifolium*, *Chenopodium album* and *Bromus secalinus* could have been deliberately collected and used for human consumption in prehistoric times[15]. Only two samples at Feudvar contained *Chenopodium album* and all but one seed was recovered from FEU350 (house deposit in block 7), which contained 654 seeds. *Chenopodium* is present in 94 % of the samples and totals nearly 25,000 seeds, with the largest deposit of 1,325 seeds recovered from FEU485 (house deposit in block 4).

14   Kišgeci and Medović 2006.
15   Behre 2008.

Of the other two species, only 14 seeds of *Polygonum lapathifolium*, and 1 of *Bromus secalinus* were found in the assemblage.

Another plant which may have been utilised is that of *Lallemantia iberica*, which was suggested to have been grown and stored for oil in northern Greece in prehistoric times[16]. *Lallemantia iberica* is found in 14 % of the samples and totals 671 seeds, the largest concentration of 297 seeds being found in the house deposit FEU350. Other edible foods could also have been consumed at the site, such as wild parsnip *Pastinaca sativa*, lettuce *Lactuca* and carrot *Daucus*. In addition, the nature of preservation may also result in an under representation of plants whose vegetative parts are usually picked and consumed.

Also of note is the presence of water chestnut *Trapa natans* at Feudvar, which has a high frequency of 22 %, though no one sample has more than 2 seeds present. The importance of water chestnuts as a human food source for prehistoric farmers has been recently explored. At Opovo, water chestnuts would have been collected from areas of shallow water around the settlement in late summer / early autumn[17]. The seed, which is comparable in starch (c. 50 %) and protein (c. 10 %) to cereals, would then be extracted from the outer shell and either eaten raw, roasted, boiled or ground down into flour[18]. During the Roman period, for example, it was noted that the Thracians made bread from the flour of water chestnuts.

It is also important to add that some taxa may have been grown and / or collected as animal fodder. Although, there is no evidence of large concentrations of wild / weed species that may suggest this practice occurred, especially as the number of small legumes and possible pasture species may also be classed as arable weeds.

In addition, some species would have been used as building materials, whether in constructing a house or a basket. For example, reeds *Phragmites australis* are commonly used for thatching, while bulrush *Schoenoplectus lacustris* is used still today as a weaving material for mats or baskets. At Feudvar, imprints within burnt clay indicate that reeds were used in the construction of the houses[19]. The archaeological evidence indicates that bundles of reeds were bound with rope, made from reed fibres, within a wooden frame that was covered with clay, which contained elements of straw and other plant materials (*ibid.*). Thus, wild species would have continued to be an important resource to the Bronze Age inhabitants.

1.5 Conclusion

An extremely high density of grain, chaff and wild / weed seeds within the Feudvar assemblage highlights the potential for complex statistical analyses in relation to crop processing and crop husbandry regimes. In addition, differences in formation processes at the site, identified from the distribution of seed densities and plant groups, suggest that further differentiation between activity areas or between different households may be possible when examining crop processing and crop husbandry regimes at the site.

Overall, the plant assemblage recovered from the western cut at Feudvar contained a wide range of crops, fruits and wild / weed seeds. The site is dominated by einkorn grain and chaff, present in over 99 % of the samples, closely followed by a high frequency of barley, then emmer. The site also yielded the first evidence of broad bean and gold of pleasure in the study area. The number of 'clean' deposits highlighted above may also point to food catches, supporting not only a case for the consumption of certain cereals but of other plant species such as *Chenopodium polyspermum*, as well as further collection and utilisation of wild / weed species at the site. The next chapter will explore in more detail the formation processes at Feudvar through the examination of crop processing within the samples.

---

16   Megaloudi 2006.
17   Borojević 2006, 140.
18   Karg 2006.
19   Hänsel and Medovic 1998, 73–74.

2. Crop processing analysis at Feudvar

In this chapter, formation processes within the Feudvar assemblage are examined. The purpose of this is to investigate formation processes at the site and to determine which samples can be directly compared when examining crop husbandry regimes. This chapter begins with a brief discussion on formation processes in archaeobotany with a particular focus on crop processing and its effect on assemblage composition. The methods and results of the crop processing analysis on the Feudvar dataset will then be presented. In order to further corroborate these results, correspondence analysis is employed to assess the composition of the samples in relation to their identified crop processing stage. In addition, intra-site variability will be examined by exploring the distribution of crop processing within the trench, followed by a discussion on the crop processing activities identified at the site and final conclusions.

2.1 Crop processing and other formation processes

2.1.1 Crop processing in archaeobotany

Archaeobotanical remains represent only a fraction of the original plant assemblage that, through a series of natural and / or anthropogenic processes, became deposited within the archaeological site. The most common form by which plant material is preserved on archaeological sites is through carbonisation or charring, which results when organic material is exposed to heat either accidentally or deliberately, such as cooking, burning rubbish or fuel. Experimental research suggests carbonisation occurs in the range of approximately 200 to 400°C, or to higher temperatures in the absence of oxygen, such as when the material is smothered in ash[20]. It is generally the harder, denser parts of the plants such as seeds, grains, wood and nutshells that are more likely to preserve[21], although in some instances soft organs such as grapes or tubers have been recovered in a carbonised form[22]. Preservation in these instances will therefore be affected by the physical character of the plant material. For example, Boardman and Jones found that barley was more sensitive than glume wheat to the effects of charring[23]. Similarly, since oil is flammable, the higher the oil content of the seed, the less likely it is to preserve under charring conditions. Carbonised plant remains will also be heavily biased towards items that come more frequently in contact with fire and subsequently survive the charring process[24].

Knörzer first suggested that the general uniformity seen in the composition of carbonised seed assemblages from Neolithic settlements in the Lower Rhine, namely cereal grain, chaff and weeds, meant that these assemblages represented the remains of harvested cereals[25]. In addition, Dennell noted that contexts within which carbonised remains are recovered are more likely to result from processes of food production than as a result of food consumption and therefore provide a record of the crop husbandry and processing methods employed[26]. Although Dennell began to explore the sequence of crop processing and its effects on the composition of archaeobotanical assemblages[27], Hillman and Jones[28] were the first to develop more predictive models that could be applied to archaeobotanical remains. Through detailed ethnographic studies of traditional crop processing in Greece and Turkey, they determined that each stage of the processing sequence produced characteristically different compositions of cereal, chaff and weeds that could be calculated and identified within the archaeological assemblages.

---

20   Braadbaart 2008; Hillman 1981; Wright 2003.
21   Boardman and Jones 1990; Hillman 1981.
22   Hather 1991; Valamoti 2007.
23   Boardman and Jones 1990.
24   Boardman and Jones 1990; Dennell 1972; Hillman 1981; Jones 1985; van der Veen 2007.
25   Knörzer 1971.
26   Dennell 1974; id. 1976.
27   Dennell 1972.
28   Hillman 1984 a; Jones 1984.

Although ethnographic research is particularly useful in examining traditional methods first hand, it is important to note that direct comparisons with the past are problematic. Not only are modern environments and cultural traditions different than past societies but technology has also evolved which may affect agricultural methods. In spite of this, both Hillman and Jones argue that different methods of processing crops within a non-mechanised farm, regardless of the technology, would have been small, resulting in a limited number of ways to process them and so the effects on assemblage composition would remain the same. Ethnographic models on crop processing activities therefore allow the building of 'cause and effect' models for archaeological interpretation[29]. However, it is important to note this uniformitarian approach and be aware of possible changes in attitude to the purposes and mechanisms of crop processing, especially when making inferences about past communities.

The principle behind these studies is that a crop is processed through a number of stages before it is ready for consumption and each stage has a measurable effect on the composition of grain, chaff, straw and weeds. Each stage produces two assemblages; a crop product, which continues through each stage, and a crop by-product or residue, which is removed from the remaining processes. Simplified, the stages for processing free-threshing cereals (i.e. bread and durum wheat and barley) are as follows[30]:

- Harvesting to gather the mature crop from the field possibly by uprooting or cutting the grain-bearing part of the plant
- Threshing to release the grain from the chaff possibly by beating with a stick or trampling by cattle
- Winnowing: to remove the light chaff and weeds from the grain possibly by wind or by shaking in a winnowing basket
- Coarse sieving to remove larger items such as weed heads, seeds, un-threshed ears and straw with large meshes
- Fine sieving to remove the small weed seeds from the grain with narrower meshed sieves

Glume wheats (i.e. einkorn, emmer, sanduri and spelt) on the other hand require further processing stages to release the grain from the tight glumes. The additional processes involved in the dehusking of glume wheats are as follows:

- Parching to dry the grain and render the glumes brittle
- Pounding to release the grain from the glumes possibly in a wooden mortar or quern
- 2nd winnowing to remove the light chaff and weeds from the grain
- 2nd coarse sieving to remove the remaining large items, such as un-threshed ears or chaff and remaining culm nodes and large weeds in heads
- 2nd fine sieving to remove the glume bases and remaining small weed seeds from the grain

However, the most effective way of dehusking glume wheats is debated[31]. Both Küster and Meurers-Balke / Lüning, through experimental dehusking of glume wheats, found that the second winnowing stage alone was sufficient to separate the glume material from the grains after using either a quern or pounding the grain in a mortar[32]. They suggest that the second coarse and fine sieving stages are superfluous as the arable weeds and straw would have been removed at the first winnowing and sieving stages. Therefore, only a second winnowing stage would be required to remove the remaining light chaff from the grain without any further need to sieve. The composition of the second winnowing stage would have a different composition from the first, with the winnowing by-products, prior to dehusking, containing more light weeds and little chaff, while the second winnowing stage by-products, after dehusking, would consist mostly of chaff with few weeds. Sample composition will also be dependent on the varying degrees of

---

29   Hillman 1984 a; Jones 1984; id. 1987.
30   Hillman 1984 a; van der Veen 1992.
31   Nesbitt and Samuel 1996.
32   Küster 1984; Meurers-Balke and Lüning 1992.

thoroughness used through the crop processing stages[33], whether stages are missed[34] or whether stages are performed in different ways[35]. Pulses, in particular vetches, peas, lentils and grass peas, have also been studied ethnographically by Jones and Butler[36]. They found that *Vicia* and *Lathyrus* could be processed similarly to free-threshing cereals. However, ethnographic processing of *Vicia / Lathyrus* revealed that there was a spectrum of 'threshability', as many pods did not shatter during the first threshing and therefore needed multiple threshing stages (*ibid.*). Millets, such as *Digitaria*, *Echinochloa*, *Panicum*, and *Setaria*, on the other hand, share similar processing stages with glume wheats, as millets also require dehusking[37]. Young exploring the traditional processing of finger millet *Eleusine coracana* in Uganda, identified a series of roasting, pounding and winnowing stages aimed at softening the grains and loosening the chaff before grinding into flour[38].

2.1.2 Other formation processes

Distinguishing routine activities and occasional accidental or deliberate burning episodes is particularly important not only to determine formation processes at a site but also when comparing different samples. Jones and van der Veen / Jones advocate the need to differentiate between regular routine activities and rare accidental or deliberate events in order to restrict their contribution to the overall pattern on a site or to assist in the detection of repeated episodes of accidental or deliberate burning that may signify a specific practice[39]. They also suggest that differentiation between the samples allows samples of the same crop processing stage, and thus the same relative composition, to be compared. This is particularly important when exploring weed ecology, as weeds with different physical characteristics (i.e. size or shape) are removed through each processing stage and would therefore bias the assemblage towards certain species.

Exploring the deposition of carbonised remains, van der Veen, referring back to Hillman[40], highlighted five 'routes of entry' on archaeological sites, the most common being: plant remains used as fuel, both intentionally and through casual discard, and foods accidentally burnt during food preparation, such as through cooking or roasting[41]. The least common routes include: accidental or deliberate destruction of food and fodder stores, the use of fire to clean out grain storage pits, and the destruction of diseased or infested crop seeds. Deposition of plant remains through ritual activities can also result in carbonised plant remains, such as from cremation burials or votive offerings. Ritual assemblages may contain special plant remains that are not typical foodstuff at a site or have other ritual connotations which cannot be directly compared with plant remains resulting from general day to day activities.

Ethnographic models are particularly helpful in exploring types of activities that may result in the charring of crop processing products and by-products and their deposition into the archaeological record. Hillman observed that the daily processing of stored glume wheat within households in Turkey allowed the by-products to be easily swept into the fire[42]. This model of daily spikelet processing and the subsequent charring of residue in the hearth is often cited as the most common form by which charred plant remains (namely glume wheat glume bases) occur on Linearbandkeramik and later sites in Central Europe[43]. It is

---

33   Jones 1992.
34   Jones 1984.
35   Hillman 1984 a; id. 1985; Peña-Chocarro 1999.
36   Jones 1984; Butler 1992; Butler et al. 1999.
37   Harvey and Fuller 2005.
38   Young 1999.
39   Jones 1991; van der Veen and Jones 2006.
40   Hillman 1981.
41   van der Veen 2007.
42   Hillman 1981.
43   Gregg 1989; Meurers-Balke and Luning 1992.

also suggested that the roasting or parching stage within the processing of glume wheats and millets will also generate a number of discarded charred grains[44].

The use of dung as fuel has also been identified as a route by which plant material, especially glume wheat glume bases, becomes incorporated in the archaeobotanical assemblage[45]. Although research has largely focused on sites in the Near East and Asia[46], dung is slowly becoming recognised in European assemblages. Valamoti and Jones, studying Late Neolithic and Early Bronze Age sites in northern Greece, were able to identify the use of dung fuel and a variety of animal feeding strategies from the characteristics of the wild plant species and the combination of cereal parts and fruits[47]. This is particularly important in the interpretation of archaeobotanical assemblages, as samples derived from dung cannot automatically be used to reconstruct crop husbandry practices. Whether dung fuel would have been used in European contexts is still debated. Some propose that the likely abundance of wood in the landscape during the Neolithic and Bronze Age would negate the need to use dung as fuel[48]. On the other hand, some suggest that the use of dung is not reliant on the availability of wood but a distinct preference for that type of fuel[49].

2.1.3 Analytical approaches to crop processing

From the ethnographic work conducted by Hillman and Jones, two methods for analysing crop processing within archaeobotanical samples developed[50]. These two methods were first implemented by van der Veen[51], and involved the use of ratios to classify samples based on their crop content, i.e. the crop type and plant part, and to categorise samples based on the physical properties of the weed seeds present. The first method involves the calculation of ratios of the straw, chaff, grain and weeds in each sample, using known proportions of plant parts in each whole species. For example, einkorn has two glume bases to one grain i.e. 2:1, while six-row barley has one rachis to three grains i.e. 1:3.

The second weed based method categorises weeds according to the degree to which the weed seeds either accompany the crop through processing or are removed, depending on their shape (aerodynamic properties), their 'headedness' (whether seeds come in capsules), size ('sievability') and density ('winnowability'). Jones devised weed categories to group the weeds according to their characteristics and identified the stages at which they would be removed during the crop processing sequence. The weed categories used are big-heavy-headed (BHH), big-free-heavy (BFH), small-headed-heavy (SHH), small-free-heavy (SFH), and small-free-light (SFL)[52]. Thus weeds removed by winnowing tend to be small-free-light (SFL), weeds removed by coarse sieving are mostly headed weeds (SHL, SHH, BHH), while fine-sieving removes the small-free-heavy weeds. By examining the data through discriminant analysis, Jones was able to separate samples indicative of by-products from early (winnowing and coarse sieving) and late (fine sieving) crop processing stages, as well as final crop products.

However, the criteria to determine the weed categories are not clear cut, resulting in variation between authors and where species are grouped. Van der Veen investigated whether small grasses should be categorised as light or heavy but found, when tested, that there were no discernable differences in the results[53]. Stevens also compared the weed seeds from his British Iron Age samples, where large seeds were grain sized or larger (>2.5 mm) and small seeds were <2.5 mm[54]. This led to some differences between the classifications determined by Stevens and van der Veen. For example, *Polygonum aviculare* was classified as

44　Hillman 1985.
45　Charles 1998; Miller and Smart 1984; Valamoti 2005 b.
46　Anderson and Ertuğ-Yaraş 1998.
47　Valamoti and Jones 2003; Valamoti 2005 a.
48　van der Veen 1992.
49　Anderson and Ertuğ-Yaraş 1998.
50　Hillman 1984 a; Jones 1984.
51　van der Veen 1992.
52　Jones 1984.
53　van der Veen 1992.
54　Stevens 2003.

Stage	Ratio	High value	Low value
1	Cereal straw nodes : grains	By-product, early processing stage	Grain product
2	Glume wheat glume base : grains	By-product, late processing stage	Grain product
3	Free threshing cereal rachis : grains	By-product, early processing stage	Grain product
4	Weed seeds : cereal grains	By-product, late processing stage	Grain product
5	Small : large weed seeds	By-product, sieving	Product, sieving or by-product, hand sorting
6	No. of crop items per litre	Rapid / single deposition	slow / repeated deposition

Table 7. Bronze Age Feudvar. The grain, chaff and weed ratios used to identify crop processing stages and their interpretation (after van der Veen 1992; van der Veen and Jones 2006).

large and heavy by Stevens but as small-free-heavy by van der Veen[55]. In contrast, Bogaard suggested that seeds are big if they are ≥1.5 mm diameter and small if they are <1.5 mm in diameter[56]. These differences in criteria may have been determined by the assemblages each author was studying; for example, Van der Veen examined mainly spelt and barley assemblages, Stevens mainly barley crops, while Bogaard[57] analysed mainly emmer and einkorn. Further work is needed, however, to look at whether disparities exist between the different size categories on the interpretation of crop processing stages.

The two methods proposed by Hillman and Jones were first implemented and compared by van der Veen, who examined crop processing as part of her study on agriculture in Iron Age and Roman northern England. Three ratios were first calculated from the data, glume : grain, rachis : grain and weed : grain, followed by a discriminant analysis of the weed seeds, using Jones's aerodynamic properties of the weeds. When comparing the results of each method, van der Veen found that there was little difference, suggesting that one method would be enough to address crop processing at a site.

The three ratios used by van der Veen[58] were later revised by van der Veen / Jones[59], who presented a further three ratios: ratio 1, 5 and 6 (Table 7). Previously, van der Veen used discriminant analysis to explore the aerodynamic properties of the weeds. However, van der Veen / Jones reduced this method to a simple ratio that could be used in conjunction with the other ratios. The calculation of seed density per litre (ratio 6) also allows samples to be broadly assessed as to their rate of deposition and thus the possible nature of the deposit (i.e. primary, secondary or tertiary context).

Subsequent work by van der Veen proposed a further two ratios[60]: the number of germinated to non-germinated grains and the number of diseased / insect damaged to 'normal' grains. These ratios were proposed in order to help determine the presence of accidental grain spoilage, deliberate burning of storage pits, malting residue or spoiled grain. Van der Veen also highlighted here that these ratios should only be calculated where adequate numbers of plant items are available[61]. Previously van der Veen used a cut off of point of 50 identified items per sample as an adequate figure to analyse crop processing within samples. Other authors have also implemented this strategy, for example Bogaard analysing crop husbandry regimes in Neolithic Central Europe only examined samples with over 50 cereal grains and 30 weed seeds[62].

In summary, crop processing stages successively alter the composition of the crop assemblage, creating at each step a product and a by-product. It is important to determine which processing stage samples represent in order to compare like with like when analysing the assemblage for crop husbandry regimes. The following sections will present the methodology and results of the crop processing analysis applied to the plant assemblage from Feudvar. The results will be used to determine which samples will be selected for analysis in the following chapter.

---

55   van der Veen 1992, 207 Table 7.4.
56   Bogaard 2002.
57   Bogaard 2002; id. 2004.
58   van der Veen 1992, 82.
59   van der Veen and Jones 2006.
60   van der Veen 2007.
61   van der Veen 2007, 25.
62   Bogaard 2004 chapt. 2.

2.2 Methodology

The methodology applied here is based on the ratios presented by van der Veen and van der Veen / Jones[63]. In addition, the weed seeds will be categorised according to their aerodynamic properties but only primarily as a tool to determine whether a weed seed is categorised as big or small for the calculation of ratio 5[64]. As ratio 5 does not differentiate between small weeds removed after winnowing or big and small species removed after coarse and fine sieving, the aerodynamic properties will also be used to aid in the overall interpretation of each sample. The methods applied to the Feudvar dataset are detailed in the following section.

2.2.1 Standardisation of the data

In order to carry out the analysis, the data needed to be standardised and simplified to allow an accurate interpretation of the assemblage. Non-cereal crops, such as pulses and oil-rich seeds, fruits and other non-cereal wild / weed seeds, such as *Crataegus* and *Tilia*, were excluded from the analysis. To allow for poor preservation, species identified to cf., such as *Triticum* cf. *spelta*, were amalgamated with the identified species, e.g. *Triticum spelta*, if the species was present in the sample. In addition, to reduce the number of calculations, both hulled and naked barley were combined as they are both free-threshing varieties. All glume bases are counted as one and spikelets were counted as two (i.e. two glume bases). In order to determine more accurately the numbers of grains present in the samples, grains categorised as Cerealia indet. were reallocated to the cereal species present in that sample, with the exception of *Panicum miliaceum*. This was achieved by calculating $\Sigma = s + (c \times s{:}t)$, for each species in each sample, where s is the number of items per species, c the total number of cereal indet., and t the total number of identified cereal items (not including cereal indet.). Only weeds identified to species or genus were included in the calculations, as those identified to family generally contained species with different size and aerodynamic characteristics. In accordance with the criteria applied by van der Veen, samples with less than 50 identified items were removed[65]. This reduced the number of Feudvar samples from 524 to 484.

2.2.2 Weed seed categorisation

In order to determine the small : large weed ratio as well as determining the stage at which the species may have been removed during crop processing, each weed species was categorised according to their aerodynamic properties. The length and width of each species was recorded and categorised (Table 8). The measurements were obtained from two sources; the online Digital Seed Atlas[66] and from the University of Leicester seed collection. To establish the size of seeds identified to genus, species measurements recorded in the Digital Seed Atlas were averaged. In addition, the length and width of each cereal species was also recorded (Table 9). The purpose of this was to help identify possible differences in grain size between the different cereals, as this may ultimately affect the size of the sieves used to process them, and will help to determine the cut off point at which a weed seed is large or small. Jones also suggests that for sieves where the grain passes vertically, the maximum width of the grain is the most important dimension[67].

In addition to categorising weeds by size, further attributes were assigned to each species based on their aerodynamic properties[68]. To help determine these properties, previous identifications were compiled

---

63   van der Veen 1992; van der Veen and Jones 2006.

64   Jones 1984.

65   van der Veen 1992 chapt. 7.

66   Cappers et al. 2006.

67   Jones 1996.

68   following Jones 1984.

Big free heavy	Big free heavy (cont.)	Small, free, heavy	Small, free, heavy (cont.)
Adonis	Polygonum aviculare	Anthemis	Stellaria media
Agrostemma githago	Polygonum convolvulus	Aphanes	Teucrium
Ajuga chamaepitys	Polygonum hydropiper	Asperula arvensis	Thymelaea passerina
Althaea officinalis	Polygonum persicaria	Atriplex hastata	Trifolium
Anethum	Potamogeton	Atriplex patula	Urtica dioica
Avena	Ranunculus	Carex vulpina	Verbena officinalis
Bromus arvensis	Ranunculus acris-type	Carex, sect. Vignea	**Small free light**
Bromus mollis-type	Schoenoplectus lacustris	Cerastium	Dianthus
Bromus secalinus	Sherardia arvensis	Chenopodium	Hypericum
Carduus	Torilis arvensis	Ch. glaucum / Ch. rubrum	Juncus
Carex, sect. Eucarex	Valerianella dentata	Ch. hybridum	Mentha
Carthamus lanatus	Vicia	Chenopodium album	Petrorhagia saxifraga
Centaurea	**Big headed heavy**	Consolida regalis	Verbascum
Daucus	Agrimona	Cyperus	Veronica
Euphorbia palustris	Allium	Digitaria	**Small headed heavy**
Galium aparine	Bupleurum rotundifolium	Echinochloa crus-galli	Anagallis arvensis
Galium spurium	Cichorium intybus	Echium	Barbarea
Geranium	Conringia orientalis	Euphorbia	Glaucium corniculatum
Knautia arvensis	Convolvulus arvensis	Euphorbia helioscopia	Kickxia spuria
Lactuca	Coronilla	Galium	Malva sylvestris
Lallemantia iberica	Malva	Hyoscyamus niger	Portulaca oleracea
Lapsana communis		Luzula	Scleranthus annuus
Leontodon hispidus		Legousia	Scrophularia
Lithospermum arvense		Phragmites	Silene
Lithospermum officinale		Plantago	**Small headed light**
Lolium (small)		Rumex	Papaver dubium
Lolium remotum		Rumex crispus-type	Papaver somniferum
Lolium temulentum		Scirpus	Rorippa
Onopordum acanthium		Setaria viridis	
Pastinaca sativa		Sisymbrium	
Picris hieracioides		Solanum nigrum	
Plantago lanceolata		Stachys annua	

Table 8. Classification of wild/weed taxa into physical weed categories: Big free heavy (BFH); big headed heavy (BHH), small free heavy (SFH), small free light (SFL), SHH = small headed heavy (SHH), and small headed light (SHL). Following Jones 1984; van der Veen 1992; Peña-Chocarro 1999; Bogaard 2002.

from Jones, van der Veen, Peña-Chocarro and Bogaard[69]. Where the classification was not recorded by the authors, the weeds were examined first to see whether the seeds grew within a seed head or capsule and if so whether the seeds would be released during the winnowing process. This was primarily determined by the properties of the capsule, such as wall thickness and whether the capsule is tightly closed or open. Weeds identified as light were those that were extremely small or small seeds that had wings, making them more aerodynamic.

2.2.3 Analysis

Ratios 2–6 (Table 7) were calculated, while ratio 1 was omitted due to the absence of straw nodes in the assemblage. In order to interpret the results, the whole plant ratio, i.e. glume bases or rachis to grain, was calculated for each cereal (Table 10). To determine ratio 4 and 5 as either high or low, an arbitrary value of 1 was given.

2.3 Results

Three main crop processing groups were identified: namely those of spikelets, fine-sieving by-products and products (see Table 10 for the calculation of ratios 2 to 5 per sample). Two further subdivisions were also recognised for each group, these included sieved and unsieved spikelets, sieved and unsieved fine sieving by-products and sieved and unsieved products. Each group is explained further in the following sections.

---

69   Jones 1984; van der Veen 1992; Peña-Chocarro 1999; Bogaard 2002 Table 8.

Cereal	Length	Width
Hordeum vulgare	8.00	3.37
Triticum aestivum /Tr. durum	8.00	3.50
Tr- dicoccon	7.50	2.50
Tr. monococcum	7.50	2.75
Tr. spelta	8.56	2.84
Secale cereale	8.95	3.48
Avena sativa	8.95	2.92
Panicum miliaceum	2.29	2.19

Table 9. The average length and width (mm) of grain per cereal species. Measurements from Cappers et al. 2006.

2.3.1 Spikelets

Sieved Spikelets

Samples identified as sieved spikelets contained large numbers of grain and glume bases with a ratio indicating the complete ear of the crop and few weed seeds present. Twenty one samples were identified as containing sieved einkorn spikelet remains. These samples were characterised by ratio 2, for einkorn, having a value of between 1.6 and 2.1 and a low value for ratio 4, which indicates that there are few weeds compared to the number of grains. Where ratio 4 had an approximately equal number of weeds to grains, the sample was assessed on the size of the weed seeds present and their aerodynamic properties. The purpose of this was to assess whether they could represent weeds similar in size to the spikelets, which may be removed through handpicking at the end of the crop processing sequence, or whether they represent fine sieving by-products, i.e. small seeds, which would suggest that the spikelets had not been previously fine sieved.

To account for differential preservation of the chaff remains (i.e. glume bases and rachis), which are less likely to preserve compared to the denser grains and seeds, it was decided that samples with a low ratio 2, for einkorn, of between 0.6 and 1.5 could also indicate sieved einkorn spikelets. As a result, an additional 64 samples were categorised as possible sieved einkorn spikelets, were the glume bases are under-represented.

Unsieved spikelets

Samples identified as unsieved spikelets contained large numbers of grain and glume bases with a ratio indicating the complete ear of the crop as well as large numbers of weed seeds. Twenty two samples were identified as containing unsieved einkorn spikelets. These samples were characterised by ratio 2, for einkorn, having a value of between 1.6 and 2.1 and a high value for ratio 4, indicating that there are more weeds compared to the number of grains. In addition, a further 30 samples were identified as indicating possible unsieved einkorn spikelets, were the glume bases are under-represented. Two samples, FEU095 and 439, were also identified as possible unsieved spikelets, however, they both have <55 items which makes their interpretation difficult. The composition of these samples will be looked at further below (section 2.4.2).

2.3.2 Fine sieving by-products

Sieved fine sieving by-products

Samples identified as sieved fine sieve by-products contained large quantities of glume wheat glume bases and only a few weed seeds. This means that the glume wheat spikelets had been previously sieved before dehusking, resulting in fewer weed seeds in the 2nd fine sieving by-products. Seventy nine samples were identified as being previously sieved einkorn fine sieving residue. These samples were characterised by ratio 2, for einkorn, having a value of ≥2.2, and a low value for ratio 4. Three samples, FEU009, 065 and 084, were identified as being previously sieved emmer fine sieving by-products. The samples here were dominated by emmer remains with a high ratio 2 value of ≥1.5 as well as a low value for ratio 4.

FEU425 is the only sample with relatively equal numbers of einkorn and emmer glume bases which dominate the sample, suggesting either a possible mixture of the sieving residue of the two crops or evidence of the growing of einkorn and emmer together. In addition, the sample also contains remains of barley and bread / durum wheat grains, as well as a few rachis remains, although these may be under-represented through differential preservation. FEU217 and 219 are tentatively identified as sieved fine sieving residue of einkorn and barley as they also contain early crop processing residue from barley and bread / club wheat. This may suggest mixing within the context of both early and later crop processing residue of free-threshing cereals and glume wheats. However, the extremely large number of einkorn glume bases

Stage	Species	Ratio	Value	Low value	High value
2	Einkorn glume base : grain	2 : 1	2	<0.4	>2.2
2	Emmer glumne base : grain	2 : 2	1	<0.6	>1.5
2	Spelt glume base : grain	2 : 2	1	<0.6	>1.5
3	Bread/durum wheat rachis : grain	1 : 2-6	0.2-0.6	<0.1	>1
3	Barley rachis : grain	1 : 3	0.3	<0.2	>1
3	Rye rachis : grain	1 : 3	0.3	<0.2	>1
4	Weed : grain		1	<0.8	>1.2
5	Small : large weed		1	<0.8	>1.2

Table 10. Ratio table for crop processing analysis, showing the whole plant ratio per cereal, the grain, chaff and weed ratio values and what constitutes a low and high value.

may suggest that the samples predominantly represent sieved einkorn fine sieving by-products. These two samples will be looked at further in the following section.

Unsieved fine sieving by-products

Samples identified as unsieved fine sieving by-products contained large quantities of glume wheat glume bases but with far more weeds. This means that the glume wheat spikelets had not been previously sieved before dehusking, resulting in more weed seeds in the second fine sieving by-products. Eighty seven samples were identified as being einkorn fine sieving residue that had not been previously sieved. These samples were characterised by ratio 2, for einkorn, having a value of >2.2 and a high value for ratio 4. FEU350 contained not only remains of einkorn fine sieving residue but the remains of barley early crop processing by-products seen from the high value for ratio 3. However, the extremely large number of einkorn glume bases would suggest that the sample primarily represents einkorn fine sieving residue that had not been previously sieved.

Three samples, FEU037, 257 and 262, were identified as possible einkorn fine sieving by-products that had been previously unsieved. However, the approximately equal number of weed seeds compared to the number of grains (ratio 4) and the small number of items recovered per sample made interpretation difficult. These samples will be addressed further below (section 2.4.2).

2.3.3 Products

Sieved products

Samples identified as a sieved product contained large quantities of 'clean' grain i.e. grain with little to no chaff and few weed species present as a result of systematic sieving. One hundred and three samples were identified as deriving from sieved einkorn products. These samples were characterised by a value of ≤0.4 for ratio 2, for einkorn, and a low value for ratio 4. In addition, four samples were tentatively identified as sieved einkorn products, due to the low number of einkorn grains (<25 items). Whether these samples should be allocated here can be explored further below (section 2.4.2).

Two samples, FEU083 and 316 were identified as emmer products. They were characterised by ratio 2, for emmer, having a ratio of 0.001 and a low value for ratio 4. However, the samples do differ in the composition of the weed remains. FEU083 had very few weeds (ratio 4 of 0.01) that were mainly large (BFH), while FEU316 had a much larger number of weeds (ratio 4 of 0.6) that were mainly small (SFH). The differences may be an indication of taphonomic factors as FEU083 was recovered from a hearth, potentially resulting in the loss of smaller weeds through differential preservation, while FEU316 was recovered from a yard area. Twelve further samples were identified as originating from sieved barley products and were characterised by a value of ≤0.2 for ratio 3, barley, and a low value for ratio 4. FEU029, 030, and 079 were identified as containing both einkorn and barley sieved products, an additional five were tentatively identified as einkorn and barley products, and FEU018 was interpreted as containing both barley and broomcorn millet sieved products.

FEU013 and 402 contained sieved broomcorn millet products. Broomcorn millet has no spikelets and therefore the identification of broomcorn millet products is more speculative. FEU049 is tentatively identified as deriving from broomcorn millet products as the number of millet grains in the sample was slightly larger than the remains of einkorn fine sieving residue. The presence of einkorn fine sieving residue in the sample may suggest that broomcorn millet represents a weed instead of a crop. The sample would then become indicative of unsieved einkorn fine sieving residue which is dominated by small weeds. FEU021 was identified as sieved so called rye products. However, rye is only tentatively identified at Feudvar and no rye rachis was recovered at the site. The composition of FEU021 contains a relatively high number of large weeds and barley grain, which may suggest that the so called rye grains represent a weed instead of a crop[70]. This will be examined further in the following section.

Unsieved products

Samples identified as unsieved products contained large quantities of 'clean' grain i.e. grain with little to no chaff and lots of small weed seeds. Unlike the sieved products, these samples represent products that have not been thoroughly sieved, possibly missing stages of the later processing sequence. Twenty six samples were allocated as unsieved einkorn products, characterised by a value of ≤ 0.4 for ratio 2, einkorn, and a high value for ratio 4. In addition, samples FEU203, 346, 446 and 478 have been tentatively identified as unsieved einkorn products as they have approximately equal numbers of weeds compared to the number of grains.

FEU353 and 485 were identified as unsieved barley products due to the low value of ratio 3, for barley, and although the value for ratio 4 was ca.1, it was decided that the large numbers of seeds present would more likely represent an unsieved deposit. FEU068 was also tentatively identified as containing unsieved barley products due to the approximately equal value of ratio 4. A further three samples, FEU017, 019, and 050, were tentatively identified as unsieved broomcorn millet products due to the dominance of millet grains. However, FEU017 and 050 have less than 100 broomcorn millet grains between them. All three samples also have relatively large numbers of small weed species which may suggest that the millet grains may have arrived at the site as a weed instead of a crop. The large number of broomcorn millet grains in FEU019 may, however, contradict this theory. This sample in particular is the most likely broomcorn millet product. The only other ambiguity is whether the sample can be classed as sieved or unsieved due to the large number of small weeds present. However, a sieve specifically designed for broomcorn millet is likely to collect a number of small weeds of the same size during the sieving stages. These samples will be looked at further below (section 2.4.2).

2.3.4 Summary

The analysis of crop processing at Feudvar, through the application of ratios 2–6 after van der Veen and Jones, has identified six different processing stages: sieved and unsieved spikelets, sieved and unsieved fine sieving residue and sieved and unsieved products. Of the 482 samples analysed, a total of 445 were identified as resulting from einkorn remains, fourteen from barley, six from broomcorn millet, five from emmer, and twelve from two or more crops. Table 11 summarises the results. Only einkorn spikelets were identified and only einkorn and emmer fine sieving by-products. Two samples represented a mixture of einkorn fine sieving by products and the possible remains of earlier crop processing stages of barley and bread / durum wheat, identified from the large number of rachis remains. The majority of the products resulted from einkorn remains. However, a much wider variety of crops were identified including barley and broomcorn millet. Only 35 samples were identified as unsieved products, with the majority having been systematically sieved. The following section will look at these results further, through the use of correspondence analysis, in order to assess whether the internal composition of the samples identifies similar / identical groupings in the samples as the calculations using ratios. In addition, correspondence analysis will explore whether the tentative identifications are indeed associated with their group or not.

---

70   The so called rye of Feudvar is the weed Dasypyrum villosum; this is a late discovery [Kroll].

Crop	Spikelet, sieved	Spikelet, unsieved	Fine-sieving by-product, sieved	Fine-sieving by-product, unsieved	Product, sieved	Product, unsieved	Total
Einkorn	21 (64)	22 (32)	79	87 (3)	103 (4)	26 (4)	445
Einkorn / emmer			1				1
Einkorn / barley					3 (5)		8
Einkorn / barley /			(2)				2
Bread / durum wheat							
Emmer			3		2		5
Barley					12	2	14
Barley / broomcorn millet					1		1
Broomcorn millet					2 (1)	(3)	6
Total	85	54	85	90	133	35	482

Table 11. Bronze Age Feudvar. Summary of the number of samples identified for each crop processing stage, based on the ratio analysis. (no.) = tentative identifications.

2.4 Correspondence analysis

Correspondence analysis is used here to examine the results of the crop processing analysis in order to assess whether the samples cluster into their identified groups and explore whether the tentative identifications are associated with their groupings. This multivariate technique is particularly useful as it allows each sample to be plotted along two axes depending on their similarities and differences in species composition. The following section will present the methodology applied to the dataset and the results of the analysis.

2.4.1 Standardisation of the data

Before correspondence analysis could be applied to the dataset certain samples and species were excluded from the analysis. All 484 samples used in the crop processing analysis were included here, as they represent samples with over 50 cereal and weed items. This cut off point was applied by van der Veen in the application of multivariate techniques (i.e. principle components, cluster and discriminant analysis) in order to reduce the level of unreliability caused by such small samples[71]. The presence of rare species within the samples is also problematic as they may not be associated with the crop but result from other activities or come from the local environment. However, variation exists as to how authors address this. Some advocate the exclusion of weed species found in either <5 % or <10 % of samples[72]. Van der Veen found that a 10 % cut off point was more than adequate to account for rare species in the dataset. It was therefore decided that weed species in <10% of the samples would be excluded. This reduced the weed species from 122 down to 28 (see Table 12 for species codes). With the exclusion of these species, two samples, FEU091 and 043, fell below the 50 items cut off point. However, both samples were only a few seeds below this point, 46 and 45 items respectively, and were therefore included in the analysis. The dataset was then entered into CANOCO 4.5 and CANODRAW where each sample was coded to their identified crop processing stage.

71   van der Veen 1992, 25.
72   Bogaard 2004.

Species	Code	Species	Code	Species	Code
Agrostemma githago	AGROGIT	Galium spurium	GALISPU	Schoenoplectus lacustris	SCHOLAC
Ajuga chamaepitys	AJUGCHA	Glaucium corniculatum	GLAUCOR	Setaria viridis	SETAVIR
Allium	ALLISPE	Gramineae	GRAMINE	Sherardia arvensis	SHERARV
Atriplex patula-type	ATRIPAT	Hordeum vulgare	HORDSAS	Silene	SILESPE
Bromus	BROMSPE	H. vulgare, rachis	HORDSRS	Solanum nigrum	SOLANIG
Bromus arvensis	BROMARV	Hyoscyamus niger	HYOSNIG	Teucrium	TEUCSPE
Bupleurum rotundifolium	BUPLROT	Labiatae	LABIATA	Thymelaea passerina	THYMPAS
Caryophyllaceae	CARYOPH	Lolium (small)	LOLISPE	Trifolium-type	TRIFSPE
socalled Secale	SECACEG	Malva	MALVSPE	Triticum dicoccon	TRITDIC
Chenopodium	CHENSPE	Panicum miliaceum	PANIMIL	Tr. dic., glume base	TRITDIG
Chenopodium hybridum	CHENHYB	Plantago lanceolata	PLANLAN	Tr. monococcum	TRITMOT
Cornringia orientalis	CONRORI	Polygonaceae	POLYGON	Tr. monoc, glume base	TRITMOG
Cruciferae	CRUCIFE	Polygonum aviculare	POLYAVI	Tr. spelta	TRITSPL
Cyperaceae	CYPERAC	Polygonum convolvulus	POLYCON	Tr. spelta, glume base	TRISPLG
Digitaria	DIGITSPE	Polygonum persicaria	POLYPER	Tr. aestivum/ Tr. durum	TRITAESD
Echinochloa crus-galli	ECHICRG	Portulaca oleracea	PORTOLE	Verbena officinalis	VERBOFF
Euphorbia palustris	EUPHPAL	Rumex crispus-type	RUMECRI	Vicia	VICISPE

Table 12. Bronze Age Feudvar. Species codes used in the correspondence analysis of the archaeobotanical data.

2.4.2 Results

All the samples classified to a crop processing stage were first examined through correspondence analysis to identify whether each stage formed a distinct group. Each sample was coded to their basic crop processing stage (i.e. all samples identified as sieved or unsieved spikelets were combined) regardless of cereal type and all tentative identifications were included within their possible groups. Initial analyses identified a separate cluster of seven samples near broomcorn millet along axis 2. These samples, FEU013, 017–019, 049, 050 and 402, had been previously identified as containing broomcorn millet products. Once removed, *Chenopodium* had a distinct affect on the dataset pulling a number of samples along axis 2. To reduce the effects, it was decided to down weigh this species. Lastly, sample FEU425 separated from the main group of samples due to the high number of bread / durum wheat grains. This sample was subsequently removed. Figure 4 presents the results plotted along axes 1 and 2.

All the cereals, except so called rye and barley rachis, are located on the negative end of axis one, while the majority of the weeds are located on the positive end. Along axis 2 the glume bases are located at the negative end while the cereal grains are found along the positive end. This distribution therefore resulted in the fine sieving by-products clustering to the bottom left, near the glume bases, the spikelets in the middle of the glume bases and the grains, and the products at the top near the cereal grains. Clustered with the products are a few samples identified as fine sieving by-products. These samples contain little chaff, a few grains but lots of small weeds (SFH), which would suggest that they are indeed fine sieving by-products and not products. The clear clustering of different crop processing stages would suggest that the ratio cut off points were acceptable, especially in the case of the spikelet remains. The dispersal of samples towards the positive end of axis 1 may result from unsieved crop processing stages, as the majority of the weed species are located in this area. These will be explored further in the following sections, as each crop processing stage is analysed separately.

Discrete clusters of species can also be seen and although weed ecology will be looked at in chapter 7, these associations are interesting to note. First, a large group consisting of Compositae, *Chenopodium*, *Echinochloa crus-galli*, *Solanum nigrum*, *Digitaria*, Labiatae, and *Teucrium* cluster together (see Table 12 for species codes). Second, *Bupleurum rotundifolium*, Gramineae, *Bromus*, *Bromus arvensis*, *Plantago lanceolata*, *Polygonum persicaria*, *Polygonum convolvulus*, *Trifolium* sp., and *Verbena officinalis* cluster near so called rye. The third group includes *Lolium*, Polygonaceae and *Polygonum aviculare* clustering near barley rachis.

Spikelets - sieved / unsieved

A correspondence analysis was run on the samples categorised as einkorn spikelets. A large number of *Galium spurium* seeds in FEU138 and *Agrostemma githago* seeds in FEU092 made these samples outliers and prevented the rest of the samples from being clearly seen. As a result they were removed from the analysis.

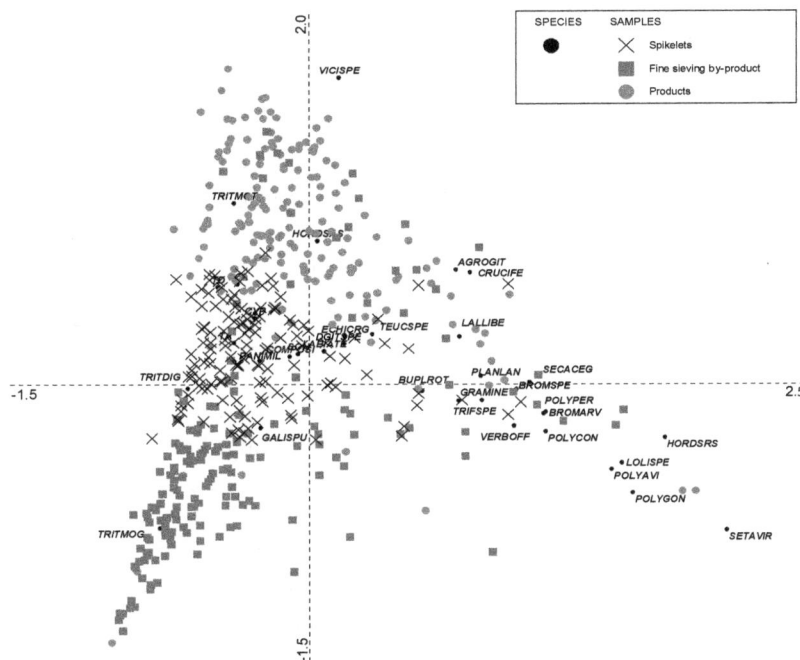

Fig. 4. Bronze Age Feudvar. Correspondence analysis of the Feudvar samples (>50 identifications and >10% weed species) classified by the crop processing stage, as identified by the ratio analysis, on the first two principal axes (axis 1 horizontal, axis 2 vertical).

The clear separation of the sieved and unsieved spikelets supports the results from the ratio analysis (Fig. 5). The sieved samples cluster in the bottom left of the plot, with all the cereals, suggesting little variation between the samples. The spread of the unsieved samples along the positive ends of axes 1 and 2 and their proximity to the wild / weed species, including broomcorn millet and so called rye, suggests greater variation between the samples. The location of broomcorn millet and so called rye may suggest that in these samples they represent weeds within the main einkorn crop. There is also a distinct cluster of samples near *Chenopodium*, at the positive end of axis 1. This results from the large numbers of *Chenopodium* seeds in the samples. Whether these samples represent unsieved remains or the collection of *Chenopodium* as a food is unclear, especially as the remains were not identified to species and the genus is commonly found growing as weeds in crops.

Only FEU128, classified as sieved, is distinctly separate from the main cluster, towards the top of axis 2. The sample has very few weed remains compared to the quantity of grain and glume bases present, so it is unlikely to be unsieved. The low glume : grain ratio 2, for einkorn, of 0.9 may suggest unsieved einkorn products rather than spikelets with underrepresented glume bases. However, the sample is particularly dominant in one weed species which may explain why it is plotted near *Echinochloa crus-galli*. The samples along the border of sieved and unsieved are largely characterised by an approximately equal value for ratio 4, making it difficult to determine their classification. Re-examining FEU497, 133 and 086, which are located furthest away from the main cluster of sieved spikelets, it may be possible to change these to unsieved spikelets as the number of weeds are slightly higher than the einkorn remains. These 'uncertain' samples will need to be explored with caution when examining weed ecology in the following chapter.

Fine sieve by-products - sieved / unsieved

A correspondence analysis was run on the samples categorised as fine sieve by-products. Both samples FEU079 and 425 were removed as they contained large numbers of *Vicia* sp. and bread / durum wheat respectively, making them outliers in the analysis. FEU425 in particular was identified as emmer and einkorn sieved fine sieving residue. However, the relatively large number of bread / durum wheat and

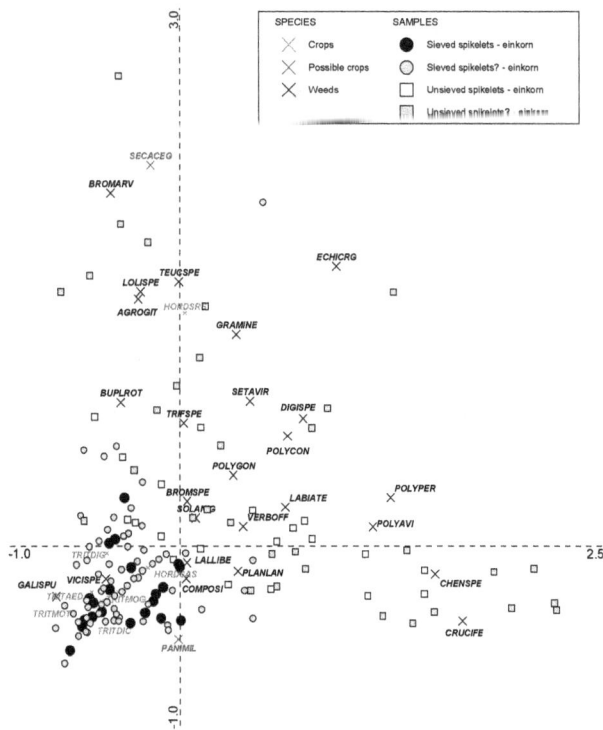

Fig. 5. Bronze Age Feudvar. Correspondence analysis of samples identified as sieved and unsieved einkorn spikelets.

barley grains in the sample prevented any clear interpretation and may suggest that the assemblage is the result of mixing of different crop processing stages during deposition.

FEU056 and 057, identified as sieved remains from method 1, are located in the unsieved area along the positive end of axis 2 (Fig. 6). The value of ratio 4 implies sieved remains, but if the broomcorn millet grains are interpreted as a weed then the samples may suggest unsieved remains. As a result, these samples have been re-identified as unsieved samples. Two further samples, FEU217 and 219, located along the positive end of axis 1, were identified as sieved einkorn by-products with possible remains of free-threshing early crop processing by-products. Both have low values for ratio 4 but due to the high number of bread / durum wheat and barley rachis they have separated from the rest of the sieved remains. This would suggest that the samples likely represent a mix of glume wheat fine sieving by products and free-threshing early crop processing waste.

The samples along the border of sieved and unsieved are largely characterised by an approximately equal value for ratio 4, making it difficult to determine their classification. A re-examination of FEU327 and 435, identified as unsieved remains, are located within the cluster of samples identified as sieved and may suggest that they actually represent sieved fine sieving residue, especially as the number of weeds are lower than the number of einkorn glume bases. However, these 'uncertain' samples will need to be explored with caution when examining weed ecology in the following chapter.

Products - sieved / unsieved

A correspondence analysis was run on the samples categorised as products. Initial analysis identified a distinct cluster of seven samples, FEU402, 013, 019, 049, 050, 018 and 017, which were all identified as containing broomcorn millet products. FEU018 was identified as containing both barley and broomcorn millet products and although the correspondence analysis may suggest that it is mainly broomcorn millet products, the similar number of barley and millet grains support the original interpretation. In addition, FEU483 was an outlier in the analysis as a result of the large number of Cruciferae seeds recovered (402 seeds). These samples were subsequently removed to allow further analysis of the remaining products.

Correspondence analysis was first run on the sieved and unsieved products regardless of the species of the product in order to determine whether differences could be seen between the samples (Fig. 7). The sieved samples generally cluster in the bottom left of the plot, while the unsieved samples are spread along the right. The tentatively identified sieved and unsieved products were also plotted. From Figure 7, it is difficult to determine whether the possible sieved or unsieved are correct identifications as they are located among both types of samples. As a result, the samples have been left to the classifications determined from the ratio analysis. Similar to the previous crop processing groups a number of samples also cluster near *Chenopodium*.

A second correspondence analysis was run to determine whether the different crops identified as products clustered together. Due to the effects of *Chenopodium* on sample composition, it was decided that it would be removed from this analysis. The most distinct group of samples are those identified as sieved barley products (Fig. 8). Of the 12 samples, 11 are found clustered at the positive end of axis 2. The last

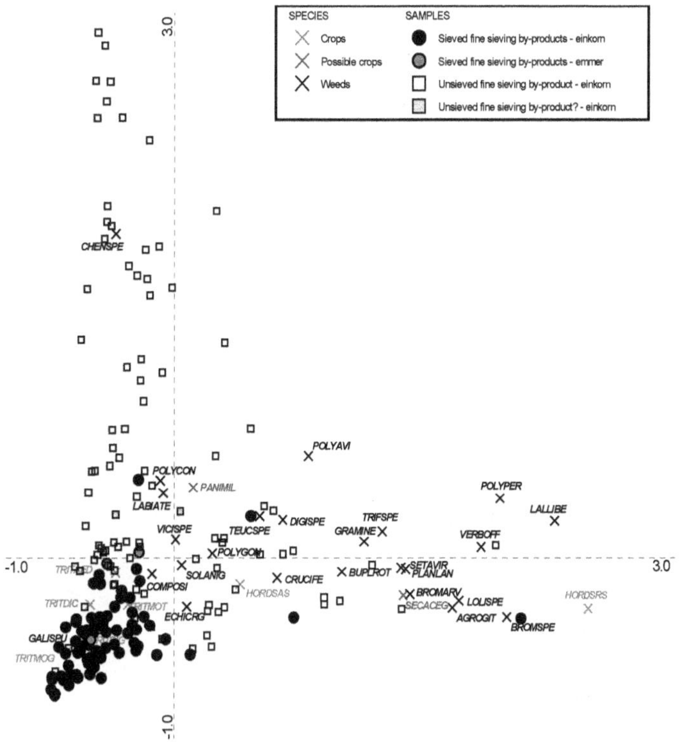

Fig. 6. Bronze Age Feudvar. Correspondence analysis of samples identified as sieved and unsieved fine sieving by-products.

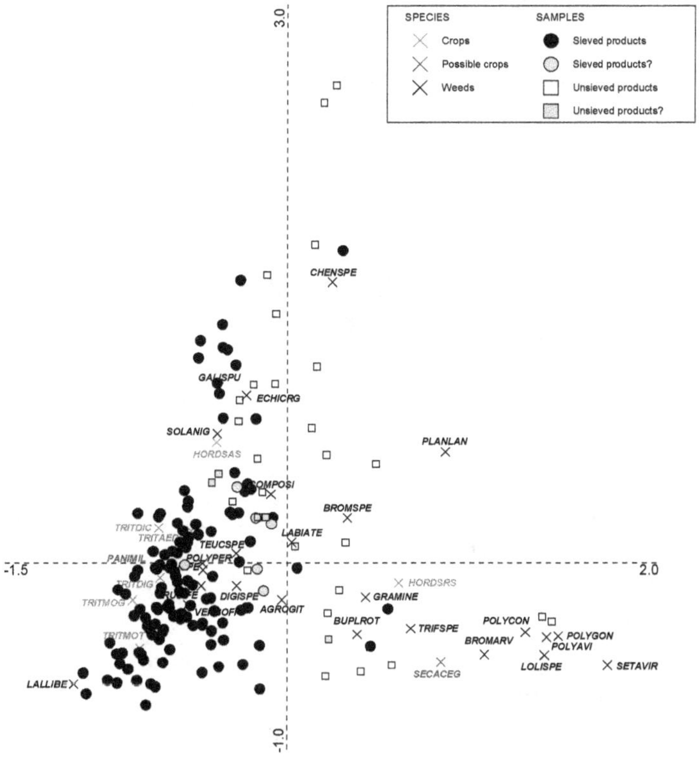

Fig. 7. Bronze Age Feudvar. Correspondence analysis of samples identified as sieved and unsieved products.

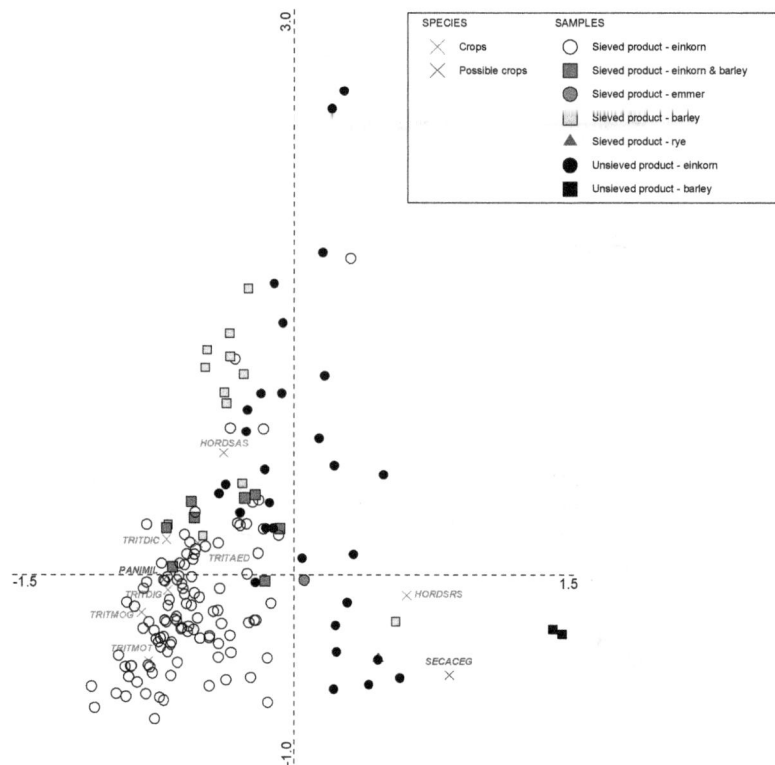

Fig. 8. Bronze Age Feudvar. Correspondence analysis of samples identified to specific crop products.

sample, FEU047, is located on the positive end of axis 1 near so called rye and barley rachis. However, looking at the ratios it is clear that this sample represents a sieved barley product. The second distinct group is the two samples identified as unsieved barley which are located at the positive end of axis 1. It is also interesting to note that a number of grasses (e.g. *Lolium*) and knotgrasses (e.g. *Polygonum aviculare*) also cluster here.

FEU029 and 030 are located between einkorn and barley, supporting their identification as a mixed crop or deposit of einkorn and barley products. The composition of FEU083 is clearly that of an emmer product, so the location of the sample may result from the composition of the few weed seeds present in the sample. Finally FEU021, identified as a sieved so called rye product, is located near the so called rye but is also near samples identified as unsieved einkorn products. The sample also includes a number of barley and einkorn remains which suggests that the so called rye is a weed in another crop, especially as there are a lot of large weed seeds present, or the sample may contain a mix of different crop products[73].

2.4.3 Summary

Correspondence analysis was used here to assess the identifications attained from the ratio analysis. This proved successful as the samples identified to different crop processing groups did indeed cluster together and tentative identifications were reinforced by the analysis. Correspondence analysis was also useful in highlighting certain samples that did not conform to the clusters and therefore required reassessing.

Table 13 presents a summary of the number of samples identified to each crop processing stage before and after the correspondence analysis. Only three samples previously identified as sieved spikelets were re-examined and changed to unsieved spikelets. For the fine sieving residue, samples FEU056 and 057,

---

73   This so called rye, cf. Secale, is a weed: Dasypyrum villosum, a genus near Triticum and Secale. This is a recent discovery [Kroll].

Processing stage	Analysis type	Einkorn	Einkorn / emmer	Einkorn / barley	Einkorn / barley / naked wheat	Emmer	Barley	Barley / broomcorn millet	Broomcorn millet	Total
Spikelets, sieved	RA	21 (64)								85
	CA	82								82
Spikelets, unsieved	RA	22 (32)								54
	CA	57								57
Fine-sieving by-product, sieved	RA	79	1		(2)	3				85
	CA	79	1		2	3				85
Fine-sieving by-product, unsieved	RA	87 (3)								90
	CA	90								90
Product, sieved	RA	103 (4)		3 (5)		2	12	1	2 (1)	133
	CA	107		8		2	12	1	3	133
Product, unsieved	RA	26 (4)					2		(3)	35
	CA	30					2		3	35
Total	RA	445	1	8	2	5	14	1	6	482
	CA	445	1	8	2	5	14	1	6	482

Table 13. Bronze Age Feudvar. Summary of the number of samples identified for each crop processing stage from the ratio analysis (RA) and after correspondence analysis (CA). (no.) = tentative identifications.

Chenopium	Spikelets, unsieved	Fine-sieving by-products, unsieved	Products, unsieved
>90 %	-	135; 165	-
>70 %	023; 136; 208; 233; 468	005; 006: 041; 053; 070; 094; 182; 279; 395	396; 461

Table 14. Bronze Age Feudvar. Samples with <90% and >70 % Chenopodium content per identified crop processing group (FEU … sample no.).

previously identified as sieved were changed to unsieved. In addition, FEU327 and 435, previously identified as unsieved fine sieving residue were changed to sieved.

A number of issues were also brought to light. The first involved the dominance and effect of *Chenopodium* on many of the samples in the assemblage. Two samples identified as unsieved fine sieving by-products have >90 % *Chenopodium*, while a further 16 samples identified as unsieved spikelets, fine sieving by-products and products contain >70 % *Chenopodium* (Table 14). These samples may therefore suggest that within these samples *Chenopodium* represents food collection rather than a crop weed. However species within the *Chenopodium* family can be found as a weed in crops and each individual plant can produce large numbers of seeds. For example, Williams observed that *Chenopodium* plants in nitrogen-poor soils produced <20 seeds per plant, however those on nitrogen-rich soils can produce >200,000 seeds per plant[74]. It is therefore difficult to determine its significance within the samples and will need to be explored further when examining weed ecology in the samples.

Second is the role of broomcorn millet. However, broomcorn millet is found as a small component of many of the samples which may support the idea that it is also a weed within the main crop. The identifications of broomcorn millet as a product from the ratio and correspondence analysis will remain, although it is important to note the issues that surround the identification.

74   Williams 1969, 837.

2.5 Intra-site variability

2.5.1 General trends

The location of each sample identified to a crop processing stage within the western trench at Feudvar is presented below. The aim of this is to see whether certain crop processing remains are found within particular features or areas within the trench. The trench is divided into 5 x 5 m areas to help determine any differences in spatial deposition. This will contribute to the overall depositional history of the samples.

The samples identified to crop processing stages were first examined as to their percentage presence within each feature type (Table 15). The majority of samples were recovered from general deposits, houses and pits, however the percentage of samples identified to each crop processing stage varies.

Feature type	Spikelets	Fine-sieved by-products	Products	Total no.
Container fill	27	64	9	11
Occupation layer	29	38	33	253
Hearth	22	50	28	18
House	33	33	33	93
Miscellaneous	15	46	37	12
Pit	27	33	40	70
Street	15	15	69	13
Yard	33	8	58	12
Total	139	175	168	482

Table 15. Bronze Age Feudvar. Percentage of samples per feature type based on their crop processing identifications.

General deposits along with container fills, hearths and miscellaneous deposits have a higher percentage of samples identified as fine sieving by-products. Pit, street and yard deposits have a higher percentage of products, while the house deposits contain an approximately equal percentage of spikelets, fine sieving by-products and products. The street deposits are the only feature that contains mainly products, while the yard samples contain mainly products and spikelets and the container fills have more samples identified as fine sieving residue and spikelets. However these features are represented by a small number of samples, so it is difficult to determine how accurate these trends are.

Looking at the distribution of samples across the site seen in Figure 9, some distinctions may be identified. First, a high percentage of spikelets can be seen in area 1 and 3. The samples here come from mainly general deposits, houses and pits (Table 16). Second, the majority of samples containing fine sieving by-products are located in areas 2, 7, 12, 15 and 16 from a wide range of features, although mainly general, house and pit deposits. Areas 7 and 12 also have extremely high plant seed densities per litre of soil (Fig. 3). Third, areas 4 to 6, 8 and 14 have slightly higher percentages of samples identified as products which are mainly from general deposits, pits and house areas with only a few being found in street and yard deposits (Table 16). In addition, the distribution of sieved and unsieved samples (Fig. 10), shows that areas 6, 9 and 15 have a high percentage of sieved remains (>85 % of samples) while areas 3, 13, 14 and 16 have over 50 % of the samples identified as unsieved. The later areas were generally identified as containing high percentages of spikelets and fine sieving residue, while the former contained products and fine sieving residue.

2.5.2 Cereal distribution

In order to determine whether these areas show any consistency distribution that may suggest differences in households or storage facilitates the distribution of crop remains were also examined. The majority of the crop processing remains have been identified as einkorn crops and as such is found in all the feature types sampled at the site (Table 17). General, house and pit deposits have the greatest variety of samples identified to a certain crop, however no further patterns can be distinguished. Looking at the percentage presence of each crop as well as the weeds per feature for all the samples a number of patterns can be seen (Table 18). Overall occupation layers and house floors contain the highest percentage of remains from most of the cereals and weeds. Only broomcorn millet and emmer deviate from this trend with of the millet remains being found in pits and 48 % of emmer grain found from hearth features. 33 % of emmer glume bases however are found from house floors along with einkorn glume bases and barley rachis.

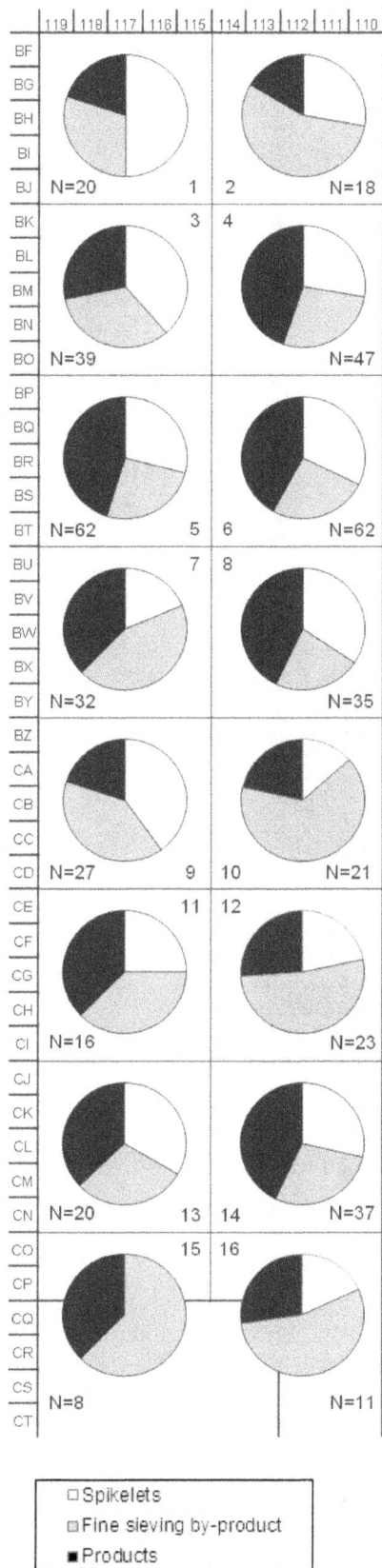

Fig. 9. Bronze Age Feudvar. Pie charts representing the percentages of samples identified as spikelets, fine sieving by-products and products per block (5x5m).

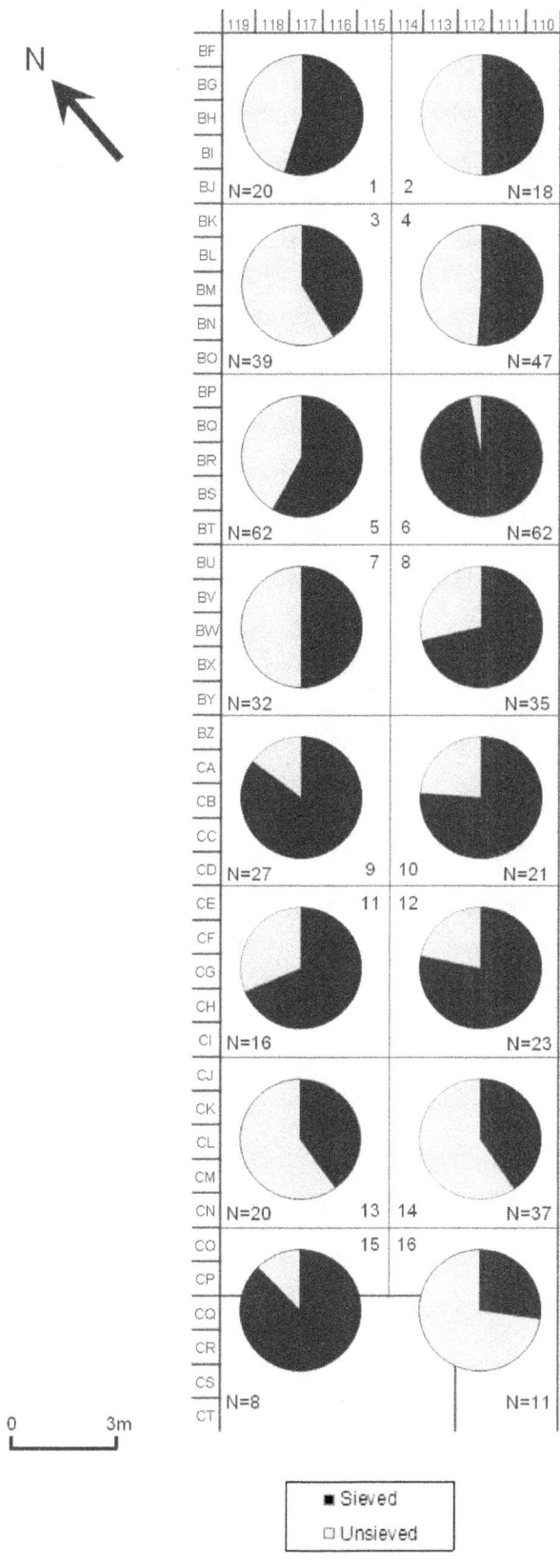

Fig. 10. Bronze Age Feudvar. Pie charts representing the percentages of samples identified as sieved and unsieved (regardless of crop processing stage) per block (5x5m).

Block no.	Container fill	Occupation layer	Hearth	House	Miscellaneous	Pit	Street	Yard	Total no.
1		55			35	10			20
2		39			33	28			18
3	3	59	13		15	10			39
4		40	9	6	17	23	4		47
5	10	65	2		18	5	2		62
6		42	10	2	31	6	10		62
7		56			34	3	6		32
8	3	63		6	17	11			35
9		59		4	4	22		11	27
10		57			10	14		19	21
11		31			13	38	6	13	16
12		57		9		22		13	23
13	10	30		5	20	30	5		20
14		57		8	16	19			37
15		25	25		25	25			8
16	9	73			9	9			11

Table 16. Bronze Age Feudvar. Percentage of samples per block in relation to feature type.

Cereal	Container fill	Occupation layer	Hearth	House	Miscellaneous	Pit	Street	Yard	Total no.
Einkorn	10	241	14	82	12	62	13	11	445
Emmer		1	1	1		1		1	5
Barley		4	3	6		1			14
Broomcorn millet		2				4			6
Mixed	1	5		4		2			12
Total no.	11	253	18	93	12	70	13	12	482

Table 17. Bronze Age Feudvar. The number of samples identified to each cereal per feature.

The differences seen between house deposits and pits was examined further in relation to the percentage of cereal and weed remains per areas within the trench for each crop processing stage i.e. spikelets, fine sieving residue and products (Tables 19–21).

Spikelets

House levels which contain spikelets occur in areas 1 to 9, 13 and 14, while pits containing spikelets are found in blocks 1 to 4, 6 to 9 and 12 to 14 (Table 19). Although the areas are largely dominated by einkorn spikelets a number of observations can be made between the two feature types and areas. Area 14 has a high number of barley grains and weeds in the house levels. Both area 14 and 3 contain a high percentage of weeds for both house and pit features, while areas 6 and 12 have an extremely low percentage of weeds. Area 7 shows a high percentage of broomcorn millet grains and a low percentage of weeds within the pits, while a high percentage of weeds are located in area 9 within the house deposits.

Fine sieving by-products

House levels which contain fine sieving by-products occur in areas 1 to 8, 11 and 13 to 16, while pits containing fine sieving by-products are found in blocks 2 to 4, 6, and 8 to 15 (Table 20). Although the areas are largely dominated by einkorn spikelets a number of observations can be made between the

	Container fill	Occupation layer	Hearth	House	Miscellaneous	Pit	Street	Yard	Total no.
Barley grain	1	52	4	29	2	9	2	1	15102
Barley rachis		46		50		3	1		1232
Einkorn grain		35	1	40	14	6	3	1	73493
Einkorn glume base	1	40	1	39	7	11	1		135994
Emmer grain		26	48	11	2	10	1	2	4207
Emmer glume base	1	51		33	4	9	1	1	6602
Naked wheat grain		90		2	6	2			471
Broomcorn millet		23	1	3	9	63		1	2660
Weeds	1	50	2	31	3	11	1	1	65485

Table 18. Bronze Age Feudvar. Percentage of each cereal per feature type.

Block no.	Barley grain		Barley rachis		Einkorn grain		Einkorn glume base		Emmer grain		Emmer glume base		Broomcorn millet grain		Weeds		Total no. of items	
	House	Pits	House	Pits	House	pits	House	Pits	House	Pits	House	Pits	House	Pit	House	Pit	House	Pits
1	2	7		1	26	24	27	29	1	11	1	4		1	43	23	866	497
2	2	4		1	19	14	40	21	2	3	3	10	1	1	33	46	530	135
3	4	2			19	8	17	16	1	1	1	1	1	4	57	68	720	1789
4	10	2			23	23	32	31	1	1	3	4			31	39	412	647
5	4				26		48		2		1		2		17		438	
6	2	3			55	53	38	36		2			1		4	6	5058	1657
7	7	8			30	32	26	24	1	2				12	36	22	1069	304
8	16	3			25	26	23	37		3	1	8			35	23	398	174
9	5	4	1		14	20	21	19	5	16		14			54	27	161	250
10																		
11																		
12		31				18		38		2		2		2		7		173
13	6	12			24	17	41	23	6		9			4	14	44	93	464
14	23	4			8	8	13	8					1	2	55	78	167	190
15																		
16																		

Table 19. Bronze Age Feudvar. Percentage of each cereal per block for house and pit features from samples identified as spikelets.

two feature types and areas. Area 14 has a high number of barley grains and weeds in the house levels. Areas 3 to 4 and 13 to 14 contain a high percentage of weeds for both house and pit features, while generally areas 6 to 9 have a lower percentage of weeds. Broomcorn millet is largely absent from the house levels. A large percentage (77 %) of emmer glume bases are present in area 8 of the house level, however this results from FEU084 which was identified as sieved emmer fine sieving by-products.

Products

House levels which contain products occur in areas 3 to 8, 10 to 11 and 13 to 14, while pits containing products are found in blocks 1 to 2, 4 to 6, 8 to 11, 14 and 16 (Table 21). Although the areas are largely dominated by einkorn spikelets a number of observations can be made between the two feature types and areas. Area 14 has a high number of barley grains and weeds in the house levels. Areas 3, 11 and 13 have

Block no.	Barley grain		Barley rachis		Einkorn grain		Einkorn glume base		Emmer grain		Emmer glume base		Broomcorn millet grain		Weeds		Total no. of items	
	House	Pits	House	pits	House	Pits	House	Pits	House	Pits	House	Pit	House	Pit	House	Pits	House	Pits
1					3		8		1		1				87		774	
2	4			1	14	7	55	82	1	1	1	1		1	25	7	1050	1659
3	3		1	1	8	2	56	24	4	1	1	2			27	70	335	207
4	6	3			13	11	35	30	1	1	7	1		1	38	53	204	439
5	2				21		61		1		1				14		649	
6	7	1			13	4	62	88	1	1	2	1			15	5	1743	520
7	1		1		13		79								6		52720	
8	1	13			6	12	2	51	6		77	3		1	8	20	2192	75
9						1		96	1							2		8907
10		5			13		37					1				44		318
11	4	1	1		13	13	63	71			2	1	2		15	14	231	260
12		11			8		39			1		2				39		2049
13	4	2			10	5	31	16	1	3		18			54	56	236	1242
14	16	6			12	12	2	45	3	1				2	67	34	89	194
15	5	15			7	14	50	49	1	3	26	3			11	16	853	152
16	2				4										94		55	

Table 20. Bronze Age Feudvar. Percentage of each cereal per block for house and pit features from samples identified as fine sieving by-products.

Block no.	Barley grain		Barley rachis		Einkorn grain		Einkorn glume base		Emmer grain		Emmer glume base		Broomcorn millet grain		Weeds		Total no. of items	
	House	Pits	House	pits	House	Pits	House	Pits	House	Pits	House	Pit	House	Pit	House	Pits	House	Pits
1		1				61		16		2				1		19		352
2		7				6		19		1		2		32		33		506
3	11				18										71		12213	
4	5	16			62	30	29	11	1	1		3		1	3	38	15828	1620
5	5	6			38	46	6	15		1					51	32	3198	878
6	16	11			43	62	11	13	2	3	2			1	25	11	1163	238
7	2				87		2								9		4438	
8	19	18			28	39	17	7	1	2	2	11	0	2	33	21	1023	106
9		12				41		1		8		3		1		34		125
10	16	5	1		34	23	11	12	6	1	6	15	1	1	25	43	142	146
11	5	17			32	18	5	7	6	3		1		13	52	41	101	1490
12																		
13	2				26		8								64		154	
14	54	2			6	6	9	20		1		2		45	31	24	806	2437
15																		
16		7				29		18		1		3		8		34		77

Table 21. Bronze Age Feudvar. Percentage of each cereal per block for house and pit features from samples identified as products.

a high percentage of weeds within the house levels, while areas 4 and 7 have the lowest. Area 11 shows a high percentage of broomcorn millet grains within the pits.

2.5.3 Correspondence analysis

Each crop processing group was re-examined in relation to the distribution of feature types and areas with the trench in correspondence analysis. This was conducted in order to determine whether the distribution of samples may also be linked with feature type of area, especially as a number of patterns have been identified above.

Spikelets

A correspondence analysis was run on the samples identified as spikelets. Each sample was first coded as to their feature type and second to the area within which they were recovered within the trench. Figure 11 shows that pit features are located to the bottom of the plot near the wheats, broomcorn millet and *Chenopodium*. In addition, samples recovered from the southern areas of the trench (blocks 13–16) are also located along the bottom of the plot (Fig. 12). Hearth deposits are located in the bottom left of the plot, while the remaining features have no clear associations (Fig. 11). There are also no further associations with area although there is a small cluster of samples from blocks 7 to 12 located near so called rye at the top of the plot (Fig. 12).

Fine sieving by-products

A correspondence analysis was run on the samples identified as spikelets. Each sample was first coded as to their feature type and second to the area within which they were recovered within the trench. Figure 13 shows that pit features are located to the right of the plot near the wheats, broomcorn millet and *Chenopodium*. In addition, samples recovered from the southern areas of the trench (blocks 13–16) are also located along the right of the plot (Fig. 14). Hearth deposits are more dispersed but are mainly found along the right of the plot, while the remaining features have no clear associations (Fig. 13). There are also no further associations within the areas (Fig. 14).

Products

A correspondence analysis was run on the samples identified as spikelets. Each sample was first coded as to their feature type and second to the area within which they were recovered within the trench. Figure 15 shows that pit features are located to the right of the plot near the wheats, broomcorn millet and *Chenopodium*. In addition, samples recovered from the southern areas of the trench (blocks 13–16) are also located along the right of the plot (Fig. 16). Hearth deposits are located in the middle left, street deposits in the bottom left and yard deposits are also located to the left. Only general and house deposits seem to be associated with barley and so called rye to the right of the plot (Fig. 15). There are also no further associations within the areas (Fig. 16).

2.5.4 Summary

The general trends of crop processing distribution at Feudvar suggests that products are more commonly associated with pit, street and yard deposits, fine sieving remains with general deposits, containers and hearths, while the house deposits have all three crop processing stages. In addition, samples tend to be unsieved in areas 3 and 14 within the trench which correspond with the fisher house to the northeast of the trench and the southern house possibly indicating crop processing areas within the house. Block 14 also has a consistently high percentage of barley grain which may suggest a greater preference for barley within the household or may indicate an area within which animals are kept. This may also be supported by the increase in fine sieving remains found in pits near the southern end of the trench and the reduction in presence of samples identified as spikelets and products in this area. However from the correspondence analysis there also seems to be a strong association with broomcorn millet and *Chenopodium* within the southern area of the trench. Unfortunately further archaeological details are unavailable at present.

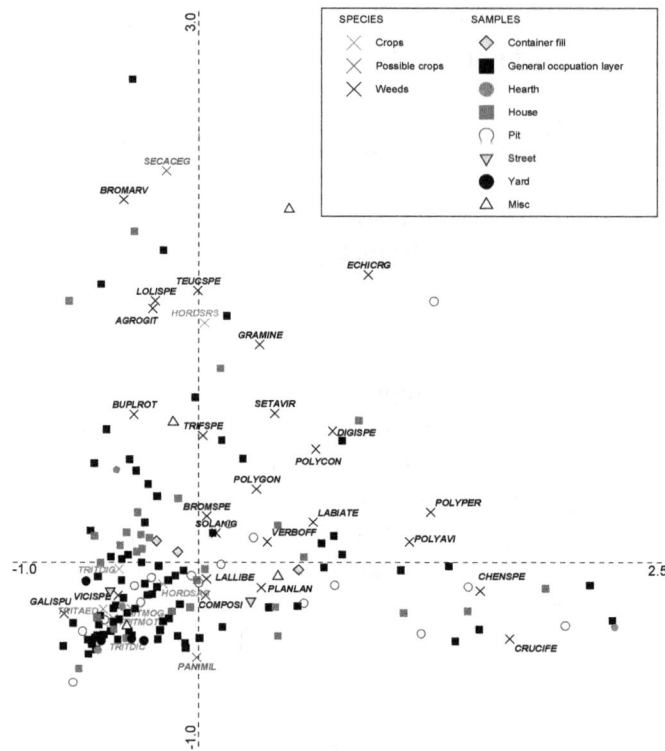

Fig. 11. Bronze Age Feudvar. Correspondence analysis of samples identified as spikelets per feature type.

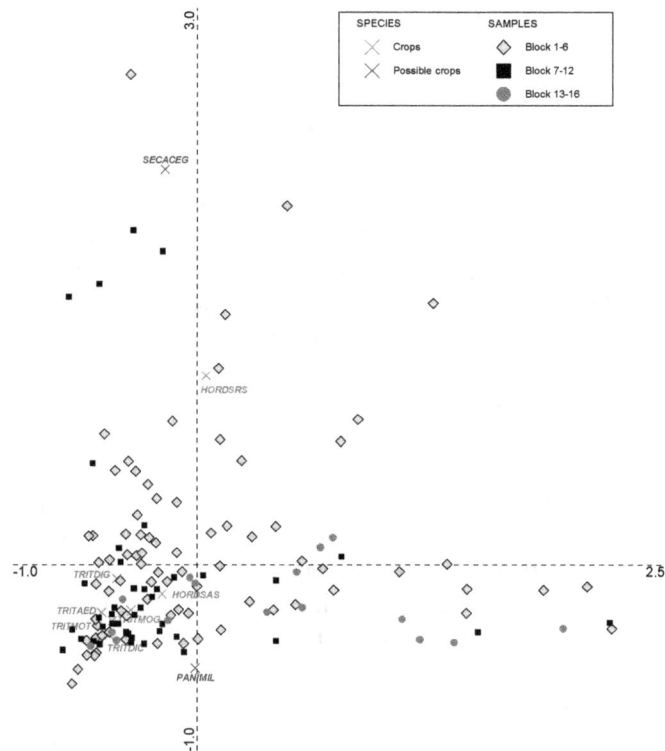

Fig. 12. Bronze Age Feudvar. Correspondence analysis of samples identified as spikelets per block (5x5m).

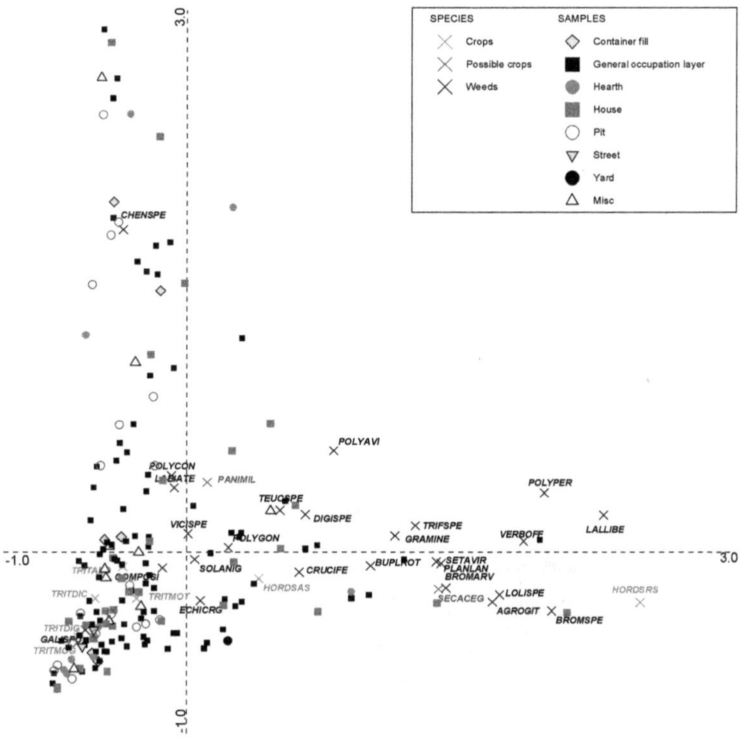

Fig. 13. Bronze Age Feudvar. Correspondence analysis of samples identified as fine sieving by-products per feature type.

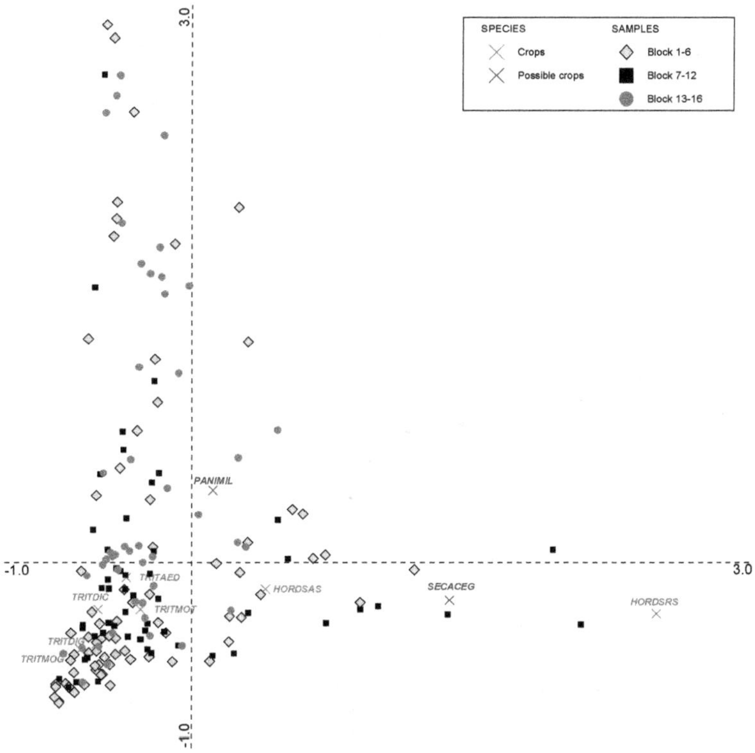

Fig. 14. Bronze Age Feudvar. Correspondence analysis of samples identified as fine sieving by-products per block (5x5m).

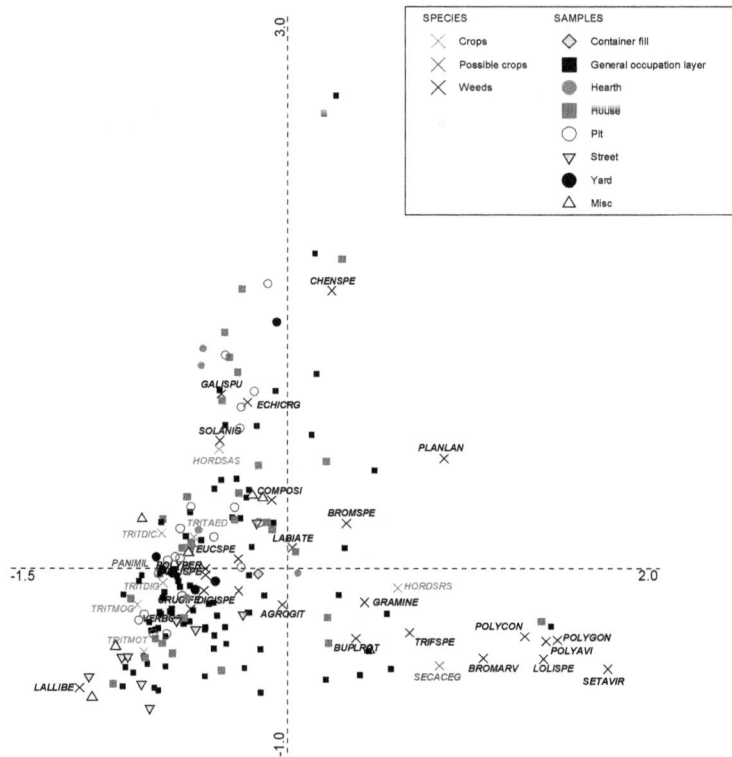

Fig. 15. Bronze Age Feudvar. Correspondence analysis of samples identified as products per feature type.

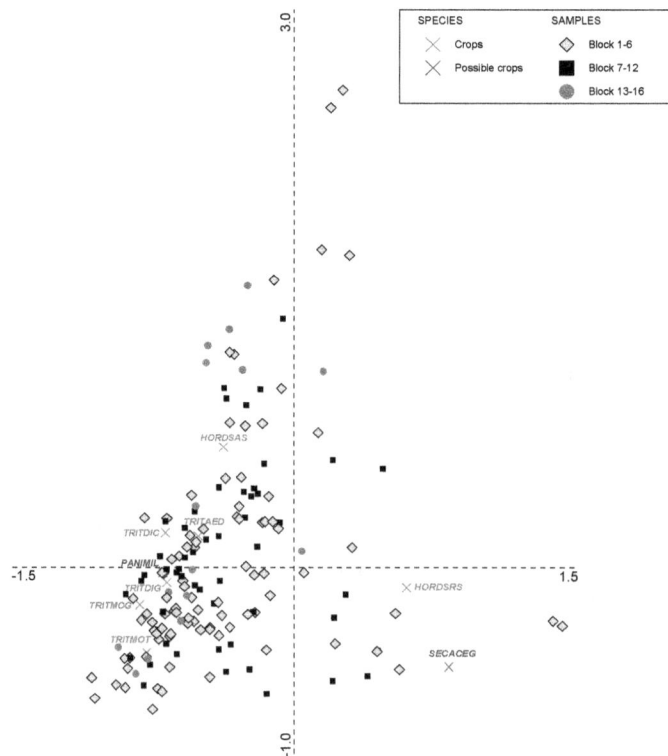

Fig. 16. Bronze Age Feudvar. Correspondence analysis of samples identified as products per block (5x5m).

In contrast, sieved samples seem to occur more regularly in the centre of the trench especially in the bottom half of the 'fish' house. From the correspondence analysis the north and central parts of the trench seem to have the greatest variance and are unassociated with any particular crop or weed. Further patterns can be seen where so called rye grains correspond with house floors and broomcorn millet has a greater association with pits. From the correspondence analysis the location of broomcorn millet, near the crops, and so called rye, located near the weeds, may suggest that rye is a weed[75]. This may explain why so called rye is regularly found in house deposits, which contain all three crop processing stages, while broomcorn millet is stored within pits, which have a greater association with products and few weeds, suggesting it may be an admixture or crop in its own right.

2.6 After the harvest: crop processing at Feudvar

The growing of crops involves a yearly cycle of activities such as preparing the soil, sowing, harvesting and crop processing. Each activity relies on variables such as man power, technology, the environment and society. By analysing the crop processing stages at Feudvar the activities conducted by the community are brought to light. The main crop grown was einkorn with potential minor crops of emmer, barley, bread / durum wheat and possibly broomcorn millet and so called rye. The identification of sieved and unsieved spikelets, sieved and unsieved fine sieving residue and sieved and unsieved products shows a clear separation in the activities performed at the site. The following sections will discuss further the different crop processing stages identified from the Feudvar assemblage, what activities they may represent and how this impacted on social organisation.

2.6.1 Early stages of crop processing

As outlined above early stages of crop processing, i.e. threshing and winnowing, are performed to break the ears of the cereals into either spikelets for the glume wheats or to separate the grain from the chaff in the case of free-threshing cereals. Ethnographic evidence from Greece, Turkey and Spain show that stone threshing floors are used as well as numerous methods to thresh the crops[76]. For example, for the threshing of spelt in different regions of Asturias farmers employ human trampling, wooden mallets and flailing to release the spikelets from the straw. Areas known as threshing floors are usually built just outside the settlement in an open space where the wind is able to aid the winnowing process[77]. In Karpathos, teams of animals were used to trample the cereals and in rare cases a threshing sledge was employed. The cereals also needed to be dry before threshing and in Karpathos threshing would typically take place in the heat of the midday sun. The level of dryness would therefore impact on the time it would take to process the cereals at this stage[78].

Once the crop has been broken apart the next stage is to winnow the remains to separate the grain from the light chaff, straw and weeds. In the region of Asturias this is done by using a winnowing drum to either pour the remains from a height allowing the wind to blow away the light remains or they can be thrown into the air. A steady breeze seems to be required for the efficient winnowing of cereals. In Armogos branches from local bushes, such as Juniper, were placed at the edges to catch fragments of chaff and straw and prevent it from being blown away[79].

Evidence of early crop processing by-products will therefore largely include straw fragments, culm nodes and bases, awn fragments and, in the case of free-threshing cereals, rachis internodes. At Feudvar there is no written evidence of straw, culm nodes or awn fragments[80]. As the area excavated includes a number

---

75   This so called rye is a weed: The coastal grass Dasypyrum villosum. A recent discovery [Kroll].
76   Halstead and Jones 1989; Hillman 1981.
77   Peña-Chocarro 1999, 34–35.
78   Halstead and Jones 1989, 44.
79   Halstead and Jones 1989, 44.
80   It is not useful to count straw, culm nodes and awn fragments. These remains are neglected in the data sheets of the Feudvar samples [Kroll].

of houses and streets it is likely that the threshing and winnowing would have occurred away from this area possibly on the outskirts of the settlement. Thus, the likelihood of the remains becoming charred and deposited within these features is unlikely. Evidence of rachis remains from barley and bread / durum wheat at the site may suggest remains of early crop processing waste but as they are incorporated within a deposit of einkorn fine sieving waste they may also represent the by-products of sieving.

Building material

Evidence from the excavations at Feudvar has shown that the house walls were built of reeds and clay strengthened with straw and other plant parts[81]. This would suggest that by-products from crop processing were regularly utilised in the construction of housing at the site[82].

2.6.2 Spikelets

Human consumption

After threshing and winnowing the remaining products for glume wheats would include the spikelets some chaff and weeds, while the free-threshing cereals would include the grain, some chaff remains and weeds. At this point the grain / spikelets can be stored semi-clean or processed further, i.e. coarse and fine sieved. In regards to glume wheats, whether the spikelets are sieved prior to dehusking may depend on a number of factors such as what the intended product is, climate, labour availability as well as possibly being a cultural preference. In Morocco ethnographic observations showed that when einkorn was used for human consumption the grain was not sieved until after dehusking on a smaller scale within the house on a day-to-day basis before the grain was milled for flour[83]. Similarly, in regions of Asturias spelt is stored semi-cleaned but is later dehusked en masse at a local mill, where it is sieved and the clean grain is stored again to be used on a piecemeal basis. The remains of fine sieving by-products at Feudvar suggest that a certain proportion of the cereals were intended for human consumption as dehusking glume wheats is time consuming and is unlikely to be performed for animal feed[84].

Animal fodder

It is also important to consider that semi-cleaned spikelets / grain may represent animal fodder. Ethnographic studies on traditional einkorn crop processing in Spain identified that einkorn spikelets were not thoroughly sieved as the final product was intended to feed animals. Einkorn spikelets, either on their own or mixed with barley, were then fed to mules, donkeys, goats and chickens. However einkorn is grown as a minor crop at these sites. In addition, Peña-Chocarro also points out that emmer and spelt are not commonly used for animal feed unless absolutely necessary[85]. Ethnographic observations in Romania however found that minor crops of einkorn and emmer intended for animals were also usually grown in distant plots that had become overgrown with weeds[86]. As a result the crop remains had a high weed content. The high weed content found in a number of the spikelet samples at Feudvar could also be intended for animal fodder.

Seed corn

Another consideration is the processing of grain for seed corn that will be used to plant the fields the following year. In the region of Asturias einkorn, emmer and spelt is always sown by broadcasting the spikelets. This is also observed for the cultivation of einkorn in Morrocco, as well as the sowing of emmer

81 Hänsel and Medović 1991.
82 There are myriads of imprints of chaff in the sun-dried bricks of Feudvar. We concentrated on the carbonized plant remains [Kroll].
83 Peña-Chocarro et al. 2009.
84 Hillman 1984 a; id. 1984 b; Meurers-Balke and Lüning 1992; Nesbitt and Samuel 1996; Peña-Chocarro 1999.
85 Peña-Chocarro 1999, 39; 44.
86 Hajnalová and Dreslerová 2010.

spikelets in south-central Tigrai, Ethiopia. The ethnographic study by D'Andrea and Mitiku in south-central Tigrai also noted that an area of c. 1250 square meters was sown with 46 litres of emmer spikelets, while in the region of Asturias farmers roughly pick out the largest spikelets for next year's sowing, approximately 250 kg per hectare[87]. Thus, a proportion of the einkorn spikelet remains found at Feudvar are likely to have been intended for sowing.

Storage

Unfortunately details of the excavation are not available at present for Feudvar, preventing further analysis of the location or size of possible storage facilities. However, many of the pits excavated within the houses were interpreted at storage pits as they usually contained concentrations of cereal remains[88]. In addition, the identification of different crop processing stages, which may have allowed further spatial interpretation, have revealed little to suggest differences in storage areas within the trench. Only area 6, the baker house, in the western trench seems to contain a much higher number of pits containing sieved einkorn spikelets, products and by-products. No other discernable differences can be seen within the trench to suggest, for example, any particular areas for the storage of sieved or unsieved products.

From the analyses there was also a high association of broomcorn millet with pit features which may suggest simply result from storage of these crops but could also be associated with methods of storage. For example, the adding of broomcorn millet grains to wheat has been observed in France to increase the preservation of the crop by reducing voids that can be penetrated by weevils[89]. By sieving the mixture the broomcorn millet can then be easily removed from the main wheat crop when needed.

2.6.3 Fine sieving by-products

As already mentioned evidence of fine sieving by-products at Feudvar suggests that a certain proportion of the cereals remains were intended for human consumption. The majority of the remains found throughout the trenches are therefore likely to represent the discard of day-to-day dehusking where the fine sieving by-products are thrown into the fire. The fine sieving by-products however can also have an additional value such as for the feeding of animals, as a building material or intentionally collected for fuel. For example, 64 % of the samples collected from containers at Feudvar were identified as fine sieving by-products. As these were recovered in the area of houses it suggests that the by-products were deliberately collected, it is unclear however whether this was for fuel, fodder or temper.

Animal fodder

The use of chaff remains for the feeding of cattle has been recorded ethnographically from a number of areas. For example, in central Anatolia households were noted as using a common fodder type (zavar) which contained a mixture wheat, barley, rye, oats, vetch, beet and clover, mixed with cereal bran and crop processing residues from cereals and legumes[90]. Archaeobotanical work on distinguishing animal dung remains has also highlighted that animals were regularly fed a combination of cereal components as well as wild species. This practice is also suggested at a number of Late Neolithic sites in Greece where glume wheat chaff and fig seeds were identified from 'dung' samples[91].

Temper

Fine sieving by-products are used for temper within the clay bricks of the houses at Feudvar. A number of miscellaneous deposits from wall slumps have been identified as fine sieving by-products, which may suggest they result from inclusion into the clay walls of the houses before it was burnt.

---

87   Peña-Chocarro 1999, 39; Peña-Chocarro et al. 2009; D'Andrea and Mitiku 2002.
88   Hänsel and Medović 1998.
89   Marinval 1992.
90   Anderson and Ertuğ-Yaraş 1998.
91   Valamoti 2004; Valamoti and Jones 2003.

Fuel

The charring of glume wheat glume bases has been regularly cited as resulting from their use as a fuel[92]. The use of fine sieving by-products as fuel, whether intentionally or accidentally, may be seen at Feudvar as 50 % of the hearth remains are fine sieving by-products. At the Late Neolithic sites of Galini, Makriyalos and Apsalos, Greece, glume wheat processing by-products were encountered around hearths, ovens and inside pits and were interpreted as remains of spent fuel[93].

2.6.4 Products

Einkorn products dominate this category of samples although there is evidence of products of barley and broomcorn millet. Two types of products were identified from Feudvar those that had been sieved and those that were unsieved, which contained large numbers of weed seeds[94].

Human consumption

Of the samples identified as products from Feudvar, 63 % are sieved einkorn products. These remains most likely represent products intended for human consumption. Ethnographic observations from Morroco identified that einkorn was sieved again just before the grains were milled for human consumption to remove any remaining weed species[95]. This last sieving may also suggest that einkorn products intended for human consumption were not thoroughly cleaned prior to this stage. The samples which were identified as unsieved product may therefore be remains of unsieved einkorn grain prior to this final sieving and milling.

Twelve samples were identified as originating from sieved barley products which would suggest that these were intended for human consumption. On the Greek islands of Amorgos and Karpathos Halstead and Jones[96], observing the local barley and bread / durum wheat harvest, found that fine sieving usually occurred piecemeal throughout the year as part of food preparation and that fodder crops were not usually fine sieved.

Animal fodder

Numrous ethnographic studies show that barley is an important fodder crop[97]. For example, Jones and Halstead [98], studying traditional farming practices on the Greek island of Amorgos, found that a deliberate wheat (free-threshing)-barley maslin crop was commonly grown. After harvest the crops were sometimes sorted by sieving into wheat rich and barley rich remains. The wheat rich remains were subsequently used for human consumption while the barley rich remains were used for animal fodder[99]. Eight samples were identified as einkorn and barley products and although these may represent depositional mixing they may suggest that a small proportion of the einkorn crop was grown with barley. In addition, the presence of sieved barley products may also result from the processing of a mixed crop which would separate out the wheat and barley and result in fewer weed species. The barley may then be used for animal fodder instead of for human consumption.

From previous analyses by Borojević on the Early Bronze Age plant remains from Feudvar, the immature size of emmer grains recovered and the high proportion of small seeds (e.g. *Setaria viridis*) suggested that they were intended for cattle feed. From the current analysis, no unsieved emmer remains were identified.

---

92   Charles 1998; Hillman 1981; van der Veen 2007.
93   Valamoti 2005 a.
94   In the older phases of Feudvar, broomcorn millet has been a weed; in the younger phases a crop, for sure [Kroll].
95   Peña-Chocarro et al. 2009.
96   Halstead and Jones 1989.
97   e.g. Halstead and Jones 1989; Miller 1984b; Palmer 1996.
98   Jones and Halstead 1995.
99   Jones and Halstead 1995.

However, the unsieved nature of some of the einkorn remains, which may also contain a certain amount of emmer, could have been used as an animal supplement[100].

Broomcorn millet

Three samples have been identified as sieved broomcorn millet products and three as unsieved. Ethnographic work on the crop processing of millets has shown that only winnowing and raking are likely to have been used to remove the weed species[101]. If this is the case then the unsieved remains may simply be those crops that had not been processed as thoroughly. Four of the six samples were also recovered from pits within house areas which may support the theory that broomcorn millet was grown for human consumption.

2.7 Conclusion

The purpose of this chapter was to examine formation processes within the Feudvar assemblage and determine variation between the samples before further weed analysis in chapter 3. The main formation process influencing the composition of the plant assemblage is that of crop processing. Ratio analysis[102] was used to identify each sample to a crop processing stage and correspondence analysis was then used to corroborate and clarify these identifications. The three crop processing stages identified are spikelets, fine sieving by-products and products. Two further steps were also identified within these stages those that were sieved and unsieved. Sieved remains include those that have been sieved prior to dehusking and thus have fewer weed species in the assemblages. Unsieved remains indicate those samples that were not previous sieved before dehusking and so have a greater number of weed species within the samples. The crop processing analyses has therefore identified six different groups of remains which can be analysed separately and compared on the ecological behaviour of the weed species in the following chapter.

Correspondence analysis also highlighted a number of observations which may impact on further crop husbandry analyses. First, distinct clusters of samples near *Chenopodium* were observed when each crop processing stage was examined. The high frequency, and in some cases quantity, of *Chenopodium* within the samples will have a distinct impact on sample composition and will need to be assessed when using correspondence analysis to examine weed ecology. Second, while running correspondence analyses to assess sieved and unsieved identifications within each crop processing stage, a number of samples remained ambiguous, especially those with an approximately equal value for ratio 4 (weed : grain). As a result these samples will need to be monitored in order to reduce bias within the assemblage caused by an incorrect identification.

The identification of crop processing at Feudvar has also provided evidence of human behaviour. Whether a crop is sieved or not may result from factors including climate, time, and labour availabilities as well as the intended purpose of the crop. For example, more time is spent on crops intended for human consumption, so samples identified as unsieved products may be intended as animal fodder. The distribution of samples between features and areas were also seen from the crop processing remains.

First, the southern area of the trench was identified as containing a high percentage of barley remains as well as fine sieving residue and compared to the rest of the trench and may indicate an area where a household is choosing to include barley in their diet or may possibly be an area for animals. Second, broomcorn millet showed a close association with pits. So called rye is indeed a weed within the crops while broomcorn millet, which was also closely associated with the wheats, represents a crop at the site. Third, crop processing areas seem to occur within the centre of each house, where there is a higher incidence of unsieved remains and a greater variance in weed species present. However, no clear differences could be seen in the presence of crop species to distinguish between the two northern households.

---

100 Borojević 1991. This „immature emmer" is sanduri wheat, Triticum timopheevii, the "new spelted wheat" with small grains. It is not immature, it's ripe [Kroll].

101 Harvey and Fuller 2005.

102 after van der Veen and Jones 2006.

Variation between features and areas will be examined further in the following chapter to determine whether differences can be seen between crop processing regimes and different households within the trench. Ultimately, however the presence of all three crop processing stages from house floors confirms that crop processing not only occurred at the site but within certain areas of the house.

3. Weed Ecology at Feudvar

This chapter presents the analysis of weed ecology within the Feudvar assemblage. The purpose of this is to investigate crop husbandry regimes from the ecological characteristics of the weed species that accompany the cereal crop. This chapter begins with a discussion on the approaches used to examine weed ecology and their application in archaeobotany. This is followed by the methods employed to analyse weed ecology within the Feudvar dataset and the results of the analysis. Intra-site variability will then be examined in order to explore further patterns in the data. This chapter concludes with a discussion of crop husbandry regimes during the Bronze Age at Feudvar, exploring the possible relationships between the farmers and the crops grown.

3.1 Approaches to weed ecology

Weed ecology is the study of how individual plants interact with their biotic and abiotic environment[103]. Biotic components are living organisms, such as plants and animals, which make up an ecosystem. The abiotic environment incorporates non-living factors such as climate, including light and temperature, and edaphic properties such as nitrogen, pH and moisture. The impact of anthropogenic activities, such as tilling and manuring, will also affect biotic and abiotic factors within an environment. By studying the weed species present in archaeobotanical assemblages, information about these environmental factors can be obtained and used to infer possible anthropogenic activities resulting from certain crop husbandry regimes.

The link between archaeological weed species and the environment in which they grew can only be provided by modern weed ecology data. As such the need for an appropriate source of such data and appropriate interpretative methods has often been emphasised[104]. Within the study of archaeobotanical weed ecology three main analytical methods have been used to infer agricultural practices, namely phytosociology, which studies biotic interactions between organisms (i.e. vegetation communities), autoecology, which studies single organisms and their interactions with their environment and other species, and more recently Functional Interpretation of Botanical Surveys (FIBS), which classify species into a 'functional type'. These methods are assessed below.

3.1.1 Phytosociology approach

Developed in Central Europe, phytosociology (or Braun-Blanquet system) is a subdiscipline of plant ecology that describes the co-occurrence, or compositional patterns, of plant species in communities, or 'syntaxa'[105]. Within this method, the fundamental unit of vegetation is the Association, which is defined entirely by floristic composition, and not by habitat. Each Association comprises characteristics of the community based on the fidelity, presence, constancy and dominance of a certain species within any stand of an association[106]. This results in 'character species', of narrow ecological range, becoming restricted or central to particular syntaxa; 'differential species' or species which distinguish closely related syntaxa by their presence; and 'constant companions' that are species not restricted to a given syntaxon

---

103 Booth et al. 2003.
104 Hillman 1991; Küster 1991; van der Veen 1992.
105 Braun-Blanquet 1964.
106 Poore 1955.

but help characterise it[107]. By exploring the presence and absence of these characteristics within a given stand, Associations are constructed and placed within the hierarchical classification system of Alliances, Orders and Classes.

The categorisation of species is, however, largely subjective and some have highlighted the lack of consistent criterion for distinguishing or classifying vegetation units, as well as lacking clear distinctions between the groups, which can obscure the successional series[108]. The focus on the group rather than the individual may also obscure distinct species characteristics, for example, individual species may be characterised within their community as moisture loving when in fact they only tolerate wet environments. In addition, some have suggested that little account is taken of ecotypic differentiation and change of tolerance species within their range, making comparisons problematic outside the observation zone, and through time[109].

3.1.2 Autecological approach (Ellenberg numbers)

In contrast to phytosociology, autoecology or Ellenberg numbers is an approach that examines the ecology of individual plant species rather than the plant community as a whole. Ellenberg numbers refer to a relative scale of six major environmental factors linked to climatic variables: light regime (L), temperature (T) and continentality of climate (K), and edaphic conditions; moisture of soils (F), reaction or pH (R) and nitrogen availability (N)[110]. Based on modern field observations an ordinal scale of between 1 and 9 (F ranges between 1 and 12) is used to denote each environmental factor per species based on its optimal ecological requirements when in competition with other species. For example, L1 is a full-shadow species while L9 is a full light plant. In addition, indifferent behaviour to environmental factors is indicated with an X. Other factors associated with morphological and anatomical adaptations are also noted; these include salt tolerance (sonst.), persistence of leaves (B), anatomical structure (Anat.) and phytosociological behaviour. However, Ellenberg does stress that the indicator values do not denote the preference of a species but reflects the conditions it can tolerate compared to other species[111]. *Luzula luzuliodes*, for example, has an indicator value of R3, suggesting a preference for acidic soils. However, when grown without competition from other species, its optimal productivity is around pH 6.5, which is only slightly acidic. The principle advantage of this approach is that indicator values have been assigned to over 3000 species in temperate Europe.

Nevertheless, field observations only address where a species is found and not why it is there, thus ignoring other ecological factors that may determine its presence at a certain location[112]. Methods of data collection, genetic variation within populations, the relative constancy of habitat requirements needed, and differences between ecological and physiological behaviour can also affect interpretation[113]. The use of indicator values and their extrapolation to other regions can be problematic, as species behaviour will vary widely from one region to another, especially as the Ellenberg indices are not related to ecological optimum of a species but to its synecological optimum[114]. Despite this, Ellenberg's system has been successfully applied to other regions in Europe[115] and new regional databases are providing important extensions to the original Ellenberg system[116].

---

107 Dierschke 1994.
108 Becking 1968; Pignatti et al. 1995; Poore 1955.
109 Holzner 1978.
110 Ellenberg 1979; Ellenberg et al. 1992.
111 Ellenberg 1979, 107.
112 Charles et al. 1997.
113 Kowarik and Seidling 1989.
114 Jean-Claude and Eva 2003; Pignatti et al. 2002.
115 Diekmann and Dupré 1997; Koerner et al. 1997; Persson 1981; ter Braak and Gremmen 1987; van der Maarel 1993.
116 e.g. Britain: Hill et al. 1999; Hungary: Borhidi 1995. Italy: Böhling 2002; Pignatti et al. 2001.

Ellenberg numbers have been used in archaeobotany on their own and in conjunction with phytosociological classifications[117]. The main advantage of using Ellenberg numbers in archaeobotany is that the environmental values identified are precisely the types of information required to infer soil fertility, moisture, disturbance etc., in relation to different crop husbandry practices[118]. The use of Ellenberg numbers is also well suited to archaeobotanical assemblages as the absence of species causes fewer problems[119]. In addition, all the species present can be examined, making it more reliable, rather than character species or differential species of a particular syntaxon, which can be particularly rare thus restricting the archaeobotanical database. Issues of temporal change, seen particularly with the phytosociological approach, are still relevant here. Nevertheless, Ellenberg numbers focus mainly on the plant's behaviour which is genetically determined and is less likely to change or will change less rapidly than the co-occurrence of species[120]. In addition, even if changes exist in the ecological behaviour of certain species, by examining all the species together these changes are largely mitigated[121]. The autecology approach is therefore more applicable to archaeobotanical analysis.

3.1.3 Functional Interpretation of Botanical Surveys (FIBS)

The Functional Interpretation of Botanical Surveys or FIBS, as described by Charles et al., is a floristic analysis for the investigation of ecological processes on species distribution in a range of habitats[122]. FIBS classifies species by relating the behaviour of the individuals to specific ecological characteristics and thus a distinct 'functional type', rather than basing analyses on the floristic identity and coexistence of communities as in phytosociology. Only attributes that can be rapidly measured and validated against experimental or distributional data are used. Functional attributes measure the potential rather than the performance of species which is particularly suited to archaeobotanical analysis[123]. Through the application of FIBS, modern studies have revealed causal relationships between crop husbandry practices, such as irrigation, and certain suites of attributes identifying characteristic weed species[124].

The archaeobotanical application of FIBS has worked particularly well in identifying past crop husbandry practices such as crop rotation[125], cultivation intensity[126], crop sowing times[127], and irrigation[128]. In these instances, functional attributes were specifically selected to address each type of analysis such as drought tolerance or avoidance in relation to irrigation. However, while it is possible to identify one suite of functional attributes as indicative of a certain husbandry regime, that regime may have more than one functional type or may have the same range of functional attributes as that of another regime[129]. In addition, only the extreme values for an attribute will indicate a husbandry regime while moderate values are generally seen as of little diagnostic importance. Therefore, the application of FIBS to archaeobotanical data is only appropriate where variation exists within the archaeological dataset. This is because FIBS can only identify whole husbandry regimes (based on a suite of functional attributes) with limited abilities to disentangle individual husbandry practices[130]. Despite this, the FIBS approach is able to deal with fragmentary and

117 Jacomet et al. 1989; van der Veen 1992; Wasylikowa 1978; id. 1981; Willerding 1978; id. 1980; id. 1983.
118 van der Veen 1992, 108.
119 Jones 2002.
120 van der Veen 1992, 108–109.
121 Jones 1992.
122 Charles et al. 1997.
123 Jones 2002.
124 Bogaard et al. 2001; Charles et al. 1997; id. 2003, Jones et al. 2000; id. 2010.
125 Bogaard et al. 1999.
126 Jones et al. 2000.
127 Bogaard et al. 2001.
128 Bogaard et al. 1999; Jones et al. 2000 ; Bogaard et al. 2001; Charles et al. 2003.
129 Jones 2005.
130 Jones et al. 2010.

mixed records of past plant communities better than phytosociology[131]. It is also particularly well suited to identify husbandry regimes at a regional scale or to identify changes through time, as FIBS focuses on functional characteristics rather than individual taxa which is less vulnerable to biogeographical changes in the species[132]. Temporal changes in functional attributes of suites of species are also far less likely than changes in individual species or changes in the composition of phytosociological groupings[133]. Although this method is particularly suited to the analysis of archaeobotanical material, much of the information is as yet not publically available.

3.1.4 Conclusion

The phytosociological approach is largely inadequate for the analysis of archaeobotanical samples as it relies heavily on character species to determine ecological groups. It ignores the fragmentary nature of past assemblages, which it compares to complete modern plant communities. In addition, past vegetation communities may not exist in modern analogies, making comparisons unreliable. The FIBS approach uses functional traits of species which may be less susceptible to temporal and geographic changes, as well as being able to cope with archaeobotanical material. Nevertheless, this method only works when variation exists within the dataset. At Feudvar, only one main crop type is identified and as a consequence may not exhibit extreme values. In addition, this approach is also restricted in its application, as at present species data are not publicly available. The autecological approach is therefore the most appropriate method to apply to the Feudvar dataset as it allows all the weed species to be analysed individually, making the results more reliable. In addition, Borhidi provides data on over 2,500 species within Hungary that are more directly relevant to the region under study[134].

3.2 Methodology

3.2.1 Dataset

From the crop processing analysis of the Feudvar assemblage (chapter 2.6), six different groups of samples were identified to a particular crop processing stage (Table 22). As each stage of crop processing has an effect on the types of weed seeds present in the sample, only 'like' samples can be examined and only those with adequate numbers of weed remains per sample[135]. In order to assess whether each dataset had sufficient numbers of weed seeds per sample to allow further weed analyses, each sample was initially standardised. First, to reduce potential environmental 'noise', caused by rare species in the samples, species present in < 10 % of the samples were removed[136]. Seeds identified to the family level were also excluded, resulting in the removal of up to 80 % of the species (Table 22).

Second, the number of weed seeds present per sample was calculated and those with <25 weed seeds were removed (Table 22). For the three unsieved groups, this resulted in only a few samples being removed (up to 8% of the samples). However, for the sieved remains, up to 40 % of the samples were removed. In addition, the number of samples with >100 weed seeds was significantly lower in the sieved samples. For example, only 6 % of samples in the sieved spikelet group had over 100 seeds, while the unsieved spikelets had over 100 seeds in 41 % of samples. Therefore, in order to maximise the amount of information that can be gained through the analysis of the weed species at Feudvar, it was decided that only the three unsieved groups of samples would be separately analysed, as they contained the highest number of species and samples with adequate numbers of weed seeds.

131　Hodgson et al. 1999.
132　Jones et al. 2010.
133　Charles et al. 1997.
134　Borhidi 1995.
135　Jones 1991.
136　van der Veen 1992 chapt 3.

Crop processing group	No. of species present	No. of species in >10% of samples	No. of samples	No. of samples with >25 weed seeds
Spikelets, sieved	84	16 (19%)	83	51 (61%)
Spikelets, unsieved	89	27 (30%)	56	54 (96%)
Fine-sieving by-product, sieved	89	16 (18%)	85	59 (69%)
Fine-sieving by-product, unsieved	94	22 (23%)	90	83 (92%)
Product, sieved	96	18 (19%)	134	86 (64%)
Product, unsieved	80	30 (38%)	36	35 (97%)

Table 22. Bronze Age Feudvar. The number of species present in >10 % of each of the six crop processing groups and the number of samples with >25 weed seeds.

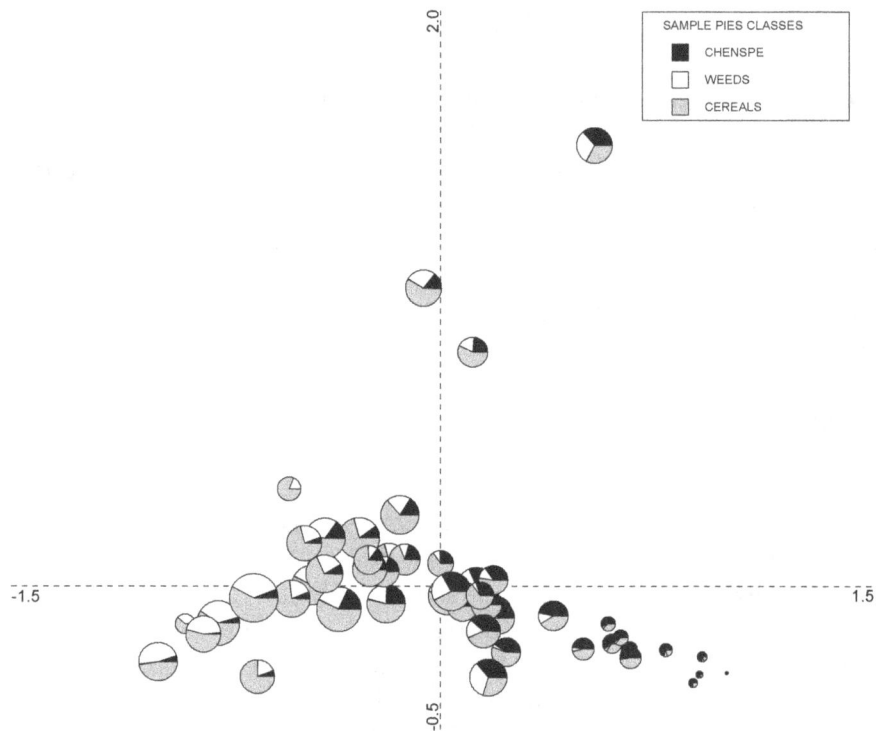

Fig. 17. Bronze Age Feudvar. Unsieved spikelets. Shannon diversity examining the impact of Chenopodium on sample composition.

Of note from the crop processing analysis were the large numbers of *Chenopodium* seeds within some of the samples, which may suggest collected food deposits rather than crop weeds. To assess the extent to which *Chenopodium* affects the three datasets, a correspondence analysis plotting the Shannon diversity for each sample was created for each group using Canodraw (Fig. 17–19). This is illustrated by the size of the pie, which gets bigger as the diversity increases. Each plot confirms that a number of samples from each group contain a high proportion of *Chenopodium* seeds, as well as having an extremely low species diversity. Although species of *Chenopodium* can produce large numbers of seeds per plant, the low species diversity may suggest that these samples do indeed represent collected food remains rather than weeds. In addition, Bogaard classified samples as deriving from one crop type if the sample contained at least 70 % of one crop[137]. Thus, to reduce ambiguity caused by these rich *Chenopodium* samples, those with a content of >70 % *Chenopodium* were removed from the subsequent analyses (Table 23).

---

137 Bogaard 2004.

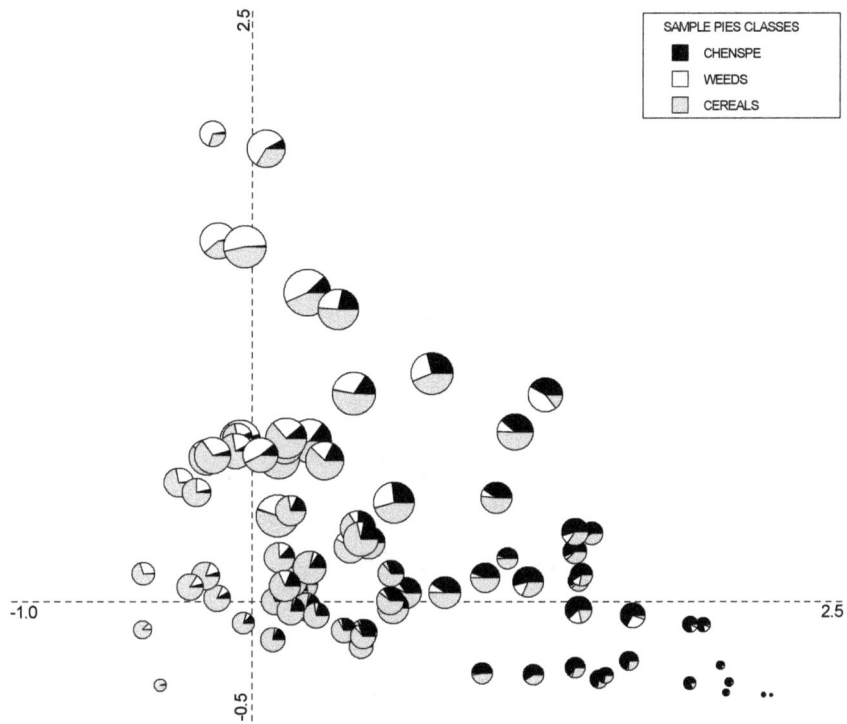

Fig. 18. Bronze Age Feudvar. Unsieved fine sieving by-products. Shannon diversity examining the impact of Chenopodium on sample composition.

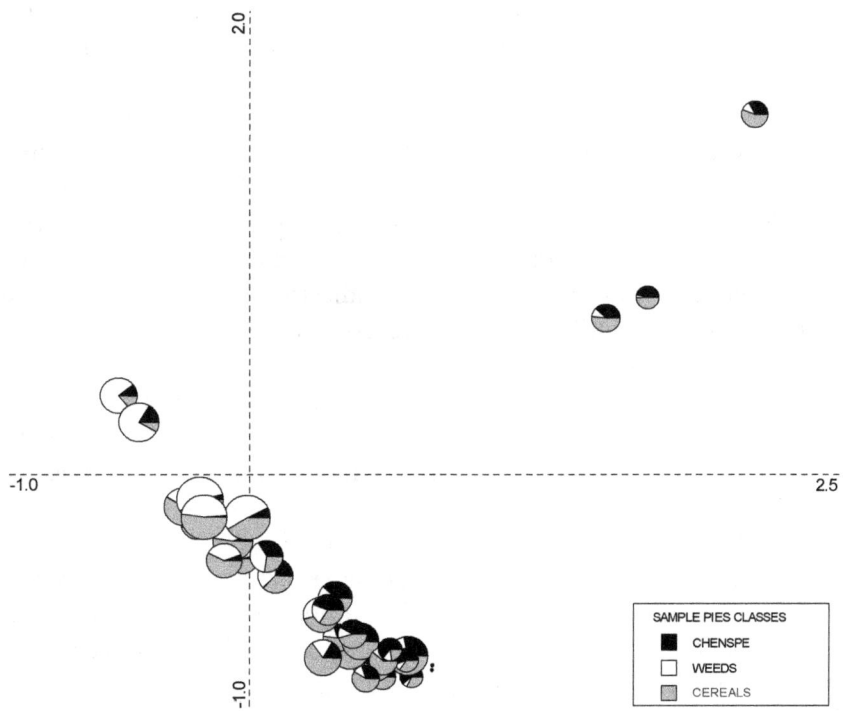

Fig. 19. Bronze Age Feudvar. Unsieved products. Shannon diversity examining the impact of Chenopodium on sample composition.

Spikelets, unsieved	Fine-sieving by-product, unsieved	Product, unsieved
023	005	396
136	006	461
208	041	
233	053	
468	070	
	094	
	135	
	165	
	182	
	279	
	395	

Table 23. Bronze Age Feudvar. Samples with >70% Chenopodium content within the unsieved spikelets, fine-sieving by-products and product group. FEU ... no.

3.2.2 Analysis

Correspondence analysis was conducted using CANOCO 4.5 and Canodraw[138]. In order to examine weed ecology within the three datasets, the six main indicator values were recorded for each weed species, following the autoecology approach (Table 24). Where seeds are identified only to genus, an average indicator value was calculated where the indicator values do not range too greatly. These will be treated with caution. Indicator values published by Borhidi and Ellenberg were recorded in order to see whether any significant differences can be seen between the indicator values assigned for the Hungarian flora and those in Central Europe (Table 24)[139]. Generally, similarities exist between the two authors. However, different values are assigned for species such as *Agrostemma githago, Polygonum aviculare and Polygonum convolvulus*. In these cases, Ellenberg identifies these species as indifferent to temperature, moisture, pH (reaction) and nitrogen, while Borhidi assigns particular indicator values. Although some variations exist between the two authors, Borhidi's indicator values are used in the following analyses as they are more geographically relevant to the study area.

Correspondence analysis will be used to establish whether there are distinct associations between certain crops and certain weeds and certain ecological conditions. Each ecological factor will be grouped into high, medium and low values to allow clearer interpretation of the plots. For example, where 9 ecological factors occur, values 1 to 3 are low, 4 to 6 are medium and 7 to 9 are high. For moisture, which ranges from 1 to 12, values 1 to 4 are low, 5 to 8 are medium and 9 to 12 are high.

In addition to environmental factors, anthropogenic, or human actions will also have a significant impact on the formation of arable weed communities, as well as influencing which seeds are ultimately found in the archaeobotanical assemblage. The three main factors explored here are harvesting methods, soil disturbance and sowing time. The maximum height a weed grows provides an indicator of the possible height at which the crop was cut. For example, if low growing weeds are recovered then this may suggest the crop was cut low to the ground, therefore simultaneously collecting both the straw and ears. The

---

138 ter Braak and Smilauer 2002.
139 Borhidi 1995; Ellenberg 1979.

Taxon	Taxon code	L BOR	L ELL	T BOR	T ELL	K BOR	K ELL	F BOR	F ELL	R BOR	R ELL	N BOR	N ELL
Agrostemma githago	AGROGIT	7	7	6	x	5	x	5	x	6	x	5	x
Ajuga chamaepitys	AJUGCHA	8	7	8	8	2	2	3	4	8	9	2	2
Allium	ALLISPE	7'	7'	7'	5'	5'	5'	4'	4'	7'	7'	4'	4'
Atriplex patula	ATRIPAT	7	6	5	6	4	x	5	5	7	7	4	7
Bromus arvensis	BROMARV	7	6	6	x	4	4	4	4	8	8	5	4
Bromus	BROMSPE	7'	6'	6'	6'	3'	3'	4'	x	7'	6'	5'	x
Bupleurum rotundifolium	BUPLROT	8	8	7	7	4	4	3	3	8	9	4	4
Chenopodium hybridum	CHERNHB	7	7	6	6	7	7	6	5	8	8	8	8
Chenopodium	CHENSP	7'	8'	6'	6'	7'	7'	6'	6'	8'	x	8'	8'
Conringia orientalis	CONRORI	7	7	6	6	5	5	3	3	9	9	4	4
Digitaria	DGISPE	7'	7'	7'	7'	4'	4'	4'	4'	5'	4'	4'	4'
Echinochloa crus-galli	ECHICRG	8	6	7	7	5	5	7	5	7	x	8	8
Euphorbia palustris	EUPHPAL	8	8	6	6	6	6	9	8	8	8	5	x
Galium spurium	GALISPU	7	7	6	x	5	5	5	5	7	8	5	5
Glaucium corniculatum	GLAUCOR	9	7	8	7	6	6	4	4	8	9	4	4
Hyoscyamus niger	HYOSNIG	8	8	6	6	4	x	4	4	7	7	9	9
Lolium	LOLISPE	7'	7'	7'	7'	4'	4'	4'	5'	8'	6'	4'	x
Malva	MALVSPE	8'	8'	7'	6'	5'	5'	4'	4'	7'	7'	8'	7'
Plantago lanceolata	PLANLAN	7	6	5	x	3	3	4	x	6	x	5	x
Polygonum aviculare	POLYAVI	9	7	5	x	3	x	4	x	6	x	5	x
Polygonum convolvulus	POLYCON	7	7	5	x	3	x	5	x	5	x	3	x
Polygonum persicaria	POLYPER	6	6	5	5	3	3	7	3	6	x	7	7
Portulaca oleracea	PORTOLE	7	7	8	8	3	3	4	4	7	7	7	7
Rumex crispus-type	RUMECRI	7	7	5	5	3	3	6	7	6	x	7	6
Setaria viridis	SETAVIR	7	7	6	6	5	x	4	4	7	x	7	7
Sherardia arvensis	SHERARV	6	6	6	6	3	3	5	5	8	8	5	5
Silene	SILESPE	8'	8'	7'	5'	5'	4'	3'	4'	7'	7'	3'	3'
Solanum nigrum	SOLANNIG	7	7	6	6	3	3	6	5	7	7	8	8
Teucrium	TEUCSPE	8'	7'	6'	6'	4'	4'	4'	3'	8'	7'	2'	2'
Thymelaea passerina	THYMPAS	8	7	7	7	6	6	4	4	8	8	4	4
Trifolium	TRIFSPE	8	7	6	5	5	4	4	4	7	6	3	3
Verbena officinalis	VERBOFF	9	9	6	6	3	3	4	5	8	7	6	7
Vicia	VICISPE	7'	7'	6'	6'	5'	4'	4'	4'	6'	6'	4'	4'

Table 24. Ecological indicator values per species or genus. After Borhidi 1995 (BOR) and Ellenberg 1979 (ELL). With ': uncertain. x: indifferent. Light L, temperature T, continentality K, moisture F, reaction R, nitrogen N.

maximum growing height of each species was therefore recorded (Table 25). The average height of each taxa identified to genus was also calculated.

To explore soil disturbance, which relates to possible tillage and weeding practices, the regenerative properties and the life cycle of the weed species were recorded. Previous research suggests that tillage significantly reduces the number of perennials[140] and only those with extensive networks of rhizomes, stolons and roots can regenerate[141]. Therefore, to explore the level of disturbance within the Feudvar assemblage, the weed species were identified as either an annual, biennial or perennial, with or without rhizomes (Table 25). Only those taxa that were identified to genus and contain both annuals and perennials were excluded in order to reduce potential bias in the analysis.

Finally, the germination time of species, which has been shown to correspond with the sowing time of crops[142], were recorded. In the past some authors have assessed cereal sowing times by applying phytosociological classes, i.e. the proportion of Chenopodietea (summer annuals) verses Secalietea (winter annuals), to an archaeobotanical assemblage (see p. 241). Although this approach is deemed inappropriate for archaeobotanical analysis (above) authors still use these classes to indicate groups of species or to use as a comparative approach with other ecological methods[143]. In order to compare the two methods, the phytosociological class of each species was also recorded (Table 26). Germination times based on these Classes alone are, however, problematic. For example, *Galium spurium*, a species of the Chenopodietea

---

140 Hillman 1981; van der Veen 1992; Zimdahl 2007.
141 Bogaard 2002, 78.
142 Bogaard et al. 2001; Groenman-Van Waateringe 1980; Kreuz and Schäfer 2011.
143 Ernst and Jacomet 2006; Jones 1992; Karg 1995; van der Veen 1992.

Taxon	Taxon code	Height (cm)	Life cycle	Germination time
Agrostemma githago	AGROGIT	30-100	A	W
Ajuga chamaepitys	AJUGCHA	10-40	A / B	S
Allium	ALLISPE	20-100	P	
Atriplex patula	ATRIPAT	30-150	A	S
Bromus arvensis	BROMARV	30-100	A / B	W
Bromus	BROMSPE	30-120	A / B	W
Bupleurum rotundifolium	BUPLROT	22190	A	W
Chenopodium hybridum	CHERNHB	30-100	A	S
Chenopodium	CHENSP	30-150	A	S
Conringia orientalis	CONRORI	22190	A	W
Digitaria	DGISPE	22190	A	S
Echinochloa crus-galli	ECHICRG	30-100	A	S
Euphorbia palustris	EUPHPAL	50-150	P	
Galium spurium	GALISPU	40-150	A	S / W
Glaucium corniculatum	GLAUCOR	30-40	A / B	S
Hyoscyamus niger	HYOSNIG	20-100	A / B	S
Lolium	LOLISPE	30-120	A	S
Malva	MALVSPE	30-200	P	
Plantago lanceolata	PLANLAN	10-50	P	
Polygonum aviculare	POLYAVI	10-50	A	S
Polygonum convolvulus	POLYCON	>100	A	S
Polygonum persicaria	POLYPER	20-60	A	S
Portulaca oleracea	PORTOLE	<50	A	S
Rumex crispus-type	RUMECRI	30-150	P	
Setaria viridis	SETAVIR	10-100	A	S
Sherardia arvensis	SHERARV	>40	A	W
Silene	SILESPE	5-100	A / B / P	
Solanum nigrum	SOLANNIG	10-70	A	S
Teucrium	TEUCSPE	10-60	A / P	
Thymelaea passerina	THYMPAS	10-40	A	?
Trifolium	TRIFSPE	5-60	A / P	
Verbena officinalis	VERBOFF	30-60	P	
Vicia	VICISPE	20-120	A / B / P	

Table 25. The height, life cycle and germination times of each species. A: Annual; B: Biennial; P: Perennial; W: Winter; S: Summer (after Bojnanský and Fargašová 2007; Ellenberg et al. 1992; Häfliger and Brun-Hool 1968; id. 1978).

Phytosociological Class	Species
Chenopodietea	Atriplex patula
	Bromus arvensis
	Chenopium hybridum
	Digitaria
	Echinochloa crus-galli
	Hyoscamus niger
	Polygonum aviculare
	Polygonum persicaria
	Portulaca oleracea
	Setaria viridis
	Solanum nigrum
	Verbena officinalis
Secalinetea	Agrostemma githago
	Ajuca chamaepitys
	Bupleurum rotundifolium
	Conringia orientalis
	Glaucium corniculatum
	Sherardia arvensis
	Thymelaea passerina
Molinio-Arrhenatheretea	Plantago lanceolata
Plantaginetea	Rumex crispus

Table 26. Character species identified within the Feudvar assemblage under the phytosociological classes (Ellenberg 1979).

Class, has been identified as both a spring and autumn germinator within studies in Central Europe[144]. In addition, not all the species are found under Chenopodietea and Secalinetea.

In summary, three groups of samples, namely unsieved spikelets, unsieved fine sieving by-products and unsieved products (identified in chapter 2.6), will be analysed. Each group will be examined separately in relation to the six main ecological factors, i.e. light, temperature, continentality, moisture, reaction and nitrogen, according to Borhidi[145]. In addition, three further analyses will be conducted on each dataset examining the height, life cycle and germination times of each species. As such, the nine analyses are repeated for each of the three sample groups. The results are presented in the following section.

3.3 Results

3.3.1 Introduction: Crop and weed associations

Spikelets, unsieved: A correspondence analysis was carried out on the unsieved spikelet group (54 samples). This group is dominated by einkorn spikelets (see p. 220 for details). Five outlying samples were removed from the analysis (FEU138, 184, 211, 373, 409). Species were initially coded as either a crop, a possible crop or a weed (Fig. 20). From Figure 20, einkorn grain and chaff are closely associated at the bottom of the plot, emmer is to the left of the plot, while barley and so called rye are at the top of the plot. Broomcorn millet is clearly separate from the other cereals to the top left of the plot. Close crop and weed associations include: einkorn, *Portulaca oleracea* and *Atriplex patula*; emmer, *Sherardia arvensis*, *Glaucium corniculatum*, *Setaria viridis* and *Vicia*; barley, *Polygonum persicaria* and *Echinochloa crus-galli*; so called rye[146] and *Teucrium*. The cereal composition of each sample shows that einkorn is the dominant cereal in all samples except one to the top left, which has a higher barley content (Fig. 21). In addition, five samples in the top right of the plot contain so called rye and one sample to the left contains broomcorn millet. Samples to the right of the plot also have a greater association with pits and blocks 13 to 16, i.e. the southern end of the trench (Fig. 22; 23). A divide is therefore seen between the left of the plot (i.e. einkorn, emmer and broomcorn millet) and the top right of the plot (i.e. barley and so called rye). Possible differences in depositional patterns will be examined further below.

Fine sieving by-products, unsieved (83 samples): This group is also dominated by einkorn glume bases (see above p. 221 for details). Eight outlying samples were removed from the analysis (FEU046, 056, 057, 344, 350, 329, 407, 085). Species were initially coded as either a crop, a possible crop or a weed (Fig. 24). From Figure 24, einkorn and emmer grain and chaff are closely associated in the top centre of the plot, spelt, bread / durum wheat and broomcorn millet to the left of the plot, while barley is in the centre right of the plot. So called rye is clearly separate from the other cereals in the bottom right of the plot. Close crop and weed associations include: einkorn, emmer and *Silene*; barley, *Solanum nigrum* and *Polygonum persicaria*; bread / durum wheat, broomcorn millet and *Chenopodium*. In addition, there seems to be a greater number of weed species associated with barley to the right of the plot than with the wheats (i.e. einkorn, emmer, spelt and bread / durum wheat) in the left of the plot. The cereal composition of each sample shows that einkorn is the dominant cereal in all samples except a number of samples to the bottom of the plot which contain higher proportions of emmer and barley (Fig. 25). In addition, eight samples in the top right of the plot contain so called rye and three sample to the left contain broomcorn millet. Samples to the top left of the plot also have a greater association with pits and hearths as well as with blocks 13–16, i.e. the southern end of the trench (Fig. 26; 27). A divide is therefore seen between the top left of the plot (i.e. einkorn, emmer, spelt, bread / durum wheat and broomcorn millet) and the bottom right of the plot (i.e. barley and so called rye).

Products, unsieved (35 samples): This group is dominated by einkorn grains (see above p.222 for details). No outlying samples were removed from the analysis. Species were initially coded as either a crop,

---

144 Karg 1995; Kreuz and Schäfer 2011; Royo-Esnal et al. 2010.
145 Borhidi 1995.
146 This so called rye is the weed Dasypyrum villosum [Kroll].

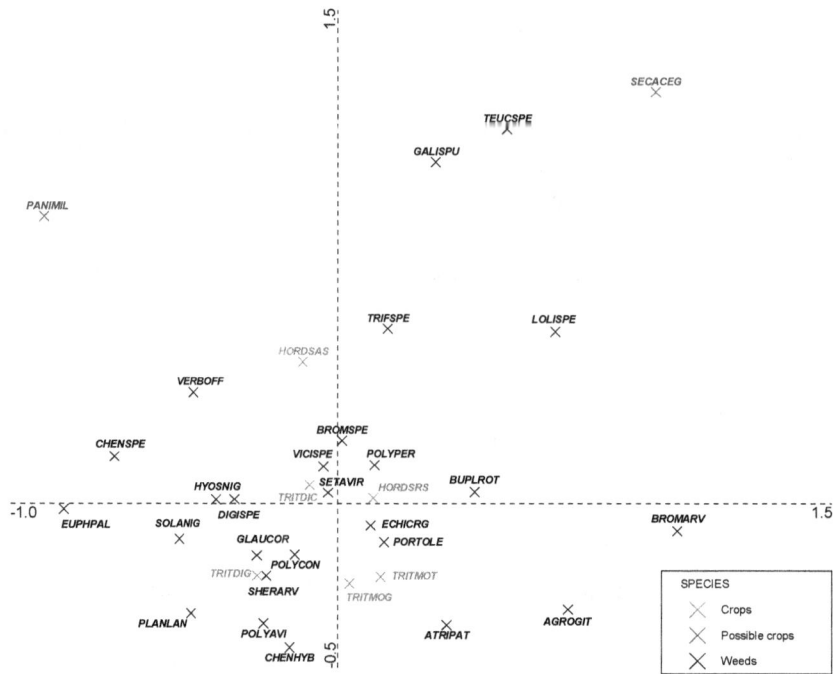

Fig. 20. Bronze Age Feudvar. Correspondence analysis of crops, possible crops and weed species for samples identified as unsieved spikelets on the first two principal axes (axis 1 horizontal, axis 2 vertical).

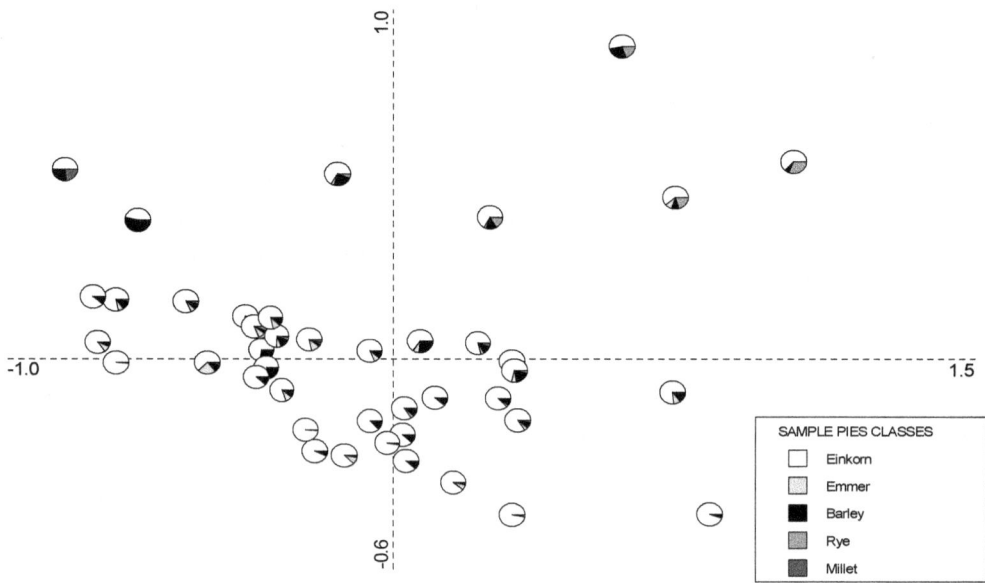

Fig. 21. Bronze Age Feudvar. Correspondence analysis of the proportions of cereals per sample identified as unsieved spikelets.

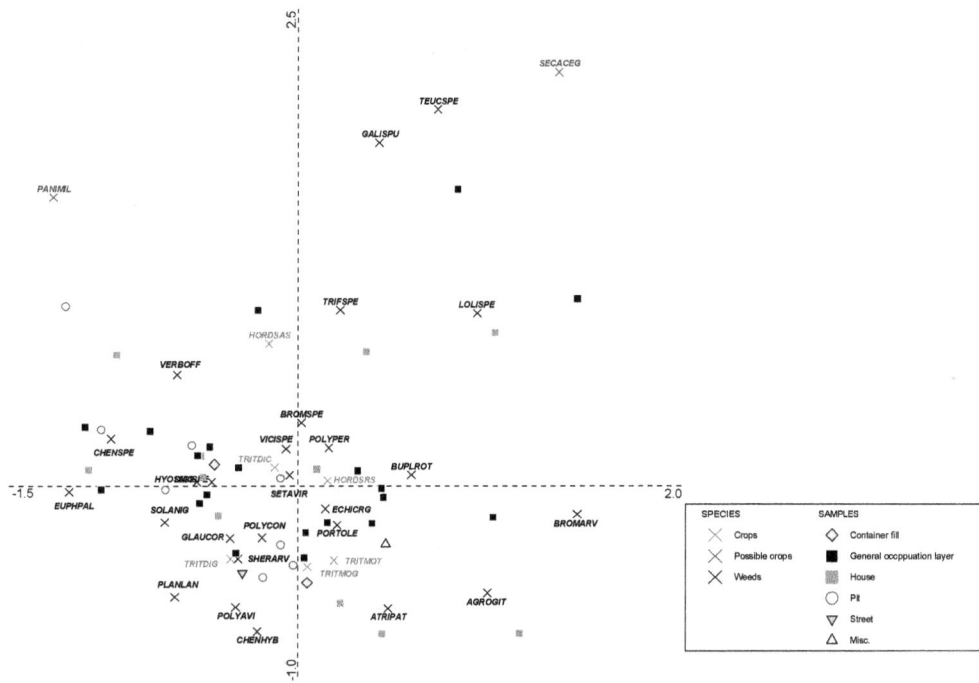

Fig. 22. Bronze Age Feudvar. Correspondence analysis of crops, possible crops and weed species for samples identified as unsieved spikelets per feature type.

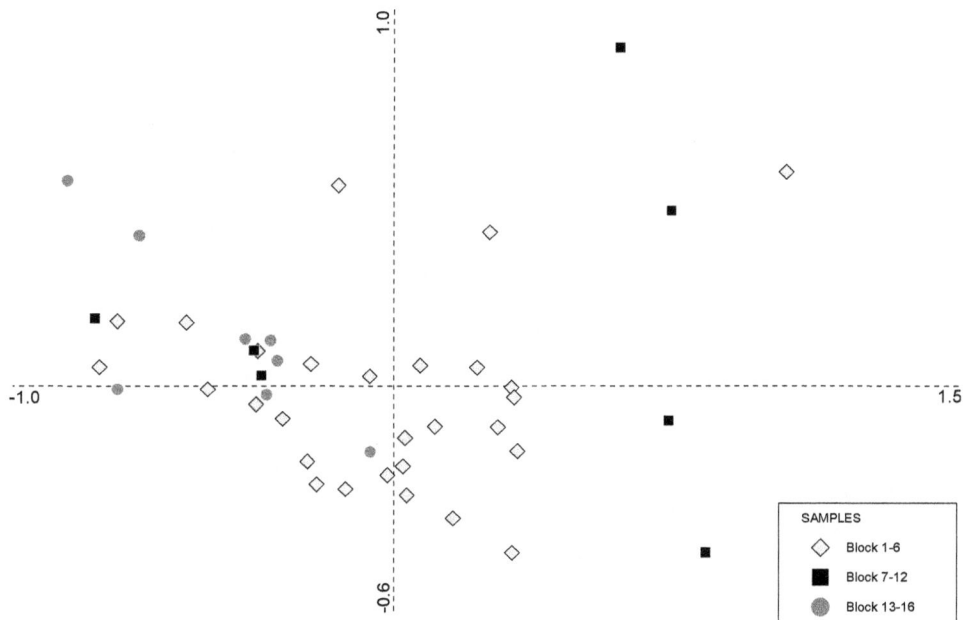

Fig. 23. Bronze Age Feudvar. Correspondence analysis of each samples identified as unsieved spikelets per block group.

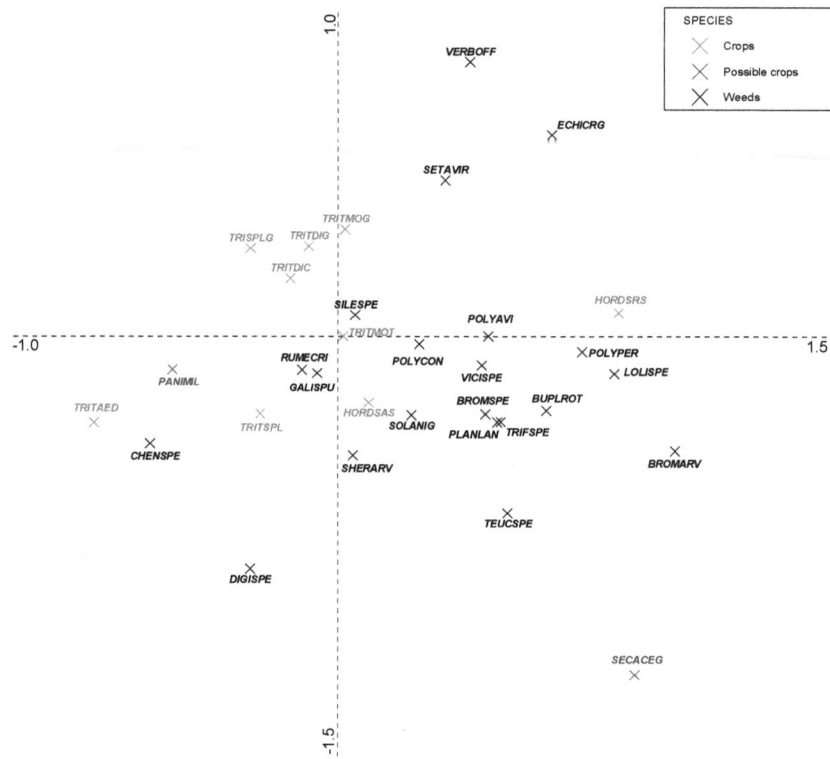

Fig. 24. Bronze Age Feudvar. Correspondence analysis of crops, possible crops and weed species for samples identified as unsieved fine sieving by-products on the first two principal axes (axis 1 horizontal, axis 2 vertical).

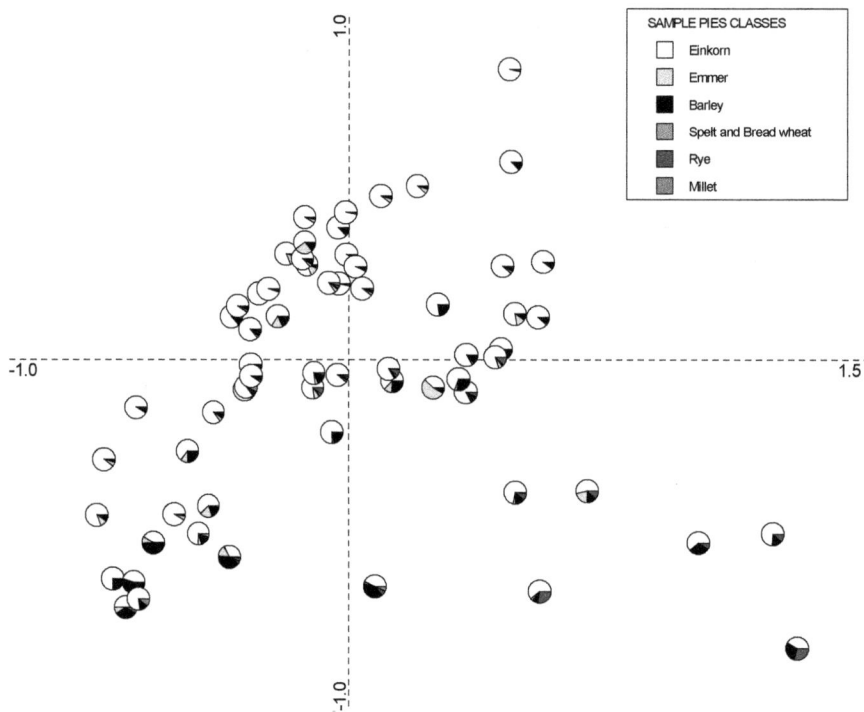

Fig. 25. Bronze Age Feudvar. Correspondence analysis of the proportions of cereals per sample identified as unsieved fine sieving by-products.

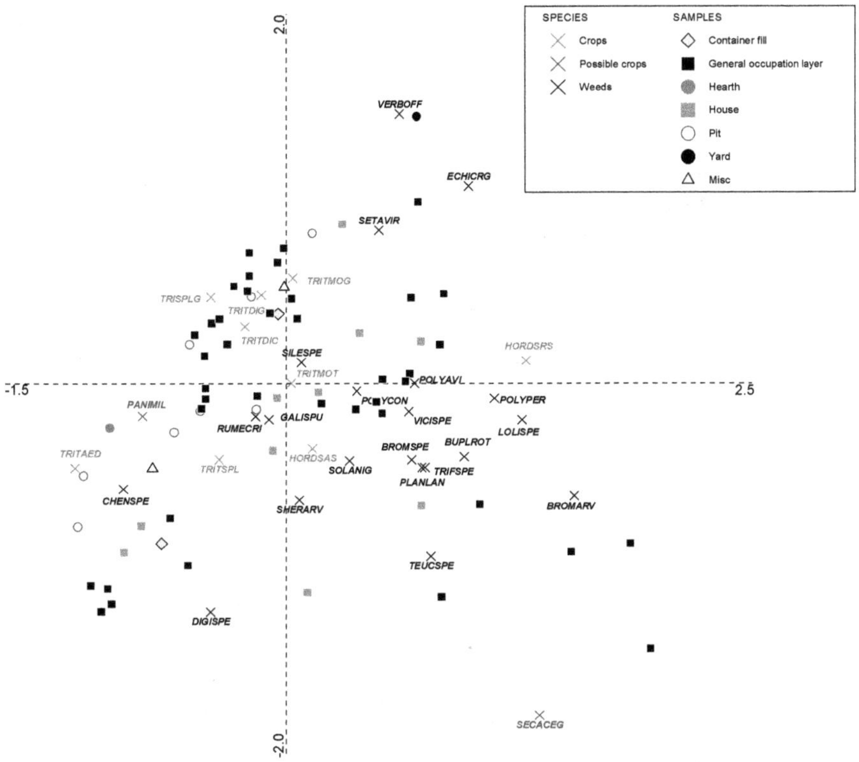

Fig. 26. Bronze Age Feudvar. Correspondence analysis of crops, possible crops and weed species for samples identified as unsieved fine sieving by-products per feature type.

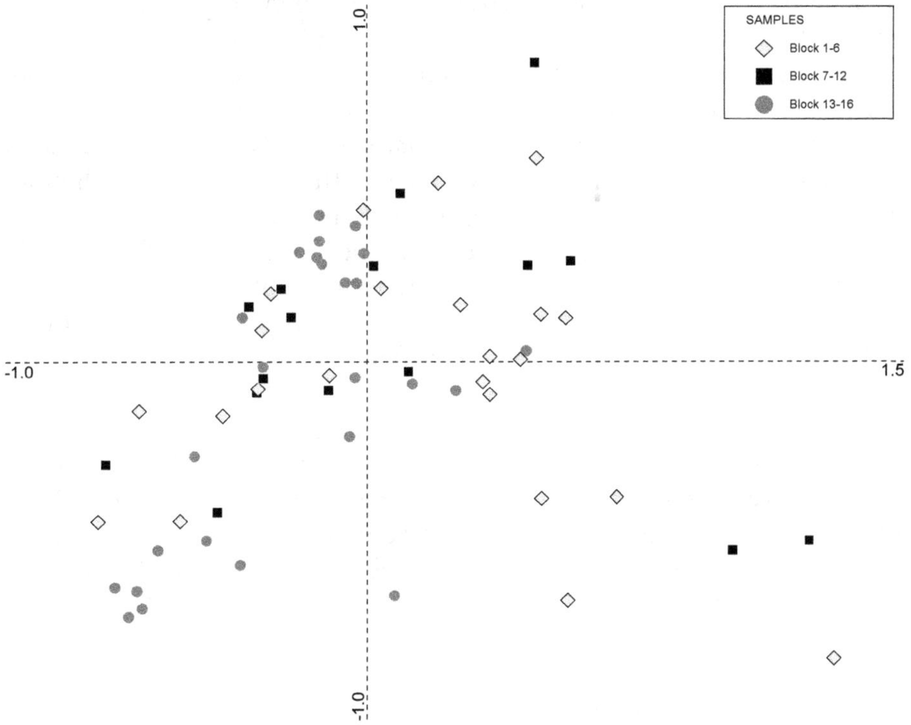

Fig. 27. Bronze Age Feudvar. Correspondence analysis of each sample identified as unsieved fine sieving by-products per block group.

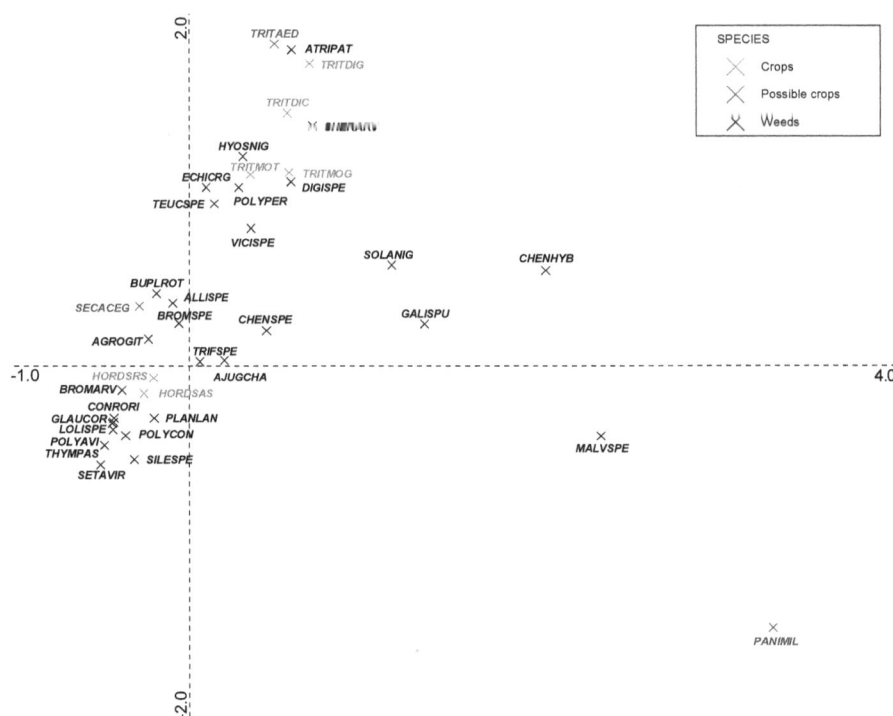

Fig. 28. Bronze Age Feudvar. Correspondence analysis of crops, possible crops and weed species for samples identified as unsieved products on the first two principal axes (axis 1 horizontal, axis 2 vertical).

a possible crop or a weed (Fig. 28). Here a clear separation is seen between so called rye and barley in the centre-left of the plot, broomcorn millet in the bottom right, and emmer and einkorn at the top of the plot. A large number of species are associated with so called rye and barley including close associations with *Bromus arvensis*, *Plantago lanceolata* and *Bupleurum rotundifolium*. Einkorn is closely associated with *Hyoscyamus niger*, *Digitaria* and *Polygonum persicaria*. The cereal composition of each sample shows that einkorn is the dominant cereal in all samples except six. Three samples to the bottom right have a high proportion of broomcorn millet, two to the bottom left of barley and one sample in the centre left has a high proportion of so called rye (Fig. 29). Samples to the top and right of the plot also have a greater association with pits and blocks 13 to 16, i.e. the southern end of the trench (Fig. 30; 31). A divide is therefore seen between the top and right of the plot (i.e. einkorn, emmer, bread / durum wheat and broomcorn millet) and the bottom left of the plot (i.e. barley and so called rye).

Light

Each species was coded to their light indicator value after Borhidi, which is based on the occurrence of plants in relation to relative light intensity during the summer. Spikelets, unsieved: All the species have a high light indicator value except *Polygonum persicaria* and *Sherardia arvensis*, which have a slightly lower light indicator value of L6 (Fig. 32). Fine sieving by-products, unsieved: Similar results. Products, unsieved: Similar results.

Temperature

Each species was coded to their temperature indicator value after Borhidi, which reflects the heat, vegetation zone and altitudinal belt of the habitat where the species occur. Spikelets, unsieved: Weed species characterised by moderate and high temperatures are associated with einkorn and barley (Fig. 33). Overall, the samples are largely dominated by weed species characteristic of moderate temperatures (Fig. 34). Fine sieving by-products, unsieved: Similar results. Products, unsieved: Similar results.

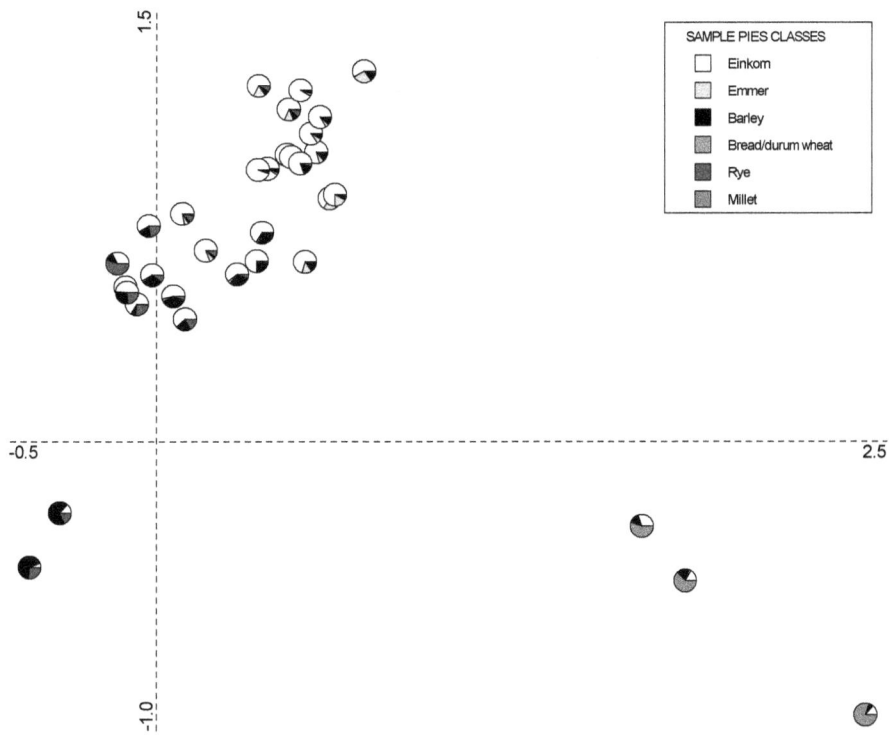

Fig. 29. Bronze Age Feudvar. Correspondence analysis of the proportions of cereals per sample identified as unsieved products.

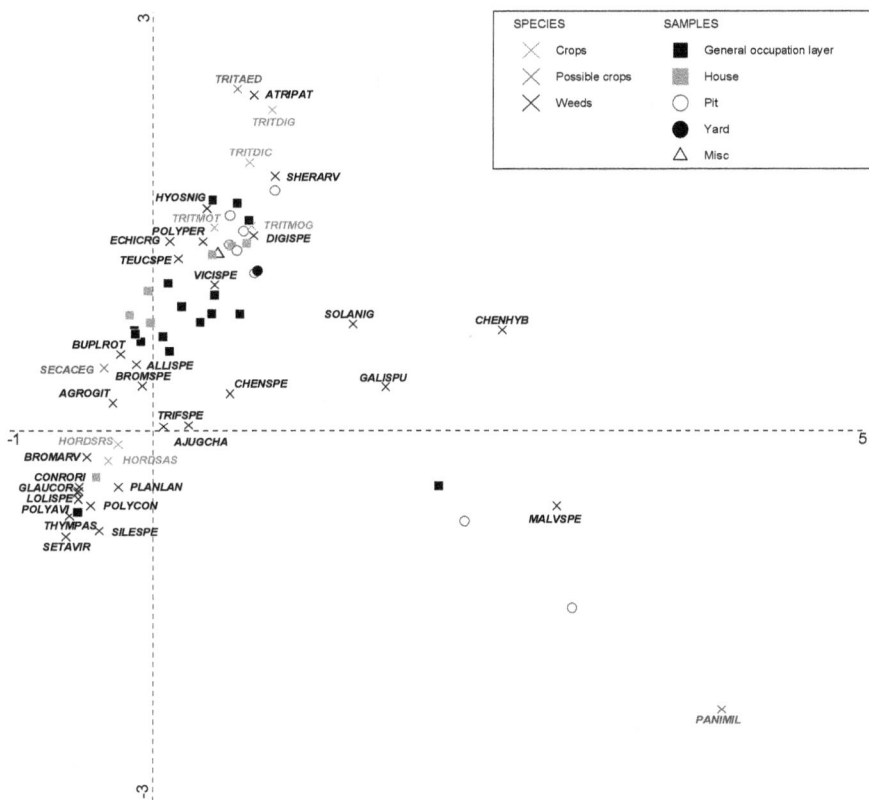

Fig. 30. Bronze Age Feudvar. Correspondence analysis of crops, possible crops and weed species for samples identified as unsieved products per feature type.

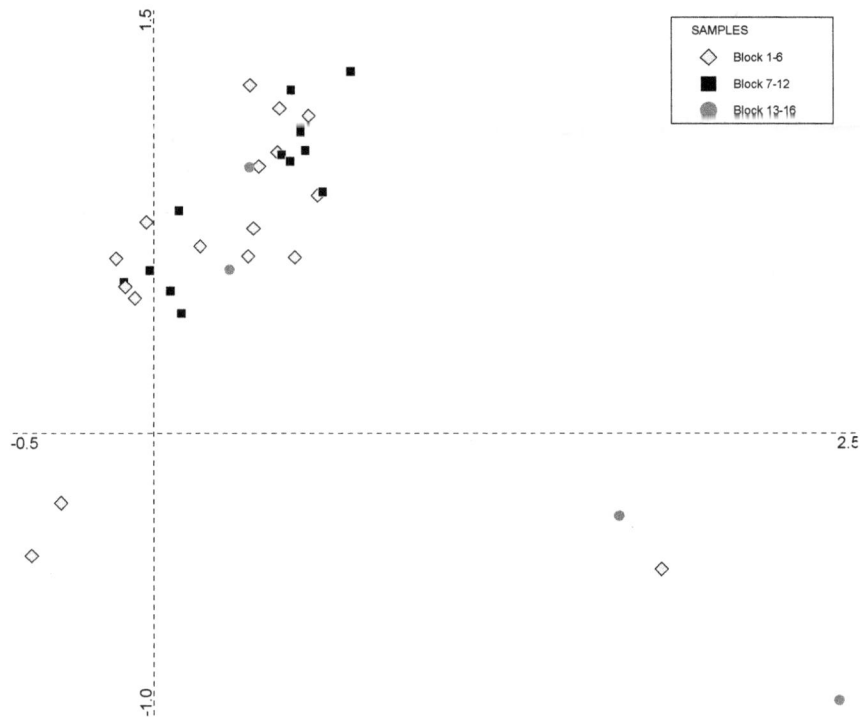

Fig. 31. Bronze Age Feudvar. Correspondence analysis of each sample identified as unsieved products per block group.

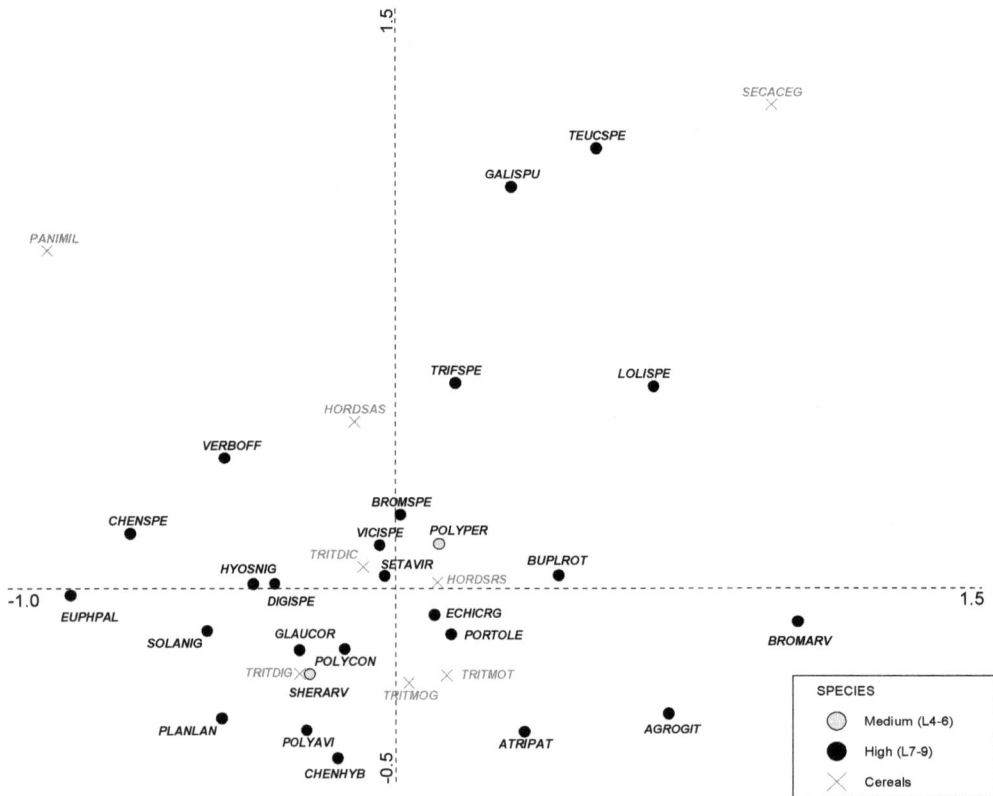

Fig. 32. Bronze Age Feudvar. Correspondence analysis of crops and weed species for samples identified as unsieved spikelets showing the ecological indicator values for light (after Borhidi 1995).

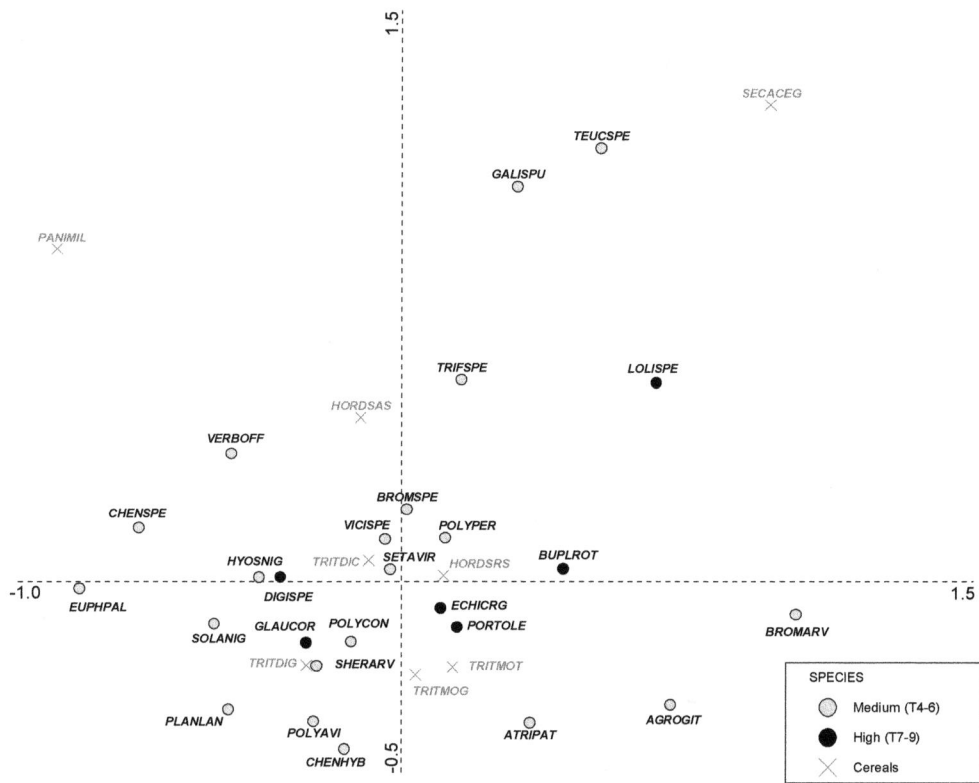

Fig. 33. Bronze Age Feudvar. Correspondence analysis of crops and weed species for samples identified as unsieved spikelets showing the ecological indicator values for temperature (after Borhidi 1995).

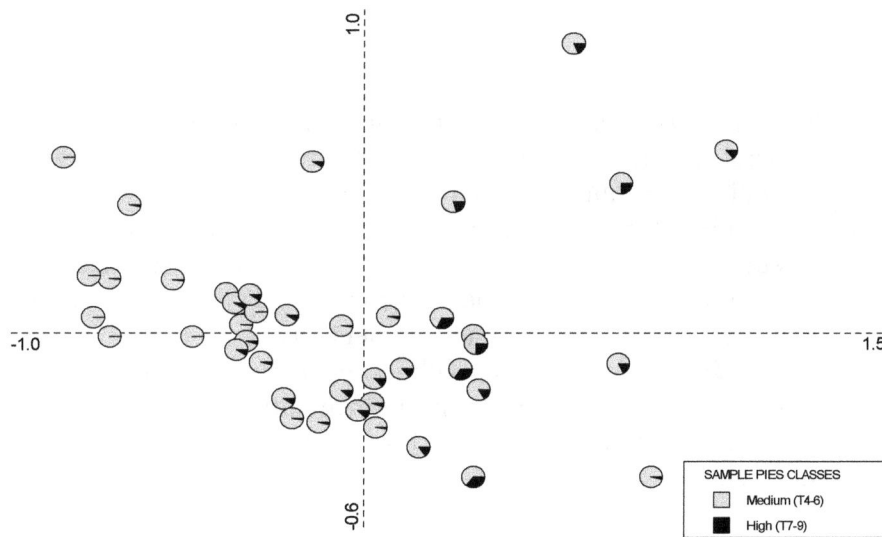

Fig. 34. Bronze Age Feudvar. Correspondence analysis of the proportions of weed species according to their temperature indicator value for samples identified as unsieved spikelets (after Borhidi 1995).

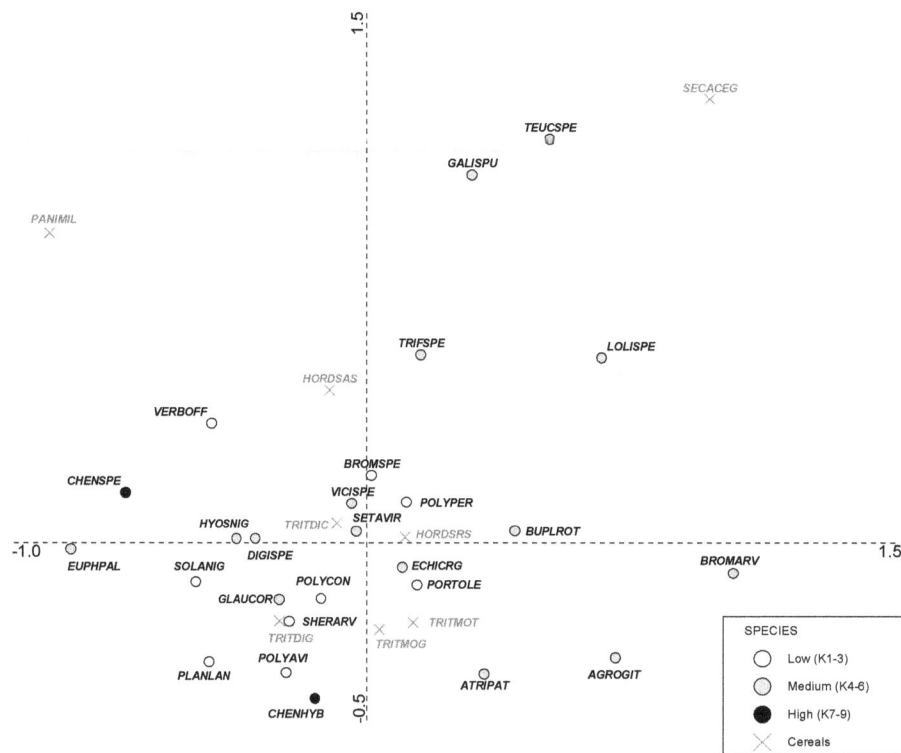

Fig. 35. Bronze Age Feudvar. Correspondence analysis of crops and weed species for samples identified as unsieved spikelets showing the ecological indicator values for continentality (after Borhidi 1995).

Continentality

Each species was coded to their continentality indicator value after Borhidi, which indicates the general continentality of the general climate. Spikelets, unsieved: The majority of the indicator values for the weed species ranged from low to medium and only *Chenopodium* and *Chenopodium hybridum* had high continentality values of K 7 (Fig. 35). Einkorn, emmer and barley are associated with species characteristic of low and medium continentality. Sample composition shows that there is a divide in those samples dominated by species characteristic of medium continentality to the left of the plot and those dominated by species characteristic of high climate continentality to the right (Fig. 36). However, this is due to the large number of *Chenopodium* seeds within the samples. Once removed, the samples are dominated by weed species characteristic of medium continentality, although there is a slight increase in low values to the left of the plot (Fig. 37). Fine sieving by-products, unsieved: Similar results. Products, unsieved: Similar results.

Moisture

Each species was coded to their moisture indicator value after Borhidi, which relates to soil moisture or the water table. Spikelets, unsieved: The majority of the indicator values for the weed species ranged from low to medium and only *Euphorbia palustris* had a high moisture value of F 9. Einkorn, emmer and barley are associated with species characteristic of low and medium soil moisture levels (Fig. 38). Sample composition shows that there is a divide in those samples dominated by species of dry soils to the right of the plot and species of wetter soil to the left (not shown). This is largely due to *Chenopodium* and once removed, the plot shows a dominance in species characteristic of low moisture levels in all but one sample to the left of the plot (Fig. 39). Fine sieving by-products, unsieved: Similar results. Products, unsieved: Similar results.

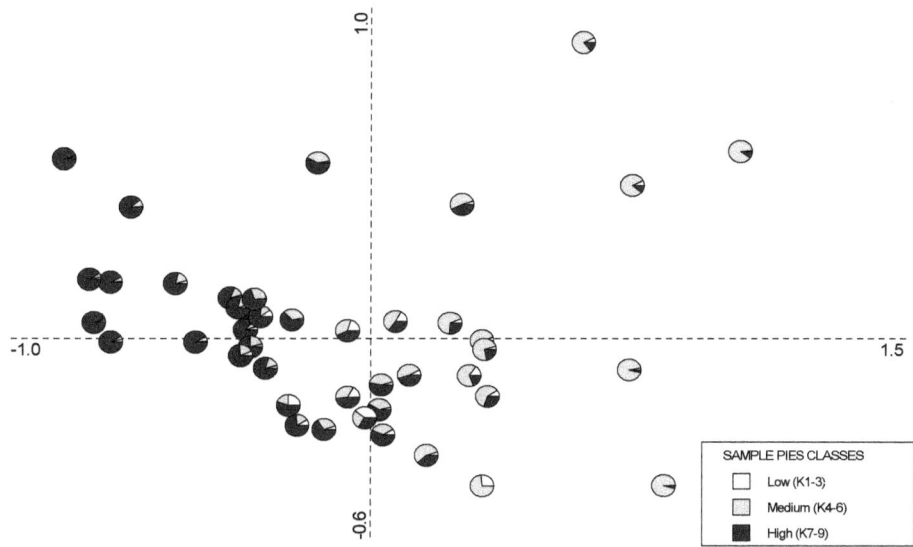

Fig. 36. Bronze Age Feudvar. Correspondence analysis of the proportions of weed species according to their continentality indicator value for samples identified as unsieved spikelets (after Borhidi 1995).

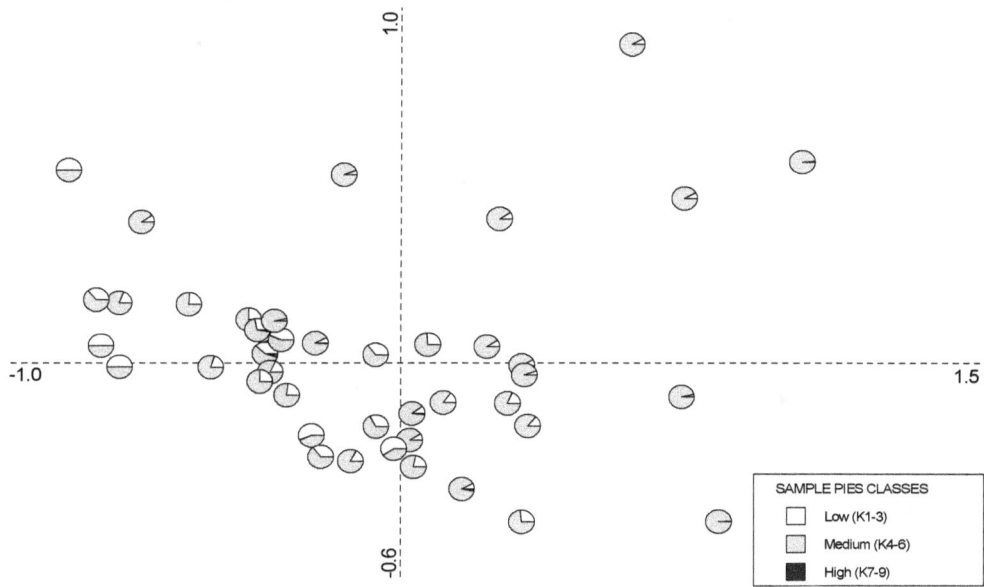

Fig. 37. Bronze Age Feudvar. Correspondence analysis of the proportions of weed species without CHENSPE according to their continentality indicator value for samples identified as unsieved spikelets (after Borhidi 1995).

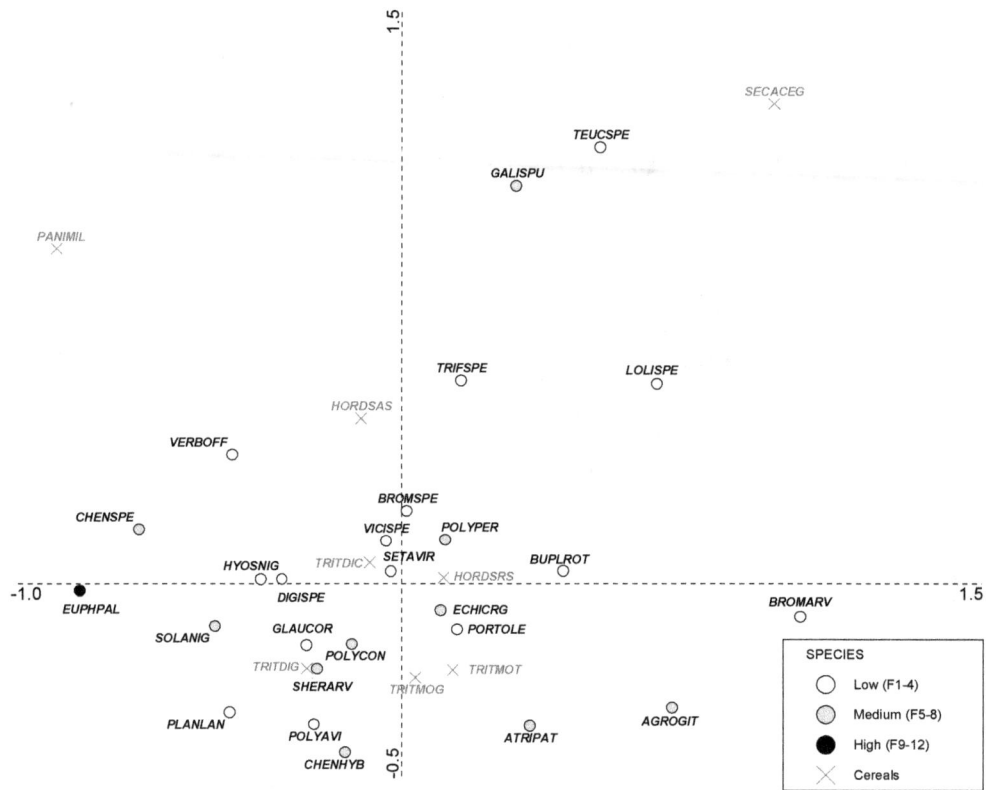

Fig. 38. Bronze Age Feudvar. Correspondence analysis of crops and weed species for samples identified as unsieved spikelets showing the ecological indicator values for moisture (after Borhidi 1995).

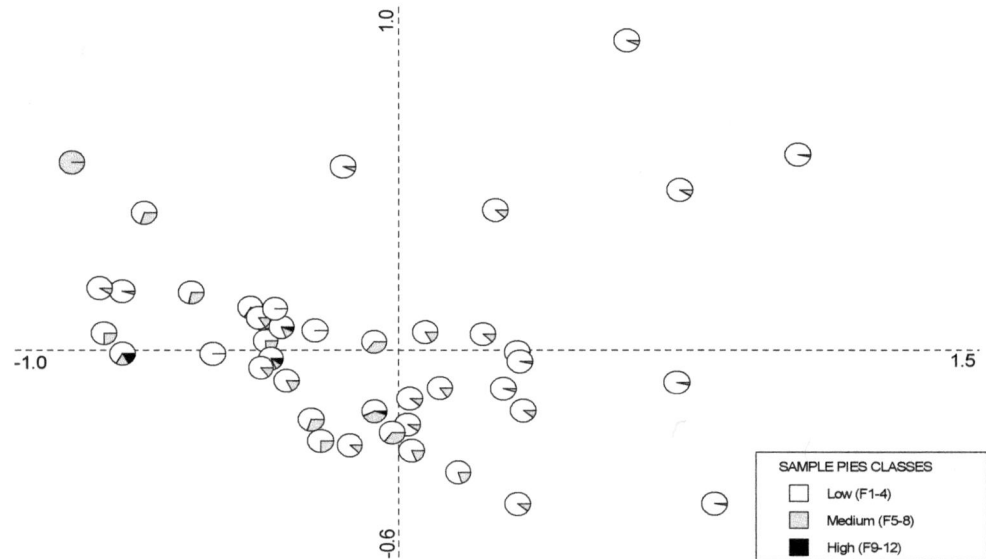

Fig. 39. Bronze Age Feudvar. Correspondence analysis of the proportions of weed species without CHENSPE according to their moisture indicator value for samples identified as unsieved spikelets (after Borhidi 1995).

pH (Reaction)

Spikelets, unsieved: Each species was coded to their reaction indicator value after Borhidi, which reflects plant occurrence in relation to soil reaction or pH. The majority of weed species are characterised by high indicator values i.e. typical of alkali soils (Fig. 40). Sample composition corroborates this, with the majority of samples containing a high proportion of weeds characteristic of alkali soils (Fig. 41). Fine sieving by-products, unsieved and products, unsieved give similar results.

Nitrogen

Spikelets, unsieved: Each species was coded to their nitrogen indicator value after Borhidi, which is related to the availability of ammonia and nitrate in the habitat. The majority of the weed species indicate medium to high nitrogen availability and only *Silene*, *Plantago lanceolata* and *Polygonum convolvulus* have low nitrogen values (Fig. 42). Sample composition shows a divide in those samples dominated by weed species characteristic of high nitrogen availability to the left of the plot and species characteristic of medium nitrogen availability to the right (not shown). This is largely due to *Chenopodium* and once removed, the plot shows a dominance in species characteristic of medium nitrogen availability (Fig. 43). Fine sieving by-products, unsieved: Similar results. Products, unsieved: Einkorn, emmer and broomcorn millet have a greater association with species typical of a high nitrogen environment (not shown).

3.3.2 Anthropogenic factors

Harvesting height

Spikelets, unsieved: A correspondence analysis was run to show the maximum flowering height of the weed species (Table 25). The height of the weed species ranged from low to high with no particular associations with any of the cereals (Fig. 44). Sample composition shows a divide in those samples with a dominance of tall weeds to the right of the plot and those with a dominance of medium height weeds to the left (not shown). However, with the removal of *Chenopodium* it is clear that the vast majority of samples contain low growing weeds (Fig. 45). Fine sieving by-products, unsieved: Similar results. The majority of the low growing weed species are associated with barley in the bottom right of the plot (not shown). Products, unsieved: Similar results.

Soil disturbance

Spikelets, unsieved: A correspondence analysis was run to examine the relative proportion of annuals, perennials and perennials with rhizomes within each sample. Of all the species present, only *Euphorbia palustris* is a perennial and only *Plantago lanceolata* is a perennial with rhizomes; the rest are all annuals (Fig. 46). This is also visible in the pie charts, where sample composition highlights the predominance of annuals (Fig. 47). Fine sieving by-products, unsieved: Similar results. *Rumex crispus* and *Verbena officinalis* are perennials. Products, unsieved: Similar results. *Malva* sp. and *Allium* are perennials and only *Plantago lanceolata* is a perennial with rhizomes; the rest are all annuals (not shown).

Sowing time

Spikelets, unsieved: A correspondence analysis was run to examine the relative proportion of winter and summer annuals within the samples. Only five species, *Agrostemma githago*, *Bromus*, *B. arvensis*, *Bupleurum rotundifolium* and *Sherardia arvensis*, are winter annuals and are largely associated with barley to the top right of the plot (Fig. 48). Einkorn has a greater association with summer annuals. Looking at sample composition there is a clear divide between those samples dominated with summer annuals to the left and winter annuals to the right of the plot (not shown). Once *Chenopodium* is removed, however, the majority of samples have an approximately equal proportion of summer and winter annuals (Fig. 49). Fine sieving by-products, unsieved: Similar results. Products, unsieved: Similar results: *Conringia orientalis* also is a winter annual and is largely associated with barley and so called rye in the bottom left of the plot (not shown).

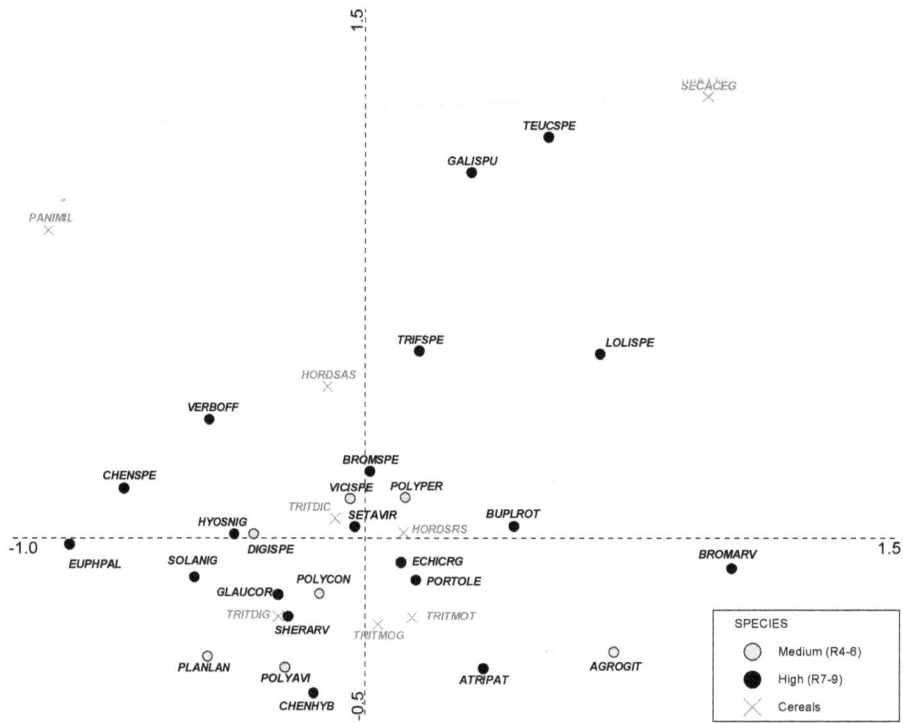

Fig. 40. Bronze Age Feudvar. Correspondence analysis of crops and weed species for samples identified as unsieved spikelets showing the ecological indicator values for reaction (after Borhidi 1995).

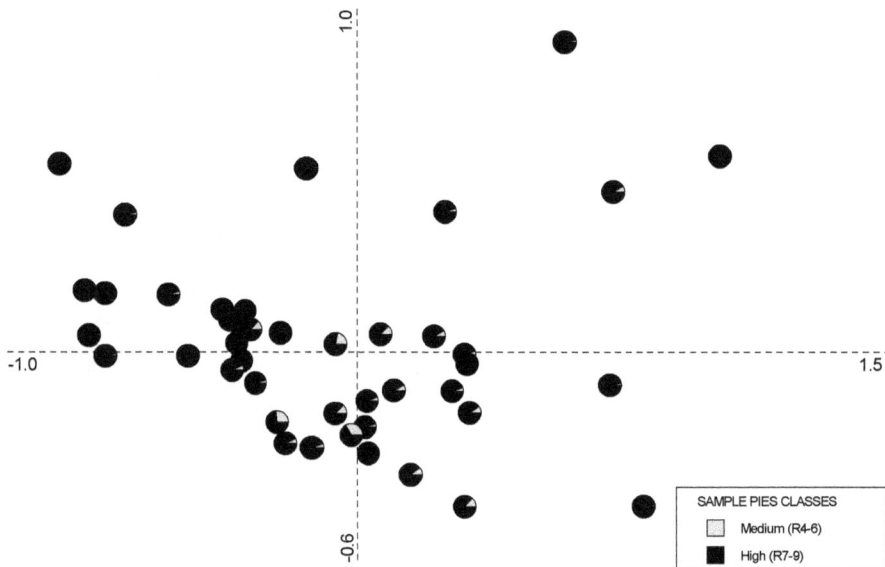

Fig. 41. Bronze Age Feudvar. Correspondence analysis of the proportions of weed species according to their reaction indicator value for samples identified as unsieved spikelets (after Borhidi 1995).

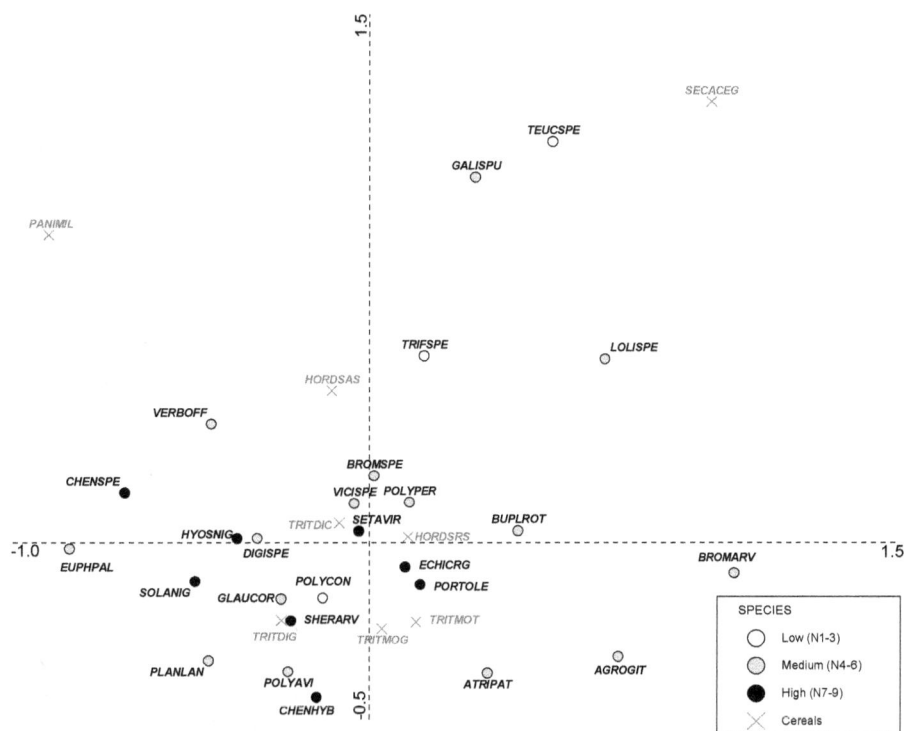

Fig. 42. Bronze Age Feudvar. Correspondence analysis of crops and weed species for samples identified as unsieved spikelets showing the ecological indicator values for nitrogen (after Borhidi 1995).

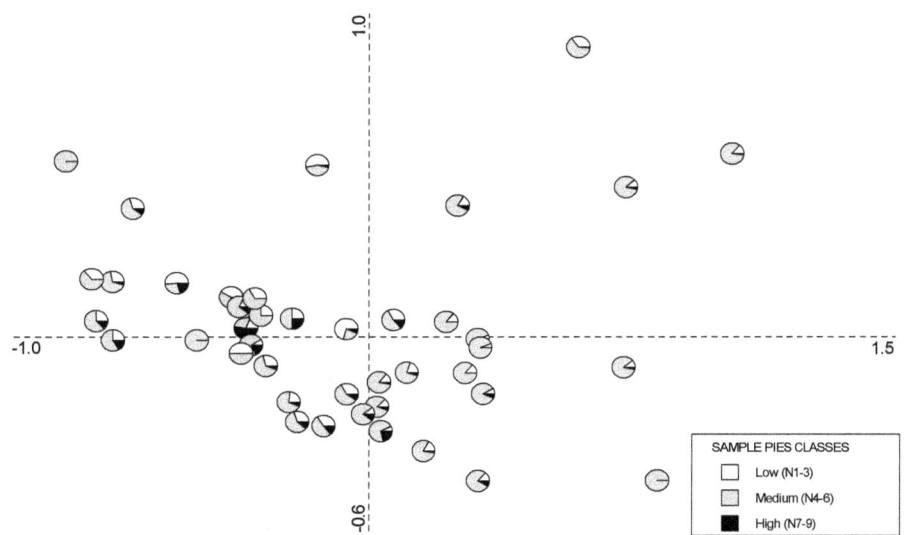

Fig. 43. Bronze Age Feudvar. Correspondence analysis of the proportions of weed species without CHENSPE according to their nitrogen indicator value for samples identified as unsieved spikelets (after Borhidi 1995).

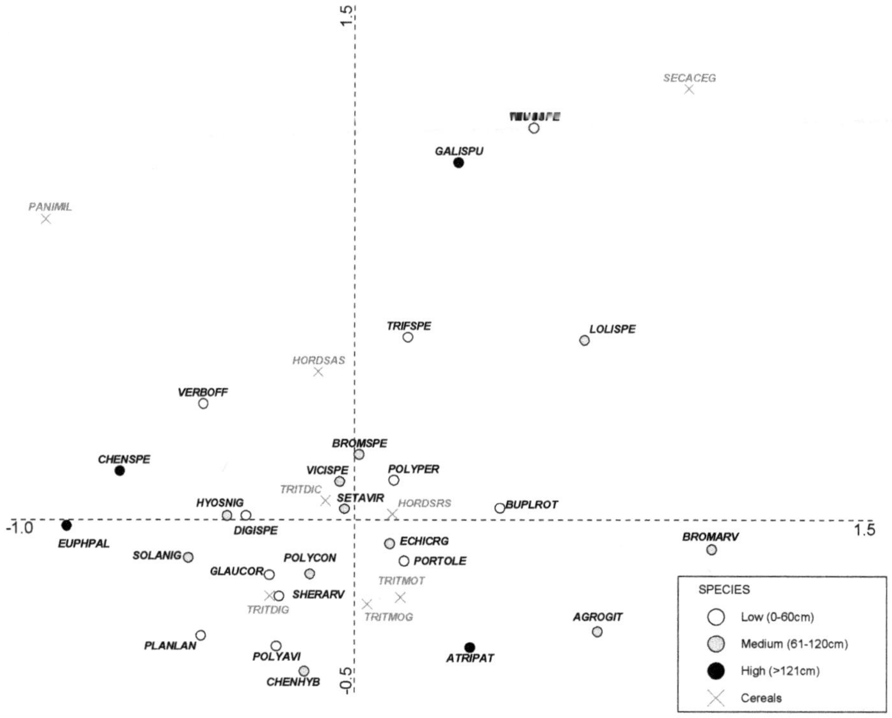

Fig. 44. Bronze Age Feudvar. Correspondence analysis of crops and weed species for samples identified as unsieved spikelets showing the maximum flowering height for each weed (after Bojnanský and Fargašová 2007).

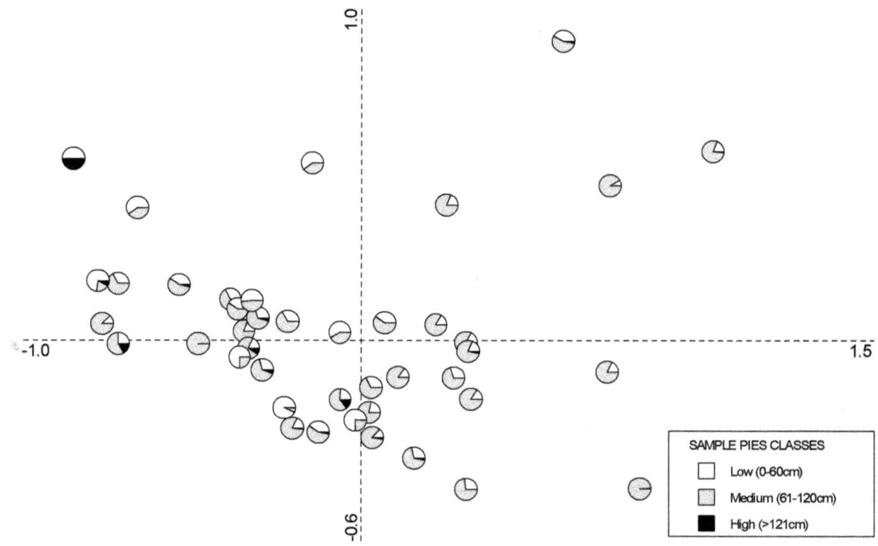

Fig. 45. Bronze Age Feudvar. Correspondence analysis showing the proportions of weed species without CHENSPE according to their maximum flowering height for samples identified as unsieved spikelets (after BOJNANSKÝ AND FARGAŠOVÁ 2007).

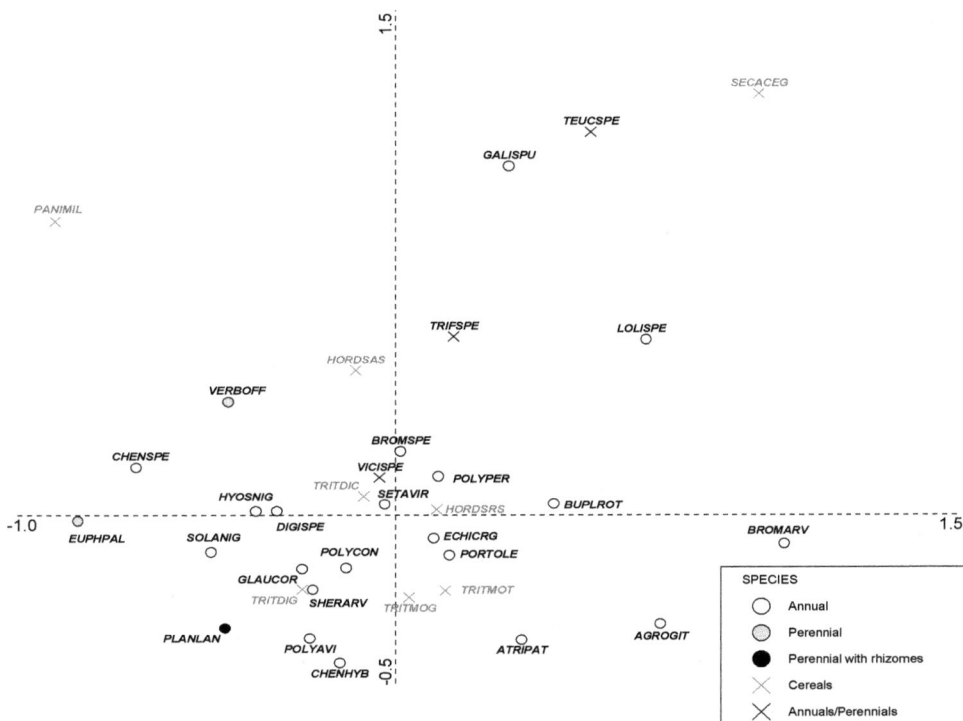

Fig. 46. Bronze Age Feudvar. Correspondence analysis of crops and weed species for samples identified as unsieved spikelets showing the life cycle of each weed i.e. whether they are an annual, perennial with or without rhizomes (after Bojnanský and Fargašová 2007).

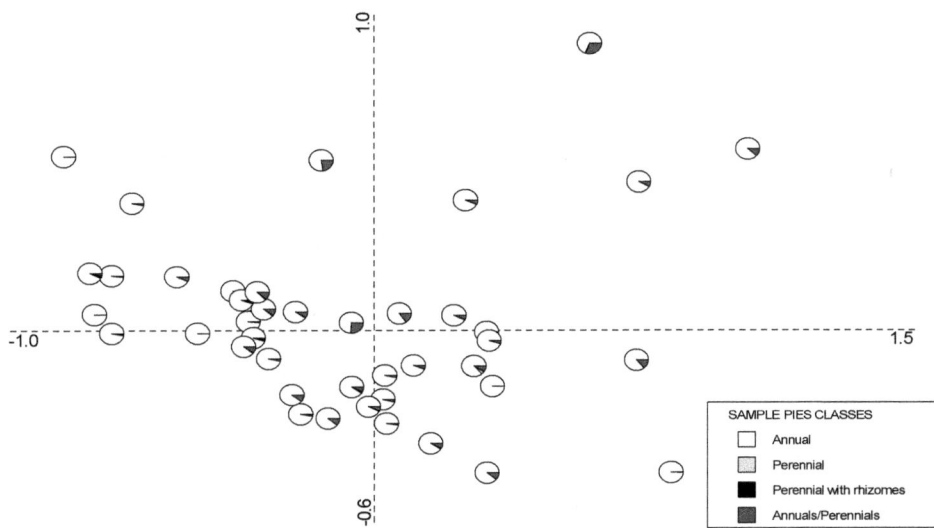

Fig. 47. Bronze Age Feudvar. Correspondence analysis showing the proportions of annuals and perennials for samples identified as unsieved spikelets (after Bojnanský and Fargašová 2007).

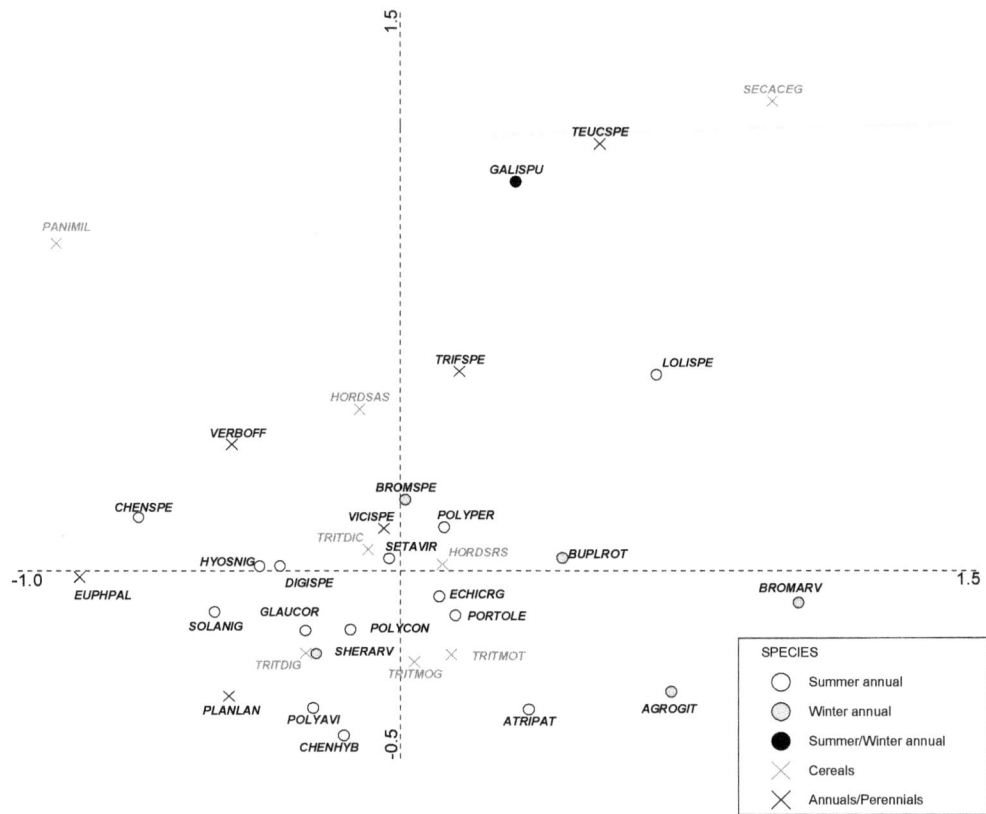

Fig. 48. Bronze Age Feudvar. Correspondence analysis of crops and weed species for samples identified as unsieved spikelets showing the germination time of each weed (after Bojnanský and Fargašová 2007).

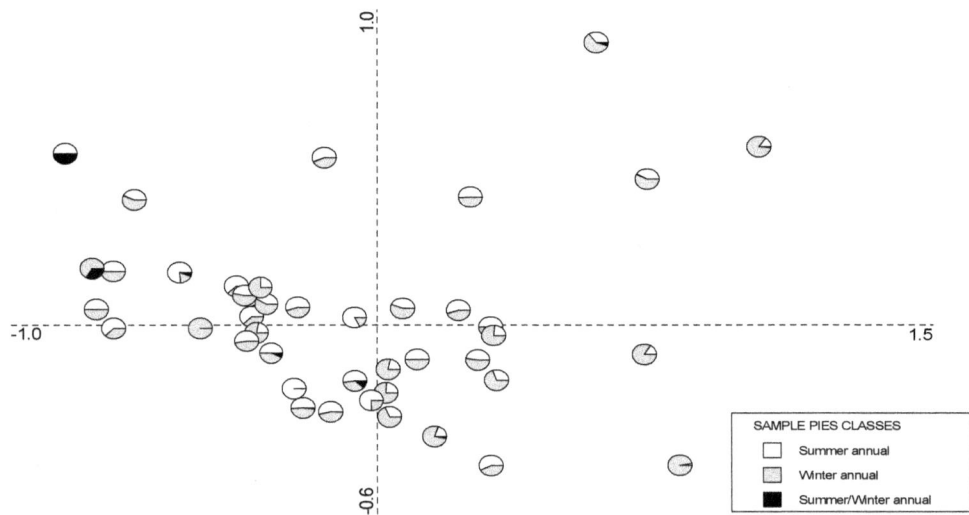

Fig. 49. Bronze Age Feudvar. Correspondence analysis showing the proportions of summer and winter annuals without CHENSPE for samples identified as unsieved spikelets (after Bojnanský and Fargašová 2007).

1.5

SPECIES
× Crops
× Weeds

TEUCSPE
×

GALISPU
×

HORDSAS
×

POLYPER   TRIFSPE ×
×   LOLISPE
×

BROMSPE
×

SOLANIG   GLAUCOR   ECHICRG
×   ×   ×   BUPLROT
SHERARV ×   ×   SETAVIR   ×   AGROGIT
DIGISPE   ×
-1.0 - 1.5
                VICISPE
VERBOFF   PORTOLE× ×   ×   × HORDSRS   ×
×   × POLYCON TRITMOT   BROMARV
×   ×   × ×   ×
EUPHPAL POLYAVI HYOSNIG × TRITMOG
×   TRITDIC
×   × TRITDIG   ×
TRITDIG   ATRIPAT
×
CHENHYB ×
PLANLAN

-1.0

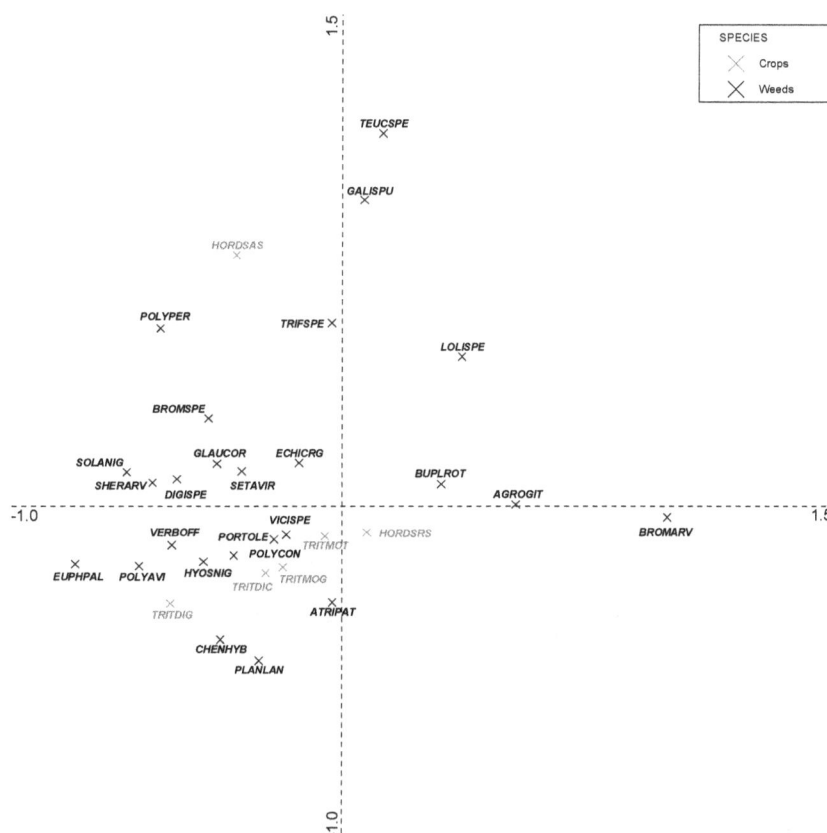

Fig. 50. Bronze Age Feudvar. Correspondence analysis of crops, possible crops and weed species without CHENSPE, SECACEG and PANMIL for samples identified as unsieved spikelets.

Exploring differences between barley and einkorn cultivation

Spikelets, unsieved: The results from the unsieved spikelets show a similar trend in ecological and anthropogenic factors throughout all the samples. The samples are primarily dominated by einkorn which may suggest that the spikelets are from an einkorn crop with admixtures of barley, emmer, broomcorn millet and so called rye. The divide between broomcorn millet and so called rye within the plots and the large influence of *Chenopodium* may, however, mask any patterns seen between barley and einkorn. Thus, to explore any further patterns that might emerge, a correspondence analysis was run on the dataset removing so called rye, broomcorn millet and *Chenopodium*. Samples containing >70 % of these species were also excluded as they may contain a crop deposit.

The weed and cereal associations do not change significantly from the previous correspondence analyses (Fig. 50). Barley grain is clearly separate from the other cereals at the top of the plot. However, barley rachis has a high association with einkorn in the middle of the plot. At present, it is unclear why barley rachis is closely associated with einkorn. Of the nine ecological and anthropogenic factors analysed, only the distribution of nitrogen values and summer / winter annuals produced clearer patterns (not shown).

Fine sieving by-products, unsieved: a correspondence analysis was run on the dataset removing spelt, bread / wheat, so called rye, broomcorn millet and *Chenopodium*. Samples containing >70 % of these species were also excluded as they may contain a crop deposit (Fig. 51). Sample composition shows a divide between those dominated by einkorn to the left of the plot and those with a greater proportion of barley to the right (Fig. 52). In addition, there is a clear divide between samples recovered from pits and hearths to the left of the plot and those from house levels to the right (Fig. 53). Of the nine ecological and anthropogenic factors analysed, only the distribution of nitrogen values and summer / winter annuals produced clearer patterns (Fig. 54).

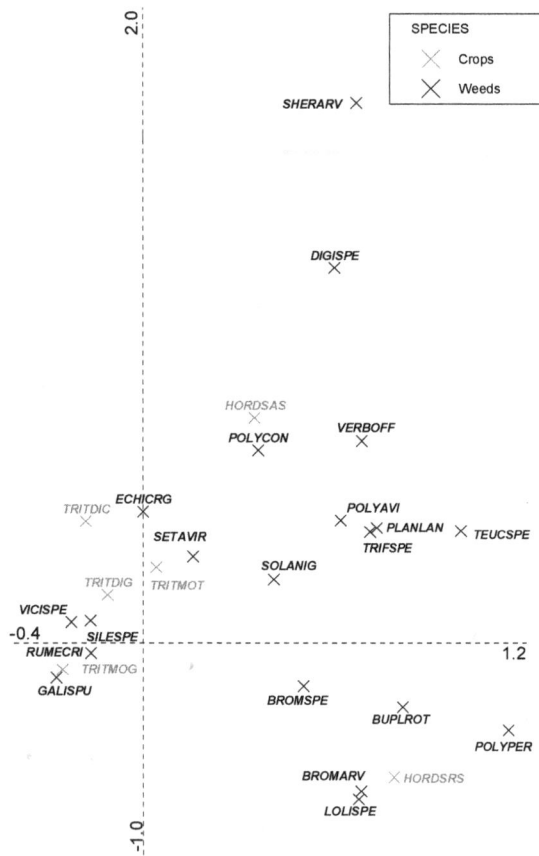

Fig. 51. Bronze Age Feudvar. Correspondence analysis of crops, possible crops and weed species, without TRITSPL, TRITAED, CHENSPE, SECASEG and PANMIL, for samples identified as unsieved fine sieving by-products.

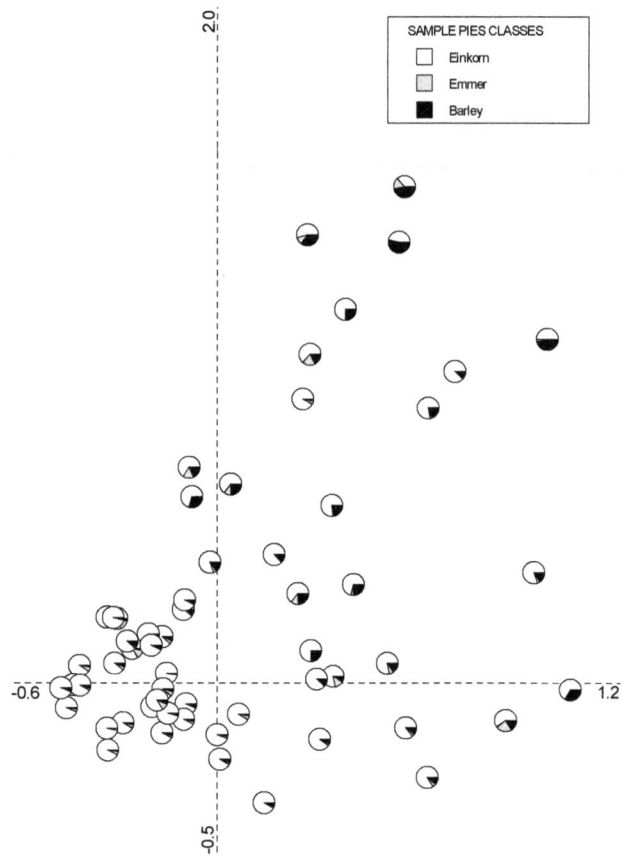

Fig. 52. Bronze Age Feudvar. Correspondence analysis of the portions of cereals per sample, without TRITSPL, TRITAED, CHENSPE, SECASEG and PANMIL, identified as unsieved fine sieving by-products.

Products, unsieved: a correspondence analysis was run on the dataset removing bread / wheat, so called rye, broomcorn millet and *Chenopodium* sp. Samples containing >70 % of these species were also excluded as they may contain a crop deposit. The weed and cereal associations do not change significantly from the previous correspondence analyses (Fig. 55). Barley grain and rachis is clearly separate from the other cereals to the right of the plot. Sample composition shows a divide between those dominated by einkorn to the right of the plot and those dominated by barley to the left (Fig. 56). In addition, there is a clear divide between samples recovered from pits to the bottom right of the plot and those from house levels to the top (Fig. 57). Of the nine ecological and anthropogenic factors analysed, only the distribution of moisture, nitrogen values and summer / winter annuals produced clearer patterns (not shown).

Nitrogen

Spikelets, unsieved: The weed species were coded to their nitrogen indicator values. Two groups of species are distinguished in the plot (Fig. 58). First, species characteristic of high nitrogen soils, einkorn and emmer to the bottom left of the plot and second, species characteristic of low and medium nitrogen soils and barley to the top and right.

Fine sieving by-products, unsieved: Similar results: First, species characteristic of high nitrogen soils, einkorn and emmer to the left of the plot, and second, species characteristic of low and medium nitrogen soils and barley to the bottom right (not shown).

Products, Unsieved: Similar results: First, species characteristic of high nitrogen soils, einkorn and emmer to the right of the plot and second, species characteristic of low and medium nitrogen soils and barley to the left (not shown).

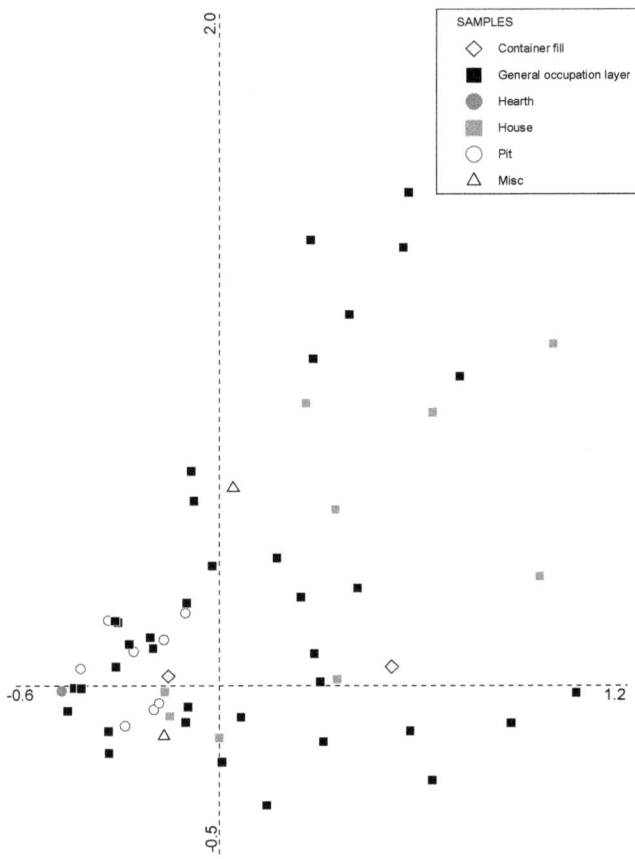

Fig. 53. Bronze Age Feudvar. Correspondence analysis of samples, without TRITSPL, TRITAED, CHENSPE, SECASEG and PANMIL, identified as unsieved fine sieving by-products per feature type.

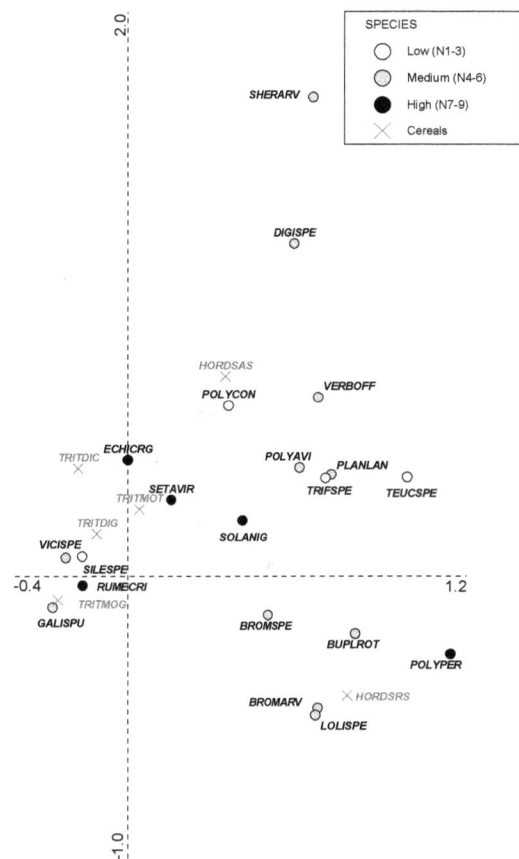

Fig. 54. Bronze Age Feudvar. Correspondence analysis of crops and weed species, without TRITSPL, TRITAED, CHENSPE, SECASEG and PANMIL, for samples identified as unsieved fine sieving by-products showing the ecological indicator values for nitrogen (after after Borhidi 1995).

Moisture

Products, Unsieved: Species characteristic of wetter soils are associated with emmer in the bottom right of the plot. Einkorn and barley are associated with species typical of dry, well drained soils (Fig. 59; 60).

Sowing time

Spikelets, unsieved: Two groups of species are distinguished in the plot (Fig. 61). First, summer annuals, einkorn and emmer to the bottom left of the plot and second, winter annuals and barley to the top and right. Fine sieving by-products, unsieved: Similar results: First, summer annuals, einkorn and emmer to the left of the plot and second, winter annuals and barley to the bottom right (not shown). Products, Unsieved: Similar results: First, summer annuals, einkorn and emmer to the right of the plot and second, winter annuals and barley to the left (not shown).

3.3.3 Conclusions

Weed species within the three groups of samples identified as unsieved spikelets, unsieved fine sieving by-products and unsieved products were examined in relation to nine ecological and anthropogenic factors. Although these three groups of samples contain three different crop processing stages, they all showed the same results. Thus, the overall picture presented by the weed species indicates that the environment within which the crops grew had plenty of light, grew in a mild climate (not too hot or cold) on well

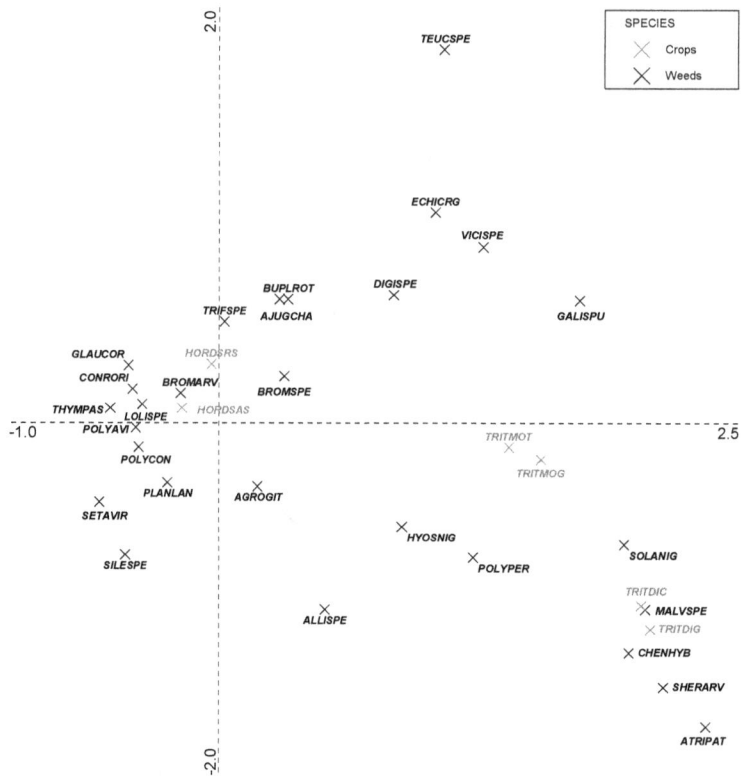

Fig. 55. Bronze Age Feudvar. Correspondence analysis of crops, possible crops and weed species, without TRITAED, CHENSPE, SECASEG and PANMIL, for samples identified as unsieved products.

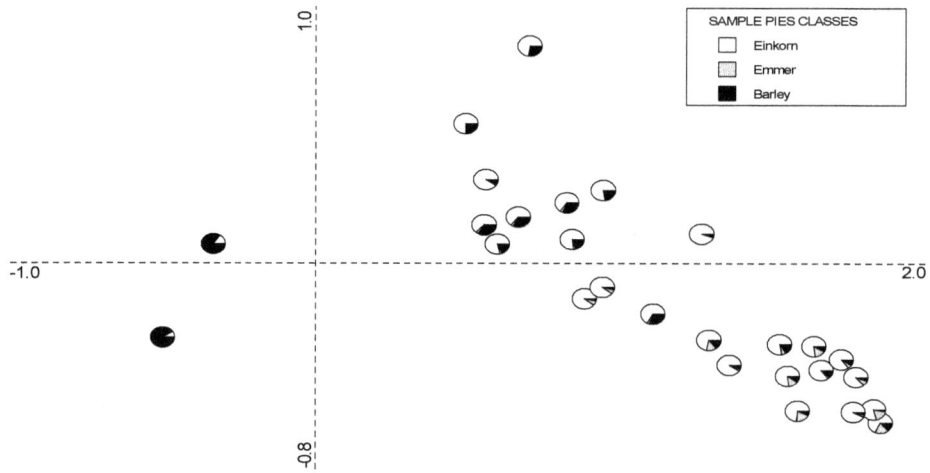

Fig. 56. Bronze Age Feudvar. Correspondence analysis of the proportions of cereals per sample, without TRITAED, CHENSPE, SECASEG and PANMIL, identified as unsieved products.

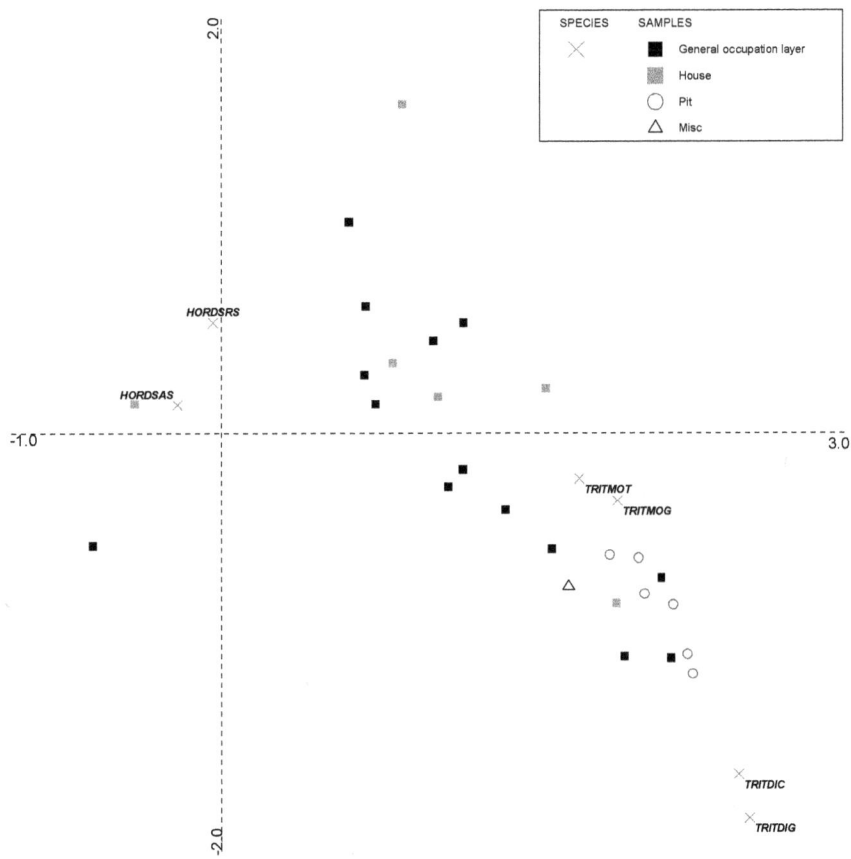

Fig. 57. Bronze Age Feudvar. Correspondence analysis of samples, without TRITAED, CHENSPE, SECASEG and PANMIL, identified as unsieved products per feature type.

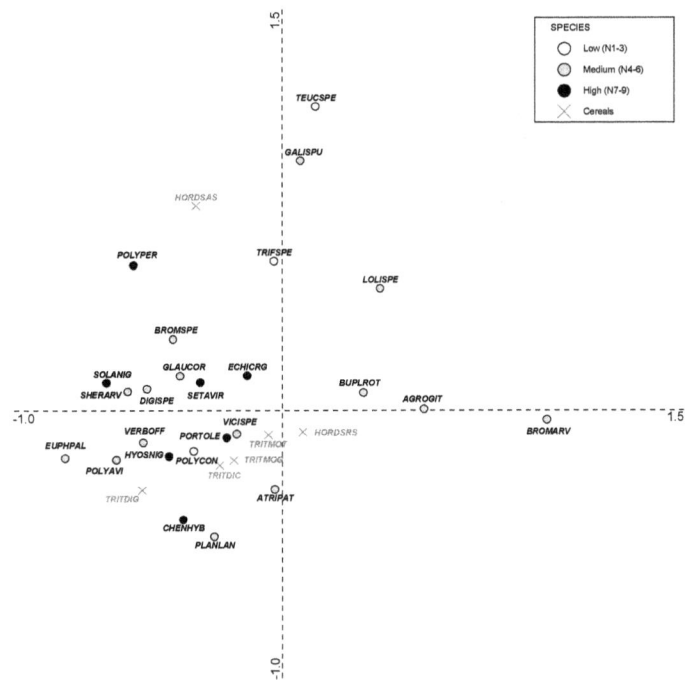

Fig. 58. Bronze Age Feudvar. Correspondence analysis of crops and weed species, without CHENSPE, SECASEG and PANMIL, for samples identified as unsieved spikelets showing the ecological indicator values for nitrogen (after Borhidi 1995).

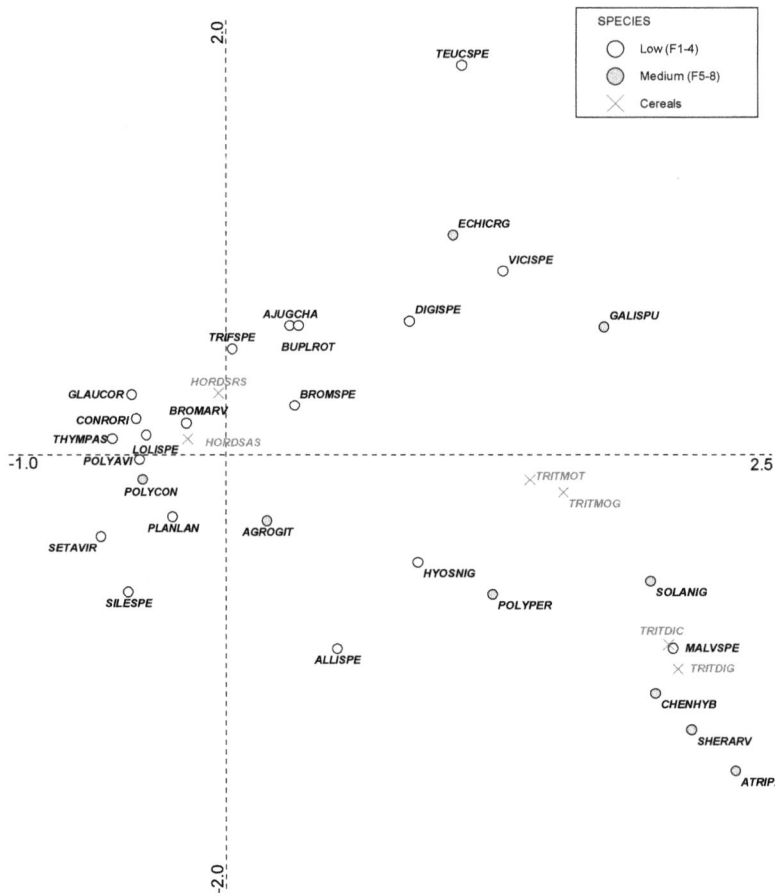

Fig. 59. Bronze Age Feudvar. Correspondence analysis of crops and weed species, without TRITAED, CHENSPE, SECASEG and PANMIL, identified as unsieved products showing the ecological indicator values for moisture (after Borhidi 1995).

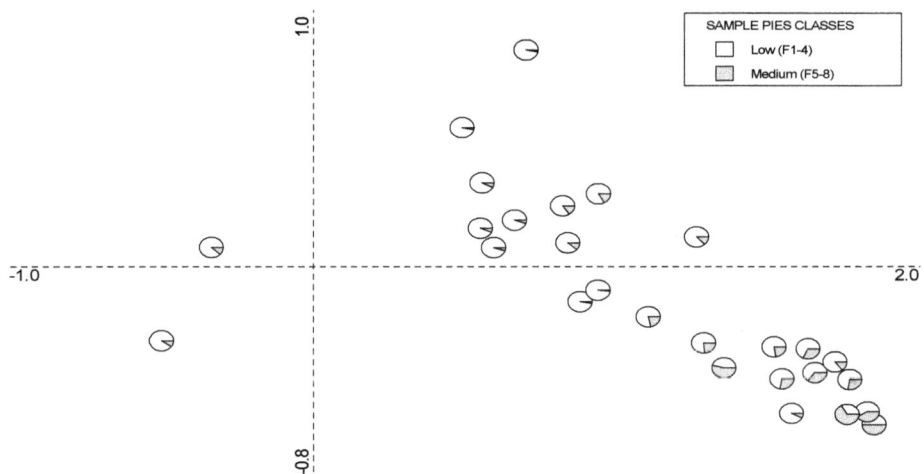

Fig. 60. Bronze Age Feudvar. Correspondence analysis of the proportions of crops and weed species, without TRITAED, CHENSPE, SECASEG and PANMIL, according to their moisture indicator value for samples identified as unsieved products (after Borhidi 1995).

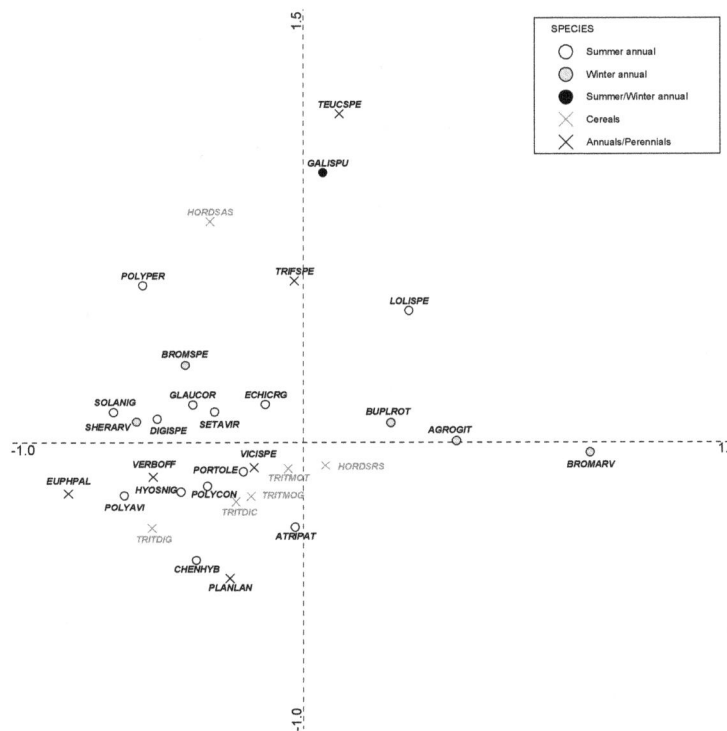

Fig. 61. Bronze Age Feudvar. Correspondence analysis of crops and weed species, without CHENSPE, SECASEG and PANMIL, for samples identified as unsieved spikelets showing the germination time of each weed (after Bojnanský and Fargašová 2007).

drained, slightly alkali soil with an overall medium nitrogen value. The anthropogenic factors analysed suggest that the crops grew on disturbed ground, sown in autumn, with possible weeding activities, and were harvested low to the ground so that both the straw and grain could be collected.

The correspondence analysis also revealed a separation between two groups of crops. Group A, which includes barley and so called rye[147], is characterised by species indicative of low levels of nitrogen and by winter annuals. Group B, on the other hand, includes einkorn, emmer, spelt, bread / durum wheat and broomcorn millet and is characterised by species indicative of high levels of nitrogen and by summer annuals. With all three groups of samples presenting the same results, it is likely that the differences seen between group A and B represent two different crop husbandry regimes at Feudvar.

3.4 Intra-site variability

From chapter 2.6, a number of patterns were identified in the distribution of certain crop processing samples throughout the western trench at Feudvar. This section will examine these trends further in order to determine whether different cultivation methods can be associated with a particular group of inhabitants or household. As already observed from the previous analyses, barley and so called rye are generally associated with house deposits, while the wheats (einkorn, emmer, spelt, bread / durum wheat) and broomcorn millet are more associated with pits. Broomcorn millet is also closely associated with pits, especially within the southern end of the trench. The association of broomcorn millet with wheat and with pits may therefore support the theory that broomcorn millet may have been added to the wheat crop to help in storage (see p. 237).

Two factors, nitrogen availability and germination time, distinguished differences in cultivation methods of group A crops (barley and so called rye) and group B crops (einkorn, emmer and broomcorn millet). In

147 This so called rye is the weed Dasypyrum villosum [Kroll].

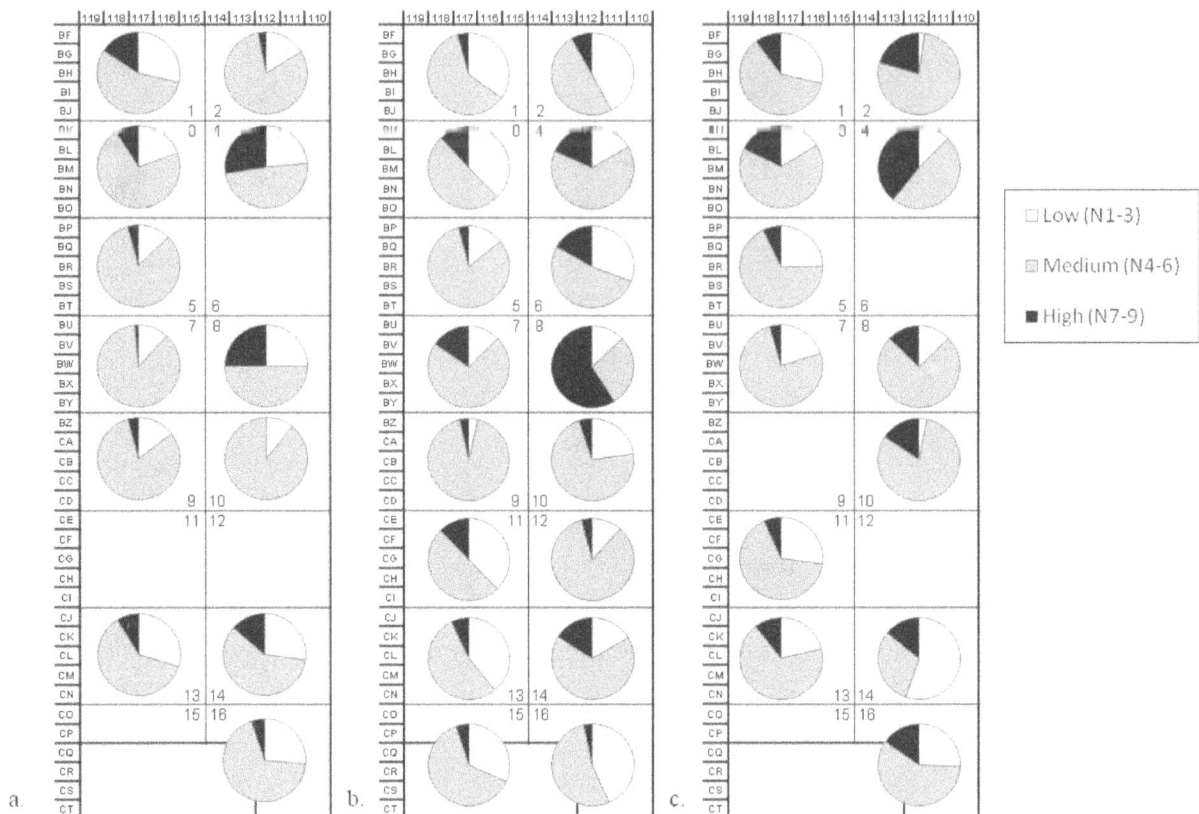

Fig. 62. Bronze Age Feudvar. Pie charts representing the percentages of low, medium and high nitrogen indicator values of weed species for samples identified a) as unsieved spikelets, b) as unsieved fine sieving by-products and c) as unsieved products per block (5x5m).

order to explore possible differences in cultivation methods applied by different households, the distribution of species characteristic of low, medium and high nitrogen environments were plotted across the western trench for each of the three unsieved crop processing stages. Species indicative of high nitrogen availability are found predominantly in areas 4 and 8 for all three groups (Fig. 62). This corresponds with floor deposits from the Fisher House. From chapter 2.5, these areas were seen as being dominant in einkorn and emmer remains. The remaining areas are all dominant in species characteristic of medium nitrogen levels. Looking at the proportion of summer and winter annuals and perennials / annuals across the trench, some slight patterning may also be seen (Fig. 63). First, blocks 4 and 8 are higher in summer annuals. Second, blocks 5, 7 and, to a lesser extent, blocks 13 to 16 at the south end of the trench are higher in winter annuals. Nevertheless, dominance does vary depending on the crop processing stage being examined.

Thus, from the analysis of spatial distribution of samples within the trench, it may be possible to see a slight increase in species indicative of higher nitrogen levels and summer annuals within the Fisher House which may correspond with possible differences seen in the cultivation regimes of einkorn and emmer. Correspondence analyses on the datasets has been a helpful tool in making a distinction between house and pit features which provides further evidence of depositional practices at the site. Unfortunately, at present, detailed chronological and archaeological information is unavailable so it is difficult to determine whether any chronological changes occurred at the site in relation to crop processing regimes during the Bronze Age.

3.5 Identification of crop husbandry practices at Feudvar

3.5.1 The arable environment (climate, temperature, water and soil pH)

Feudvar is located within northern Serbia in the province of Vojvodina. Today the climate is mildly continental due to the warmer influences of the Adriatic (Mediterranean) climate. In Belgrade (approximately

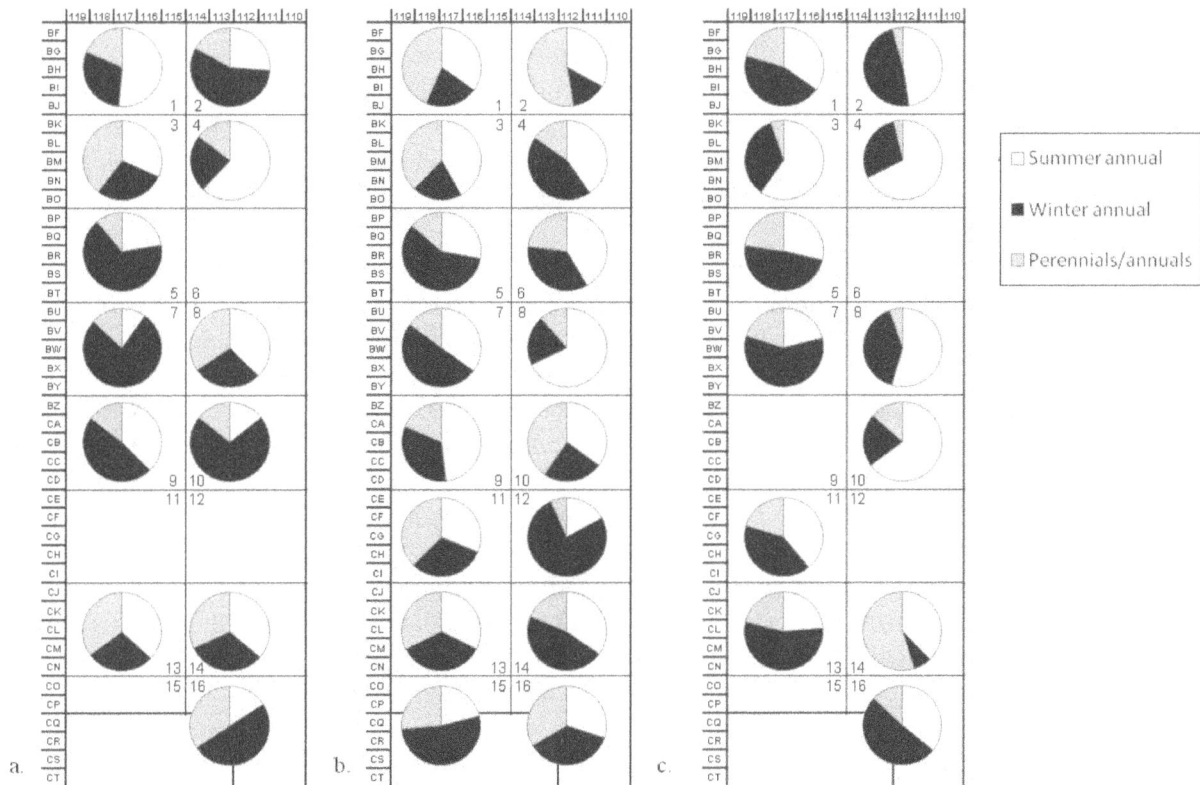

Fig. 63. Bronze Age Feudvar. Pie charts representing the percentages of summer annuals, winter annuals and perennial/annuals for samples identified a) as unsieved spikelets, b) as unsieved fine sieving by-products and c) as unsieved products per block (5x5m).

60 km south of Feudvar) temperatures on average range from 22°C in the summer to 0°C in the winter, with an average annual rainfall of 635 mm[148]. Evaporation is particularly intensive in Vojvodina due in part to the high summer temperatures as well as strong winds[149]. Climatic conditions during the Bronze Age occupation of Feudvar were influenced by the Sub-Boreal period (ca. 3300–1000 BC). Although the Pre-Boreal is characterised by a cooler and wetter climate than the preceding Atlantic period, it is suggested that the climate was similar to that of today, differing by only 1 to 2°C[150].

The Titel plateau today is about 16 km long, extending in a NW-SE direction and about 8 km wide. It is located near the confluence of the Tisza (running to the east of the site) and the Danube (running along the south). The area is therefore directly influenced by fluvial erosion, flooding and waterlogging. Today the soils consist of alluvials, deposited by the two rivers, and chernozems, which is the main soil type within the region including the Plateau itself. Chernozem and the loamy alluvial soils found along the rivers are particularly well drained, although the alluvials are at a much greater risk of flooding. The chemical properties of chernozem in Vojvodina are on average slightly alkaline, with a high availability of potassium and phosphate. As a result, this type of soil is particularly well suited for obtaining high quality crops with high stable yields[151].

It is suggested that the formation of chernozem soils in Serbia developed due to the influences of the continental climate and forest steppe during the preboreal ca.11,500 BP[152]. The mechanism by which these

148 Bell 2003, 521.
149 Filipovski and Ćirić 1969, 271.
150 Velichko and Nechaev 2005, 65.
151 Ubavić and Bogdanović 1995.
152 Thater and Stahr 1991.

soils were formed is still debated, with some suggesting a link between the development of chernozem and human activity such as deforestation during the Neolithic[153]. However, in Central Europe this has been largely disproved within areas of Linearbandkeramik (LBK) settlement[154]. In Hungary, others suggest that the appearance of steppe vegetation in the Great Hungarian Plain during the early Holocene triggered the formation of chernozem soils[155]. Regardless of the mechanism by which chernozem developed, it is evident that these soils would have been well established in northern Serbia before the occupation of Feudvar during the Bronze Age.

The next group of soils which surround the Titel plateau are hydromorphic smoniza and black soils, which are types of alluvial soils that formed as a result of the two rivers, but contain a higher percentage of clay. These are very poorly drained soils with the occurrence of groundwater in the top 30 cm for 6 months of the year and the emergence of salinisation. Because of their abundant moisture they are unsuitable for cultivation, although today drainage systems have been implemented in Serbia to allow them to be utilised. These soils are also known as 'minute soils', as they require a short optimal period of cultivation.

From the ecological indicator values, the weed species suggest that during the Bronze Age at Feudvar the temperature was typical of a submontane broad leaved forest belt (T6). In northeast Serbia today, submontane and montane beech forests can be found[156]. In terms of continentality, the weeds typically characterised suboceanic (K4) species, with slight oceanic (K3) and subcontinental (K5) tendencies, mainly of Central Europe although extending to the east. Plant reaction indicated basifrequent plants (R7) found on slightly calcareous soils. This corresponds with the pH of chernozem soils today which are neutral to slightly alkali, although hydromorphic soils also have a neutral pH in the Balkans[157].

The moisture value for the species generally indicates a semidry habitat (F4). As the chernozem soils are well drained soils, while the surrounding hyromorphic soils are particularly waterlogged, this would suggest that the majority of the species were growing on chernozem soil. The presence of *Phragmites australis, Trapa natans* and *Schoenoplectus lacustris* from the whole Feudvar assemblage, which have high moisture values (F10–F11), indicates plants of frequently flooded soils. Along the Danube today, especially in areas of Croatia and Serbia, *Phragmites australis, Trapa natans* and to a lesser extent *Schoenoplectus lacustris* are regularly found. Therefore, during the Bronze Age these species are likely to have grown on the alluvial soils which are prone to flooding and run to the south and east of the Titel plateau.

3.5.2 Cultivation methods

The different cultivation methods employed by a farmer will ultimately determine the crops productivity, its sustainability (i.e. long term cultivation) and labour requirements. Two groups of species were identified from the correspondence analysis: group A, which includes barley and is characterised by species indicative of low levels of nitrogen and by winter annuals, and group B, which includes einkorn, emmer, spelt, bread / durum wheat and broomcorn millet and is characterised by species indicative of high levels of nitrogen and by summer annuals. It was concluded that these differences indicated two different cultivation methods. These issues will be discussed in more detail, focusing on four main cultivation activities: preparing the ground (i.e. tillage methods), sowing the seeds of the crop, tending the crop (i.e. weeding, manuring) and harvesting.

Tillage methods
Tillage refers to the preparation of soil for the growing of crops. The extent of soil disturbance will be determined by the type of method employed and the amount of energy applied to the activity. This is ultimately linked to the type of crop grown and the scale and intensity of the cultivation regime employed.

---

153 Gerlach et al. 2006.
154 Lorz and Saile 2011.
155 Joó et al. 2007.
156 Koprivica et al. 2008.
157 Mitkova and Mitrikeski 2005.

By examining the 33 weed species recovered from Feudvar, only five species are perennials and one, *Plantago lanceolata*, is a perennial with rhizomes (making it less susceptible to disturbance). The remaining 27 species are all annuals. Previous research suggests that annuals increase with the rise of disturbance, especially in relation to tillage activities[158]. Thus, at Feudvar, the dominance of annuals over perennials suggests that the agricultural fields were tilled before the crops were sown.

Soil organic matter availability and distribution of nutrients to crop plants are often influenced by the type and degree of soil tillage. Tillage practices have been shown to increase nitrogen availability by aerating the soil and mobilising micro organisms[159]. The loss of soil organic matter is, however, greatest within ploughed fields[160]. Soils tilled in the autumn also have a greater risk of nitrogen leaching due to high precipitation during the autumn and winter[161]. On the other hand, intensive tillage practices are typically associated with manuring and are therefore more likely to maintain soil nitrogen levels compared to extensive plough cultivation[162]. Tillage intensity also has an effect on weed density, where fields with minimal tillage have greater quantities of weeds[163]. In addition, species-rich fields have been shown to correlate with marginal environmental conditions, rather than fertile soils, as well as with extensive mixed-cropping-breeding systems that depend on both animal and crop production[164].

Although no tillage equipment (i.e. ploughs, hoes or digging sticks) has been recovered from the excavations at Feudvar, tillage practices may be inferred from the archaeobotanical remains. The high nitrogen levels associated with einkorn, emmer and broomcorn millet (group B) and the low number of weed species associated with the crops, may suggest that intensive tillage methods were practiced. Barley (group A), on the other hand, had a greater association with species indicative of low nitrogen environments, which may suggest a more extensive regime and the use of an ard plough. Autumn tilling of barley (group A), may also be inferred from the presence of winter annuals and species indicative of low nitrogen levels.

In conclusion, the cultivated fields at Feudvar were tilled before the crops were sown. Two different forms of tillage were also inferred from the archaeobotanical remains. For barley (group A), extensive ard cultivation was most likely performed. For the cultivation of einkorn, emmer and broomcorn millet (group B), a more intensive tillage method was performed, either through repeated use of an ard or the use of hoes.

Sowing strategies

Autumn versus spring sowing

The time at which a crop is sown provides information about the yearly activities at the site. The sowing time of a crop may also indicate productivity, as winter sown crops have a longer growth period they may have potentially higher yields. From the germination time of the weed species found within the crops, it is possible to infer the season the crop was sown. The basic principle suggests that if a crop contains predominantly spring germinating weeds, then the cereal was sown in spring, while a dominance in winter annuals indicate autumn sowing[165]. At Feudvar, the correspondence analyses showed that winter annuals had a greater association with barley (group A), while summer annuals had a greater association with einkorn, emmer and broomcorn millet (group B). This could suggest that barley was sown in the autumn, while einkorn, emmer and broomcorn millet were sown in the spring.

---

158 Ellenberg 1950; Hillman 1981; van der Veen 1992; Zimdahl 2007.

159 Doran et al. 1998.

160 Salinas-Garcia et al. 1997.

161 Stenberg et al. 1997.

162 van der Veen 1992, 139.

163 Blackshaw et al. 2001.

164 Fried et al. 2008.

165 Groenman-van Waateringe 1980; Jones 1981; Wasylikowa 1981.

However, studies have shown that summer annuals will outcompete winter annuals in nitrogen rich fields[166]. In addition, studies have shown that weeding in spring reduces the number of winter annuals and encourages the growth of short-lived summer annuals[167]. Thus, autumn sown crops that are subjected to intensive practices (i.e. weeding and manuring) have been shown to have a weed flora rich in summer annuals[168]. The high association of summer annuals with group B (einkorn, emmer and broomcorn millet) may therefore result from more intensive practices being applied to autumn sown crops.

The identification of spring sown broomcorn millet has also been traditionally identified presence of Chenopodietea within the samples[169]. More recently, this method has allowed the identification of a spring sown broomcorn millet crop at the Bronze Age site of Ganglegg[170]. Broomcorn millet (*Panicum miliaceum*) is commonly planted as a summer crop, due to its sensitivity to frost, its ability to withstand intense heat, poor soils, draught and has a relatively short growing period compared to the other cereals[171]. It may therefore be prudent to reconsider the identification of autumn sown broomcorn millet at Feudvar. Previous work by Kroll (1997), suggests that broomcorn millet was indeed sown in spring at Feudvar and may have been an effective method to reduce weed infestation in winter fields as its cultivation would prevent re-establishing weeds from growing abundant seeds. Therefore, if broomcorn millet was indeed grown as a minor crop at Feudvar then it may have been sown in spring rather than autumn.

Maslins and monocrops

Another aspect to consider is the practice of intercropping, where two or more species are sown together in a field to increase yield and / or reduce complete crop failure. In traditional farming communities in Ethiopia, intercropping of emmer and barley is commonly practiced in order to add variety to the diet and reduce risk of economic loss from pests or adverse weather conditions[172]. The inclusion of barley to a wheat crop is also believed to increase the wheat yield and protect it against fungal attack. Two methods have been commonly used to determine the presence of a maslin crop in archaeobotanical samples: first, through the presence of two or more cereals in one sample and second, from similar proportions of the crops[173].

However, the presence of two or more crop species within a sample may result from a number of activities unrelated to intercropping. For example, mixing of cereals after harvest (i.e. as a result of crop processing or depositional activities), from crop rotation or from accidental contamination[174]. The examination of proportions is also problematic as the point of a maslin crop is to allow one crop to outperform another depending on the environmental conditions. In this sense, the proportions within a sample are not a reliable indication of intercropping. A solution to these problems was proposed by van der Veen who suggested that multivariate analyses can be used to identify intercropping through the close associations seen between crops and suites of weeds[175].

At Feudvar, the correspondence analysis shows a close association with einkorn and emmer and their associated weeds. This may suggest that einkorn and emmer were grown as a maslin crop, but the environmental conditions were more suited to einkorn, resulting in the dominance of einkorn within the majority of the samples. The correspondence analyses also identified a close association between einkorn and barley rachis within samples identified as unsieved spikelets. Although the intercropping of einkorn and barley may explain this close association, the overall results of the correspondence

166 Carson and Barrett 1988; van der Veen 1992, 131–133.
167 van Elsen 2000.
168 Jones et al. 1999; Bogaard et al. 2001.
169 Kroll 1979; Wasylikowa 1978.
170 Italy: Schmidl and Oeggl 2005.
171 Nesbitt and Summers 1988; Schmidl et al. 2005.
172 D'Andrea et al. 1999; D'Andrea and Mitiku 2002; Kislev, 1989.
173 van der Veen 1995.
174 Jones and Halstead 1995; Dennell 1978; Willerding 1988.
175 van der Veen 1995.

analyses consistently showed the separation of barley and einkorn within the plots and a separation between their associated weeds. From these results, it is therefore unlikely that the intercropping of einkorn and barley occurred at Feudvar.

Sowing method

In the previous chapter it was determined that a certain proportion of the cereal remains would likely represent seed corn, especially in the case of glume wheat spikelets. A number of methods can be employed to sow the cereals including broadcasting or dribbling into channels. The area of land that needs to be sown will have an effect on the method employed, as large areas will need a more rapid method of sowing. Thus, extensive ard cultivation tends to be associated with broadcast sowing (i.e. low labour input / low area yield), while smaller scale cultivation tends to involve dribbling or planting (i.e. high labour input / high area yields[176]). Therefore, broadcasting is faster but more wasteful, while dribbling in rows is slower but less wasteful and allows weeding.

In conclusion, the high proportion of winter annuals associated with barley (group A) would suggest that this crop was sown in autumn by broadcasting, which requires less labour input per area. Einkorn, emmer and broomcorn millet (group B), were also likely sown in autumn by dribbling or planting, but due to more intensive practices (i.e. weeding and manuring) the weed flora is dominated by summer annuals. In addition, the strategy of intercropping may have also been practiced at Feudvar through the mixing of einkorn and emmer.

Intensive practices

Weeding

The application of intensive practices has already been highlighted above in relation to tillage practices and sowing strategies, but what is meant by intensive practices? Intensive agricultural activities involve the high input of resources, i.e. labour, manure, irrigation, into a given area of land, resulting in high area yields. Weeding or hoeing crops is classed as an intensive action that takes time and man power. This strategy prevents weeds from reaching maturity and outcompeting the crop plants, which ultimately affects the productivity and yield of the crop. Studies have shown that weeding encourages the growth of annuals, due to the high levels of soil disturbance (see p. 261). The level and intensity of weeding will have an impact on the weed species present in the field. For example, if autumn crops are weeded in the spring then the majority of winter annuals will be removed. The freshly hoed ground is then more susceptible to the growth of quick growing summer annuals.

However, identifying weeding in archaeobotanical material can be problematic. For example, Bogaard suggests that hand tillage using a hoe could have a similar effect on the overall weed composition as small-scale ard ploughing followed by weeding[177]. In addition, if crops are grown in spring on freshly tilled earth, then it is very difficult to distinguish between the disturbance seen from the tillage methods and any further weeding activities. At Feudvar, weed species associated with both groups are indicative of high soil disturbance, whether from tillage or tillage and weeding. However, if einkorn and emmer (group B) were sown in autumn, their strong association with summer annuals would suggest weeding of the crops in spring.

Manuring

Another intensive practice is manuring, which involves enriching the agricultural soil to increase crop productivity. As nitrogen is responsible for the protein quality within the grains, the lack of nitrogen will severely affect yield and the grains nutritional quality[178]. Manuring as part of an intensive regime would therefore allow families to produce relatively high yields from small areas of land. The only problem with

---

176 Halstead and Jones 1989; Halstead 1995.
177 Bogaard 2004, 142.
178 Gregg 1988, 64.

this method is the availability of manure and subsequently the number of livestock available. At Feudvar, the availability of manure is likely, as zooarchaeological remains indicate the rearing of cattle, sheep / goat and pigs at the site[179], although the quantity needed to provide enough manure is difficult to estimate. In addition, manure could have been applied directly, by allowing the livestock to graze on the land between cultivation periods, or indirectly, by collecting and spreading the manure manually. The strong association between weed species characteristic of high nitrogen environments and einkorn, emmer and broomcorn millet (group B), may suggest that these crops were manured. In contrast, the strong association between species indicative of medium to low levels of nitrogen in the soil and barley (group A) would suggest that no soil enrichment occurred for this crop.

However, the lower levels of nitrogen indicative of barley cultivation at Feudvar may not necessarily indicate poor crop yields, as nitrogen availability is also impacted by the type of soil (i.e. whether well aerated or compacted) and its ability to retain nutrients. Within the landscape of Feudvar, the main soil type is chernozem. Chernozem soil has been shown to have a naturally high fertility that has allowed cultivation of cereals without the addition of manure[180]. Chernozem soils are also particularly rich in potassium and calcium[181]. Crop rotation and fallowing are strategies that have also been implemented to increase nitrogen, prevent soil exhaustion and therefore increase crop yields. However, experimental evidence has shown that prolonged cultivation need not necessarily result in low yields[182]. In addition, Rösch suggests that non-demanding cereals like spelt, broomcorn millet and barley can reach sufficient yields without fertilisation and that soil fertility could be conserved by a rotation system[183].

The identification of crop rotation in archaeobotanical material has generally occurred from the identification of two or more species within a sample[184]. Alternatively, the identification of perennial meadow and footpath plants in crop weeds have been used to infer short fallow phases in Bronze Age contexts[185]. At Feudvar, the high number of annuals makes it unlikely that the fields were left fallow. However, it is difficult to determine whether another form of crop rotation occurred, as the majority of samples contain more than one cereal species. The intercropping of nitrogen fixing legumes or crop rotation (legume-cereal) is another method of maintaining soil fertility during cultivation. From the correspondence analysis, *Vicia* is regularly associated with einkorn and may support the use of legumes in the husbandry regime to increase soil nitrogen. In conclusion, intensive practices i.e. manuring and weeding, are likely to have been practiced for einkorn, emmer and broomcorn millet (group B) due to their strong association with summer annuals and species indicative of high nitrogen levels. Barley (group A), on the other hand, had a strong association with winter annuals and species indicative of medium-low nitrogen availability suggesting that manuring and weeding was not practiced on a regular basis on the crop.

Field location

The choice of cultivation scale and intensity will also depend on the location of the settlement in relation to the fields. For example, research has shown that the most intensively cultivated plots are usually those located closest to the village (within 500m), while extensive cultivation is performed further afield[186]. At Feudvar, the location of the settlement would have allowed both intensive and extensive regimes to be practiced on the plateau. It is likely that the more intensively cultivated crops, such as einkorn, emmer and broomcorn millet, were cultivated closer to the settlement on the plateau, while barley could have been cultivated at greater distances from the site (whether further along the plateau or to the west of the site).

---

179 Hänsel and Medović 1991.
180 Gerasimov and Glazovskaya 1965.
181 Dent et al. 2011.
182 Rowley-Conwy 1981; Reynolds 1992.
183 Rösch 1996.
184 e.g. Dennell 1978, 148; Willerding 1988.
185 Rösch 1996.
186 Jones et al. 1999; Bogaard et al. 2011.

Harvesting

The arable weeds also give information about harvesting methods. For example, the proportion of seeds from tall and short weeds in the harvested crop will vary according to the height at which the sickle cuts the straw or if the preferred harvesting method involves plucking the ears singly[187]. Typically, the presence of low growing species in cereals is used to infer harvesting low down on the culm, while the presence of seeds of free-standing, non-twining species indicates sickle harvesting[188]. Ethnographic work by Ibáñez et al. suggest that in areas with long dry summers harvesting was able to be conducted at a slower pace, so alternative methods of harvesting such as ear plucking or uprooting could be conducted[189]. The use of the sickle was therefore suggested as a means to allow the development of a quick system of crop collecting.

At Feudvar, low growing species such as *Sherardia arvensis*, *Trifolium* and *Bupleurum rotundifolium* were found in the majority of samples suggesting that the cereals were cut low on the culm. This would mean that the straw, as well as the cereal grains were collected at the site. Ethnographic research in Spain has identified that einkorn straw is used mainly for crafts and thatching, while emmer straw is mainly used for animal bedding. Straw could also be used for fodder but only if there was no other food source[190]. The recovery of sickles at Feudvar would also suggest that they were used for harvesting cereals at the site[191].

3.6 Conclusion

The analysis of weed ecology was conducted on three groups of samples, unsieved spikelets, unsieved fine sieving by-products and unsieved products, identified in chapter 2.5. Nine different analyses were conducted for each group analysing the ecological and anthropogenic requirements of each weed species. The correspondence analyses showed that all three assemblages presented the same results regardless of crop processing stage. Overall, the ecological indicator values suggest that the species had plenty of light and grew in a mild climate (not too hot or cold) on well drained and slightly alkali soil. The anthropogenic factors suggest that the crops were grown on disturbed ground, were sown in autumn and were harvested low to the ground, so that both the straw and grain could be collected. In addition, two distinct groups of species, with different ecological requirements, were identified:

- Group A, which includes barley and is characterised by species indicative of low levels of nitrogen and by winter annuals.
- Group B, which includes einkorn, emmer, spelt, bread / durum wheat and broomcorn millet and is characterised by species indicative of higher levels of nitrogen and by summer annuals.

The differences between these two groups of species are likely the result of two different crop processing regimes practiced (i.e. differences in intensity and scale) at the site, where barley (group A) was cultivated under a more extensive regime, while einkorn, emmer and broomcorn millet (group B) was cultivated more intensively. These results support Kroll, who initially suggested that an increase in the presence of summer annuals within einkorn samples in the course of time at Feudvar, resulted not from a change in sowing time, but a change in cultivation methods from large scale extensive to small scale intensive cultivation[192]. These results will be discussed further in chapter 9, in relation to the archaeobotanical evidence from the whole of the Carpathian Basin.

---

187 Hillman 1981.
188 Stevens 2003.
189 Ibáñez et al. 2009.
190 Peña-Chocarro 1999, 44.
191 Hänsel und Medović 1998.
192 Kroll 1979.

4. Summery and conclusion: Crop husbandry strategies at Bronze Age Feudvar

The dataset from Feudvar, collected by Helmut Kroll, Kiel, consisted of 524 samples collected from the 1986 western trench excavations. From this, 593,315 carbonised plant remains were identified, including 263,780 *Chenopodium polyspermum* seeds recovered from one context. A total of thirteen different crop plants were found at Feudvar: both one grained and two grained einkorn (*Triticum monococcum*), emmer (*Triticum dicoccum*)[193], spelt (*Triticum spelta*), bread / durum wheat (*Triticum aestivum / durum*), barley (*Hordeum vulgare*), broomcorn millet (*Panicum miliaceum*), broad bean (*Vicia broad*), bitter vetch (*Vicia ervilia*), grass pea (*Lathyrus sativus*), lentil (*Lens culinaris*), pea (*Pisum sativum*), flax (*Linum usitatissimum*), and gold-of-pleasure (*Camelina sativa*). Rye was also tentatively identified at the site (so called rye, cf. *Secale*[194]). In addition, a range of wild fruits and other wild / weed species were identified. The identification of a number of species, such as the large deposit of *Chenopodium polyspermum*, indicates the deliberate collection of wild species for food, medicines and building materials alongside the cultivation of crops.

The high seed densities per litre (average 20 seeds per litre) as well as the large quantities of grain, chaff and wild / weed seeds also facilitated further statistical analyses. To explore crop processing at the site, ratio analysis was conducted on the dataset and correspondence analysis was used to further corroborated and clarify the identifications. From this, six different processing stages were identified: sieved and unsieved spikelets, sieved and unsieved fine sieving residue and sieved and unsieved products. The identification of crop processing at Feudvar provides evidence of human behaviour in relation to post harvesting activities as well as formation processes at the settlement. The distinction between sieved and unsieved crop remains shows a clear choice by farmers to either process everything before storage or only partially process the crops with the intention of later processing them piecemeal within the household. These choices would have been based on a number of factors, such as time, labour availability and weather conditions, as well as the intended purpose of the crop.

Spatial analysis within the trench also suggested possible differences in activity areas associated with different households. Of particular note was the high incidence of unsieved remains within the centre of two of the northern houses, a high association of millet grains within pit features and the high presence of barley remains at the southern end of the trench. The significance of these patterns are at present unclear and will need to be examined further when the distribution patterns of other archaeological data becomes available for the site.

The presence of such rich samples allowed the detailed analysis of conditions in the fields and the reconstruction of how the crops were grown and treated. Samples identified as unsieved, spikelets, fine sieving by-products and products were therefore examined using the autecological approach to analyse the ecological characteristics of the weed species present within the samples. From the weed species recovered from Feudvar, the overall picture shows that the environment within which the crops grew had plenty of light, grew in a mild climate (not too hot or cold) on well drained, slightly alkali soil with an overall medium nitrogen value. The anthropogenic factors analysed suggest that the crops were harvested low to the ground and grew on heavily disturbed soil.

The correspondence analysis also highlighted differences between the crops. Barley generally plotting separately and had a higher number of associated weeds compared to einkorn, emmer, spelt, bread / durum wheat and millet. A number of patterns were also observed. First, a slight increase in moisture content of samples near emmer was observed from the unsieved products. Second, einkorn and emmer showed a greater association with high nitrogen weed species in all three groups of samples. Third, barley had a greater association with winter annuals. The differences between the two groups may therefore suggest differences in crop husbandry regimes and thus differences in labour investment (i.e. intensity) and scale. Barley had a more extensive regime (large scale and low labour input), while einkorn and emmer may have been more intensively gardened (small scale and high labour input regime), where additional practices of manuring and weeding occurred.

---

193 The presence of sanduri (*Triticum timopheevii*) is a later discovery, not mentioned in the sample papers [Kroll].
194 This so called rye is the weed Dasypyrum villosum [Kroll].

5. Appendix

FEU no. [Reed]	Planum	Abstich - Cut	W no. [Kroll]	BP	Tiefe - depth	Koor
FEU005	7		1179		123,19-123,09	CP110
FEU006	7		1182	112	123,19-123,09	CN114
FEU009	7		1185	122	123,26-123,16	CM117
FEU013	7		1190	160	123,26-123,16	CK112
FEU017	7		1195	146	123,14-123,04	CL111
FEU018	7		1196	148	123,22-123,12	CH 116
FEU019	7		1196	147	123,14-123,04	CJ110
FEU021	7		1199	109	123,22-123,12	CH114
FEU023	7		1201	162	123,42-123,27	CH119
FEU029	7		1265	182	123,27-123,17	CB-CC112-113
FEU030	7		1266	193	123,25-123,15	CB-CC
FEU034	7		1273	192	123,32-123,22	BZ-CA118-119
FEU035	7		1274	194	123,32-123,22	CA118-119
FEU037	7		1284	210	123,38-123,28	BX-BY114-115
FEU041	7		1406	264	123,52-123,42	BN-BO114-115
FEU042	7		1408	270	123,69-123,59	BN-BO112-113
FEU043	7		1409	258	123,72-123,62	BN-BO110-111
FEU046	7		1414	272	123,55-123,45	BL118
FEU047	7		1914	251	123,55-123,45	BM118
FEU049	7		1421/A	260	123,49-123,39	BF-BJ110-113
FEU050	7	2	1421/B	262	123,39-125,29	BF-BJ110-113
FEU053	8		1336	267	122,99-122,89	CK-CL117-118
FEU056	8		1377	250	123,15-123,05	CF-CG112-113
FEU057	8		1378	249	123,08-122,98	CF-CG110-111
FEU065	8		3626	755	123,36	CT113
FEU068	8		1339/14	243		CL113
FEU070	8		1339/6	237	123,19-123,09	CO113
FEU074	8		1401/14	293	123,58-123,48	BU116-117
FEU079	8		1401/39	294	123,49-123,39	BN118
FEU083	8		1403	284	123,64-123,54	BS112
FEU084	8		1403/1	306	123,51-123,41	BY114
FEU085	8		1403/1	298	123,47-123,37	BV-BW114
FEU086	8		1403/2	299	123,46-123,3?	BY112
FEU091	8		1403/43	285	123,60-123,50	BR111
FEU092	8		1403/51	295	123,64-123,54	BP112
FEU094	8		1403/8	303	123,51-123,41	BX113
FEU095	8		1403/9	296	123,31-123,21	BX112
FEU128	9	2	2051		123,44	BQ112
FEU133	9	2	2054	402	123,52-123,39	BM112
FEU135	9	2	2075	402/a	123,27-123,12	BL117
FEU136	9	2	2076	400	123,36-123,26	BK-BL116-117
FEU138	9	2	2078	408	123,27-123,15	BL119
FEU164	9	3	2233	501	123,30-123,20	BL-BM116-117
FEU165	9		2234	515	123,19-123,13	BJ-BK116
FEU182	9		2010/2	367	123,41	BM117 25/80
FEU184	9		2010/8		123,50	BO117
FEU190	9		2015/3	365	123,46	BP-BQ112
FEU199	9	2	2052/7	446	123,37	BX-BY112-115
FEU203	9		2056/2	397	123,48-123,33	BL111
FEU205	9	2	2056/6	411	123,37	BO112
FEU206	9	2	2056/6	410	123,37	BO112
FEU207	9	2	2056/7	419	123,35-123,32	BN-BO111-112
FEU208	9	2	2073/1	412	123,35	BN-BM115
FEU209	9	2	2073/2	409	123,23	BL116
FEU210	9	2	2073/2	404	123,37	BL116/10/90
FEU211	9	2	2074/1	405	123,16	BK118 20/30
FEU217	9	2	2096/13	431	123,20-123,18	BY117
FEU219	9	2	2096/14		123,30-123,36	BY116-117
FEU220	9	2	2096/2	416	123,44-123,30	BP115
FEU233	10		2040	375	122,95-122,78	CM-CO114-115

Bronze Age Feudvar. FEU numbers [Reed] and their corresponding sample details [Kroll].

Unique sample no. FEU numbers [Reed]	Planum	Abstich Cut	NR Sample details [Kroll]	BP	Tiefe - depth	Koor
FEU237	10		2045	373	122,94-122,86	CF-CG
FEU244	10	1	2062	458	123,03-122,95	BZ119
FEU257	10	2	2197	488		
FEU262	10	2	2198	481	122,95-122,88	CL-CM111
FEU279	10		2004/2	519	122,65	CL-CM119
FEU296	11		3015	529	122,82	CN113
FEU316	11		3066			CE-CG114-115
FEU324	11	2	3110	578	122,59	CJ-CL111-113
FEU327	11		3117	574	123,09	BW-BX118-119
FEU328	11		3118	577	123,27	BV118-119
FEU329	11		3118		123,29	BV-BX118-119
FEU330	11		3118	581	123,29	BV-BX118-119
FEU342	11		3143		123,19	BN-BO115-116
FEU346	11		3148	603	123,12	BJ-BK114-117
FEU350	11		3152	595	123,18	BW-BX117-118
FEU353	11		3171	627	123,21	BN-BO113-115
FEU373	11	2	3226	615	123,19	BQ119
FEU385	11	2	3266	640		BT-BU112-113
FEU395	11	2	3287	671	123,64	BS116
FEU396	11	2	3287			BS117
FEU402	11	2	3298	649	123,79	CP-CS113-114
FEU403	11	2	3311	650	123,12	BP-BQ110-112
FEU407	11	2	3320	660	123,11	BO-BP118-119
FEU408	11	2	3322	659	123,12	BK-BM118-119
FEU409	11	2	3340	667	122,96	BK-BM110-111
FEU425	11	2	3604	760	122,66	CL-CD111-113
FEU435	11	2	3590/2	763	122,58	CA-CB110-112
FEU439	12		3039	539	122,76	CM112
FEU441	12		3360	671	123,09	BY116-118
FEU446	12		3365	715	122,81	BX-BY112-113
FEU461	12		3393	679	122,93	BS116-117
FEU468	12		3412	710	123,87	BG-BH117-118
FEU477	12		3486	719	122,88	BT-BU116-117
FEU478	12		3487	718	123,01	BT-BU118-119
FEU483	12		3513	730	122,?	BS-BT15-116
FEU485	12		3537	737		BO111-113
FEU487	12		3574	745	122,90	BR-BS114-115
FEU497	12		3446/2	698	123,00	BQ-BR118-119

Bronze Age Feudvar. FEU numbers [Reed] and their corresponding sample details [Kroll].

6. Bibliography

ANDERSON AND ERTUĞ-YARAŞ 1998: S. Anderson / F. Ertuğ-Yaraş, Fuel, fodder and faeces: an ethnographic and botanical study of dung fuel use in Central Anatolia. Environm. Arch. 1, 1998, 99–110.

D'ANDREA AND MITIKU 2002: A. C. D'Andrea / H. Mitiku, Traditional emmer processing in highland Ethiopia. Journ. Ethnobiol. 22, 2002, 179–217.

D'ANDREA ET AL. 1999: A. C. D'Andrea / D. E. Lyons / M. Haile / E. A. Butler, Ethnoarchaeological Approaches to the Study of Prehistoric Agriculture in the Ethiopian Highlands. In: M. van der Veen (ed.) The Exploitation of Plant Resources in Ancient Africa (New York 1999) 101–122.

BECKING 1968: R. W. Becking, Vegetational response to change in environment and change in species tolerance with time. Veget. Acta Geobot. 16, 1968, 135–158.

BEHRE 2008: K.-E. Behre, Collected seeds and fruits from herbs as prehistoric food. Veget. Hist. Archaeobot. 17, 2008, 65–73.

BELL 2003: I. Bell (ed.) Central and South-Eastern Europe 2004 (London 2003, 4th ed.).

BLACKSHAW ET AL. 2001: R. E. Blackshaw / F. J. Larney / C. W. Lindwall / P. R. Watson / D. A. Derksen, Tillage intensity and crop rotation affect weed community dynamics in a winter wheat cropping system. Canadian Journ. Plant Science 81, 2001, 805–813.

BOARDMAN AND JONES 1990: S. Boardman / G. Jones, Experiments on the effects of charring on cereal plant components. Journ. Arch. Science 17, 1990, 1–11.

BÖHLING 2002: N. Böhling. Indicator values for vascular plants in the Southern Aegean (Greece). Braun-Blanquetia 32, 2002, 1–109.

BOGAARD 2002: A. Bogaard, The Permanence, Intensity and Seasonality of Early Crop Cultivation in Western-Central Europe. Unpublished PhD Thesis Univ. Sheffield.

BOGAARD 2004: A. Bogaard, Neolithic Farming in Central Europe: An Archaeobotanical Study of Crop Husbandry Practices (London 2004).

BOGAARD ET AL. 1999: A. Bogaard / C. Palmer / G. Jones / M. Charles / J. G. Hodgson, A FIBS approach to the use of weed ecology for the archaeobotanical recognition of crop rotation regimes. Journ. Arch. Science 26, 1999, 1211–1224.

BOGAARD ET AL. 2001: A. Bogaard / G. Jones / M. Charles / J. G. Hodgson, On the Archaeobotanical inference of crop sowing time using the FIBS method. Journal Arch. Science 28, 2001, 1171–1183.

BOGAARD ET AL. 2011: A. Bogaard / R. Krause / H.-C. Strien, Towards a social geography of cultuivation and plant use in an early farming community: Vaihingen an der Enz, south-west Germany. Antiquity 85, 2011, 395–416.

BOJNANSKÝ AND FARGAŠOVÁ 2007: V. Bojnanský / A. Fargašová, Seeds and fruits of Central and East European Flora: The Carpathian Mountain Region (Berlin 2007).

BOOTH ET AL. 2003: B. D. Booth / S. D. Murphy / C. J. Swanton, Weed Ecology in Natural and Agricultural Systems (Wallingford 2003).

BORHIDI 1995: A. Borhidi, Social behaviour types, the naturalness and relative ecological indicator values of the higher plants in the Hungarian Flora. Acta Bot. Hung. 39, 1995, 97–181.

BOROJEVIĆ 1991: Ks. Borojević, Emmer aus Feudvar. In: Hänsel, B. and Medović, P. Vorbericht über die Jugoslawisch-deutschen Ausgrabungen in der Siedlung von Feudvar bei Mošorin von 1986-1990. Ber. Röm.- Germ. Komm. 72, 1991, 171–177.

BOROJEVIĆ 2006: Ks. Borojević, Terra and Silva in the Pannonian Plain: Opovo agro-gathering in the Late Neolithic. BAR, Internat. Ser. 1563 (Oxford 2006).

BRAADBAART 2008: F. Braadbaart, Carbonisation and morphological changes in modern dehusked and husked Triticum dicoccum and Triticum aestivum grains. Veget. Hist. Archaeobot, 17, 2008, 155–166.

TER BRAAK AND GREMMEN 1987: C. J. F. ter Braak / N. J. M. Gremmen, Ecological amplitudes of plant species and the internal consistency of Ellenberg's indicator values for moisture. Vegetatio 69, 1987, 79–87.

TER BRAAK AND SMILAUER 2002: C. J. F. ter Braak / P. Schmilauer, CANOCO reference manual and CANODRAW for Windows users guide: software for canonical community ordination (version 4.5). New (York 2002).

BRAUN-BLANQUET 1964: J. Braun-Blanquet, Pflanzensoziologie, Grundzüge der Vegetationskunde (Wien - New York 1964, 3rd ed.).

BUTLER 1992: A. Butler, Pulse agronomy: traditional systems and implications for early cultivation. In: P. C. Anderson (ed.) Préhistoire de l'Agriculture: Nouvelles Approches Expérimentales et Ethnographiques. Monogr. CRA 6 (Paris 1992) 67–78.

BUTLER ET AL. 1999: A. Butler / Z. Tesfay / A. C. D'Andrea / D. Lyons, The ethnobotany of Lathyrus sativus L. in the highlands of Ethiopia. In: M. van der Veen (ed.) The Exploitation of Plant Resources in Ancient Africa (New York 1999) 123–136.

CAPPERS ET AL. 2006: R. Cappers / R. M. Bekker / J. Jans, Digitale Zadenatlas van Nederland (Groningen 2006).

CARSON AND BARRETT 1988: W. P. Carson / G. W. Barrett, Succession in Old Field Plant Communities: Effects of Contrasting Types of Nutrient Enrichment. Ecology 69, 1988. 984–994.

CHARLES 1998: M. Charles, Fodder from dung: the recognition and interpretation of dung-derived plant material from archaeological sites. Environm. Arch. 1, 1998, 111–122.

CHARLES ET AL. 1997: M. Charles / G. Jones / J. G. Hodgson, FIBS in archaeobotany: functional interpretation of weed floras in relation to husbandry practices. Journ. Arch. Science 24, 1997, 1151–1161.

CHARLES ET AL. 2003: M. Charles / C. Hoppé / G. Jones / A. Bogaard / G. J. Hodgson, Using weed functional attributes for the identification of irrigation regimes in Jordan. Journ. Arch. Science 30, 2003, 1429–1441.

DARK AND GENT 2001: P. Dark / H. Gent, Pest and diseases of prehistoric crops: a yield 'honeymoon' for early grain crops in Europe? Oxford Journ. Arch. 20, 2001, 59–78.

DENNELL 1972: R. W. Dennell, The interpretation of plant remains: Bulgaria. In: E. S. Higgs (ed.) Papers in Economic Prehistory (Cambridge 1972) 149–159.

DENNELL 1974: R. W. Dennell, Botanical evidence for prehistoric crop processing activities. Journ. Arch. Science 1, 1974, 275–284.

DENNELL 1976: R. W. Dennell, The economic importance of plant resources represented on archaeological sites. Journ. Arch. Science 3, 1976, 229–247.

DENNELL 1978: R. W. Dennell, Early Farming in Bulgaria. BAR, Internat. Ser. 451 (Oxford 1978).

DENT ET AL. 2011: D. Dent / B. P. Boincean / I. A. Krupenikov, The Black Earth: Ecological Principles for Sustainable Agriculture on Chernozem Soils (London 2011).

DIEKMANN AND DUPRÉ 1997: M. Diekmann / C. Dupré, Acidification and eutrophication of deciduous forests in northwestern Germany demonstrated by indicator species analysis. Journ.Veget. Science 8, 1997, 855–864.

DIERSCHKE 1994: H. Dierschke, Pflanzensoziologie. Grundlagen und Methoden (Stuttgart 1994).

DORAN ET AL. 1998: J. W. Doran / E. T. Elliott / K. Paustian, Soil microbial activity, nitrogen cycling, and long-term changes in organic carbon pools as related to fallow tillage management. Soil Tillage Research 49, 1998, 3–18.

ELLENBERG 1950: H. Ellenberg, Landwirtschaftliche Pflanzensoziologie I: Unkrautgemeinschaften als Zeiger für Klima und Boden (Stuttgart 1950).

ELLENBERG 1979: H. Ellenberg, Zeigerwerte der Gefäßpflanzen Mitteleuropas. Scripta Geobot. 9 (Goöttingen 1979).

ELLENBERG ET AL. 1992: H. Ellenberg / H. E. Weber / R. Düll / V. Wirth / W. Werner / D. Paulissen, Zeigerwerte von Pflanzen in Mitteleuropa. Scripta Geobot. 18 (Göttingen 1992).

VAN ELSEN 2000: T. van Elsen, Species diversity as a task for organic agriculture in Europe. Agricult., Ecosystems & Environm. 77, 2000, 101–109.

ERNST AND JACOMET 2006: M. Ernst / S. Jacomet, The value of the archaeobotanical analysis of desiccated plant remains from old buildings: Methodological aspects and interpretation of crop weed assemblages. Veget. Hist. Archaeobot. 15, 2006, 45–56.

FILIPOVSKI AND ĆIRIĆ 1969: Ǵ. Filipovski / M. Ćirić, Soils of Yugoslavia (Beograd 1969).

FRIED ET AL. 2008: G. Fried / L. R. Norton / X. Reboud, Environmental and management factors determining weed species composition and diversity in France. Agricult., Ecosystems & Environm. 128, 2008, 68–76.

GERASIMOV AND GLAZOVSKAYA 1965: I. P. Gerasimov / M. A. Glazovskaya, Fundamentals of Soil Science and Soil Geography (Jerusalem 1965).

GERLACH ET AL. 2006: R. Gerlach / H. Baumewerd-Schmidt / K. van den Borg / E. Eckmeier / M. W. I. Schmidt, Prehistoric alteration of soil in the Lower Rhine Basin, Northwest Germany -archaeological, 14C and geochemical evidence. Geoderma 136, 2006, 38–50.

GREGG 1988: S. Gregg, Foragers and Farmers. Population Interaction and Agricultural Expansion in Prehistoric Europe (Chicago 1988).

GREGG 1989: S. Gregg, Paleo-ethnobotany of the Bandkeramik phases. In: C. Kind (ed.) Ulm-Eggingen: Die Ausgrabungen 1982 bis 1985 in der bandkeramischen Siedlung und der mittelalterlichen Wüstung. Forsch. Ber. Vor- u. Frühgesch. Baden-Württemberg 34 (Stuttgart 1989) 367–399.

GROENMAN-VAN WAATERINGE 1980: W. Groenman-van Waateringe, The origin of crop weed communities composed of summer annuals. Vegetatio 41, 1980, 57–59.

HÄFLIGER AND BRUN-HOOL 1968: E. Häfliger / J. Brun-Hool, Ciba-Geigy Unkrauttafeln. Unkrautgemeinschaften Europas. Eine synoptische Darstellung der Begleitflora der landwirtschaftlichen Kulturen (Basel 1968).

HÄFLIGER AND BRUN-HOOL 1976: E. Häfliger / J. Brun-Hool, Weed tables. Wild Flora in agricultural crops (Paris 1976).

HÄNSEL AND MEDOVIĆ 1991: B. Hänsel / P. Medović, Vorbericht über die jugoslawisch-deutschen Ausgrabungen in der Siedlung von Feudvar bei Mošorin von 1986-1990. Ber. Röm.-Germ. Komm. 72, 1991, 45–204.

HÄNSEL AND MEDOVIĆ 1998: B. Hänsel / P. Medović, Feudvar 1. Das Plateau von Titel und die Šajkaška. Prähist. Arch. Südosteuropa 13 (Kiel 1998).

HAJNALOVÁ AND DRESLEROVÁ 2010: M. Hajnalová / D. Dreslerová, Ethnobotany of einkorn and emmer in Romania and Slovakia: towards interpretation of archaeological evidence. Památky Arch. 101, 2010, 169–202.

HALSTEAD 1995: P. Halstead, Plough and power: the economic and social significance of cultivation with the ox-drawn ard in the Mediterranean. Bull. Sumerian Agricult. 8, 1995, 11–22.

HALSTEAD AND JONES 1989: P. Halstead / G. Jones, Agrarian ecology in the Greek Islands: time stress, scale and risk. Journ. Hellenic Stud. 109, 1989, 41–55.

HARVEY AND FULLER 2005: E. L. Harvey / D. Fuller, Investigating crop processing using phytolith analysis: The example of rice and millets. Journ. Arch. Science 32, 2005, 739–752.

HATHER 1991: J. G. Hather, The identification of charred archaeological remains of vegetative parenchymous tissue. Journ. Arch. Science 18, 1991, 661–675.

HILL ET AL. 1999: M. O. Hill / J. O. Mountford / D. B. Roy / R. G. H. Bunce, Ellenberg's indicator values for British plants. ECOFACT 2 Technical Annex (Huntingdon 1999).

HILLMAN 1978: G. Hillman, On the origins of domestic rye Secale cereale: the finds from Aceramic Can Hasan III in Turkey. Anatolian Stud. 28, 1978, 157–174.

HILLMAN 1981: G. Hillman, Reconstructing crop husbandry practices from charred remains of crops. In: R. Mercer (ed.) Farming Practices in British Prehistory (Edinburgh 1981) 123–162.

HILLMAN 1984 A: G. Hillman, Interpretation of archaeological plant remains: the application of ethnographic models from Turkey. In: W. van Zeist and W. A. Casparie (eds.) Plants and Ancient Man: Studies in Palaeoethnobotany (Rotterdam 1984) 1–41.

HILLMAN 1984 B: G. Hillman, Traditional husbandry and processing of archaic cereals in recent times: the operations, products and equipment which might feature in Sumerian texts, part I: the glume wheats. Bull. Sumarian Agriculture 1, 1984, 114–152.

HILLMAN 1985: G. Hillman, Traditional husbandry and processing of archaic cereals in recent times: the operations, products and equipment which might feature in Sumerian texts, part II, the free-threshing cereals. Bull. Sumarian Agriculture 2, 1985, 1–31.

HILLMAN 1991: G. Hillman, Phytosociology and ancient weed floras: taking account of taphonomy and changes in cultivation methods. In: D. R. Harris and K. D. Thomas (eds.) Modelling Ecological Change (London, 1991) 27–40.

HODGSON ET AL. 1999: J. G. Hodgson / P. Halstead / P. J. Wilson / S. Davis, Functional interpretation of archaeobotanical data: Making hay in the archaeological record. Veget. Hist. Archaeobot. 8, 1999, 261–271.

HOLZNER 1978: W. Holzner, Weed species and weed communities. Vegetatio 38, 1978, 13–20.

IBÁÑEZ ET AL. 2009: J. J. Ibáñez / I. C. Conte / B. Gassin / J. F. Gibaja / J. G. Urquijo / B. Márquez / S. Philibert / A. R. Rodriguez, Harvesting technology during the Neolithic in South-West Europe. In: L. Lango and N. Skakun (eds.) Prehistoric Technology 40 Years Later. BAR, Internat. Ser. 1783 (Oxford 2009) 183–195.

JACOMET ET AL. 1989: S. Jacomet / Chr. Brombacher / M. Dick, Archäobotanik am Zürichsee (Zürich 1989).

JEAN-CLAUDE AND EVA 2003: G. Jean-Claude / K. Eva, Comparison of indicator values of forest understory plant species in Western Carpathians (Slovakia) and Vosges Mountains (France). Forest Ecol. Management 182, 2003, 1–11.

JONES 1981: G. Jones, Crop processing at Assiros Toumba: a taphonomic study. Zeitschr. Arch. 15, 1981, 105–111.

JONES 1984: G. Jones, Interpretation of archaeological plant remains: ethnographic models from Greece. In: W. van Zeist and W. A. Casparie (eds.) Plants and Ancient Man: Studies in Palaeoethnobotany (Rotterdam 1984) 43–61.

JONES 1985: M. Jones, Archaeobotany beyond subsistence reconstruction. In: G. Barker and C. Gamble (eds.) Beyond Domestication in Prehistoric Europe (London 1985) 107–128.

JONES 1987: G. Jones, A statistical approach to the archaeological identification of crop processing. Journ. Arch. Science 14, 1987, 311–323.

Jones 1991: G. Jones, Numerical analysis in archaeobotany. In: W. van Zeist, K. Wasylikowa and K.-E. Behre (eds.) Progress in Old World Palaeobotany (Rotterdam 1991) 63–80.

Jones 1992: G. Jones, Weed phytosociology and crop husbandry: identifying a contrast between ancient and modern practice. Review Palaeobot. Palynol. 73, 1992, 133–143.

Jones 1996: G. Jones, Ethnoarchaeological investigation of the effects of cereal grain sieving. Circaea 12, 1996, 177–182.

Jones 2002: G. Jones, Weed ecology as a method for the archaeobotanical recognition of crop husbandry practices. Acta Palaeobot. 42, 2002, 185–193.

Jones 2005: G. Jones, Garden cultivation of staple crops and its implications for settlement location and continuity. World Arch. 37, 2005, 164–176.

Jones and Halstead 1995: G. Jones / P. Halstead, Maslins, mixtures and monocrops: on the interpretation of archaeobotanical crop samples of heterogeneous composition. Journ. Arch. Science 22, 1995, 103–114.

Jones et al. 1999: G. Jones / A. Bogaard / P. Halstead / M. Charles / H. Smith, Identifying the intensity of crop husbandry practices on the basis of weed floras. Annual Brit. School Athens 94, 1999, 167–189.

Jones et al. 2000: G. Jones / M. Charles / A. Bogaard / J. G. Hodgson, Distinguishing the effects of agricultural practices relating to fertility and disturbance: a functional ecological approach in archaeobotany. Journ. Arch. Science 27, 2000, 1073–1084.

Jones et al. 2010: G. Jones / M. Charles / A. Bogaard / J. G. Hodgson, Crops and weeds: the role of weed functional ecology in the identification of crop husbandry methods. Journ. Arch. Science 37, 2010, 70–77.

Joó et al. 2007: K. Joó / A. Barczi / P. Sümegi, Study of soil scientific, layer scientific and palaeoecological relations of the Csípő-mound kurgan. Atti Soc. Toscana Scienze Nat. Mem., Ser. A 112, 2007, 141–144.

Karg 1995: S. Karg, Plant diversity in late medieval cornfields of northern Switzerland. Veget. Hist. Archaeobot. 4, 1995, 41–50.

Karg 2006: S. Karg, The water chestnut (Trapa natans L.) as a food resource during the 4th to 1st Millennia BC at Lake Federsee, Bad Buchau (southern Germany). Environm. Arch. 11, 2006, 115–125.

Kišgeci and Medović 2006: J. Kišgeci /A. Medović, Prehistoric use of medicinal and aromatic plants in the southeast part of the Pannonian Plain. In: Proceedings, Third Conference on Medicinal and Aromatic Plants of Southeast European Countries. Belgrade, Serbia: AMAPSEEC, 29–32. [http://www.amapseec.org/3rd_conf_ba.pdf (accessed 23.04.2012)].

Kislev 1989: M. E. Kislev, Multiformity in barley from an Iron Age Store in Sinai. In: U. Körber-Grohne / Hj. Küster (eds.) Archäobotanik. Diss. Bot. 133 (Berlin – Stuttgart 1989) 67–80.

Knörzer 1971: K.-H. Knörzer, Urgeschichtliche Unkräuter im Rheinland. Ein Beitrag zur Entstehungsgeschichte der Segetal-gesellschaften. Vegetatio 23, 1971, 89–111.

Koerner et al. 1997: W. Koerner / J. L. Dupouey / E. Dambrine / M. Benoît, Influence of past land use on the vegetation and soils of present day forest in the Vosges mountains, France. Journ. Ecol. 85, 1997, 351–358.

Koprivica et al. 2008: M. Koprivica / B. Matović / N. Marković, Квалитативна и сортиментна структура запремине високих састојина букве у Севернокучајском шумском подручју [Србија] (Qualitative and assortment structure of high beech stand volume in Severno-Kučajsko forest area [Serbia]). Шумарство 60, 2008, 41–52.

Kowarik and Seidling 1989: I. Kowarik / W. Seidling, The use of Ellenberg's indicator values - problems and restrictions of an efficient method. Landschaft und Stadt 21, 1989, 132–143.

Kreuz and Schäfer 2011: A. Kreuz / E. Schäfer, Weed finds as indicators for the cultivation regime of the early Neolithic Bandkeramik culture? Veget. Hist. Archaeobot. 20, 2011, 333–348.

Kroll 1979: H. Kroll, Kulturpflanzen aus Dimini. In: U. Körber-Grohne (ed.) Festschrift Maria Hopf. Archaeo-Physika 8 (Köln - Bonn 1979)173–189.

Kroll 1992: H. Kroll, Einkorn from Feudvar, Vojvodina, II. What is the difference between emmer-like two-seeded einkorn and emmer? Review Palaeobot. Palynol. 73, 1992, 181–185.

Kroll 1997: H. Kroll, Zur eisenzeitlichen Wintergetreide-Unkrautflora von Mitteleuropa. Mit Analysenbeispielen archäologischer pflanzlicher Großreste aus Feudvar in der Vojvodina, aus Greding in Bayern und aus Dudelange in Luxemburg. Prähist. Zeitschr. 72, 1997, 106–114.

Küster 1984: Hj. Küster, Neolithic plant remains from Eberdingen-Hochdorf, southern Germany. In: W. van Zeist and W. A. Casparie (eds.) Plants and Ancient Man: Studies in Palaeoethnobotany (Rotterdam 1984) 307–311.

Küster 1991: Hj. Küster, Phytosociology and Archaeobotany. In: D. R. Harris and K. D. Thomas (eds.) Modelling Ecological Change (London 1991) 17–26.

LORZ AND SAILE 2011: C. Lorz / T. Saile, Anthropogenic pedogenesis of Chernozems in Germany? – A critical review. Quaternary Internat. 243, 2011, 273–279.

LU ET AL. 2009: H. Lu / J. Zhang / K. Liu / N. Wu / Y. Li / K. Zhou / M. Ye / T. Zhang, / H. Zang / X. Yang / L. Shen / D. Xu / Q. Li, Earliest domestication of common millet (Panicum miliaceum) in East Asia extended to 10,000 years ago. Proc. Nat. Acad. Sciences (Washington) 106, 2009, 7367–7372.

VAN DER MAAREL 1993: E. van der Maarel, Relations between sociological–ecological species groups and Ellenberg indicator values. Phytocoenologia 23, 1993, 343–362.

MARINVAL 1992: P. Marinval, Archaeobotanical data on millets (Panicum miliaceum and Setaria italica) in France. Review Palaeobot. Palynol. 73, 1992, 259–270.

MEDOVIĆ AND HORVÁTH 2012: A. Medović / F. Horváth, Content of a storage jar from the Late Neolithic site of Hódmezővásárhely-Gorzsa, south Hungary: a thousand carbonized seeds of Abutilon theophrasti Medic. Veget. Hist. Archaeobot. 21, 2012, 215–220.

MEGALOUDI 2006: F. Megaloudi, Plants and Diet in Greece from Neolithic to Classic Periods: the archaeobotanical remains BAR Internat Ser. 1516 (Oxford 2006).

MEURERS-BALKE AND LÜNING 1992: J. Meurers-Balke / J. Lüning, Some aspects and experiments concerning the processing of glume wheats. In: P. C. Anderson (ed.) Prehistoire de l'Agriculture: Nouvelles Approches Experimentales et Ethnographiques. Monogr. CRA 6 (Paris 1992) 341–362.

MILLER AND SMART 1984: N. Miller / T. Smart, Intentional burning of dung as fuel: a mechanism for the incorporation of charred seeds into the archaeological record. Journ. Ethnobiol. 4, 1984, 15–28.

MITKOVA AND MITRIKESKI 2005: T. Mitkova / J. Mitrikeski, Soils of the Republic of Macedonia: present situation and future prospects. In: R. J. A. Jones, B. Houskova, P. Bullock and L. Montanarella (eds.) Soil Resources of Europe. European Soil Bureau Research Report 9 (Ispra 2005, 2nd ed.).

NESBITT AND SAMUEL 1996: M. Nesbitt / D. Samuel, From staple crop to extinction? The archaeology and history of the hulled wheats. In: S. Padulosi, K. Hammer and J. Heller (eds.) Hulled wheats. Proceedings of the First International Workshop on Hulled Wheats, vol. 4, Promoting the conservation and use of underutilized and neglected crops (Rome 1996).

NESBITT AND SUMMERS 1988: M. Nesbitt / G. D. Summers, Some Recent Discoveries of Millet (Panicum miliaceum L. and Setaria italica (L.) P. Beauv.) at Excavations in Turkey and Iran. Anatolian Stud. 38, 1988, 85–97.

PEÑA-CHOCARRO 1999: L. Peña-Chocarro, Prehistoric Agriculture in Southern Spain during the Neolithic and the Bronze Age. The Application of Ethnographic Models. BAR Internat. Ser. 818 (Oxford 1999).

PEÑA-CHOCARRO ET AL. 2009: L. Peña-Chocarro / L. Zapata / J. E. González Urquijo / J. J. Ibáñez, Einkorn (Triticum monococcum L.) cultivation in mountain communities of the western Rif (Morocco): an ethnoarchaeological project. In: A. S. Fairnbairn and E. Weiss (eds.) From Foragers to Farmers. (Oxford 2009) 103–111.

PERSSON 1981: S. Persson, Ecological indicator values as an aid in the interpretation of ordination diagrams. Journ. Ecol. 69, 1981, 71–84.

PIGNATTI ET AL. 1995: S. Pignatti / E. Oberdorfer / J. H. Schaminee / V. Westhoff, On the concept of vegetation class in phyto-sociology. Journ. Veget. Science 6, 1995, 143–152.

PIGNATTI ET AL. 2001: S. Pignatti / P. Bianco / G. Fanelli / R. Guarino / J. Petersen / P. Tescarollo, Reliability and effectiveness of Ellenberg's indices in checking flora and vegetation changes induced by climatic variations. In: G. R. Walther, C. A. Burga and P. J. Edwards (eds.) Fingerprints of climate change, Adapted behaviour and shiftingspecies ranges (New York – London 2001) 281–300.

POLUNI 1980: O. Polunin, 1980. Flowers of Greece and the Balkans: a field guide (Oxford 1980).

POORE 1955: M. E. D. Poore, The use of phytosociological methods in ecological investigations. I. The Braun-Blanquet System. Journ. Ecol. 43, 1955, 226–244.

REYNOLDS 1992: P. J. Reynolds, Crop yields of the prehistoric cereal types spelt and emmer: the worst option. In: P. C. Anderson (ed.) Préhistoire de l'Agriculture: Nouvelles Approches Expérimentales et Ethnographiques. Monogr. CRA 6 (Paris 1992) 267–274.

RÖSCH 1996: M. Rösch, New approaches to prehistoric land-use reconstruction in south-western Germany. Veget. Hist. Archaeo-bot. 5, 1996, 65–79.

ROWLEY-CONWY 1981: P. Rowley-Conwy, Slash and burn in the temperate European Neolithic. In: R. Mercer (ed.) Farming Practice in British Prehistory (Edinburgh 1981) 85–96.

ROYO-ESNAL ET AL. 2010: A. Royo-Esnal / J. Torra / J. A. Conesa / J. Recasens, Characterisation of emergence of autumn and spring cohorts of Galium spp. in winter cereals. Weed Research 50, 2010, 572–585.

SALINAS-GARCIA ET AL. 1997: J. R. Salinas-Garcia / F. M. Hons / J. E. Matocha / D. A. Zuberer, Soil carbon and nitrogen dynamics as affected by long-term tillage and nitrogen fertilization. Biol. Fertility Soils 25, 1997, 182–188.

SCHMIDL AND OEGGL 2005: A. Schmidl / K. Oeggl, Subsistence strategies of two Bronze Age hill-top settlements in the Eastern Alps - Friaga/Bartholomäberg (Vorarlberg, Austria) and Ganglegg/Schluderns (South Tyrol, Italy). Veget. Hist. Archaeobot. 14, 2005, 303–312.

SCHMIDL ET AL. 2005: A. Schmidl / W. Kofler / N. Oeggl-Wahlmüller / K. Oeggl, Land use in the eastern Alps during the Bronze Age? an archaeobotanical case study of a hilltop settlement in the Montafon (western Austria). Archaeometry 47, 2005, 455–470.

STENBERG ET AL. 1997: M. Stenberg / H. Aronsson / B. Lindén / T. Rydberg / A. Gustafson, Nitrogen leaching in different tillage systems. Proc. 14th Internat. Conference, Pulawy, Poland. Fragmenta Agronomica 2B 97, 1997, 605–608.

STEVENS 2003: C. J. Stevens, An investigation of agricultural consumption and production models for prehistoric and Roman Britain. Environm. Arch. 8, 2003, 61–76.

TANNO AND WILLCOX 2006: K. Tanno / G. Willcox, The origins of cultivation of Cicer arietinum L. and Vicia faba L.: Early finds from Tell el-Kerkh, north-west Syria, late 10th millennium B.P. Veget. Hist. Archaeobot. 15, 2006, 197–204.

THATER AND STAHR 1991: M. Thater / K. Stahr, Zur Genese von Schwarzerden auf der Sontheimer Hochterrasse in der Donau-niederung bei Ulm. Zeitschr. Pflanzenernährung u. Bodenkde. 154, 1991, 293–299.

UBAVIĆ AND BOGDANOVIĆ 1995: M. Ubavić / D. Bogdanović, The chernozem of Vojvodina (Yugoslavia) - its fundamental chemical properties. Zbornik Matice srpske za prirodne nauke 89, 1995, 63–67.

VALAMOTI 2004: S. M. Valamoti, Plants and People in Late Neolithic and Early Bronze Age Northern Greece. BAR, Internat. Ser. (Oxford 2004).

VALAMOTI 2005 A: S. M. Valamoti, Grain versus chaff: Identifying a contrast between grain-rich and chaff-rich sites in the Neolithic of northern Greece. Veget. Hist. Archaeobot. 14, 2005, 259–267.

VALAMOTI 2005 B: S. M. Valamoti, Distinguishing food from fodder through the study of charred plant remains: an experimental approach to dung-derived chaff. Veget. Hist. Archaeobot. 14, 2005, 528–533.

VALAMOTI 2007: S. M. Valamoti, Grape-pressings from northern Greece: the earliest wine in the Aegean? Antiquity 81, 2007, 54–61.

VALAMOTI AND JONES 2003: S. M. Valamoti / G. Jones, Plant diversity and storage at Mandalo, Macedonia, Greece: archaeobotanical evidence from the Final Neolithic and Early Bronze Age. Annual Brit. School Athens 98, 2003, 1–35.

VAN DER VEEN 1992: M. van der Veen, Crop Husbandry Regimes: An Archaeobotanical Study of Farming in northern England 1000 BC - AD 500 (Sheffield 1992).

VAN DER VEEN 1995: M. van der Veen, The identification of maslin crops. In: H. Kroll and R. Pasternak (eds.) Res Archaeobotanicae (Kiel 1995) 335–343.

VAN DER VEEN 2007: M. van der Veen, Formation processes of desiccated and carbonized plant remains – the identification of routine practice. Journ. Arch. Science 34, 2007, 968–990.

VAN DER VEEN AND JONES 2006: M. van der Veen / G. Jones, A re-analysis of agricultural production and consumption: Implications for understanding the British Iron Age. Veget. Hist. Archaeobot. 15, 2006, 217–228.

VELICHKO AND NECHAEV 2005: A. A. Velichko / V. P. Nechaev, Cenozoic Climatic and Environmental Changes in Russia. Special Paper 382 (Boulder 2005).

WASYLIKOWA 1978: K. Wasylikowa, Plant remains from Early and Late Medieval time found on the Wawel Hill in Cracow. Acta Palaeobot. 19, 1989, 115–200.

WASYLIKOWA 1981: K. Wasylikowa, The role of fossil weeds for the study of former agriculture. Zeitschr. Arch. 15, 1981, 11–23.

WESTHOFF AND VAN DER MAAREL 1973: V. Westhoff / E. van der Maarel, The Braun-Blanquet approach. In: R. H. Whittaker (ed.) Ordination and Classification of Communities. Handbook of vegetation science 4 (The Hague 1973) 617–726.

WILLIAMS 1969: J. T. Williams, Chenopodium rubrum L. Journ. Ecol. 57, 1969, 831–841.

WILLERDING 1978: U. Willerding, Paläo-ethnobotanische Befunde an mittelalterlichen Pflanzenresten aus Süd-Niedersachsen, Nord-Hessen und dem östlichen Westfalen. Ber. dt. bot. Ges. 91: 65–74.

WILLERDING 1980: U. Willerding, Anbaufrüchte der Eisenzeit und des frühen Mittelalters, ihre Anbauformen, Standortsverhältnisse und Erntemethoden In: H. Beck, D. Denecke and H. Jankuhn (eds.) Untersuchungen zur eisenzeitlichen und frühmittelalterlichen Flur in Mitteleuropa und ihrer Nutzung. Abh. Akad. Wiss.Göttingen., 3. F. 116 (Göttingen 1980) 126–196.

WILLERDING 1983: U. Willerding, Paläo-Ethnobotanik und Ökologie. Verh. Ges. Ökol. 11, 1983, 489–503.

WILLERDING 1988: U. Willerding, Zur Entwicklung von Ackerunkraugesellschaften im Zeitraum vom Neolithikum bis in die Neuzeit. In: H. Küster (ed.) Der prähistorische Mensch und seine Umwelt. Forsch. Ber. Vor- u. Frühgesch. Baden-Württemberg 31 (Stuttgart 1988) 31–41.

WRIGHT 2003: P. Wright, Preservation or destruction of plant remains by carbonization? Journ. Arch. Science 30, 2003, 577–583.

YOUNG 1999: R. Young, Finger millet processing in East Africa. Veget. Hist. Archaeobot. 8, 1999, 31–34.

ZIMDAHL 2007: R. Zimdahl, Fundamentals of Weed Science (Burlington – San Diego – London 2007, 3rd ed.).

ZOHARY AND HOPF 2000: D. Zohary / M. Hopf, Domestication of Plants in the Old World (Oxford 2000 3rd ed.).

Was säen die Nachbarn von Feudvar?

Metallzeitliche Pflanzenfunde aus der Vojvodina und Südserbien

von Aleksandar Medović

Hinsichtlich der Archäobotanik darf Feudvar bei Mošorin – in der historischen Landschaft Bačka ge-
legen – als bestuntersuchte metallzeitliche Siedlung der Vojvodina und ganz Serbiens gelten. Insgesamt
wurden dort rund 2.000 Bodenproben auf pflanzliche Makroreste untersucht. Die Zahl sämtlicher Pflanzenfunde beträgt über eine Million. Vor den Ausgrabungen in Feudvar waren in der Vojvodina nur zwei
prähistorische Siedlungen archäobotanisch untersucht worden – Gomolava bei Hrtkovci und Kalakača
bei Beška. In beiden Siedlungen fanden in den 1970er und 80er Jahren umfangreiche Ausgrabungen statt.
Erst nach der Jahrtausendwende mehrt sich die Zahl der Siedlungsgrabungen in der Vojvodina, an denen
Archäobotaniker beteiligt waren. Zunächst wurden in den metallzeitlichen Siedlungen von Židovar bei
Vršac, in der Festung Petrovaradin in Novi Sad, in der Gradina am Bosut bei Vašica und erneut in Kalakača
und in Gomolava archäobotanische Studien durchgeführt. Mit Hissar bei Leskovac wurde erstmals in
Südserbien eine metallzeitliche Siedlung archäobotanisch erfasst. Aus den genannten Fundstätten wurden
bis zum Jahr 2012 insgesamt 155 metallzeitliche Bodenproben analysiert und 143.141 Pflanzenfunde gezählt[1]. Quantitativ betrachtet, bleiben diese Untersuchungen zwar weit hinter denen von Feudvar zurück,
doch liefern sie ein wichtiges Vergleichsmaterial. Somit steht die archäobotanische Forschung zu den
Metallzeiten in der Vojvodina inzwischen auf einer breiten räumlichen, zeitlichen und materiellen Basis.

Die genannten Siedlungen liegen geographisch deutlich von Feudvar entfernt, in Kleinlandschaften mit
graduell abweichender Umgebungsnatur (Abb. 1)[2]. Die bronze- und ältereisenzeitliche Siedlung Feudvar
liegt im Zentrum der Vojvodina, auf dem Titeler Lössplateau, an der Theiß, kurz vor deren Einmündung
in die Donau.

Die befestigte früheisenzeitliche Spornsiedlung Kalakača befindet sich auf dem nordöstlichen Ausläufer
des Rumpfgebirges Fruška Gora, auf einer 70 m hohen Lössterrasse am südlichen Hochufer der Donau.
Die einphasige Siedlung ist namengebend für die älteste – früheisenzeitliche – Stufe der eisenzeitlichen
Bosut-Gruppe (Kalakača-Horizont; Abb. 12).

Auch die mehrphasige prähistorische Höhensiedlung im Bereich der Festung Petrovaradin in Novi
Sad liegt am Donausüdufer, auf einem 40 m hohen Diabas-Felsen, der von einer Flussschleife umflossen
wird. Der Berg wurde seit dem Mittelpaläolithikum bis in die Neuzeit immer wieder besiedelt (Abb. 2).

Durch den Gebirgszug der Fruška Gora vom Donaugebiet getrennt, erstrecken sich die großen mehr-
schichtigen Siedlungen Gomolava und Gradina am Bosut in der Landschaft Syrmien, im Flusssystem der
Save. Die für die eisenzeitliche Bosut-Gruppe namengebende Siedlung Gradina am Bosut liegt am Ostrand
der berühmten Stieleichenwälder Slawoniens (Abb. 1; 4). Gomolava befindet sich auf einer Lössterrasse
am Rande der Saveaue, die Siedlung ist heute durch Flussabrasion von der vollständigen Zerstörung
bedroht (Abb. 5).

---

1   Festung von Petrovaradin: 11 Bodenproben, 2.263 Pflanzenfunde; Židovar: 21 Bodenproben, 13.254 Pflanzenfunde; Go-
    molava: 8 Bodenproben, 21.988 Pflanzenfunde; Gradina am Bosut: 25 Bodenproben, 66.428 Pflanzenfunde; Kalakača: 28
    Bodenproben, ca. 26.433 Pflanzenfunde; Hissar: 62 Bodenproben, 12.775 Pflanzenfunde.
2   Entfernungen in Luftlinie zu Feudvar: Kalakača 18 km süd-westlich, Festung Petrovaradin 29 km westlich, Gomolava 59
    km süd-westlich, Gradina am Bosut 88 km süd-westlich und Židovar 90 km süd-östlich.

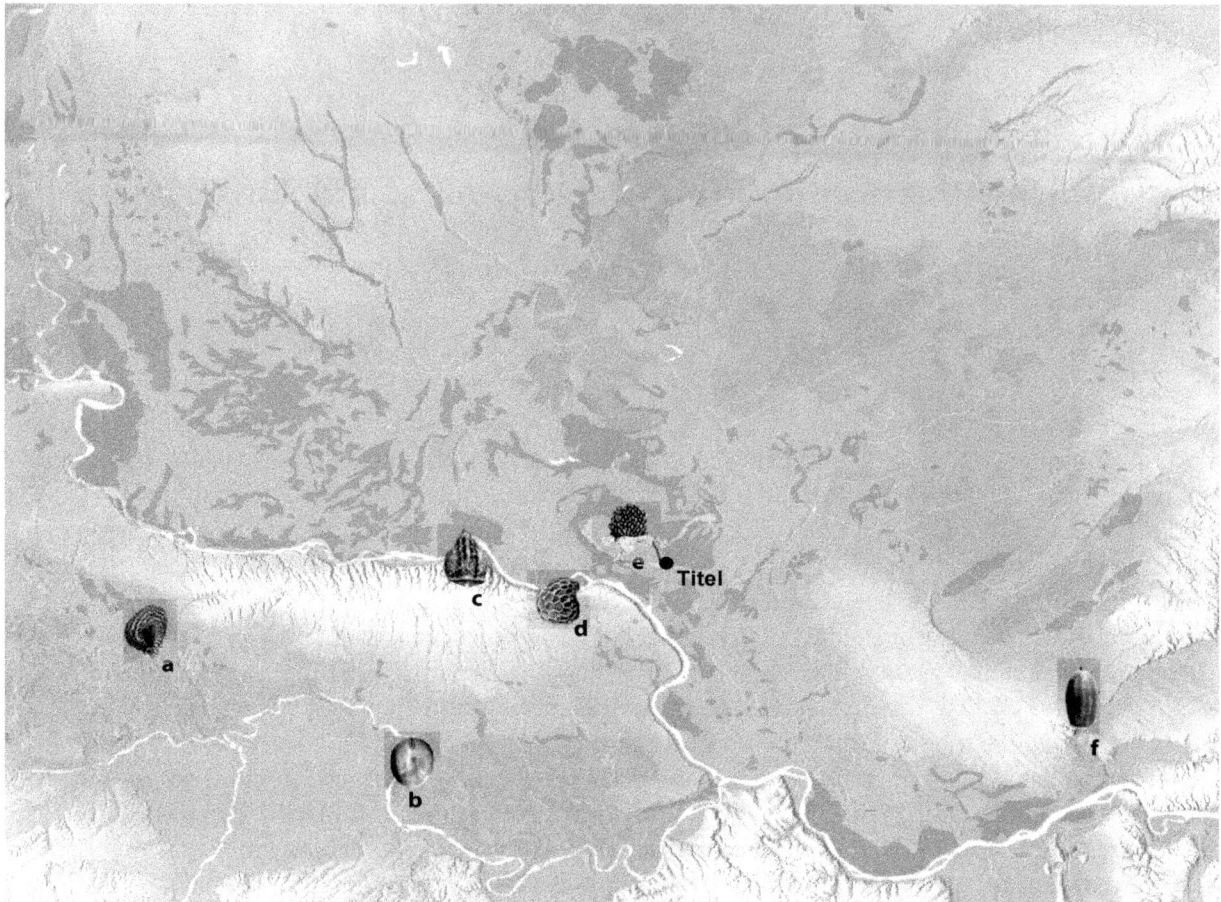

Abb. 1. Karte der Vojvodina mit den Überschwemmungsflächen vor den Eindeichungen im 19. Jahrhundert. Hellblau: periodisch überschwemmt. Mittelblau: langfristig überschwemmt. Mit Markierungen: Gradina am Bosut, Kornrade, Agrostemma githago (a); Gomolava, Erbse, Pisum sativum (b); Petrovaradin bei Novi Sad, Ackersteinsame, Lithospermum arvense (c); Kalakača, Mohn, Papaver somniferum (d); Feudvar, Erdbeere, Fragaria (e); Židovar, Eichel, Quercus (f).

Abb. 2. Petrovaradin in Novi Sad. Der Fels war wiederholt besiedelt, bereits von Neandertalern vor fast 45.000 Jahren (Foto: A. Medović 2015).

Abb. 3. Befestigte bronzezeitliche Ansiedlung von Židovar bei Vršac während der Ausgrabung in 1978 (Foto: P. Medović 1978).

Abb. 4. Gradina am Bosut bei Vašica im frühen 20. Jahrhundert (Quelle: Medović / Medović 2011).

Abb. 5. Gomolava bei Hrtkovci. Siedlungshügel und Erosionsprofil der Save von Nordosten (Foto: A. Medović 2012).

Die mehrschichtige Siedlung Židovar liegt dagegen im Süden der historischen Landschaft Banat, auf dem südöstlichen Rand eines ausgedehnten Lössplateaus, über der Aue des Flusses Karaš, der das Plateau auf seinem Weg von den Karpaten zur Donau streift (Abb. 1; 3).

Die befestigte Burgsiedlung Hissar bei Leskovac liegt im serbischen Balkanraum, im fruchtbaren Flusstal der Großen Morava. Hier verlief eine wichtige historische Handelsroute zwischen Mittelmeer und Donauraum, die das Flusssystem der Donau mit dem Fluss Axios in der Nordägäis verband (Abb. 13).

Vojvodina

Festung Petrovaradin in Novi Sad

Es wurden sieben frühbronzezeitliche und vier früheisenzeitliche Proben archäobotanisch untersucht. Die bronzezeitlichen Funde datieren in die Vinkovci-Kultur.

Einkorn und Emmer sind Hauptprodukte des frühbronzezeitlichen Getreidebaus. Vierzeil-Spelzgerste und Saatweizen kommen in den Proben nur vereinzelt vor. Dazu kommen auch zwei Nachweise der Kolbenhirse.

Die Erbse ist die einzige nachgewiesene Hülsenfrucht. In der frühen Bronzezeit werden Leindotter und Mohn als Ölpflanzen angebaut.

Die Bewohner der Festung von Peterwardein haben auch Pflanzen aus Wald und Flur gesammelt. Davon zeugen Funde von Blasenkirsche und der auf Äckern häufige, weiß blühende Ackersteinsame *Lithospermum arvense*. Ein Massenfund vom Ackersteinsamen in einem Gefäß wird als mögliche Heilpflanze gedeutet. Aber auch eine anderweitige Nutzung dieser Pflanze, deren Wert wir heute nicht mehr kennen, ist nicht ausgeschlossen[3].

Die Pflanzenfunde aus der älteren Eisenzeit sind zahlreicher als die bronzezeitlichen. Einkorn, Emmer und Gerste wurden weiterhin gesät. Saatweizen scheint geringe wirtschaftliche Bedeutung besessen zu haben. Dinkel wurde auch kleinflächig gesät. Es scheint, dass die Rispen- und die Kolbenhirse getrennt angebaut wurden. Denn in zwei Proben, in denen beide Arten vermehrt auftreten, kommen sie verbacken in getrennten Klumpen vor. Das Verhältnis Rispenhirse zu Kolbenhirse ist zwei zu eins. Außerdem ist die

3   Medović 2013.

Datierung	Vojvodina					Süd-Serbien		
	Židovar	Gomolava	Gradina am Bosut			Hisar		
Datierung	mittlere Bronzezeit	jüngere Bronzezeit	ältere Eisenzeit			wohl jüngere Bronzezeit		
Kultur	Vattina-Kultur	Gava-Belegiš II	Gradina IV a	Gradina IV b	Gradina IV c	Brnjica I a	Brnjica I b	Brnjica II a
Jh. v. Chr.			9.–8.	8.–6.	6.–3.	14	13	11
Triticum aestivum s.l.	13,13				10,9			
Triticum monococcum	11,38	9,89	9,99	10,05	10,06			
Triticum dicoccon			12,4	9,56				
Triticum spelta		11,31	13,32		11,08		12,76	
Hordeum vulgare vulgare		11,96	12,01	13,99	12,14			
Panicum miliaceum			1,48	1,31	1,57	1,92		1,73
Vicia faba		78,63			98,75			
Pisum sativum								24,4
Vicia ervilia								11,74
Lens culinaris	7,7							
Camelina sativa	0,32							
Bromus secalinus			3,64	3,37	3,38			
Digitaria sanguinalis			0,2					

Tab. 1. Metallzeitliche Fundorte in Serbien. Pflanzenfunde. Tausendkorngewichte (g) im Vergleich.

Kolbenhirse in den eisenzeitlichen Proben nicht so stetig wie die Rispenhirse. Zwei nackte Haferkörner werden als unkrauthaftes Vorkommen auf dem Acker gedeutet.

Die einzige nachgewiesene Hülsenfrucht ist die Linse. Mohn und Leindotter werden weiterhin als Ölpflanzen angebaut.

Gesammelt werden Erdbeeren, Schwarzer Holunder, Attich und Brombeeren. Eine Lauchart kann auch zu dieser Gruppe gezählt werden.

Židovar bei Vršac

Insgesamt wurden 21 Proben archäobotanisch untersucht[4]. Alle Pflanzenfunde datieren in die so genannte Pančevo-Omoljica-Phase der frühbronzezeitlichen Vatin-Kultur.

Saatweizen, Einkorn, Vierzeil-Spelzgerste und Emmer sind Produkte des Getreidebaus in Židovar. Dazu wurden noch Dinkel und Rispenhirse angebaut. Die letzteren sind aber von nachgeordneter Bedeutung. Obwohl der Saatweizen den Löwenanteil aller Getreidefunde stellt, hat er denselben Rang wie Gerste und Emmer. Die hohe Fundzahl geht auf nur zwei Proben zurück. Dennoch kann von einem entwickelten Saatweizen-Anbau gesprochen werden. Dies belegt ein hohes Tausendkorngewicht (Tab. 1). Das zweithäufig nachgewiesene Getreide ist Einkorn. Die Körner von Einkorn sind schwer – tausend Körner wiegen 11,38 g. Es scheint, dass es in Židovar keine Dominanz des Einkorns gibt, wie sie im zeitgleichen Feudvar belegt ist.

Linse, Erbse und Linsenwicke bilden das Hülsenfrucht-Inventar. Leindotter und Ölziest *Lallemantia iberica* wurden als Ölpflanzen genutzt. In Židovar wurde Leindotter eigenständig angebaut. Das hohe Tausendkorngewicht (0,32 g) ist ein Beleg dafür. Sechs Funde der *Lallemantia* bestätigen deren Anbau auch im Norden der Balkanhalbinsel.

Der Vielsamige Gänsefuß *Chenopodium polyspermum* stellt die Hälfte aller verkohlten pflanzlichen Funde von Židovar. Es spricht alles dafür, dass der Vielsamige Gänsefuß eine Nutzpflanze ist, die in der Flussaue gesammelt wurde. Des Weiteren wurden Attich, Erdbeere, Schlehe, Steppenkirsche *Prunus fruticosa*, Kornelkirsche, Birne, Hasel und Wilde Weinrebe von den bronzezeitlichen Bewohnern gesammelt.

---

4   Medović 2002; Kišgeci / Medović 2006.

In etwa jeder zweiten Probe aus Židovar fanden sich Reste von verkohlten Eicheln. Diese Funde sind ebenfalls als menschliche Nahrung zu werten.

Gradina am Bosut bei Vašica

In der Gradina wurden drei ausgeprägte Kulturschichten der älteren Eisenzeit archäologisch erfasst[5]: Bosut IVa (Kalakača-Schicht; ca. 850–750 v. Chr.), Bosut IVb (ca. 750–500 v. Chr.) und Bosut IVc (ca. 500–250 v. Chr.). Das botanische Material stammt überwiegend aus zwei Brandschichten, die von katastrophalen Zerstörungen zeugen[6]. Getreide und Hirsen sind im Material von allen anderen Pflanzengruppen am häufigsten vertreten. Die zahlreichsten sind Einkorn, Vierzeil-Gerste und Rispenhirse. Funde von verkohlter Rispenhirse waren häufig in zwölf Proben, Einkorn in vier und Gerste in zwei Proben. Wenn jedoch die Gewichtsanteile betrachtet werden, dann übernimmt Einkorn die Führung in 13, Gerste in vier und Rispenhirse in nur einer Probe. Dinkel, Emmer, Saatweizen und emmerähnlicher Spelzweizen (Sanduri *Triticum timopheevii*) scheinen geringere wirtschaftliche Bedeutung in der Gradina besessen zu haben. Im Fundgut konnten auch 27 Körner der Vierzeil-Nacktgerste, drei eines Hafers und 48 der Kolbenhirse nachgewiesen werden.

Der geringe Unterschied im Verhältnis Spelzbasen zu Körnern weist darauf hin, dass Emmer, Dinkel und Sanduri in Vesen, in Ährchen, gelagert wurden. Wahrscheinlich gilt dies auch für Einkorn. Das Tausendkorngewicht (TKG) vom Einkorn ist hoch und beträgt 10 g (Tab. 1). Es bleibt über sechs Jahrhunderte konstant in der Gradina. Im Vergleich zu Einkorn von Feudvar (Kroll in diesem Band, Tab. 12, jüngste Schichten oder Plana) ist es um ein Drittel schwerer. TKG von Emmer konnte in drei Proben ermittelt werden: 13,25 und 11,54 g (Bosut IVa) und 9,56 g (Bosut IVb). Auch hier liegen die Werte über denen von Emmer in Feudvar (8,41 g, Kroll in diesem Band, Tab. 21 Planum 6). Vergleicht man das TKG von Gerste und Rispenhirse in derselben Kulturschicht in beiden Siedlungen, so stellt man fest, dass auch hier zwei Kulturpflanzen von der Gradina deutlich schwerer als die von Feudvar sind: Gerste (Gradina 12 g, Feudvar 8,86 g, Kroll in diesem Band, Tab. 17 Planum 6), Rispenhirse (Gradina 1,48 g, Feudvar 0,82 g, Kroll in diesem Band, Tab. 31 Planum 6). Das TKG von Dinkel wurde in der Gradina in zwei Proben ermittelt: 13,32 g (Bosut IVa) und 11,08 g (Bosut IVc). Tausend Körner von Saatweizen wiegen etwas mehr als die von Einkorn, 10,90 g (Bosut IVc).

Wenn wir das Getreideinventar der drei Kulturschichten in der Gradina miteinander vergleichen, kommen wir zur Schlussfolgerung, dass es, Hafer ausgenommen, keine Unterschiede gibt. Einkorn ist das wichtigste Getreide in der Bosut IVb- und in der Bosut IVc-Schicht. In Bosut IVa steht Einkorn, nach Gerste und Rispenhirse, an dritter Stelle. Emmer ist das viertwichtigste Getreide. Je näher die jüngere Eisenzeit rückt, umso zahlreicher werden die Funde vom Saatweizen und umso seltener die vom Sanduri-Weizen.

Das Hülsenfruchtinventar in der Gradina bilden Linse, Acker-Bohne, Platterbse (*Lathyrus sativus*), Erbse und Saatwicke (*Vicia sativa*). Platterbse und Saatwicke konnten nur in der Brandschicht Bosut IVa nachgewiesen werden.

In der älteren Eisenzeit von der Gradina werden Leindotter und Mohn als Ölpflanzen und Lein/Flachs als Öl- oder Faserpflanze angebaut. Funde von wildem Obst und Nüssen in der Gradina sind sehr spärlich. Die Vertreter dieser funktionalen Gruppe sind Erdbeere, Attich, Kornelkirsche und Schwarzer Holunder.

Ein Drittel aller Unkraut-Funde macht die Roggentrespe *Bromus secalinus* aus. Es stellt sich die Frage, ob diese Art mit dem Getreide, in dem sie wuchs, absichtlich geerntet und verzehrt wurde? Das Tausendkorngewicht von *Bromus secalinus* konnte in allen drei Kulturschichten gemessen werden: Bosut IVa 3,64 g, Bosut IVb 3,37 g und Bosut IVc 3,38 g. Bei den Unkräutern nimmt hier der Taumellolch *Lolium temulentum* die sehr hohe, vierte Position ein. Der Trend von Kastanas[7] konnte auch in der Gradina beobachtet werden: Je jünger die Kulturschicht, umso spärlicher werden die Funde vom Taumellolch. Höhere Mengen von Kornrade, Roggentrespe und Taumellolch werden in einkornreichen Proben gefunden.

---

5   Medović / Mikić 2010; Medović / Medović 2011.
6   Medović 2011.
7   Kroll 1983.

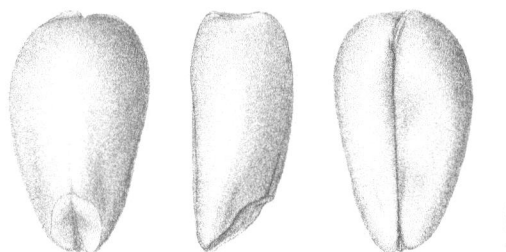

Abb. 6. Gomolava, bronzezeitliche Pflanzenfunde. Dinkel, Triticum spelta. Maßstab 1 mm (Zeichnung: A. Medović).

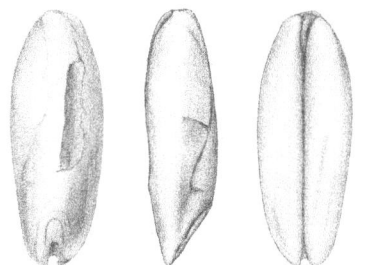

Abb. 7. Gomolava, bronzezeitliche Pflanzenfunde. „Neuer" Spelzweizen Sanduri, Triticum timopheevii. Maßstab 1 mm (Zeichnung: A. Medović).

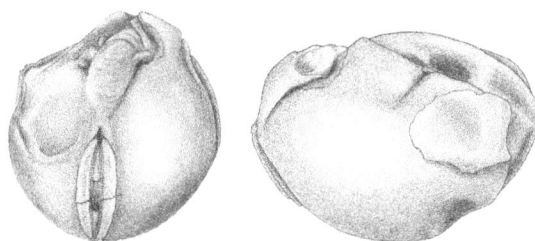

Abb. 8. Gomolava, bronzezeitliche Pflanzenfunde. Ackerbohne, Vicia faba. Maßstab 1 mm (Zeichnung: A. Medović).

Eine Besonderheit an der Gradina am Bosut besteht darin, dass sie die einzige Siedlung in der Vojvodina ist, in der keine Reste von Schilfrohr-Halmen als Baumaterial gefunden wurden.

Gomolava bei Hrtkovci

Die bronze- und eisenzeitlichen Pflanzenfunde von Gomolava sind spärlich[8]. Insgesamt wurden eine bronzezeitliche Probe und fünf Proben aus der älteren Eisenzeit (Bosut-Gruppe) analysiert[9].

Zu den stetigsten und zahlreichsten eisenzeitlichen Funden zählen Rispenhirse und Einkorn, an dritter und vierter Stelle kommen vierzeilige Gerste und Emmer, danach Saatweizen und Dinkel. Mit nur wenigen Körnern sind Hafer und wohl angebauter Roggen Secale cereale vertreten.

Die Hauptmenge von allen Hülsenfrüchten stellt die Linse. Erbse, Linsenwicke und Ackerbohne waren aber wohl von ähnlich hoher wirtschaftlicher Bedeutung.

In den fünf eisenzeitlichen Proben konnte keine Ölpflanze nachgewiesen werden.

Im Jahre 2012 bekam der Autor über 50 Jahre alte, ungeschlämmte Erdproben von der Siedlung Gomolava. Bisher wurden sieben analysiert. Zwei Proben datieren in die jüngere Bronzezeit, Gomolava III c (Gava-Belegiš II-Kultur). Damit steigt die Zahl der bronzezeitlichen Proben auf drei. Bei den neuen Proben handelt es sich um eine reiche Einkorn- und eine Dinkel-Probe (Abb. 6). Zum bronzezeitlichen Getreideinventar gehören auch Vierzeil-Gerste, Emmer, Saatweizen und ein Hafer. Außerdem, in den neuen Proben, konnten auch wenige Funde der „neuen" Spelzweizenart Sanduri *Triticum timopheevii* identifiziert werden (Abb. 7). Diese Art wurde auch in einer neuen, kupferzeitlichen Probe von Gomolava (Kostolac-Kultur) nachgewiesen[10]. In allen drei bronzezeitlichen Proben ist Rispenhirse belegt.

Das bronzezeitliche Hülsenfruchtinventar von Gomolava bilden Ackerbohne (Abb. 8) und Linse.

---

8 Bottema / Ottaway 1982; van Zeist 1975; ders. 2001/2002.
9 vgl. Medović 2011.
10 Medović, unveröffentlicht.

Abb. 9. Gomolava, bronzezeitliche Pflanzenfunde. ‚Zottiges Korn', Dasypyrum villosum, Korn (a) und Spindelglied (b). Maßstab 1 mm (Zeichnung: A. Medović).

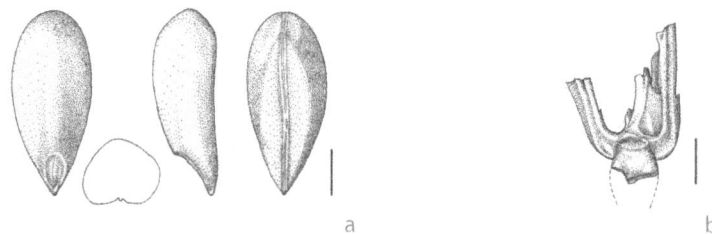

Abb. 10. Oppidum Čarnok, latènezeitliche Pflanzenfunde. ‚Zottiges Korn', Dasypyrum villosum, Korn (a) und Spindelglied (b). Maßstab 1 mm (Zeichnung: A. Medović).

Im Gegensatz zu den früheisenzeitlichen Proben konnten hier Leindotter und Mohn als Ölpflanzen bestimmt werden.

In einer neu bearbeiteten, bronzezeitlichen, einkornreichen Probe konnte auch eine hohe Zahl von Körnern (Abb. 9a), 54, und nur wenige Spindelglieder (Abb. 9b) des von H. Kroll (in diesem Band) so benannten ‚Zottigen Korns' *Dasypyrum villosum* nachgewiesen werden. Bis vor kurzem wurden Körner dieser Art als „ungrashafter Roggen" bestimmt[11]. So wurden in einer „alten" eisenzeitlichen Probe von Gomolava fast 600 Körner vom ‚Zottigen Korn' festgestellt. Der Mengenanteil in der Probe beträgt fast 15 %. Es handelt sich um eine Einkorn-Probe mit viel Gerste und Hirse (Einkorn 22 %). In fünf von insgesamt sieben metallzeitlichen Proben von Gomolava ist diese Art nachgewiesen. Das ‚Zottige Korn' ist bereits in zwei Vinča-Proben (Neolithikum) von Gomolava belegt. In einer neu bearbeiteten, sehr reichen Gersten-Probe aus der Kostolac-Kultur (Kupferzeit) konnten auch sieben Karyopsen gezählt werden. In der benachbarten Siedlung Gradina am Bosut wurden in einer eisenzeitlichen Probe, in der vorwiegend Einkorn vorkommt, 40 Körner dieser Art gefunden. Dort wurden auch 11 Spelzgabeln gefunden, die aber weder als Emmer (Abbruchnarbe zu groß und zu breit) noch als „neuer" Spelzweizen Sanduri (Hauptkiel der Hüllspelzenbase wenig stark ausgebildet) bestimmt werden konnten. Diese Spelzgabeln waren dem Autor schon zuvor aufgefallen. Bei der Untersuchung des latènezeitlichen Oppidums Čarnok bei Bačko Dobro Polje wurden in vier Gersten-Proben solche Spelzgabeln gesichtet (Abb. 10b)[12]. In einer war zudem ein Korn vorhanden (Abb. 10a), das leider ebenfalls nicht mit Sicherheit bestimmt werden kann. Die Spelzgabeln sind eher W-förmig als U-förmig und Spindelglied rhombenförmig (vgl. Abb. 9b u. 10b). Unter Vorbehalt habe ich es damals als unreifen Sanduri-Weizen angesprochen. Solche Spelzgabeln wurden auch in Hissar identifiziert. Dort wurden in zwei Proben der bronzezeitlichen Brnjica II-Phase mehrere Körner vom ‚Zottigen Korn' ausgelesen. Dabei handelt es sich um Rispenhirse-Proben. Die oben

---

11   z. B. Kroll 1983.

12   Medović 2006.

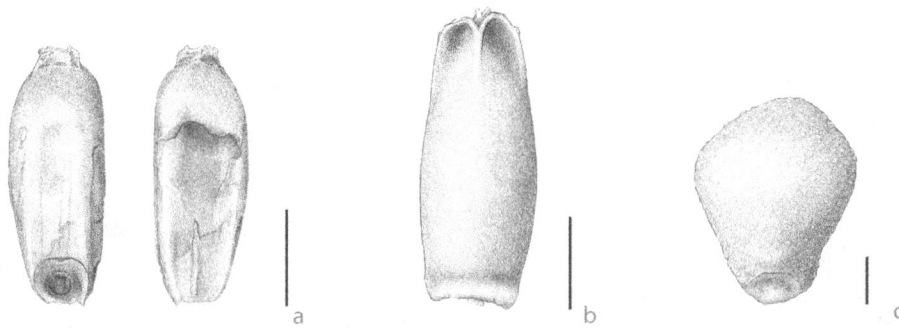

Abb. 11. Gomolava, bronzezeitliche Pflanzenfunde. Lolch, Lolium, kleinfrüchtig (a). Wiesenknautie, Knautia arvensis (b). Ackerwinde, Convolvulus arvensis (c). Maßstab 1 mm (Zeichnung: A. Medović).

angeführten Daten bestätigen dieses ebenfalls „neue" ‚Zottige Korn' einerseits als vorwiegendes Wintergetreide-Unkraut (mit der Bemerkung, dass es allgegenwärtig ist), andererseits als mögliche Nutzpflanze oder gar als Beigetreide (590 Körner und hoher Mengenanteil in einer Gomolava Probe), das absichtlich mit dem Einkorn geerntet wurde.

In zwei neu bearbeiteten Gomolava-Proben konnten Lolch-Funde zum ersten Mal belegt werden: *Lolium* kleinfrüchtig (Abb. 11a) und *Lolium perenne*-Typ. Hier fand man auch ein weiterer Beleg für die Wiesenknautie (Abb. 11b). Zu den sehr raren Funden in Gomolava zählt auch die Ackerwinde (Abb. 11c). Sie wurde sowohl in einer bronzezeitlichen als auch einer latènezeitlichen Probe von Gomolava gefunden.

Kalakača bei Beška

Im Jahr 1974 wurden von Willem van Zeist sechs früheisenzeitliche Proben geborgen[13]. Das Getreideinventar bilden Rispenhirse, Gerste und Einkorn. Linse war der einzige Vertreter der Hülsenfrüchte.

Neue Ausgrabungen von Kalakača der Jahre 2003–2004 haben die alten Befunde bestätigt, aber auch um zwei weitere Getreidearten erweitert[14]. Emmer gehört, wie die Gerste, zu dem zweitwichtigsten angebauten Getreide der Siedlung. Die „neue" Spelzweizenart Sanduri ist hier vor allem durch Belege von Spelzbasen vertreten. Insgesamt wurden 368 Spelzbasen und ein Korn dieser Art nachgewiesen.

Die Erbse ist die neu nachgewiesene Hülsenfrucht an diesem Platz. Lein ist der einzige Vertreter der funktionalen Gruppe der Öl- und Faserpflanzen.

Die neuen Ausgrabungen haben auch erste Hinweise auf Sammelwirtschaft erbracht, auf Kornelkirsche, Schlehe und Wassernuss. Von den üblichen Unkräutern werden hier nur einige genannt: Roggentrespe, Gänsefußarten, Hühner- und Borstenhirse, Kornrade, Knöterich-Arten, ein Hafer, ein Lolch, ein Mohn und ein Roggen.

Südserbien

Hissar bei Leskovac

Die befestigte Siedlung Hissar gehört der bronzezeitlichen Brnjica-Gruppe (ca. 1350–1000 v. Chr.) an. Die Ansiedlung ist bedeutsam für die Erforschung des Übergangs von der späten Bronze- zur frühen Eisenzeit im zentralen Balkanraum. Die Pflanzenfunde deuten auf eine typische spätbronzezeitliche Pflanzenwirtschaft hin[15].

---

13   Medović 1988; ders. 2011.
14   Filipović 2011.
15   Medović 2005; ders. 2012; Medović et al. 2011.

Abb. 12. Kalakača bei Beška, während der Ausgrabungen 1971–74 (Quelle: Privatarchiv P. Medović).

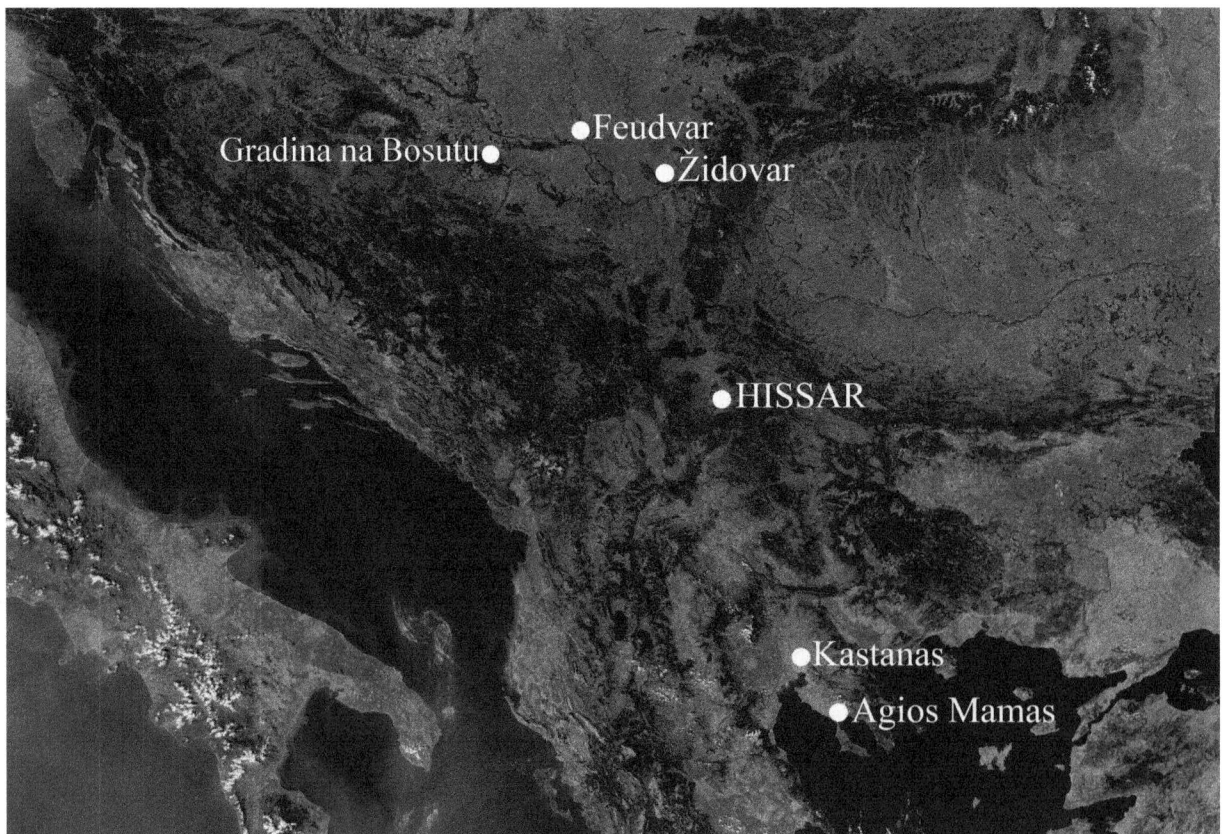

Abb. 13. Hissar bei Leskovac. Lage des Ortes auf halbem Wege zwischen Feudvar und der Ägäis (Kartendaten: Google, DigitalGlobe 2015).

Hauptprodukte des Getreidebaus in Hissar waren Vierzeil-Spelzgerste, Einkorn, Dinkel, Saatweizen und Emmer. Rispenhirse spielte eine wichtige Rolle in allen Phasen der Brnjica-Gruppe. Kolbenhirse kommt in Rispenhirse nur unkrauthaft vor. Bei den archäobotanischen Untersuchungen wurde besonders auf das Auftreten der „neuen" Hüllspelzen-Weizenart Sanduri geachtet. Trotzdem konnte weder Spelzbase noch Korn identifiziert werden. Dinkel tritt in allen Phasen der Brnjica-Gruppe auf. In der Brnjica Ib-Phase (13. Jh. v. Chr.) konnte Dinkel in fast der Hälfte aller Proben nachgewiesen werden. Tausend Dinkelkörner wiegen 12,76 g (Tab. 1). Der Saatweizen wird in derselben Phase in jeder dritten Probe nachgewiesen. Die vierthöchste Stellung bei den Stetigkeitswerten von allen Getreidearten in allen Brnjica-Phasen wird aber nicht von einer hohen Emmer-Menge begleitet.

Tausend Rispenhirsekörner von Hissar wiegen: 1,92 g (Brnjica Ia, 14. Jh. v. Chr.) und 1,73 g (Brnjica II a, 11. Jh. v. Chr.). Sie sind deutlich schwerer als die früheisenzeitlichen von der Gradina am Bosut (Tab. 1) oder aber als die spätbronzezeitlichen- und die Körner vom Übergang von der Bronze- zur frühen Eisenzeit in Kastanas in Nord-Griechenland (1,24–1,58 g)[16].

Leindotter war die wichtigste Ölpflanze in allen Phasen der Brnjica-Kultur. In späteren Phasen gewann Lein/Flachs an wirtschaftlicher Bedeutung. Die dritte nachgewiesene Ölpflanze ist der Ölziest *Lallemantia iberica*. Die 26 Funde von *Lallemantia* stammen aus der letzten Phasen der Brnjica-Kultur (11. und 10. Jh. v. Chr.).

In den Schichten der frühesten Brnjica Phase (14. Jh. v. Chr.) wurden vier „angekohlte" Nussschalen der echten Pistazie *Pistacia vera* L. entdeckt. Die Bewohner von Hissar haben wohl Nüsse aus dem Ägäisraum über die gut entwickelten bronzezeitlichen Handelswege importiert. Die Unkrautflora von Hissar ist mit vielen Taxa, aber in geringer Menge vertreten.

Zusammenfassung

Produkte des Getreidebaus in den bronzezeitlichen Siedlungen der Vojvodina sind, gereiht nach abnehmender wirtschaftlichen Bedeutung, Einkorn und Gerste, Emmer und Rispenhirse, Dinkel und Saatweizen. Sanduriweizen wird wohl auch angebaut. Unterschiede in den Siedlungen sind nur im wirtschaftlichen Stellenwert, in der Reihenfolge der zweitrangigen Getreide feststellbar.

Linse, Erbse, Linsenwicke und Ackerbohne bilden das bronzezeitliche Hülsenfruchtinventar.

In der Bronzezeit werden Leindotter, Mohn und *Lallemantia iberica* als Ölpflanzen angebaut.

Die Produkte des Getreidebaus in den früheisenzeitlichen Siedlungen der Vojvodina sind Einkorn, Gerste, Emmer, Saatweizen und Dinkel und wohl auch Sanduri. Rispenhirse gewinnt an wirtschaftlicher Bedeutung. Außerdem scheint die Kolbenhirse auch kleinflächig angebaut worden zu sein. Der Fund von Kulturroggen *Secale cereale* in Gomolava konnte in anderen zeitgleichen Siedlungen in der Vojvodina nicht bestätigt werden. Hafer scheint noch nicht den Schritt zum kultivierten Getreide vollzogen zu haben und bleibt im Rang eines Unkrauts. Wie in der Bronzezeit zeichnen sich auch in der frühen Eisenzeit die Unterschiede in der wirtschaftlichen Bedeutung in der Kombination der zweitrangigen Nebengetreide ab.

Das Hülsenfruchtinventar der älteren Eisenzeit bilden Linse, Ackerbohne, Platterbse, Erbse und Saatwicke.

In der älteren Eisenzeit der Vojvodina werden Leindotter und Mohn als Ölpflanzen und Lein / Flachs als Öl- oder Faserpflanze angebaut.

Beim Vergleich der bronzezeitlichen Funde aus Südserbien und der Vojvodina ist lediglich ein gravierender Unterschied im Getreideanbau festzustellen. In Südserbien spielt Rispenhirse eine wichtige Rolle im bronzezeitlichen Ackerbau von Hissar. Auch die überdurchschnittlich hohen Tausendkorngewichte von Rispenhirse deuten eher auf eine regionale Besonderheit hin als auf einen chronologischen Faktor. In Hissar wurden keine Nachweise von Sanduriweizen entdeckt; dafür aber Funde von *Lallemantia*.

---

16   Kroll 1983.

Summary

Products of the cereal cultivation in the era of the bronze age of Vojvodina are of decreasing economic importance, Einkorn and Barley, Emmer and Broomcorn millet, Spelt and Bread wheat. Zanduri is apparently also cultivated. Differences in the settlements are only established in the economical position or in the secondary series of cereals.

Lentil, Pea, Bitter vetch and Broad bean form the early Bronze Age inventory of pulses. Cultivated as oil plants in the Bronze Age were Gold-of-pleasure, Poppy seed and Dragon's head - *Lallemantia iberica*. Products in the early Iron Age of the Vojvodina are Einkorn, Barley, Emmer, Bread wheat and Zanduri wheat. Broomcorn millet is gaining economical importance. Moreover, it seems that also the Foxtail millet had been cultivated in smaller areas. The finding of "Rye culture" in Gomolava could not be confirmed in other contemporaneous settlements of the Vojvodina. Oats had seemingly not as yet completed the step towards a cultivated cereal and had the status of a weed. As in the Bronze Age, there were differences emerging in the economical importance of the secondary range of cereal.

The Puls-inventory of the earlier Iron Age consisted of Lentil, Broad bean, Grass pea, Pea and Common vetch.

In the earlier Iron Age of the Vojvodina, Gold-of-pleasure and Poppy seed were cultivated as oil plants and linen/flax as oil respectively fibre plant. Comparison of the Bronze Age findings from South Serbia and the Vojvodina, a serious difference in cereal cultivation had merely been established. In South Serbia the Broomcorn millet had played an important role in the Bronze Age agriculture of Hissar. Also the above average high thousand corn weights of Broomcorn millet rather point to a regional specialty than to a chronological factor. In Hissar no proof of Zanduri had been discovered. But instead, findings of *Lallemantia* could be established.

Literaturverzeichnis

BOTTEMA / OTTAWAY 1982: S. Bottema / B.S. Ottaway, Botanical, Malacological and Archaeological Zonation of Settlement Deposits at Gomolava. Journal of Archaeological Science 9, 1982, 221–246.

FILIPOVIĆ 2011: D. Filipović, Beška – Kalakača. Arheobotaničke analize. In: M. Jevtić, Čuvari žita u praistoriji. Studija o žitnim jamama sa Kalakače kod Beške. Gradski muzej Vršac/Filozofski fakultet Beograd (Vršac/Beograd 2011) 84–94.

KIŠGECI / MEDOVIĆ 2006: J. Kišgeci / A. Medović, Prehistoric use of medicinal and aromatic plants in the southeast part of the Pannonian Plain. Proceedings, Third Conference on Medicinal and Aromatic Plants of Southeast European Countries. AMAPSEEC (Belgrade 2006) 29–32.

KROLL 1983: H.J. Kroll, Kastanas. Ausgrabungen in einem Siedlungshügel der Bronze- und Eisenzeit Makedoniens 1975–1979. Die Pflanzenfunde. Prähistorische Archäologie in Südosteuropa 2 (Berlin 2983).

MEDOVIĆ / MIKIĆ 2010: A Medović / A. Mikić, The "Big Bang" in the Early Iron Age. Charred Crop Storages and Agriculture of the Iron Age Settlement Gradina upon Bosut in Syrmia. Ratar. Povrt. / Field Veg. Crop Res. 47, 2010, 613–616.

MEDOVIĆ 2002: A. Medović, Archäobotanische Untersuchungen in der metallzeitlichen Siedlung Židovar, Vojvodina/Jugoslawien. Ein Vorbericht. Starinar 52, 2002, 181–190.

MEDOVIĆ 2005: A. Medović, O biljnoj ekonomiji gradinskog naselja Hisar kod Leskovca, južno Pomoravlje, sa kraja bronzanog doba (oko 1350–1000 g. pre n.e.) / Plant husbandry of fortified settlement Hisar near Leskovac Southern Serbia (ca. 1350–1000 BC). Leskovački zbornik 45, 2005, 201–209.

MEDOVIĆ 2006: A. Medović, Arheobotaničke analize četiri korpe ječma i jedne korpe prosa sa Čarnoka. Rad Muzeja Vojvodine 47/48, 2006, 41–52.

MEDOVIĆ 2011: A. Medović, Biljna privreda Gradine na Bosutu (ili Savi?) u starijem gvozdenom dobu / Pflanzenwirtschaft in der Gradina am Bosut (oder an der Save?) in der älteren Eisenzeit. In: P. Medović / I. Medović, Gradina na Bosutu. Naselje starijeg gvozdenog doba/Gradina am Bosut. Besiedlung der älteren Eisenzeit. Pokrajinski zavod za zaštitu spomenika kulture (Novi Sad 2011) 329–355.

MEDOVIĆ 2012: A. Medović, Late Bronze Age Plant Economy at the early Iron Age Hill Fort Settlement Hissar? Rad Muzeja Vojvodine 54, 2012, 105–118.

MEDOVIĆ 2013: A. Medović, Sex, Drugs & Petrovaradin Rock: Was Field Gromwell (Lithospermum arvense L.) more than just an early Bronze Age make-up? Rad Muzeja Vojvodine 55, 2013, 41–46.

MEDOVIĆ ET AL. 2011: A. Medović / A. Mikić / B. Ćupina / Ž. Jovanović / S. Radović / A. Nikolić / N. Stanisavljević, Pisum & Ervilia Tetovac – Made in Early Iron Age Leskovac. Part One. Two Charred Pulse Crop Storages of the Fortifi ed Hill Fort Settlement Hissar in Leskovac, South Serbia. Ratar. Povrt. / Field Veg. Crop Res. 48, 2011, 219–226.

MEDOVIĆ 1988: P. Medović, Kalakača. Naselje ranog gvozdenog doba. Vojvođanski muzej (Novi Sad 1988).

MEDOVIĆ / MEDOVIĆ 2011: P. Medović / I. Medović, Gradina na Bosutu. Naselje starijeg gvozdenog doba/Gradina am Bosut. Besiedlung der älteren Eisenzeit. Pokrajinski zavod za zaštitu spomenika kulture (Novi Sad 2011).

VAN ZEIST 1975: W. van Zeist, Preliminary report on the botany of Gomolava. Journal of Archaeological Science 2, 1975, 315–325.

VAN ZEIST 2001 / 2002: W. van Zeist, Plant Husbandry and Vegetation of Tell Gomolava, Vojvodina, Yugoslavia. Palaeohistoria 43/44, 2001/2002, 87–115.